한국 복지국가의 기원과 궤적 3

신자유주의와 복지국가 — 1980년부터 2016년까지

한국 복지국가의 기원과 궤적

3

신자유주의와 복지국가 — 1980년부터 2016년까지

윤홍식 지음

사회평론아카데미

한국 복지국가의 기원과 궤적 3
신자유주의와 복지국가—1980년부터 2016년까지

2019년 6월 27일 초판 1쇄 발행
2024년 5월 30일 초판 3쇄 발행

지은이 윤홍식
펴낸이 윤철호
펴낸곳 ㈜사회평론아카데미
편집 김천희
디자인 김진운
본문조판 민들레
마케팅 김현주
등록번호 2013-000247(2013년 8월 23일)
전화 02-326-1545
팩스 02-326-1626
주소 03993 서울특별시 마포구 월드컵북로6길 56
홈페이지 www.sapyoung.com
이메일 academy@sapyoung.com
ISBN 979-11-89946-16-6

어린 시절 학교를 오가는 길에는 시장이 있어서 매일 갈치, 고등어, 동태 등 갖가지 물고기들과 순댓국, 잔치국수, 팥죽 등 다양한 먹거리의 냄새를 맡고 보면서 자랐다. 그 모습과 냄새가 참 좋았다.

자라면서 유난히 역사를 좋아했고 정의롭게 살고 싶어 했던 것 같다. 초등학교 시절에 계몽사에서 발간한 3천 쪽이 넘는 10권짜리 한국사 이야기를 열 번 이상 읽었다. 역사를 좋아했기에 우리 역사에 대한 자긍심과 응어리진 한을 동시에 품고 성장했다. 중학교 때는 친구들과 함께 모여서 민족적 영웅담을 늘어놓는 일을 즐겨 했다. 입시라는 틀에 얽매여 있던 고등학교 시절은 정말 재미없었다.

고등학교를 졸업한 후에 1년을 더 있다가 대학에 입학하자마자 찾은 곳은 사회과학을 공부할 수 있는 동아리였다. 운 좋게 1주일 만에 좋은 동아리를 찾아서 열심히 사회과학 책을 읽고 토론했다. 당시에는 그 공부가 내 인생에서 가장 중요한 순간이 될 줄 몰랐다. 대학생활을 시작한 지 두 달이 지난 즈음인 1987년 5월 4일 명동성당에서 민주화를 위한 철야시위를 하고 새벽에 귀가하던 중 백골단에 연행되었다. 일심히 도망쳤는데 잡히고 말았다. 경찰들이 시위 주동자를 대라고 했지만, 신입생이 무엇을 알 리가 없었다. 중부경찰서에서 참 많이 맞았는데, 아는 것이 없어서 누구의 이름도 댈 수 없었다. 덕분에 난생처음 재판을 받고 구류처분을 받았다. 친구들과 함께 재미있는 철창 체험을 했다.

불행히도 이 경험은 나를 교화시키지 못했고, 세상에 대해 더 많은 문제의식을 갖게 했으며, 더 정의롭게 살아야 한다는 생각을 하게 했다. 그 뒤로도 부족했지만 열심히 사회문제에 관심을 갖고 활동을 했다. 대학은 10년 만에 졸업했는데, 다니던 대학을 졸업하지 못하고 오렌지도 아닌 것이 오렌지처럼 미국에서 대학을 마쳤다. 생각해보면 참 어처구니없는 일이었다.

미국 대학에 편입해서 다니는 동안 이곳저곳을 기웃거리다가 아내가 공부하는 사회복지학에 관심을 갖게 되어 석·박사 과정을 마치고 한국에 돌아와서 전북대에서 교수 생활을 시작했다. 참 운이 좋았다. 듣지도 보지도 못했던 나를 뽑아준 전북대 교수님들께는 지금도 고마운 마음이 가득하다.

막상 한국에서 한국 사회에 필요한 공부를 하려고 하니 미국에서 무엇을 배웠는지 모르겠고 방법론을 제외하고 모든 것을 다시 공부해야 했다. 귀국 후 18년 동안 부족하지만 학문과 실천을 함께하려고 노력했지만, 늘 쉽지 않았다. 『한국 복지국가의 기원과 궤적』은 학문과 실천을 함께하려고 했던 나의 작은 삶의 결과이다. 모두가 착하게 사는 정의로운 세상이 되었으면 좋겠다는 생각으로 이 책을 썼다.

2019년 3월 서달산의 봄을 바라보며
윤홍식

차례

4부

신자유주의와 복지국가

제12장

자본의 반격, 민주주의와 복지국가의 위기, 1980~2016년

"(…) 정부는 우리가 직면한 문제를 해결할 수 없습니다. 때때로 우리는 사회가 스스로 관리하기에는 너무 복잡해져서 엘리트 집단이 운영하는 정부가 통치하는 것이 국민을 위한, 국민에 의한, 국민의 통치보다 더 우월하다고 믿고 싶은 유혹에 빠지기 쉽습니다. (…) 우리 정부는 국민이 부여한 것 이외에 그 어떤 권한도 없습니다. 이제는 국민의 동의를 넘어서 비대해지고 있는 징후를 드러낸 정부의 성장을 멈추게 하고 되돌려놓을 때입니다."

— 로널드 레이건(Ronald Reagan) 미국 대통령 취임사, 1981년 1월 20일[1]

....

1   Reagan, R.(1981). Inaugural Address, The Public papers of Ronald Reagan January, 1981, Presidential Library and Museum. 출처: https://www.reaganlibrary.archives.gov/archives/speeches/1981/12081a.htm, 접근일 2017년 6월 17일.

제1절 문제제기

신자유주의가 언제부터 자본주의의 지배적인 축적 방식으로 등장했는지는 불분명하다. 다만 1970년대 중반에 경제위기와 함께 힘을 얻기 시작해서 영국과 미국에서 마거릿 대처(Margaret Thatcher)와 로널드 레이건이 집권하면서 본격화되었다. 이렇게 보면 신자유주의는 현재까지 대략 40여 년 동안 지배담론의 지위를 유지했다고 할 수 있다. 복지국가의 황금시대가 1940년대 중후반부터 1970년대 중반까지 길게 잡아도 30년을 넘지 않는다는 점을 고려하면, 신자유주의는 끈질긴 생명력을 갖고 있다. 우리가 알고 있는 역사적 복지국가는 이 신자유주의 시기를 거치면서 위기에 처했고, 제2차 세계대전 이후에 복지국가가 만들어질 수 있었던 정치경제적 조건들도 대부분 해체되었다. 『기원과 궤적』의 관심은 이렇듯 복지국가를 만들었던 제 조건이 해체되었는데도 복지국가가 유지되고 있는지의 여부이며, 만약 유지되고 있다면 우리가 알고 있는 복지국가가 그 역사적 복지국가와 어떻게 다른지를 검토하는 것이다. 상이한 조건에서도 복지국가가 유지되었다면 그 복지국가가 우리고 알고 있는 역사적 복지국가가 아닐 것이다. 역사적 복지국가는 특수한 자본주의의 발전단계에서 만들어진 분배 체계이기 때문이다.

실제로 신자유주의 시기에 접어들면서 자본주의의 이윤실현 방식은 생산과 거래 비용을 내부화하면서 자본주의의 패권을 장악한 시기와 달리 핵심영역을 제외하고 생산과 거래 비용을 외부화하는 방식으로 변화했다. 이러한 변화는 필연적으로 안정된 고용을 보장받았던 광범위한 제조업 노동자가 더 이상 존재하지 않는다는 것을 의미했고, 이는 곧 안정적인 제조업 노동자에 기초한 복지국가의 사회보장체계가 더 이상 자본주의의 생산방식과 조응하지 않는다는 것을 의미한다. 비록 복지정책들은 분배제도로서 여전히 작동하고 있지만 우리는 우리가 살고 있는 복지국가의 모습을 정확히 그려내지 못하고 있다.

이러한 문제의식에 기초해서 제12장에서는 신자유주의 시대의 자본주의 경제, 정치, 복지체제에 대해 개략적인 검토를 했다. 먼저 제2절에서는 이 시기를 세 시기로 구분해서 각각의 특성에 대해 살펴보았다. 제3절에서는 신자유주의 시대의 경제적 특성에 대해 살펴보았다. 먼저 케인스주의에서 신자유주의로의 이행을 검토하고, 금융적 축적체제로서 신자유주의 시대의 자본주의에 대해 살펴보았다. 제4절에서는 이 시기의 권력관계를 검토했다. 대처와 레이건의 집권에서 시작해 사민주의 정당과 노동계급의 위기에 대해 살펴보았다. 제5절에서는 몇 가지 중요한 주제를 중심으로 현대 복지국가의 모습을 검토했다. 노동소득분배율의 변화, 노동시장의 변화, 소득보장정책과 사회서비스 정책의 변화, 조세의 변화, 그리고 1990년대 후반에 제3의 길을 외치던 유럽 사민주의 정당의 사회투자국가를 둘러싼 쟁점을 개략했다. 마지막으로 제6절에서는 함의에 대해 정리했다.

제2절 시기 구분: 1980~2016년

제2절에서는 〈표 12.1〉에서 보는 것처럼 신자유주의 40년을 세 시기로 구분해보고 각 시기의 특성을 살펴보았다. 첫 번째 시기는 1980년대의 대략 10여 년

표 12.1 복지국가 재편기의 시대구분, 1980~2016년

시기	경제체제의 특성	권력관계의 특성	복지체제의 특성
패러다임 이행기 (케인스주의에서 신자유주의로) 1980년대	·연속된 불황 ·이윤율의 하락 ·낮은 투자와 부족한 자본축적 ·스태그플레이션 ·마이너스 경제성장 ·실업률의 폭증 ·케인스주의로의 복귀 실패 ·안정화 정책 ·제3세계 경제의 위기	·신자유주의 세력의 집권 ·조직노동의 약화와 부르주아의 부상 ·여성과 서비스 노동자의 증가 ·민주적 계급투쟁의 약화 ·계급에서 평화로 ·녹색당의 출현 ·공산주의 국가의 붕괴(냉전의 종식) ·제3세계 국가의 약화	·불평등과 빈곤의 증가 ·노동소득분배율의 악화와 자본소득분배율의 상승 ·비전형적 고용의 증가
1990년대~ 2008년 신자유주의의 전성기	·자본주의의 금융화 ·자본의 이윤실현 방식의 변화 ·GM에서 월마트로 ·법인과 가계의 금융화 ·이자율의 하락 ·주식시장의 활황 ·미국의 벨 에포크(좋은 시절) ·워싱턴 컨센서스와 IMF와 WTO의 부상 ·낮은 이자율과 부동산의 가열 ·신용의 증권화	·국가의 위기관리국가로의 전환 ·금융자본과 중간계급의 연대(증권시장) ·사민당의 부상과 제3의 길 ·사민주의의 중도적 국민정당화 ·제3세계 국가의 약화와 멕시코의 사파티스타 반군(반세계화)	·감세의 본격화 ·연금 개혁 ·사민주의의 기획으로 사회투자국가의 확산 (결과의 평등에서 기회의 평등으로) ·사회서비스 분야의 확대와 남성의 돌봄 참여의 제도화 ·노동시장의 유연화 ·노동연계복지의 확대 ·돌봄 제국주의의 등장
2008년~현재 신자유주의의 위기	·금융적 축적의 위기 ·구제금융, 금리 인하, 양적 완화 정책 ·남부유럽의 위기 ·미 재무부증권의 발행 ·새로운 자본축적 방식의 모색 ·중국의 부상	·남미에서의 좌파적 대안 ·대안 없는 사민주의의 위기 ·새로운 노동계급의 형성? ·반자본주의 운동	·2008년의 금융위기 이후 정부 부채의 폭증 ·보편주의의 약화 ·기본소득의 제기

에 해당한다. 경제적으로는 1980년대 초의 연속된 경제위기로 자본주의가 위기에 처한 시기였다. 스태그플레이션과 실업이 일상화되었고, 낮은 투자, 이윤율의 하락, 자본축적의 저하는 자본주의를 위기로 몰아갔다. 전통적인 케인스주의의 유효수요 확대 전략을 실행했지만 약발이 먹히지 않았던 시기였다. 또한 서구 국가의 안정화 정책으로 이자율이 높아지면서 제3세계가 외채 위기에 직면했던 시기였다. 한국에서도 1980년대의 외채 증가가 중요한 사회적 이슈였다. 권력관계

의 특성으로 보면, 조직노동이 약화되고 여성이 본격적으로 서비스와 관련된 노동시장에 참여하기 시작하면서 노동계급의 성격이 변화한 시기였다. 반면 자본가의 힘은 강화되었고, 사회적 균열은 계급에서 평화, 여성, 환경 등으로 옮겨가고 있던 시기였다. 이러한 변화와 힘의 역전은 복지국가를 발전시켰던 중요한 기제였던 민주적 계급투쟁을 어렵게 했다. 더욱이 공산주의 체제가 붕괴하면서 사회주의는 자본주의의 대안 담론으로서의 힘을 잃어가기 시작했다. 복지체제의 관점에서 보면, 국가의 역할이 축소되고 노동시장에서 나쁜 일자리와 실업이 증가하면서 노동소득분배율이 악화되기 시작했다.

두 번째 시기는 1990년대부터 2008년의 금융위기 직전까지이다. 경제적으로는 자본주의의 축적 방식이 산업적 축적에서 금융적 축적으로 변화한 시기였다. 제너럴 모터스(General Motors, GM) 같은 자동차 제조업체가 금융기관으로 탈바꿈하고 중심 산업이 제조업에서 서비스업으로 이행한 시기였다. 이자율의 하락과 함께 주식시장이 활성화되었고, 돈이 미국으로 모이면서 미국 자본주의는 그야말로 좋은 시절을 보냈다. 하지만 낮은 이자율이 부동산 거품을 만들면서 2008년의 금융위기로 치닫고 있던 시기였다. 자본의 이윤실현 방식도 생산과 거래비용을 외부화하는 방식으로 변화하면서 좋은 일자리보다 나쁜 일자리가 더 많이 만들어졌다. 국제질서의 측면에서는 브레튼우즈(Bretton Woods) 체제와 '관세 및 무역에 관한 일반협정(GATT)'을 대신해서 국제통화기금(IMF)과 세계무역기구(WTO)가 국제관계를 관리했고, 워싱턴 컨센서스(Washington Consensus)라는 새로운 질서가 형성되었다. 권력관계의 특성으로 보면, 국가의 역할이 위기관리로 전환되고 금융자본과 중간계급의 연대가 금융시장을 중심으로 이루어진 시기이다. 사민당은 전통적인 계급정당의 성격을 더욱 탈각시키고 중도적 국민정당으로의 전환을 시도했다. 제3세계에서는 멕시코의 사파티스타 반군과 같이 세계화에 대항하는 민중의 저항이 조직된 시기였다. 복지체제의 관점에서 보면, 감세가 본격화되었고, 주요 국가에 가장 큰 소득보장정책인 연금급여를 통제하는 기제가 도입되었으며, 부분적이지만 연금이 민영화되었다. 사회민주주의 계열의 정당들은 앞 다투어 '사회투자'를 외치면서 복지국가의 역할을 '결과의 평등'에서 '기회의 평등'으로 전환하려는 시도를 했다. 노동시장은 더욱 유연화되었고, 일부 유럽 국가에서는 유연안정성이라는 새로운 사회보장의 틀이 실험되었다. 사회서비스와 관련해서는 북유럽을 중심으로 남성의 돌봄 참여를 제도화하기 위한 시도가 있었고, 남부유럽에서는 돌봄 요구를 이주여성의 노동력을 활용해서 대응하려는 시도가 있었다. 많은 제3세계 여성이 제1세계 여성의 돌봄을 대신하기 위해 서구 국가로 이주하면서 그야말로 저렴한 비용으로 제3세계 여성의 돌봄을 이용하는 '돌봄 제국주의'가 등장한 시기이기도 했다.

마지막으로 세 번째 시기는 2008년의 금융위기에서 시작해 현재까지이다. 경제적으로는 좋은 시절이 사라지고 금융축적이 위기에 처하면서 신자유주의 시대에 대규모로 국가 개입이 이루어졌다. 2008년 이후에 남부유럽의 재정위기, 영국의 유럽연합 탈퇴 등 자본주의의 위기가 해소되지 않고 위태로운 시간이 흘러가고 있는 시기이다. 신자유주의의 금융적 축적 방식을 대신할 새로운 축적 방식은 아직 나타나지 않았다. 권력관계의 측면에서 보면, 남미에서 새로운 좌파적 실험이 계속되었고 신자유주의에 대한 대안을 제시하지 못한 사민주의는 위기에 처했다. 이탈리아에서는 사회당이 해체되었고, 프랑스에서는 2017년에 대선과 총선을 거치면서 사회당이 심각한 타격을 입었다. 반자본주의 운동이 부분적으로 전개되고 있지만 아직 주류를 형성하지는 못했다. 노동계급의 분화도 계속되면서 전통적 노동계급이 해체되고 있는데 새로운 노동계급의 모습은 아직 등장하지 않은 시기이다. 유럽 각지에서의 극우파의 준동 또한 주목할 만한 현상이다. 복지체제의 관점에서 보면, 2008년 이후에 정부 부채가 폭발적으로 증가했고, 전후 복지국가의 보편주의 성격이 약화되었으며, 노동과 연계된 복지의 확대와 선별성이 강화되었다. 이에 대항해 일부에서 기본소득을 주장하지만, 아직까지 복지국가의 대안으로 부상하지는 못했다.

제3절 1980년대 위기 이후의 자본주의:
신자유주의, 누구의 황금시대인가?

1980년대 초의 자본주의 세계체계의 극심한 불황은 자본주의 황금시대의 조종을 알리는 명확한 징표처럼 보였다. 1980년대 초에 미국 경제는 W자형 불황(더블딥, Double dip)이라고 불리는 불황에 빠졌다. 1980년 중반에 경기가 일시적으로 회복되자 미국 연방준비제도 의장인 볼커(Paul Volcker)는 출구전략을 선택했는데, 볼커의 너무 빠른 출구전략이 1981~1982년에 또 한 번의 경기침체를 유발했다.[2] 〈그림 12.1〉에서 보는 것과 같이 미국 경제는 1980년 1월부터 7월까지 1차 불황에 빠졌고, 1981년 초에 잠깐의 경기상승을 경험한 이후 1981년 7월부터 1982년 11월까지 다시 불황에 빠졌다.[3] 1982년 10월 실업률은 10.8%로 정점을 찍었다. 자본주의 세계경제의 패러다임이 전환되고 있던 1980년대는 이렇게 연속적인 불황으로 시작되었다. 미국만이 아니었다. OECD 국가들도 유사한 상황에 직면했다. 스웨덴과 영국은 W자형 불황을 경험하지는 않았지만 기본적으로 미국의 경기변동과 유사한 경향을 보였다.

이러한 상황에서 국민국가의 정책을 결정했던 담당자들이 분명하다고 생각했던 것은 스태그플레이션이라는 자본주의의 새로운 위기에 대해 케인스주의가 더 이상 적절한 대응책이 될 수 없다는 것이었다. 케인스주의가 단지 자본주의가 직면했던 경제적 문제를 해결하기 위한 국가의 개입만을 의미했던 것이 아니라 전후 자본주의 사회가 추구했던 사회적 목표를 달성하기 위한 국가의 개입을 의미했음에도 불구하고, 케인스주의에 근거해 추진되었던 사회적 목표는 잊혀졌다.[4] 국가의 개입은 1970년대에 위기를 불러일으킨 악으로 간주

....

2   윤소영(2010). "2007-09 금융위기: 마르크스주의적 분석과 대안." 윤소영·윤종희·박상현. 『2007-09년 금융위기 논쟁』. pp.9-106. 서울: 공감. p.52.

3   Elwell, C.(2012). "Double-dip Recession: Previous Experience and Current Prospect." *Congressional Research Service Report for Congress.* p.6.

4   Appleby, J.(2012[2010]). 『가차없는 자본주의: 파괴와 혁신의 역사』. 주경철·안민석 역. (*The Relentless Revolution: A History of Capitalism*). 서울: 까치글방. p.372.

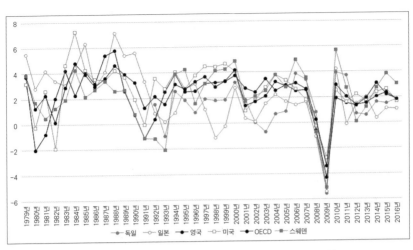

그림 12.1 실질 GDP 성장률(OECD, 미국, 독일, 스웨덴, 영국, 일본), 1977~2016년

출처: OECD(2017). Real GDP forecast(indicator). doi: 10.1787/1f84150b-en(Accessed on 18 June 2017).

되었고, 시장은 정부의 구속으로부터 경제를 해방시켜 활성화시킬 선으로 간주되었다. 누구에게는 견디기 힘들었던 상황이 또 다른 누구에게는 축복이 되었다.

사실 황금시대의 종말 이후에 자본주의의 위기는 1980년대에 국한된 현상은 아니었다. 〈그림 12.1〉에서 보는 것처럼 1980년대부터 지금까지 경제위기는 주기적으로 찾아왔다. 1987년의 금융위기, 1989년의 정크 본드 위기, 1989년의 저축은행 붕괴와 일본의 장기침체, 1997년에 태국에서 시작된 동아시아 외환위기, 1998년 말의 헤지펀드 LTCM(Long-Term Capital Management)의 파산, 2000년의 미국 신경제(닷컴경제)의 붕괴, 2001년 말의 엔론(Enron, 에너지기업)의 파산, 그리고 2008년에 미국의 서브프라임 모기지 사태로 촉발된 세계적인 경제위기와 남부유럽의 위기에 이르기까지 신자유주의 40년 동안 자본주의는 끊임없는 위기에 직면했다. 하지만 자본주의는 붕괴하지 않았고 여전히 지배적인 생산양식으로 자리하고 있다. 위기에도 불구하고 미국은 여전히 전 세계의 국민국가들에 부유한 이웃이고, 애덤 스미스(Adan Smith)가 『국부론』에서 이야기했던 것처럼 부유한 이웃 나라인 미국은 세계의 많은 국가들에 좋은 시장을

제공해주었다.[5]

이러한 인식에 기초해 이 절에서는 1980년대부터 진행된 자본주의 경제의 변화가 정말 자본주의 황금시대의 종말을 알리는 것이었고 1945년 이후에 공고해진 미국 헤게모니의 해체를 의미했던 것인지 되짚어보는 것이다. 애덤 스미스의 말처럼 미국은 여전히 부유한 이웃으로 남아 있는 것일까? 그리고 역사적 복지국가는 그 부유한 이웃이 만들어놓은 질서에서 여전히 자신의 존재가치를 증명하고 있는 것일까?

1. 자본주의 황금시대 이후의 자본주의: 케인스주의에서 신자유주의로의 이행

1) 1980년대의 자본주의 경제

1980년대는 1970년대 초에 시작된 자본주의 세계경제의 침체가 지속되었던 시기였다. 이 기간 동안에 자본주의 세계경제에서는 "투자 증가율의 급락, 생산성 증가율의 대폭적인 감소, 임금 상승률의 둔화, 대공황 수준의 실업률, 연속적인 불황과 금융 공황이" 계속되었다. 1980년대에 들어서도 자본주의 세계경제는 과잉설비와 과잉생산 문제를 해결하지 못했고, 〈그림 12.2〉에서 보는 것처럼 이윤율은 급격히 저하했다. 제조업의 평균이윤율은 1959~1969년에 24.6%에서 1979~1990년에 13.0%로 무려 47.2%나 하락했다.[6] 비제조업의 이윤율에 큰 변화가 없었던 것과 비교해보면, 사실상 황금시대의 종말과 침체는 제조업의 위기로 인한 것이었다. 제조업의 이윤율 하락에 직면한 국민국가는 케인스주의 수요정책을 실시했지만 결과는 참담했다. 수요보조정책은 경쟁력 없는 제조업 생산

....

5 "이웃 나라가 부유한 것은 전쟁이나 정치에서는 위험하지만 무역에서는 확실히 유리하다. (…) 평화시에 교역을 할 때 그것은 우리들이 더욱 큰 가치를 교환할 수 있게 하며, 우리 산업의 직접적 생산물이나 그 생산물로 구입한 것에 대해 더 좋은 시장을 제공할 것이다." Smith, A.(2007[1776]). 『국부론』(개역판). 김수행 역. (Wealth of Nations). 서울: 비봉출판사. p.601.

6 Brenner, R.(2002). 『붐 앤 버블: 호황 그 이후, 세계 경제의 그늘과 미래』. 정성진 역. 서울: 아침이슬. (The Boom and Bubble). pp.43-58.

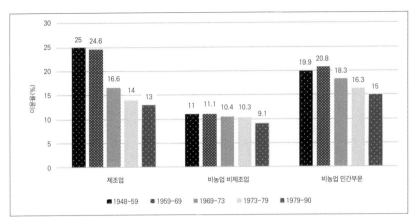

그림 12.2 제조업, 비농업 비제조업, 비농업 민간 부문의 이윤율 추이, 1948~1990년
출처: Brenner. 『붐 앤 버블: 호황 그 이후, 세계 경제의 그늘과 미래』. p.58.

자를 시장에 머물게 해서 장기침체의 원인이었던 과잉생산과 과잉설비 문제를
더 악화시켰다. 이처럼 1970년대 말과 1980년대 초에 행해졌던 케인스주의 정책
은 성장 없는 인플레이션을 유발했다. 자본주의 황금시대를 이끌었던 제조업도,
케인스주의 수요관리정책도 모두 커다란 장벽 앞에 멈추어 설 수밖에 없었다.

미국이 자국 제조업의 경쟁력을 높이기 위해 지속적인 경상수지 적자와 달
러의 평가절하를 단행하자 국제금융은 위기에 빠졌다. 결국 달러라는 기축통화
를 활용한 정책은 한계에 직면했고, 미국, 영국, 서독 등 주요 자본주의 국가의 정
책은 인플레이션 억제, 사회보장 축소, 구매력 제한과 삭감 등과 같은 안정화 정
책으로 전환되었다. 케인스주의 수요보조정책은 중단되었고, 미국을 중심으로
한 자본주의의 경제정책은 통화주의 긴축신용정책과 공급주의정책으로 극적인
전환이 이루어졌다. 국가가 수요에 대한 보조를 중단(감소)하자 불황은 불가피
해졌다.[7] 복지국가의 운명을 바꿀 1980년대의 자본주의 세계경제는 그렇게 시작
되었다. 미국을 위시한 서구 자본주의 국가의 안정화 정책은 이자율 상승과 함께

....

7   Beaud, M.(2015[2010]). 『미셸 보의 자본주의의 역사 1500~2010』. 김윤자 역. (*Histoire de Capital-
     isme*). 서울: 뿌리와 이파리. p.465; Brenner. 『붐 앤 버블: 호황 그 이후, 세계 경제의 그늘과 미래』.
     pp.72-73.

서구 국가의 수요를 감소시켜 제3세계 국가의 경제에도 심각한 영향을 주었다. 남미의 경제성장률은 1980년 이후에 3년 동안 마이너스 성장률을 기록했고, 사하라 사막 이남의 국가들 또한 1982년 이후에 3년 동안 마이너스 성장을 기록했다. 제3세계 국가에서는 외채위기가 극적으로 증가했다.[8] 1980년대 이후에 세계는 더 불평등해졌다.

실업, 제조업 고용의 감소와 서비스업 고용의 증가

분배체계라는 관점에서 보면 실업률의 증가는 복지국가 성장의 전제가 되었던 자본주의 황금시대의 종언을 알리는 대표적 경제 지표이다. 전후 복지국가가 남성 제조업 노동자의 안정적 고용에 기초해 제도화되었다는 점을 고려하면, 실업의 증가는 전후 복지국가의 토대를 허물어뜨리는 것과 같았기 때문이다. 사실상 전후 복지국가는 남성 노동자가 노동시장에서 직면하는 실업, 질병, 노령, 산재 등과 같은 사회적 위험에 대응해 생계부양자로서 남성 노동자의 소득을 보존해줌으로써 노동자와 부양가족에게 안정적인 생활을 보장해주는 분배체계였다. 하지만 〈그림 12.3〉에서 보는 것처럼 1980년대에 들어서면 실업률이 급격히 높아지면서 복지국가는 위기에 처했다. 영국의 경우를 보면, 대처가 집권한 1979년에 5.4%였던 실업률은 1980년에 6.8%, 1981년에 9.6%로 높아졌고 1984년에 11.8%로 정점을 찍었다. 대처 집권 5년 만에 실업률이 두 배나 높아진 것이다. 미국의 실업률도 1979년에 5.8%에서 1983년에 9.6%로 2008년의 금융위기 이전까지 가장 높은 수치를 기록했다. 영국과 미국의 실업률이 1980년대 중반을 거치면서 다소 낮아진 것에 반해 독일의 실업률은 1980년에 2.5%에서 2005년에 11.2%에 달할 때까지 계속 높아졌다.

예외가 있다면 일본과 스웨덴이었다. 일본은 1980년대 내내 2%의 낮은 실업률을 유지했고, 스웨덴도 1990년대 초에 경제위기에 직면하기 이전까지 1~3%대의 실업률을 유지했다. 사실 실업률의 증가는 경제위기로 인해 일자리가

....

8   Beaud. 『미셸 보의 자본주의의 역사 1500~2010』. p.445.

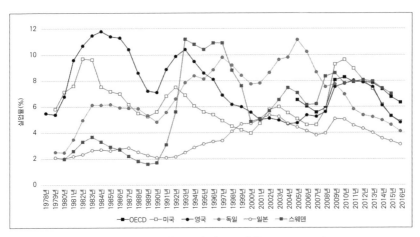

그림 12.3 실업률의 변화(OECD, 미국, 영국, 독일, 일본, 스웨덴), 1978~2016년

출처: OECD(2017). Unemployment rate(indicator), doi: 10.1787/997c8750-en(Accessed on 18 June 2017);
Indexmundi(2017). 1980~1999년 스웨덴 실업률: Sweden unemployment rate(Accessed on 18 June 2017). http://www.
indexmundi.com/sweden/unemployment_rate.html, 1978~1999년 영국 실업률: Office for National Statistics(2017).
Unemployment rate(aged 16 and over, seasonally adjusted), (Accessed on 18 June 2017). https://www.ons.gov.uk/
employmentandlabourmarket/peoplenotinwork/unemployment/timeseries/mgsx/lms

감소했기 때문에 발생한 것이 아니었다. OECD 통계를 보면 1973~1989년까지
고용률은 연평균 1.1%씩 증가했기 때문이다. 문제는 고용률의 증가율보다 노동
시장에 참여하는 인구의 증가율이 더 컸다는 것이다. 동기간 동안 노동인구의 연
평균 증가율은 1.1%보다 높은 1.3%를 기록했고, 이러한 차이가 누적되면서 실
업률이 증가했던 것이다.[9] 다만 노동인구의 증가는 높은 실업률을 설명하는 여러
가지 원인 중 하나일 뿐이다. 국민국가가 노동인구의 증가를 수용할 수 있는 일
자리를 창출할 역량을 갖고 있었다면 노동인구의 증가 때문에 실업률이 증가하
는 현상은 나타나지 않았을 수도 있었기 때문이다.

　문제의 복잡성은 높은 실업률이 국민국가의 일자리 창출 능력과 관련된 것
이 아니었다는 데 있었다. 황금시대 이후에도 일부 국가를 제외하면 국민국가의

....

9　Amstrong, P, Glyn, A. and Harrison, J. (1993[1991]). 『1945년 이후의 자본주의』. 김수행 옮김. (*Cap-
italism since 1945*). 서울: 동아출판사.

일자리 창출 능력은 생각했던 것처럼 심각하게 약화되지 않았다. 1980년대 초의 실업 문제가 가장 심각했던 미국의 일자리는 1980~1994년 기간 동안 25.5% 증가했다. 반면 1980년대 내내 낮은 실업률을 기록했던 스웨덴에서는 동기간 동안 일자리가 4.5% 감소했다.[10] 일부에서는 실업의 증가가 일본과 한국 같은 신흥공업국의 등장으로 제조업의 수출이 감소해 발생했다고 주장한다. 우드(Wood)는 선진국과 개발도상국 간의 무역장벽을 제거한 것과 개발도상국가에서의 기초교육의 확대가 선진국에서 저숙련 노동자들의 상대적 수요를 감소시켰다고 주장하면서 신흥공업국의 등장이 선진국의 높은 실업률의 원인이라고 지적한다.[11] 그러나 이러한 주장은 그리 설득력이 있지 않다. 유럽경제공동체(European Economic Community)의 공산품 순수출 규모는 1973년에 350억 달러에서 1987년에 970억 달러로 세 배 가까이 증가했기 때문이다. 또한 제조업 생산에서 순수출이 차지하는 비율도 7% 내외로 안정적이었다.[12] 유럽연합의 전체 무역거래 중 비유럽엽합 국가와의 거래는 10%를 넘지 않았고, 이마저도 대부분 북미, 오세아니아, 동유럽 등과의 거래였지 제3세계 개발도상국가와의 거래는 아니었다.[13] 더욱이 무역이 실업에 중요한 영향을 미쳤다면 스웨덴과 같은 개방국가가 더 큰 타격을 받아야 했지만, 1980년대에 실업 문제가 심각했던 국가는 유럽의 소국이 아니라 상대적으로 큰 내수시장을 갖고 있었던 미국, 독일, 영국이었다.

1970년 중반부터 1985년까지 높은 실업률의 가장 중요한 원인 중 하나는 낮은 투자 수준과 부족한 자본축적이었다.[14] 〈표 12.2〉에서 보는 것처럼, 이윤율의

....

10 Esping-Andersen, G. (2006[1999]). 『복지체제의 위기와 대응: 포스트 산업경제의 사회적 토대』. 박시종 역. (*Social foundations of postindustrial economies*). 서울: 성균관대학교출판부. pp.206-207. 스웨덴에서의 일자리 감소에는 1990년대 초의 경제위기가 큰 영향을 미쳤던 것으로 보인다. 〈그림 12.3〉에서 보는 것처럼 스웨덴의 실업률은 1980년에 2.0%에서 1993년에 11.2%로 무려 여섯 배 가까이 증가했다.

11 Wood, A. (1994). *North-South Trade: Employment and Inequality*. New York: Oxford Clarendon Press.

12 Amstrong et al. 『1945년 이후의 자본주의』. p.356.

13 Esping-Andersen. 『복지체제의 위기와 대응: 포스트 산업경제의 사회적 토대』. p.208.

14 Duménil, G. and Lévy, D. (2006[2000]). 『자본의 반격: 신자유주의 혁명의 기원』. 이강국·장시복 역. (*Crise et Sortie de Crise: Ordre et Désordres Néolibeéraux*). 서울: 필맥. p.47.

표 12.2 미국과 유럽의 이윤율 경향

	미국		유럽	
	1965~1974년	1975~1984년	1965~1974년	1975~1984년
이윤율	20.6	15.4	18.1	13.8
축적률	3.8	3.0	4.8	2.3
실업률	4.6	7.7	1.8	6.1

출처: Duménil and Lévy. 『자본의 반격: 신자유주의 혁명의 기원』. p.49.

하락이 축적의 둔화를 낳았고 축적의 둔화가 대량실업으로 이어진 것이다. 더불어 이러한 현상으로 인한 제조업의 쇠퇴가 고용구조를 변화시키면서 1980년대부터 고용이 본격적으로 감소하기 시작한 것이다. 서비스업 일자리가 증가했지만 제조업 일자리의 감소로 인한 실업 문제를 상쇄하지는 못했다. 제조업의 고용은 특정 지역에 집중되어 있는 반면 교육, 보건, 식당, 상점 등의 서비스업 일자리는 사람들의 거주지에 따라 균등하게 분포되어 있고 서비스업은 제조업에서 발생하는 소득에 의존하고 있기 때문에 제조업의 고용이 저하된 지역은 서비스업의 고용도 제한적일 수밖에 없었기 때문이다.[15] 또한 윌리엄 보몰(William Baumol)이 주장한 것과 같이 서비스업은 장기적인 '비용-질병' 문제에 직면하게 된다.[16] 생산성의 증가가 더딘 서비스업의 경우 제조업의 고용 감소분을 흡수할 수 있다고 해도 (국가의 개입이 없는 한) 서비스업 일자리의 대부분이 저숙련·저임금 일자리로 귀결될 가능성이 높다. 결국 서비스업을 통해 생산과 소비의 확대라는 경제의 선순환 구조를 창출하는 일은 쉽지 않았다.

더욱이 제조업 노동자와 달리 서비스업 노동자의 조직률이 낮다는 점을 고려하면 서비스업 노동자의 확대는 분배를 둘러싼 국민국가 내의 권력관계에도 심대한 영향을 준다. 황금시대를 선도했던 GM 같은 제조업과 1980년대 이후에 두각을 나타내기 시작한 월마트(Walmart) 같은 서비스업 간에는 분명한 차이가 있었다. GM의 노동자는 중산층이었지만, 월마트의 노동자는 '노동빈곤층

....

15 Amstrong et al. 『1945년 이후의 자본주의』. p.357.

16 Esping-Andersen. 『복지체제의 위기와 대응: 포스트 산업경제의 사회적 토대』. p.226.

(working poor)'이었다. 노동자의 조직화 여부가 둘 간의 차이를 만든 중요한 변수 중 하나였다. 열악한 노동환경에 처했을 때 GM의 노동자들은 강력한 노동조합을 만들어 상대적으로 높은 임금과 노동조건을 확보했지만, 월마트의 노동자들은 단지 개별 노동자로만 존재했다.[17]

2) 황금시대로 복귀하려는 시도들

1970년대의 경제위기에 대한 우파 정부의 대응은 인플레이션을 억제하는 거시경제정책과 시장을 우선하는 미시경제정책의 결합에 기초했다. 이를 위해 우파 정부는 재정지출을 축소하고 이에 저항하는 조직노동의 힘을 약화시키려고 했다.[18] 하지만 우파 정부의 디플레이션 정책이 아무런 저항 없이 시행된 것은 아니었다. 구체적인 방식은 상이했지만 영국, 프랑스, 미국, 일본, 독일 등 선진 여러 국가에서 1970년대의 경제위기를 케인스주의에 기초해 돌파하려는 시도가 있었다. 1973년의 석유위기로 경제위기가 가중되었지만, 영국 노동당은 '완전고용과 사회적 평등'을 증진한다는 전후 합의를 지키려고 했다. 노동당 정부는 보수당 정부로부터 OECD 국가 중 가장 큰 규모의 재정적자를 넘겨받았지만 디플레이션 정책을 실행하지 않았다. 영국의 경제상황은 다른 OECD 국가에 비해 더 나빴다. 노동당 정부는 1978년에 대규모 재정지출을 감행했지만 전통적 케인스주의 정책은 영국이 직면한 경제위기를 완화시키지 못했다. 재정적자로 인해 영국 스틸링화가 위기에 처했고, 주요국의 중앙은행들이 신용공급을 거부하자 영국 노동당 정부는 IMF에 대부를 요청하지 않을 수 없었다. 노동당 정부가 감세와 재정지출을 축소하자 경제회복과 고용증대가 아니라 극심한 인플레이션이 발생했고 실업이 증가했다. 결국 정책은 실패했고, 노동당은 대처가 이끄는 보수당에 참패했다.[19]

프랑스의 상황도 다르지 않았다. 특히 프랑스에서는 제2차 세계대전 이후인 1981년에 사회당이 처음으로 집권에 성공했다. 사회딩은 엉국과 미국의 우파 정

....

17   Appleby. 『가차없는 자본주의: 파괴와 혁신의 역사』. p.407.
18   Amstrong et al. 『1945년 이후의 자본주의』. p.459.
19   Amstrong et al. 『1945년 이후의 자본주의』. p.461.

권의 디플레이션 정책으로 대표되는 신자유주의의 길을 거부하고 전통적인 수요확대정책을 시행했다. 프랑수아 미테랑(Francois Mitterrand) 정부는 실업률을 낮추기 위해 임금과 사회지출을 확대해 소비를 늘리려고 했다.[20] 최저임금을 20% 올렸고, 가족수당, 주택수당 등 사회수당을 확대했다. 공공부문에 대한 투자도 늘려 공공부문의 고용을 확대했고, 노동시간을 단축시켜 고용을 확대하려는 시도도 했다. 경쟁력을 강화한다는 명목으로 과감한 국유화도 단행했다. 전기, 전자, 철강 관련 기업을 매입하고 컴퓨터, 통신, 항공 분야의 대기업도 국영기영으로 전환했으며 39개의 은행을 국유화하는 조치를 취했다. 당시로서는 시류를 거스르는 혁명적 조치였다.[21] 하지만 수요확대정책은 수입의 급격한 증가와 함께 급격한 인플레이션을 유발했다. 미테랑의 사회당 정부는 세 차례에 걸친 프랑화의 평가절하와 함께 사회보장을 축소하고 재정적자를 줄이는 디플레이션 정책으로 선회할 수밖에 없었다. 결국 낮은 이윤율, 강력한 노동조합, 제한된 해외 수요, 경기에 대한 투자자의 의구심이 존재하는 상황에서 재정정책을 통한 수요확대라는 케인스주의 정책이 작동할 수 있는 여지는 거의 없었다.[22] 프랑스의 역설은 전후 합의를 파기한 것이 영국에서처럼 우파 정권이 아니라 좌파였다는 사실이다.[23] 사민당이 집권한 스웨덴에서도 신자유주의를 피할 수 없었다. 경제위기에 맞서 공적 고용을 확대했고, 노동시간을 줄여 일자리를 늘리는 적극적 노동시장 정책을 취했다. 이러한 노력의 결과로 1980년대까지 스웨덴의 상황은 다른 유럽 국가들에 비해 나았다. 그러나 1980년대 후반에 들어서면서 자본과 노동의 힘의 관계가 자본 쪽으로 기울기 시작하면서 1986년부터 공공부문의 고용이 축소되고 신자유주의가 확산되기 시작했다.[24]

1970년대에 미국의 공화당 정부[리처드 닉슨(Richard Nixon)과 제럴드 포드

....

20 Amstrong et al. 『1945년 이후의 자본주의』. p.461.
21 강상구(2000). 『신자유주의의 역사와 진실』. 서울: 문화과학사. pp.189-199.
22 Amstrong et al. 『1945년 이후의 자본주의』. pp.460-464.
23 Judt, T.(2008[2005]). 『포스트 워 1945~2005』. 조행복 옮김. (*Postwar: A history of Europe since 1945*). 서울: 플래닛. p.899.
24 강상구(2000). 『신자유주의의 역사와 진실』. 서울: 문학과학사. pp.191-192

(Geralde Ford)]는 경기후퇴에 대응하기 위해 미국 역사상 가장 큰 규모의 조세 감면 정책을 실행하는 등 대규모 수요부양정책을 단행했다.[25] 공화당 정부만이 아니었다. 민주당의 지미 카터(Jimmy Carter) 행정부도 공화정 정부와 유사한 수요부양정책을 지속했다. 경제가 공황에 빠지는 것을 막기 위해 미국 정부는 1975년부터 1979년까지 연평균 GDP의 19.2%에 달하는 차입을 단행했다. 이러한 차입 규모는 미국이 베트남에 개입했던 1965~1970년의 두 배에 이를 정도로 엄청 났다.[26] 기업들은 경제위기를 기회로 직간접적인 노동비용을 줄이고 노동운동을 억제함으로써 생산비용을 개선시킬 수 있었다. 하지만 결과는 좋지 않았다. 정부의 재정정책에 의해 수요가 진작되었고 기업의 비용이 감소했으며 달러의 평가절하를 통해 그 비용을 외국에 전가할 수 있었지만 제조업의 수익성은 개선되지 않았다. 문제는 결국 케인스주의 정책에 있었다. 수요보조정책이라고 할 수 있는 전통적인 케인스주의 정책은 과잉생산과 과잉설비 문제를 해결하지 못했기 때문이다. 결국 미국도 케인스주의와 반대되는 디플레이션 정책으로 선회할 수밖에 없었다.[27] 하지만 놀라운 사실은 공급주의 정책을 전면화한 레이건 정부 또한 성장이 정체되고 금리까지 인상되자 대규모 재정적자를 받아들일 수밖에 없었다는 것이다. 케인스주의에 반대했던 레이건 행정부가 케인스주의 정책을 실행하는 모순적인 상황이 발생한 것이다.[28]

유럽과 미국보다는 늦었지만 일본에서도 1970년대 후반에 들어서면서 민간 경제의 자본스톡과 생산의 연평균 증가율이 1963~1973년에 12.5%에서 3.2%로 폭락했다. 정부의 케인스주의 수요확대정책이 문제를 해결할 수 있는 유일한 길처럼 보였다. 그래서 일본도 1977-1978년에 경기부양정책을 실시했다. 하지만 효과는 일시적이었을 뿐 일본 경제가 직면한 구조적 문제만 더 분명하게 보여

....

25 Calleo, D.(1982). *The Imperious Economy*. Cambridge, MA: Harvard University Press. pp.130-141.
26 Brenner. 『붐 앤 버블: 호황 그 이후, 세계 경제의 그늘과 미래』. p.294.
27 Brenner. 『붐 앤 버블: 호황 그 이후, 세계 경제의 그늘과 미래』. pp.295-303.
28 Duménil and Lévy. 『자본의 반격: 신자유주의 혁명의 기원』. p.117.

주었다. 수요확대정책으로 제조업 생산과 수출이 증가하자 일본의 대외수지 흑자가 급증하면서(반면 미국에서는 대외수지 적자가 급증했다) 엔화 가치가 치솟고 수출이 급감했다. 재정적자를 통한 수요 확대가 인플레이션을 유발하자 1979년부터 재정지출을 축소하면서 일본의 내수경기가 둔화되었다. 더욱이 선진 국가의 경기가 후퇴하자 일본 경제는 장기침체에 빠져들었다.[29] 독일도 유사한 딜레마에 빠졌다. 정부에 의한 케인스주의 수요보조정책은 경쟁력이 없는 기업을 유지시키고 임금통제를 어렵게 했다. 하지만 수요보조정책을 중단하면 경쟁력이 없는 기업을 퇴출시킬 수는 있겠지만 경제를 더 어렵게 할 수 있었다.[30]

1970년대 중반 이후 경제위기에 대해 전통적 케인스주의 수요보조정책으로 대응하려던 선진 자본주의 국가의 시도는 문제를 해결하는 것이 아니라 더 심화시켰다. 1970년대의 자본주의 위기의 근본적 원인은 이윤율 하락에 있었지만 전통적 케인스주의 정책으로는 이를 개선할 수 없었다.[31] 케인스주의 수요보조정책은 인플레이션에 직면해 기업의 수익성을 회복시키는 데 실패했고 실질임금을 높이지도 못했다. 상황이 이렇게 되자 수요보조정책에 대한 정치적 지지가 약화되었다. 1970년대의 위기에 대해 자본주의는 인플레이션을 유발하지 않고 완전고용을 보장할 수 있는 길을 찾지 못했다. 미국의 초당파적인 의회 연구기관의 보고서에서는 완전고용을 달성하려는 정책은 필연적으로 인플레이션을 유발할 수밖에 없다고 결론을 내렸다.[32] 결국 안정화 정책에 저항했던 미국은 케인스주의 수요정책을 포기했고, 미국의 주도 아래 선진 여러 국가는 "통화주의 신용 긴축 및 비용 삭감을 목적으로 하는" 공급주의로 정책을 전환했다. 전후 합의가 폐기되고 대역전이 일어난 것이다.[33]

....

29   Brenner. 『붐 앤 버블: 호황 그 이후, 세계 경제의 그늘과 미래』. pp.316-318.
30   Brenner. 『붐 앤 버블: 호황 그 이후, 세계 경제의 그늘과 미래』. pp.325-326.
31   Duménil and Lévy. 『자본의 반격: 신자유주의 혁명의 기원』. p.42.
32   Collins, R.(2000). *More: The Politics of Economic Growth in Postwar America.* New York: Oxford University Press. p.169.
33   Brenner. 『붐 앤 버블: 호황 그 이후, 세계 경제의 그늘과 미래』. p.330.

2. 신자유주의 자본주의의 정점

1970년대에 자본주의가 위기에 직면하자 많은 사람들은 자본주의에서 더 이상 희망을 찾을 수 없다고 비관적으로 생각했다. 그러나 그들이 간과했던 사실은 자본주의가 혁신을 통해 끊임없이 변화했고 변화를 통해 새로운 부를 창출해내는 능력을 가지고 있다는 점이었다.[34] 페르낭 브로델(Fernand Brandel)의 이야기처럼 자본은 본래 돈이 되는 곳이라면 어디든지 찾아가는 속성을 지녔으며, 자본이 제조업에서 부를 얻은 것은 지난 수백 년의 자본주의 역사에서 보면 극히 예외적인 일이었다.[35] 자본주의가 생산이 아닌 금융과 유통이라는 서비스업에서 다시 이윤을 얻게 된 것은 어쩌면 자신이 익숙한 곳으로 되돌아간 것인지도 모른다. 자본주의 세계체계의 관점에서 보아도(제3장 참고) 케인스주의에서 신자유주의로의 전환은 자본주의의 축적 방식이 산업적 축적에서 화폐적 축적으로 전환된 자연스러운 현상일 수 있다. 1971년에 미국의 닉슨 대통령이 "우리는 이제 모두 케인스주의자들이다(We are all Keynesians now)."라고 이야기했던 것처럼,[36] 1980년대의 이행 과정을 거친 이후에 어쩌면 "우리는 모두 신자유주의자다."라고 이야기했어야 했을지도 모른다.

1) 금융적 축적의 시작

1980년대의 이행기를 거치고 난 이후 1990년대에 들어서면서 나타난 중요한 변화는 금융, 보험, 부동산 등 비제조업 부문의 이윤율이 제조업 부문의 이윤율보다 더 높아지기 시작했다는 점이다. 〈그림 12.4〉에서 보는 것처럼 1985년을 기점으로 이윤율의 역전이 나타나기 시작했다. 실제로 미국 전체 법인기업의 이윤에

....

34 Appleby. 『가차없는 자본주의: 파괴와 혁신의 역사』. p.412.
35 Braudel, F.(1996). 『물질문명과 자본주의 II-1: 교환의 세계−상』. 주경철 역. (*Civilisation Materielle, Economie et Capitalisme*). 서울: 까치. p.326.
36 Arthur, D.(2009). Pedantic fact checking-Did Nixon really say "we are all Keynesians now"? http://clubtroppo.com.au/2009/02/15/pedantic-fact-checking-did-nixon-really-say-we-are-keynesians-now/, 접근일 2016년 2월 12일.

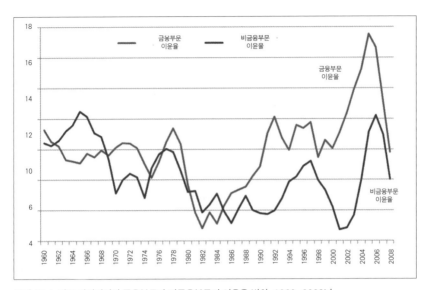

그림 12.4 미국 법인기업의 금융부문과 비금융부문의 이윤율 변화, 1960~2008년

출처: Khatiwada, S.(2010). "Did the Financial Sector Profit at the Expense of the Rest of the Economy? Evidence from the United States." *ILO Discussion Paper*, 206. Figure 2. p.3.

서 금융부문이 차지하는 비중은 1984년에 15%에서 1993년에 36%로 높아졌다.[37] 2004년에 미국의 대표적인 제조업 기업인 GM이 벌어들인 총수입 중 GM의 할부금융자회사인 GMAC(General Motors Acceptance Corporation)의 수입이 차지하는 비중은 무려 80%에 달했다.[38] 2008년의 금융위기를 계기로 GMAC는 미국 연방준비제도이사회(FRB)의 승인 아래 은행지주회사로 전환했다.[39] 자동차회사가 금융회사로 바뀐 것이다. 주목할 점은 1980년대 중반을 거치면서 금융부문의 이윤 증가율이 비금융부문의 이윤 증가율보다 더 가파르게 높아졌다는 것이다.

특히 1997년의 동아시아 경제위기와 연이어 닥친 2000년의 닷컴경제(신경제)의 붕괴로 미국 경제가 위기에 처했을 때도 금융부문의 이윤율은 상대적으

....

37 Khatiwada. "Did the Financial Sector Profit at the Expense of the Rest of the Economy? Evidence from the United States." p.2.

38 Blackbur, R.(2006). "Finance and the Foruth Dimension." *New Left Review* 39: 39-70. p.44.

39 매일경제(2008). "성탄선물 받은 GM, GMAC 은행지주회사 전환 승인." 『매일경제』. 2008년 12월 25일. 출처: http://news.mk.co.kr/newsRead.php?year=2008&no=780845, 접근일 2017년 6월 23일.

로 안정적이었다. 비금융부문의 이윤율은 1997년에 8%에서 2001년에 4%로 폭락했지만, 금융부문의 이윤율은 9~11% 수준을 유지했다. 미국 금융부문의 이러한 성과는 세계의 자본을 미국으로 유인하는 역할을 했으며, 1990년에 미국 자본주의는 그야말로 벨 에포크(la belle époque)라는 좋은 시절을 구가했다. 하지만 이러한 미국의 번영은 미국의 엄청난 대외 채무에 의존한 것이었다. 금융에 의한 번영이 지속되기 위해서는 매일 20억 달러가 미국으로 유입되어야 했다.[40] 여하튼 1990년대에 들어서면서 자본이 이윤을 창출하는 방식이 상품 제조에서 금융으로, 생산과 거래 비용을 외부화하는 것으로 급격하게 변화했고 자본주의 경제의 금융화가 시작되었다.[41] 세계 자본주의의 "금융화는 신화가 아니었다."[42] 자본주의가 수익을 창출하는 구조가 제조업에서 금융으로 변화하고 생산과 거래 비용을 외부화했다는 것은 분배체계의 관점에서 보면 이윤의 분배 방식이 변화했다는 것을 의미한다. 하청, 프랜차이즈, 플랫폼 노동은 자본과 노동의 관계를 독립적인 사업자 간의 관계로 바꾸어버렸다. 자본이 이윤을 창출하기 위해 제조업 노동자와 직접 타협할 필요가 급감한 것이다. 제조업 노동자와 자본의 타협에 기초한 전후 분배체계라는 역사적 복지국가의 전제가 해체된 것이다.

2) 금융적 축적 체제의 확립

자본주의 세계체계의 헤게모니 국가인 미국 자본주의의 축적 양식이 산업적 축적에서 금융적 축적으로 전환되자 세계 여러 곳에서 금융위기가 일상화되었다. 자본의 자유로운 이동이 변동환율제도와 함께 금융적 축적을 촉진했지만, 금융위기가 발생할 가능성을 높여 미국 헤게모니에 위협이 되는 잠재적 요인으로 등장했다.[43] 미국이 상시적으로 발생할 수 있는 금융위기를 잠재우고 외국으로부터의 자

....

40 Arrighi, G.(2009).『베이징의 애덤 스미스: 21세기의 계보』. 강신아 역. (*Adam Smith in Bejing*). 서울: 길. p.230.

41 Weil, D.(2017). *Fissured Workplace: Why Work Became So Bad for So Many and What Can Be Done to Improve It*. Cambridge, MA: Harvard University Press.

42 Duménil and Lévy.『자본의 반격: 신자유주의 혁명의 기원』. p.160.

43 박상현.(2012).『신자유주의와 현대 자본주의 국가의 변화: 세계헤게모니 국가 미국을 중심으로』. 서

본유입을 통해 금융적 자본축적을 지속적으로 보장받기 위해서는 새로운 국제질서의 등장이 필요했다. 미국과 (부분적으로) 유럽의 힘에 의해 관리·운영되는 IMF와 WTO는 바로 신자유주의 시대에 금융위기를 관리하고 금융적 축적을 보장하는 국제기구였다.[44] 이들이 만들어낸 워싱턴 컨센서스는 미국식 시장경제체제를 전 세계에 확산시키는 신자유주의 시대의 자본주의 세계체계의 새로운 국제질서를 상징했다. 경제위기를 겪는 국가는 IMF로부터 대부를 받을 수 있지만, 대부 조건은 자본시장 개방과 자유화로 대표되는 신자유주의 개혁정책을 실행하는 것이었다.[45]

국민국가도 재정지출을 통해 수요를 진작시키는 정책에서 기업의 투자를 촉진할 수 있는 화폐정책으로 방향을 전환했다. 인플레이션을 억제해 화폐가치와 금융시장을 보호하고 증권시장을 부양하기 위해 이자율을 낮은 수준으로 유지했다.[46] 〈그림 12.5〉에서 보는 것처럼 1980년 이후에 OECD 주요 국가들의 이자율은 계속 낮아졌다. 1980년에 미국과 영국의 이자율은 각각 13.9%, 11.5%에 달했지만, 1990년대 중반부터 낮아지기 시작해 1999년이 되면 각각 5.6%, 5.1%로 낮아졌다. 스웨덴도 마찬가지이다. 1980년대 후반에 11%에 이르렀던 이자율은 1990년대 후반에는 5%대로 낮아졌다. 낮은 이자율은 자본주의 황금시대에 재정지출이 수행했던 역할과 기능적 등가물로 인식되었다. 미국의 대통령경제자문회의와 연방준비이사회는 낮은 이자율이 금융시장을 활성화시키고 투자를 자극함으로써 케인스주의의 재정정책과 같이 고용과 수요를 진작시킬 수 있다고 믿었다. 사실상 1990년대 중반부터 닷컴경제가 붕괴한 2000년대 초반까지의 미국 경제의 호황은 낮은 이자율과 주식시장의 폭발적 성장에서 비롯되었다고 할 수 있다.[47] 〈그림 12.6〉에서 보는 것처럼 미국의 다우존스산업평균지수는 낮은 이자율에 힘입어 1990년대에 들어서면서 폭발적인 성장을 했다.

………

울: 백산서당. p.276.

44 Harvey, D. (2005). 『신제국주의』. 최병두 역. (*The New Imperialism*). 서울: 한울. pp.172-173.

45 박상현. 『신자유주의와 현대 자본주의 국가의 변화』. p.277.

46 박상현. 『신자유주의와 현대 자본주의 국가의 변화』. p.286.

47 Brenner. 『붐 앤 버블: 호황 그 이후, 세계 경제의 그늘과 미래』. pp.125-126; 박상현. 『신자유주의와 현대 자본주의 국가의 변화』. p.290.

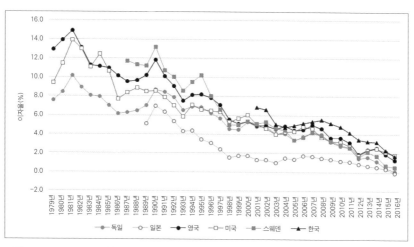

그림 12.5 OECD 주요국의 이자율 변화, 1979~2016년

출처: OECD(2017). Long-term interest rates(indicator), doi: 10.1787/662d712c-en(Accessed on 22 June 2017).

1990년대에 낮은 이자율이 금융시장의 팽창을 자극하자 이제까지 안정적인 금융자산인 예금을 선호하던 중간계급과 노동계급도 담보대출(mortgages), 2순위 저당(second mortgages), 뮤추얼 펀드(mutual fund) 등 금융상품에 대한 투자를 늘려갔다. 1990년대에 들어서면 주식 또는 뮤추얼 펀드를 소유한 가계가 전 소득계층에서 증가했다.[48] 법인기업의 금융화와 함께 가계의 자산이 증권투자의 수익성에 의존하는 가계의 금융화 현상이 나타난 것이다.[49] 2008년의 금융위기는 1990년대부터 시작된 이러한 가계의 금융화의 누적된 결과였다. 더욱이 미국 금융시장이 급격히 성장하면서 해외에서 미국으로 돈이 점점 더 많이 몰려들었다. 미국으로 유입된 자본의 규모는 1983년에 218억 달러에서 1992년에 857억 달러, 1997년에는 무려 2,636억 달러로 폭증했다.[50] 돈이 미국으로 몰려들면

....

48   Fligstein, N. and Goldstein, A.(2012). "The Emergence of a Finance Culture in American House-holds, 1989-2007." Paper was presented at the Annual Meetings of the American Sociological Association, Denver, Coloradeo, August 17-21, 2012.

49   박상현. 『신자유주의와 현대 자본주의 국가의 변화』. pp.291-292.

50   Moseley, F.(1999). "The United States Economy at the Turn of the Century: Entering a New Era of Prosperity?" *Capital and Class* 23(1): 25-45.

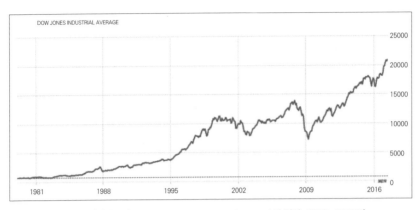

그림 12.6 다우존스산업평균지수(Dow Jones Industrial Average)의 변화, 1979~2017년
출처: Trading Economics(2017). Dow Jones Industrial Average, 1912-2017 (Accessed on 22 June 2017). https://tradingeconomics.com/united-states/stock-market

서 자본주의 세계체계의 취약한 고리였던 태국, 한국 등에서는 외환위기가 발생했다. 동아시아의 외환위기는 자본을 상대적으로 안전한 미국으로 이동시켜 미국 자본주의가 이자율을 낮추고 금융적 축적을 계속할 수 있는 조건을 만들었다. 미국의 이자율은 〈그림 12.5〉에서 보았던 것처럼 1997년에 6.4%에서 1998년에 5.3%로 불과 1년 만에 17.2%나 낮아졌다.

1993년의 빌 클린턴(Bill Clinton)의 집권(1993~2001)은 자본주의 세계체계에서 금융자본의 이해를 공고화하는 과정이었다.[51] 하지만 금융적 팽창에 의존했던 신경제의 10년 활황은 인터넷기업의 주가가 곤두박질치면서 끝났다. 2001년 11월 26일에 국립경제조사국(the National Bureau of Economic Research)은 2001년 3월부터 미국 경제가 경기침체에 들어섰다고 선언했다.[52] 경기가 침체되자 항상 그랬던 것처럼 연방준비제도이사회가 다시 개입했고, 2001년 한 해 동안 6.5%였던 금리를 1.75%까지 인하하는 등 2001~2002년 두 해 동

....

51 백승욱(2005[2004]). "미국 신보수파 주도 아래의 새로운 세계질서." 백승욱 편. 『'미국의 세기'는 끝났는가?』. pp.117-152. 서울: 그린비. p.123
52 Temple, J.(2002). "The Assessment: the New Economy." *Oxford Review of Economic Policy* 18(3): 241-264. p.241.

안만 무려 13차례나 금리를 인하하면서 경제를 연착륙시켰다.[53] 그러나 금융위기를 예방하기 위한 연준의 금리인하는 부동산 시장에 기름을 부어 다가올 위기의 전조를 알리는 일이 되었다.

마지막으로 한 가지만 덧붙이면, 낮은 이자율은 금융부문뿐만 아니라 제조업의 투자와 생산성을 증가시켜 잠깐이지만 미국 제조업의 이윤율과 경제적 역동성을 회복시키는 역할을 했다. 〈그림 12.4〉에서 보았던 것처럼, 비금융부문의 이윤율은 금융부문보다는 낮았지만 1990년대에 들어서면서 회복하는 모습을 보였다. 반면 수출지향적인 독일과 일본 경제는 미국 자본의 금융적 팽창과 함께 제조업의 경쟁력이 회복되자 심각한 경제적 압박을 받았다. 1990년대에 독일, 일본, 서유럽의 제조업이 직면한 어려움은 1980년대 초에 이자율 상승, 달러 강세, 금융 중심으로의 정책 전환 등으로 미국 제조업이 직면한 어려움과 유사했다.[54] 실제로 〈그림 12.7〉에서 보는 것처럼 1990년대가 1980년대보다 나았던 국가

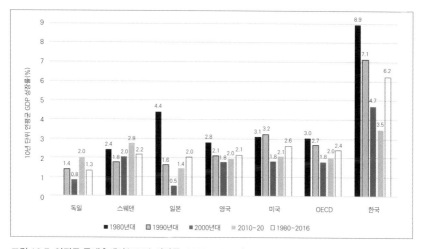

그림 12.7 연평균 국내총생산(GDP) 성장률, 1980~2016년
출처: OECD(2017). Real GDP forecast(indicator), doi: 10.1787/1f84150b-en(Accessed on 22 June 2017).

....

53   서울신문(2008). "2000~2001년 미 닷컴붕괴 때는." 『서울신문』 2008년 1월 23일. http://www.seoul.co.kr/news/newsView.php?id=20080123016009, 접근일 2017년 6월 23일.
54   Brenner. 『붐 앤 버블: 호황 그 이후, 세계 경제의 그늘과 미래』. p.167.

는 미국이 유일했다. 일본의 GDP 성장률은 1980년대에 연평균 4.4%에서 1990
년대에 들어서서 1.6%로 주저앉았고, 독일은 1.4%에 불과했다. 스웨덴과 영국
도 동기간 동안 각각 2.4%에서 1.8%, 2.8%에서 2.1%로 낮아졌다. 반면 미국의
GDP 성장률은 3.1%에서 3.2%로 높아졌다. 1990년대의 미국의 경제회복은 일
본, 독일, 서유럽 등 다른 국가의 희생에 기초해 이루어졌다고 할 수 있다.

3. 신자유주의 축적의 위기

1) 2008년 금융위기의 경과

2001년 신경제의 붕괴는 금융부문이 이윤율을 회복하기 위해 새로운 투자
처를 모색하는 계기가 되었다. 새로운 모색은 금융시장과 부동산(주택)시장을 결
합시키는 파생상품의 출현으로 나타났다. 금융과 부동산이 결합된 파생상품이
출현할 수 있었던 것은 클린턴 행정부가 1999년에 상업은행과 투자은행을 분리
하고 상업은행의 증권 업무를 금지했던 글래스-스티걸법(Glass-Steagall Act)을
폐지하면서 상업은행과 투자은행의 혼합을 허용한 '그램-리치-블라일리 금융서
비스 현대화법(Gramm-Leach-Bliley Financial Service Modernization Act)'을 제
정했기 때문에 가능했다.[55] 2000년대의 금융세계화가 1990년대의 금융세계화와
다른 점은 바로 이러한 금융상품과 주택상품을 결합한 새로운 파생상품의 출현
이라고 할 수 있다.[56] 2000년대 초부터 금융이 주식시장과 주택시장을 결합시킨
파생상품을 판매함으로써 소규모 주택을 소유한 노동계급은 물론 심지어 저소
득 계층까지도 금융시장에 참여할 수 있는 길을 열었다.[57] 과거에 금융시장의 주
고객이 중산층 이상이었다는 점을 고려하면, 파생상품의 출현은 앞서 언급한 금
융화를 저소득 '가계'까지 확대하는 결정적 계기가 되었다. 파생상품의 출현으로
부동산(주택)이 주택담보대출과 주택담보대출증서 등과 같은 유동자산으로 전

....

55   Appleby. 『가차없는 자본주의: 파괴와 혁신의 역사』. pp.453-461.
56   윤소영. "2007-09 금융위기." pp.21-22.
57   윤소영. "2007-09 금융위기." p.22.

환되는 신용-(금융)의 증권화(Securitization)가 가능했던 것이다.[58]

금융의 증권화는 이미 1980년대에 새로운 금융기법으로 등장했지만, 2000년대 이전까지 은행은 자신이 보유한 모기지에서 낮은 이자를 받는 것에 만족해야 했다. 그러나 금융의 증권화가 가능해지면서 은행은 더 이상 낮은 이자를 받으면서 수십 년 동안 모기지를 떠맡을 필요가 없게 되었다. 모기지를 증권화해서 다른 기관에 수수료를 받고 판매할 수 있었기 때문이다.[59] 전통적으로 주택담보대출에 필요한 자금을 조달하기 위해 국책 모기지회사인 패니메이(Fannie Mae)와 프레디맥(Freddie Mac)이 1970년대부터 주택담보대출증서를 증권으로 전환하기 위해 주택담보부증권(Mortgage Backed Securities, MBS)을 판매했다. 그런데 1990년대부터 민간 모기지회사가 이 시장에 참여하게 되면서 주택담보부증권의 주 판매자가 국책 모기지회사에서 민간 모기지회사로 전환되는 일이 발생했다. 민간 모기지회사는 주택담보부증권을 판매하기 위한 특수목적자문회사(SPV)를 설립하게 된다. 문제는 패니메이와 프레디맥의 주 고객이 상대적으로 직업과 소득이 안정적인 계층이었던 것과 달리 민간 모기지회사의 주 고객은 노동계급과 신용상태가 좋지 않은 저소득 계층이었기 때문에 민간 모기지회사의 주택담보대출이 증가한다는 것은 서브프라임(비우량)이 증가한다는 것을 의미했다.[60]

여기에 정부의 적극적인 지원이 결합되면서 2006년 중반에는 서브프라임 대출이 전체 주택담보대출의 무려 45%에 이르게 되었고, 일부 민간은행에서는 주택구매에 필요한 자금을 100% 대출해주는 상품을 판매하기에 이르렀다.[61] 실제로 〈그림 12.8〉에서 보는 것처럼 실거래 가격을 통해 본 미국의 주택가격 지수는 2001년부터 급등하기 시작했다. 2001년 1월에 246.3이었던 실거래가 지수는 불과 6년 만에 114포인트나 급등해 2007년 1월에 378.2로 정점에 다다랐다. 1986

....

58   윤소영. "2007-09 금융위기." p.25.
59   Lavoie, M.(2016[2004]). 『포스트 케인스학파 경제학 입문』. 김정훈 역. (*Introduction to post-Keynesian economics*). 서울: 후마니타스. pp.221-222
60   윤소영. "2007-09 금융위기." p.25.
61   陳雨露(2014[2011]). 『금융으로 본 세계사』. 하진이 역. 서울: 시그마북스. p.452.

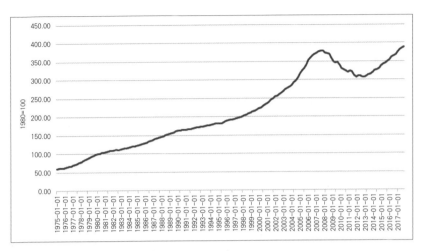

그림 12.8 미국의 실거래 주택가격 지수, 1975~2017년

출처: U.S. Federal Housing Finance Agency(2017). All-Transactions House Price Index for the United States[USSTHPI], retrieved from FRED, Federal Reserve Bank of St. Louis, https://fred.stlouisfed.org/series/USSTHPI, (Accessed on June 22, 2017).

년에 132.0에서 2001년에 246.3까지 상승하는 데 16년이나 소요되었다는 점을 고려하면, 2001년 이후에 부동산 가격의 상승이 얼마나 급격했는지를 짐작할 수 있다. 모기지회사가 판매하는 주택담보부증권을 증권회사가 구입하고 증권회사는 이 증권을 구입하기 위해 주택담보부증권을 부채담보부증권(Collateralized Debt Obligation, CDO)으로 전환해 투자신탁기금, 연기금, 은행, 보험회사 등에 판매했는데, 바로 이 부채담보부증권이 2000년대에 금융혁신을 대표하는 핵심 상품이었다. 부채담보부증권은 프라임 주택담보부증권과 서브프라임 주택담보부증권을 혼합했다는 점에서 구조성 상품으로 불렸다. 이 구조성 상품은 부도 위험을 낮추어 안정성을 높였다.

　　보험회사는 이러한 부채담보부증권 같은 파생상품의 부도 위험을 상품화해 부채담보부증권의 부도 위험에 대응하는 신용부도스와프(Credit Default Swap, CDS)라는 새로운 금융상품을 판매했다.[62] 2001년에 9천억 달러였던 은행의 신

....

62　윤소영. "2007-09 금융위기." p.26-27.

용부도스와프의[63] 거래 규모는 금융위기 직전인 2007년에 무려 62조 달러로 증가했고, 헤지펀드의 규모는 1998년에 37만 달러에서 2008년이 되면 2조 달러가 되었다.[64] 주택시장이 금융상품과 결합되면서 부채담보부증권 등과 같은 수많은 다단계 방식의 고수익·고위험의 금융상품이 양산되었던 것이다. 이로 인해 서브프라임이 위기에 처하자 나머지 연쇄상품들을 판매하던 금융회사들이 연이어 부도 위기에 빠지면서 2008년에 세계적인 금융위기가 시작된 것이다.[65] 서브프라임 위기는 구조성 금융상품에[66] 대한 투자자들의 의구심을 확산시켰고, 투자자들이 투자 상품을 투매하면서 금융상품의 가격이 하락했다. 이에 보험회사는 금융상품의 안정성을 보장받기 위해 보증금에 대한 추가 담보를 요구했고, 은행의 신용대출 축소와 유동성 축소가 나타나면서 금융기관의 파산으로 이어졌다.[67]

2) 금융위기에 대한 대응과 전망

2008년의 금융위기에 대한 미국 정부의 대응은 금융위기가 1930년대와 같은 대불황으로 이어지는 것을 막는 것이었다. 하지만 기본적인 정책 방향은 1930년대와 상이했다. 1930년대에 대공황에 직면한 프랭클린 루즈벨트(Franklin Roosevelt) 정부의 대응이 은행이 증권회사(또는 증권회사가 은행)를 겸업하는

....

63 신용부도스와프(CDS)는 부채담보부증권 같은 대표적인 신용파생상품의 부도 위험에 대해 일정한 수수료를 받고 그 위험을 보장해주는 금융상품이다. 1997년에 모건체이스 은행이 AIG를 대신해 처음으로 상품화했고, 2008년의 금융위기 직전인 2007년에는 그 규모가 신용부도스와프가 보장하는 원래 상품 규모의 세 배에 달했다. 이러한 신용부도스와프의 구조로 인해 보험회사의 위기가 증권회사와 은행으로 전이될 수 있다는 점에서 CDS를 '금융대량살상무기'라고 부른다고 한다. 윤소영. "2007-09 금융위기." p.27.
64 Appleby. 『가차없는 자본주의: 파괴와 혁신의 역사』. pp.453-461.
65 박상현. 『신자유주의와 현대 자본주의 국가의 변화』. pp.326-327.
66 구조성 금융상품에 대한 명확한 정의가 있는 것은 아니지만, 대체로 부도 위험이 없는 증권과 상대적으로 부도 위험이 큰 상품을 혼합해서 판매하는 상품을 지칭한다. 서브프라임 주택담보부증권과 프라임 주택담보부증권이 혼합된 부채담보부증권이 대표적인 예라고 할 수 있다. 윤소영. "2007-09 금융위기." p.26. 구조성 금융상품에는 부도 위험이 거의 없다고 알려진 대기업의 회사채와 부도 위험이 큰 상품을 결합한 것도 있다. 히지만 무엇이 구조성 금융상품인가에 대한 구분은 분명하지 않다. 일반적으로 시장과 연계되어 운영되는 금융상품으로 알려져 있다. 외국 화폐, 부채증권, 스와프(Swaps) 등과 같은 상품을 모두 지칭하는 용어로 사용된다. Wikipedia(2017). Structured product. https://en.wikipedia.org/wiki/Structured_product(Accessed on June 23 2017).
67 陳雨露. 『금융으로 본 세계사』. p.456.

것을 금지하는 것이었다면, 2008년의 금융위기에 대한 대응은 은행과 증권회사의 겸업을 전제로 이루어졌다.[68] 미국 최고의 투자은행 중 하나였던 베어스턴스가 유동성 위기에 처하자 미국 재무부는 J. P. 모건체이스 은행이 베어스턴스를 인수·합병하도록 지원했다. 미국에서 4위의 증권회사였던 리먼브러더스는 인수할 은행이 나타나지 않자 파산했고, 1, 2위의 투자은행이었던 모건스탠리와 골드만삭스는 투자은행에서 상업은행으로 전환되었다.[69]

이러한 일련의 사태에 대응하기 위해 미국 정부는 크게 세 가지 정책을 실행했는데, 첫 번째는 2008년 10월에 시작된 7천억 달러 규모의 구제금융을 방출한 것이다. 1930년대의 재건금융공사를 부활시켜 은행의 증자에 참여해 부도를 막는 방식이었다. 실제로 재무부는 450억 달러에 이르는 구제금융을 통해 시티그룹 같은 민간은행을 사실상 국유화했다. 2009년 2월에 재무부는 시티그룹의 우선주 절반을 보통주로 전환해 시티그룹의 최대 주주가 되었다. 재무부는 1,825억 달러를 투입해 미국국제그룹(AIG)을 시티그룹과 같은 방식으로 국유화했다.[70] 만약 AIG 같은 보험회사가 파산한다면 이들이 발행한 신용부도스와프(CDS)가 휴지조각이 되고 부채담보부증권(CDO)의 위험을 완화하기 위해 CDS를 구매한 증권회사가 위험에 처하게 된다. CDS는 증권회사가 모기지회사로부터 주택담보부증권(MBS)을 구매하기 위해 발행한 증권이어서 증권회사의 위기가 곧바로 모기지회사를 위험에 몰아넣으면서 금융위기의 연쇄반응이 일어나기 때문에, 미국 정부는 CDS를 보유한 보험회사에 구제금융을 제공해 국유화하지 않을 수 없었던 것이다.

두 번째는 연방준비제도가 취한 금리인하 조치이다. 연방준비제도는 2007년 8월에 신용위기가 발생했을 당시에 〈그림 12.9〉에서 보는 것처럼 5.02%였던 연방기금금리(Federal Funds Rate, FFR)를[71] 2008년 12월까지 거의 영(零)에 가

....

68   윤소영. "2007-09 금융위기." p.33.
69   陳雨露. 『금융으로 본 세계사』. pp.460-474.
70   윤소영. "2007-09 금융위기." pp.36-39.
71   연방기금금리란 예금취급금융기관(은행 및 신용협동조합 등)이 연방준비은행에 예치되어 있는 지급

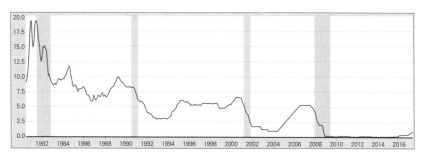

그림 12.9 미국 연방준비제도의 연방기금금리의 변화, 1955~2016년

출처: Board of Governors of the Federal Reserve System(US). Effective Federal Funds Rate[FEDFUNDS], retrieved from FRED, Federal Reserve Bank of St. Louis, https://fred.stlouisfed.org/series/FEDFUNDS(Accessed on June 23, 2017).

까운 0.16%까지 인하했다. 지불준비금을 시중 은행에 거의 무이자로 제공해 은행의 부도를 막으려고 했던 것이다.

　세 번째는 소위 양적완화(Quantitative Easing) 조치이다. 연방준비제도가 지불준비금을 시중은행에 제로금리로 제공해도 은행의 부도 위험이 완화되지 않고 경기가 회복되지 않을 경우에 대비해 국채를 매입해 시중에 유동성을 공급하는 양적완화를 실행했다. 쉽게 말하면 금리가 제로가 되면 연방준비제도가 정책금리를 통해 경제를 운영할 수 있는 여지가 사라지게 되는데 이때 연준이 시장경제를 관리·운영하는 방식 중 하나가 양적완화를 해서 시장경제에 개입하는 것이다.

　양적완화 조치는 MBS, CDO, CDS 등과 같은 파생상품의 부도 위험에 민간이 대응할 수 없게 될 때 연준이 이를 구매하는 방식으로 시중에 유동성을 공급하는 것이다. 이러한 양적완화 조치는 지난 200년간의 자본주의 역사에서 단 두 차례 시행되었는데, 1930년대에 대공황이 발생했을 때 처음으로 시행되었고 2008년에 금융위기가 발생하자 두 번째로 시행되었다. 미국 재무부는 1조 달러에 달하는 통화를 신규로 발행하는 양적완화 조치를 취했다.

　마지막으로 언급해야 할 사실은 재무부가 금융위기에 대응하기 위해 2008

....

준비금을 하루 동안(overnight) 사용할 때 적용되는 금리이다. Wikipedia(2017). Federal funds rate. https://en.wikipedia.org/wiki/Federal_funds_rate(Accessed on June 23, 2017).

년부터 2009년까지 양적완화 조치의 세 배에 가까운 무려 3조 달러에 달하는 재무부증권을 발행했다는 점이다. 그리고 재무부가 발행한 증권의 수요자는 대부분 연방준비제도가 아닌 중국, 일본 등 동아시아 국가와 중동의 산유국이었다. 역설적이지만 금융위기는 미국 국채의 상대적 안정성을 확인해주었고, 이를 증명하듯 금융위기 이후에 달러화의 가치가 상승했다.[72] 금융위기에 대한 유럽연합의 대응 또한 미국과 크게 다르지 않았다. 결국 2008년의 금융위기는 미국과 주요국이 시중에 유동성을 확대하는 방식을 통해 일단 진정되었다. 하지만 이러한 진정된 상황이 지속될지는 알 수 없었다. 양적완화는 선진 자본주의 국가가 직면한 만성적인 총수요 부족 문제를 해결하지 못했기 때문이다.

3) 2008년 금융위기의 의미

일부의 예상과 달리 2008년의 금융위기는 소위 이중침체라고 이야기되는 더블딥으로 이어지지는 않았다. 윤소영은 2010년대가 지나기 전까지 2차 대불황이 발생할 것이라고 확신했지만, 2019년 2월 현재까지 2차 대불황에 준하는 상황은 발생하지 않았다.[73] 2010년대에 들어서면서 OECD의 GDP 증가율은 2000년대에 비해 높아졌다. 2000년대에 연평균 2.0%였던 GDP 성장률은 2010~2016년에 2.4%로 높아졌다(그림 12.7 참고). 물론 상황은 국가마다 상이했다. 미국, 일본, 영국, 한국 등은 상황이 좋아졌지만, 독일과 스웨덴 등은 2000년대보다 더 나빠졌다. 분명한 사실은 2008년의 금융위기가 정부의 유동성 공급 조치로 인해 진정되면서 더블딥이 발생할 가능성이 현재로서는 높아 보이지 않는다는 것이다. 자본주의 세계는 일단 안정을 찾은 것처럼 보였다.

그러면 자본주의 세계체계는 1980년대부터 본격화된 신자유주의 세계화의 위험으로부터 벗어난 것일까? 산업적 축적을 대신했던 신자유주의 금융적 축적은 여전히 유효한 것일까? 분명한 사실은 2008년의 금융위기로 인해 금융적 축

....

72   윤소영. "2007-09 금융위기." pp.41-44.

73   윤소영. "2007-09 금융위기." p.60.

적 방식이 더 이상 지속 가능하지 않다는 것이 확인되었다는 것이다. 하지만 문제가 되었던 금융부문에 대한 공적 규제는 없었다. 1930년대에 대공황에 직면해 금융자본을 규제하는 제도적 틀인 글래스-스티걸법을 제정해 상업은행의 증권업 겸업을 금지했던 것과는 대조적이다. 그렇다고 혁신을 통해 자본주의의 이윤율을 다시 끌어올리고 생산에 기초하여 축적하는 것이 가능해 보이지도 않는다.[74] 조반니 아리기(Giovanni Arrighi)의 지적처럼 산업적 축적 이후에 금융적 축적으로의 이행이 자본주의 세계체계의 헤게모니 이행을 야기하는 것 같지도 않다.[75] 중국은 미국을 대신하고 싶을지 모르겠지만, 중국은 군사적, 경제적, 문화적인 측면에서 미국을 대신할 역량을 보여주지 못했다. 유럽연합은 브렉시트, 남부유럽과 동부유럽 문제 등 자신이 직면한 문제를 해결하기에도 버거운 상황이다.

2008년의 금융위기는 시장은 자율적으로 움직이지 않으며 반드시 국가의 개입이 필요하다는 것을 다시 한 번 확인시켜주었다. 주류 경제학자들의 주장과 달리 시장은 정확한 가격을 발견하지 못했고 왜곡된 상황을 만들었다. 유동성이 충분하지 않고 누구도 그 자산을 시장에서 구매하려고 하지 않을 때 시장은 멈출 수밖에 없었다. 서브프라임 모지기 사태로 촉발된 2008년의 금융위기는 바로 이 점을 확인해준 것이다. 결국 유동성을 공급할 수 있는 유일한 주체는 국가였고, 국가는 중앙은행을 통해 시장에 엄청난 유동성을 공급했다. 금융위기는 가계부채에 기초한 성장이 지속 가능하지 않다는 것을 확인해주었다. 주택저당대출과 그것의 증권화를 통해 주택 보유를 저소득계층에까지 확대한 미국식 주택과 금융이 융합된 사적 복지체계는 지속 가능하지 않았다.[76] 가계의 가처분소득 대비 부채는 무한히 증가할 수 없기 때문이다.

그렇다면 대안으로 결국 가계의 가처분소득을 높이는 다른 방법을 찾아야 하고, 그 방법은 어쩌면 다시 케인스주의로 돌아가서 실질임금과 복지급여를 높여

....

74 박상현. 『신사유수의와 현대 자본주의 국가의 변화』. p.336.
75 Arrighi, G. (2008). 『장기 20세기-화폐, 권력, 그리고 우리 시대의 기원』. 백승욱 역. (*The Long Twentieth Century*). 서울: 그린비; Arrighi. 『베이징의 애덤 스미스: 21세기의 계보』.
76 장상환(2014). "1997년 외환·금융 위기 이후 구조조정과 증권화." 이병천·신진욱 편. 『민주정부 10년, 무엇을 남겼나』. pp.237-274. 서울: 후마니타스. p.247.

유효수요를 창출하는 것이 될 수밖에 없을지도 모른다. 분배의 개선을 통한 가계의 실질소득 증가가 성장을 가능하게 하는 유력한 대안이 될 수 있다는 것이다.[77] 이러한 맥락하에 임금소득의 분배율을 높이고 사회지출을 확대하는 방식을 통해 성장을 도모하는 소득주도성장(또는 임금주도성장) 등이 포스트 케인스주의에서 논의되고 있다. 하지만 1970년대 말과 1980년대 초에 작동하지 않았던 유효수요 확대 정책의 역사적 경험에 대한 충분한 검토가 이루어지지는 않았다.[78] 실제로 신자유주의의 위기는 케인스주의로 극복될 수 없다는 반론이 제기되고 있다.[79]

제4절 복지체제를 둘러싼 계급의 재구성: 신자유주의 시대의 권력관계

1980년대에 접어들어 서구에서는 고전적 사회주의 운동의 기반이 점차 약해졌다. 복지국가 황금기의 정치적 기반이었던 제조업 산업노동자의 힘은 영국의 대처 정부에 맞섰던 탄광 노동자의 굴욕적인 패배가 상징하듯 급격히 약화되었다.[80] 더욱이 자본주의의 축적 방식이 산업적 축적에서 금융적 축적으로 전환되면서 전통적 노동계급의 힘은 더 약화되었다. 더 나은 미래, 집단주의와 공공선에 이르기까지 전후 자본주의 사회에서 민주적 사회주의 운동이 추구했던 가치에 대한 동의도 약화되었다. 역사적 복지국가를 만들었던 계급정치는 더 이상 작동하지 않는 것처럼 보였다. 인간의 존엄성을 자기조정적 시장으로부터 보호하려는 역사적 복지국가의 이상이 여전히 유효하다면, 이제 역사적 복지국가를 만들었던 그 힘으로 사회주의의 이상을 실현하기 위한 새로운 방식을 고민해

....

77 Lavoie. 『포스트 케인스학파 경제학 입문』. pp.221-230
78 홍장표(2014). "한국의 노동소득분배율 변동이 총수요에 미치는 영향." 『사회경제평론』 43: 101-138;
    Lavoie, M. and Stockhammer, E. ed.(2013). *Wage-led growth*. New York: Palgrave Macmillan.
79 박상현. 『신자유주의와 현대 자본주의 국가의 변화』. p.336.
80 Todd, S.(2016[2014]). 『민중: 영국 노동계급의 사회사』. 서용표 역. (*The People: The Rise and Fall of the Working Class, 1910-2010*). 서울: 클. pp.428-429.

야 했다.[81] 역사적 복지국가의 이상을 실현하려는 사람들은 1980년대 이후의 세계에서 어떤 복지국가를 꿈꿔야 하고 어떤 새로운 민주주의가 그 이상을 실현할 정치적 기초가 될 수 있는지 고민해야 했다. 권력관계의 관점에서 1980년대는 그렇게 시작되었고, 영국과 미국에서 대처와 레이건의 집권은 이를 상징하기에 충분했다.

1. 신자유주의 시대의 권력관계

1980년대 이후의 권력관계를 노동자, 자본가, 중간계급이라는 3개의 범주로 설명하려는 시도는 권력관계를 지나치게 단순화시키고 도식화시킬 우려가 있다. 정체성이라는 관점에서 계급은 우리가 상상하는 것 이상의 다양성을 갖고 있으며, 우리가 동일한 계급이라고 굳게 믿었던 그 계급도 실상은 매우 다양한 정체성을 가진 이질적인 집단이라는 것을 확인할 수 있기 때문이다. 그러나 문제를 좀 단순하게 그려보는 것도 1980년대 이후의 권력관계를 이해하는 데 유익할 것 같다. 일반적으로 20세기 초부터 시작된 역사적 복지국가의 발전과정은 국가마다 그 특성이 다양하지만, 기본적으로 노동계급과 자본가계급의 대립을 기본 축으로 중간계급이 누구와 연대했는지에 따라 상이한 복지국가를 만들어갔다고 할 수 있다. 『기원과 궤적』의 질문은 역사적 복지국가를 만들었던 노동계급과 중간계급의 타협이 금융적 자본축적에 기초한 1980년대 이후의 신자유주의 시대에도 여전히 유효한가이다. 전후에 이루어졌던 노동과 자본 간의 계급타협이 더 이상 자본축적에 긍정적이지 않는 것처럼 보일 때 자본가계급이 노동계급과의 전후 합의를 유지해야 할 이유는 없다. 자본에 중요한 것은 계속되는 자본의 확대재생산이지 타협 그 자체가 아니기 때문이다.

권력관계의 관점에서 1929년의 대공황과 20세기 후반의 장기침체를 비교해보면 큰 차이를 발견할 수 있다. 20세기 초의 대공황 당시에는 자본가계급에 대항

....

81   Eley, G.(2008). 『The left 1848~2000: 미완의 기획, 유럽좌파의 역사』. 유강은 역. (*Forging Democracy*). 서울: 뿌리와 이파리. pp.732-733.

할 수 있는 강력한 노동계급의 성장과 조직화가 이루어지고 있었던 반면, 1970년대 중반부터 본격화된 자본주의 위기의 시기에는 자본가계급에 대항할 수 있는 노동계급의 힘이 급격하게 약화되었다.[82] 실제로 〈그림 12.10〉을 보면 OECD 회원국의 평균 노조조직률은 1975년에 35.6%를 정점으로 낮아지기 시작했다. 물론 노조조직률이 낮아지기 시작한 시점은 국가에 따라 차이가 있다. 영국은 대처의 집권 이후인 1981년부터 낮아지기 시작했고, 독일과 일본은 1978년부터 낮아지기 시작했다. 스웨덴은 예외적인데, 1990년대 초반까지 노조조직률이 계속 상승하다가 1993년 이후에야 낮아지기 시작했다. 다만 스웨덴의 노조조직률은 2014년 현재 67.3%라는 매우 높은 수준을 유지하고 있다. 반면 미국은 1960년대 이래 노조조직률이 지속적으로 낮아진 매우 예외적인 국가이다. 하지만 노조조직률의 저하는 취약해진 노동계급의 지위를 보여주는 한 가지 지표일 뿐이다. 1980년대 이후의 노동계급은 1929년 대공황 당시의 노동자가 아니었다. 1980년대에 노동계급을 가르는 경계는 더 이상 숙련공과 비숙련공이라는 전통적 경계선이 아니었다. 그런 구분은 1960년대에 조립라인이 만들어지고 사무직 노동자가 증가하면서 이미 사라진 역사의 유물이 되었다. 대신 안정된 일자리를 가진 노동자와 그렇지 못한 노동자로 구분되기 시작했다.[83] 이러한 현상은 안정적인 일자리를 창출했던 산업 부문의 일자리가 1980년대에 들어서면서 본격적으로 감소했고 자본의 이윤실현 방식 또한 생산과 거래비용을 외부화하는 것으로 바뀌었기 때문이다. 1979년부터 1993년까지 OECD 회원국은 제조업 부문에서 대략 22%의 일자리 감소를 경험했다.

산업 부문의 일자리 감소를 대신한 것은 서비스 부문에서 만들어진 대량의 저임금 일자리였다.[84] 1980년대 들어서면서 본격화된 고용구조의 변화는 전후 복지국가를 지지했던 산업 부문 노동자의 감소와 여성과 저임금 일자리로 대표되는 새로운 노동계급의 확대를 불러왔다. 산업노동자와 달리 여성과 저임금 서

....

82 Duménil and Lévy. 『자본의 반격: 신자유주의 혁명의 기원』. p.201.
83 Todd. 『민중: 영국 노동계급의 사회사』. p.425. 제13장에서 살펴보겠지만, 이러한 상황에서 산업화와 복지확대를 시작한 한국에서 복지확대가 이중화의 성격을 갖는 것은 어쩌면 필연적이었다.
84 Esping-Andersen. 『복지체제의 위기와 대응: 포스트 산업경제의 사회적 토대』. pp.211-212.

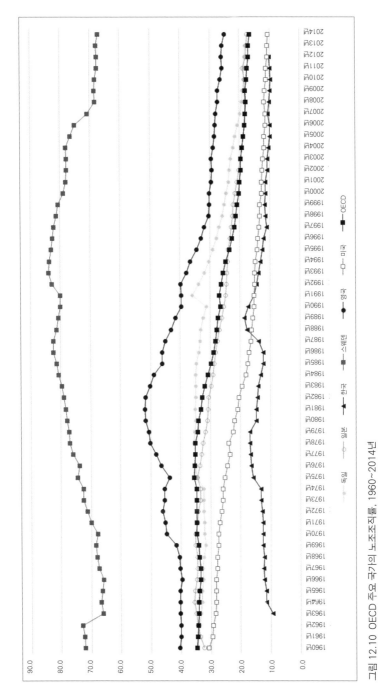

그림 12.10 OECD 주요 국가의 노조조직률, 1960~2014년

출처: OECD(2017). OECD.Stat: Trade Union Density. https://stats.oecd.org/Index.aspx?DataSetCode=UN_DEN(Accessed on June 24, 2017).

비스 노동자의 조직화 수준은 상대적으로 낮았으며, 노동계급으로서의 집단적 정체성 또한 취약했다. 이러한 변화는 1990년대에 IT혁명을 거치면서 고임금 일자리와 저임금 일자리의 분화를 가속화시켰다.[85] 더욱이 1980년대 이후에 〈그림 12.3〉에서 보았던 것처럼 높은 실업률은 노동계급의 협상력을 현격히 저하시켰다. 노동계급은 복지국가의 황금시기 동안에 완전고용을 통해 자본에 대한 협상력을 높일 수 있었지만, 완전고용이라는 목표가 폐기되고 사회적 목표가 인플레이션을 완화하는 것으로 전환되자 노동계급의 협상력은 약화되었다. 그러자 합의주의 교섭에 기초한 민주적 계급투쟁도 약화되었다.[86]

반면 자본가계급의 상황은 노동계급과는 상이했다. 특히 자본주의의 축적 방식이 산업적 축적에서 금융적 축적으로 전환되자, 자본가계급이 축적을 위해 노동계급과 타협해야 할 필요성이 감소했다. 금융적 축적은 산업적 축적과 달리 대량의 생산품을 소비할 광범위한 노동계급을 필요로 하지 않았고 금융적 축적에서 노동계급의 역할이란 매우 제한적이었기 때문이다. 더욱이 금융부문에 종사하는 핵심 임금노동자의 대부분은 자신의 정체성을 노동에서 찾기보다는 '경영 또는 관리'에서 찾았다. 특히 소유와 경영의 분리가 새로운 사회세력으로서 경영자를 탄생시켰다. 그리고 이 경영자 집단이 자본의 금융화로부터 발생하는 이익을 자본가와 공유하는 한 그들은 자본가의 든든한 우군이 되었다. 소유주와 경영주의 연대가 이루어진 것이다.[87]

한편 스웨덴 같은 곳에서는 자본이 적극적 공세를 통해 노동계급을 고립시키고 담론의 헤게모니를 장악하려는 적극적인 행보를 보였다. 스웨덴 노동계급이 복지국가에 이어 사회주의로 가는 새로운 길을 닦기 위해 제안한 임금노동자기금은[88] 의도했던 것과는 달리 자본의 결속과 대중에 대한 자본의 헤게모니

....

85   Foreign Affairs 편(2016[2016]). 『4차 산업혁명의 충격』. 김진희·손영수·최시영 역. (*The Fourth Industrial Revolution*). 서울: 흐름출판. p.20.

86   Esping-Andersen. 『복지체제의 위기와 대응: 포스트 산업경제의 사회적 토대』. p.47, 69.

87   Duménil and Lévy. 『자본의 반격: 신자유주의 혁명의 기원』. pp.281-291.

88   임금노동자기금은 마이드너(Meidner)에 의해 제안되었는데, 최소 50~100명 이상을 고용한 기업의 수익 중 20%로 주식을 신규 발행해 기금에 적립하도록 하고 그 기금의 운영을 노동조합이 한다. 수익

신자유주의의 상징이 된 마거릿 대처가 1979년에 총선에서 승리한 후 지지자들에 둘러싸여 손을 흔들고 있다(출처: Mirror).[89]

를 강화했다. 1970년대에 경제위기와 함께 임금노동자기금을 둘러싼 논란은 분열되었던 스웨덴 부르주아가 하나의 세력으로 결집하는 계기가 되었다. 스톡홀름에서 열린 '임금노동자기금' 반대시위에 75,000명이 참여했다. 더욱이 임금노동자기금은 제조업 노동자와 같은 전통적 노동자의 이해를 대변할 뿐 새롭게 확대되고 있는 공공부문 노동자, 장애인, 학생, 연금수급자 등 시민들의 이해와는 직접적인 관련이 없었다. 큰 틀에서 보면 임금노동자기금을 둘러싼 논란은 전통적 노동계급의 패배를 의미했고, 자본가가 정치세력으로 부상하는 계기가 되었다.[90] 그리고 노동계급에 대한 대중적 지지가 약화된 곳은 스웨덴만이 아

....

중 20%를 적립하게 되면 최소한 20년 후에는 기업 주식의 절반 가까이를 노동조합이 보유하게 된다. Sassoon, D.(2014). 『사회주의 100년 2』. 강주헌 · 정미현 · 김민수 · 김보은 · 강순이 역. (*One Hundred Years of Socialism*). 서울: 황소걸음. pp.502-503.

89   Mirror.(2013). "Margaret Thatcher Dead: Why I Voted for Her in the Mistaken Belief she'd Improve Equality." April 10, 2013. http://www.mirror.co.uk/news/gallery/margaret-thatcher-1925-2013-1487825 (Accessed on June 24, 2017).

90   Sassoon. 『사회주의 100년 2』. pp.498-510.

1981년 1월 20일에 취임선서를 하고 있는 로널드 레이건 미국 대통령의 모습. 사진 우측에 지미 카터 전(前) 대통령이 자리하고 있다. 무슨 생각을 하고 있었을까?(출처: History.com)[91]

니었다. 다른 국가에서도 노동운동에 대한 부정적인 인식이 확산되었다. 미국인들은 노동운동이 경제에 도움이 되거나 민주주의를 지킨다고 생각하지 않았다.[92]

신자유주의로의 전환은 복지국가의 확대를 위해 연대했던 중간계급과 노동계급의 관계도 변화시켰다. 3절에서 검토한 것과 같이 신자유주의 시대의 금융적 축적은 금융기관과 금융활동이 중시되는 금융화(financialization)를 가속화시켰는데, 이 금융화가 산업적 축적과는 상이한 계급연대를 만들었다. 중산층 가계가 주식, 채권 등 화폐금융자산을 보유하면서 중간계급과 자본의 연대가 가능해졌다. 프랑스의 경우에 1970년대 후반에는 가처분소득 대비 가계의 주식자산 비중이 20%를 넘지 않았지만, 1980년대 말과 1990년대 초에 이르면 100%를 넘었다. 미국도 1970년대 후반에 160% 수준이었는데 1990년대 말이 되면 300% 수준으

....

91   History. com. Ronald Reagan: Photo Galleries. http://www.history.com/topics/us-presidents/ronald-reagan/pictures/ronald-reagan/reagan_flags (Accessed on June 24, 2017).

92   Appleby. 『가차없는 자본주의: 파괴와 혁신의 역사』. p.408.

로 증가했다.[93] 이러한 변화는 주식가격의 상승이 단순히 금융자본만이 아닌 광범위한 중간계급의 이해와 밀접히 연관되어 있다는 것을 의미했다. 금융적 축적에 기초한 신자유주의를 지지하는 금융자본과 중간계급이 화폐금융자산을 매개로 연대한 것이다.[94]

정리하면, 신자유주의의 부상은 전통적 노동계급의 약화와 임금노동자계급의 분화를 가속화시켰다. 특히 1970년대 중반 이후에 심화된 경제위기는 실업의 확대와 함께 노동계급의 힘을 약화시키고 자본의 힘을 강화시키는 결정적 계기가 되었다. 또한 신자유주의화 과정에서 자본주의의 축적 방식이 산업적 축적에서 금융적 축적으로 전환되면서 중간계급의 화폐금융자산의 보유가 증가하는 '가계의 금융화'가 진행되었다. '가계의 금융화'는 금융의 팽창을 통해 중간계급과 자본이 이해를 공유하는 새로운 신자유주의적 연대를 탄생시켰다. 이제 복지국가를 통해 자본주의 사회 내에서 민주적 방식으로 사회주의의 이상을 실현하려고 했던 사회민주주의 운동은 새로운 정치적 기반을 찾아야만 했다.

2. 신자유주의 시대의 사민주의 정당

사회민주주의가 복지국가의 황금시대처럼 신자유주의 시대에도 여전히 유력한 정치적 대안으로 남아 있을 수 있을까? 〈그림 12.11〉은 좌파의 득표율과 관련해 중요한 함의를 준다. 영미권 국가를 서유럽과 분리해서 보면, 서유럽 좌파정당(사민당, 노동당, 사회당)의 득표율은 1980년 이후 지속적으로 낮아졌다. 북서유럽 복지국가에서 사민당으로 대표되는 좌파정당이 정치력을 상실했다고 이야기할 수는 없지만 정치적 지지기반이 약화되고 있는 것은 분명해 보인다. 특히 스웨덴(사민당), 오스트리아(사민당), 네덜란드(노동당), 프랑스(사회당)에서 좌파정당의 지지율은 지난 40여 년 동안 가파르게 낮아졌다. 이탈리아 사회당의

....

93   Duménil and Lévy. 『자본의 반격: 신자유주의 혁명의 기원』. pp.152-157.
94   Duménil and Lévy. 『자본의 반격: 신자유주의 혁명의 기원』. p.192.

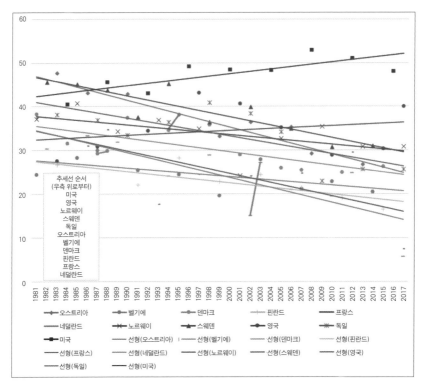

추세선 순서
(우측 위로부터)
미국
영국
노르웨이
스웨덴
독일
오스트리아
벨기에
덴마크
핀란드
프랑스
네덜란드

→ 오스트리아　　✳ 벨기에　　● 덴마크　　+ 핀란드　　― 프랑스

― 네덜란드　　✕ 노르웨이　　▲ 스웨덴　　◆ 영국　　✳ 독일

■ 미국　　― 선형(오스트리아)　| 선형(벨기에)　― 선형(덴마크)　― 선형(핀란드)

― 선형(프랑스)　― 선형(네덜란드)　― 선형(노르웨이)　― 선형(스웨덴)　― 선형(영국)

― 선형(독일)　― 선형(미국)

그림 12.11 각국의 대표적인 좌파정당의 총선(대선) 득표율의 변화, 1981~2017년
출처: 〈표 12.3〉을 재구성한 것임.

몰락은 처참할 정도이다. 1983년의 선거에서 공산당과 사회당은 각각 29.9%와
11.4%를 득표했다. 그러나 1994년의 선거에서 공산당과 사회당의 득표율은 각
각 6%와 2%로 낮아졌다. 그리고 이탈리아 사회당은 창당 100주년을 조금 넘긴
1994년 11월 12일에 수치스럽게 해체되었다. 이탈리아 사회당의 주요 간부들이
뇌물 수수 혐의로 수사를 받았고, 베티노 크락시(Bettino Craxi)는 튀니지로 피신
을 갔다.[95]

사민당의 전통적 지지기반인 노동계급의 조직화된 역량이 〈그림 12.9〉에서
보았던 것처럼 1980년대 이후로 낮아지고 있다는 점을 고려하면, 노동계급의 정

....

95　Sassoon.『사회주의 100년 2』. p557.

당으로서 사민당의 지지율이 낮아지는 것은 어쩌면 자연스러운 결과일 수도 있다. 반면 영국의 노동당과 미국의 민주당은 서유럽의 좌파정당과 달리 1980년대 이후에 득표율이 꾸준히 높아졌다. 이러한 지지율의 상승은 미국 민주당과 영국 노동당의 포괄정당으로서의 성격이 반영된 결과일 수도 있다. 제도적 측면에서 보면 흥미로운 현상이 발견된다. 비례대표제를 운영하고 있는 국가에서 사민주의 정당의 지지율이 낮아지고 있는 데 반해 다수제를 운영하고 있는 국가에서는 사민주의 정당(미국의 경우 민주당)의 지지율이 높아졌다. 이러한 차이는 서유럽의 정통 사민주의 정당이 자본주의 세계의 변화에 대응해 대중의 지지를 받을 수 있는 대안을 마련하지 못했기 때문에 나타난 현상일 수 있다.

사민주의 정당과 새로운 사회운동의 도전

서유럽에서는 1970년대에 이탈리아를 중심으로 시도되었던 유로코뮤니즘이 실패하자 혁명적 사회주의가 유럽의 주류 정치에서 밀려났다. 대신 평화운동이 대중의 광범위한 지지를 받으며 계급정치를 대신하는 새로운 좌파운동으로 등장했다. 서독에 핵미사일을 배치하려는 북대서양조약기구(NATO)와 미국의 시도를 저지하기 위해 수많은 시민들이 모여들었다. 1980년 크레펠트(Krefeld)에서 개최된 포럼에서 핵미사일 배치 반대를 공개적으로 선언한 이후 불과 6개월 만에 80만 명의 시민이 동참했고, 연이어 개최된 반핵시위에 수십만 명의 시민이 참여했다. 1981년에 레이건이 서독을 방문했을 때는 50만 명이 항의시위를 벌였고, 1983년 10월의 민중집회에는 4개 도시에서 무려 100만 명이 운집했다.[96] 자본과 노동 간의 분배가 아닌 평화가 핵심 이슈로 등장한 것이다. 평화운동의 확산은 지금까지 주변에 머물렀던 녹색당을 서독 연방의회에 진출시키는 계기가 되었다. 녹색당에 대한 사민당의 부정적 인식에도 불구하고 녹색당은 주정부 차원에서 사민당과 연정을 구성했고, 1985~1987년에 헤센에서는 사실상 직록연립정부기 집권했나.

....

96   Eley. 『The left 1848~2000: 미완의 기획, 유럽좌파의 역사』. pp.758-764.

표 12.3 서유럽 주요 국가의 좌파정당과 미국 민주당의 득표율, 1981~2017년

	오스트리아 (SPÖ)	벨기에 (SD)	덴마크 (SD)	핀란드 (SD/SKDL)	프랑스 (PS/PCF)	네덜란드 (SP/LP)	이탈리아 (PCI/PSI/DPL)	노르웨이 (Lab/SPP)	스웨덴 (SD)	영국 (Lab)	독일 (서독,SD)	미국 (민주당)
1981		24.5	38.3*		37.5(MP)			37.2*				
1982						30.4(LP)*			45.6*			
1983	47.7*			26.7*			29.9/11.4			27.6	38.2	
1984			31.6*									40.6
1985		28.3						40.8*	45.1*			
1986	43.1*			24.1*	31.0(1st)	33.3(LP)						
1987		30.1	29.3*				26.6/14.3			30.8	37.0	
1988			29.8*		34.8(MP)				43.7*			45.6
1989						31.9(LP)		34.3*				
1990	42.8*		37.4*								33.5	
1991		25.5		22.1					37.6*			
1992							6/14/16			34.4		43.0*
1993					17.6			36.9*				
1994	34.9*		34.6*			1.3/24*	6/2/20		45.3*		36.4	
1995	38.1*	24.5		28.3*								
1996							9/0.4/21					49.2*
1997					24.5(1st)			35.0*		43.2*		
1998			35.9*			3.5/29*			36.4*		40.9*	
1999	33.2*	19.7		22.9*								
2000			29.1									48.4
2001							5.0/16.6	24.3*		40.7*		

	오스트리아 (SD)	벨기에 (SD)	덴마크 (SD)	핀란드 (SD/SKDL)	프랑스 (PS/PCF)	네덜란드 (SP/LP)	이탈리아 (PCI/DPL)	노르웨이 (Lab)	스웨덴 (SD)	영국 (Lab)	독일 (서독, SD)	미국 (민주당)
2002	36.5				24.1	5.9/15.1			39.9*		38.5*	
2003		27.9		24.5		6.3/27.2						
2004												48.3
2005			25.9					32.7*		35.2*	34.2	
2006	35.3*					17/21	7.3		35.0*			
2007		21.1	25.5	21.4	24.7							
2008	29.3*						5.2					52.9*
2009								35.4*			23.0	
2010		22.9				9.8/19.6			30.7*	29.0		
2011			24.9	19.1								
2012					29.5(1st)	9.7/24.8						51.1*
2013	≤6.8*						3.5	30.8*			25.7	
2014		20.4							31.0*			
2015				16.5						30.4		
2016			26.3*								25.7	48.1
2017					7.4	9.1/5.7		30.8*		40.0		

출처: 오스트리아(https://en.wikipedia.org/wiki/Austrian_legislative_election,_2017). 벨기에(왈롱과 프랑드리의 사회당 득표율 합산. https://en.wikipedia.org/wiki/Belgian_federal_election,_2014), 덴마크(https://en.wikipedia.org/wiki/Danish_general_election,_2015). 핀란드(https://en.wikipedia.org/wiki/Finnish_parliamentary_election,_2015), 프랑스(https://en.wikipedia.org/wiki/French_legislative_election,_2017). 네덜란드(https://en.wikipedia.org/wiki/Dutch_general_election,_2017). 이탈리아(https://en.wikipedia.org/wiki/Italian_general_election,_2013). 2001년 선거부터 사회당 미집계, 2006년 선거(공산당(PCI) 5.8%, 이탈리아 공산당 0.2%, 사회당 2.3%, 2008년 선거(좌파당 3.1%, 좌파민주당 0.5%), 2013년 선거(좌파 생태자유당 3.2%, 노동자의 공산당 0.6%, 비판적 좌파당 1.0%, 노동자의 공산당 0.5%). 노르웨이(https://en.wikipedia.org/wiki/Norwegian_parliamentary_election,_2017). 스웨덴(Elections in Sweden, https://en.wikipedia.org/wiki/Elections_in_Sweden). 노르웨이(United Kingdom general election, 2017. https://en.wikipedia.org/wiki/United_Kingdom_general_election,_2017). 독일(German federal election, 2017. https://en.wikipedia.org/wiki/German_federal_election,_2017). 미국(United States presidential election. https://en.wikipedia.org/wiki/United_States_presidential_election). 미국의 선거에서 대통령선거 결과는 대통령선거인단(electoral votes)의 결과가 아닌 유권자의 득표율(popular votes). 접근일 2017년 6월 25일.

녹색당의 대두는 사민당으로서는 쉽지 않은 정치적 도전이었다. 녹색당은 1983년에 정당명부비례대표 선거에서 5.6%를 얻어 처음으로 27석을 확보했고, 1987년 선거에서는 8.3%의 득표율로 42석을 얻어 제4당이 되었다.[97] 전통 좌파 정당이 관심을 두지 않았던 영역에서 새로운 좌파 정치의 가능성이 열린 것이다. 하지만 사민당은 새로운 가능성에 무관심했다. 1982년에 자유민주당이 사민당과의 연립정부에서 이탈해 사민당 정권이 붕괴되었을 때도 사민당 당수 헬무트 슈미트(Helmut Schmidt)는 녹색당과의 연대를 거부했다. 스웨덴의 사민당은 녹색당과 옛 공산당인 좌익당 간의 연대를 우려했다.[98] 서유럽의 사민당은 제조업 노동자의 정당으로 남아 있을 것인지 아니면 새로운 사회운동과 함께 할 것인지를 선택해야 했다.[99]

스페인은 사회주의 없는 사민당, 노동자 없는 사민당의 전형을 보여주었다. 스페인은 프란시스코 프랑코(Francisco Franco)의 독재에서 벗어나 민주주의 사회로 이행했지만 노동자는 자신의 이해를 대변하는 정당을 갖지 못했다. 스페인 공산당은 후안 카를로스(Juan Carlos) 국왕을 지지해 자신의 정치적 자산을 소진했고, 사회주의 노동자당은 노동자와 사회주의가 없는 정당이었다. 사회주의 노동자당은 펠리페 곤잘레스(Felipe González)의 집권기간(1982~1996) 동안 노동계급과의 관계를 단절했다. 그렇다고 새로운 사회운동과 결합한 것도 아니었다. 스페인은 오랫 동안 프랑코의 독재로 인해 풀뿌리 조직이 성장할 수 있는 토대가 취약했다. 사회주의 노동자당은 프랑코의 독재가 종식된 직후인 1976년에 강령에 사회주의 변혁을 명시했지만, 집권 이후에는 "민영화, 다국적 자본 지원, 산업 폐쇄, 통화긴축, 임금 억제, 유럽공동체 가입, 탈산업화"라는 신자유주의 정책을 추진하면서 노동계급의 생존을 위협했다.[100] 1982년에 17%이던 실업률은 1986년에 22%로 치솟았고, 청년(16~24세)의 실업률은 무려 40~50%에 달했다. 노동자들은

....

97   Wikipedia. West German federal election 1983, 1984. https://en.wikipedia.org/wiki/West_German_federal_election_1987 (Accessed on June 25, 2017).
98   Eley. 『The left 1848~2000: 미완의 기획, 유럽좌파의 역사』. p.881.
99   Eley. 『The left 1848~2000: 미완의 기획, 유럽좌파의 역사』. p.764.
100 Eley. 『The left 1848~2000: 미완의 기획, 유럽좌파의 역사』. pp.764-774.

1979년 10월 14일에 12만 명의 독일 시민들이 반핵 시위를 하고 있다(출처: wikipedia).[101]

총파업으로 맞섰고 곤잘레스 정부로부터 공적 복지를 확대하겠다는 약속을 얻어 냈지만 신자유주의 정책은 지속되었다. 곤잘레스의 사회주의 노동당이 노동계급의 희생을 대가로 신자유주의 정책을 추진했지만, 스페인은 유럽 주류를 따라잡지 못했다. 스페인의 사회주의 노동자당은 신자유주의 정당의 전형이 되었다. 조직된 대중에 의해 지지되지 않는 정당이 어떻게 자신이 대변하고자 했던 대중의 이해를 손쉽게 저버릴 수 있는지를 스페인 사회주의 노동당은 보여주었다. 다만 도널드 서순(Donald Sassoon)의 평가처럼 사회주의 노동자당의 우경화는 보수 우파정당의 정치적 힘을 제약하는 역할을 했다.[102]

영국은 좌파가 직면한 모순적인 과제를 보여주는 시험장이었다. 영국 좌파는 전통의 호명(呼名)과 새로운 희망이 공존하는 현실을 직면해야 했디. 역사적

......

101 https://upload.wikimedia.org/wikipedia/commons/thumb/4/40/ANTIAKW.jpg/1920px-ANTI-AKW.jpg.
102 Sassoon. 『사회주의 100년 2』. pp.354-355.

복지국가의 해체를 둘러싼 복지정치가 격렬하게 진행된 곳도 영국이었다. 페미니즘과 대중적 평화운동의 합류는 전통적 좌파가 담을 수 없는 새로운 사회적 요구를 분출시켰다. 나토가 그린핸 커먼(Greenhan Common)에 핵미사일을 배치하려고 하자 여성운동은 저항했다. 남성 배제, 영성적 특성 등이 여성평화운동을 둘러싼 많은 긴장을 유발했지만, '넘어섬' 그 자체로 의미 있는 운동이 되었다. 대처 정부의 석탄산업 축소로 촉발된 1983년의 광부파업은 여전히 전통적 노동계급의 강고함을 보여주었다. 대처 정부가 경제성장의 장애요인이라고 비판했던 복지국가를 해체하기 위해서는 노동계급을 약화시켜야 했고, 광부는 그 노동계급의 맨 앞에 위치한 전위대였다. 1년이나 진행된 파업에서 광부조합은 아무런 소득 없이 물러나야 했다. 노동계급이 패했고, 대처가 승리했다.[103] 노동계급은 분열했고, 노동자도 노동당에 투표하지 않았다. 1979년부터 1983년 사이에 노동당에 투표한 조합원의 비율은 51%에서 39%로 격감했다.[104]

탈산업화와 함께 산업 노동자들이 사라져가고 새롭게 만들어진 서비스 부문에서 일하는 노동자가 자신을 '노동자'로 인식하지 않는 시대에 사민당이 노동계급의 정당으로 남아 있는 것은 적절해 보이지 않았다. 1980년대 이후, 더 정확히 말하면 1980년대에 신자유주의의 첫 광풍이 몰아친 이후인 1990년대에 사민당은 노동계급의 정당이라는 정체성을 탈각하고 1959년에 독일 사민당이 고데스베르크(Godesberg)에서 선언했던 것처럼 국민정당을 선언하고 그 길로 나아가고 있었다.[105] 환경, 다양성, 일과 생활의 조화 등이 새로운 사회적 과제로 등장했다. 이렇게 사민당은 전통적인 노동계급 정당으로서 사회개혁의 전통을 계승하는 동시에 새롭게 대두되는 사회위험에 대응해야 했다. 더욱이 베를린 장벽의 붕괴가 상징하듯 현실 사회주의가 무너지고 구공산국가가 케인스주의 혼합경제가 아닌 신자유주의 경제 원리를 전폭적으로 받아들였다는 것은[106] 자본주의 체제

....

103 Eley. 『The left 1848~2000: 미완의 기획, 유럽좌파의 역사』. pp.839-843.
104 Fielding, S.(1995). *Labour: Decline and Renewal Manchester*. Manchester University Press. pp.50-53; Eley. 『The left 1848~2000: 미완의 기획, 유럽좌파의 역사』. p.843. 재인용.
105 백경남(1980). "독일 사회민주당의 마르크스주의로 부터의 결별." 『법정논총』 5: 199-233.

에서 '사회주의'를 실현하려는 사민주의 정당의 목표에 대해 근본적 의문을 제기하기에 충분했다.

제3의 길, 사회민주주의의 대안?

1997년에 영국에서 토니 블레어(Tony Blair)의 승리는 1970년대의 경제위기 이래 근 20년 가까이 숨죽이고 있었던 사민주의의 부활을 알리는 신호처럼 보였다. 1980년대 초에 프랑스에서 미테랑의 사회당이 집권했지만 케인스주의 유효수요정책이 실패한 이후에 신자유주의로 전향했다는 점을 고려하면,[107] 서구 복지국가에서 사회민주주의가 부활한 시점은 영국 노동당이 승리한 1997년으로 보아도 크게 잘못된 판단은 아닐 듯하다. 하지만 1997년에 영국에서 부활한 사민

1989년 11월 9일에 동서를 가로막았던 베를린 장벽이 무너져 내렸다. 이로써 냉전은 종식되었다. 하지만 세상이 더 나아진 것은 아니었다(출처: *The iPinions Journal*).[108]

....

106 Eley. 『The left 1848~2000: 미완의 기획, 유럽좌파의 역사』. p.814.
107 김수행 · 정병기 · 홍태영(2006). 『제3의 길과 신자유주의』. 서울: 서울대학교 출판부. p.302.
108 The iPinions Journal(2014). "Fall of the Berlin Wall." http://www.theipinionsjournal.com/2014/11/fall-of-the-berlin-wall/ (Accessed on June 25, 2017).

주의는 우리가 알고 있던 사민주의와는 거리가 멀었다. 영국의 대안경제전략, 스웨덴의 임금노동자기금, 이탈리아와 스페인의 유로코뮤니즘의 이상은 1990년대의 사민주의 정당에는 자리할 곳이 없었다.[109] 1990년대 후반에 영국, 프랑스, 독일, 미국 등에서 등장한 제3의 길이라고 불리는 사회민주주의의 부활은 전통 사민주의와 신자유주의 사이에 놓인 제3의 길을 걷겠다고 선언했지만, 그 "제3의 길"에는 사민주의가 당연히 품고 있어야 할 자본주의에 대한 대안이 보이지 않았다. 전후 사민주의가 추구했던 제3의 길이 자본주의와 사회주의 체제 사이에서의 제3의 길이었다면, 1990년대 후반에 등장한 제3의 길은 제3의 길(전통 사민주의)과 신자유주의 사이에서의 제3의 길을 의미했다.[110] 물론 제3의 길이라고 해서 모두가 동일한 것은 아니었다. 미국이 제일 우측에 있었으며, 그다음에 영국, 독일, 프랑스가 위치했다. 우경화라는 점에서 북유럽 국가들도 예외는 아니었다. 노르웨이 노동당이 추구했던 목표는 1960년대에 "사회주의의 건설"에서 1980년대에 "자유, 민주주의, 평등"으로 바뀌었고, 1980년대 말이 되면 '개인주의'로 전환되었다.[111]

20여 년 동안 절치부심했던 영국의 노동당은 1997년에 마침내 압도적인 승리를 했다. 노동당의 의석수는 273석에서 418석으로 무려 145석이나 늘어난 반면 보수당의 의석수는 343석에서 165석으로 178석이나 급감했다.[112] 블레어의 신노동당은 기본적 생활보장, 교육, 보건의료 등 공공서비스에 지출을 확대한다고 했기 때문에 노동당의 전통적인 사회보장정책을 계승하는 듯했다. 하지만 블레어의 신노동당은 빈곤을 개인의 태도와 행동의 문제로 보았고 자유시장정책에 따라 정부가 일자리를 만드는 계획에 반대했다. 실제로 블레어의 신노동당 정부

....

109 Eley. 『The left 1848~2000: 미완의 기획, 유럽좌파의 역사』. p.873.
110 Hirscher, G. und Sturm, R.(2001). *Die Strategie des 'Dritten Wages': Legitimation und Praxis Sozialdemokratisher Regierungspolitik*. München: Olzog. p.9; 김수행 외. 『제3의 길과 신자유주의』. p.123.
111 Eley. 『The left 1848~2000: 미완의 기획, 유럽좌파의 역사』. p.875.
112 Wikipedia. United Kingdom general election, 1997. https://en.wikipedia.org/wiki/United_Kingdom_general_election,_1997 (Accessed on June 25, 2017).

1997년의 선거에서 승리한 토니 블레어가 가족들과 함께 다우닝 10번가에서 손을 흔들고 있다(출처: Mail Online).[113]

는 최하층 계급의 문화적 문제를 다루기 위한 '사회적 배제 전담부서(Social Exclusion Unit)'를 설치했지만,[114] 신노동당이 집권한 지 2년 후에 경영진과 노동자의 평균 임금 간의 격차는 유럽 국가 중 가장 크게 벌어졌다.[115] 노동당의 13년간의 집권이 끝나던 2010년에 영국은 유럽에서 가장 불평등한 국가가 되었다.

독일에서 제3의 길은 슈뢰더의 사민당이 표방한 신중도(Neue Mitte)로 대표된다. 사실 독일 사민당은 1891년에 에어푸르트(Erfurt)에서 당명을 '사회주의노

....

113 Mail Online(2015). "One Eye on the Future, Euan? Blair's Son Watches as Labour Leadership Battle Hots Up." May 17, 2015. http://www.dailymail.co.uk/news/article-3084416/One-eye-future-Euan-Blair-audience-wannabe-Labour-leaders-set-stalls.html (Accessed on June 25, 2017).

114 Todd. 『민중: 영국 노동계급의 사회사』. p.451.

115 Ali, T.(2017[2015]). 『극단적 중도파』. 장석준 역. (*The Extreme Centre*). 서울: 오월의 봄. p.37.

동자당'에서 사회민주당으로 개명한 이후에 지속적으로 '계급정당'으로서의 성격을 약화시켜왔다. 잘 알려진 것처럼 독일 사민당은 1959년에 고데스베르크에서 마르크스주의를 폐기하고 '실용주의 대중정당'으로 전환했고, 1989년에 베를린 강령을 통해 환경정책, 성 평등 정책 등을 포괄함으로써 '실용주의 대중정당' 노선을 강화해왔다(표 12.4 참고).[116] 이러한 역사적 유산에 근거해보면 슈뢰더의 '신중도' 노선은 1959년 이래 계속된 독일 사민당의 대중정당 노선의 연장선상에 있다고 볼 수도 있다. 문제는 1999년 6월 8일에 발표된 슈뢰더-블레어 선언으로 알려진 "유럽 제3의 길, 신중도"라는 선언에서 드러난 것처럼 슈뢰더의 노선이 "결과의 평등"을 추구하는 사민당의 전통을 폐기했다는 데 있다.[117] 블레어-슈뢰더 선언은 실업 문제는 적극적 노동시장 정책, 공공부문 고용 확대, 일자리의 재분배 같은 공적 개입이 아닌 탈규제, 감세 등과 같은 공급주의 정책을 통해 해결할 수 있다고 천명했다.[118] 독일 사민당이 급격하게 우경화한 것이다.

사민당의 이러한 우경화는 사민당의 정치적 지지기반의 변화와도 밀접히 연관되어 있었다. 1950년대에 사민당은 명백하게 제조업 노동자의 정당이었다. 사민당 당원의 40%가 생산직 노동자였다. 하지만 20세기 말이 되면 생산직 노동자의 비중은 21.2%로 급감하고 그 자리를 사무직 노동자(27.5%)와 공무원(11.3%) 등 화이트칼라 노동자들(38.8%)이 대신했다.[119] 독일 사민당의 제3의 길은 자민당(FDP) 당수 볼프강 게르하르트(Wolfgang Gerhardt)로부터 "자민당 노선의 값싼 표절"이라는 비판을 받을 정도로 우경화되었다. 1999년에 당내 좌파인 오스카 라퐁텐(Oskar Lafontaine)의 사임과 슈뢰더-블레어 선언 이후에 독일 사민당의 '신중도' 노선이 본격화되었고, 2005년에는 라퐁텐을 중심으로 사민당 좌파

....

116 정국현(2004). "독일 사회민주당의 이완의 프로젝트: '신중도' 노선의 사회경제적 배경과 문제점." 『한독사회과학논총』 14(2): 223-241. pp.224-225.
117 유진숙(2014). "독일 사민당과 제3의 길: 합리적 선택 제도주의적 설명." 『미래정치연구』 4(1): 5-30. p.10; 김수행 외. 『제3의 길과 신자유주의』. pp.176-177.
118 김수행 외. 『제3의 길과 신자유주의』. pp.176-177.
119 김수행 외. 『제3의 길과 신자유주의』. pp.192-193.

표 12.4 독일 사민당의 제3의 길

혁명적 계급정당	의회주의적 계급정당	친노동자적(좌파적) 국민정당	중도적 국민정당
	·1차 제3의 길 ·1890년대~1차 세계대전 ·수정주의 이후(라쌀주의 복구와 의회주의 강화)	·2차 제3의 길 ·1959년 고데스베르크 강령 ·1966년 연정 참여 이후(국민정당화)	·3차 제3의 길 ·1989년 베를린 강령 ·1999년 슈뢰더-블레어 선언 이후(현대적 경제정당화)

출처: 김수행 외. 『제3의 길과 신자유주의』. p.181, 〈그림 2-4-3〉 "독일 사민당의 '제3의 길' 변천사"의 내용을 일부 수정한 것임.

가 탈당하는 사태가 벌어졌다.[120] 다양한 평가가 가능하겠지만, 20세기 말에 시작된 독일 사민당의 세 번째 실험은 사민당판 신자유주의라는 평가를 들어야 했다. 슈뢰더의 제3의 길은 소수의 수혜자들을 제외한 대다수의 사람들의 삶을 위태롭게 만들었다.

프랑스에서는 1997년의 총선에서 선전한 리오넬 조스팽(Lionel Jospin)의 사회당이 녹색당, 공산당과 함께 연정(1997-2002)을 출범시키면서 프랑스식 제3의 길이 본격화했다. 영국 노동당과 독일 사민당의 제3의 길이 시장의 역할을 강화하고 사회보장제도의 개혁을 통해 국가의 개입을 약화시키는 방식이라면, 프랑스 사회당은 조금 다른 제3의 길을 걸었다. 프랑스 사회당의 제3의 길의 핵심은 공화주의 연대를 강화해 신자유주의의 문제를 완화하는 것이었다.[121] 이러한 프랑스식 제3의 길은 1980년대에 신자유주의가 본격화되었던 시기에도 사회당 정권이 일정 기간 유지되었기 때문에 가능했던 것으로 보인다.[122] 그렇다고 프랑스가 신자유주의로부터 자유로웠던 것은 아니다. 의료와 수당 등 사회보장과 관련해서는 일부 진전된 정책들이 있었지만, 공기업의 민영화, 노동시장의 유연화 등 신자유주의적 흐름을 피해가지는 못했다. 프랑스 사회당은 2012년에 다시 집권에 성공했지만 2017년의 선거에서 신예 에마뉘엘 마크롱(Emmanuel Macron)의 중도신당인 '레퓌블리크 앙마르슈(LREM, 전진하는 공화국)'에 패히면서 의석

....

120 유진숙. "독일 사민당과 제3의 길: 합리적 선택 제도주의적 설명." p.24.
121 김수행 외. 『제3의 길과 신자유주의』. p.381.
122 김수행 외. 『제3의 길과 신자유주의』. p.301.

수가 280석(29.4%)에서 30석(7.4%)으로 급감하는 굴욕적인 패배를 맛보아야 했다. 1980년대 이후에 사회당은 집권에 몇 차례 성공했지만 신자유주의가 가져온 사회적 문제에 효과적으로 대응했다고 할 수는 없을 것 같다. 프랑스의 2017년의 대선과 총선은 프랑스에서 사민주의의 미래가 여전히 유효한지에 대한 의문을 던졌다.

클린턴의 민주당 정권이 이끈 미국의 제3의 길은 블레어의 노동당보다 더 심각한 우경화로 나타났다. 클린턴은 이전의 공화당 정부도 손대지 못했던 공공부조에 대한 개혁을 공화당보다도 더 공화당같이 했다. 미국에서 시민권에 근거해 기초생활을 보장하는 제도는 사라졌다. 공공부조는 한시적 제도가 되었고, 소득하위 80%의 임금은 더 낮아졌으며, 노동자의 노동시간은 더 증가했다. 서구 자본주의 국가 중 미국은 유일하게 노동시간이 증가한 나라였다.[123] 제프 일리(Geoff Eley)는 1848년부터 2000년까지 유럽 좌파의 역사를 기록하면서 "1990년대에 이르러 노동계급 공동체에 뿌리를 두는 동시에 광범위한 열망을 끌어당기는 하나의 운동이었던 고전적인 정당은 사라졌다."라고 이야기했다. 신자유주의 시대를 거치면서 사람들은 사회민주주의 정당이 신자유주의를 넘어 새로운 세계로 자본주의를 이끌 수 있을 것이라는 믿음에 분명한 의구심을 갖기 시작했다.

3. 신자유주의 시대의 국가

일반적으로 우리는 신자유주의 시대에 들어서면서 국가의 힘이 약화되고 시장의 힘이 강화되었다고 믿고 있다. 정말 그런 일이 벌어졌을까? 19세기 제국주의의 형성에 대한 한나 아렌트(Hannah Arendt)의 통찰은 우리의 이러한 믿음에 의문을 제기한다. 아렌트는 19세기 제국주의의 형성을 설명하면서 우리에게 자본의 축적은 강력한 국가 없이는 가능하지 않다는 것을 이야기해주고

....
123 Ali.『극단적 중도파』. p.40.

있다.

　　"자본의 무한한 축적을 보호하기 위해 필요한 권력의 무한한 축적 과정은 19세기 후반의 '진보적' 이데올로기를 결정했으며 제국주의의 부상의 전조가 되었다. 재산의 무제한적 성장이라는 소박한 환상이 아니라 권력 축적은 이른바 안정적인 경제 법칙을 보장할 수 있는 유일한 방책이라는 깨달음이 진보를 불가항력적인 것으로 만들었다."[124]

　　동일한 논리가 신자유주의 시대의 금융적 축적에 적용될 수 있다. 사실 국가의 약화가 시장의 힘을 강화시킬 것이라는 일반적 믿음은 신화에 가깝다. 케인스주의 시대에서 신자유주의로의 이행은 국가의 강력한 개입이 없었다면 불가능했을 것이고, 신자유주의 시대 또한 자본주의 세계체계의 위기를 관리하는 강력한 국가가 없었다면 지속되지 못했을 것이다.[125] 신자유주의 시대를 촉발시켰던 1970년대 말부터 1980년대까지 미국에서 이자율의 급격한 상승은 시장이 아닌 연방준비제도 의장 폴 볼커로 대표되는 국가의 인위적 개입의 결과였다. 폴 볼커는 1980년 한 해 동안에만 무려 열 차례나 이자율을 올렸다.[126] 데이비드 하비(David Harvey)가 강탈이라고 불렀던 신자유주의 시대의 금융적 축적 또한 국가권력이 지원하는 금융자본과 신용기관 등에 의해 만들어진 것이다. 1980년대 이후에 세계적으로 벌어졌던 공유자산의 민영화를 통한 자본의 수익 증대 또한 국가의 개입 없이는 불가능했다.[127]

....

124　Arendt, H. (2006[1951]). 『전체주의의 기원』. 이진우·박미애 역. (*The Origins of Totalitarianism*). 서울: 한길사. p.296.

125　Duménil and Lévy. "21세기 전환기 미국 제국주의의 경제학." p.198. 박상현은 1980년대를 경과하면서 국가의 역할이 '산업적 축적과 케인스주의적 성장관리'에서 '금융적 축적과 신자유주의적 위기관리'로 전환되었다는 것을 다양한 경험적 근거를 들어 잘 보여주고 있다. 박상현. 『신자유주의와 현대자본주의 국가의 변화』.

126　Heilbroner, R. and Milberg, W. (2016). 『자본주의, 어디서 와서 어디로 가는가』. 홍기빈 역. (*The Making of Economic Society*). 서울: 미지북스. p.388.

127　Harvey. 『신제국주의』. pp.148-153.

국가는 법과 제도를 통해 자본이 금융적 축적을 하고 이윤을 창출할 수 있는 조건을 만들어주었다. 클린턴 정부 시기에 미국에서 제정된 '금융서비스현대화법(Financial Services Modernization Act)'은 1933년의 뉴딜 시기에 상업은행의 증권시장 진출을 제한해 금융자본을 규제한 제도적 틀인 '글래스-스티걸법'을 대체했다. 이는 국가가 금융에 대한 탈규제를 제도화한 대표적 사례이다.[128] 경제위기 때마다 공적자원을 동원해 시장을 살린 것도 국가였다. 그렇기 때문에 신자유주의는 국가의 약화와 등치될 수 없다. 굳이 국가의 약화를 이야기하고자 한다면 그 모습은 이중적이고 모순적이다. 현실적으로 국가가 심각하게 약화된 곳은 자본주의 세계체계의 핵심부 국가의 이해에 따라 신자유주의 세계질서에 편입된 제3세계의 저개발국가(지역)들이다. 1980년대 이전에 제3세계의 개발은 국민국가 차원에서 경제성장을 모색하는 것을 의미했지만, 1980년대에 들어서면서 세계은행은 제3세계 국가가 세계시장에 참여하는 것이 개발이라고 새롭게 정의했다.[129] 국민국가의 주권이 핵심 국가들이 지배하는 세계시장으로 이전되면서 제3세계는 세계시장의 집행기관으로 전락한 것이다. 실제로 북미자유협정에 반대해 봉기한 멕시코의 사파티스타(Zapatista) 반군은 '존재하지 않는 멕시코 정부'가 아니라 국제적인 금융자본에 대항해 봉기했음을 분명히 했다.[130]

반면 선진 여러 국가에서는 모순된 두 가지 현상이 함께 나타나고 있다. 하나는 자본주의 황금시대에 자본과 노동의 타협을 통해 성장과 분배가 선순환하는 구조를 만들었던 국가가 신자유주의 시대에 들어서면서 자본의 이익을 일방적으로 강화하는 역할을 수행하고 있는 것이다. 신자유주의 시대가 부정한 국가는 노동과 자본의 타협에 기초한 케인스주의 국가였고 민중의 의사가 전달되는 국가였다.[131] 신자유주의 이후에 국가의 역할은 축소된 것이 아니라 "케인스주의

....

128 박상현. 『신자유주의와 현대 자본주의 국가의 변화』. p.283.
129 McMichael. p.(2013). 『거대한 역설: 왜 개발할수록 불평등해지는가』. 조효제 역. (*Development and Social Change*). 서울: 교양인. p.206.
130 McMichael. 『거대한 역설: 왜 개발할수록 불평등해지는가』. p.231.
131 강상구. 『신자유주의의 역사와 진실』. p.172; Duménil and Lévy. 『자본의 반격: 신자유주의 혁명의 기원』. p.283.

멕시코의 사파티스타 반군의 모습(출처: Vice News).[132]

적 성장관리"에서 "신자유주의적 위기관리"로 전환된 것이다.[133] 다른 하나는 마스트리히트 조약에서처럼 화폐 및 재정정책 등 국민국가의 고유한 권한이 유럽연합 같은 초국적 기관으로 이전되었다는 것이다.[134] 이제 자원을 어떻게 분배할 것인가의 문제는 단순히 국민국가 내의 권력관계만으로 결정될 수 없다. 문제는 분배를 결정하는 기제가 국민국가의 경제를 넘어섰지만 유럽연합 같은 초국적 기관의 민주성은 여전히 모호하고 초국적 영역에서 분배를 둘러싼 민주적 권력관계도 형성되지 않았다는 점이다. 더불어 분권의 강화는 국민국가의 힘을 약화시키는 또 하나의 요인이 되었다. 지금 우리가 탈국민국가의 시대에 살고 있다면 국민국가에 기초한 경제체제, 복지국가, 권력자원 등은 더 이상 유용한 개념이 아니다.

........,

132 Vice Mexico(2014). The Zapatista Uprising(20 Years Later). https://www.vice.com/en_us/article/vdpeky/the-zapatista-uprising-20-years-later (Accessed on June 26, 2017).
133 박상현.『신자유주의와 현대 자본주의 국가의 변화』.
134 Eley.『The left 1848~2000: 미완의 기획, 유럽좌파의 역사』. p.736.

제5절 신자유주의 시대의 복지국가

신자유주의자들에게 자본주의의 황금시대 동안 확장된 복지국가는 만병의 근원이었다. 밀턴 프리드먼(Milton Friedman)은 복지국가가 시민의 자유를 심각하게 위협하고 가족을 파괴하며 자산 활동을 위축시킨다고 주장했다.[135] 심지어 스웨덴 사민당 정부에서 발간한 보고서에서도 "공적 지출의 증가는 높은 세금과 증세의 압력을 야기하는데 이는 경제위기의 원인이다."라고 했을 정도였다.[136] 대처의 영국 보수당 정부가 노동조합을 무력화시키려고 했던 것도 노동조합을 무력화시키지 않고서는 그들이 경제위기의 주범이라고 믿었던 복지국가를 약화시킬 수 없다고 판단했기 때문이다. 대처 정부는 광부의 파업을 진압하기 위해 수천 명의 중무장한 경찰을 동원했다. 파업기간 동안 9,750명이 연행되고, 7,874명이 기소되었다. 1년 가까이 처절한 파업이 진행되었지만 광산 노동자들은 아무런 소득 없이 파업을 중단해야했다.[137] 대처의 승리가 명백한 것처럼 보였다. 그러나 대처는 정말 승리한 것일까? 대처는 복지국가를 약화시키고 영국 경제를 살렸을까? 왜 이런 일이 벌어진 것일까? 복지국가를 공격하고 해체하겠다는 우파정권이 들어서고 케인스주의가 더 이상 받아들여지지 않는 '신자유주의' 시대가 도래했는데 왜 복지국가는 해체되지 않은 것일까? 아니, 신자유주의 시대를 거치면서 복지국가는 외형적으로 더 성장한 것처럼 보였다. 1980년에 GDP 대비 14.9%에 불과했던 OECD 회원국의 평균 사회지출비율은 2016년 현재 21.0%로 지난 36년 동안 40.9%나 증가했다. 여러 학자들이 전후 복지국가의 성장을 설명했던 이론들이 복지국가의 축소를 제대로 설명하지 못한다고 주장했지만,[138] 오히려 지금

....

135 Friedman, M. and Friedman, R.(1980). *Free to Choose: A Personal Statement*. New York: HBJ. p.119, 123.

136 Ministry of Finance(1994). *Economic Policy Statement by Swedish Government*. Stockholm: Ministry of Finance. pp.15-17; Olsen, G.(1996). "Re-modeling Sweden: The Rise and Demise of the Compromise in a Global Economy." *Social Problems* 43(1): 1-20. p.11.

137 Eley. 『The left 1848~2000: 미완의 기획, 유럽좌파의 역사』. pp.841-843.

138 Bonoli, G., George, V., and Taylor-Gooby. P.(2005[2000]). 『유럽 복지국가의 미래』. 최종균 역.

우리에게 필요한 것은 신자유주의 시대의 광풍을 지나오면서 복지국가가 성장할 수 있었던 동인을 찾는 것일 수도 있다. 이러한 문제의식에 기초해 5절 "신자유주의 시대의 복지국가"에서는 1980년 이후에 복지국가를 중심으로 벌어졌던 몇 가지 중요한 쟁점들을 검토했다.

1. 신자유주의 시대의 복지국가

어떻게 이런 일이 벌어질 수 있었을까? 소를 잡겠다고 도살장으로 소를 끌고 간 푸줏간 주인이 소는 잡지 못하고 소에게 여물을 주어 소를 살찌운 것이다. 신자유주의자들의 입장에서 보면 복지국가는 해체까지는 아니어도 약화되어야 할 충분한 이유가 있었기 때문에 이러한 현상은 더 이상한 일이었다. 앞서 검토했듯이 제2차 세계대전 이후에 역사적 복지국가가 형성되고 성장할 수 있었던 정치경제적 조건은 1980년대 이후에 더 이상 유효하지 않았다. 정치적으로는 복지국가의 황금시대를 가능하게 했던 좌파정당(사민주의)에 대한 지지와 이를 뒷받침했던 조직노동의 힘이 약화되었다. 예외적으로 스웨덴 노동조합의 조직률이 1990년대 초까지 상승했지만 결국 낮아졌고, 다른 주요 국가들의 조직률은 1980년대에 들어서면서 대부분 낮아지기 시작했다. 사민주의 정당의 득표율도 영국과 자유주의 정당인 미국의 민주당을 예외로 하면 1980년대 이후에 낮아지기 시작했다. 분배의 문제를 복지국가 차원에서 합의하고 타협했던 조합주의 또한 협상과 타협이 분권화되면서 그 동력을 잃어갔다.[139] 경제적으로는 제조업의 쇠퇴와 함께 1970년대 말과 1980년대 초를 지나면서 유효수요 확대 정책이 스태그플레이션(stagflation)으로 귀결되자 사회지출과 경제성장 간의 선순환 관계에 기초한 케인스주의에 대한 신뢰도 약화되었다.[140] 황금시대 복지국

....

(*European Welfare Futures*). 서울: 인간과 복지. p.29; Pierson. P. (2006[1994]). 『복지국가는 해체되는가』. 박시종 역. (*Dismantling the Welfare State?*). 서울: 성균관대학교출판부.

139　안재홍. 『복지 자본주의 정치경제의 형성과 재편』.

140　Pierson. 『복지국가는 해체되는가』. p.23.

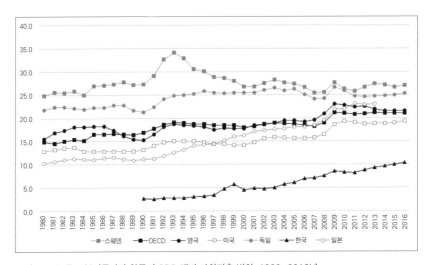

그림 12.12 주요 복지국가와 한국의 GDP 대비 사회지출 변화, 1980~2016년

출처: OECD(2017). Social expenditure: Aggregated data, Accessed on February 23, 2017. http://stats.oecd.org/Index. aspx?DataSetCode=SOCX_AGG

가의 핵심 기둥이었던 완전고용은 제조업의 쇠퇴와 함께 실현 불가능한 목표가 되었다.[141] 더욱이 세계화라는 국제질서의 변화는 분배 문제를 국민국가 차원에서 다룰 수 있는 여지를 축소시켰다.

이렇듯 1945년 이후에 복지국가의 성장을 가능하게 했던 중요한 조건들이 약화 또는 해체되었음에도 적어도 GDP 대비 사회지출로 본 복지국가는 건재해 보였다. 복지국가의 해체를 시도했던 대처가 집권한 영국의 복지지출도 줄어들지 않았다. 〈그림 12.12〉에서 보는 것처럼 영국의 GDP 대비 사회지출은 대처의 집권이후에 오히려 증가했다. 1980년에 15.6%였던 GDP 대비 사회지출비중은 1986년에 18.2%로 16.7% 증가했다. 물론 1986년 이후에 GDP 대비 사회지출비중은 감소했고, 1997년에 정권이 노동당으로 교체되고 한참이 지난 2001년에야 1986년 수준을 회복했다. 복지지출이 늘지 않았다는 것으로 위안을 삼는다면 신자유주의는 영국 복지국가를 약화시키는 데 성공적이었다고 평가할 수 있을지도

....

141 Esping-Anderen. 『복지체제의 위기와 대응』. pp.26-27, p. 64.

모른다. 그러나 "복지국가를 해체"하기를 원했다면 신자유주의는 실패한 것처럼 보인다. 미국도 다르지 않았다. 레이건이 집권한 1981년부터 1988년까지 미국의 GDP 대비 사회지출은 예상과 달리 크게 감소하지 않았다. 다른 OECD 국가들의 사회지출은 1980년대 들어 오히려 증가했다.

탈산업화를 수반한 경제위기가 실업률을 증가시켜 복지확대를 위한 세입증대를 어렵게 했다고 주장하지만,[142] OECD의 세입 자료를 보면 그리 설득력 있는 주장은 아니다. 1980년대 이후에 OECD 국가의 GDP 대비 세입 비율은 감소하지 않았으며, 오히려 증가했다. OECD의 GDP 대비 세입 비중은 1980년대 이전부터 상승했다. 1980년에 30.1%였던 GDP 대비 세입 비중은 금융위기가 발생했던 2008년을 예외로 하면 계속 상승해 2016년 현재 34.3%에 이르고 있다. 예외가 있다면 신자유주의의 본산이라고 할 수 있는 영국과 미국에서 GDP 대비 세입 비중에 큰 변화가 없었다는 점이다. 영국은 1982년(36.7%)을 정점으로 다소 감소해 2016년(32.5%)까지도 1982년 수준을 회복하지 못한 상태이다. 미국도 1982년을 정점으로 지금까지 큰 변화가 없다.

상식적으로 경제가 어려우면 복지에 대한 요구는 증가할 수밖에 없다. 그래서 영국과 미국을 제외한 대부분의 OECD 국가에서는 역설적이지만 신자유주의 시대에 들어서면서 GDP 대비 세입 비중이 증가했고 사회지출도 증가한 것이다. 그렇다고 정부부채를 늘려 대응한 것도 아니다. 〈그림 12.13〉에서 보는 것처럼 영국과 미국의 GDP 대비 부채비율은 (1980년대를 확인할 수는 없지만) 2008년의 금융위기 직전까지 큰 변동이 없었다. 영국과 미국이 세입을 늘리지 않고 그렇다고 부채도 늘리지 않았다는 것은 경제위기가 유발한 사회적 문제에 적절히 대응하지 않았다는 것을 의미한다. 시민들에게 신자유주의는 혹독한 것이었다. 〈그림 12.14〉와 〈그림 12.15〉에서 보는 것과 같이 지니계수로 측정한 영국과 미국의 불평등은 1980년대를 거치면서 급격히 증가했다. 1970년대 중반에 0.250이었던 영국의 지니계수는 1980년대 중반에 0.286으로 높아졌

....

142 Pierson. 『복지국가는 해체되는가』. p.18.

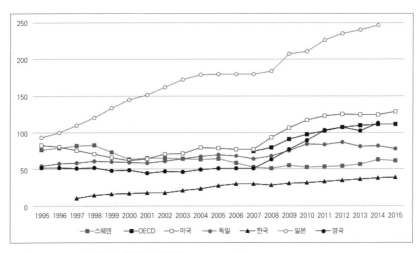

그림 12.13 GDP 대비 중앙정부의 부채비율, 1995~2015년

출처: OECD(2015). Government at a glance, Paris: OECD; OECD.Stat(2010). Central government debt: Total central government debt (% GDP); OECDiLibrary(2014). 21. Government debt: General government gross financial liabilities as a percentage of GDP, doi: 10.1787/gov-debt-table-2014-1-en; OECD(2017). General government debt (indicator), doi: 10.1787/a0528cc2-en (Accessed on 24 February 2017).

고, 1990년대 중반이 되면 다시 0.337로 높아졌다. 빈곤율도 마찬가지이다. 미국도 영국과 유사한 경향을 보였다. 미국의 빈곤율은 1970년대 중반에도 이미 높은 수준이어서 영국과 같은 큰 변동은 없었지만 높은 수준을 유지했다. 사실 영국과 미국만이 아니다. 대부분의 OECD 국가의 불평등과 빈곤율이 증가했다. 보편적 복지국가의 모범이라고 불리는 스웨덴조차 1980년대 이후에 불평등과 빈곤이 증가했다. 지니계수는 1980년대 중반에 0.198에서 2010년대 중반에는 0.281로 41.9%나 증가했다. 빈곤율은 1970년대 중반에 3.8%에서 2010년대 중반에 8.8%로 두 배 넘게 증가했다. 흥미로운 사실은 스웨덴에서 상대적 빈곤율의 급격한 증가는 1980~1990년대가 아닌 2008년의 금융위기 이후에 나타난 현상이라는 점이다.

　사정이 이와 같다면 폴 피어슨(Paul Pierson)의 주장처럼 복지국가의 황금시대에 형성된 광범위한 이해집단들이 신자유주의의 공격으로부터 복지국가를 지켜냈다고 할 수 있을까? 복지국가를 소득보장과 사회서비스라는 프로그램의 차

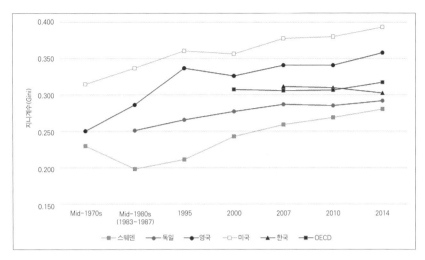

그림 12.14 주요 복지국가와 한국의 소득불평등, 1970년대 중반~2014년
출처: OECD(각 연도). Society at a glance 2016, 2014, 2011, 2005, 2001, Paris: OECD.

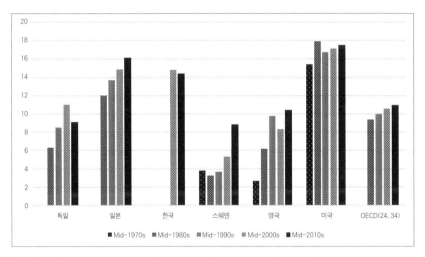

그림 12.15 주요 복지국가와 한국의 상대적 빈곤율, 1970년대 중반~2014년
출처: OECD(2016, 2009). Society at a glance, Paris: OECD.

원에서 접근한다면 피어슨의 주장은 꽤 설득력이 있다. 개별 복지제도의 이익집
단이 노동조합을 대신해 정치적 행위자로 등장했고, 이들에 의해 연금(미국), 의

료보장(영국) 등 중요한 복지제도들이 신자유주의의 칼날을 피해갈 수 있었기 때문이다.[143] 또한 피어슨의 주장은 복지제도들 중 왜 특정한 프로그램은 축소되고 다른 프로그램은 축소되지 않았는지를 설명하는 '복지제도 간의 편차'를 설명하는 데 적합해 보인다. 영국과 미국의 연금제도의 차이, 영국의 공공주택 정책은 피어슨의 설명에 적합한 사례로 인용되고 있다.[144]

하지만 피어슨의 접근은 이러한 개별 복지제도들이 모이고 복지제도의 근간이 되는 노동시장에서의 분배와 함께 새롭게 발생하는 사회위험에 대한 대응이라는 큰 틀에서 복지체제의 위기와 재편을 설명하기에는 적합하지 않다. 이안 고프(Ian Gough)의 주장처럼 복지국가의 역할을 고용보장의 문제까지 확장하게 되면 우리는 복지국가가 축소되지 않았다고 주장하기 어렵다.[145] 아사 브리그스(Asa Briggs)가 이야기한 복지국가의 정의에 따라 협의적으로 접근한다고 해도, 사회위험에 대응할 수 있는 역량의 차이가 계층에 따라 상이해지고 증가한다면 우리는 복지국가가 유지되고 있다고 이야기하기 어려울지도 모른다.[146] 앞서 살펴본 것처럼 개인과 가족이 사회위험에 대응할 수 있는 역량의 차이를 보여주는 불평등이 신자유주의 담론이 지배한 지난 40년 동안 대부분의 OECD 국가에서 증가했다. 이제 우리가 검토해야 할 내용은 노동시장에서의 분배와 복지국가에서 나타난 중요한 제도적 변화이다. 순서대로 검토해보자.

········

143 Pierson. 『복지국가는 해체되는가』. p.79.

144 Pierson. 『복지국가는 해체되는가』. 구체적인 내용은 제II부 '프로그램적 축소의 정치'에 잘 설명되어 있다.

145 Gough, I.(2004). "Welfare regimes in development context: A global regional analysis." In Gough, I., Wood, G., Barrientos, A., Bevan. P., Davis. P., and Room, G. eds. *Insecurity and welfare regimes in Asia, Africa, and Latin America: Social Policy in Developmental Contexts.* pp.15-48. Cambridge: Cambridge University Press.

146 Briggs, A. (1961). "The welfare state in historical perspective." *European Journal of Sociology* 2(2): 221-258.

2. 노동시장에서의 분배

노동소득분배율

신자유주의 시대 이후에 분배 양상이 노동시장에서 어떻게 변화했는지는 두 가지 지표를 통해 살펴볼 수 있다. 하나는 전체 국민소득 중 임금노동자에게 분배되는 비율인 기능적 소득분배율(노동소득분배율)을 검토하는 것이고, 다른 하나는 노동시장에서 괜찮은 또는 나쁜 일자리가 얼마나 증감했는지를 살펴보는 것이다. 먼저 〈그림 12.16〉에서 보는 것처럼 OECD 주요 국가의 노동소득분배율은 지난 40년 동안 지속적으로 악화되었다. 신자유주의화의 선봉에 섰던 영국의 노동소득 분배율은 지속적으로 낮아졌다. 이런 경향을 고려하면 노동당 정부가 도입한 최저임금제도는 기능적 소득분배와 관련해 중요한 의미를 갖는다.[147] 미국에서는 1980년부터 2012년까지 집권 정당과 관계없이 노동소득분배율이 계속 낮아졌다.[148] 스웨덴의 노동소득분배율은 지난 40년 동안 증가와 감소를 반복해 마치 롤러코스트를 타는 것 같았지만, 전반적으로 보면 낮아졌다. 노동소득분배율은 1980년에 73.9%에서 등락을 거듭하면서 2012년에 65.1%로 미국과 거의 유사한 수준이 되었다. 개발도상국이었던 한국을 제외하면 가장 급격한 변화를 보인 국가는 일본이다. 1980년에 73%에 이르던 노동소득분배율이 2011년에는 61%로 무려 12%포인트나 낮아졌다. 일반적으로 우리는 1980년대 이후의 복지국가의 축소를 이야기할 때 복지제도와 사회지출의 변화를 이야기하지만, 정작 중요한 복지국가의 축소는 노동시장에서 발생했다고 할 수 있다.

노동소득분배율의 악화는 정보기술의 발달로 기업이 자동화를 통해 노동자를 손쉽게 대체할 수 있었기 때문에 가능했다.[149] 더욱이 이러한 정보기술의 발전

....

147 시간당 최저임금은 1999년에 3.6파운드에서 2006년에 3.53파운드로 높아졌다. 고세훈 『영국정치와 국가복지: 신(New)자유주의에서 신(Neo)자유주의로』. p.285.

148 1981~1992년 공화당, 1993~2000년 민주당, 2001~2008년 공화당, 2009~2016년 민주당, 2017~현재 공화당.

149 Karabarbounis, L. and Neiman, B.(2013). "The Global Decline of the Labor Share." *NBER Working Paper*. No.19136.

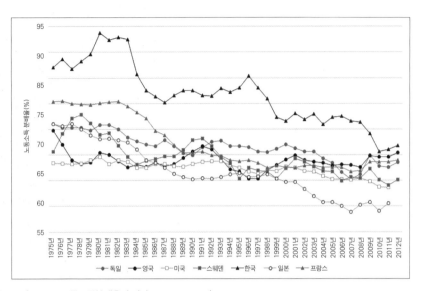

그림 12.16 노동소득분배율의 변화, 1975~2012년

출처: OECD.stat, Labour income share ratios(Accessed on June 7, 2017). http://stats.oecd.org/Index.aspx? queryname=345&#

은 단순히 노동을 대체하는 수준을 넘어 자본의 이윤실현 방식의 변화를 가능하게 했다. 19세기 말에 미국 자본주의는 영국 자본주의의 특성인 생산비용의 내부화에 거래비용의 내부화를 더하는 방식으로 세계 자본주의의 패권을 장악했다.[150] 그러나 20세기 말에 들어서 미국 자본주의는 핵심 영역을 제외한 기업 활동의 대부분을 외주화하는, 즉 생산과 거래 비용을 외주화하는 방식으로 이윤실현 방식을 변화시켰다. 노동시장 유연화의 대표적 현상인 하청, 프랜차이즈, 플랫폼 노동의 등장은 바로 이러한 기업의 변화된 이윤실현 방식을 상징하는 것이다.[151]

　　더 나아가 노동소득분배율의 감소는 소비를 감소시켜 성장률을 낮추었다는 것이 포스트 케인스주의의 핵심 주장이다. 이것이 현재의 저성장 국면을 벗어날 수 있는 유력한 대안으로 노동소득분배율을 높이는 정책, 소득(임금)주도성장이

....

150　Arrighi.『장기20세기: 화폐, 권력, 그리고 우리 시대의 기원』.
151　Weil. *Fissured Workplace: Why Work Became So Bad for So Many and What Can be Done to Improve It.*

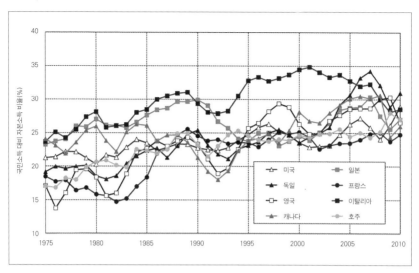

그림 12.17 자본소득분배율의 변화, 1975~2010년
출처: Piketty. 『21세기 자본』. p.268.

논의되는 이유이다.[152] 반면 자본소득분배율은 〈그림 12.17〉에서 보는 것처럼 노동소득분배율과 정반대로 움직였다. 두 그림을 함께 보면 노동소득분배율의 감소와 자본소득분배율의 증가가 동전의 양면이라는 것을 알 수 있다. 특히 이러한 현상은 앞서 살펴본 것과 같이 조직노동의 힘이 약화되고 자본의 이동성이 높아지면서 노동에 대한 자본의 힘이 커진 결과라고 할 수 있다.[153] 이처럼 신자유주의가 사람들의 복지에 미친 가장 심각한 영향은 노동시장을 유연화함으로써 노동시장에서 노동자들이 얻을 수 있는 임금의 몫을 급격하게 줄였다는 것이다. GDP 대비 사회지출이 감소하지 않았음에도 불구하고 대부분의 복지국가에서 불평등과 빈곤이 증가한 이유는 바로 여기에 있다. 노동시장의 유연화를 받아들인다는 것을 전제로 불평등과 빈곤을 신자유주의 이전 수준으로 유지하려면 노동시장에

....

152 Lavoie, M. and Stockhammer, E.(2013). "Wage-led Growth: Concept, Theories and Policies." Lavoie, M. and Stockhammer, E. eds. *Wage-led growth*. pp.13-39. New York: Palgrave Macmillan.
153 Piketty, T.(2014). 『21세기 자본』. 장경덕 역. (*Capital in the Twenty-First Century*). 서울: 글항아리. p.267.

서 노동의 몫이 줄어든 만큼 사회지출이 충분히 증가했어야 했다. 하지만 사회지출은 심각해지는 사회위험에 대응할 수 있는 수준으로 증가하지 않았고, 세입 또한 늘어나지 않았다. 다시 말해, 신자유주의 시대의 복지국가는 새롭게 발생하는 사회위험에 대해 적절하게 대응하지 못했고, 우리는 사회위험에 적절히 대응하지 못했다는 의미에서 복지국가의 지속이 아닌 위기를 논할 수 있는 것이다.

노동시장의 변화

완전고용에 기초한 높은 임금과 불평등의 감소는 복지국가 황금시대의 상징이었다. 1980년대 이후의 불평등과 빈곤의 상대적 증가는 복지국가 황금시대를 강력하게 뒷받침했던 완전고용이 더 이상 "달성할 수 없는 목표"가 되었기 때문이다. 포드주의라고 명명되는 대량생산과 대량소비의 방식으로 이윤을 내고 자본을 축적하기 어려워진 상황에서 제조업 일자리가 감소하는 것은 어쩌면 자연스러운 일이었다. 하지만 저숙련 일자리의 감소로 인해 일자리의 총량이 감소한 것은 아니었다. 〈그림 12.18〉에서 보는 것처럼 제조업 일자리의 감소를 서비스업 일자리의 증가가 대체하면서 1980년대 이후에 전체 일자리 규모는 증가했다.[154] 문제는 상대적으로 좋은 전문직 서비스 일자리(컨설팅, 마케팅 등)의 증가가 전체 서비스 산업의 성장과 반비례 관계에 있다는 점이다. 제조업 일자리의 감소를 대신해 소비자서비스와 사회서비스 영역에서 대규모의 일자리가 만들어졌는데, 문제는 이들 일자리가 증가할수록 저숙련 노동자의 비중이 증가했다는 것이다.[155] 1980년대 이후의 서구 복지국가의 노동시장의 구조 변화는 바로 이러한 딜레마에 어떻게 대응했는가와 밀접하게 관련되어 있다.

첫 번째 선택지는 사람들에게 익숙한 방식으로 대응하는 것이다. 사회서비스에 대한 수요를 사회화하지 않고 가족 내에서 담당하도록 하는 방식이다. 실제로 돌봄으로 대표되는 사회서비스에 대한 욕구는 공적 서비스와 사적 서비스를

....

154 Esping-Andersen. 『복지체제의 위기와 대응』. p.206.
155 Esping-Andersen. 『복지체제의 위기와 대응』. pp.219-224.

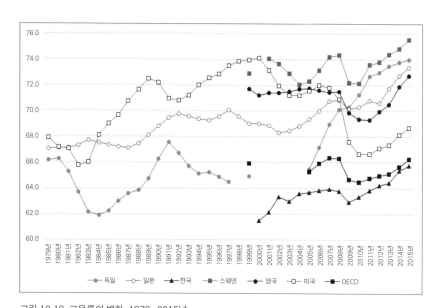

그림 12.18 고용률의 변화, 1979~2015년

출처: OECD(2017). Employment rate(indicator), doi: 10.1787/1de68a9b-en (Accessed on 27 June 2017); OECD(2000). Labour force statistics 1978-1988, Paris: OECD Publishing; OECD(2006). Labour force statistics 2005, Paris: OECD Publishing; OECD(2011). Labour force statistics 2010, Paris: OECD Publishing.

이용하는 방식으로 충족될 수 있지만, 선택에 따라서는 가족 내에서 충족할 수도 있다. 문제는 사회서비스에 대한 수요를 가족 내에서 충족시키는 경우에 가족 구성원 중 누군가는 무급 서비스를 제공해야 했는데 그 제공자가 대부분 여성이었다는 점이다. 이러한 방식은 결국 성별분업을 고착화시키고 여성을 2등 시민으로 고착화시켰다. 독일, 오스트리아 등 대륙유럽 보수주의 복지국가에서 주로 취하는 방식이었다. 하지만 사회서비스의 욕구를 가족 내에서 충족시킨다고 줄어든 일자리를 대신할 일자리가 만들어지는 것은 아니었기 때문에, 사회서비스의 가족화(familialization of care) 전략은 탈산업화로 인한 고용감소에 대한 적절한 대응이 될 수 없었다. 결국 사회서비스에 대한 시민의 필요를 가족 내 성별분업의 유지로 해소하려고 하는 한 일자리 감소로 인한 실업 문제에 대응할 수 있는 방법은 노동 공급을 감소시키는 것이었고, 이를 위해 조기은퇴와 관대한 연금수급권을 보장하는 것이었다. 결과는 여성의 낮은 노동시장 참여율, 성별분업의 지속, 낮은 고용률, 상대적으로 높은 소득보장 지출 등으로 나타났다. 더욱이 성별 분업에 기초해 돌봄의 책임을 여성에게 강제하는 정책은 저출산이라는 사회현상과도 밀접한 관련이 있는 것으로 알려져 있다.[156]

두 번째 선택지는 첫 번째 선택지의 정반대 방향에서 문제를 풀어가는 방식이다. 사회서비스에 대한 수요를 가족 밖에서 충족시켜 돌봄을 탈가족화(defamilialization of care)하는 방식이다. 두 번째 선택지에는 상반되는 두 가지 길이 있는데, 하나는 미국식 길이고 다른 하나는 스웨덴식 길이다. 두 길은 대량의 사회서비스 일자리를 만든다는 점에서 유사했지만, 그 일자리가 갖는 노동시장에서의 지위는 상이했다. 미국은 규제를 완화해 사회서비스 분야에 많은 저임금 일자리를 만들었다. 이들이 제공하는 돌봄 서비스의 질이 낮았기 때문에 양질의 서비스를 원하는 가구는 시장에서 높은 비용을 지불해야 했다. 문제는 대부분의 가구들에 양질의 서비스를 시장에서 구매할 수 있는 경제적 능력이 없었다는 점이다. 미국과 같은 방식은 사회서비스 분야에서 저임금 일자리를 광범위하게 만드는 것에는 성공했을지 모르지만, 서비스의 질과 서비스의 이용을 둘러싼 불평등의 문제는 해결할 수 없었다.[157]

반면 스웨덴은 사회서비스를 시장에 맡기지 않고 중앙정부와 지방정부가 직접 제공하는 방식을 선호했다. 당연히 사회서비스 분야에 상대적으로 양질의 일자리가 만들어졌다.[158] 공공부문에서 창출되는 사회서비스 일자리는 전체 고용률은 물론 여성의 고용률을 높이는 데도 크게 기여했다. 새롭게 만들어진 공적 사회서비스 일자리에 참여한 대부분은 여성이었기 때문이다. 하지만 이러한 성과에도 불

....

156 1980년대 이후에 독일의 출산율은 서유럽 국가 중 가장 낮은 수준이었다. 1980년의 합계출산율은 OECD 평균이 2.30, 유럽연합 28개국 평균이 2.00인 데 반해 독일은 1.60에 불과했다. OECD(2017). Fertility rates(indicator), doi: 10.1787/8272fb01-en (Accessed on 27 June 2017).

157 Meyers, M. and Gornick, J.(2004). Work/Family Reconciliation Policies for the United States: Lessons from Abroad. http://www.ssc.wisc.edu/~wright/Meyers_Gornick_Princeton_chapter1.pdf

158 Rosen, S.(1997). "Public Employment, Taxes, and the Welfare State in Sweden." Freeman, R., Topel, R., and Swedenbo, B. eds. *The Welfare State in Transition: Reforming the Swedish model*. pp.79-108. Chicago: University of Chicago. p.79.

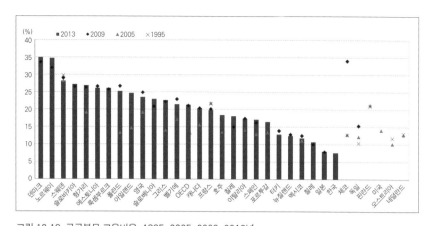

그림 12.19 공공부문 고용비율, 1995, 2005, 2009, 2013년

출처: OECD(2015). Government at a Glance 2015, OECD Publishing, Paris. DOI: http://dx.doi.org/10.1787/
gov_glance-2015-en; OECD(2009). Government at a Glance 2009, OECD Publishing, Paris. DOI: http://dx.doi.
org/10.1787/9789264075061-en

구하고 스웨덴 방식은 공적 사회서비스 일자리를 여성의 일로 게토화시켰다는 비
판을 받았다.[159] 더욱이 공적 사회서비스 분야에 종사하는 노동자의 대부분이 여성
이라는 것은 스웨덴이 선택한 돌봄의 탈가족화가 어쩌면 가족 내에서 이루어지는
돌봄의 성별분업을 단순히 가족의 경계를 넘어 사회로 확대한 것에 불과할지도 모
른다는 생각을 갖게 했다. 여성이 일하기 위해 또 다른 여성이 그 여성이 담당했던
돌봄을 담당해야 했기 때문이다. 여하튼 이러한 차이가 〈그림 12.19〉에서 보는 것
처럼 스웨덴과 미국의 공공부문의 고용률의 차이로 나타났다. 물론 돌봄 서비스를
가족에 의존하는 독일의 경우도 공공부문의 고용률이 낮았다.

　독립적으로 논의되는 것이 타당한지에 대해서는 논란이 있겠지만, 마지막으
로 언급하고 싶은 것은 제3세계 여성 노동자를 저임금으로 고용해 돌봄 서비스를
저렴한 가격에 제공하는 경로가 있다는 것이다. 이러한 경로는 공적 돌봄 서비스
가 발달되지 않은 국가에서 1980년대 이후에 확산되었다. 남부유럽에서 주로 나

....

159　Korpi, W., Ferrarini, T., and Englund, S.(2010). "Women's Conditions and Opportunities Under
Different Types of Family Policies in Western Countries: Gender Inequalities Re-examined."
Paper to presented at the ESPAnet conference in Budapest, September 2-4, 2010.

타난 현상으로, 돌봄을 둘러싼 성별분업이 가족은 물론 국민국가를 넘어 글로벌한 차원으로 이전된 경우라고 할 수 있다. 사회서비스의 탈가족화가 인종적·민족적 차이와 결부되어 진행된 것이다. 이 과정에서 돌봄을 제공하는 (여성) 노동자들의 지위는 인종 또는 출신국가에 따라 상이했다. 예를 들어, 미국에서 돌봄 서비스 노동자는 개발도상국 출신의 노동자와 유럽 출신의 노동자로 구분되는데, 일반적으로 전자는 저임금에 질 낮은 돌봄 서비스를 제공하는 것으로 간주되었고 후자는 상대적으로 양질의 돌봄 서비스를 제공하는 것으로 간주되었다.[160]

필리핀은 돌봄 서비스를 제공하는 이주여성을 송출하는 대표적 국가이다. 1990년대 이후에 130여 개 국가에서 노인과 아동 돌봄 등 가사서비스를 제공하는 필리핀 여성 노동자의 수는 대략 200만 명이 넘었고 이탈리아에 거주하는 필리핀인만 대략 20만 명에 달하는 것으로 알려져 있다.[161] 홍콩, 싱가포르 등 동아시아 국가에서도 필리핀 여성 돌봄 노동자를 접하는 것은 매우 흔한 일이 되었다. 〈그림 12.20〉에서 보는 것처럼 지난 반세기 동안 동아시아 지역에서는 여성 이주노동자의 비중이 급격히 증가했다. 문제는 이렇게 돌봄 노동을 지구적 차원에서 외주화하는 국가에서는 사회서비스 영역에서 좋은 일자리가 만들어지지 않았다는 것이다. 〈그림 12.19〉에서 보았던 것처럼 공적 돌봄 서비스가 발달하지 않은 이탈리아, 그리스 등에서 공공부문의 고용율은 매우 낮았다.

동아시아 여성의 국제이주

최근 동아시아 지역에서 나타나는 이주의 특성은 이주의 여성화(Feminization of Migration)이다. 〈그림 12.20〉에서 보는 것처럼 전체 이주자 중

....

160 Wrigley, J. (1995). *Other People's Children: An Intimate Account of the Dilemmas Facing Middle-class Parents and the Women They Hire to Rise Their Children*. New York: Basic Books. p.48.
161 Parrenas, R. (2009[2001]). 『세계화의 하인들: 여성, 이주, 가사노동』. 문현아 역. (*Servants of Globalization: Women, Migration and Domestic Work*). 서울: 여이연. p.20.

여성이 차지하는 비중은 1960년에 46.1%에서 2013년에 50.8%로 증가했다. 이렇게 동아시아 지역에서 여성 이주가 증가하는 가장 중요한 원인 중 하나는 불균등한 지역 내의 산업화 수준과 관련이 있다. 동아시아 지역 내의 상이한 산업화 수준은 개발도상국(베트남, 필리핀 등) 여성이 산업화된 국가(한국, 일본, 대만, 홍콩 등)로 이주하는 원인이 되고 있다. 문제는 이러한 여성 이주가 송출국과 유입국 모두에서 매우 복잡한 이슈를 제기하고 있다는 것이다. 대표적인 유입국인 한국과 일본은 저렴한 비용으로 이주 여성의 노동력을 돌봄 서비스에 활용할 수 있다는 점에서 개별 가족의 돌봄 부담은 물론 돌봄의 (공식적) 사회화를 위한 비용을 줄일 수 있다. 특히 노인인구가 급격히 증가하고 있는 한국과 일본의 경우에 노인 돌봄을 이주여성이 담당하는 비율이 점점 증가할 것으로 예상된다. 하지만 이러한 현상이 확산될 경우에 돌봄의 공적 사회화는 지체되고 돌봄의 질 또한 보장할 수 없게 된다. 더욱이 비공식부문에서 돌봄 노동(care work)에 종사하는 이주여성에 대한 학대와 차별은 한국과 일본에서 심각한 인권문제를 야기하고 있다.

송출국의 입장에서 보면 여성 이주는 송금(remittance)을 동반한다는 점에서 긍정적일 수도 있다. 2008년에 필리핀으로의 송금 규모는 미화로 16.3억 달러에 달했다. 이는 필리핀 국내총생산의 11.3%에 해당하는 규모이다.[162] 그러나 상대적으로 젊은 고학력 여성 인력이 국외로 유출되어 산업발전을 지체시키고, 돌봄의 공백 문제도 발생할 수 있다. 우리는 1980년대 이후에 가속화되고 있는 이러한 여성의 국제이주를 어떻게 이해해야 할까? 제3세계 여성의 국제이주가 산업화된 국가의 돌봄 비용을 낮추는 것을 목적으로 한다면, 이를 산업화된 국가의 '돌봄 제국주의(Care Imperialism)'라고 부를 수도 있을 것 같다.

....

[162] 윤인진. (2013). 『동북아시아의 국제이주와 다문화주의』. 서울: 한울 아카데미. p.46.

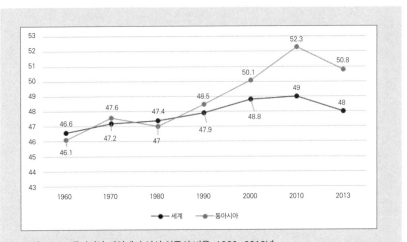

그림 12.20 동아시아 지역에서 여성 이주의 비율, 1960~2013년
출처: UNDESA Population Division(2010). International Migration Report 2013. http://esa.un.org/
unmigration/wallchart2013.htm

이제 지난 40년간 노동시장의 상황이 얼마나 나빠졌는지를 살펴보자. 자료의 제약으로 우리의 논의는 주로 최근의 현상에 집중될 수밖에 없지만 개략적인 경향을 확인할 수는 있을 것으로 기대한다. 노동시장의 상황은 비정규직의 상황을 가늠할 수 있는 시간제 고용(그림 12.21), 임시직 고용(그림 12.22), 자영업 비중(그림 12.23)의 변화를 전체적으로 검토하면서 판단할 필요가 있다. 큰 틀에서 보면 1980년대 이후의 노동시장의 전반적인 경향은 시간제와 임시직 고용이 증가하고 자영업 비중은 감소하고 있는 추세인 것으로 보인다. 먼저 〈그림 12.21〉에서 보는 것과 같이 시간제 노동자의 비중은 1980년대 이래 스웨덴을 제외한 대부분의 국가에서 증가했다. 주목할 점은 통상적으로 2000년대 초의 하르츠 개혁이 있기 전까지 비정규직에 대한 규제가 강했다고 알려져 있는 독일의 시간제 노동자 비중은 실제로는 1980년대 초반부터 매우 가파르게 증가했다는 것이다. 자유주의적 제3의 길이라고 비판받았지만 사민당의 슈뢰더 정부가 들어선 이후에야 시간제 고용의 비중의 증가폭이 현격히 둔화되었고, 2003년에 실시된 하르츠 개혁은 시간제 고용의 증가에 큰 영향을 주지 않은 것으로

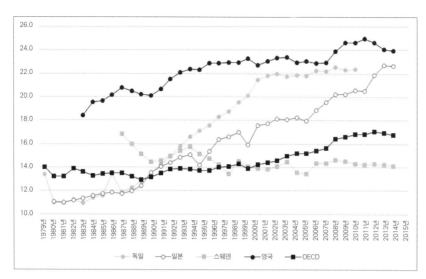

그림 12.21 전체 고용 중 시간제 고용(part-time employment) 비중, 1979~2015년

출처: OECD(2017). Part-time employment rate(indicator). doi: 10.1787/f2ad596c-en (Accessed on 28 June 2017).

보인다.[163] 스웨덴에서 시간제 노동자의 비중은 오히려 감소했다. 이는 스웨덴 공공부문의 높은 고용률과 밀접히 연관되어 있는 것으로 보인다. 제조업 일자리의 감소를 상쇄할 수 있는 가장 유력한 대안이 사회서비스 일자리라는 점을 고려하면, 공공부문의 고용 창출이 시간제 고용의 증가를 일정 수준에서 통제했다고 할 수 있다. 더불어 공적서비스업에 대한 스웨덴 사람들의 신뢰 또한 두터웠다. 고덴버그 대학(University of Gothenburg)의 SOM 연구소의 2013년 조사에 따르면, 스웨덴 사람의 70%가 공적복지를 민간영리기업으로 전환한 것에 대해 잘못된 일이라는 의견을 표명했다.[164]

....

163 2003년의 하르츠 개혁으로 독일에서는 영리 목적의 인력소개소 및 알선이 합법화되고 시간제 저임금 일자리가 허용되는 등 노동시장의 규제가 완화되어 저숙련 서비스 일자리가 시장에서 만들어질 수 있는 조건이 만들어졌다. 이를 통해 독일은 가족 내에 머물던 여성에게 시간제, 비정규직 등 저임금 일자리에 고용될 수 있는 기회를 제공하려고 했다. 실제로 2003년 이후에 독일의 고용률은 〈그림 12.18〉에서 보는 것처럼 다른 유럽 국가들과는 비교가 되지 않을 정도로 급격하게 높아졌다. 독일이 고용문제를 해결하기 위해 미국식 방법을 선택한 결과였다.

164 Orange, R.(2014). "Free-market Ear in Sweden Swept away as Feminists and Greens Plot New

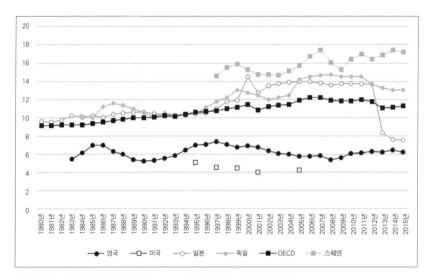

그림 12.22 전체 고용 중 임시직(Temporary) 고용 비중, 1980~2015년

출처: OECD(2017). Temporary employment(indicator). doi: 10.1787/75589b8a-en(Accessed on 28 June 2017).

임시직 고용의 상황은 시간제 고용과는 다소 다른 모습을 보이고 있다. 〈그림 12.22〉에서 보는 것처럼 OECD 국가에서 임시직 고용의 비중이 전반적으로 증가했다는 점은 시간제 고용과 유사하다. 그러나 임시직과 관련해서는 영국과 미국 등 대표적인 신자유주의 국가에서 임시직 비중이 상대적으로 낮고 스웨덴, 독일 등에서 임시직 비중이 상대적으로 높은 것으로 나타났다. 충분한 설명이 될 수는 없겠지만 스웨덴에서 임시직 고용비율이 높은 이유 중 하나는 청년층의 임시직 비중이 높은 것이 하나의 원인으로 지적되고 있다. 15~24세의 청년 노동자 중 임시직 노동자의 비율이 2011년 현재 무려 56.1%에 이르고 있다. 다양한 이유가 있겠지만 주된 이유는 고등교육에 진학하는 청년들이 급증하고 있다는 것과 2007년에 스웨덴 정부가 기간제(fixed-term) 고용의 범위를 확장한 것과 연관이 있어 보인다.[165] 다음으로 〈그림 12.23〉을 보면, 취업자 중 자영업자의 비중
....

Path." The Guardian, September 14, 2017, (Acceseed on June 28, 2017). https://www.theguardian.com/world/2014/sep/14/sweden-election-feminists-greens-stefan-lofvan-social-democrats

165 Persson, J. and Nordlöw, J.(2013). "Sweden: Young People and Temporary Employment in

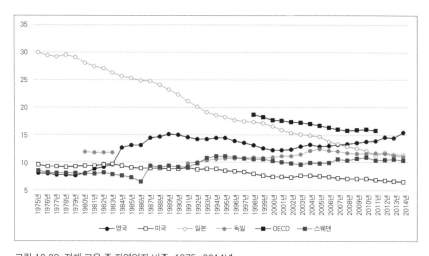

그림 12.23 전체 고용 중 자영업자 비중, 1975~2014년

출처: OECD(2017). Self-employment rate(indicator). doi: 10.1787/fb58715e-en (Accessed on 28 June 2017).

은 전반적으로 감소하는 것으로 나타났지만, 개별국가에 따라 그 양상은 상이했다. 지난 40년 동안 일본의 자영업자 비중은 급격하게 낮아졌는 데 반해 1980년 초중반을 지나면서 영국의 자영업자 비중이 증가했고, 스웨덴도 1980년대 말과 1990년대 초의 경제위기를 지나가면서 자영업자의 비중이 증가했다. 영국과 스웨덴에서 자영업자 비중의 증가는 해당 국가의 제조업의 쇠퇴시기와 일정한 관련이 있어 보인다. 영국에서는 그 시점이 1980년대였고, 스웨덴은 1990년대에 들어서서 제조업이 본격적으로 위기에 처했기 때문이다.

정리하면, 지난 40년 동안 노동시장에서 양질의 일자리의 감소와 임시직, 시간제, 자영업의 증가 현상이 두드러졌다. 그럼에도 스웨덴 등 일부 국가에서 상대적으로 낮은 소득불평등과 빈곤율을 기록할 수 있었던 이유는 이들 국가의 적극적 노동시장 정책과 관대하고 보편적인 소득보장정책 때문이었던 것으로 보인다. 실제로 스웨덴 노동시장의 유연성은 영미권 국가보다는 낮지만 대륙 유럽국

....

Europe." European Monitoring Centre on Change, (Accessed on June 28, 2017). https://www.eurofound.europa.eu/observatories/emcc/comparative-information/national-contributions/sweden-young-people-and-temporary-employment-in-europe

가보다는 높다. 스웨덴 노동시장이 임시직 노동자들의 고용을 보장하는 데는 미흡했지만 적극적 노동시장 정책을 통해 이들이 일자리를 잃더라도 재취업할 수 있도록 해서 고용의 안정성을 직업단위로 보장했다. 여기에 관대한 실업급여와 보편적 사회보장제도가 잘 결합되어 있었다.[166] 상대적으로 높은 수준의 노동시장의 유연화, 적극적인 노동시장 정책, 관대한 사회보장의 결합이라는 황금 삼각형이 구축되면서 스웨덴은 1980년대 이후에 신자유주의 시대의 광풍으로부터 조금은 비켜날 수 있었다. 이처럼 스웨덴이 일방적 신자유주의화가 아닌 황금 삼각형을 유지할 수 있었던 이유 중 하나는 1980년대 이후에도 여전히 높은 조직률과 강력한 힘을 유지했던 조직노동이 있었기 때문이었다.

3. 복지제도의 변화

노동시장에서의 분배에 이어 공적 복지제도를 중심으로 1980년대의 변화를 검토해보자. 큰 틀에서 보면 신자유주의 시대에 들어서면서 국가의 공적 복지는 축소되고 민간과 시장의 역할은 강화되었다. 하지만 구체적인 이야기는 국가와 제도마다 상이하다. 어떤 국가는 신자유주의의 광풍에도 불구하고 복지국가 황금시대의 유산을 지켰지만, 어떤 국가는 과거의 유산이 사라지고 복지체제의 성격 자체가 변하기도 했다. 어떤 제도는 신자유주의 시대에 들어서면서 존폐의 기로에 놓이게 되었지만, 어떤 제도는 신자유주의라는 폭풍에 맞서 의연히 자신의 존재를 드러냈다. 여기서는 그 변화를 크게 소득보장과 (돌봄) 사회서비스 영역을 중심으로 살펴보았다.

1) 소득보장정책

공적 노후소득보장제도는 복지국가의 현금급여제도 중 가장 규모가 크고 중

....

166 조돈문(2016). 『노동시장의 유연성 – 안정성 균형을 위한 실험: 유럽연합의 유연안정성 모델과 비정규직 지침』. 서울: 후마니타스.

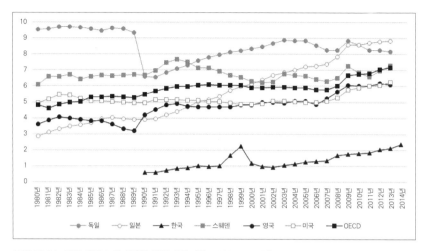

그림 12.24 GDP 대비 노인에 대한 현금지급 비중, 1980~2014년
출처: OECD. Social expenditure database.

요한 제도이다. 〈그림 12.24〉에서 보는 것처럼 GDP 대비 급여 비중은 1980년부터 지금까지 전반적으로 높아지는 경향을 보였다. 물론 이러한 변화가 개별 노인이 수령하는 현금급여의 수준이 높아졌다는 것을 의미하지는 않는다. 지난 40년 동안의 급속히 진행된 인구구조의 고령화를 생각하면 노인 1인당 급여수준은 (국가별로 상이하겠지만) 감소했을 수도 있다. 이제 구체적으로 연금을 중심으로 현금급여제도의 변화에 대해 살펴보자.

자유주의 복지국가: 영국

영국 보수당 정권은 1980~1990년대를 거치면서 소득보장정책의 기본 방향을 기여에 기초해 제공하는 공적 급여와 보편적 수당제도에서 사적 급여와 자산조사에 기초한 급여로 전환시켰다.[167] 대처의 보수당 정부는 기초연금의 급여수준을 통제하고 소득비례연금을 엄격하게 운영했다. 1973~1980년까지 기초연금의 급여 인상률은 소득증가율과 물가인상률 중 더 높은 지수와 연동시켜

....

167 김수행 외. 『제3의 길과 신자유주의』. p.39.

급여수준이 하락하는 것을 예방할 수 있었다. 하지만 보수당이 집권하면서 기초연금의 급여 인상 기준을 물가인상률로 단일화했다. 통상적으로 소득증가율이 물가인상률보다 높다는 점을 고려하면 이러한 조치는 장기적으로 기초연금의 수준을 크게 낮추는 것이다. 전문가들은 이런 개혁이 40년 동안 지속될 경우에 2020년이 되면 기초연금의 개별 수급자가 받는 급여수준은 1980년의 50% 정도가 될 것이라고 예측했다.[168] 하지만 기초연금을 물가에 연동한다는 전략은 기초연금의 실질가치가 보존된다고 선전했기 때문에 대중적으로 큰 반대를 유발하지 않았다. 또한 현재 기초연금을 수급하는 노인이 40년 후까지 생존해 있을 가능성이 거의 없다는 점을 고려하면 노인들의 반발도 크지 않았을 것이다. 청년들이 40년 후에 받을 자신의 기초연금이 감소할 것을 우려해 집단행동을 할 가능성도 거의 없어 보였다. 실업급여에서도 급여수준을 소득수준에 연계하는 규정을 폐지해 기초연금과 같이 급여수준을 실질적으로 낮추는 데 성공했다.[169] 1984년에는 급여지급 주기를 후불제로 변경해 전체 급여 규모를 850만 파운드나 감소시켰다.[170]

하지만 국가소득비례연금의 경우에는 사정이 달랐다. 재정지출을 줄이기 위해서는 국가소득비례연금을 낮추어야 했지만, 국가소득비례연금은 기초연금과 달리 기여와 연동되어 있었고 광범위한 지지층이 형성되어 있었다. 쉽게 삭감하거나 제도를 변경하기 어려웠다. 보수당 정부도 국가소득비례연금을 폐지하려고 했지만 이해집단이 광범위하게 형성되어 있었기 때문에 폐지하기가 어려웠다.[171] 1950년대 이래 국가에 대한 의존을 줄이려는 보수당의 시도는 마침내 보수당 집권 7년차가 되던 1986년에 사회보장법 제정을 통해 부분적으로 실현된다.[172] 보수당 정부는 1986년에 사회보장법의 제정을 통해 급여수준을 낮추고 사적 연금을 대안으로

....

168 이영찬(2000). 『영국의 복지정책: 구빈법 개혁부터 제3의 길까지』. 서울: 나남출판.
169 1982년에 폐지되었다.
170 Jones, K. (2003). 『영국 사회정책 현대사』. 엄영진 역. 서울: 인간과 복지. pp.243-245.
171 Pierson. 『복지국가는 해체되는가』. pp.144-151.
172 Jones, K. 『영국 사회정책 현대사』. pp.243-245.

제시했다.[173] 연금제도의 신자유주의적 개혁과 관련해 대처 정부가 가장 선호했던 방식은 국가소득비례연금 대신 사적 '개인연금'을 활성화시키는 것이었다.[174] 공적 소득비례연금을 대신해 사적 개인연금을 선택할 수 있게 되자 수많은 사람들이 사적 개인연금으로 옮겨갔다. 제도가 시행된 지 불과 18개월 만에 무려 4백만 명이 이 대열에 합류했고, 2021년까지 국가소득비례연금의 지출 규모는 절반으로 감소할 것으로 예상되었다.[175] 더욱이 사적 개인연금에 가입하는 사람이 늘어날수록 사적 연금을 지지하는 사람이 늘어나게 될 것이고, 결국 공적연금에 대한 대중적 지지가 약화되는 결과를 초래할 것이다.

사회보장법의 또 다른 독소조항은 사회기금을 설치해 난방기, 전기, 가스 등이 필요한 사람들에게 일회적으로 지원하는 조항을 신설한 것이다. 사회기금에서 급여를 지급받은 수급자는 자산과 소득수준에 따라 급여액을 반환해야 했고, 자산이 있는 사람은 사후에 정산하도록 했다. 사회기금이 제도화되면서 보편적 수당인 사망보조금과 분만보조금은 폐지되었다.[176] 이처럼 대처의 개혁은 당장 체감하기는 어렵지만 장기적으로 보면 보편적 소득보장체계의 근간을 뒤 흔들고 소득보장과 관련해 시장의 역할을 강화했으며 일시적인 지원체계로의 전환을 가속화시켰다. 어떻게 보면 이러한 변화는 대처의 완벽한 승리처럼 보였지만 보수당 정부도 국가보건서비스(NHS)와 같이 광범위한 이해집단과 오랜 역사를 가진 제도를 해체하지는 못했다.

1997년에 20여 년간의 보수당 집권이 끝나고 노동당이 집권했다. 블레어의 신노동당 정권이 보수당과 달랐던 점은 가족과 아동에 대한 현물과 현금급여를 확대한 것이었다. 실제로 보수당 정권 18년 동안(1980~1997) GDP 대비 가족에 대한 지출 규모는 연평균 1.96%였지만, 노동당 정권 13년(1998~2010) 동안 가족에 대한 연평균 지출 규모는 3.02%로 증가했다.[177] 노동당 정부는 평등에 관한

....

173 Pierson. 『복지국가는 해체되는가』. pp.144-151.
174 김영순(2014). 『코끼리 쉽게 옮기기: 영국 연금개혁의 정치』. 서울: 후마니타스. p.75
175 Pierson. 『복지국가는 해체되는가』. p.153
176 Jones, K. 『영국 사회정책 현대사』. p.246.

좌파의 관점을 '결과의 평등'에서 '기회의 평등'으로 옮기려는 시도를 했기 때문에 가족에 대한 지출 증가는 불가피했을 것이다. 노동당의 소득보장정책의 개혁 방향은 '구본신참(舊本新參)', 과거의 유산을 근간으로 새로운 개혁을 시도한다는 것이었다. 1998년에 발간된 녹서에 따르면, 연금의 경우에 점증하는 노인 빈곤문제에 대처하기 위해 최저소득보장제도를 도입하고 저소득층에게 상대적으로 관대한 급여를 제공하는 방식으로 기존의 국가소득비례연금을 제2국가연금(S2P)으로 재설계했다. 중산층에 대해서는 S2P 대신 적립식 민간연금에 가입할 수 있도록 재정적 인센티브를 부여하는 방식으로 대응했다.[178] 하지만 1990년대 후반에 시행된 1차 연금개혁 이후에도 노인 빈곤문제는 완화되지 않았다. 두 번째 연금개혁이 불가피했다. 2000년부터 시작된 노동당의 2차 연금개혁은 기존의 개혁 방향과 달리 국가의 역할을 강화하는 방식으로 이루어졌다. 핵심 내용은 첫째, 1986년에 사회보장법에 의해 폐기된 기초연금의 급여수준을 소득수준의 변화에 연동시키는 장치를 재도입하는 것, 둘째, 민간 개인연금을 대신해 강제적 개인연금인 국민연금저축(NPSS)을 도입하는 것이었다. 마지막으로, 기초연금과 연금 크레딧 등 여성과 돌봄 제공자의 연금수급권을 강화하는 것이었다.[179] 하지만 신노동당 정부는 영국 복지국가를 대처 이전으로 되돌리지는 않았다. 어쩌면 할 수 없었는지도 모른다. 캐슬린 존스(Kathleen Jones)는 신노동당의 복지정책에 대해 취약계층에 대한 좌파의 전통을 저버렸다며 혹독한 평가를 했다.[180]

보수주의 복지국가: 독일

독일의 신자유주의적 변화는 1983년 3월의 총선 이후에 사민당-자민연 연정을 대신해 기독교민주연합(기민연, CDU), 기독교사회연합(기사연, CSU), 자유민주연합(자민연, FDP) 연정이 재구성되면서 시작된다(표 12.3 참고). 독일에서

....

177　OECD. Social expenditure database.
178　김영순. 『코끼리 쉽게 옮기기: 영국 연금개혁의 정치』. pp.134-136.
179　김영순. 『코끼리 쉽게 옮기기: 영국 연금개혁의 정치』. pp.149-162.
180　Jones, K. 『영국 사회정책 현대사』. p.295.

신자유주의적 정책 변화의 기본 방향은 사회적 연대성보다는 시민 자신의 복지는 자신이 책임을 지는 것을 원칙으로 하고 국가의 개입을 최종적인 단계로 제한하는 보충성의 원칙을 강조하는 것과 빈곤 자체보다는 빈곤의 원인에 따라 차별적으로 대응하는 인과원칙을 강조하는 것으로 나타났다. 특히 여성의 역할을 가사, 육아, 신앙이라는 세 영역으로 제한해야 한다는 주장을 제기할 정도로 성별분업과 관련해 보수적인 입장을 취했다. 이러한 정책기조하에 1989년에 연방의회에서 연금개혁법이 통과된다. 핵심은 급여지출을 최대한 억제해 2010년까지 초과수입을 달성한다는 것이었다. 연금급여수준을 실질임금상승률 이내로 억제하고, 연방보조금을 축소하며, 노동자의 연금보험료 부담률을 1990년의 18.7%에서 2010년까지 21.4%로 상향 조정했다. 이러한 조치를 통해 노동자의 연금기여는 늘리고 연금수급액은 축소하는 조치를 취했다.[181] 실제로 〈그림 12.24〉에서 보았던 것처럼 연금개혁으로 인해 1989년과 1990년의 GDP 대비 노인에 대한 지출 비중은 9.4%에서 6.6%로 42.4%나 급감했다. 공공의료기관의 민영화와 공적 의료보험 대신 민간의료보험의 역할을 강화한 것도 이 시기에 이루어진 대표적인 신자유주의 정책이라고 할 수 있다.[182]

1990년대에 보수연정에 의한 두 차례의 연금개혁이 있었는데, 첫 번째는 1992년에 이루어진 연금개혁이었다. 1992년의 개혁은 기본적으로 이전의 연금개혁의 연장선상에 있었다. 핵심은 연금급여를 총소득이 아닌 순소득에 연계시켜 실질급여액을 삭감하고 조기퇴직자에게 불이익을 주는 것이었다. 조기퇴직자에 대한 급여 삭감은 조기퇴직 기간 동안 매달 0.3%의 연금을 삭감하는 것이었다. 1992년의 개혁은 사민당과 노조의 지지 아래 이루어졌고, 중요한 변화는 1997년의 연금개혁에서 이루어졌다. 두 번째 연금개혁은 인구학적 변화를 반영하는 것이었는데(인구학적 가중치 부여제도), 이는 실질급여액을 임금의 70%에서 64%로 낮추는 효과를 가져왔다. 다만 육아 기간의 인정 비율이 75%에서

....

181 김수행 외. 『제3의 길과 신자유주의』. p.157.
182 김수행 외. 『제3의 길과 신자유주의』. p.158.

제12장 자본의 반격, 민주주의와 복지국가의 위기, 1980~2016년 **97**

100%로 상향 조정되었고, 재원문제를 해결하기 위해 부가가치세를 1% 올리는 조치가 취해졌다.[183]

보수연정의 이러한 일방적인 신자유주의 정책에 제동이 걸린 것은 1998년에 사민당과 녹색당의 적녹연정이 구성되면서부터였다. 공적 연금에 대한 보수연정의 기본 생각은 재정상의 문제와 인구학적 변화에 대응해 연금재정의 안정성을 유지하는 것이었다. 반면 사민당은 여성의 경제활동과 노동시간을 조정해 재정문제에 대응할 수 있다는 입장을 가지고 있었다. 사민당의 대안은 급여 삭감과 보험료율 인상이 아니라 고용 확대를 통해 재정문제를 해결한다는 것이었다.[184] 하지만 신중도의 길이라고 알려진 슈뢰더의 사민당이 주도한 연정의 정책 방향은 이전의 보수연합정권과 크게 다르지 않았다. 연금개혁과 관련한 기본 방향은 기업의 부담을 줄이고 민간보험의 역할을 강화하는 것이었기 때문이다. 2030년까지 기업주의 연금 분담금을 임금 총액의 11% 이내로 억제하고 노동자들의 민간보험 가입을 장려했다. 또한 직장연금으로 공적 연금을 보완하는 조치를 취했다. 노동자가 개별 기업의 기업연금에 수당을 적립하는 만큼 공적 연금의 기여금을 대체할 수 있도록 만든 것이다. 노동자와 사업주가 협의를 통해 연금을 선택할 수 있게 해서 기업의 역할을 강화한 것이 중요한 변화라고 할 수 있다. 이러한 기조는 개인 분담금의 추가적인 인상과 함께 제2차 적녹연정 기간(2002~2005)에도 지속되었다.[185] 사회보장급여를 축소하려는 이러한 일련의 시도는 개인의 조세부담을 줄이는 정책과 함께 이루어져 고소득층에 유리했다.[186] 사실상 1980년대 이후에 독일에서 연금을 중심으로 한 소득보장정책은 정권이 보수연정에서 적록연정으로 교체되었음에도 불구하고 공적 역할을 축소하고 개인과 시장의 역할을 강화하는 신자유주의 개혁이 지속되었다고 할 수

....

183 예를 들어, 평균수명이 증가할 경우에 늘어난 노인인구로 인해 발생하는 급여액 증가를 통제하기 위해 급여수준을 낮추는 방식이다. Bonoli et al. 『유럽 복지국가의 미래』. pp.69-71; 황규성. 『통일독일의 사회정책과 복지국가』. pp.229-230; 박병현(2005). 『복지국가의 비교』. 파주: 공동체. pp.220-222.

184 황규성(2011). 『통일 독일의 사회정책과 복지국가』. 서울: 후마니타스.

185 김수행 외. 『제3의 길과 신자유주의』. p.209, pp.214-222.

186 김수행 외. 『제3의 길과 신자유주의』. p.209, pp.214-222.

있다.

사민주의 복지국가: 스웨덴

스웨덴의 위기는 다른 유럽 국가들보다 10년이 늦은 1990년대에 들어서면서 본격화되었다. 자본시장 개방의 충격으로 경제는 마이너스 성장을 기록했고, 고령화도 본격화되기 시작했다. 이러한 조건에서 연금개혁이 이루어졌다. 연금개혁 방향은 큰 틀에서 보면 1980년대 이후에 영국과 독일에서 이루어진 개혁과 유사했다. 인구고령화라는 인구구조의 변화에 대응해 연금급여액을 신축적으로 조정하는 것이었다. 목표는 실질연금급여액을 삭감해 재정적 부담을 줄이자는 것이었다. 물론 그 구체적인 개혁 내용과 방향은 달랐다. 악마는 항상 디테일에 있듯이(the devil is in the detail), 결국 구체적인 개혁 내용을 어떻게 설계할 것인가가 중요했다. 1980년대 이후의 연금제도의 중요한 변화는 1999년의 연금개혁이었다. 1999년의 연금개혁의 핵심은 첫째, 연금제도를 퇴직 후의 연금수급액이 정해져 있는 '확정급여방식'에서 '명목확정기여방식'(Notional Defined Contribution, NDC)으로 전환한 것이었다.[187] 그렇다고 스웨덴 연금이 적립방식으로 전환된 것은 아니었다. 스웨덴 연금은 여전히 부과방식으로 운영되었다. 다만 새로운 연금급여는 생애기여 수준과 기준이 되는 연령대의 평균수명에 기초해 계산되었다. 결과적으로 이러한 개혁은 연금의 소득대체율을 65%에서 60%로 낮추었다.

두 번째 핵심은 연금에 대해 제한적이지만 가입자의 선택권을 부여한 것이

....

187 Aronsson, T. and Walker, J.(2010). "Labor Supply, Tax Base, and Public Policy in Sweden." Freeman, R.B., Swedenborg, B. and Topel, R. eds. *Reforming the Welfare State Recovery and Beyond in Sweden*. pp.127-158. Chicago, IL: The University of Chicago. p.144. 명목확정기여방식(NDC)은 실제로는 연금가입지의 연금납부액이 적립되지는 않지만 연금가입자의 기여금과 이자를 개별 가입자의 명목계좌(Notional Account)에 적립시켜 연금수급 연령 이후에 받을 연금수급액을 기대수명으로 나누어 결정하는 방식이다. 김종건(2007). "국민연금 개혁과 노후 소득보장의 대안 모색." 『비판사회정책』 23: 7-35. p.21; 양재진(2015). "현대 스웨덴 복지정책과 제3섹터의 역할." 고명현 편. 『스웨덴 복지 모델의 이해』. pp.146-161. 서울: 아산정책연구원. p.153

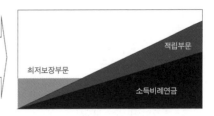

그림 12.25 스웨덴 연금제도의 변화
출처: 北岡孝義. 『복지국가 스웨덴, 경쟁력의 비밀』. p.123.

다. 연금기여금을 16%의 부과부문과 2.5%의 적립부문으로 나누었는데,[188] 2.5%의 적립부문에 대해서는 가입자 개인이 전문가가 제공한 목록 중에서 투자처를 결정할 수 있게 했다. 마지막으로, 기초연금을 폐지하고 최저보장부문을 도입한 것도 중요한 변화였다.[189] 〈그림 12.25〉와 같이 보편적으로 제공되었던 정액의 기초연금제도를 폐지하고 대신 소득비례연금(16%)과 적립된 2.5%의 수익에 따라 급여액이 결정되는 방식으로 변경하고, 최저 연금액에 미달하는 경우에 연금급여의 최저 수준을 보장해주는 제도로 전환했다. 연금재정과 관련된 중요한 변화는 평균수명의 연장, 실질임금률의 변화 등과 같이 예측하지 못하는 상황이 발생해 연금재정의 불균형이 발생할 경우에 이를 자동적으로 조절하는 기능을 도입한 것이다. 이를 통해 연금 재정의 지속 가능성을 높였다. 이러한 전환은 스웨덴 연금의 기본 관점이 안정적 노후를 보장하기 위한 '연금급여액'이라는 관점에서 안정적 노후를 보장하기 위해 연금제도가 지속 가능해야 한다는 관점으로 전환되었다는 것을 의미했다.[190] 스웨덴의 연금개혁은 보편성, 소득보장(guaranteed benefits), 수평적 형평성, 연대성 등 스웨덴 복지국가의 전통적 특성으로부터 벗어나 연금을 금융화했다는 비판을 받았다.[191]

....

188 Bonoli et al. 『유럽 복지국가의 미래』. p.67; Aronsson and Walker. "Labor Supply, Tax Base, and Public Policy in Sweden." p.145.

189 北岡孝義(2012[2010]). 『복지국가 스웨덴, 경쟁력의 비밀』. 고양: 위즈덤하우스. pp.122-123.

190 北岡孝義. 『복지국가 스웨덴, 경쟁력의 비밀』. p.119.

191 Aronsson and Walker. "Labor Supply, Tax Base, and Public Policy in Sweden." p.153; 주은선 (2005). "연금개혁 정치의 특성: 스웨덴에서 자유주의 연금개혁은 어떻게 가능했는가?" 『사회복지연

2) 사회서비스와 새로운 사회위험[192]

새로운 사회위험(New Social Risks)

사회서비스의 변화를 이해하기 위해서는 1980년대 이후에 등장하기 시작한 새로운 사회위험에 대한 개략적인 이해가 필요하다. 역사적으로 보면 신사회위험은 시간에 따라 다른 모습으로 나타나고 있으며, 〈표 12.5〉에서 보는 것처럼 개별 복지국가의 특성에 따라서도 상이하게 나타나고 있다. 이 때문에 신사회위험을 정의하는 것은 움직이는 과녁을 따라가는 것과 같다. 1960년대 이전으로 거슬러 올라가보자. 당시 사민주의 복지국가는 모두 강력한 남성생계부양자가구가 지배적인 사회였지만, 점증하는 여성의 노동시장 참여로 인해 일과 생활의 조화가 점차 새로운 사회위험으로 인식되고 있었다.[193] 실제로 1965년에 스웨덴 여성의 노동시장 참여율은 이미 48.7%에 이르렀다.[194] 이러한 이유로 현재 사민주의 국가에서 돌봄은 이미 구(신)사회위험으로 간주되고 있다.[195] 반면 독일 같은 보수주의 국가들과 스페인 같은 남부유럽에서는 돌봄과 관련된 위험을 새로운 사회위험으로 인식하고 있다.[196] 그러므로 새로운 사회위험을 변화하지 않는 보편적인 무엇으로 정의하는 것은 논쟁적이며 정책 함의를 전달하는 데 있어서도 유

....

구』 26: 201-228. p.204.

192 "새로운 사회위험과 사회서비스"는 다음에 실린 글의 일부를 수정GKS 후 게재한 것이다. 윤홍식(2007). "신사회위험과 가족·여성정책의 과제." 참여연대 사회복지위원회 편. 『한국사회복지의 현실과 선택』. pp.161-196. 서울: 나눔의 집.

193 Lewis, J.(1992). "Gender and the Development of Welfare Regimes." *Journal of European Social Policy* 2(3): 159-173.

194 Liljestrom, R.(1978). "Sweden." *Family Policy: Government and Families in Fourteen Countries*. Kamerman, S. B. and Kahn, A. J. eds. pp.19-48. New York: Columbia University Press. 한국에서 여성의 경제활동참가율은 2000년에 이르러서야 48.6%에 이르렀다(통계청, 각 연도).

195 Timonen, V.(2004). "New Risks-Are They Still New for the Nordic Welfare States?" Taylor-Gooby. P. ed. *New Risks, New Welfare*. pp.83-110. New York: Oxford University Press.

196 Morgan, K.(2002). "Does anyone Have a 'Libre Choix'? Subversive Liberalism and the Politics of French Child Care Policy." Miche, S. and Mahon, R. *Child Care Policy at the Crossroads: Gender and Welfare State Restructuring*. pp.143-167. New York: Routledge; Aust, A. and Bönker, F.(2004). "New social risks in a Conservative Welfare State: the Case of Germany." Taylor-Gooby. P. ed. *New Risks, New Welfare*. pp.29-53. New York: Oxford University Press.

표 12.5 복지국가의 유형에 따른 신사회위험의 특성과 정책 대응: 돌봄과 관련된 위험을 중심으로

	자유주의 복지국가	보수주의 복지국가	사민주의 복지국가
주요 대상	복지급여 수급자(한부모 등), 저숙련(유자녀) 여성 노동자, 실업자	(유자녀) 여성 비전형적 직업 종사자	비전형적 직업 종사자, 근로빈곤층
위험 요인	불충분한 사회복지서비스 (돌봄 관련) 민영화·시장화	불충분한 사회서비스, 사회보험의 사각지대 확대, 저임금 일자리의 증대	비전형적 직업 확대, 민영화와 분권화
정책 대응	특정 집단에 대한 국가 개입 (조세정책 중심), 일에 대한 강제(임금노동에 대한 보상 강화와 복지급여의 동결 및 강화), 돌봄에 대한 부분적 지원	저임금 일자리의 창출(독일), 조세에 의한 복지급여의 확대, 활성화 정책	남성 돌봄의 제도화, 비전형적 노동시간에 조응하는 보육시설의 확대
정치적 과제	자녀가 있는 여성을 중심으로 근로빈곤층의 확대, 비근로 빈곤층(취약집단)의 배제	조합주의 복지국가의 근본적인 한계 극복	복지자원의 재배치, 남성의 돌봄 참여, 새로운 사회적 연대 모색 등

용하지 않다.

하지만 분명한 것은 여성의 점증하는 노동시장 참여, 고령화로 인한 사회적 돌봄과 건강보험의 사회적 비용 증대, 인구 감소의 위협, 노동시장의 유연화로 인한 비전형적인 일자리의 증가, 민간서비스의 확대 등은 1980년대 이후에 대부분의 산업화된 복지국가가 직면한 공통의 사회위험이었다. 이렇듯 신사회위험은 후기산업사회로 진입하면서 나타나는 변화로 인해 발생하는 사회위험이라고 정의할 수 있다.[197]

이러한 현실을 기초로 테일러-구비(Taylor-Gooby)는 산업화된 복지국가가 직면한 사회위험을 세 가지로 구분했다. 첫째는 일과 가족생활의 양립과 관련된 위험이다.[198] 여성의 어머니 역할이 여성의 고용상의 지위에 영향을 미쳐 여성의

....

197 Surender, R.(2004). "Modern Challenges to the Welfare State and the Antecedents of the Third way." Lewis, J. and R. Surender. eds. *Welfare State Change: Towards a Third way?* pp.3-24. New York: Oxford University Press.

198 Taylor-Gooby. P.(2004a). "New Risks and Social Change." Taylor-Gooby. P. ed. *New Risks, New Welfare.* pp.1-28. New York: Oxford University Press.

빈곤화, 나아가 여성이 독립적인 시민으로 생활하는 데 장애가 되고 있다는 점을 지적한 것이다. 물론 돌봄과 관련된 사회위험은 복지체제의 유형에 따라 상이하게 나타났다. 여성을 노동자로 규정하는 스웨덴과 핀란드 등에서는 미약하게 나타나는 반면, 여성의 노동자성을 부차적인 것으로 간주하는 영국과 독일 등 자유주의와 보수주의 국가에서는 주요한 사회위험으로 부각되었다.[199] 또한 같은 보수주의 국가라도 프랑스에서는 계층에 따라 상이하게 나타난다.[200] 둘째는 유급노동과 관련된 위험으로, 노동시장의 진입 문제, 안정적 고용 문제, 교육훈련의 접근성, 사회보험으로부터의 배제 등을 들 수 있다.[201] 대표적인 예로 여성과 청년이 노동시장에 진입할 때 겪는 어려움과 노동시장에 진입했더라도 안정적 고용이 보장되지 않기 때문에 정규직 남성노동자를 중심으로 제도화된 사회보험에서 배제되는 문제를 들 수 있다. 다만 전통적으로 적극적 노동시장 정책을 통해 상대적으로 안정된 고용을 보장해온 사민주의 복지국가들의 위험 정도는 상대적으로 낮고, 보수주의와 남부유럽 복지국가의 경우에 위험의 정도는 상대적으로 높게 나타나고 있다. 마지막으로, 복지의 민영화와 관련된 위험이다. 민영화는 단순히 특정 복지국가 유형에서 나타나는 현상이 아니라 대부분의 국가에서 (정도가 다르지만) 보편적으로 나타나고 있다. 이러한 민영화로 인해 영국 같은 국가에서는 사회보장 수준이 계층에 따라 차별적으로 나타나고 있는[202] 반면 사민주의

....

199 Timonen. "New Risks-Are They Still New for the Nordic Welfare States?"; Taylor-Gooby. P. and Larsen, T.(2004). "The UK-A Test Case for the Liberal Welfare State?" Taylor-Gooby. P. ed. *New Risks, New Welfare*. pp.55-82. New York: Oxford University Press; Aust and Bönker. "New Social Risks in a Conservative Welfare State: the Case of Germany."

200 Morgan. "Dose Anyone Have a 'Libre Choix?' Subversive Liberalism and the Politics of French Child Care Policy."; Palier, B. and Mandin, C.(2004). "France: A New World of Welfare for New Social Risks?" Taylor-Gooby. P. ed. *New Risks, New Welfare*. pp.111-131. New York: Oxford University Press.

201 Taylor-Gooby. P.(2004a). "New Risks and Social Change." 최근 스웨덴에서는 고용삼의 지위가 민족적 배경과 밀접히 연뒨되어 새롭게 이수한 이민자들의 고용 불안정과 빈곤문제가 새로운 사회위험으로 등장하고 있다. Timonen. "New Risks-Are They Still New for the Nordic Welfare States?"; Bergqvist, C., and Nyberg, A.(2002). "Welfare State Restructuring and Child Care in Sweden." Michel, S. and Mahon, R. eds. *Child Care Policy at the Crossroads: Gender and Welfare State Restructuring*. pp.287-308. New York: Routledge.

국가들에서는 그 영향에 대한 평가가 유보적이다.

이상의 논의에 근거해 사회서비스 영역과 관련된 신사회위험을 정의해보면, 신사회위험은 가족 내 돌봄 노동의 책임이 시민의 경제·사회활동을 어렵게 해서 초래되는 위험이라고 정리할 수 있다. 예를 들어, 돌봄과 관련된 사회위험은 특정 가족구성원(주로 여성)이 돌봄 노동을 수행해 임금노동, 여가, 훈련과 (재)교육 활동을 수행하지 못해 발생하는 위험이라고 정의할 수 있다. 특히 여성의 돌봄 책임이 여성의 노동시장 참여에 장애가 되어 빈곤의 여성화를 가속화한다는 것은 주지의 사실이다. 또한 돌봄 노동의 사회화는 일반적으로 임금노동과 연관 지어 논의되지만, 현실세계에서 임금노동과 돌봄 노동 이외에 여가, 훈련, (재)교육 등도 시민의 삶의 중요한 생활영역을 형성하고 있다는 것을 상기할 필요가 있다. 즉, 단순히 일과 가족생활의 양립을 넘어서 여가, 훈련, (재)교육의 조화를 신사회위험에 대한 대응 정책으로 포괄해야 한다. 더 나아가, 단순히 포괄하는 수준을 넘어 밀접한 상호관계를 가지고 있는 이들을 총체적으로 고려하는 것이 필수적이다. 예를 들어, 훈련과 (재)교육을 받는 것은 임금노동처럼 돌봄에 대한 책임으로부터 자유로울 때 가능하다. 그리고 이렇게 받은 훈련과 (재)교육의 정도는 바로 임금노동자의 고용 지위와 밀접한 연관관계를 가지고 있다. 또한 여가생활을 일정 수준에서 향유하는 것 역시 노동력의 재생산과 긍정적 관계에 있다는 것은 일반적으로 동의되는 사실이다.

자유주의 복지국가

20년에 가까운 보수당 집권기간(1979~1997) 동안 영국에서 사회서비스는 중요한 정책과제가 아니었고 돌봄은 사적인 문제로 간주되었다.[203] 보수당 정부는 효율성이 높다는 이유로 현금지원을 중심으로 돌봄 정책을 제도화했고, 이는 돌봄 서비스의 시장 의존성을 강화하는 결과로 나타났다.[204] 신노동당 정부의 등

....

202 Taylor-Gooby and Larsen. "The UK-A Test Case for the Liberal Welfare State?"
203 Taylor-Gooby and Larsen. "The UK-A Test Case for the Liberal Welfare State?"
204 Ungerson, C.(2000). "The Commodification of Care: Current Policies and Future Politics." Hob-

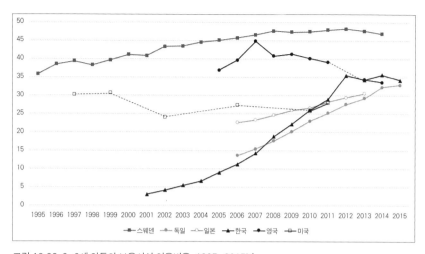

그림 12.26 0~2세 아동의 보육시설 이용비율, 1995~2015년

출처: OECD(2017). Family Database. http://www.oecd.org/social/family/database.htm (Accessed on June 28, 2017).

장으로 사회서비스가 중요한 정책과제가 되었지만, 신노동당 집권 기간에도 돌봄은 여전히 가족의 책임으로 남아 있었다. 실제로 돌봄의 사회화 정도를 측정할 수 있는 대표적 지표인 0~2세 아동의 보육시설 이용비율은 〈그림 12.26〉에서 보는 것과 같이 2007년의 44.8%를 정점으로 2014년에 33.6%로 오히려 낮아졌다. 이마저도 대부분 시간제 이용에 그쳐 돌봄은 유자녀 여성의 전일제 고용을 어렵게 하고 있다.[205] 영국이 시장을 통해 돌봄의 사회화를 부분적으로 제도화시켰다면, 미국은 일부 취약계층을 제외하면 돌봄에 대한 공적 지원을 하지 않았다. 영국의 블레어 정부와 달리 미국의 클린턴 정부는 집권한 후에도 돌봄의 사회화에 대한 제도적 지원이 거의 없었다. 주정부가 책임지는 공적 보육시설이 있었지만

········

son, B. ed. *Gender and Citizenship in Transition.* pp.173-200. Great Britain: MaCmillan Press.

205 OECD. Family database; Taylor-Gooby and Larsen, "The UK-A Test Case for the Liberal Welfare State?". 또한 최근에 도입한 부모휴가도 무급으로 제도화함으로써 실제적 효용성에 대한 의문이 제기되고 있다. Kilkey, M.(2003), "Dual-earning couples in Europe: Towards gender equality?" Paper for the the session 'Work and family arrangements in a flexible economy', ESPAnet conference "Changing European Societies-The role for social policy." Organized by the Danish National Institute of Social Research Copenhagen, 13-15 November 2003.

그 대상이 취약계층으로 제한되었고 대부분은 시장에서 돌봄 서비스를 구매해야 했다.[206] 문제는 시장에서 돌봄 서비스를 구매하는 방식은 돌봄 서비스가 가장 필요한 계층을 경제적 이유로 배제하는 경향이 있다는 점이다.[207] 더불어 부모의 일–생활 양립을 가능하게 하는 정책 중의 하나인 모성휴가(미국)와 부모휴가(영국, 미국)는 여전히 무급인 상태로 남아 있다.[208]

새로운 사회위험에 대한 자유주의 복지체제의 가장 큰 문제는 돌봄에 대한 책임(특히 아동 양육의 책임)이 있다고 간주되는 여성의 일–가족생활 양립을 위한 적절한 제도적 지원 없이 유급노동을 강제하는 것이다. 미국과 영국은 임금노동을 수행하는 경우에 복지수급보다 더 높은 소득을 얻을 수 있게 하고, 보육시설을 이용할 경우에 아동 양육의 비용을 일부 보존해주는 조세지원제도를 확대하고 있다. 미국의 근로장려세제(Earned Income Tax Credit)와 영국의 근로장려세제(Working Tax Credit), 자녀장려세제(Child Tax Credit)가 대표적인 제도이다. 즉, 임금노동에 대한 보상을 확대하고 복지급여 수준을 동결(또는 낮춤)해 아동을 돌보는 여성이 복지수급보다 임금노동을 하는 것이 재정적으로 더 좋은 선택이 되도록 만드는 것이다.[209] 그러나 이러한 '일을 통한 복지'라는 자유주의 복지국가의 성과는 논쟁적이다. 영국의 경우에 복지개혁(뉴딜정책)의 주된 대상인 청년층의 실업율은 감소했지만[210] 유자녀 여성의 전일제 고용, 남녀 간의 임금 격차, 여성의 비경제활동 인구는 거의 변하지 않았다.[211] 더욱이 유급고용의 질을 고려하지 않아서 '일을

....

206 O'Connor, J., Orloff, A., and Shaver, S. (1999). *States, Markets, Families: Gender, Liberalism and Social Policy in Australia, Canada, Great Britain and the United States.* The United Kingdom: Cambridge University Press.

207 Esping-Andersen, G. (1990). *The three worlds of welfare capitalism.* Cambridge, UK: Polity Press.

208 미국에서 공식명칭은 가족의료휴가(family and medical leave)이다. 이 휴가는 모성, 부성, 부모, 간호휴가를 모두 포함하고 있다. 부모는 각각 12주간의 휴가 이용이 가능하다. Bradshaw, J. and Finch, N. (2002). "A Comparison of Child Benefit Packages in 22 Countries." *Department for Work and Pensions Reseach Report.* No 174. Department for Work and Pensions: UK.

209 Ozawa, M. N. and Yoon, H. S. (2005). "Leaver from TANF vs. AFDC: How Do They Fare Economically." *Social Work* 50(3): 239-249; Taylor-Gooby and Larsen. "The UK-A Test Case for the Liberal Welfare State?"

210 김종일(2006). 『서구의 근로연계복지: 이론과 현실』. 서울: 집문당.

통한 복지'가 여성과 아동의 안정적 생활을 보장하지 못하고 있다.

미국의 경우에도 복지수급자(TANF 수급자)가 1997년 1월 11,423,000명에서 2001년 1월에 5,567,000명으로 불과 4년 만에 51.3%나 감소했지만 탈수급 가구의 경제적 상황은 수급 당시보다 더 나빠졌다.[212] 실제로 오자와(Ozawa)와 윤홍식의 연구에 따르면, 탈수급 가구의 욕구 대비 소득비율(income-to-needs ratio)은 수급 당시에 0.90에서 탈수급 이후에 0.87로 0.03포인트 낮아졌다.[213] 더불어 전일제로 일하는 한부모 가구 중 16.9%가 절대 빈곤상태에 놓여 있다는 것은 앞서 언급한 것처럼 저임금 일자리가 사회서비스 분야에 광범위하게 존재한다는 것을 보여준다.[214] 결국 사회서비스에 대한 욕구를 성별분업에 기초해 여성과 저임금 일자리에 의존하는 자유주의 복지국가는 돌봄으로 대표되는 새로운 사회위험에 적절히 대응하지 못하고 있는 것으로 보인다.

보수주의 국가

보수주의 복지국가는 비스마르크식 사회보장체제가 새로운 사회적 위험에 적절히 대응할 수 없다는 것을 보여주는 사례이다.[215] 돌봄과 같은 새로운 사회위험에 대한 보수주의 복지국가의 전통적인 정책 대응 방식은 여성에게 시간에 따라 순차적으로 일과 가족생활을 양립하게 하는 것으로 제도화되어 있다. 독일의 경우를 보면 가족 내 돌봄이 필요할 경우에 여성은 가족 내에서 돌봄을 제공하기 위해 유급노동을 그만두고 가족에게 돌아오며 가족 내 돌봄이 더 이상 필요하

....

211 영국에서 여성이 노동시장에 참여하지 못하는 주요한 요인이 여전히 가족에 대한 돌봄 때문이라는 보고는 신사회위험에 대한 영국의 정책 대응의 효과가 거의 없다는 것을 보여준다. Taylor-Gooby and Larsen. "The UK-A Test Case for the Liberal Welfare State?"

212 Pandey, S., Poeterfield, S, Choi-Ko, H., and Yoon, H. S.(2003). "Welfare Reform in Rural Missouri: the Experience of Families." *Journal of Poverty* 7(3): 113-138.

213 Ozawa and Yoon. "Leaver from TANF vs. AFDC: How Do They Fare Economically."

214 Rank, M. R., Yoon, H. S. and Hirschl, T. A.(2007). "American Poverty as a Structural Failing: Evidence and Arguments." Lauer, R. and Lauer, J. eds. *Sociology: Windows on Society*(7th ed.). New York: Oxford University.

215 Palier and Mandin. "France: A New World of Welfare for New Social Risks?"

지 않게 될 경우에 다시 노동시장에 참여하는 순차적(sequential) 양립 정책을 제도화하고 있다.[216] 1990년대에 들어서면서 독일은 3-6세 아동의 유치원 이용 권리를 제도화했고, 2002년에 사민당과 녹색당의 연합정권이 등장하면서 아동양육시설의 확대가 사회서비스 정책에서 가장 중요한 목표로 설정되었다. 〈그림 12.24〉에서 보는 것과 같이 2006년에 13.6%에 불과했던 0-2세 아동의 보육시설 이용비율은 2015년 현재 32.9%로 불과 10년 만에 2.42배 높아졌다. 하지만 독일에서 실제적 돌봄은 여전히 여성의 책임으로 인식되고 있다.

프랑스는 독일과 비교하면 일과 가족생활의 양립을 위한 지원이 상대적으로 잘 이루어지고 있는 국가이다. 1970년대부터 강력한 아동정책(공적 보육시설 중심)을 추진했으며 남성생계부양자모형은 거의 폐기된 상태이다.[217] 그러나 1980년대부터 실업이 증가하자 돌봄정책이 변화했다.[218] 1980년대와 1990년대에 아동양육수당정책은 실업대응정책으로 기능하게 된다. 대표적인 정책은 1986년 보수당 집권 시기에 도입된 아동양육수당(APE)으로, 부모가 직장을 그만두고 집에서 아동을 양육할 경우에 지급된다.[219] 아동양육수당의 효과는 즉각적으로 나타났다. 1994년 3월부터 1997년까지 두 자녀를 둔 모의 수급자 비율이 세 배가 되는 동시에 노동시장 참여율이 69%에서 53%로 격감한 것이다.[220] 여성의 노동시장 참여를 지원하기 위해 취해졌던 전통적인 공적 보육시설 확대 정책도 아동양육을 부모의 자유선택에 맡기는 방식으로 전환되었다. 물론 프랑스의 0-2세 아동의 보육시설 이용비율은 2015년 현재 51.9%로 여전히 높은 수준이다.[221] 돌봄

....

216 Aust and Bönker. "New Social Risks in A Conservative Welfare State: The Case of Germany."

217 Lewis. "Gender and the Development of Welfare Regimes."

218 Morgan. "Dose Anyone Have A 'Libre Choix?' Subversive Liberalism and the Politics of French Child Care Policy."

219 Fagnani, J(1999). "Parental Leave in France." Moss. P. and Deven, F. *Parental Leave: Progress or Pitfall*. pp.69-84. Brussels: NIDI/CBGS Publications.

220 Morgan. "Dose Anyone Have A 'Libre Choix?' Subversive Liberalism and the Politics of French Child Care Policy." 이러한 문제로 인해 2001년부터 여성이 일자리를 찾는 것을 돕기 위해 첫 두 달 동안 임금노동 수행이 가능하도록 개정되었다. Palier and Mandin. "France: A New World of Welfare for New Social Risks?"

으로 대표되는 사회서비스 정책에서 독일은 가족의 책임을 사회화하는 방향으로 선회한 반면, 프랑스는 부모의 자유선택을 강조하는 방식에 좀 더 가까이 다가섰다고 할 수 있다.

이러한 인식에 기초해 지난 40년간 신사회위험에 대응했던 보수주의 복지국가의 사회서비스 정책에 대한 평가는 논쟁적이다. 여성의 노동시장 참여가 본격화되면서부터 가족정책(사회서비스 정책)은 이미 노동시장 정책과 밀접한 연관을 가지고 있는데,[222] 여성의 고용상의 지위가 개선되기보다는 악화되었기 때문이다. 독일의 경우에 앞서 언급한 것과 같이 규제완화를 통해 저임금 일자리(Mi-ni-job, Geringfügige Beschäftigung) 수백만 개를 만들어 기혼여성, 학생 등이 노동시장에 참여할 수 있도록 했지만,[223] 사회보험 기여금이 면제되는 이러한 일자리는 독일 사회보장의 핵심인 사회보험의 사각지대를 확대했다. 프랑스는 여성의 재가족화(양육 담당)와 이에 대한 보상을 제도화(APE)함으로써 성 간 불평등이라는 신사회위험을 확대시켰다. 더 나아가, 아동양육수당(APE) 수급자의 대다수가 저소득 여성노동자에게 집중된 반면 보모 고용에 대한 지원(AFEMA)은 중산층 이상이 주 대상자가 되어 여성 내부의 불평등을 심화시켰다. 즉, 저소득 여성은 전통적 역할로 회귀하고 중산층 이상의 여성은 노동시장에 남게 됨으로써 성 간 불평등과 함께 계층 간 불평등을 심화시켰다.[224] 결국 새롭게 제기되는 사회위험에 대해 사회적 포용(inclusion) 전략으로 대응하려 했던 프랑스는 실제 정책에서 사회적 배제를 가속화시키는 모순을 낳았다.

사민주의 국가

사민주의 복지국가는 복지국가의 발전 초기부터 남성생계부양자가 노동시

....

221 OECD. Family Database.

222 Liljestrom. "Sweden."

223 소위 미니잡은 1990년 초에 4백만 개에서 1990년 말에 6백만 개로 증가했다. Aust and Bönker. "New Social Risks in a Conservative Welfare State: the Case of Germany."

224 Palier and Mandin. "France: A New World of Welfare for New Social risks?"

장에서 직면하는 실업, 질병, 노령이라는 사회위험뿐만 아니라 가족 내에서 발생하는 임신, 출산, 양육이라는 돌봄 요구에 대응하면서 발전해왔다. 이러한 이유로 앞서 언급한 것처럼 사민주의 국가들에서 돌봄은 신사회위험이기보다 구신(舊新)사회위험(Old new social risk)으로 간주되고 있다.[225] 북유럽 사회에서는 남녀 모두 생계부양자이며 동등한 복지정책(적극적 노동시장 정책을 포함해서)의 대상이 되어왔기 때문이다. 하지만 북유럽 사회 또한 세계화, 노동시장의 유연화, 지식기반사회로의 전환 등 1980년대 이후의 신자유주의화로부터 자유로울 수는 없었다. 다른 국가들과 동일하지는 않았지만 북유럽 복지국가에서도 돌봄과 관련된 사회위험이 확대되고 있음은 분명하다.

돌봄과 관련된 북유럽 사민주의 국가들이 직면한 새로운 사회위험은 크게 네 가지로 지적할 수 있다. 첫째, 노동시장의 유연화로 인해 비전형적인 노동시간이 확대되고 있다.[226] 주말근로, 야간근로 등 비전형적인 노동시간의 확대로 인해 정규 노동시간에 근거해 제도화된 아동양육시설들이 더 이상 시민들의 일과 생활의 양립을 위한 효과적인 대안이 되지 못하고 있다. 둘째, 돌봄 서비스, 특히 아동보육시설의 민영화와 분권화가 진행되고 있다. 스웨덴의 경우를 보면 아동양육시설 중 민간부문의 비율은 1990년에 5%에서 1999년에 15%로 세 배 이상 증가했다.[227] 이러한 변화로 인해 1990년 후반에 들어서면서 스웨덴에서 공식 노동시장에서 일하는 돌봄 노동자의 수가 감소하고 돌봄의 책임이 지역사회(가족 내)로 환원되는 경향을 보이고 있다.[228] 셋째, 돌봄이라는 사회위험에 대한 대응이 계층적으로 상이하게 제도화될 가능성이 높아지고 있다. 중·상 계층은 질 높은 민간서비스를 시장에서 구매하는 것을 선호하는데다 분권화로 인해 코뮌 정부(기초자치단체)가 제

....

225 Timonen. "New Risks-Are They Still New for the Nordic Welfare States?"
226 Timonen. "New Risks-Are They Still New for the Nordic Welfare States?"
227 다만 스웨덴의 민영화를 영리적 민영화라고 할 수는 없을 것 같다. 순수영리를 목적으로 하는 아동양육시설은 1998년 기준으로 전체의 3.8%에 불과하고, 아동수를 기준으로 했을 때 민영화된 시설에 다니는 비율은 오히려 감소했다. Bergqvist and Nyberg. "Welfare State Restructuring And Child Care in Sweden."
228 Ungerson. "The Commodification of Care: Current Policies and Future Politics."

공하는 사회서비스의 차이가 확대되고 있기 때문이다. 즉, 시민들이 인구사회적 특성, 계층, 지역에 따라 서로 다른 이해를 갖게 되면서 사민주의 복지국가를 지탱해왔던 전통적인 사회적 연대의 틀마저 흔들리고 있다. 마지막으로, 지난 1930년 대에 이미 남성의 가족생활 참여와 여성의 노동시장 참여가 강조되었고,[229] 1970년대 중반에 처음으로 부모 모두에게 권리가 부여되는 부모휴가를 도입했으며, 1990년대 중반에는 최초로 부모휴가에 아버지 할당제를 도입했지만, 북유럽 사회에서도 대부분의 돌봄 노동은 여전히 여성의 몫으로 남아 있다.[230] 북유럽 사회는 다른 복지국가들과 비교했을 때 돌봄이라는 사회위험에 잘 대응해왔지만 다른 복지국가와는 질적으로 다른 새로운 사회위험에 직면해 있다.

새로운 위험에 대한 사민주의 국가들의 대응도 다양하게 나타났다. 노동시장의 유연화가 진행되자 핀란드에서는 24시간 운영하는 보육시설이 등장하고 교대 일을 하는 부모들을 위한 새로운 보육 서비스가 모색되고 있다.[231] 그러나 돌봄이 항상 생산영역의 요구에 맞추어지는 것에 대한 비판이 제기되고 있다. 만약 레리아(Leria)의 주장처럼 일과 생활의 양립을 제도화해 북유럽 사회에서 재생산 과제가 생산 과제에 우선하게 되었다면, 비전형적인 노동시장의 확대는 이러한 관계를 다시 역전시킬 수도 있다.[232] 북유럽 복지국가의 민영화와 분권화는 다른 복지국가와 비교해 상대적으로 심각한 불평등을 유발하지 않고 있기 때문에 이를 자유주의 국가와 동일한 민영화와 분권화로 볼 수는 없다.[233] 그러나 북유럽 사회에서도 부모가 직접 아동을 돌보거나 민간에 위탁하는 비율이 확대되고 있다.[234] 민영화의 확대는 돌봄과 관련해 부모의 선택의 폭을 넓혀서 계층 간

....

229 Henriken, H. and Holter, H.(1978). "Norway." Kamerman, S. B. and Kahn, A. J. eds. *Family Policy: Government and Families in Fourteen Countries*. pp.49-67. New York: Columbia University Press.

230 Leria, A.(2002). *Working Parents and the Welfare State: Family Change and Policy Reform in Scandinavia*. NY: Cambridge University Press.

231 OECD(2005). *Babies and Bosses: Reconciling Work and Family life, Volume 4: Canada, Finland, Sweden and the United Kingdom*. Paris, France: OECD.

232 Leria. *Working Parents and the Welfare State: Family Change and Policy Reform in Scandinavia*.

233 Bergqvist & Nyberg. "Welfare state restructuring and child care in Sweden."

"아이 돌보는 일을 주도하는 아빠" 정도로 번역할 수 있을 것 같다. 1970년대 스웨덴에서 아빠의
양육참여를 촉진시키기 위해 만든 포스터다. 포스터의 건장한 남성은 당시 스웨덴에서 인기 있는
프로레슬링 선수로 알려져 있다(자료출처: Colombiapappan).[235]

의 불평등을 확대시키고 북유럽 사회의 근간인 사회적 연대를 약화시킬 가능성
이 있다.

한편 남성의 돌봄 노동 참여를 위해서 노르웨이와 스웨덴에서는 1994년과

....

234 Borchorst, A.(2002). "Danish child care policy: Continuity rather than radical change." pp.267-
     286. in S. Michel & R. Mahon. eds. *Child care policy at the crossroads: Gender and welfare
     state restructuring.* New York: Routledge.
235 Colombiapappan. Hoa-hoa var visst inte pappaledig själv. (Accessed on June 29, 2017). http://
     colombiapappan.weebly.com/blogg/archives/04-2015

1995년에 부모휴가(육아휴직)에 남성만이 사용할 수 있는 아버지 할당제를 도입했다. 이러한 제도적 노력으로 아버지의 양육 참여는 증가했지만, 여성의 노동시장 참여에 비해 남성의 돌봄 참여는 여전히 미미했다. 북유럽 사회의 사례는 여성의 노동시장 참여가 반드시 그에 상응하는 남성의 돌봄 참여로 이어지는 것은 아니라는 사실을 확인해주었다.

마지막으로, 사회적 연대의 대상이 변화했다. 새로운 사회위험에 대한 대응으로 복지자원이 실업, 질병, 노령 등 전통적 사회위험으로부터 돌봄과 같은 새로운 사회위험으로 이전되어야 하는데, 완전고용과 보편주의에 입각한 기존의 사회정책에 대한 대중적 지지로 인해 북유럽 사회는 복지자원의 재배치에 어려움을 겪고 있다.[236] 더욱이 복지자원을 이동시키려면 이를 가능하게 하는 새로운 사회적 연대가 필요한데, 북유럽 사회에서도 새로운 사회위험에 이해를 갖고 있는 집단의 정치세력화가 파편화되어 있어서 정치적 힘을 조직적으로 발휘하기가 어려운 것이 현실이다.[237] 실제로 고용주와 노동자도 신사회위험에 대해 단일한 대오를 형성하지 못하고 있다. 더불어 노동시장의 성별 분절은 여전히 사회서비스 영역에서 중요한 사회위험으로 남아 있다.

4. 조세의 변화[238]

복지국가를 해체하기 위해서는 복지국가를 유지하기 위해 필요한 재원을 틀어막는 것이 가장 효과적인 방법이다. 『기원과 궤적』에서는 OECD 국가의 지난 40년 간 세입의 변화를 살펴보면서 신자유주의가 복지국가의 재원을 틀어막는 데 성공했는지를 살펴볼 것이다. 마르크스는 세금이 가장 오래된 계급투쟁의 장

....

236 Timonen. "New Risks-Are They Still New for the Nordic Welfare States?"
237 Taylor-Gooby. P.(2004b). "New Risks and Social Change." Taylor-Gooby. P. ed. *New Risks, New Welfare*. pp.1-28. New York: Oxford University Press.
238 조세제도의 변화에 대해서는 다음 글의 일부를 수정보완해서 실었다. 윤홍식(2012). "복지국가 조세체제의 변화: 복지국가는 어떻게 조세규모를 확대했을까?" 『한국사회복지행정학』 14(1): 195-226.

이며 여러 사회계급과 계층의 정치투쟁의 역사적 결과라고 했다.[239]

1) 소득세를 둘러싼 변화와 쟁점

법인소득세(법인세)를 둘러싼 논란: 자본의 해외유출

법인세를 둘러싼 쟁점은 세계화의 논란과 직결된다. 핵심 쟁점은 세계화로 인해 자본의 유동성이 높아졌기 때문에 자본의 해외유출을 막고 자국 기업의 경쟁력을 유지하기 위해서는 법인세율 인하가 필수적이라는 것이다. 이러한 논리는 1970년대 중반의 자본주의 경제위기와 한국, 홍콩 등 신흥공업국의 부상과 맞물리면서 대부분의 산업화된 국가들에서 정당화되었다. 그러나 자본의 해외유출에 대한 우려는 새로운 것이 아니었다. 1906년에 영국에서도 자본의 해외유출에 대한 우려가 제기되었다.[240] 당시 논란의 내용도 1980년대 이후에 제기된 것과 크게 다르지 않았다. 영국 국세청은 소득세의 누진성을 강화할 경우에 자본의 해외유출이 촉진될 것을 우려해 임금소득과 비임금소득에 대한 차별과세를 적용하고 부에 대한 세금을 높이지 않았다. 이렇듯 자본의 해외유출에 대한 논란은 항상 있어왔던 것이지만, 1980년대에 들어서면서 '자본의 이동성'에 대한 우려가 법인세율을 낮추자는 주장의 강력한 논거가 되었다.[241] 외국자본을 자국에 유치하려는 적극적 대응에서부터 자국 자본이 해외로 유출되는 것을 막으려는 소극적 대응까지 모두 법인세율을 낮추라는 주장의 근거가 되었다. 하지만 법인세율 인하는 국가의 조세수취 역량에는 큰 영향을 주지 않았던 것 같다. 〈그림 12.27〉에서 보는 것처럼 1980년대 이후에도 GDP 대비 조세비중이 증가했기 때문이다.

....

239 O'connor, J.(1973). *The Fiscal Crisis of the State*. NY: St. Martin's Press.

240 Steinmo, S.(1993). *Taxation and democracy*. New Haven: Yale University. p.55.

241 윤홍식(2011). "복지국가의 조세체제의 함의: 보편적 복지국가 친화적인 조세구조는 있는 것일까?" 『한국사회복지학』 63(4). pp.277-298. 흥미로운 사실은 레닌이 주도한 제3인터내셔널에서 볼셰비키가 마르크스의 예상과 달리 노동자들의 혁명에 의해 자본주의가 붕괴되지 않는 이유는 자본의 세계화 때문이라고 주장했다는 점이다. Lenin, V.(1989[1939])). *Imperialism: The Highest Stage of Capitalism*. New York: International Publishers. 즉, 역설적이게도 자본의 세계화는 자본주의의 위기가 아니라 자본주의적 착취질서를 영속화시키는 토대로 이해되었다.

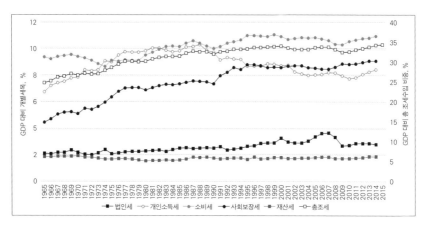

그림 12.27 GDP 대비 총 조세비중과 세목의 변화, 1965~2015년
출처: OECD.stat, Revenue statistics.

흥미로운 사실은 1980년대 이후에도 법인세 비중은 증가했다. 다만 법인세율과 GDP 대비 총 조세규모와의 관계가 변화했을 뿐이다(그림 12.28 참고). 법인세율 인하가 본격적으로 진행되기 전인 1981년에 법인세율과 GDP 대비 총 조세비중의 관계는 정의 상관관계를 갖고 있었다. 하지만 법인세율 인하 경쟁이 본격화되면서 법인세율과 GDP 대비 총 조세비중 간의 관련성은 사라진다.

쟁점은 두 가지이다. 하나는 법인세율을 낮추는 논거였던 법인세율과 자본의 이동성 간의 관계이고, 다른 하나는 GDP 대비 법인세의 비중이 상대적으로 낮아졌다면 (GDP 대비 총 조세규모에 비해) 법인소득세의 감소분을 다른 세원으로 대체해야 한다는 것이다. 먼저 자본의 이동성을 검토해보자. 세계화로 인해 자본의 유동성이 증가한 것은 사실이지만 그 영향에 대한 평가는 상이하다. 1992년에 마스트리히트(Maastricht)조약의 체결로 유럽에서 자본의 이동성이 증가했다고 하지만, 유럽 경제에서 자본통합의 규모는 1970년에 0.6%에서 2004년에 5.0%로 4.4%포인트 증가하는 데 그쳤다.[242] 더욱이 법인세율을 낮춘다고 해

....

242 Bettendorf, L., Gorter, J., and van der Horst, A.(2006). "Who Benefits from Tax Competition in the European Union?" CPB Document No.125. p.13.

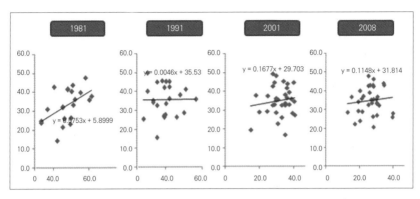

그림 12.28 법정 법인소득세율과 GDP 대비 총 조세비중, 1981, 1991, 2001, 2008년
참고: 가로축은 법인에 대한 법정 세율이고, 세로축은 GDP 대비 총 조세비중(%)이다.

서 외국자본의 직접투자(Foreign Direct Investment, FDI)가 증가하는 것도 아니다.[243] 법인세율은 자본이 투자지역을 결정하는 중요한 고려사항 중 하나임에 분명하지만, 임금 수준, 사회경제적 인프라, 인적자본, 정치적 안정성 등이 FDI가 투자지역을 결정하는 더 중요한 요인이다.[244] 공공경제학자인 데사이(Desai)도 특정 국가의 조세정책은 다국적 기업이 투자지역을 결정하는 주된 기준이 아니라고 이야기했다.[245] 오히려 다국적기업이 직접투자를 하는 이유는 새로운 시장 개척을 통해 시장 지배력을 유지하기 위해서이지 조세정책 때문이 아니라는 것이다. 이러한 이유로 명목법인세율이 낮아졌지만 법인세 인하 경쟁은 현실화되지 않았고[246] 지난 수십 년 동안 유효법인세율은 상당히 안정적으로 유지되었으며 심각한 자본유출도 발생하지 않았다.[247]

....

243 Keuschnigg, C.(2009). "Corporate Taxation and the Welfare State." Annual meetings of the Austrian and Swiss Economic Associations 2009.

244 Keuschnigg. "Corporate Taxation and the Welfare State."

245 Chen, J.(2011). 『하버드 경제학』. 최지희 역. (Notes from Harvard on Economics). 경기도: 에쎄. p.228.

246 명목법인세율의 인하는 법인에 대한 조세감면의 축소를 수반했기 때문에 실질 유효세율에는 큰 변동이 없었다. Steinmo. Taxation and Democracy; Ganghof, S.(2006a). The Politics of Income Taxation: A Comparative Analysis. London: ECPR Press.

247 Lassen, D. and Sørensen. P.(2002). "Financing the Nordic Welfare States: The Challenge of Glo-

다른 하나는 법인소득세가 상대적으로 감소해도 고령화와 탈산업화로 인해 사회지출이 감소할 가능성은 거의 없다는 점이다. 세입이 세출을 전제로 결정된다는 점을 고려하면, 세입의 증가폭보다 법인세의 증가폭이 작다는 것은 법인세 이외의 세원으로부터 세금을 더 걷어야 한다는 것을 의미한다. 이미 많은 문헌에서 지적하고 있듯이 자본의 이동성으로 인한 법인세 감면은 세금 부담을 자본에서 노동(임금과 소비)으로 이동시켰다.[248] 결국 법인세의 상대적 감소는 임금소득 또는 소비에 대한 세금을 높이는 것으로 귀결되었다.[249] 이처럼 '세계화'를 논거로 법인세를 낮추고 부족한 세수를 노동에 대한 세금으로 대신하려는 시도는 차악을 피하기 위해 가장 나쁜 선택을 하는 결과를 초래할 수도 있다.[250]

개인소득세

1970년대에 들어서면서 한때 94%에 이르는 개인소득세의 최고세율[251]은 대부분 산업화된 국가에서 급격히 낮아졌다.[252] 세제개혁으로 소득세율은 1980년대에 들어서 전례 없는 수준으로 낮아졌다.[253] 주목할 만한 사실은 보편주의 복지

....

balization to Taxation in the Nordic Countries." A report prepared for the Nordic Council of Ministers, Oslo, June 11-12, 2002. p.26.

248 Swank, D. and Steinmo, S.(2002). "The New Political Economy of Taxation in Advanced Capitalist Democracies." *American Journal of Political Science* 46(3): 642-655.

249 Lindert. *Growing Public: Social Spending and Economic Growth Since the Eighteenth Century*; Steinmo. *Taxation and Democracy*.

250 윤홍식. "복지국가의 조세체제의 함의: 보편적 복지국가 친화적인 조세구조는 있는 것일까?" p.290.

251 제2차 세계대전 중이었던 1944년에 미국은 연간 2만 달러 이상의 소득에 대해 94%의 세율을 적용했다. Steinmo. *Taxation and Democracy*. p.102. 이처럼 높은 세율이 정당화된 근거는 노동자들이 전쟁터에서 피를 흘리고 있다면 전쟁을 통해 막대한 부를 축적하고 있는 이들이 그에 상응하는 희생을 치러야 하며 그 희생은 높은 세금을 부담하는 것이라는 사회적 공론이었던 것으로 추정된다. 물론 이러한 명목적 세율을 적용받는 대상은 극소수였을 것으로 추정된다.

252 Genschel. P.(2002). "Globalization, Tax Competition and the Welfare State." *Politics and Society* 30(2): 245-275.

253 Kemmerling, A.(2002). "The Employment Effects of Different Regimes of Welfare State Taxation: An Empirical Analysis of Core OECD Countries." Max Planck Institution.

국가와 자유주의 복지국가를 대표하는 스웨덴과 미국의 조세개혁이 공간적·시간적·이념적 차이를 넘어 놀라울 정도로 유사해 보였다는 점이다. 스웨덴에서는 1981년에[254] 중앙당, 자유당, 사민당이 대규모 감세에 동의하는 조세개혁(일명 Wonderful Night)을 단행한다.[255] 핵심은 한계세율을 20%포인트 낮추고 이자지출에 대한 세금감면비율을 최대 50%까지로 제한하는 것이었다. 1981년에 87%에 달하던 임금소득의 최고세율은 1994년에는 51%로 낮아진다.[256] 미국도 레이건 정부하에서 1986년에 대규모 감세를 단행한다.[257] 미국 역시 1981년에 75%에 달하던 한계세율이 1990년 중반이 되면 45%로 낮아진다. 현상은 유사했지만 놀랍게도 스웨덴의 감세가 미국보다 더 컸다. 반복지적이고 신자유주의 이념으로 무장했던 미국 공화당 정부가 단행했던 조세개혁으로 인한 세수 감소는 GDP 대비 1~2%포인트에 그쳤던 반면, 스웨덴의 감세 규모는 GDP 대비 6~7%에 이르렀다. 좌파는 소득재분배를 강화하기 위해 누진적 세율을 지지할 것이라는 일반적 상식과 달리 감세정책은 정부의 이념과 관계없이 1980년대에 대부분의 산업화된 국가들에서 이행되었다. 실제로 1986년 미국의 레이건 정부의 조세개혁 이후에 대부분의 산업화된 국가들은 개인소득세를 포함한 소위 누진적 세목의 세율을 대폭적으로 낮추기 시작했다.[258]

....

254 조세개혁에 대한 합의는 1981년에 이루어졌지만, 이를 시행한 시기는 1983년부터 1985년 사이로 소수 사민당 정권[올로프 팔메(olof Palme) 수상의 집권 제4기에 해당]하에서이다. Ganghof. *The Politics of Income Taxation: A Comparative Analysis.* p.87.

255 Ganghof. "The Politics of Income Taxation: A Comparative Analysis."; Norrman, C. and McLure, Jr., C.(1997). "Tax Policy in Sweden." Freeman, R., Topel, R., and Swedenbc, B. eds. *The Welfare State in Transition: Reforming the Swedish Model.* pp.109-154. IL: University of Chicago Press; Steinmo. *Taxation and Democracy.*

256 1981년의 조세개혁 이후인 1991년에 사민당과 자유당 연정은 '세기의 개혁'이라고 불리는 조세개혁을 시행한다. 개혁의 핵심 내용은 한계세율의 급격한 인하와 세금 구간의 단순화, 과세 기반의 확대로 요약된다. Kato, J.(2003). *Regressive Taxation and the Welfare State: Path Dependence and Policy Diffusion.* NY: Cambridge University Press. p.66. 이로 인해 최고세율은 80%에서 51%로 급격히 낮아졌다. OECD(2010b). *OECD Tax Policy Studies: Tax Policy Reform and Economic Growth.* Paris: OECD Publishing.

257 Ganghof. *The Politics of Income Taxation: A Comparative Analysis.* Steinmo, *Taxation and Democracy.*

도대체 무슨 일이 벌어진 것일까? 전후 복지국가의 토대가 되었던 능력에 따른 세금부담과 조세를 통한 재분배 원칙은 왜 지켜지지 못했던 것일까? 개인 소득세율을 낮추고도 늘어나는 사회지출을 감당할 수 있었을까? 다양한 원인이 있겠지만, 국내외 문헌을 참고하면 개인소득세의 누진성의 약화는 몇 가지 변화와 관련된다. 가장 중요한 변화 중 하나는 1980년대부터 가속화된 세계화로 인한 자본의 유동성 증가이다.[259] 자본의 세계화로 인해 자본에 대한 세금이 낮아지면서 이것이 고소득자의 세율을 낮추는 압력으로 작용한 것이다.[260] 국내 자본을 해외로 이전하려는 동기를 완화하고 국제경쟁력을 제고하기 위해 시행된 기업에 대한 세율 인하로 인해 법인소득세율과 개인소득세율의 차이가 벌어졌다. 특히 같은 소득이 있다면 동일한 세율이 적용되어야 한다는 "능력에 따른 과세원칙(the principle of ability to pay)"에 근거한 형평성 논리가 개인소득세 인하의 논거가 되었다.[261] 자본의 유동성 증가로 인해 자본에 대한 세율을 노동에 대한 세율만큼 높일 수 없는 상황에서 노동에 대한 세율을 낮추는 것이 유력한 대안이 되었다. 더욱이 노동에 대한 높은 세금이 실업을 증가시키고 지하경제를 양산하는 원인 중 하나로 비판되면서 개인소득, 특히 노동에 대한 소득세 인하가 이루어졌다.[262]

그러나 이러한 경향은 1990년대에 들어서면 상당히 둔화된다. 노르딕 국가들이 자본과 노동에 대한 이중소득세체제를 제도화하면서 자본에는 낮은 누진율을 적용하지만 개인·임금소득에 대해서는 높은 누진율을 적용해 노동 간의 형평성을 도모하는 전략을 취했기 때문이다.[263] 실제로 노동소득에 대한 평균

....

258　Ganghof, S.(2006b). "Tax Mixes and the Size of the Welfare State: Causal Mechanisms and Policy Implications." *Journal of European Social Policy* 16(4): 360-373.

259　Bettendorf et al. "Who Benefits from Tax Competition in the European Union?"

260　Ganghof. *The Politics of Income Taxation: A Comparative Analysis.*

261　Silfverberg, C.(2003). "The Swedish Net Wealth Tax: Main Features and Problems." *Stockholm Institute for Scandinavian Law* 44: 367-374.

262　Genschel. "Globalization, Tax Competition and the Welfare State." pp.261-262.

263　Ganghof. *The Politics of Income Taxation: A Comparative Analysis.* p.89; Genschel. "Globalization, Tax Competition and the Welfare State."

유효세율(간접세 포함)은 3~4%포인트 증가했다.[264] 임금소득의 최고세율의 감소폭은 1990년대 중반 이후에 현격히 둔화된다. (한국을 제외한) 17개국의 1981년 대비 1994년의 최고세율은 24.8% 감소한 데 반해 1994년 대비 2009년의 감소율은 9.8%로 현격히 낮아졌다. 더욱이 1981년과 1994년을 비교했을 때는 모든 비교 대상 국가들의 최고세율이 낮아졌지만, 1994년과 2009년을 비교했을 때는 오스트리아는 변화가 없었고 독일, 포르투갈, 스웨덴, 영국 4개국의 최고세율은 높아졌다.

특히 스웨덴, 핀란드 등 노르딕 국가들은 고소득층에 대한 누진성을 강화하는 대신 평균소득자에 대한 누진성을 완화해 노동 간의 형평성을 추구했다.[265] 중간소득자들에 대해서는 상대적으로 낮은 세율을 적용해 자본과 노동소득 간의 형평성을 도모했지만, 고소득자에 대해서는 높은 세율을 적용해 노동 간의 형평성을 도모하는 이중전략을 취했다. 이러한 전략을 취한 이유는 탈산업화와 고령화로 인해 늘어나는 복지 욕구를 충족시키기 위해 더 많은 세금이 필요했기 때문이다. 실제로 스웨덴에서는 1991년의 조세개혁이 불평등을 확대한 것으로 평가되면서 고소득층에 대한 세율을 높였다.[266] 더욱이 높은 한계세율이 경제에 부정적 영향을 준다는 주장은 조세와 연동된 세출의 생산적 성격을 고려하지 못해 논리적 정당성이 취약해졌다.[267] 또한 노동소득에 대한 세금이 기업의 투자와 생산결정을 덜 왜곡한다는 연구결과들은 다시 한계세율을 높이는 논리적 근거가 되었을 것이다.[268]

높은 한계세율은 부자들의 사회적 책임을 강화해 조세에 대한 국민의 신뢰

....

264 Sørensen. p.(2003). "International Tax Competition: A New Framework for Analysis." *Economic Analysis and Policy* 33(2): 179-192. p.181.

265 Lassen and Sørensen. "Financing the Nordic Welfare States: The Challenge of Globalization to Taxation in the Nordic Countries." p.29.

266 Kemmerling. "The Employment Effects of Different Regimes of Welfare State Taxation: An Empirical Analysis of Core OECD Countries."

267 Lindert. P.(2006). "The Welfare State is the Wrong Target: A Reply to Bergh." *Economic Journal Watch* 3(2): 236-250.

268 Bettendorf et al. "Who Benefits from Tax Competition in the European Union?"

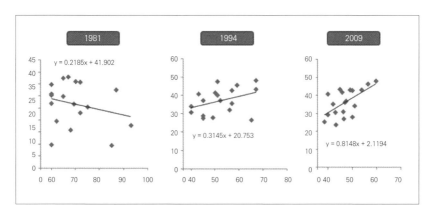

그림 12.29 법정 임금소득 최고세율과 GDP 대비 총 조세비율: 1981, 1994, 2009년

참고: 가로축은 임금소득에 대한 법정 최고세율이고, 세로축은 GDP 대비 총 조세비중(%)이다. 1981년 그래프: GDP 대비 총 조세비율은 1975년과 1985년의 GDP 대비 총 조세비율의 합을 나눈 값이다. OECD(2010b). Revenue Statistics에서 1981년 자료를 제시하고 있지 않아 불가피하게 두 수치의 평균을 제시했다. 실제로 두 기간 동안의 총 조세규모의 차이는 거의 없었다. 1994년 그래프: GDP 대비 총 조세비율은 1995년 자료를 이용할 수 없어 1994년 자료로 대체했다. 2009년 그래프: 호주, 일본, 이탈리아, 포르투갈의 GDP 대비 총 조세비중은 2008년 수치이다.

를 회복시켰고 일반 대중에 대한 증세를 가능하게 했다. 실제로 〈그림 12.29〉를 보면 임금소득에 대한 법정 최고세율과 GDP 대비 총 조세비중은 1981년에 부적 관계에 있었지만[269] 1994년에는 정의 관계로 바뀌었고, 2009년에는 그 강도가 더 강해졌다. 이러한 결과는 고소득자에 대한 높은 세율이 직접적으로 조세수입을 증가시켰다기보다는 해당 사회에서 조세의 공정성과 신뢰성을 높여 조세부담을 보편적으로 높이는 정치적 정당성의 토대가 된 것으로 추정된다. 이러한 정당성 확보는 실제로 국가의 조세규모를 증대시켰다.[270] 왜냐하면 불공정한 과세하에서 국민이 증세에 격렬히 저항했기 때문에 증세가 실현되지 못한 것은 물론 증세를 추진하던 정치세력 또한 정치적 심판을 받았기 때문이다. 실제로 1980~1990년

....

269 부적 관계를 보인 이유는 명목한계세율은 높았지만 고소득자에 대한 조세감면 또한 광범위하게 이루어졌기 때문인 것으로 추정된다. 스웨덴, 노르웨이 등의 노르딕 국가들에서 명목세율의 인하는 조세감면제도의 축소와 동반되었다. Ganghof. *The Politics of Income Taxation: A Comparative Analysis*; Steinmo, *Taxation and Democracy*.

270 Ganghof. *The Politics of Income Taxation: A Comparative Analysis*.

대에 일본과 영국에서 소비세와 인두세 도입을 시도할 때 나타났던 국민의 격렬한 저항은 이러한 사례의 전형이라고 할 수 있다.[271] 결국 개인소득에 대한 높은 한계세율은 조세의 공정성과 신뢰성을 높여 전체 세수를 증대시켜 큰 복지국가를 가능하게 하는 토대가 된 것으로 보인다.

2) 간접세를 둘러싼 논란: 왜 소비세인가?

복지국가는 1980년대 이후에 시행된 법인과 개인소득에 대한 감세정책으로 인해 새로운 세원을 찾아야 했다. 그리고 많은 학자들이 주장하듯 복지국가를 지탱하는 새로운 세원은 좌파가 불평등을 확대한다는 이유로 반대했던 소비세였다. 복지국가가, 그것도 좌파가 집권한 복지국가들조차 역진적인 소비세를 확대한다는 것은 누진적 과세를 통해 부의 재분배를 이루고 평등을 지향했던 전통적 복지국가에 대한 근본적 도전이었다.[272] 물론 소비세의 확대가 직접세의 감소를 직접 대체했다고 볼 수는 없다. 그러나 〈그림 12.27〉에서 보았듯이 늘어나는 사회지출에 대한 요구를 소비세 증세로 충당한 것 또한 사실이다. 지난 반세기 동안 개인소득세와 법인세의 증가폭보다 일반소비세의 증가폭이 더 컸다. 1965년과 2014년을 비교했을 때 소비세는 GDP 대비 1.6%포인트가 증가한 반면 법인소득세는 0.7%포인트가 증가하는 데 그쳤다.

도대체 왜 복지국가들, 특히 좌파가 집권한 복지국가들에서 불평등을 확대할 우려가 있는 소비세가 확대된 것일까? 다양한 해석이 가능하겠지만, 소비에 대한 증세에는 몇 가지 중요한 현실적·정치적 이유가 있었다. 먼저 현실적 이유를 살펴보면 첫째, 1970년대의 경제위기로 복지국가에 재정위기가 발생했지만

....

271 Steinmo. *Taxation and Democracy*; Akaishi, T. and Steinmo, S.(2006). "Consumption Taxes and the Welfare State in Sweden and Japan." Sheldon, G. ed. *The ambivalent Consumer: Questioning Consumption in East Asia and the West*. US: Cornell University Press. pp.340-375; 강원택(2007). "영국 선거와 세금: 합의 정치 혹은 무책임?" 강원택 편. 『세금과 선거: 각국의 경험과 한국의 선택』. 서울: 푸른길. pp.47-70; 하세현(2007). "일본 세제 개혁의 정치 과정과 선거." 강원택 편. 『세금과 선거: 각국의 경험과 한국의 선택』. 서울: 푸른길. pp.147-180.

272 윤홍식. "복지국가의 조세체제의 함의: 보편적 복지국가 친화적인 조세구조는 있는 것일까?"

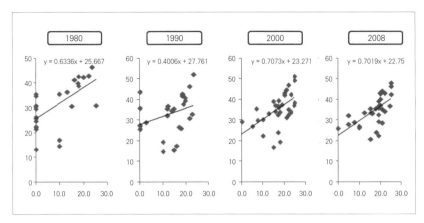

그림 12.30 부가가치세율과 GDP 대비 총 조세규모: 1980, 1990, 2000, 2008년
참고: 가로축은 부가가치 세율을 의미하고, 세로축은 GDP 대비 총 세금비중을 나타낸다.

정치권과 유권자 모두 높은 사회지출을 선호했기 때문에 복지국가를 지탱할 새
로운 안정적인 세원이 필요했다.[273] 특히 1970년대의 경제위기로 인해 외부적 변
화에 민감한 소득세에 대한 대안으로 외부경제의 변화에 상대적으로 덜 민감한
소비세를 주목했다.[274] 실제로 〈그림 12.30〉은 본격적으로 소비세가 증가하기 시
작한 1980년대 이후에 높은 소비세율과 총 세금의 규모가 정의 상관관계에 있다
는 사실을 보여주고 있다.

둘째, 세입의 역진성이 곧 사회적 불평등을 의미하는 것은 아니었기 때문이
다. 복지국가가 확대되어감에 따라 증세가 보편적으로 이루어지게 되고, 대부분
의 평범한 가구들은 상당히 과중한 세금부담을 짊어지게 된다. 이러한 현실은 평
등을 지향하는 복지국가의 재분배 기능이 더 이상 조세를 통해서 이루어지지 않
는다는 것을 의미했다. 우리가 놓치고 있었지만 에스핑–앤더슨(Esping-Ander-
sen)은 이러한 사실을 분명하게 적시했다.[275] 실제로 스웨덴은 역진적인 소비세

....

273 Ganghof. *The Politics of Income Taxation: A Comparative Analysis*; Ganghof. "Tax Mixes and
     the Size of the Welfare State: Causal Mechanisms and Policy Implications."
274 Kato. *Regressive Taxation and the Welfare State: Path Dependence and Policy Diffusion.*
275 Esping-Andersen, G.(1990). *The three worlds of welfare capitalism.* Cambridge, UK: Polity

확대를 통해 평등을 지향하는 보편적 복지를 확대한 대표적인 국가이다.[276] 스웨덴 사민당은 1981년에 한계세율을 20%포인트 낮춘 조세개혁(Wonderful Night)을 받아들이는 동시에 주택과 아동수당을 도입해 조세개혁이 가져올 불평등 확대를 완화하기 위한 완충장치를 제도화했다.[277] 스웨덴 사민당은 소비세 증가에 대한 좌파와 국민의 반대가 있을 때마다 보편적 복지의 확대를 통해 역진적 세금 확대가 가져올 부정적 효과를 상쇄시켜나갔다.[278]

셋째, 1970년대의 경제위기 이후 조세정책에 대한 생각이 변화했다. 2차 대전 이후 서구사회에서 케인스주의 정책이 공유되면서 이를 뒷받침할 정책수단이 필요했고, 대부분의 경제학자들은 조세정책이 이러한 역할을 할 수 있을 것이라고 생각했다.[279] 실제로 전후에 세금부담과 경제성장은 아무런 관계가 없었기 때문에 국가는 세금을 통해 경제성장과 사회평등을 동시에 이룰 수 있다고 믿었다. 그러나 1970년대의 경제위기를 계기로 케인스주의가 폐기되었고, 좌파와 우파 모두 정부가 더 이상 세금을 통해 경제를 효과적으로 운영할 수 없다는 믿음이 확산되었다. 이제 조세정책은 더 이상 사회와 경제에 개입하는 적극적 정책수단이 아니었다. 결국 1980년대에 조세정책에 대한 패러다임의 전환이 일어났

....

Press.

276 Ganghof. *The Politics of Income Taxation: A Comparative Analysis*; Steinmo, *Taxation and Democracy*; Kato. *Regressive Taxation and the Welfare State: Path Dependence and Policy Diffusion*; Akaishi and Steinmo. "Consumption Taxes and the Welfare State in Sweden and Japan.";Lindert. *Growing Public: Social Spending and Economic Growth Since the Eighteenth Century*; Lindert. "The Welfare State is the Wrong Target: A Reply to Bergh."

277 Ganghof. *The Politics of Income Taxation: A Comparative Analysis*. p.89.

278 Lindert. *Growing Public: Social Spending and Economic Growth Since the Eighteenth Century*. 또한 사민당은 소비세를 인상할 때 저소득층에 필수적인 음식물 같은 생필품에 대한 소비세를 인하해 소비세의 역진성을 완화했다. 김욱(2007). "스웨덴의 과세정치: 타협과 협의에 바탕한 안정성과 효율성." 강원택 편. 『세금과 선거: 각국의 경험과 한국의 선택』. pp.121-146. 서울: 푸른길. p.136. 스웨덴은 1991년에 실시된, 세기의 개혁이라고 불리는 조세개혁이 불평등을 확대시켰다는 판단하에, 1995년에 고소득자에 대한 한계세율을 5%포인트 높이고 소비세의 역진성을 완화하기 위해 음식에 대한 부가가치세를 50% 인하했다. Steinmo. "Globalization and Taxation: Challenges to the Swedish Welfare State."

279 Ganghof. *The Politics of Income Taxation: A Comparative Analysis; Steinmo, Taxation and Democracy*.

고,[280] 조세정책의 목적은 과세로 인해 나타나는 시장 왜곡을 최소화하고 중립성을 유지하는 것이 되었다.[281] 조세정책의 목적이 이렇게 변화하자 소비세가 대안으로 등장했다. 실제로 많은 연구들에서는 소비세가 다른 세금에 비해 상대적으로 시장을 덜 왜곡한다고 보고하고 있다.[282] 또한 소비세는 노동계층에만 부과되는 임금소득세와 달리 연금, 금융소득 등 비임금소득으로 살아가는 사람들에게도 세금을 부담시킨다는 점에서 보편적이고 효율적인 세원으로 평가받았다.[283] 지속가능한 복지국가를 위해 경제성장과 재원 확보가 절실했던 각국 정부들은 소비세를 사회지출 확대를 위한 재원으로 선택했다. 결국 소비세를 확대하면서 복지국가의 과세 원칙은 (전면적이라고 할 수는 없지만) "능력에 따른 과세"에서 "효율성"을 중시하는 방향으로 이동하게 된 것이다.

마지막으로, 정치적 이유가 있었다. 평등을 지향하는 좌파 정부가 소비세를 확대하는 것은 좌파의 정치적 신념과 배치된다. 특히 사민당이 장기 집권한 스웨덴에서 이러한 일들이 벌어지는 것은 상식적으로 납득이 가지 않는다. 그러나 이러한 변화는 스웨덴 정치체제의 특성이 반영된 결과이다. 잘 알고 있듯이 스웨덴 사민당은 1932년 이후로 무려 70년 이상 집권했지만 의회에서 절대다수를 차지한 경우는 매우 드물었다. 예를 들어, 1982년부터 2002년까지 30년 동안 스웨덴 사민당은 1991년부터 1993년까지 3년을 제외하고 27년간 집권했지만 단 한 차례도 다수 정부를 구성하지 못했다.[284]

다수정부가 되지 못한 상황에서 스웨덴 사민당은 우파정당과 노동조합의 동의를 얻지 않고는 (증대되는 사회지출에 대한 요구를 담보하기 위한) 어떠한 조세

....

280 Swank and Steinmo. "The New Political Economy of Taxation in Advanced Capitalist Democracies." p.645.
281 Ganghof. The Politics of Income Taxation: A Comparative Analysis; Steinmo. Taxation and Democracy.
282 Bettendorf et al. "Who Benefits from Tax Competition in the European Union?" p.36; Lee, Y.(2011). "Commodity Taxation in Welfare States." Economic Inquiry 49(1): 194-211; 김승래·김형준·이철인(2008). 『적정 조세체제에 관한 연구』. 서울: 한국조세연구원.
283 Bettendorf et al. "Who Benefits from Tax Competition in the European Union?"
284 Ganghof. The Politics of Income Taxation: A Comparative Analysis. p.87.

개혁도 실행할 수 없었다.[285] 기업과 부자에 대한 세금 인상은 우파와 기업의 반대로 불가능했고, 임금소득에 대한 증세는 노조의 반대에 직면했다. 결국 모두 사회지출의 확대를 원하지만 그 부담을 자신이 지는 것은 원하지 않는 상황에서 누구에게도 직접적인 부담이 되지 않는 소비세의 확대를 추진한 것이다. 이는 앞서 언급했듯이 조세가 더 이상 부의 재분배를 위한 강력한 수단이 되지 못한다는 것을 의미했고, 스웨덴 사민당은 약화된 조세의 재분배 기능을 세출을 통해 보완했던 것이다.

그렇다고 소비세의 도입과 증가가 곧 복지국가의 확대를 의미하는 것은 아니다. 좌파와 우파 정부, 스웨덴같이 산업화된 복지국가와 한국 같은 개발도상국가 모두 소비세를 확대하거나 제도화했지만 그 목적은 상이했다. 우파정부는 복지 확대를 위해 소비세를 도입·확대한 것이 아니다. 영국 보수당처럼 소비세 도입과 인상의 목적은 직접세(법인과 개인소득세) 인하로 발생하는 세수 부족을 보충하려는 것이었다.[286] 또한 일본의 보수우파 정당인 자민당은 늘어나는 재정적자를 줄이려는 목적으로 소비세를 도입했다.[287] 개발도상국가인 한국도 매우 이른 시기인 1977년에 소비세(VAT)를 도입했지만, 이는 기존의 판매세를 단순히 부가가치세로 대체한 것이었다.[288] 그렇기 때문에 소비세를 도입하고 올렸다는 것이 곧 큰 복지국가라는 등식은 성립하지 않는다. 누가 어떤 목적으로 역진적인 소비세를 도입·인상했는가가 더 중요한 것이다.[289]

....

285 Ganghof. *The Politics of Income Taxation: A Comparative Analysis*; Steinmo. *Taxation and Democracy*.

286 Ganghof. "Tax Mixes and the Size of the Welfare State: Causal Mechanisms and Policy Implications."

287 Akaishi and Steinmo. "Consumption Taxes and the Welfare State in Sweden and Japan."; 하세현. "일본 세제 개혁의 정치 과정과 선거."

288 Ganghof. "Tax Mixes and the Size of the Welfare State: Causal Mechanisms and Policy Implications."; Kato. *Regressive Taxation and the Welfare State: Path Dependence and Policy Diffusion*.

289 물론 역진적인 소비세의 증가는 세금의 책임을 일반 시민들에게 떠넘긴 자본의 의도가 실현된 것이라는 비판도 있다. Wahl, A.(2012[2011]). 『지금 복지국가는 어디로 가고 있는가』. 남인복 역. (*The Rise and Fall of the Welfare State*). 서울: 부글. 신자유주의 담론을 등에 업은 자본의 공세를 효과적으로 방

3) 조세지출, 보이지 않는 복지지출

조세지출을 급여의 일종으로 볼 수 있는지에 대해서는 논란의 여지가 있지만, 정부의 입장에서 보면 조세지출은 정부의 재정수입이 되어야 할 세금을 걷지 않는다는 점에서 정부지출로 간주하는 것이 타당해 보인다.[290] 법인소득과 개인소득에 대한 감세 조치, 소비세의 증가 등으로 대표되는 1980년대와 1990년대의 조세개혁 과정에서 조세지출은 어떻게 변화했을까? 본래 조세지출은 민간경제를 조정·통제하기 위한 정부의 (공급 측면의) 정책수단이었다. 제2차 세계대전 이후에 스웨덴 사민당 정부는 스웨덴에 투자하는 기업과 성공적인 기업에 엄청난 조세 혜택을 제공해 스웨덴 경제를 활성화시키려고 했다.[291] 더욱이 1970년대에 경제위기가 도래하자 대부분의 OECD 국가에서 조세지출은 민간투자를 촉진시키는 정책수단으로 사용되었다.[292] 그러나 조세지출을 통한 정부의 개입은 실패했고,[293] 조세의 정책 목적은 시장에 인센티브를 부여하는 것이 아니라 중립성을 유지하는 것으로 변화했다.

이러한 과정 속에서 조세지출은 축소되는 것처럼 보였지만, 실제로는 개별 복지국가의 특성에 따라 두 방향으로 분기되었다. 물론 조세지출의 구조가 개별 국가에 따라 천양지차로 상이하기 때문에[294] 일목요연하게 그 구조를 파악하고 비교하는 것은 불가능한 일이지만, 1980~1990년대의 조세개혁 과정에서 조세

....

어하지 못한 결과로 조세부담이 자본에서 일반 시민에게로 이전된 것이다.

290 조세지출에 대한 합의된 정의는 존재하지 않는 것 같다. 실제로 개별 국가들은 모두 자신만의 조세지출에 대한 독립된 정의를 가지고 있다. 앤더슨(Anderson)은 상대적으로 제한된 조세납부 인구집단에 대해 기준 과세와 관련해 세금을 감면해주거나 연기해주는 제반 조세법, 규제, 정책실행 등이라고 정의하고 있다. Anderson, B.(2008). "Tax expenditures in OECD Countries." 5th Annual Meeting of OECD-Asia SBO, Bangkok, January 10-11, 2008. 우명동도 이와 유사하게 정의했는데, 조세지출은 국가나 지방정부가 투자 촉진, 수출 증진, 소득재분배 등 경제사회정책의 목적을 달성하기 위해 지급하는 보조금, 조세부담 감면 등을 의미한다. 우명동(2007). 『조세론』(개정판). 서울: 도서출판 해남. p.148.

291 Steinmo. "Globalization and Taxation: Challenges to the Swedish Welfare State."

292 Swank and Steinmo. "The New political Economy of Taxation in Advanced Capitalist Democracies."

293 Steinmo. *Taxation and Democracy.*

294 OECD(2010c). *Tax Expenditure in OECD Countries.* Paris: OECD Publication.

지출은 대략 다음과 같은 모습을 띠었다. 먼저 공통적인 경향은 세계화의 압력으로 인한 조세개혁 과정에서 대부분의 복지국가들이 법인소득과 개인소득에 대한 한계세율을 낮추는 대신 법인과 고소득층에 제공되었던 조세지출(감면)을 대폭 삭감하거나 폐지했다는 것이다.[295] 덴마크와 스웨덴은 물론 미국조차도 조세개혁으로 한계세율을 낮추었고 감소한 세수를 보충하기 위해 조세지출 삭감을 추진했다.[296] 높은 과세가 시장원리를 왜곡시켰다면, 조세지출 또한 왜곡된 인센티브를 제공해 시장원리를 왜곡한다고 믿었기 때문이다.[297]

세율 인하와 함께 조세지출이 삭감되거나 폐지된 사민주의 복지국가와 보수주의 복지국가들같이 자유주의 복지국가들도 소득에 대한 한계세율을 인하했지만 조세지출은 새로운 이름으로 계속 확대·유지했다. 실제로 미국은 1980년대의 조세개혁을 통해 명목적으로는 조세지출을 축소했지만 (다른 명목으로) 조세지출을 확대했다.[298] 미국은 1986년에 조세개혁을 단행하면서 지역의 이해를 대표하는 의원들의 동의를 얻기 위해 다양한 산업에 대해 형평성이라는 이름하에 각종 조세감면제도를 신설하거나 유지시켰다.[299] 문제는 일부 국가에서 조세지출이 세금 인하와 함께 복지국가의 축소 전략으로 쓰였다는 사실이다.[300] 세금 인하와 함께 조세지출은 사람들의 사적 소비를 증진시키지만 단기적으로는 특정 복

....

295 Ganghof. *The Politics of Income Taxation: A Comparative Analysis*; Kato. *Regressive Taxation and the Welfare State: Path Dependence and Policy Diffusion*; Steinmo. "Globalization and taxation: Challenges to the Swedish Welfare State."; Steinmo, S. (2003). "The Evolution of Policy Ideas: Tax Policy in the 20th century." *British Journal of Politics and International Relations* 5(2); 206-236; Swank and Steinmo. "The New Political Economy of Taxation in Advanced Capitalist Democracies."

296 미국의 경우에 조세지출의 폐지는 새로운 조세지출의 확대를 통해 실질적 효과가 상쇄되었다.

297 소득세를 중심으로 세율을 낮추는 것과 함께 이러한 조세지출의 삭감이 가능할 수 있었던 이유는 각국 정부가 투자와 저축 등 민간경제를 조정하기 위한 공급 측면의 미시관리의 유력한 정책수단으로 조세정책을 포기했기 때문이다. Steinmo. "The evolution of policy ideas: tax policy in the 20th century."

298 Ganghof. *The politics of income taxation: A comparative Analysis*.

299 Steinmo. *Taxation and democracy*.

300 Klitgaard, M. and Elmelund-Pæstekær, C. (2011). "Starving the Beast? Tax Policy and Welfare State Reform." Prepared for presentation at the 6th ECPR General Conference, Reykjavik, August 25-27, 2011.

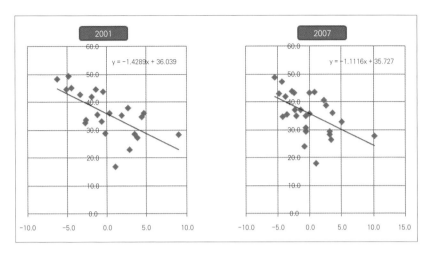

그림 12.31 GDP 대비 조세지출 비중과 총 조세비중
참고: 가로축은 GDP 대비 조세지출규모(순사회지출에서 사회지출을 차감한 비중), 세로축은 GDP 대비 총 조세규모.

지제도에 영향을 주지 않는다. 그러나 중장기적으로 조세지출은 국가의 과세 능력을 약화시키기 때문에 복지제도의 축소를 불가피하게 한다. 덴마크의 우파 정부는 대중의 반발을 피하면서 복지제도를 축소하는 수단으로 대중적으로 인기 있는 세금 인하와 조세지출을 활용했다.

〈그림 12.31〉은 OECD 각국의 조세지출규모와 총 조세규모가 부적 관계에 있다는 것을 보여준다. 2001년 이전 자료의 분석은 불가능했지만 2001년과 2007년의 GDP 대비 조세지출규모와 총 조세규모는 부적 관계에 있는 것으로 나타났다. GDP 대비 조세지출규모가 큰 미국, 캐나다, 호주 등과 같은 복지국가들의 총 조세규모는 조세지출이 거의 없는 덴마크, 스웨덴, 핀란드 등에 비해 작았다. 즉, 작은 복지국가는 큰 조세지출규모를 유지하고 있는 반면 큰 복지국가는 작은 조세지출규모를 유지하고 있었다. 더욱이 조세지출이 주로 고소득층에 유리하다는 점을 고려한다면, 조세지출이 큰 미국 복지국가는 부자와 기업을 위한 복지국가라고 불러도 지나치지 않을 것이다. 고소득층에 지급되는 급여가 조세지출을 통해 은폐되고 있는 것이다.[301] 높은 수준의 조세지출은 사회경제적 불평등을 확대하고 복지국가를 축소하는 유력한 정치경제적 수단이다.

5. 새로운 쟁점: 사회투자국가

프랑스와 영국 등에서 1970년대 중반과 1980년대 초반에 케인스주의에 기초했던 전통적 수요확대 정책이 경제위기를 완화시키기보다는 오히려 심화시키자 역사적 복지국가의 역할에 대한 우파의 정치공세가 강화되었다.[302] 비록 국가에 의한 복지 확대가 경제발전에 장애가 되지 않는다는 경험적 증거들이 제시되었지만,[303] 1980년대에 우파 담론이 주류를 이룬 서구 사회에서 복지국가의 역할에 대한 많은 비판과 의구심이 제기되었다. 복지국가는 위축되는 듯했고, 사회서비스에서는 효율성과 경쟁이라는 명목하에 민간과 시장의 역할이 강화되는 현상이 목격되었다. 심지어 대표적 사민주의 복지국가라고 할 수 있는 스웨덴에서 조차도 공적 사회서비스와 공적 연금이 민영화되는 현상이 나타났다.[304]

그러나 1990년대 중반부터 자유주의 복지국가로 분류되는 영국, 호주, 캐나다 등에서 신자유주의는 물론이고 전통적 좌파와도 구별되는 새로운 사회정책의 흐름이 나타나기 시작했다.[305] 이러한 새로운 사회정책의 흐름에 대해 앤서니 기든스(Anthony Giddens)는 '사회투자국가'로 지칭하면서 이를 신자유주의와 전

....

301 Steinmo. *Taxation and Democracy*; Steinmo. "The Evolution of Policy Ideas: Tax Policy in the 20th Century."

302 Palier, B.(2006). "The Re-orientation of European Social Policies Toward Social Investment." *International Politics and Society* 1/2006, 105-116.

303 Midgley, J.(1999). "Growth, redistribution, and welfare: Toward social investment." *Social Service Review* 73(1): 3-21.

304 Bergqvist, C. and Nyberg, A.(2002). "Welfare State Restructuring and Child Care in Sweden." Miche, S. and Mahon, R. eds. *Child Care Policy at the Crossroads: Gender and Welfare State Restructuring*. pp.287-307. New York: Routledge; Gilbert, N. and Terrell. P.(2004). *Dimensions of Social Welfare Policy*. 6th ed. New York: Ally & Bacon. 아동보육서비스를 예로 들면, 1993년에 민간부문의 비율은 5%에 불과했지만 1997년에는 15%로 불과 10년 만에 민간시설의 비율이 세 배나 증가했다. Bergqvist and Nyberg, "Welfare State Restructuring and Child Care in Sweden". 그러나 이를 단순히 자유주의 복지국가의 민영화와 동일선상에 놓고 비교할 수는 없다. 앞서 언급했듯이 민간서비스의 제공자들 중 영리를 추구하는 시설의 비율은 대략 3% 정도에 불과했고 대부분은 부모조합 등 비영리 형태로 운영되기 때문이다.

305 Perkins, D., Nelms, L. and Smyth. P.(2004). "Beyond Neo-Liberalism: The Social Investment State?" *Social Policy Working Paper* 3. The Centre for Public Policy.

통적 복지국가에 대한 사민주의 복지국가의 새로운 대안이라고 주장했다.[306] 사회투자전략(정책 또는 국가)이라고 지칭되는 사회정책모형에 관한 합의된 정의는 없다. 하지만 사회투자전략이 복지국가의 사회경제적 기초가 산업적 축적에서 금융적 축적으로 이동하면서 발생하는 실업, 불평등, 재정 기반의 약화 등 일련의 사회위험에 대한 복지국가의 대응인 것은 분명해 보인다.[307] 즉, 지식기반사회의 도래는 전통적 복지국가가 대응했던 사회위험과는 상이한 새로운 사회위험을 확대했으며, 앞서 언급했듯이 복지국가의 소득재분배 정책은 새로운 사회위험을 완화시키기 위한 유용한 정책수단이 되지 못했다. 더 나아가 탈산업화 사회는 높은 수준의 인적자본을 요구하는 전문적인 일자리와 청소부, 식당 종업원 등 개인서비스를 제공하는 저임금 일자리를 동시에 창출했다.[308] 만약 복지국가가 시민들의 인적자본을 보편적으로 확대시키지 못한다면 노동시장은 전문화된 소수와 다수의 저임금 노동자라는 이중체계로 고착화되어 빈곤, 불평등, 양극화가 강화될 것으로 예상되었다.

이러한 논의에 근거했을 때 사회투자전략은 인적자본에 대한 투자(특히 아동에 대한 투자)와 활성화로 대표되는 고용 확대(특히 유자녀 기혼여성의 고용 확대) 정책에 집중된다.[309] 즉, 인적자본에 대한 사회지출을 통해 고용이 확대되는 것이야말로 최선의 복지이며 진정한 의미의 사회통합(social inclusion)이라는 것이다. 동시에 인적자본의 향상과 고용을 위한 사회지출은 소비가 아니라 전체 사회에 '수익'이 되어서 돌아오는 '투자'가 되는 것이다.[310] 이렇듯 사회투자전략

....

306 Giddens, A.(1998). *The Third Way: The Renewal of Social Democracy.* London: Polity.
307 Esping-Andersen. *Social Foundations of Postindustrial Economics*; Esping-Andersen, G.(2005). "A Welfare State for the 21st century." A. Giddens, ed. *The Global Third Way Debate.* pp.134-156. Cambridge: Polity Press; Perkins et al. "Beyond neo-liberalism: The Social Investment State?"
308 Esping-Andersen. "A Welfare State for the 21st Century." p.147.
309 Esping-Andersen. "A Welfare State for the 21st Century."; Perkins et al. "Beyond neo-liberalism: The Social Investment State?"; Lister, R.(2003). "Investing in the Citizen-workers of the Future: Transformations in Citizenship and the State under New Labour." *Social Policy and Administration* 37(5): 427-433; Taylor-Gooby. "New Risks and Social Change."

영국 노동당의 토니 블레어 총리와 독일 사민당의 게르하르트 슈뢰더(Gerhard Schroder) 총리는 1990년대 후반의 제3의 길로 알려진 '사회투자국가'의 두 주역으로 알려져 있다. 1999년 3월 16일에 영국을 방문한 슈뢰더 총리를 블레어 총리가 맞이하고 있다(사진출처: BBC NEWS).[311]

은 현상적으로 신자유주의처럼 결과의 평등보다 기회의 평등을 강조하고 있는 것처럼 보인다. 하지만 사회투자전략이 전통 좌파의 사회정책의 핵심인 결과의 평등을 부정하는지의 여부에는 논란의 여지가 있다. 사실 사회투자전략은 단일하고 동질적인 것이 아니기 때문이다. 스웨덴, 덴마크 등 북유럽 사민주의 복지국가들은 1980년대 이전에 이미 적극적 노동시장 정책과 보육, 교육, 의료 등 양질의 공적 사회서비스를 제공하면서 사회투자전략을 실행하고 있었다. 반면 영국의 블레어와 독일의 슈뢰더의 제3의 길로 알려진 사회투자전략은 명백하게 국가의 책임을 약화시키고 개인과 민간의 책임을 강화하는 방식으로 이루어졌다. 또한 프랑스는 영국과 북유럽의 중간쯤에 위치했다. 그렇기 때문에 사회투자전략이 어떤 사회투자를 이야기하는지에 따라 상이한 평가가 내려져야 한다.

....

310 Perkins et al. "Beyond neo-liberalism: The Social Investment State?"
311 http://news.bbc.co.uk/olmedia/440000/images/_440909_blairschr150.jpg.

본래적 의미의 사회투자전략은 결과의 평등을 실현하기 위한 다른 시도로 이해할 수 있다. 왜냐하면 에스핑-앤더슨의 주장처럼 사회구성원, 특히 가족에 대한 소득, 주거, 의료보장 등 기본적인 사회보장이 이루어지지 않는 사회투자전략은 성공할 수 없기 때문이다.[312] 사회투자전략은 시민의 복지에 대한 기본적 보장을 전제해야 한다. 더 나아가 사회투자전략은 '어떤 일자리라도 좋다'는 신자유주의식 노동시장 접근을 거부하고 평생학습체계를 통해 시민의 인적자본을 유지·발전시켜 다양한 일터에서의 연속적 고용보장을 강조한다는 점에서 신자유주의적 근로연계정책과 차별성을 갖는다.[313] 물론 개별 국가가 이를 실천하는지의 여부는 별개의 문제라고 할 수 있다.

물론 사회투자전략에 대해서는 다양한 비판이 있다. 먼저, "하늘 아래 새로운 것은 아무것도 없다."는 경구와 같이 복지국가의 역사를 되돌아보면 노동력의 (재)상품화에 기초한 사회투자전략을 복지국가 발전의 새로운 경로라고 주장하기는 어렵다. 예를 들어, 1834년에 영국에서 제정된 신빈민법(the English New Poor Law)은 당시의 사회경제적 조건에서 보면 적극적 사회정책이라고 할 수 있다. 빈민을 통제하기 위해 만들어진 제도이지만 신빈민법은 제한된 지원을 통해 빈곤층에 최소한의 생활을 보장해주고 이를 통해 빈민 노동력의 상품화를 강제했기 때문이다.[314] 이러한 역사적 경험을 현재 논의되고 있는 사회투자전략에 대비시켜보면 사회투자전략은 새롭지 않다. 더욱이 사회투자전략은 북유럽 사민주의 국가들이 걸어왔던 길을 영국 노동당이 뒤늦게 발견한 것일 수도 있다.[315]

....

312 Esping-Andersen, G.(2002a). "Towards the good society, once again." Esping-Andersen, G. Gallie, D., Hemerijck, A. and Myles, J. eds. *Why We Need a New Welfare State*. pp.1-25. New York: Oxford University Press. p.5.

313 Taylor-Gooby. "New Risks and Social Change."

314 Knijn, T. and Ostner, I.(2002). "Commodification and De-commodification." Hobson, B., Lewis, J., and Siim, B. *Contested Concepts in Gender and Social Politics*. pp.141-169. MA: Edward Elgar. p.143.

315 Esping-Andersen. "Towards the Good Society, Once Again."

또 다른 비판은 사회투자전략이 기존의 신자유주의 사회정책을 그대로 답습하고 있다는 것이다. 전통적 좌파의 핵심 과제인 결과의 평등을 부정하고 기회의 평등을 강조하는 사회투자전략은 신자유주의의 아류라는 것이다.[316] 사회경제구조에 대한 근본적 변화 없이 단순히 일에 대한 강조와 교육·훈련을 통해서 저숙련 노동자가 고숙련 노동자로 전환될 수는 없기 때문이다. 더욱이 리스터(Lister)는 사회투자전략이 사회정책과 경제정책의 통합을 강조하지만 경제정책에 대한 사회정책의 종속성을 문제 삼지 않는다고 지적하고 있다.[317] 즉, 복지급여가 시민권에 의해 부여되지 않고 시장에서의 능력과 업적에 연계되어 제공 된다는 점에서 사회투자전략이 신자유주의적 논리와 유사하기 때문에 보편적 시민권에 근거한 사민주의 복지국가의 대안적 전략이라고 할 수 없다는 것이다.

그러나 사회투자전략이 북유럽 사민주의 복지국가의 전략을 답습했다는 주장이 사회투자전략의 필요성을 부인하는 논리가 될 수는 없다. 또한 몇 가지 특성에 신자유주의적 담론과 유사성을 내재하고 있다고 해서 사회투자전략을 신자유주의의 아류로 폄하하는 것은 전통적 복지국가의 전제가 해체되고 있는 상황에서 적절한 비판이라고 할 수 없다. 중요한 것은 전후 복지국가의 기본 전제가 변화했고 전통적 복지국가로는 새롭게 부상하는 사회위험을 효과적으로 완화할 수 없다는 것이다. 또한 과거에도 그랬듯이 변화된 조건하에서도 고용은 최선의 복지 중 하나이며 안정적 고용을 보장받기 위한 평생학습과 끊임없는 인적자본의 향상은 시민들에게 선택의 문제가 아니라 필수과제가 되어가고 있다. 사회투자전략을 변화하는 사회경제 조건에 복지국가를 새롭게 조응시키기 위한 방식 중 하나로 이해하는 것이 타당할 것이다. 다만 사회투자전략이 실제로 어떤 역할을 할지는 개별 복지국가의 역사적 유산과 권력관계에 달려 있다고 할 수 있다.

....

316 유진숙. "독일 사민당과 제3의 길: 합리적 선택 제도주의적 설명." p.10; 김수행 외. 『제3의 길과 신자유주의』. pp.176-177.

317 Lister. "Investing in the Citizen-workers of the Future: Transformations in Citizenship and the State under New Labour." p.437.

영국에서 사회투자전략은 1979년의 대처 집권 이후에 신자유주의에 경도된 영국 복지체제를 좌측으로 이동시키는 중요한 정책 담론이었다. 물론 그 이동이 전통적인 사민주의 정책으로의 복귀를 의미하지 않을 수 있고, 사회투자전략 이후에도 영국 복지체제가 여전히 자유주의 복지체제로 남아 있을 수 있다. 그러나 중요한 것은 실제적 변화이고, 그 변화의 지속성이다. 문제는 영국 노동당이 이러한 변화의 지속성을 담보하지 못했다는 데 있다.

제6절 정리와 함의

2008년의 금융위기에 담긴 분명한 함의는 지난 1980년대부터 본격화된 금융에 대한 규제완화와 금융이 실물경제를 지배하는 금융화가 더 이상 지속 가능하지 않다는 것을 확인시켜주었다. 자본주의의 축적 방식이 산업적 축적에서 금융적 축적으로 전환되면서 실질임금과 기업투자에 기초한 경제성장이 가계부채와 소비지출에 의존하는 성장체제로 전환되었다.[318] 복지국가가 위기에 처하게 된 것은 바로 복지국가와 자본주의의 공존이 산업적 축적에 기초했기 때문이다. 금융적 축적이 지배적인 자본주의 체제에서 복지국가는 더 이상 지속 가능한 분배체계가 아니었다. 복지국가는 위기에 처했고, 해체를 향해 가는 듯했다. 그리고 이 과정은 지난 40년 동안 가계의 금융화를 통해 중간계급이 금융적 축적의 일부를 나누어가지면서 형성된 중간계급과 금융자본 간의 정치적 연대에 기초해 지속될 수 있었다. 이윤이 생산부문이 아닌 금융에서 나오는 한 기업은 노동자의 임금을 높일 이유도, 생산에 대규모 투자를 할 이유도 없었다. 나쁜 일자리가 늘어나고 저임금이 일상화되면서 노동소득분배율은 낮아졌다. 대신 자본주의는 가계에 소비재와 부동산 및 금융자산을 구매할 수 있도록 대출해주는 방식으로 축적을 지속했다. 하지만 이러한 부채를 통한 소비가 지속될

....

318 Lavoie. 『포스트 케인스학파 경제학 입문』. pp.229-230.

수 없다는 것은 2008년의 금융위기를 통해 확인되었다. 그렇다면 대안은 무엇일까? 포스트 케인스주의의 주장처럼 대안은 다시 실질임금을 높이고 공적 복지를 확대하는 것일까?

만약 사회민주주의 정당이 이러한 대안을 성공시킨다면 자본주의 체제 내에서 사민당은 인간해방이라는 최종 목적지를 향해 가는 잠정적 유토피아라는 정거장을 만들어갈 수 있지만, 실패한다면 이탈리아의 사회당이 소멸해버린 것처럼 더 이상 정치적으로 지속 가능한 정당으로 남지 못할 수도 있다. 현재까지는 긍정적 전망보다는 부정적 전망이 우세해 보인다. 1980년대 이후로 서유럽의 거의 모든 사민주의 정당의 정치적 기반은 약화되고 있는 것처럼 보이기 때문이다. 북유럽 사회민주주의 정당들은 여전히 상대적으로 높은 득표율을 기록하고 있지만, 계급투표가 급격하게 감소한 국가 역시 북유럽 국가들이었다.[319] 분명한 사실은 사민주의 정당의 미래가 산업화 시대의 노동운동의 과제와 탈산업화 시대의 다양한 정체성을 가진 사람들의 이해를 민주적으로 결합하는 데 달려 있다는 것이다. 하지만 정당이 이러한 요구를 감당할 수 있을지는 알 수 없다. 정당의 의미는 약화되어가고 있고, 좌파의 새로운 힘은 정당 밖에서 만들어지고 있는 것 같기 때문이다.[320] 과연 사민주의에 자본주의에 대한 대안이 있는 것일까? 만약 없다면 자본주의에 대한 대안이 없는 사회민주주의가 가능한 것일까? 사민주의가 단지 자본주의 체제를 확대·강화하는 것에 복무하는 것이라면, 사회민주주의 정당이 자본주의 체제와 함께 존속되어야 하는 이유는 무엇일까?

더 나아가 자본주의는 지속될 수 있을까? 뒤메닐(Duménil)과 레비(Lévy)가 이야기한 것처럼 2008년의 금융위기가 자본주의의 위기가 아닌 자본주의 축적 양식으로서 신자유주의의 위기라면 우리에게 남은 것은 무엇일까?[321] 결국 금융

....

319 Nieuwbeerta. p.(1995). *The Democratic Class Struggle in Twenty Countries 1945-1990*. Amsterdam: Thesis Publishers Amsterdam. p.56.

320 Eley. 『The left 1848~2000: 미완의 기획, 유럽좌파의 역사』. p.878.

321 Duménil, G. and Lévy, D.(2016[2014]). 『거대한 분기: 신자유주의 위기 그 이후』. 김덕민·김성환 역. (*La Grande Bifurcation: En Finir Avec le Néolibéralisme*). 서울: 나름북스.

적 축적이라는 신자유주의 체제가 산업적 축적인 케인스주의를 대신했던 것처럼 21세기의 자본주의는 다시 새로운 축적 방식을 찾지 않으면 안 된다. 자본축적이 지속되지 않는 자본주의는 존재할 수 없기 때문이다. 그렇다면 새로운 축적 방식은 결국 현재 자본주의 체제를 구성하고 있는 여러 사회세력 간의 권력관계에 의해 결정될 수밖에 없을 것이다. 강력한 노동계급의 힘이 제2차 세계대전 이후에 자본과 노동의 타협을 이루어냈고, 국가는 케인스주의라는 축적 방식을 통해 자본주의 체제를 관리하는 역할을 했다. 그러나 권력관계가 노동에 대한 자본의 우위로 기울자 국가가 금융적 축적 방식이라는 자본주의 위기관리 방식의 주체가 되었다. 만약 2008년의 금융위기가 신자유주의 축적체제의 해체를 의미한다면 그 이후의 세상은 결국 자본과 노동으로 대표되는 권력관계의 성격에 따라 결정될 것이다. 이러한 점에서 신자유주의 이후의 세계를 여러 계급 간의 동력학으로 이해한 뒤메닐과 레비의 분석이 우리에게 주는 함의는 매우 크다. 결국 우리의 질문은 사민주의에서 대안을 찾을 수 있는지이다. 사실 자본주의를 100년 넘게 비난해온 구공산권 사회가 하루아침에 시장이 절대적 우위를 갖는 신자유주의를 받아들였다는 것은 정말 놀라운 일이었다.[322] 1990년대 초의 공산권의 붕괴를 지켜보면서 사민주의는 아무런 대안을 제시하지 못했다.

자본주의를 규제하고 관리하는 것을 통해 인간해방이라는 사회주의의 이상을 실현하려고 했던 희망이 신기루라는 것이 드러난 것인가. 어쩌면 해답은 이미 우리를 스쳐 지나왔는지도 모른다. 1980년대 초에 영국에서 대처의 보수당 정부가 탄광 노동자의 파업을 무자비하게 진압했을 때 평화운동과 여성운동 진영에서는 "미사일이 아니라 광산을 살리자(Mines Not Missiles)"라는 구호를 외쳤다.[323] 전혀 함께 할 수 없을 것 같았던 전통적 노동계급과 새로운 사회운동이 신자유주의의 횡포에 맞서 연대한 것이다. 평화운동과 전통적 노동운동 간의 연대는 사민주의에 새로운 가능성을 열어주었다. 이것은 먼 이야기기 아니다. 사람들

322 소련의 미하일 고르바초프(Mikhail Gorbachev)는 1987년 말까지 시장이라는 말 대신 사회적 시장만을 언급했을 뿐이다. Judt. 『포스트 워 1945~2005』. p.976.
323 Eley. 『The left 1848~2000: 미완의 기획, 유럽좌파의 역사』. p.843-844.

2009년 3월에 런던에서 개최된 G20 정상회담에 반대하는 시민들의 저항 행렬. 시민들이 자본주의의 종말과 대안체제가 가능하다는 현수막을 들고 행진하고 있다. 우리는 자본주의를 대신하는 대안을 찾을 수 있을까? 만약 가능하다면, 우리는 어떤 분배체계를 만들어야 할까?(출처: The Telegraph)[324]

은 어쩌면 우리가 모르는 사이에 반자본주의의 깃발 아래 모여들고 있는지도 모른다. 라틴아메리카에서 일어난 새로운 가능성은 반드시 산업 노동자만이 자본주의의 모순에 대항해 평범한 사람들의 삶을 지키는 주체가 되는 것은 아니라는 사실을 일깨워주고 있다.

놀라운 변화도 있다. 2008년에 세계적인 금융위기를 거치면서 영국인의 3분의 1만이 육체노동자인데도 불구하고 60%에 가까운 영국인이 자신을 노동계급이라고 생각했다.[325] 마치 19세기 말에 이탈리아 토스카나의 카스텔리오리노 (Castelfiorino)에서 대장장이, 벽돌공, 제화공 등 자영업자들이 스스로를 노동계급이라고 선언했던 것처럼[326] 21세기에 금융위기를 거치면서 다양한 이질적

....

324 http://www.telegraph.co.uk/finance/g20-summit/5065721/G20-summit-thousands-start-pro-test-march-through-London.html

325 Todd. 『민중: 영국 노동계급의 사회사』. p.451, 475.

326 Thompson, E. P.(1966[1963]). *The making of the English working class.* New York, NY: Vintage

인 사람들이 다시 스스로를 노동계급이라고 정의하고 있다. 19세기에 노동계급의 형성이 노동계급의 정당인 사회민주주의 정당을 출현시켰듯이 21세기에 스스로를 노동계급이라고 규정하는 일군의 사람들이 새로운 '노동계급'의 정당을 만들어갈 수 있을까? 자본이 국경을 넘나들고 있는 시대에 국민국가에 갇혀버린 민주주의와 복지국가에서 우리는 대안을 찾을 수 있을까? 계급은 사라지고 있는 것이 아니라 변화하고 있는 것이고 권력은 만들어져 있는 것이 아니라 만드는 것이라면, 어쩌면 문제는 변화 자체가 아니라 우리가 그 변화를 알지 못하는 데 있는지도 모른다. 우리가 그 무지의 장막을 거둬낸다면 새로운 세상을 열 주체와 권력의 맹아를 볼 수 있을지도 모른다. 지금 우리에게는 신자유주의를 종식시키고 새로운 대안사회를 만들어갈 다양한 가능성이 열려 있다. 하지만 어떤 가능성이 현실화될지는 철저히 그 가능성을 실현할 주체의 준비 정도에 달려 있고, 우리의 운명 또한 거기에 달려 있다. 결국 중요한 것은 정치이다.

....

Book.

제13장

역진적 선별주의 복지체제의 시작, 1980~1997년: 생명을 연장한 반공개발국가

"민주적 제도가 잘 수립된 곳이라면 어디든지 있고 민주적 제도를 유지해준다고 일반적으로 생각되는 몇몇 조건들이 신생 민주주의에는 부재하다는 지적이 있다. 즉, 대의기구가 취약하고, 시민사회가 고도로 파편화되어 있으며, 정치적 남용에 대한 기억이 아직도 생생하고, 반민주적 이데올로기도 상당 부분 아직 살아 있다. (…) 이런 부재들 중 다수가 신생 민주주의에만 특별한 것이라고 믿는다면, 문제는 민주주의가 이런 조건에서 생존할 수 있는가이다."

-페레이라(Pereira), 마라발(Maravall), 쉐보르스키(Przeworski)[1]

....

1   Pereira, L., Maravall, J., and Przeworski, A.(2001[1995]). "시민사회." Przeworski, A. 외. 『지속가능한 민주주의』. 김태임·지은주 역. pp.136-160. (*Sustainable Democracy*). 서울: 한울 아카데미. pp.155-156.

제1절 문제제기

1987년 6월 민주화 운동의 현장에 있던 세대에게 6월 민주화 항쟁 이후의 한국 사회는 역설적 사건이 연속된 시간으로 기억된다. 권위주의 체제에 맞서 수많은 시민들이 일구어낸 민주화에 대한 환희와 감격이 가시기도 전에 민주화 세력은 보수야당의 권력다툼에 따라 분열했고, 결국 독자적인 정치세력화에 실패했다. 지금 생각해보면 누가 대통령이 되는가보다 더 중요했던 것은 권력구조를 한국 사회의 균열구조를 대표하는 방식으로 제도화하는 것이었다. 하지만 직선제 개헌은 모든 이슈를 흡수했고, 시민들은 대통령만 자신들의 손으로 뽑으면 권위주의 체제가 만들어낸 불평등과 불의가 일시에 사라질 것이라고 기대했다. 그러나 새로운 사회를 이끌어갈 정치적 주체가 형성되지 못한 사회에서 선거는 단지 기존의 정치세력을 승인하는 형식적 절차였을 뿐이다. 시민이 최고 권력자를 직접 뽑는다는 것을 제외하면, 경제사회적 변화 또한 제한적이었다. 민주화 세력은 이후에도 오랫동안 다시 거리에서 민주주의를 위한 싸움을 계속해야 했다. 비극은 민주주의를 함께 외쳤던 보수야당에 대항해 다시 민주주의를 외쳐야 했다는 사실이다.

왜 이런 일이 벌어진 것일까? 레규라시옹(조절주의) 논의에 비추어보면 한국 자본주의는 1980년대를 거치면서 억압적이고 저임금과 장시간 노동에 기초한 '본원적 테일러주의'에서 선진 자본주의의 포드주의 축적체제(대량생산과 대량소비 체제)와 유사한 '주변부 포드주의 체제'로 이행했고[2] 1987년의 민주화는 한국이 주변부 포드주의 체제에서 포드주의 생산체제로 이행할 수 있는 정치적 기회를 열어주었다. 그러나 한국 사회는 서구와 같이 대량생산과 대량소비가 선순환하는 복지체제를 만들어가는 데 실패했다. 임금은 상승했지만, 이는 대규모 사업장의 조직된 노동자에게만 선별적으로 이루어졌고, 민주화 이후에 정권의 중산층 육성 전략과 맞물리면서 공적·사적 복지체제가 이들을 중심으로 확장되었다. 선별적으로 높아진 임금과 확대된 공적·사적 복지가 사실상 불평등을 확대하는 역설적인 상황이 연출된 것이다. 1997년의 외환위기 이후에 한국 사회에서 공적 복지가 확장된 것은 사실이지만, 1960년대 이후의 개발국가의 틀을 크게 벗어났다고 보기는 어렵다. 김대중 정부 이후에도 분절된 노동시장과 이에 수반된 사회보장의 광범위한 사각지대라는 한국 복지체제의 특성은 변하지 않았기 때문이다. 1960년대 이후에 형성된 수출주도형 경제개발의 필연적 결과인 불균형 발전이 안정적 노동시장을 선별적으로 창출했고(수출 부문을 중심으로 한 선별적 상품화), 공적 사회보장과 사적 안전망은 이렇게 선별된 노동자들에게만 선별적으로 제공되었다. 물론 한국의 민주화는 지배세력의 (부분적) 단절이 이루어진 1997년에 김대중 정권이 수립되었을 때 비로소 이루어졌다고 평가할 수도 있기 때문에[3] 민주화와 복지국가의 관계를 규명하기 위해서는 조금 더 시간이 필요할지도 모른다. 하지만 큰 틀에서 보면 김대중 정부의 출범 이후에도 한국 복지체제의 특성은 크게 변화하지 않았다.

이러한 인식에 기초해 제13장에서는 왜 한국 사회가 1987년의 민주화 이후

....

2   Lipietz, A.(1991[1985]). 『기적과 환상』. 김종환·엄창옥·이태왕 역. (*Mirages et miracles*). 서울: 한울.

3   Baloyra, E.(1987). "Democratic transition in comparative perspective." in Baloyra, E. ed. *Comparing New Democracies: Transition and consolidation in Mediterranean Europe and the Southern Cone*. pp.9-52. Boulder: Westveiw Press.

에 저임금 노동력의 상품화에 기초한 권위주의 개발국가 복지체제에서 벗어나 대량생산과 대량소비가 선순환하는 복지체제, 즉 서구적 의미의 복지국가를 만들어갈 기회를 맞이했음에도 그 기회를 성공적으로 활용하지 못했는지를 질문했다. 먼저 다음 절에서는 1980년부터 1997년까지의 18년을 세 시기로 구분하고 각 시기의 정치, 경제, 복지체제의 특성을 살펴보았다. 제3절에서는 권력관계를 중심으로 권위주의 체제에서 민주주의로의 이행과정에 나타난 복지정치를 검토했다. 제4절에서는 1980년대 이후의 한국 자본주의의 성격과 세 시기에 걸친 성격 변화를 개략했다. 핵심은 한국 자본주의가 저임금과 장시간 노동에 기초한 본원적 테일러주의 생산체제에서 벗어나 국민국가 차원에서 생산과 소비가 이루어지는 구조를 창출했는지의 여부를 밝히는 것이다. 다음으로 제5절에서는 정치경제적 차원에서의 변화와 관련된 복지체제의 성격을 설명했다. 이 시기에는 박정희 권위주의 반공개발국가에서 진행된 선별적 임금노동자화가 지속되었고, 선별적으로 이루어진 사적 자산의 축적이 사적 안전망의 역할을 하는 복지체제의 특성이 드러났다. 마지막으로 제6절 정리와 함의에서는 이 장의 핵심 논의를 정리했다.

제2절 민주주의 이행기의 시기 구분

복지체제의 관점에서 이 시기는 〈표 13.1〉에서 보는 것과 같이 크게 세 시기로 구분할 수 있다. 먼저 제1기는 권위주의 체제가 지속된 시기로, 1979년부터 1987년까지이다. 이 시기의 권력관계의 특성을 보면, 사회적 균열은 민주 대 반민주 구도로 형성되었고 권위주의와 재벌에 대항해 민주화운동 세력과 중산층의 연대가 이루어졌다. 경제적으로는 1970년대 말의 과잉투자와 과잉생산으로 인한 경제위기를 노동자와 농민의 희생에 기초한 안정화 정책으로 대응했다. 복지체제의 관점에서 보면, 세출축소와 세입축소를 동시에 추진한 전두환 정권 시기의 안정화 정책은 단순히 인플레이션을 낮추고 경제를 안정화시키는 차원을 넘

표 13.1 민주주의 이행기의 시기 구분, 1980~1997년

시기	권력관계의 특성	경제체제의 특성	복지체제의 특성
제1기 권위주의 체제의 연장 1979. 10~ 1987. 6.	·권위주의 체제의 지속 ·사회적 균열구조: 민주 대 　반민주적 구도 ·중산층과 민주세력의 　연대 ·노동과 시민사회의 　배제와 국가 우위의 　국가-자본 관계	·해외시장 중심의 성장전략 유지 ·안정화와 개방화 정책 추진 ·자본축적과정에의 국가개입 　유지(직접지원에서 　간접지원으로) ·국가-금융(은행)-재벌 　축적체제 이완 ·국제분업(섬유 중심에서 　자동차, 전자 등 중화학공업 　중심으로)	·저임금체제 강제(노동자) ·이중곡가제 폐지(농민) ·공적 사회보장제도 　확대의 최소화
제2기 민주주의 이행의 시작 1987. 6~1990.	·사회적 균열구조: 　지역주의의 심화 ·노동계급의 성장 ·민중운동의 조직화 ·시민운동의 등장 ·노동과 재야의 　정치세력화 실패 ·여소야대의 정당관계	·내수 중심(케인스적 축적체제) 　성장전략으로의 전환 시도 ·해외의존의 성격 변화(자본에서 　기술로)	·내수 중심의 성장전략에 　조응하는 복지체제 구축 　시도 ·수익자 부담 원칙에 따른 　공적 사회보장의 역진적 　선별성 ·사적 보장: 민간보험, 　부동산, 주식시장, 　대기업의 기업복지 확대
제3기 보수지배체제의 안정화와 위기 1990~1997.	·사회적 균열구조: 비호남 　대 호남의 대결구도 ·중산층의 보수화와 　보수지배체제의 확립 ·노동과 시민사회의 　배제와 자본 우위의 　국가-자본 관계 ·노동계급의 　분화(비정규직의 증대)	·숙련과 기술이 분리된 해외시장 　중심의 성장전략 ·국가주도(신국가주의): 　신자유주의화(시장화와 　개방화) 정책 추진. 기술혁신에 　기초한 축적체제로의 전환 시도 ·관치에서 재벌치(治)로 ·금융 통제: 국가에서 시장으로 ·국가주도 신자유주의화의 　실패(IMF)	·임금 가이드라인의 　부활(임금상승 억제) ·공적 사회보장의 역진적 　선별성 지속 ·1993~1994년 　노사협약에 의한 　소득정책의 추진(실패) ·고용보험제도 도입

어 한국 복지체제의 확장 가능성을 제약하는 재원구조를 만들었다. 또한 경제 면에서 여전히 수출주도 성장전략을 유지하고 있었다는 점에서 박정희식 개발국가가 지속된 동시에 형식적인 금융자유화를 통해 국가-은행-재벌로 이어지는 개발국가의 성장 기제가 약화되어갔다. 국제적으로는 한국 자본주의의 역할이 섬유, 신발 등 저임금 노동에 기초한 상품을 생산하는 역할에서 자동차와 전자 등 중화학공업 중심의 상품을 생산하는 역할로 변화했다. 복지체제의 측면에서는

여전히 저임금과 장시간 노동에 근거한 본원적 테일러주의가 유지되었고, 이중 곡가제 폐지 등 권위주의 체제와 농민 간의 연대가 해체되었다.

제2기는 1987년 6월부터 3당 합당으로 보수대연합이 만들어진 1990년 1월 까지의 시기이다. 권력관계의 측면에서 보면, 사회적 균열구조가 대통령 선거를 계기로 민주 대 반민주에서 지역균열로 전환된 한편 노동계급의 성장과 민주화 세력의 재정비가 이루어졌다. 하지만 민주화 운동을 주도했던 민주진영이 정치 세력화에 실패하면서 제도권의 권력관계는 권위주의 시기와 마찬가지로 보수정 당 간의 경쟁으로 제한되었다. 다만 총선을 통해 여소야대라는 상황이 만들어져 서 정치적으로는 민주화 과정에서 요구되었던 다양한 개혁과제를 실현할 수 있는 우호적인 조건이 만들어졌다. 경제적인 측면에서는 해방 이후에 거의 유일하게 노태우 정부에 의해 내수 진작을 통한 케인스주의적 성장전략이 시도되었다. 한 국 자본주의의 성격 면에서 해외 의존의 형태가 자본에서 기술로 변했고, 미약하 지만 중간재와 생산재를 중심으로 국내의 분업관계가 형성되어갔다. 복지체제의 측면에서는 실질임금이 상승하고 노태우 정부가 중산층의 자산 형성을 지원해서 내수 중심의 성장전략에 조응하는 복지체제의 모습이 처음으로 형성되는 것 같았 다. 하지만 내수 중심의 축적체제의 중요한 축인 공적 복지의 확대가 이루어지지 는 않았고, 내수 중심의 성장전략은 철저히 개인과 가족의 사적 자산을 확충하는 방식으로 나타났다.

제3기는 보수대연합의 탄생으로 권위주의적 보수세력의 집권이 지속되었던 시기이다. 특히 1987년 6월 민주화 항쟁 이후의 노동계급과 민중 부문의 활성화 가 중산층의 안정화 심리를 자극해 정치적 보수화와 보수 지배체제가 확립되었 다. 이로 인해 노동과 시민사회가 배제되고 보수세력과 자본 우위의 권력관계가 재구축되었다. 주목할 현상은 1980년대 중반부터 진행된 노동계급의 분화가 정 권의 노동시장 유연화라는 신자유주의 정책과 맞물려 본격화되기 시작했다는 것 이다. 경제 면에서 내수 중심의 성장전략이 실패하고 다시 해외 수요에 의존하는 수출 중심의 성장전략으로 회귀했다. 공정한 시장에 기초한 구(舊)자유주의 원칙 대 개방과 시장의 강화라는 신자유주의 담론 간의 경쟁이 있었지만, 현실은 국가가 주도하는 경쟁력 강화라는 국가주도 신자유주의 전략으로 귀결되었다. 복지체제의 측면에서 권위주의 체제의 임금 가이드라인이 부활해 임금상승을 물리력으로 억제했고, 제2기에 이어 선별적인 사적 탈상품화와 이를 보완하는 선별적인 공적 탈상품화가 지속되었다.

이 시기의 한국 자본주의의 축적체제는 자본재와 중간재를 일본에서 수입해 조립가공한 상품을 미국 시장에 수출하는 구조였다. 여전히 일본에 생산을 의존하고 미국에 가치실현을 의존하는 조립가공무역에 기초한 축적체제가 지속된 것이다. 정치적 측면에서 한국 사회는 민주화로 인해 새로운 복지체제의 문을 열 기회를 맞이했지만, 이를 추진할 정치적 주체가 형성되지 않아 권위주의 세력의 집권이 지속되었다. 복지체제의 측면에서는 박정희 권위주의 시기의 수출 중심의 개발국가가 지속되고 안정적 고용과 상대적으로 높은 임금을 보장받는 계층을 위한 역진적 선별주의 복지체제가 공·사적 영역에서 본격적으로 형성되기 시작했다고 할 수 있다.

제3절 민주주의 이행기의 권력관계:
거래에 의한 민주주의 이행의 성격

1980년부터 1997년까지는 한국 사회가 권위주의 체제에서 민주주의 체제로 전환되는 이행기였다. 복지체제의 관점에서 보면, 이 시기의 핵심은 민주주의와 복지국가 간의 관계를 이해하는 것이다. 아담 쉐보르스키(Adam Przeworski)의 지적처럼 1인당 국민소득을 기준으로 한국은 그리스, 일본, 포르투갈, 스페인과 함께 제2차 세계대전 이후에 제1세계로 진입한 극소수 국가 중 하나라는 점에서 경제성장과 민주주의의 관계를 살펴볼 수 있는 중요한 사례이다.[4] 사실 그

....

4   Preworski, A.(2001[1995]). 『지속가능한 민주주의』. 김태임·지은주 역. (*Sustainable Democracy*). 서울: 한울아카데미. p.41.

리스, 포르투갈, 스페인은 유럽 국가이고 일본은 제2차 세계대전이전에 이미 산업화된 제국주의 국가였다는 점을 고려하면, 한국은 식민지를 경험했던 제3세계 국가 중 제2차 세계대전 이후에 유일하게 제1세계로 진입한(또는 근접한) 개발도상국가라고 할 수 있다. 한국이 이처럼 민주주의와 경제성장을 동시에 이루었다면 산업화된 서구 국가들처럼 자본주의 분배체계인 복지국가로 나아가는 것이 자연스러운 경로였을지도 모른다. 그러나 한국의 복지체제는 서구와 같은 복지국가로 이행하지 못했다. 산업화와 민주화를 이룩한 한국은 왜 서구 국가와 달리 복지국가로 이행하지 못했던 것일까? 『기원과 궤적』에서는 그 정치적 기원을 1980년대에 이루어진 민주주의 이행의 특성에서 찾고자 한다. 먼저 민주주의 이행이 복지국가의 확장과 어떤 관련이 있는지를 검토하고, 이러한 둘의 관계가 한국의 민주주의 이행과정에서 나타낸 특수성을 정리해보자.

1. 민주주의와 복지국가

로버트 달(Robert Dhal)의 정의처럼 자유로운 선거와 같이 "모든 사람에게 참여가 개방된 경쟁"을 보장하는 것은 정치체제로서 민주주의를 규정하는 데 충분하다.[5] 정치체제로서의 민주주의는 1인 1표에 기초한 정치체제라는 점에서 권위주의에서 민주주의로의 이행은 원칙적으로 국민국가를 구성하는 다수 시민의 이해에 기초한 복지체제를 형성하기 위해 유리한 정치적 지형을 창출한다. 근대화론자는 이러한 이유가 민주주의의 실현 여부가 복지국가의 발전을 결정하는 핵심적 요인이기 때문이라고 주장했다.[6] 민주주의는 권위의 배분을 의미하기 때문에 '분배적 정의의 한 형태'이고, '분배적 정의'는 권력, 부, 소득 등 중요한 자원

....

5   Przeworski, A.(1997[1991]). 『민주주의와 시장』. 임혁백·윤성학 역. (*Democracy and the Market*). 서울: 한울. p.29.
6   Flora. p.and Alber, J.(1998). "Modernization, Democratization, and the Development of Welfare States in Western Europe." Flora. P. and Heidenheimer, A. eds. *The Development of Welfare States in Europe and America*. pp.37-80. London: Transaction Publishers.

의 공정한 분배를 수반하기 때문이다.[7] 그래서 복지국가의 확대가 민주주의의 실현과 밀접한 관련이 있다는 것이다. 더욱이 체제 유형으로서의 민주주의가 일단 제도화되면 국가권력을 둘러싼 정치세력 간의 경쟁을 유발한다는 점에서 민주주의의 공고화는 자연스러운 과정이라고 보았다. 이러한 견해에 근거하면, 한국 사회는 1987년 6월의 민주화 이후에 정당 간의 경쟁이 본격화되면서 민주주의를 공고화했고 이에 기초해 복지국가로 이행할 수도 있었다.

하지만 우리가 이러한 전망을 지지하기 위해서는 두 가지 질문에 답해야한다. 하나는 복지국가의 형성·발전이 반드시 민주주의를 필요로 하는가에 대한 질문이다. 역사적으로 복지국가는 권위주의 체제를 유지하기 위한 효과적인 수단이기도 했기 때문이다. 오토 폰 비스마르크(Otto von Bismarck)의 독일, 에두아르트 폰 타페(Eduard von Taaffe)의 오스트리아가 전형적인 예라고 할수 있다.[8] 가장 극적인 사례는 파시즘의 전형으로 알려진 아돌프 히틀러(Adolf Hitler)의 제3제국 시기(1933~1945)의 독일 복지국가의 비약적 발전이다. 히틀러의 제3제국은 적극적 재정정책으로 실업을 줄이고 완전고용을 실현했으며[9] 사회보험의 가입 대상을 예술가, 가내수공업자 등에게까지 확대했다. 1939년에는 실업보험의 급여 대상을 보험료 납부 여부와 관계없이 취업 의사가 있는 모든 비자발적 실업자에게까지 확대했고, 1942년 3월에는 산재보험의 대상을 전체 사업장으로 확대했다.[10] 히틀러의 제3제국 시기의 독일에서는 민주주의가

....

7   Dahl, R.(1999[1989]). 『민주주의와 그 비판자들』. 조기제 역. (Democracy and Its Critics). 서울: 문학과 지성사. p.316.

8   윤홍식(2016). "우리는 어떤 복지체제에 살고 있을까? 비교시각을 통해 본 한국 복지체제." 이병천·유철규·전창환·정준호 편. 『한국의 민주주의와 자본주의: 불화와 공존』. pp.320-347. 서울: 돌베개. pp.324-325.

9   히틀러의 집권 당시인 1938년에 독일의 실업률은 1.3%로, 완전고용 상태였다. 반면 당시 미국, 캐나다, 네덜란드, 벨기에의 실업률은 각각 18.9%, 11.4%, 9.9%, 8.7%에 이르렀다. Lampert, H.(1996). Lehrbuch der Sozialpolitik. Berlin: Springer; 윤조덕·김상호·박정란(2008). 『사회보험과 노동조합의 역할: 한국독일일본 비교』. 서울: 한국노동연구원. pp.81-82. 재인용.

10   Frerich(1990). Sozialpolitik: Das Sozialleistungssystem der Bunderepublik Deutschland. Auflage, Oldenbourg, München. p.94f; Yoon, J. D.(2006). Die Rolle der Gewerkschaften bei der Politishen Gestaltung der Arbeitschtzgesetzgebung und bei der Durchsetzung der Sicher-

유린되었지만 공적 복지는 이전과 비교할 수 없는 전성기를 구가했다. 이러한 제3제국의 복지정책은 현대 독일 복지국가의 중요한 유산으로 남아 있다. 이렇게 보면 어떤 국가가 복지국가인지의 여부는 민주주의의 실현 여부와 직접적인 관련이 없는 것처럼 보이기 때문에, 우리는 '비민주적인 복지국가(non-democratic welfare states)'라는 개념을 사용하는 경우를 종종 발견할 수 있다.[11] 물론 민주주의가 복지국가의 전제조건인지, 아니면 복지국가가 민주주의와 관계없이 주요 복지정책을 제도화하고 사회지출이 일정 수준에 도달하면 성립되었다고 할 수 있는지는 논란이 될 수 있다.

다른 하나는 체제 유형으로서의 민주주의가 반드시 공정한 분배로 대표되는 사회적 · 경제적 민주주의를 담보하는가에 대한 질문이다. 왜냐하면 민주주의는 자본에 대한 국가의 통제를 약화시킬 수 있고 이는 곧 불평등한 분배로 귀결될 수 있기 때문이다.[12] 하지만 민주주의 이행론자는 민주주의 이행이 자본에 대한 정부의 통제를 약화시킬 수 있지만 민주주의 자체를 무위로 만들 정도는 아니라고 주장한다.[13] 민주화 이후에 정부가 자본에 완전하게 종속되지 않고 자본의 영향력이 "민주주의를 가짜"로 만들지 않는다면 '정치체제로서의 민주주의'는 공정한 분배에 긍정적인 영향을 미칠 수 있다는 것이다. 민주주의와 사회지출 간의 역사적인 관계를 보면, 1950년대부터 1970년대까지 약 30년 동안 민주주의가 유지되었던 남미 국가에서는 민주주의가 훼손된 국가에 비해 GDP

....

beitsarbeit in den Untemehmen in der Republik Korea und Deutschland. Habilitationsschrift an der Universitaet Wuppertal. p.42; 윤조덕 외, 『사회보험과 노동조합의 역할: 한국독일일본 비교』. pp.69-71. 재인용.

11   Schmidt, M.(2001). "The Democratic Welfare State." *Acta* 6: 257-276; Pierson, C.(1998). *Beyond the Welfare State: The New Political Economy of Welfare.* Pennsylvania, PA: Pennsylvania State University Press.

12   실제로 제3세계 국가의 경우에 정치적 민주화가 반드시 공적복지의 확장 같은 사회적 민주화를 수반한 것은 아니다. 남미 국가들을 분석해보면 안정적 민주주의 체제의 유지 여부와 GDP 대비 사회지출 간에는 아무런 관련성이 없었다. 이렇게 보면 권위주의적 산업화 과정에서 공적복지의 확대가 극도로 제한되었던 한국에서 민주화 이후에 갑작스럽게 산업화 수준에 조응하는 공적복지의 확대를 기대하기는 어려울 수도 있다.

13   Przeworski. 『민주주의와 시장』. p.34.

대비 사회지출 수준이 더 높았다.[14] 이러한 역사는 민주주의와 공적 복지의 확장 간에 강한 경로의존성이 있다는 것을 보여준다. 남미에서 수입대체모델(Import Substitution Industrialization, ISI)에 기초한 발전이 (상대적으로) 안정적인 민주주의와 함께 이루어진 경우에는 정권 교체와 관계없이 기존의 GDP 대비 사회지출 수준이 유지되었다.

2. 민주주의 이행기의 권력관계

한국 사회의 성격을 결정하는데 박정희 권위주의 반공개발국가가 만들어 놓은 가장 결정적 유산 중 하나는 재벌이라는 강력한 자본가 계급을 만들어놓았다는 것이다.[15] 민주화는 자본을 통제했던 권위주의 체제를 해체했지만, 자본에 대항할 수 있는 사회세력은 권위주의 체제로 인해 성장하지 못했다. 미군정기와 이승만 권위주의 체제에서 형성된 관료에 종속된 자본가 계급이라는 국가와 자본 간의 권력관계는[16] 자본가 계급을 성장시켰던 그 권위주의 체제가 무너지면서 '자본에 종속된 국가'라는 권력관계로 역전되었다. 재벌구조를 개혁하거나 압도적인 정치적 힘으로 재벌을 민주적 통제하에 두지 못하는 한 한국 복지체제에서 공적복지의 범위는 민주주의 이행과정에서 이미 협소해졌다고 할 수 있다.

1) 민주주의 이행기의 계급구조

1980년대와 1990년대의 한국 사회에서는 〈그림 13.1〉에서 보는 것과 같이 중간계급과 노동계급이 두터워지고 농민이 감소했다.[17] 이러한 변화는 1980년

....

14 Filguetra. "Welfare and Democracy in Latin America." pp.7-8.
15 최장집(2005). 『민주화 이후의 민주주의』. 서울: 후마니타스. p.108.
16 이혜숙(2009). 『미군정기 지배구조와 한국사회』. 서울: 선인. p.584.
17 〈그림 13.1〉에서는 남성 경제활동인구를 기준으로 계급의 구성비를 산출했다. 홍두승(2005). 『한국의 중산층』. 서울: 서울대학교 출판부. p.66.

대에 진입하면서 한국 사회에서 농업이 더 이상 분배와 관련해 여러 계급이 대립하는 핵심 영역이 아니었다는 것을 의미한다. 제11장에서 보았던 것처럼, 박정희 권위주의 체제에서는 미군정 시기에 시작되어 이승만 정권 시기에 완결된 농지개혁이라는 분배구조가 여전히 작동하고 있었다. 박정희 권위주의 체제의 핵심 지지기반은 농촌에 존재한 광범위한 영세자영농이었고, 선거 결과가 여촌야도의 현상을 보인 것도 이러한 권력관계를 반영한 것이었다. 복지체제의 측면에서 보면, 박정희 권위주의 체제는 농촌의 고리채 탕감과 이중곡가제 등을 통해 농민을 권위주의 체제의 지지 세력으로 포섭하는 데 성공했다. 하지만 〈그림 13.1〉에서 보는 것처럼 1980년대에 들어서서 한국 사회의 계급구조는 이전과는 상이한 모습으로 변화했다. 전두환 독재정권은 더 이상 농민을 포섭할 필요가 없었다. 전두환 독재정권이 1980년대 들어서면서 개방화라는 미명하에 농업정책을 포기할 수 있었던 이유는 바로 계급구조가 변했기 때문이었다.[18] 전체 남성 경제활동인구 중 독립자영농의 비율은 1970년에 28.0%에서 1980년에 23.2%, 1990년과 2000년에는 각각 12.7%와 8.9%로 급감했다. 도시빈민층과 유사한 농촌하류계급의 구성비도 동 기간 동안 16.7에서 0.8%로 감소했다.

반면 중간계급은 1970년에 30.3%에서 2000년에 53.0%로 22.7%포인트나 증가했다. 그중에서도 사무직 노동자로 대표되는 신중간계급의 증가가 두드러졌다. 노동계급은 양적인 측면에서 비약적인으로 성장했다. 1970년에 16.9%에 불과했던 노동계급의 비중은 1980년에 22.6%, 1990년에 30.6%로 증가했다. 1960년대와 1970년대의 산업화는 신중간계급과 노동계급을 거대한 규모로 성장시켰고, 이러한 중간계급과 노동계급이 권위주의 체제에 대항해 민주화를 요구했던 핵심 세력이었다.[19] 이러한 변화로 인해 한국 사회의 변화의 동력은 신중간계급과 노동계급으로부터 나올 수밖에 없었으며, 노동계급과 신중간계급의 연대 여부가 1980~1990년대에 민주주의의 심화와 복지국가로의 발전을 판가름하는 중

....

18   서익진(2003). "한국 산업화의 발전양식: 축적과 조절의 관점에서." 이병천 편. 『개발독재와 박정희시대: 우리 시대의 정치경제적 기원』. pp.69-97. 서울: 창비. p.79.

19   Lipietz. 『기적과 환상』. pp.154-173.

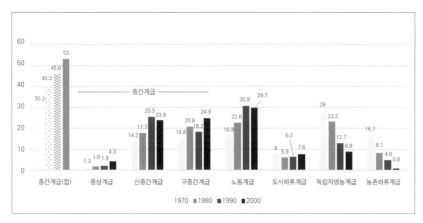

그림 13.1 한국 사회의 계급구성의 변화(%), 1970, 1980, 1990, 2000년[20]
출처: 홍두승. 『한국의 중산층』. p.66.

요한 조건 중 하나였다. 하지만 불행히도 권위주의에 반대했던 세력은 민주주의로 이행한 이후에 각자의 이해에 따라 분열하고 경쟁했다.[21] 더욱이 안정과 성장을 희구했던 중간계급이 보수 세력에 포획되자 정치적 민주화는 복지국가의 확장이라는 사회적 · 경제적 민주화로 나아가지 못했다.

2) 권위주의 체제의 연장

1970년대 후반에 들어서면서 박정희 권위주의 체제에 저항하는 학생, 재야세력과 제도권 야당 간의 민주화를 위한 광범위한 연대가 모습을 드러내기 시작했다.[22] 하지만 정작 유신체제를 무너뜨린 직접적 계기는 민주화운동이 아니었다. 1979년 10월 16일부터 20일까지 부산과 마산(현재 창원시)을 중심으로 전개된 부마항쟁은 유신체제를 무너뜨리는 중요한 계기가 되었지만, 직접적인 원

....

20 신중간계급은 전문 · 기술직 종사자, 행정 · 관리직 종사자, 사무직 종사자, 구중간계급은 자영업주와 가족종사자로 구성되어 있다.
21 Przeworski. 『민주주의와 시장』. pp.101-102.
22 박현채(1994). "1980년대의 정치사." 강만길 · 김남식 · 김영하 · 김태영 · 박종기 · 박현채 · 안병직 · 정석종 · 정창렬 · 조광 · 최광식 · 최장집 편. 『한국사 19: 자주 · 민주 · 통일을 향하여-1』. pp.129-187. 서울: 한길사. p.133.

인은 지배세력 내부의 권력투쟁이었다. "데모대 100~200만 명 정도를 죽인다고 까딱하겠습니까?"[23]라는 말을 할 정도로 무너지지 않을 것만 같았던 유신체제가 10·26 사태로 독재자가 사라지자 거짓말처럼 붕괴했다. 하지만 박정희 권위주의 체제의 붕괴가 곧 민주화로의 이행을 의미하지는 않았다. 민주화세력은 10·26사태 직후에 아무런 대응도 하지 못했다.[24]

민주화운동 세력이 민주화운동을 재개한 것은 1980년 3월 이후부터였다. 이때부터 학생운동이 어용교수 퇴진, 재단비리 비판 등 학내 민주화를 중심으로 재개되었다. 1980년 4월부터는 노동운동이 급격히 확산되면서 민주화운동의 양태가 변화하기 시작했다. 4월 7일의 청계피복노동조합의 임금인상투쟁을 시작으로 강원도 정선군에 위치한 사북 동원탄좌에서 광부들의 대규모 파업이 발생했고, 노조의 임금인상 요구에 대한 부산시의 직권조정 결정에 반발해 동국제강 노동자들이 격렬한 파업투쟁을 시작했다. 파업투쟁은 동일방직, 태양금속, 원진레이온 등으로 확산되었다. 유신체제의 붕괴 이후에 "노동-자본 간의 특별한 계급투쟁이 발생하지 않았으며 그 지배적 지위에도 큰 변함이 없었다."는 양재진의 주장과[25] 달리, 유신체제가 무너진 정치공간에서 자본과 권위주의 체제에 대항한 노동자들의 계급투쟁이 폭발적으로 터져나왔다. 1979년 10·26사태 이후부터 1980년 5월 17일에 신군부가 계엄령을 전국으로 확대하기 전까지 노동조합에 새롭게 가입한 노동자만 8만 명에 이르렀고, 노동쟁의도 무려 2,168건이나 발생했다.[26] 1982년부터 1987년 6월 항쟁 이전까지 발생한 노동쟁의가 모두 202건이었던 것과 비교하면 1980년 초는 계급투쟁이 가장 치

....

23   최성진(2009). "[특집] 김재규가 쏘지 않았다면." 『한겨레21』 782. http://h21.hani.co.kr
24   박현채. "1980년대의 정치사." p.133.
25   양재진. "박정희 시해, 새로운 기회의 창, 그리고 경제정책의 대전환." p.172.
26   장명국(1985). "해방후 한국노동운동의 발자취." 김금수 외. 『한국노동운동론 1』. 서울: 미래사. p.136-137; 이원보. 『한국노동운동사 5: 경제발전기의 노동운동, 1961-1987』. p.558. 재인용. 대한통계협회와 한국노동연구원의 자료에 따르면, 1980년에 발생한 노동쟁의는 407건이다. 물론 407건도 1979년의 105건, 1981년의 186건과 비교하면 매우 높은 수치이다. 김용철(2012). "사회연합정의 관점에서 본 전두환·노태우 정권하의 노동정치: 국가권위주의에서 갈등적 다원주의로." 『Oughopia』 27(2): 157-197. p.177.

군인과 대치중인 광주시민들의 모습. 2019년 광주민주화운동에 대한 새로운 증언들이 이루어지면서
전두환 신군부가 정권찬탈을 위해 광주를 의도적으로 고립시키고, 조직적으로 시민들을 학살한 정황들이
확인되고 있다(사진출처: 경향신문).

열했던 때였다.[27] 1980년 5월 이후에 노동–자본 간의 계급투쟁이 발생하지 않
은 것은 전두환 군사정권이 폭압적으로 노동운동을 탄압했기 때문이었다. 실제
로 노동조합 조직률은 5·17 군사쿠데타와 5·18 광주민주화운동에 대한 전두
환 독재정권의 유혈 진압 이후에 급격히 낮아졌다. 노동조합 조직률이 다시 상
승 국면으로 돌아선 것은 1987년 6월 민주화 항쟁 이후에 7, 8, 9월 노동자 대투
쟁을 거치고 난 이후이다.

1980년 5월에 접어들면서 학생운동은 학내 민주화 이슈를 넘어 유신세력 타
도, 계엄 즉각 철폐, 이원집정부제 개헌 반대, 노동3권 보장 등 정치민주화를 전
면에 내세웠다.[28] 5월 14일에 전국 34개 대학에서 10만여 명이 민주주의를 요구
하며 거리로 나섰고, 5월 15일의 서울역 집회에만 10만여 명의 대학생이 참여했

....

27   이원보. 『한국노동운동사 5: 경제발전기의 노동운동, 1961-1987』. pp.672-673.
28   이원보. 『한국노동운동사 5: 경제발전기의 노동운동, 1961-1987』. pp.558-559.

대동세상 오월광주[출처: 홍성담(2018). 『오월』. 서울: 단비].[29]

고 주변에 있던 시민들을 더하면 대략 30만여 명이 결집했다.[30] 하지만 노동자는
함께하지 않았다. 함께하지 않은 정도가 아니라 민주화운동 대열에서 이탈했다.
실제로 5월 14일에 도심으로 향하던 학생 시위대가 당시 한국노총회관에서 농성
중이던 동일방직 해고 노동자들에게 시위에 동참할 것을 요청했지만 농성지도부
는 이를 거부했다. 심지어 노조 지도부는 신변의 위협을 우려해 농성을 자진 해
산했다. 권위주의 체제를 연장하려는 신군부의 시도를 저지하고 민주주의와 분
배 정의를 실현해야할 핵심 권력자원인 노동계급과 학생, 재야세력의 연대가 무
산된 것이다. 결국 학생 지도부는 '시민의 호응이 적은 상태에서 심야에 군부대
와 충돌하는 것은 바람직하지 않다'는 이유를 들어 해산(일명 서울역 회군)을 결

....

29   http://www.hani.co.kr/arti/PRINT/845134.html
30   박세길(1992). 『다시쓰는 한국현대사 3: 1980년에서 90년대초까지』. 서울: 돌베개. pp.33-34.

의했고, 전두환 신군부는 이 공백을 기회로 5월 17일에 두 번째 쿠데타를 단행했다. 그리고 한국 민주주의는 광주 시민의 헌신적이고 용감한 투쟁에도 불구하고 참담한 패배를 겪었다. 유신체제는 이렇게 전두환의 군사독재로 이어졌다. 1979년 10월부터 1980년 5월까지의 민주화운동 세력이 보여준 모습은 권위주의 체제에서 성장한 체제 저항 세력의 한계를 여실히 보여주었다.

1980년에 좌절된 민주화의 경험은 두 가지 측면에서 한국의 민주화 세력에 중요한 교훈을 남겼다. 하나는 민주주의와 자본주의가 별개의 문제가 아니라는 사실을 확인시켜준 것이다. 노동계급에 5월의 패배는 임금인상 같은 노동자의 경제적 요구가 민주주의와 밀접히 결합되어 있다는 것을 인식할 수 있는 계기가 되었다.[31] 다른 하나는 5·18 광주민주화운동을 계기로 미국에 대한 인식이 변화했다는 것이다. 1980년 5월의 광주민주화운동을 거치면서 1945년 이래 한국에서 민주주의의 수호자였던 미국의 위치는 독재와 분단의 원흉으로 극적으로 바뀌었다.[32] 미국은 광주학살을 자행한 전두환의 신군부세력의 권력 찬탈을 용인했다. 실제로 미 국무부의 비밀문건에 따르면, 미국은 1980년 5월 22일에 전두환 신군부가 광주민주화운동을 진압하기 위해 군사력을 사용하는 것을 승인한 것으로 드러났다. 또한 미 국무부는 6월 21일에 신군부가 "합법적인 정부로 가도록 집중하라"며 사실상 전두환 신군부의 군사쿠데타와 신군부가 광주에서 자행한 학살을 용인했다.[33] 미국은 한국의 '민주화'가 아닌 미국의 이해를 대변하는 '안정된 반공체제'의 구축을 원했다. 한국의 민주화는 '안정된 반공체제'의 구축이라는 미국의 1차적 이해와 비교하면 부차적인 것이었다. 더 나아가 미국에 한국의 민주화는 '안정된 반공체제'를 구축할 수 있다면 미련 없이 버릴 수 있는 정치적 수사에 불과했다. 미국 의회는 전두환 신군부의 광주학살을 규탄하면서 한국

....

31 김주호(2016). "자본주의 비판과 민주주의 요구의 결합: 1980년대 학생운동과 노동운동을 중심으로." 『경제와사회』 111: 205-236.

32 광주민주화운동에 대한 평가 중 주목할 만한 주장은 광주민주화운동을 탈자유주의 관점에서 해석한 것이다.

33 SBS(2018). "[끝까지판다①] 美 비밀문서에 드러난 신군부 정권 장악 용인." 2018년 5월 17일. http://www.hani.co.kr/arti/PRINT/845134.html

에 대한 원조 감축을 주장했지만, 카터 대통령은 인권보다는 안보가 더 중요하다는 판단하에 전두환의 쿠데타를 용인했다.[34] 인권을 중시했던 카터 대통령은 평소에 인권문제를 중시하는 행동을 취했지만, 정작 광주학살이라는 대규모 인권유린 사태가 발생하자 아무런 행동도 취하지 않았다. 레이건 정부도 마찬가지였다. 1980년 8월 17일자 「워싱턴포스트」에서는 레이건 정부가 전두환을 대통령으로 추대하는 것에 반대하지 않기로 결정했다고 보도했다.[35] 미국의 입장에서 보면 전두환은 말을 잘 듣는 순종적이고 얌전한 독재자였다.[36] 미국의 이러한 행태는 한국의 민주화운동이 반미(反美)투쟁으로 확대되는 중요한 전기가 되었다.

전두환 독재정권은 유신체제보다 더 혹독하게 노동운동을 탄압했다. 전두환 체제의 등장과 함께 시작된 안정화 정책은 저임금을 전제했기 때문에 노동운동에 대한 탄압은 필연적이었다. 안정화 정책을 시행하면서 임금 상승을 인플레이션으로 무마하는 정책을 실행할 수 없게 되자 전두환 독재정권이 선택한 방법은 노동법을 개악하고 노동조합을 폭력적으로 탄압하는 것이었다. 전두환 정권은 1980년 9월에 '노동계 정화 조치'를 취해 조직노동을 사회정화의 대상으로 간주했다.[37] 주요 목적은 한국노총과 산별노조의 지도부를 축출하고 1970년대 말에 노동운동을 주도한 민주노조를 파괴하는 것이었다. 12월에는 근로기준법, 노동조합법, 노동쟁의조정법, 노동위원회법 등을 개악하고 노사협의회법을 제정했다. 제3자 개입을 금지하고 노조의 설립요건을 강화했으며 형식적이나마 존재했던 산별노조를 기업별 노조로 강제 전환시키고 유니온 숍(Union Shop) 등을 부당노동행위로 규정해 삭제했다.

행정적으로는 노동 통제를 위한 노동부를 설치했고, 노동부, 경찰, 안기부,

....

34 김명섭(1999). "1970년대 후반기의 국제환경변화와 한미관계." 김명섭·이재호·김호기·김용호·마인섭 공저. 『1970년대 후반기의 정치사회변동』. pp.11-92. 서울: 백산서당. p.73.
35 박현채. "1980년대의 정치사." p.140.
36 진중권(2003). "죽은 독재자의 사회: 박정희 신드롬의 정신분석학." 이병천 편. 『개발독재와 박정희시대: 우리 시대의 정치경제적 기원』. pp.339-364. 서울: 창비. p.259.
37 이원보. 『한국노동운동사 5: 경제개발기의 노동운동, 1961~1987』. p.566, pp.598~607; 김용철. "사회연합정치의 관점에서 본 전두환·노태우 정권하의 노동정치." pp.167-175.

1981년 2월 2일 워싱턴 백악관에서 이루어진 전두환과 레이건의 정상회담은 5·18 광주학살을 자행한 전두환 정권을 미국이 공식적으로 승인하는 자리였다. 미국 방문 후 전두환은 2월 25일 대통령 선거에 출마했다(자료소장 : 대통령기록관).

보안사 등이 참여하는 노동대책회의를 국무총리훈령으로 설치했다. 또한 블랙리스트를 작성해 노동운동가를 노동현장에서 배제하는 조치를 취했다. 전두환 독재정권과 사측의 탄압으로 원풍모방 노조가 파괴되면서 1983년 1월 19일에 유신시기를 견뎌온 마지막 민주노조가 와해되었다.[38] 박정희 권위주의 체제 이래 순치된 언론과 교육기관은 반공주의와 개발주의 이념을 재생산했다. 자본의 힘이 노동을 압도할 수 있는 권력관계를 만든 것이다. 이처럼 전두환 독재정권이 박정희 권위주의 체제보다 더 극단적인 노동탄압을 강행할 수 있었던 배경은 체제 유지에 필요한 핵심 포섭대상이 변했기 때문이었다. 박정희 권위주의 체제의 핵심 포섭대상이 대기업 노동자와 자영 농민이었다면, 전두환 권위주의 체제의 핵심 포섭대상은 전문직 종사자, 화이트칼라, 자영업자 등 도시 중간층이었다.[39]

....

38   민주화운동기념사업회(2018). "1980년대: 원풍모방 노조 사수 투쟁." Open Archives. http://db.kdemocracy.or.kr/collections/view/10000052, 접근일 2018년 5월 20일.
39   김용철. "사회연합정치의 관점에서 본 전두환·노태우 정권하의 노동정치." pp.172-173.

전두환 독재정권은 중간계층에 경제적 안정을 보장해 정권에 대한 (적어도 암묵적) 지지를 확보하고 노동계급에 대해서는 탄압으로 일관했던 것이다.

전두환 권위주의 정권의 가혹한 노동탄압은 역설적으로 노동운동의 정치화를 가속화시켰다. 생존권을 보장받기 위한 임금인상 요구와 기본 권리조차도 정치적으로 억압받고 있는 상황에서 노동자의 경제투쟁은 필연적으로 정치투쟁을 수반하지 않을 수 없었다. 1980년의 '서울역 회군'으로 신군부에 집권의 길을 열어주었던 학생운동 또한 정치적 민주화를 이루고 자본주의의 모순을 해소하기 위해서는 노동운동과의 연대가 필수적이라는 것을 인식하기 시작했다. 1983년에 전두환 독재체제가 부분적인 유화국면을 전개하자 학생운동과 노동운동이 활성화되기 시작했고, 매년 수백 명의 학생들이 노동운동에 투신했다. 1980년대 중반에 최소한 3천 명 이상의 학생운동 활동가들이 노동현장으로 들어갔다. 경찰 발표에 따르면, 1985~1986년에만 671명의 학생운동가가 체포되었다.[40]

학생운동 출신의 노동운동가들은 1984년 3월 10일에 조합주의와 경제주의 운동을 지향하면서 출범했던 한국노동자복지협의회(한국노협)를[41] 비판하면서 1985년 2월에 정치적 대중조직을 지향하는 '서울노동운동연합(서노련)'과 1986년 2월에 '인천노동자연맹(인노련)'을 결성했다.[42] 특히 서노련이 주도한 1985년 6월 24일의 구로동맹파업은 노동운동이 단위사업장을 넘어 본격적인 연대투쟁을 시작한다는 것을 알리는 신호탄이었다. 노학연대가 이루어지고 이것이 노동운동과 민주화운동 세력과의 연대로 확대되면서 1980년대 중반의 거

....

40 Ogle, G.(1990). *South Korea: Dissent within the Economic Miracle*. New Jersey: Zed Books. p.99.
41 한국노협은 1980년대 최초의 공개적인 노동운동 단체였고 1970년대의 민주노조 위원장들이 참여했다. 한국노협은 '노동운동의 새로운 출발을 위한 선언'이라는 출범 선언문에서 "유신독재의 어두운 시대에 민주노동조합을 지키려고 몸부림치다 권력의 잔인한 탄압에 의해 희생된 당사자로서 비조직적이고 고립분산적인 한계를 극복하고 노동운동의 주체성·통일성·연대성을 드높일 것"이라고 선언했다. 한겨레(2013). "[길을 찾아서] 첫 공개 노동운동단체 한국노협 출범/이총각." 『한겨레』 2013년 9월 24일. http://www.hani.co.kr/arti/society/labor/604241.html, 접근일 2017년 6월 23일.
42 한채영(2014). "인천지역 민주노조운동사①: 인천지역 민주노조 운동에 대한 사회운동론적 고찰을 중심으로." 『물꼬』 4: 49-66.

대한 민주화운동의 기본 동력이 되었다. 임금인상과 노동조건의 개선이라는 개별 사업장에서의 분배를 둘러싼 요구가 권위주의 체제에 저항하는 민주화라는 정치투쟁으로 확대된 것이다. 학생운동 출신의 하방운동으로 건설된 조직노동은 반독재·민주화 운동의 중요한 힘이었다. 하지만 이 시기의 변혁적 노동운동의 경험은 역설적이게도 노동운동이 정치적 민주화 이후에 계급연대에 기초한 복지국가의 건설을 주도하는 세력으로 성장하는 데 장애가 되었다.

독점자본의 성장도 눈부셨다. 노동계급의 힘이 정권에 의해 억압된 상황은 자본에 축적을 위한 매우 유리한 조건을 창출해주었다. 30대 기업의 자산집중도는 1980년에 35.7%에서 1987년에 45.2%로 불과 7년 만에 26.6%나 증가했다.[43] 동 기간 동안의 매출집중도도 37.0%에서 46.9%로 26.8% 증가했다.

3) 민주주의 이행의 한국적 특성[44]

1987년의 6월 항쟁 이후에 민주주의 이행은 권위주의 체제에서는 볼 수 없었던 정치사회의 다양한 변화를 수반했다. 하지만 민주주의 이행론자들이 주장하는 것처럼 민주적 선거에서 다수의 지지를 얻고자 하는 정치세력(정당) 간의 경쟁이 분배를 둘러싼 이슈를 중심으로 전개되지 않은 것은 분명해 보였다. 실제로 권위주의 체제의 마지막 해인 1987년부터 1997년까지 GDP 대비 사회지출은 1.98%에서 3.60%로 불과 1.62%포인트 증가하는 데 그쳤다.[45] 심지어 1961년의 군사쿠데타 이후에 32년 만에 탄생한 민간인 정부였던 김영삼 정부 시기의 사회지출은 1993년에 3.27%에서 1997년에 3.60%로 불과 0.33%포인트 증가하는 데 그쳤다. 민주화를 주도했던 학생과 제야세력이 변혁적 사회전망을 가졌던 집단

....

43   황인학·이인권·서정환·이병기·한현옥(2000).『재벌구조와 재벌정책: 평가와 과제』. 서울: 한국경제연구원. p.27; 황인학(1999).『재벌의 다각화와 경제력집중』. 서울: 한국경제연구원. p.61. 물론 이러한 성장이 1986년부터 3년간 이어진 3저 호황이라는 국제적 환경 때문이라고 할 수도 있지만, (제4절에서 검토하겠지만) 독점자본이 큰 폭으로 성장했던 시기는 1980년대 초중반이었다.

44   3), 4)의 내용 중 일부는 다음 논문의 일부를 수정·보완해 수록한 것이다. 윤홍식(2018). "민주주의 이행기 한국 복지체제, 1980~1997."『한국사회복지학』70(4): 37-68.

45   이 수치의 출처는 제2장의 〈그림 2.1〉을 참고하라.

직선제 개헌을 선언하는 노태우 민정당 대표위원의 기사를 실은 『경향신문』. "불출마 약속 지킬 것"이라는 김대중 전 대통령의 인터뷰 내용이 흥미롭다.

이었다는 점을 고려하면, 민주화 이후에 정치적 민주화가 사회적 민주화로 확산되지 못한 것은 납득하기 어려운 현상이었다.[46]

왜 이런 일이 벌어진 것일까? 20세기에 들어서 권위주의에서 민주주의로의 이행이 점진적인 경우는 없었기 때문에 사실상 권위주의 체제에서 민주주의 체제로의 이행은 구권위주의 세력이 반대세력과의 '거래를 통해 이행(transition through transaction)'하는 경우와 반체제(반대) 세력의 주도하에 구권위주의 체제와의 '단절을 통해 이행(transition through rupture)'하는 두 경로로 좁혀진다.[47] 이러한 민주주의 이행의 두 유형은 기예르모 오도넬(Guillermo O'Donnell)과 후안 린츠(Juan Linz)가 민주주의 이행의 유형을 '붕괴에 의한 이행'과 '거래

....

46   김주호. "자본주의 비판과 민주주의 요구의 결합."
47   단절을 통한 이행은 혁명, 쿠데타, 붕괴 등 권위주의 체제가 붕괴하면서 이루어지는 민주주의 이행을 의미한다.

에 의한 이행'으로 구분한 것과 유사하다.[48] 민주주의 이행을 세 가지 유형으로 분류하는 경우도 있는데, 권위주의 세력과 반대 세력 간의 '거래에 의한 이행'을 한편에 놓고, 1982년의 아르헨티나, 1975년의 포르투갈, 1974년의 그리스 등과 같이 권위주의 체제의 '붕괴에 의한 이행'을 다른 한 편에 놓으며, 그 중간 유형으로 '탈출을 통한 이행(transition through extrication)'을 상정한다. '탈출을 통한 이행'은 비록 권위주의 세력이 약화되었더라도 민주주의 이행의 중요 국면을 지배할 수 있을 정도의 힘을 갖고 있는 경우이다.[49]

이러한 남미와 남유럽의 민주주의 이행 유형에 한국을 대입시켜보면, 한국의 민주주의 이행은 구권위주의 세력인 전두환 독재정권이 붕괴하지 않았다는 점에서 아르헨티나, 포르투갈, 그리스 같은 '붕괴를 통한 이행'과 차이가 있고, 민주화 이후에도 권위주의 세력이 민주주의 이행의 중요한 주체 중 하나였다는 점에서 '거래에 의한 이행'의 특성을 갖고 있다. 실제로 권위주의 세력은 1987년 12월의 직선제 개헌, 소선거구제 도입, 1990년 1월의 3당 합당 등 이행과정의 중요 국면을 주도했다. 독재정권이 '거래에 의한 이행'을 선택했던 이유는 독재체제의 정당성이 감소하고 강력한 대중 저항이 계속되는 상황에서 독재체제를 유지하는 비용이 증가했기 때문이다. 특히 1988년의 서울올림픽을 앞둔 상황에서 독재정권은 민주화를 요구하는 반대세력을 1980년 5월의 경우처럼 물리력(군대)을 동원해 진압하려면 매우 큰 비용을 지불해야 한다는 사실을 알고 있었다. 더욱이 필리핀의 사례에서 보듯이 군부가 유혈 진압을 지지할지 확신하기 어려운데다 미국이 유혈진압을 반대하고 군대의 중립과 민주화를 요구하는 상황에서 미국의 후원하에 등장한 전두환 독재정권이 물리력을 동원하는 것

....

48   O'Donnell, G.(1989). "Transitions to Democracy: Some Navigation Instruments." Rober. P. ed. *Democracy in Americas: Stopping of the Pendulum*. pp.62-75. New York: Holmes and Meier: Linz, J.(1981). "Some Comparative Thoughts on the Transition to Democracy in Portugal and Spain." Macedo, J. and Serfaty, S, eds. *Portugal Since the Revolution: Economic and Political Perspective*. pp.25-45. Boulder: Westview Press.

49   Mainwaring, S.(1989). "Transitions to Democracy and Democratic Consolidation: Theoretical and Comparative Issues." *Working Paper* 130, November 1989, Kellogg Institute. pp.25-26.

은 쉽지 않았을 것이다.[50] 특히 한국의 민주주의 이행은 경제위기 시기가 아니라 단군 이래 최대 호황이라고 불리는 1986~1988년에 발생했다. 1960~1970년대와 달리 경제적 성과는 전두환 독재체제의 취약한 정치적 정당성을 보완해주지 못했다.[51]

이상의 논의를 종합하면, 한국의 민주주의 이행은 다면적이지만 권위주의 세력의 힘이 강력한 가운데 민주주의 이행이 이루어진 브라질, 스페인, 에콰도르 등을 '거래에 의한 이행'으로 분류한다는 점에서[52] 한국 또한 '거래에 의한 민주화' 유형으로 분류할 수 있을 것 같다. 1987년의 6·29 선언이 상징하듯이 한국의 민주주의 이행에서 권위주의 세력의 선택이 중요한 역할을 했고, 이후의 민주화 과정도 권위주의 세력과 민주화운동 세력 간의 협약에 의해 결정되었다. 물론 권위주의 체제에서 민주주의 체제로의 전환 여부를 판단하는 기준으로 현 정권(권위주의 정권)의 붕괴와 이후에 성립된 정권과 구권위주의 정권 간의 불연속을 전제한다면,[53] 한국의 민주주의 이행은 권위주의 세력이 (부분적으로) 정권에서 배제된 김대중 정부의 성립과 함께 이루어졌다고 할 수 있다.

그렇다면 이러한 '거래에 의한 이행'이 한국 복지체제에서 갖는 의미는 무엇일까? 먼저 이 '거래에 의한 이행'이 민주화운동의 핵심 주도세력을 의도적으로 배제한 채 제도권 내에서 권위주의 세력과 보수야당이 타협한 산물이었다는 점을 주목할 필요가 있다. 당시 민주화운동의 동력은 중간계급과 노동계급의 연대였지만, 보수야당과 권위주의 세력에 의해 학생운동과 노동운동 세력이 배제되었다. 중산층이라고 불리는 중간계급은 권위주의 체제에 저항하면서 민주화를 요구했지만, 1987년 7, 8, 9월의 노동자 대투쟁 과정을 거치면서 노동자로 대표되는 민중부문을 배제한 권위주의 세력과 보수야당 간의 거래에 의한 민주화를

....

50 성경륭(1993). "한국 정치민주화의 사회적 기원." 경남대학교 극동문제연구소 편. 『한국 정치·사회의 새 흐름』. pp.85-132. 서울: 나남. pp.119-120.
51 김수진(2008). 『한국 민주주의와 정당정치』. 서울: 백산서당. p.241.
52 Mainwaring. "Transitions to Democracy and Democratic Consolidation: Theoretical and Comparative Issues." p.22.
53 Baloyra. "Democratic Transition in Comparative Perspective."

1987년 6월에 민주화 항쟁이 폭발하기 이전부터 대학생들은 전두환 독재정권의 폭압에 맞서 격렬한
투쟁을 벌이고 있었다. 1987년 5월 4일에 명동성당 앞에서 서울 지역 가톨릭대학생연합회 소속
대학생들이 가두행진을 가로막고 있는 전투경찰의 포위를 뚫기 위해 격렬한 투쟁을 벌였다. 전투경찰의
두려워하는 눈빛과 대학생들의 단호한 모습이 대조적이다. 필자의 모습도 보인다. 이날의 시위는 밤이
새도록 계속되었고, 다음날 아침에 필자는 지금은 구청장이 된 친구와 함께 명동성당을 빠져나가다
처음으로 경찰에 연행되었다. 대학 입학 두 달 만에 첫 번째 즉결재판에서 일주일 구류처분을 받았던
것으로 기억한다. 당시 개똥 같은 판사가 "제헌의회"가 무슨 의미인지와 "임을 위한 행진곡"을 불렀는지를
질문했던 것으로 기억한다. 이날의 기억은 10년 후 미국 유학 중에 우연히 들른 한 가정집 마당에서
팔고 있던 중고잡지를 구매하는 과정에서 되살아났다. 당시 필자는 한국을 특집으로 다룬 『내셔널
지오그래픽』(National Geographic)1998년 2월호를 구매했는데, 거기에 이 사진이 실려 있었다(출처:
National Geographic에 게재된 사진을 촬영한 것임).[54]

지지했다. 중간계급의 이러한 특징은 한국에서만 관찰되는 것은 아니다. 남미와
남유럽의 민주주의 이행과정에서도 유사한 현상이 나타났다.[55]

　　민중부문이 민주주의 이행과정에서 배제되자 제도권의 권력관계는 보수야
당과 권위주의 세력을 중심으로 재편되었다. 체제 유형으로서의 민주주의가 사

....

54 Gibbons, B.(1988). "The South Koreans." *National Geographic* 174(2): 232-257. The photo-
     graph by Nathan Benn. pp.246-247.

55 Rueschemeyer, D., Stephens, E., and Stephens, J.(1992). *Capitalist Development and Democra-
     cy.* Chicago: University of Chicago Press. p.222.

회적·경제적 민주주의를 실현하는 복지국가로 확장되기 위해서는 민주화 이후의 정치적 균열이 계급·계층 간의 균열을 반영해야 한다. 예를 들어, 민주주의 이행이 복지국가의 발전으로 귀결되기 위해서는 자원의 권위적 배분을 둘러싼 노동자 계급과 자본가 계급의 이해의 충돌이 정치적 균열구조를 대표하는 양상으로 나타나야 한다. 그런데 한국의 민주주의 이행에서는 민중 부문을 배제해서 계급과 계층의 균열이 반영되는 권력관계가 제도적으로 만들어질 수 없었다. 계급과 계층의 균열을 대표하는 권력관계가 만들어지지 못한 상황에서 사회적 연대에 기초한 공적복지의 확대를 기대할 수 없었다. 설령 공적복지가 확대된다고 해도 권위주의 세력과 보수야당의 '거래에 의한 이행'을 지지했던 중간계급의 이해를 보장하는 제도로 제한될 수밖에 없었을 것이다.

실제로 노태우 정권은 1989년의 문익환 목사와 임수경의 방북을 계기로 공안정국을 만들고 중간계층을 포섭하는 정책을 본격화했다. 200만 호 주택건설 공약과 국민주 발행 등의 증시부양정책은 중간계층이 자산을 축적해 개인과 가족 차원의 사적 탈상품화 체계(사적 보장체계)를 만드는 것을 지원하는 대표적인 정책이었다.[56] 대기업 노동자를 중심으로 확대된 공적 사회보장(사회보험)체계도 민중부문을 배제하고 보수야당과 권위주의 세력 간의 협약에 의해 이루어진 민주주의 이행의 성격을 그대로 보여주는 것이다. 민주화가 진행되자 중산층은 성장을 통한 물질적 풍요가 지속되기를 희망했기 때문에 안정을 지지했고, 노동자 대투쟁은 중산층의 이러한 안정심리를 위협하는 요인이었다. 사실 중산층은 전두환 독재정권 시기부터 안보와 개발주의 이데올로기의 핵심 포섭 대상이었고 최대 수혜자였다.[57] 1991년 5월에 경찰의 무자비한 폭력진압에 희생된 명지대생 강경대 치사사건에 대한 중간계급의 무관심은 거래에 의한 민주주의 이행과정을 주도했던 권위주의 세력이 중산층 포섭에 성공했다는 것을 보

....

56 정해구(2011). 『전두환과 80년대 민주화운동』. 서울: 역사비평사. pp.194-195; 오연호(1989). "노정권의 중간층 포섭전술." 『월간 말』 1989년 7월호: 15-23. p.20.
57 김용철. "사회연합정치의 관점에서 본 전두환·노태우 정권하의 노동정치." p.174.

여주는 단적인 사례라고 할 수 있다.[58]

민중부문을 배제하려는 의도는 민주주의 이행과정에서 진행된 권력구조와 관련된 일련의 헌법과 선거법 개정과정에서 분명하게 드러난다. 대통령 선거에서 결선투표제를 도입하지 않고 다수 득표자가 대통령에 당선될 수 있도록 한 것도 보수야당을 분열시키기 위한 제도적 장치였다. 독재정권은 야권의 유력한 대선 후보인 김대중을 사면·복권시켜서 김대중과 김영삼 모두 다수표를 얻으면 대통령이 될 수 있다는 희망을 갖게 했다. 사전여론조사를 금지하는 선거법 조항도 권위주의 세력에 맞서는 야권 후보의 단일화를 더 어렵게 했다.[59] 국회의원 선거와 관련해서 소선거구제를 도입한 것 역시 중간계급과 노동계급의 연대를 어렵게 만들어 노동계급의 권력분점 가능성을 차단하고 기득권을 유지하기 위한 권위주의 세력과 보수야당의 영악한 조치였다. 실제로 소선거구제는 노동계급과 중간계급의 연대를 어렵게 한다.[60]

1988년 3월 12일 새벽 2시에 민정당에 의해 기습적으로 통과된 '국회의원선거법'에 포함된 전국구는 우파 권위주의 세력의 권력유지를 위한 프로젝트였다. 야권이 분열된 상황에서 제1당이 지역구에서 과반의석을 확보하지 못할 경우에 전국구 의석의 과반을 제1당에 배분한다는 규정은[61] 권위주의 세력이 권력분점을 통해 민주주의 이행과정을 주도하겠다는 의지의 제도적 표현이었다. 전국구의 존재가 유권자의 정당 지지를 왜곡해 권위주의 세력에 유리한 권력관계를 보장해준 것이다. 결국 거래에 의한 민주주의 이행은 소수정당과 좌파정당의 제도권 진입을 어렵게 했고, 복지국가의 확장과도 무관했다.

....

58 김호기(1995). 『현대 자본주의와 한국 사회: 국가·시민사회·민주주의』. 서울: 사회비평사. p.331.

59 김영범(1993). "권위주의 정권의 변화유형에 관한 일 연구: 1987년 한국을 중심으로." 연세대학교 사회학과 석사학위논문. pp.75-82.

60 Iversen, T. and Soskice, D.(2006). "Electoral Institutions and the Politics of Coalitions: Why Some Democracies Redistribute More Than Others." *American Political Science Review* 100(20): 165-181.

61 김욱(2016). 『노태우, 김영삼 정부의 선거: 민주화 과정의 출발과 지역주의의 폭발』. 서울: 마인드탭. p.60.

민주화 과정에서 권위주의 세력과 보수야당이 민중부문을 배제하자 제도권 정치는 계급과 계층 간의 균열과 무관한 구도로 만들어졌다. 대신 사회적 균열은 호남, 영남, 충청이라는 지역 중심으로, 3당 합당 이후에는 호남 대 비호남이라는 지역 균열로 고착되어갔다. 민주주의 이행과정에서 핵심적 대립구도였던 '민주 대 반민주'의 대립구도가 지역 간 대결구도로 전환된 것이다.[62] 물론 지역 균열이 반드시 계급·계층의 균열구조와 무관한 것은 아닐 수도 있다. 1990년대 후반에 영국에서는 지역 정당인 스코틀랜드민족당(Scottish National Party)과 웨일즈당(Plaid Cymru)이 신노동당에 맞서 중요한 야당으로 부상했고, 이념적으로 우경화된 신노동당의 왼쪽에서 사민주의를 지향했다.[63] 한국에서도 호남에 기반을 둔 야당은 상대적으로 진보적 성격을 갖고 있었다. 지역에 기반을 둔 정당들 간에 일체감이 지속되면서 지역 정당들 간에 계급 균열을 대표하는 이념적 차이가 강화되었기 때문이다.[64] 실제로 1987년의 민주화 이후에 지역 균열이 정당의 이념·정책과 중첩되면서 특정 지역의 유권자는 다른 지역과 구별되는 특정한 정책 선호를 갖게 되었다.[65] 하지만 호남을 기반으로 한 정당이 노동계급과 민중의 계급적 이해를 대변하는 정당이었다고 보기는 어려웠다.

민주화운동을 주도했던 민중부문은 민주 대 반민주 구도가 지역 구도로 전환되는 것을 막을 힘이 없었다. 1987년 12월 대선에서 민주화운동 진영은 독자 세력화는 고사하고 자신들을 이행과정에서 배제한 보수야당 후보 중 누구를 지지할 것인지를 둘러싸고 극심한 분열에 시달려야 했다. 최장집의 말처럼 '운동의 약함'이 드러났다. 가장 뼈아프고 천추에 한이 된 일은 1987년 선거에서 5·18 광주민주화운동 당시에 민중을 학살한 주범 중 하나인 노태우가 대통령으로 당선된 것이 아니라 민주화운동을 주도했던 세력이 독자적인 정치세력화에 실패했다

....

62   김욱.『노태우, 김영삼 정부의 선거』. p.22; 최장집.『민주화 이후 민주주의』. p.143.
63   Ali, T. (2017[2015]).『극단적 중도파』. 장석준 역. (*The Extreme Centre*). 서울: 오월의 봄. pp.47-48.
64   Schmitt, H. and Holmberg, S. (1995). "Political Parties in Decline?" Fuchs, D. and Klingermann, H. eds. *Citizens and the State*. pp.95-133. New York: Oxford University Press.
65   송근원(2006). "유권자들의 정책성향과 배경 변수의 관계: 16대 대선을 중심으로." 한국지방정부학회 학술대회자료집. pp.37-63, p.52.

는 것이다. 4·19혁명 이후와 유사한 상황이 벌어진 것이다. 1988년에 들어서면서 민중운동은 조직을 재정비하기 시작했지만,[66] 이 역시 독자적인 정치세력화와는 거리가 멀었다. 이렇듯 한국의 민주주의 이행과정을 보면 민주화 이후에 왜 한국에서 공적복지(복지국가)의 확장을 위한 정치적 투쟁이 어려웠는지를 알 수 있다.

4) 보수지배체제로의 복귀

1990년 1월의 3당 합당은 1987년 6월 이후의 민주화 과정에서 제기된 개혁의제를 원점으로 돌려놓았다. 사실 3당 합당은 이승만 정권 시기의 민주당 구파(해방 당시 한국민주당)에 뿌리를 둔 김영삼의 통일민주당이 보수세력과 통합한 것으로, 1945년의 해방 정국에서 단정수립을 위해 연대했던 세력의 복원이라는 의미를 갖고 있다. 3당 합당과 공안정국으로 이어지는 과정에서 노태우 정권은 노동운동에 대해서는 강경한 탄압정책을 취한 반면 토지공개념 3법(택지소유상한제, 토지초과이득세제, 개발부담금제)을 제도화해 주택과 부동산 정책을 매개로 중산층을 정권의 지지세력으로 포섭하는 전략을 취했다.[67] 3당 합당으로 탄생한 보수정권과 중산층의 암묵적 연대가 형성된 것이다. 한편 정경유착 근절과 투명한 금융거래를 위한 금융실명제도의 시행은 무기한 연기되었다. 재벌을 개혁하기 위한 재벌의 업종 전문화와 비업무용 토지 매각 등도 민주화 이후에 강력해진 재벌의 반대로 제대로 추진하지도, 성과를 내지도 못했다.[68] 대신 권위주의 정권이 노

....

66 김호기. 『현대 자본주의와 한국 사회』. p.327.
67 이병천(2016). "현대 한국에 민주적 자본주의의 준거모델은 있는가?" 이병천·유철규·전창환·정준호 편. 『한국의 민주주의와 자본주의: 불화와 공존』. pp.33-69. 서울: 돌베개. p.51. 택지소유상한제는 서울, 부산, 대구, 인천, 광주, 대전 6개 대도시의 200평 이상의 주택에 부속된 택지를 660m² 이상 보유한 경우에 초과소유부담금을 부과하는 제도이고, 토지초과이득세제는 유휴토지의 소유자가 지가 상승으로 이득을 본 경우에 그 이득의 일부를 세금으로 환수하는 제도이다. 택지소유상한제는 1999년 4월 29일에 위헌판결을 받아 폐지되었고, 토지초과이득세제는 1994년에 헌법재판소에서 위헌판결을 받고 1998년에 폐지되었다. 현재는 토지공개념 3법 중 개발이익의 25%를 환수하는 개발부담금제만 남아 있다. 국가기록원(2007). "택지소유상한제, 토지초과이득세제, 개발부담금제." http://www.archives. go.kr, 접근일 2017년 8월 8일.
68 김일영(2009). "노태우 정부에서의 정치사회적 갈등양상과 해결경험." 『분쟁해결연구』 7(2): 5-26. pp.16-20.

동자들의 임금을 억제하기 위해 활용한 총액임금제 같은 임금 가이드라인 정책이 부활했다.

1987년 6월부터 1990년 1월까지 팽팽했던 민주화 세력과 권위주의 세력 간의 힘의 균형이 3당 합당으로 권위주의 세력의 승리로 귀결된 것이다. 더욱이 김영삼으로 대표되는 민주화운동을 함께했던 보수야당의 한 축이 쿠데타 세력인 민정당과 합당하면서 정치적 갈등 구도는 '민주 대 반민주'에서 '호남 대 비호남' 구도로 전환되었다.[69] '민주 대 반민주' 구도에 부분적으로 내재되어 있던 계급과 계층에 기초한 사회적 균열이 일거에 호남 대 비호남이라는 지역 구도로 전환된 것이다. 합당 다음해인 1991년 6월 20일에 치러진 지방의회의원선거에서도 민자당이 호남을 제외한 전 지역 의석의 78.4%를 얻어 압승했다.[70] 특히 전통적으로 야당 성향이 강했던 서울에서도 83.3%의 의석을 차지했다. 정원식 국무총리 폭행사건을 계기로 공안정국이 조성되었고, 사회적 계급과 계층의 균열을 대표하는 분배이슈가 선거의 쟁점이 되지 않은 상황에서 '호남 대 비호남'의 지역 구도는 압도적 영향력을 발휘했다. 1992년의 대선에서도 재벌개혁과 빈부격차 문제 등 분배문제는 중요한 쟁점이 되지 못했다.[71]

권력관계의 측면에서 보면 3당 합당은 국가와 자본의 연합전선이 다시 구축되는 계기가 되었다. 정부는 3저 호황에 이은 경기침체에 대응하기 위해 경쟁력 강화를 명분으로 노동시장의 유연화를 추구했고, 경제단체협의회를 비롯한 자본의 이익을 대변하는 집단은 이에 적극 호응했다. 반면 한국노총의 노사협조주의와 경제조합주의 노선을 비판하며 정치적 조합주의를 지향했던 전국노동조합협의회(전노협)가 주도한 총파업에는 전국 292개 노조와 34만 명이 참여했다. 현대중공업 노조는 1990년 4월 26일부터 5월 10일까지 노동자 투쟁의 역사에 길이 남을 '골리앗 투쟁'을 전개했다. 정치적 조합주의를 표방한 전노협의 출범으로 1946년 9월의 총파업과 10월 항쟁 이후에 무력화되었던 전평의 노동운동노선이 반백 년의 권

....

69   정태환(2006). "김영삼 정권 하의 정치사회적 갈등." 『한국학연구』 25: 445-472. p.464.
70   김욱. 『노태우, 김영삼 정부의 선거』. p.85.
71   정태환. "김영삼 정권 하의 정치사회적 갈등." p.451.

1990년 1월에 청와대에서 3당 합당을 발표하는 김영삼, 노태우, 김종필(왼쪽부터)(출처: 연합뉴스).

1990년 4월 28일에 현대그룹과 공권력은 현대중공업 노조를 무력화하기 위해 불도저를 앞세우고 73개 중대 1만여 명의 진압경찰을 현대중공업으로 진입시켰다. 수많은 노동자들이 연행되었지만 78명의 노동자들은 노조탄압에 저항하며 골리앗 크레인 농성투쟁을 시작했다. "죽을 수는 있어도 물러서지 않기로 결의"한 노조원들의 투쟁은 결국 패배했지만, 한국 노동운동사에 기억될 역사적 투쟁으로 남았다.

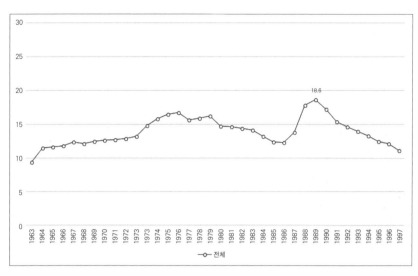

그림 13.2 노동조합 조직률의 변화(%), 1963~1997년
출처: 김유선. 『한국의 노동조합 조직연구』. p.46.

위주의 지배를 뚫고 재개되었다. 하지만 〈그림 13.2〉에서 보듯이 노동계급의 권력
자원을 대표하는 노조 조직률은 낮아지고 있었다. 노조 조직률은 1989년의 18.6%
를 정점으로 낮아지기 시작해 김영삼 정부의 마지막 해인 1997년에 이르면 11.1%
로 낮아져서 불과 10년도 되지 않아 무려 40.3%나 감소했다. 유신체제에서도 높
아졌던 노조 조직률이 민주화 이후 불과 3년 만에 낮아지기 시작한 것이다. 1997
년의 11.1%의 노조 조직률은 1964년의 11.5%보다 낮은 수치였다.

박정희 정권 이후의 최초의 문민정부였다는 점에서 김영삼 정부의 개혁에
대한 국민의 기대는 컸다. 자본에 압도적으로 유리하게 만들어진 경기장이 변화
할 수도 있다는 기대감이 상승했다. 예를 들어, 집권 초에 구상된 노동정책은 개
혁적이었다. 3자 개입 금지조항의 사문화, 해고자 전원의 복직 추진, 전노협의 합
법화, 무노동 부분임금, 노동자의 경영권 및 인사권 참여의 인정 등 김영삼 정부
는 개혁정책을 추진했다.[72] 하지만 민주화가 개방화와 함께 진행되면서 정부의

....

72   노중기(1995). "국가의 노동통제전략에 관한 연구." 서울대학교 사회학과 박사학위논문. p.270.

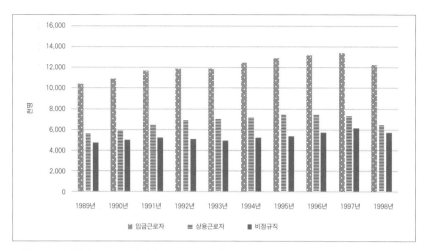

그림 13.3 비정규직 노동자 수의 변화, 1989~1998년
출처: 경제활동인구연보(각 연도).

통제에서 벗어난 자본의 강력한 반발과 권위주의 노동통제 정책에 익숙한 관료들의 반대로 김영삼 정부의 노동개혁은 좌절되었고, 1993년 후반기부터 권위주의 정권과 유사한 노동배제 전략으로 복귀했다.[73] 김영삼 정부는 민주노총의 합법성을 부정했고, 대법원은 1995년 12월 21일에 생계보장을 위해 임금을 지급하라는 '무노동 부분임금'의 기존 판결을 번복했다. 노동자의 파업권을 제약하는 '무노동 무임금'이 정당하다는 판결을 내린 것이다.[74] 민주화 이후, 특히 1990년대에 들어서면서 나타난 노동계급 내의 분화 또한 노동계급의 힘을 약화시켰다. 비정규직에 종사하는 임금노동자의 수는 〈그림 13.3〉에서 보는 것과 같이 1990년에 5백만 명에서 김영삼 정부의 마지막 해인 1997년에 610만 명으로 증가했다. 비정규직 노동자의 조직화가 상대적으로 어렵다는 점을 고려하면, 비정규직 노동자의 증가는 노동조합이라는 노동계급의 전통적인 권력자원을 위협하는 중요한 변화였다.

....

73   정태환. "김영삼 정권 하의 정치사회적 갈등." p.454.
74   김태현(1996). "무노동무임금원칙으로 회귀한 대법원 판결에 부쳐." 사법감시센터 제3호. 출처: http://www.peoplepower21.org/Judiciary/511232, 접근일 2017년 2월 6일.

반면 민주화 이후에 잠시 주춤하던 재벌은 1990년 1월의 3당 합당 이후에 보수지배체제가 복귀하면서 정부의 개혁정책을 무력화시킬 정도로 강력해졌다. 김영삼 정부가 재벌개혁을 시도하자 재벌은 투자 축소 같은 적극적 저항수단을 동원해 개혁을 무력화시켰다.[75] 재벌정책은 집권 초기에 우루과이 라운드 협상 타결로 쌀시장이 개방되고 1993년 6월에 현대정공파업이 발생한 이후에 재벌지원 정책으로 변화했다.[76] 재벌개혁을 외쳤지만 이는 재벌을 실제로 개혁하자는 것이 아니라 재벌 대기업의 경쟁력 강화를 위해 재벌이 성장할 수 있는 유리한 사회경제적 조건을 만들자는 신자유주의적 개혁이었다. 민주화 이후에 잠시 주춤했던 재벌의 경제력 집중도도 1993년을 기점으로 다시 상승하기 시작했다. 실제로 30대 재벌의 매출집중도는 1993년에 43.1%에서 1997년에 46.6%로 높아졌다.[77] 권위주의 정권의 하위 파트너였던 재벌이 신자유주의 세계화에 힘입어 정권을 규율할 수 있는 위치로 올라선 것이다.

　　정리하면, 한국 사회는 1980년부터 1997년까지 권위주의 체제에서 민주주의 체제로 이행했다. 하지만 한국의 민주주의 이행은 권위주의 세력과 보수야당 간의 거래를 통해 이루어지면서 시민사회의 균열구조를 대표하는 정당체제를 수립하지 못했다. 민주주의 이행이 시작되었지만 시민사회는 자신의 이해를 대변할 수 있는 정당을 조직하지 못했고, 민주화를 주도했던 시민사회가 정치로부터 배제되는 역설적인 상황이 만들어졌다. 결국 한국 사회가 민주주의 체제로 이행하기 시작한 1987년 6월 이후에 수립된 일명 '87년 체제'는 한국 사회의 개혁과제를 방기하고 소선거구제와 다수제 등과 같은 보수정치세력에 유리한 정치구도를 만들고 공고화하면서 노동계급으로 대표되는 시민사회의 정치세력화를 효과적으로 저지

....

75　정태환. "김영삼 정권 하의 정치사회적 갈등." p.452.
76　김종미·이성로(2001). "경제력집중에 대한 규제정책의 성과요인." 『중앙행정논집』 15(1): 175-189. p.180. 1993년 7월 7일부터 시작된 현대정공(현 현대모비스)의 전면파업은 1993년 6월 4일에 울산 현대정공 노동조합의 김동섭 위원장이 납치 구금된 상황에서 사측과의 임금교섭에 직권 조인했다는 내용이 알려지자 노조가 노조 위원장에 대한 불신임과 쟁의를 결의하고 총파업 투쟁을 선언하면서 시작되었다.
77　황인학 외. 『재벌구조와 재벌정책: 평가와 과제』. p.27, 61.

했다. 산업화와 민주화에도 불구하고 한국 복지체제가 지체된 이유는 바로 이러한 한국의 민주주의 이행과정의 특성과 밀접히 관련되어 있다고 할 수 있다.

제4절 민주화와 경제체제의 변화

1960년대 이래 성장을 거듭하던 남미와 동유럽의 경제는 1980년대에 들어서면서 위기에 봉착했다.[78] 자본주의 국가에 대한 수출에서 개발도상국이 차지하는 비중은 1975~1980년에 21.5%에서 1981년에 7.4%, 1983년에 6.7%로 급감했다.[79] 이러한 수출 감소는 개발도상국의 국민소득에도 영향을 미쳤다. 세계은행의 자료에 따르면, 남미(브라질, 우루과이 등)와 동유럽(헝가리, 폴란드 등)의 중위소득국가(Middle-income countries)의 1인당 소득은 1980년과 1986년 사이에 매년 0.3%씩 낮아졌다.[80] 반면 한국의 1인당 GDP는 동 기간 동안 연평균 8.3%의 성장을 기록했다.[81] 대부분의 신흥공업국들이 1980년대에 들어서면서 성장을 멈추고 위기에 빠졌던 것에 비해 한국은 1980년을 제외하면 1980년대 내내 견실한 성장을 이루었다. 한국은 어떻게 1970년대 말의 경제위기를 극복하고 1997년까지 지속적으로 성장할 수 있었을까? 1986년부터 1988년까지 3년 동안의 한국 자본주의의 성장은 박정희 반공개발국가 시기의 고도성장을 넘어서는 눈부신 성과였다.

다양한 방식으로 1980년대 이후의 한국 경제의 모습을 그려볼 수 있겠지만, 한국 경제의 도약은 기본적으로 세계자본주의의 국제분업의 재편과 밀접히

....

78 Przeworski, A.(2001[1995]). "서론." Preworski, A. 외. 『지속가능한 민주주의』. 김태임 · 지은주 역. pp.136-160. (*Sustainable Democracy*). 서울: 한울 아카데미. p.29.

79 Beaud, M.(2015[2010]). 『미셸 보의 자본주의 역사 1500~2010』. 김윤자 역. (*Histoire de Capitalisme 1500-2010*). 서울: 뿌리와 이파리. p 445.

80 The World Bank(1987), *World development report 1987*. New York, NY: Oxford University Press. p.26. 개발도상국 중 중위소득국가군은 1인당 GNP가 1985년 기준으로 401달러가 넘는 국가들로 구성되어 있다.

81 통계청(2017). "1인당 국내총생산." e-나라지표. http://www.index.go.kr/potal/main/PotalMain.do, 접근일 2017년 1월 30일.

연관되어 있었다. 미국의 레이건 정부는 한국을 대소 전진기지로 설정하고 일본을 후방기지로 두어 소련을 봉쇄하고자 했다. 더불어 미국은 한·미·일 삼각체제의 가장 약한 고리인 한국에 군사적 지원을 하고 일본에는 경제적 지원을 제공해 한·미·일 삼각안보체계와 경제체제를 일치시키려고 했다.[82] 이러한 전략하에 미국은 군수용 첨단산업을 특화하고 일본 등의 선진국과는 민수용 첨단산업 제품을 함께 생산하는 방식을 추구했다. 한편 미국은 한국 같은 아시아 신흥공업국이 "첨단산업의 국제하청방식의 생산, 주문자 상표 생산방식의 수출, 재래형 중화학공업의 일부를 담당하는 산업 간 수평적 및 산업 내 수직적 국제분업구조"를 만들었다.[83] 1980년대 이후의 한국 자본주의의 변화는 미국이 주도한 이러한 국제분업의 틀 내에서 이루어졌다. 제4절에서는 1980년부터 1997년까지의 한국 자본주의의 특성과 변화를 살펴보았다.

1. 1980년대 이후 한국 자본주의의 성격[84]

1980년대는 한국 자본주의의 성격을 둘러싼 사회적 논쟁이 격렬했던 시기였다.[85] 종속이론, 주변부 자본주의론 같은 남유럽과 남미의 자본주의의 성격과 변화를 설명하는 이론에 힘입어 한국 자본주의의 성격을 규명하려는 논쟁과 연구들이 진행되었다. 한국 자본주의를 미·일 제국주의에 예속된 식민지이자 봉건성을 탈피하지 못한 반자본주의 사회라고 규정한 '식민지반자본주의론'과, 1980년대에 들어서면서 한국 자본주의가 독점단계에 진입했고 제국주의에 대한 종속성 보다는 국내 독점자본의 주도성을 강조할 필요가 있다는 '신식민지국가독점자본주

....

82   현대사연구반(1991). 『한국현대사 4: 1980년대 한국 사회와 민족민주운동』. 서울: 풀빛. p.70.

83   현대사연구반. 『한국현대사 4: 1980년대 한국 사회와 민족민주운동』. p.67.

84   "1980년대 이후 한국 자본주의의 성격"의 내용 중 일부는 다음 논문의 일부를 수정·보완했다. 윤홍식(2018). "민주주의 이행기 한국 복지체제, 1980-1997." 『한국사회복지학』 70(4): 37-68.

85   당시 한국 자본주의의 성격을 둘러싼 논쟁은 다음 자료를 참고하라. 조용범·유원동·조기준 외(1988). 『한국자본주의의 성격논쟁』. 서울: 대왕사; 벼리 편집부 편(1988). 『신식민지 국가독점자본주의 논쟁 I』. 서울: 새길; 이재희(1990). "1980년대 한국자본주의의 성격." 『경제와사회』 7: 235-262; 김주호. "자본주의 비판과 민주주의 요구의 결합: 1980년대 학생운동과 노동운동을 중심으로."

의'론이 대립했다. 여기에 한국 자본주의를 저개발국가에서 선진 자본주의로 이행해가는 중간단계에 있는 '중진자본주의'로 규정하고 자본주의가 발전함에 따라 제국주의 국가에 대한 종속성이 약화되었다고 주장하는 진영도 있었다.[86] 당시 한국 자본주의의 성격을 둘러싼 논쟁을 자세히 다룰 필요는 없지만, 적어도 두 가지 질문에 대한 답을 해야 할 필요는 있어 보인다. 한국 자본주의의 독점성과 한국 자본주의의 종속성 여부이다. 이 두 가지 쟁점은 한국 자본주의의 축적체제로서의 분배체계(복지체제)의 특성을 규명하는 매우 중요한 단서를 제공한다.

서구 자본주의의 역사적 경험을 살펴보면 독점자본주의의 성립과 복지국가의 성립은 밀접한 관련성을 갖고 있다. 먼저 독점자본주의란 생산재 산업을 중심으로 만들어진 독점자본이 국민경제 전반에 지배력을 확보·강화해나가는 생산력 수준이 높은 자본주의 발전단계이다.[87] 자본수출 여부 또한 독점자본의 성립 여부를 판단하는 중요한 기준이다. 이를 기준으로 1980년대 한국 자본주의의 특징을 보면, 대기업이 소비재와 생산재의 중요한 부문을 장악했고 이윤획득 방식이 1970년대와 달리 노동자의 수와 노동시간의 증대가 아닌 노동생산성 증대에 의존하는 방식으로 변화했다. 99대 대기업의 독과점시장 참여비율은 1978년에 54.7%에서 1987년에 71.9%로 급격히 상승했다. 58대 상장기업의 잉여가치율도 1975~1979년에 81~89%에서 1981~1985년에 95~108%로 높아졌다. 30대 재벌기업으로 한정하면 독점 현상은 더 심각했다. 〈그림 13.4〉를 보면 30대 재벌의 자산집중도는 1980년에 35.7%에서 1987년에 45.2%로 전두환 집권 기간 동안 26.6%나 높아졌다. 30대 재벌의 매출액도 동 기간 동안 37.0%에서 46.9%로 26.8% 높아졌다. 반면 전체 고용에서 30대 재벌이 차지하는 비중은 같은 기간 동안 2.2%에서 4.6%로 높아졌지만(그림 13.5), 30대 재벌의 자산과 매출 비중이 전체의 절반에 가깝다는 점을 고려하면 고용비중은 대단히 낮은 수준이었다. 특히 1980년대 이후에 대기업과 중소기업 간의 조립과 부품생산이라는 하청관계가

....
86   1990년대에 논의된 개발국가 또는 발전국가는 중진자본주의의 개념을 좌파적 관점에서 발전시킨 것이라고 할 수 있다.
87   이재회. "1980년대 한국자본주의의 성격." pp.239-244.

확대·심화된 것은 한국 자본주의의 구매기제가 종속에서 독점으로 전환되었다
는 것을 의미할 수 있다.[88] 하지만 한국의 독점자본은 서구에 비해 여전히 생산성

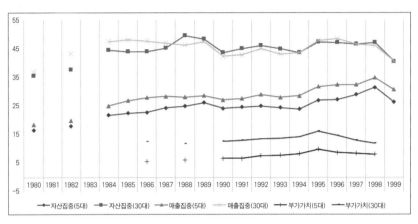

그림 13.4 재벌기업의 경제력 집중도(%), 1980~1999년
출처: 황인학·이인권·서정환·이병기·한현옥(2000). 『재벌구조와 재벌정책: 평가와 과제』. 서울: 한국경제연구원. p.27; 황인
학(1999). 『재벌의 다각화와 경제력집중』. 서울: 한국경제연구원. p.61.

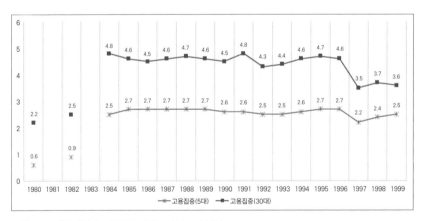

그림 13.5 재벌기업의 고용집중도(%), 1980~1999년
출처: 황인학·이인권·서정환 이병기 한현옥(2000). 『재벌구조와 재벌정책: 평가와 과제』. 서울: 한국경제연구원. p.27; 황인학
(1999). 『재벌의 다각화와 경제력집중』. 서울: 한국경제연구원. p.61.

....

88 이재회(1999). "1970년대 후반기의 경제정책과 산업구조의 변화: 중화학공업화를 중심으로." 김명
        섭·이재회·김호기·김용호·마인섭. 『1970년대 후반기의 정치사회변동』. pp.93-154. 서울: 백산서당.
        p.147.

이 낮았고 대외종속적 성격도 남아 있어서 독점자본의 성립이 반드시 탈종속을 의미하는 것은 아니라는 주장도 있다.[89]

국민국가의 차원에서 독점자본의 성립 여부가 중요한 이유는 독점자본의 성립이 포드주의 생산체제의 성립과 함께 한 사회가 종속에서 벗어나 상대적으로 독립적인 자본주의 축적체제를 구성하는 중요한 요소로 간주되었기 때문이다.[90] 우리가 익히 알고 있듯이 서구적 의미에서 포드주의 생산체제는 전체 노동자를 독점자본주의 체제 내로 포섭하는 분배체계로 복지국가의 성립을 요구한다. 그런데 만약 독점자본주의의 성립이 종속적 국민경제에 기초한 것이라면 독점자본과 포드주의에 기초한 자본주의 생산체제가 국민국가 내의 전체 노동계급을 포섭할 수 있는 잉여를 확보할 수 없다는 것을 의미한다. 이러한 이유로 만약 한국 자본주의가 종속적 성격을 갖고 있다면 한국에서는 서구와 같은 복지국가의 성립이 불가능해진다. 알랭 리피에츠(Alain Lipietz)는 『기적과 환상』에서 이를 '주변부 포드주의'라고 명명했다.

리피에츠가 이야기한 것처럼 포드주의 개념이 자립적인 국민국가를 전제하고 있기 때문에 포드주의에 '주변부'라는 형용사를 붙이는 것은 적절하지 않을 수 있다.[91] 하지만 서구의 포드주의와 한국의 포드주의를 구분하기 위해서는 주변부 포드주의라는 리피에츠의 개념이 필요해 보인다. 1980년대에 들어서면서 한국 자본주의는 독점자본의 지배체제와 포드주의 축적체제가 성립되었지만, 포드주의 노동과정의 핵심인 구상기능, 즉 "숙련을 요하는 제조업이나 엔지니어링 수준에 조응하는 직무와 생산과정"을 여전히 외국으로부터 들여왔다. 대량생산도 이루어졌지만, 이에 조응하는 대량소비는 해외시장에 의존했다. 이렇게 보면

....

89   유열(1986). "서론: 국가독점자본주의론의 한국적 수용에 관해." 島恭彥 외. 『국가독점자본주의론』. 유열 역. pp.5-20. 서울: 새길. p.18.
90   축적체제(regime of accumulation)란 "사회적 생산물의 소비와 축적 사이의 배분이 상당히 장기에 걸쳐 안정될 수 있도록 하는 규칙성들 전체를 지칭한다", 그러므로 축적체제는 자본축적 과정에서 발생하는 왜곡과 불균형의 문제를 흡수하거나 지연시킬 수 있다. Boyer, R.(2013[2004]). 『조절이론 1. 기초』. 서익진·서환주·정세은·김태황·이지용 역. (Théorie de la Régulation 1. Les Fondamentaux). 서울: 뿌리와 이파리. p.95; Lipietz. 『기적과 환상』. pp.32-33.
91   Lipietz. 『기적과 환상』. pp.8-9.

한국에서는 서구와 상이한 성격의 포드주의가 만들어졌다고 할 수 있다.[92] 물론 이러한 포드주의를 종속이라는 개념으로 설명할 수도 있지만, 주변부 포드주의라는 개념은 한국 같은 신흥공업국이 자본주의 세계체계와 결합되는 양식을 표현한 것이고 이 결합이 반드시 한국인에게 부정적이지만은 않았다는 점에서 저발전의 발전을 의미하는 종속의 개념을 적용하는 것은 논란이 될 수 있다.[93] 실제로 1986~1988년의 호황은 수출이 잉여의 유출이 아닌 유입이 될 수 있다는 것을 보여준 대표적 사례였다.

주목할 현상은 1980년대 중반부터 독점자본이 강화되면서 국내시장이 확대되고 대외무역에 대한 의존도가 감소했으며 자본재와 중간재의 수입도 감소하는 등 일부 생산수단의 국산화가 진행되었다는 것이다.[94] 포드주의의 중요한 특성 중 하나인 한국 자본주의의 구상기능이 강화된 것이다. 특히 1980년대에 들어서면 기업의 자금조달 방식 중 해외차입 비중이 현격히 줄어들었다. 〈표 13.2〉를 보면 1975년에 22.7%에 이르렀던 해외차입 비중은 1980년에 16.0%로 감소하고 1985년에는 0.6%로 급감한다. 1990년대에 들어 다소 증가했지만 기업의 자금조달에서 해외차입이 차지하는 비중은 10%대를 넘지 않았다. 국민총생산 대비 순외채의 비율도 1985년에 39.6%(355억 달러)에 이르렀지만 3저 호황을 경과하면서 1989년에는 1.3%(30억 달러) 수준으로 무려 96.7%나 감소했다.[95] 1970년대까지 한국 자본주의의 특성 중 하나였던 선진제국(특히 미·일)에 대한 금융적 종속이 1980년대에 들어서면서 급격히 완화되고 있었다.

더욱이 1986년에 대규모 경상수지 흑자가 발생하자 전두환 정권은 독점자본의 해외진출을 장려했다. 실제로 1980년대 중반 이후에 노동력이 부족해지고

....

92　김형기(1996). "1980년대 한국자본주의: 구조전환의 10년."『동향과 전망』4: 79-105. pp.81-82; Lipietz.『기적과 환상』. pp.112-113.

93　Lipietz.『기적과 환상』. pp.41-42. 종속이론의 핵심은 선진국의 발전이 저개발국가의 저발전을 요구하기 때문에 자본주의 세계체계에 편입된 저개발국가의 발전이 불가능하다는 것이다. Roxborough.『종속이론이란 무엇인가』; Amin.『세계적 규모의 자본축적』.

94　김형기. "1980년대 한국자본주의: 구조전환의 10년." pp.93-94.

95　김형기. "1980년대 한국자본주의: 구조전환의 10년." p.93.

표 13.2 기업의 자금조달 방식의 변화, 1970~1997년

	1970	1975	1980	1985	1990	1995	1996	1997
간접금융	26.0	21.2	34.5	48.5	38.4	31.8	29.1	37.9
예금은행	19.8	14.6	20.2	30.6	15.8	14.9	15.2	-
비은행금융기관	6.2	6.5	14.6	17.9	22.6	17.0	13.9	12.9
종금사차입	-	-	-	-	-	0.5	-0.4	24.3
(단기차입)	0.0	1.9	0.7	-1.7	3.7	-	-	1.8
보험차입	0.2	0.2	1.7	3.9	5.8	2.7	2.8	2.5
신탁차입	-	-	-	-	-	6.1	3.7	2.0
기타 차입[1]	6.0	4.4	12.1	15.7	13.2	7.7	7.9	17.9
직접금융	9.9	19.9	22.0	26.2	42.4	48.1	47.2	37.9
국공채	0.0	0.6	0.9	0.7	2.9	-0.9	0.3	0.5
기업어음	0.0	1.2	4.8	0.4	3.7	16.1	17.5	4.1
주식	9.1	17.2	10.5	11.2	14.2	14.4	10.9	7.7
회사채	0.7	0.8	5.9	13.9	21.5	15.3	17.9	22.9
해외차입	19.4	22.7	16.0	0.6	6.4	8.4	10.4	6.1
기타[2]	44.7	36.3	27.5	24.7	12.8	11.7	13.2	18.9
합계	100.0	100.0	100.0	100.0	100.0	100.0	100.0	100.0

주: 1) 1995년부터 신탁차입이 별도로 분리되어 부실채권정리기금차입에 포함됨. 2) 상거래신용, 정부차입, 미지급금, 퇴직급여충당금 등.

출처: 오영수(1998). "금융산업 구조조정." 김기태 · 이재은 · 김재훈 · 김성기 외. 『한국경제』. pp.271-300. 서울: 한울출판사. p.281.

1987년 7, 8, 9월의 노동자 대투쟁 과정에서 실질임금이 증가하자 자본의 해외투자가 증가했다.[96] 생산성의 측면에서도 종속성이 약화되어갔는데, 서구 국가 및 일본과의 생산성 격차도 감소했다. 특히 철강, 전자 등에서 생산성 우위를 확보하는 동시에 저임금체제도 유지되었다. 또한 독점자본은 해외에 독자적인 판매망을 구축하기 시작했고, 이에 따라 수출방식도 주문자상표 생산방식에서 자체상표 생산방식으로 바꾸기 시작했다.[97] 이로 인해 한국 독점자본의 이윤율은 1984년에 섬유, 철강, 전자, 자동차 등의 분야에서 11.1%를 기록했는데, 이는 미국과 일본 대기업의 이윤율 6.8%와 6.4%에 비해 두 배 가까이 높은 수준이었다. 한국

....

96   좌승희(1995). 『한국의 시장개방정책』. 서울: 한국개발연구원. pp.109-111; 김형기. "1980년대 한국자본주의: 구조전환의 10년." p.95.

97   이재회. "1980년대 한국자본주의의 성격." pp.244-253.

자본주의의 종속적 성격이 1980년대 들어 급속히 약화되고 독점자본의 본래 모습이 나타나기 시작한 것이다.

물론 반론도 있다. 1980년대의 한국 자본주의의 종속성은 약화되지 않았고 오히려 강화되었다는 주장도 있다.[98] 기술 같은 영역에서는 해외자본에 대한 종속성이 심화되었기 때문이다. 한국 자본주의가 첨단산업을 중심으로 재편되면서 기술의 해외 종속성이 심화되었다. 실제로 99대 기업의 차관 이자에 대한 기술사용료의 비중은 1976~1978년에 11.4%에서 1985~1987년에 63.9%로 무려 5.6배나 증가했다. 한국 자본주의의 종속 형태가 자본종속에서 기술종속으로 변화한 것이다. 1980년부터 1997년의 경제위기까지 한국 자본주의는 독점자본의 고유한 특성이 강화되면서 부분적으로 서구적 의미의 포드주의 특성이 나타난 동시에 소비를 해외시장에 의존하고 기술적 측면에서 종속이 심화되는 이중적인 모습을 보였다.

복지체제의 관점에서 보면, 이러한 주변부 포드주의 체제의 분명한 특성은 대량생산에 조응하는 대량소비를 해외시장에 의존해 독점자본이 국민국가의 차원에서 노동계급의 구매력을 보편적으로 높일 필요성이 상대적으로 낮았다는 점이다. 주변부 포드주의에 기초한 축적체제에서 독점자본이 요구하는 분배체계는 전체 시민을 포괄하는 방식이 아닌 해외의 대량소비를 충족시키는 수출부문에 관여하는 선별된 노동계급에 한정된 방식이었다. 실제로 한국의 재벌 대기업은 1990년대 이후에 반도체, 자동차 등 장치산업을 중심으로 급격한 자동화를 통해 국제경쟁력을 확보했고, 이러한 현상은 재벌 대기업의 성장과 국내산업 간의 연관성을 낮추면서 성장이 만들어내는 일자리의 수와 질을 낮추었다. 1980년대 이후의 한국 자본주의의 이러한 특성이 바로 '역진적 선별성'이라는 한국 복지체제의 경제적 토대가 되었던 것이다.[99]

....

98　정건화(1988). "개방국면하의 한국경제의 동향."『동양과 전망』3: 11-34. p.34.

99　사회보장제도에서 '역진적 선별성'이란 사회보장제도의 대상을 자산과 소득조사에 기초해 일정 수준 이하의 소득을 갖고 있는 사람으로 선별하는, 통상적으로 우리가 알고 있는 선별성에 대응하는 개념이다. 노동시장에서 상대적으로 소득이 높고 고용이 안정된 사람들만을 대상으로 사회보장이 제도화되

2. 권위주의 개발국가의 지속, 1980~1987년

박정희식 개발주의 정책은 정부로부터 더 많은 금융적 특혜를 얻기 위한 기업들의 (경쟁력의 강화가 없는) 기업 확장을 유발하면서 1970년대 말에 위기에 직면했다.[100] 국내적으로 독점재벌의 과잉·중복 생산으로부터 유발된 이러한 위기는 1970년대 말의 세계경제의 위기와 겹쳐지면서 한국 자본주의의 위기를 더욱 심화시켰다. 〈그림 13.6〉에서 보는 것처럼 1977년에 10.0%에 달했던 GDP 성장률은 1979년에 6.8%로 낮아졌고 1980년에는 −1.5%를 기록해 1956년 이래 최악의 상황에 직면했다.[101] 총소비와 총고정투자 증가율도 동 기간 동안 각각 5.5%에서 1.7%로, 30.2%에서 −10.7%로 낮아졌다. 그나마 수출증가율이 1979년에 2.0%에서 1980년에 8.2%로 회복한 것이 위안이었다. 문제는 경기침

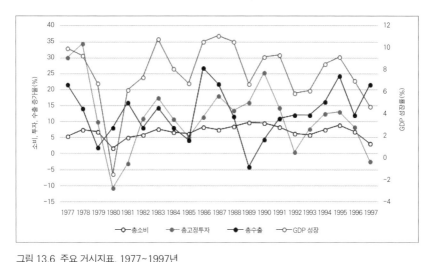

그림 13.6 주요 거시지표, 1977~1997년
출처: 한국경제 60년사 편찬위원회. 『한국경제 60년사 I: 경제일반』. p.198, 207, 209.

....

어 있는 상태를 설명하기 위한 개념으로 도입했다.

100 국민호(1988). "정부와 기업: 1980년대초 경제자율화조치 후의 변화와 그 한계." 『한국 사회학』 22(여름호): 155-181. p.163.

101 한국경제 60년사 편찬위원회(2010). 『한국경제 60년사 I: 경제일반』. 서울: 한국개발연구원. p.198, 207, 209.

체와 함께 물가가 급격히 오르는 전형적인 스태그플레이션이 발생했다는 점이다. 마이너스 성장을 기록한 1980년에 소비자물가와 생산자물가는 각각 28.7%와 39.0%나 상승했다. 경상수지도 1977년에 1200만 달러 흑자에서 1979년에 10억 9천만 달러 적자, 1980년에는 무려 50억 3천만 달러의 적자를 기록했다. 해방이래 가장 큰 규모의 적자를 기록한 것이다.

1970년대 말에 한국 자본주의가 직면한 이러한 위기를 타개하기 위해 전두환 독재정권은 안정화와 개방화 정책을 추진했다. 이러한 정책은 박정희 권위주의 정권 20년 동안 독점재벌에 금융적 특혜를 제공하고 이를 바탕으로 국내시장을 보호하고 수출을 확대해 성장했던 권위주의 개발국가가 만들어낸 위기에서 벗어날 수 있는 유일한 대안으로 인식되었다. 실제로 안정화 정책은 1970년대 중반 이후에 경제위기에 대한 서구 자본주의의 일반적인 대응방식이었다.[102] 안정화 정책을 둘러싸고 국가와 시장 간의 관계를 어떻게 설정할지에 대한 논쟁이 있었지만, 이는 어디까지나 시장의 역할을 강화하는 방식을 둘러싼 문제였다. 국가의 개입을 통해 시장의 역할을 강화할 것인지 아니면 국가의 개입을 최소화하는 방식으로 시장의 역할을 강화할 것인지를 둘러싼 대립이었다. 실제로 1970년대 말의 경제위기 이후에 한국 경제의 핵심 쟁점은 구자유주의 원칙에 충실한 시장주의(공정한 경쟁) 대 경쟁력 강화를 위한 시장주의(친재벌적 시장주의) 간의 경쟁이었다.

여하튼 안정화 정책은 박정희 권위주의 정권 시기의 강경식과 신현확으로 대표되는 경제기획원 관료들이 추진한 1979년 4월 17일의 '종합 경제안정화 시책'으로부터 시작되었다.[103] 안정화 정책의 핵심은 긴축재정정책과 이를 통화정책으로 보완하는 물가안정화 정책이었다. 긴축재정정책은 적자를 유발하는 곡물과 비료의 이중가격제도 폐지, 재정의 경기조절기능 강화, 재정건전성 유지 등으로 구성되었다. 하지만 성장에서 안정화로의 전환은 박정희 스스로 지금까지

....

102 Streeck, W. (2015[2013]). 『시간 벌기: 민주적 자본주의의 유예된 위기』. 김상희 역. (*Gekaufte Zeit*). 서울: 돌베개. p.64.

103 황성현(2015). "한국의 1980년대 긴축 재정정책 연구." 『예산정책연구』 4(2): 82-112. pp.85-87.

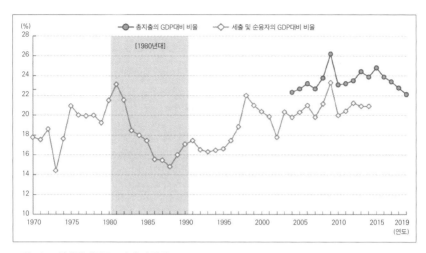

그림 13.7 상대적 재정규모의 추이 변화
출처: 황성현. "한국의 1980년대 긴축 재정정책 연구." p.95.

(적어도 1970년대 말 당시) 자신이 추진한 경제정책이 잘못되었다고 인정하는 것
이었다. 그래서 박정희는 경제기획원 관료들이 추진하는 안정화 정책에 공개적
으로 반대했고, 1979년 말부터 1980년대 초까지 GDP 대비 정부지출비중이 증
가했다.[104] 자유화 조치도 일부 규제품목을 독과점 규제대상 목록에서 제외하고
TV, 쌀 등 41개 품목에 대한 최고가격제도를 해제하는 수준에 그쳤다.

본격적인 안정화와 개방화가 이루어진 것은 1980년에 전두환 독재정권이
들어서면서부터이다. 전두환 독재정권이 집권한 이후에 박정희식 개발국가의 패
러다임이 조금씩 변화하기 시작했다.[105] 제5차 5개년계획 기간(1982~1986) 동
안에 본격적인 안정화와 긴축정책이 시행되었다. 〈그림 13.7〉에서 보는 것처럼
GDP 대비 정부지출규모는 1982년부터 급감했다. 1981년에 23%를 넘었던 GDP
대비 정부지출비중은 제5차 5개년계획의 마지막 해인 1986년에 이르면 15%대
로 낮아졌고 1987년의 민주화 이후에야 증가하기 시작했다. 1980년대의 초중반

....

104 강경식(2010).『국가가 해야 할 일, 하지 말아야 할 일』. 서울: 김영사. pp.264-265.
105 박병영(2003). "1980년대 한국 개발국가의 변화와 지속: 산업정책 전략과 조직을 중심으로."『동서연
     구』15(1): 31-61. p.43.

의 정부지출의 감소로 대표되는 한국의 안정화 정책은 서구 복지국가들이 인플레이션을 통한 성장정책을 폐기하면서 발생한 사회적 갈등에 국가부채의 확장을 통해 대응했던 것과는 상이했다. 실제로 미국에서는 1980년부터 클린턴이 집권한 1990년대 초까지 국가부채가 급격히 증가하기 시작했고, 독일에서도 1970년대 중반부터 국가부채가 증가하기 시작했다.[106] 스웨덴에서는 1970년대 후반부터 1980년대 중반까지 국가부채가 급증했다.

경제정책은 정부주도에서 민간주도로 전환되었고, 소득세 최고세율 인하, 조세감면대상의 확대 등 감세정책이 이루어졌다.[107] 독점재벌도 민간부문에 대한 정부개입을 축소하고 민간부문을 자유화할 것을 요구했다.[108] 독점재벌은 전통적으로 국내시장의 개방에 대해서는 유보적인 입장을 취했지만 1985년부터 3저 호황에 의한 큰 폭의 경상수지 흑자가 실현되자 주력 상품의 수출을 위해 개방이 불가피하다는 입장으로 돌아섰다. 문제는 1980년대에 이루어진 안정화와 자유화 조치가 1987년의 민주화 이후에 한국 복지국가의 확대를 제약하는 역사적 유산이 되었다는 점이다. 1980년대의 재정안정화 정책이 서유럽 복지국가들같이 복지지출로 대표되는 세출을 줄이는 방식만이 아닌 세입을 줄이는 방식과 함께 실행되었기 때문이다.[109] 일반적으로 급격한 경제성장은 조세부담률을 증가시켜 정부의 재정부담 여력을 확대시키는데, 1980년대에 이루어진 안정화 조치는 정부의 세입 여력 자체를 감소시켜 민주화 이후에 공적복지의 확대를 위해 사용할 수 있는 정부의 재정 여력을 축소시켰다. 조세부담률은 1979년에 16.8%에서 1987년에 15.4%로 낮아졌다. 박정희 정권 시기에 독재체제의 정당성을 확보하기 위해 실시한 세금감면이 전두환 독재정권 시기에도 안정화 정책이라는 명목하에 이루어졌다. 하지만 차이도 있었다. 박정희 권위주의 정권 시기에

....

106 Streeck. 『시간 벌기』. pp.74-76.
107 황성현. "한국의 1980년대 긴축 재정정책 연구." pp.88-91.
108 임휘철(2001). "축적체제의 위기와 재편: 1980년대." 김진업 편. 『한국자본주의 발전모델의 형성과 해체』. 서울: 나눔의 집. p.176.
109 황성현. "한국의 1980년대 긴축 재정정책 연구." p.93.

는 대규모 조세감면에서도 불구하고 조세부담률이 점진적으로 상승했지만 전두환 정권에서는 조세부담률이 낮아졌다. 또 다른 문제는 안정화 정책이 노동자들의 저임금과 농업보조금 삭감 등과 같은 노동자와 농민의 희생 위에 실행되었다는 점이다.[110] 전두환 정권이 개방정책이라는 농업포기정책을 추진할 수 있었던 이유는 농촌의 과잉인구가 소멸해 더 이상 농촌이 노동력 공급원이 아니었기 때문이다.[111]

국가-금융(은행)-재벌로 이어지는 국가주도의 경제개발도 은행의 민영화와 자유화가 진행되면서 변화하기 시작했다. 1982년에는 수출금리와 일반금리가 10%로 동일해지면서 수출기업이 금융에서 얻었던 추가지대가 사라졌다. 은행의 민영화로 은행의 소유주가 국가에서 민간 기업으로 변화했고, 국가의 통제는 직접통제에서 간접통제로 전환되었다. 다만 은행이 민영화되고 민간 기업이 대주주가 되었지만 은행의 인사 및 경영권은 여전히 정부의 통제하에 있었다. 결정적으로 정부가 한국은행에 대한 통제권을 놓지 않았기 때문에 시장주의자들이 원하는 실질적 자유화는 이루어지지 않았다.[112] 여전히 정부가 민간 기업보다 우위에 있었다. 〈표 13.2〉에서 보았던 것처럼 정부의 통제하에 있는 은행에서 기업이 자금을 조달하는 비율은 1975년에 14.6%에서 1985년에 30.6%로 증가했다. 안정화와 자유화 조치가 취해졌다고 성장전략이 변한 것도 아니었다. 1980년부터 1987년까지 한국 경제는 여전히 수출주도형 성장전략[칼도어(kaldor)적 전략]을 유지했다.[113]

전두환 독재정권은 박정희 권위주의 체제하에서 제정된 철강공업육성법, 전자공업진흥법, 석유화학공업육성법 등 특정산업을 직접 지원하는 각종 육성법을 폐지하고 공업발전법(1986년 7월)을 제정해 산업정책의 방향을 간접지원과

....

110 임휘철. "축적체제의 위기와 재편: 1980년대." p.171.
111 서익진. "한국 산업화의 발전양식: 축적과 조절의 관점에서." p.79.
112 국민호. "정부와 기업: 1980년대초 경제자율화조치 후의 변화와 그 한계." pp.168-170.
113 조성렬(1996). "노태우 정권의 경제개혁과 국가전략의 변화." 『한국정치학회보』 30(2): 187-208. p.193.

기능별 지원 체제로 전환하고 민간참여도 유도했다.[114] 또한 1980년대 초에 불황을 극복하기 위한 산업의 구조조정 및 합리화 정책과 산업의 국제경쟁력을 제고하기 위한 중소기업 육성 및 기술개발 정책을 시행해 국내산업 간의 연관성을 확대·심화시키려고 했다. 이러한 산업구조조정 정책으로 경쟁력이 낮은 업종에 파산, 해외진출, 업종전환을 모색하게 하고 경쟁력이 있는 기업들에 첨단화, 기술개발, 자동화를 추구하게 해서 산업의 고부가가치화를 도모했다.

산업정책의 방향이 변화하자 1980년대에 기계, 전기전자, 산업용 화학, 자동차, 제1차 금속 등에 대한 투자가 증가하면서 한국 경제는 섬유, 식품 등 경공업보다 자동차, 전기전자 등 중화학공업이 경제성장에 더 큰 기여를 하는 구조로 변했다. 특히 1986년부터 1988년까지 연평균 20.1%에 달하는 폭발적인 수출 증가는 국내산업 간의 연관성을 심화시켰다.[115] 1970년대의 재벌의 성장은 중소기업을 도태시키는 방식으로 이루어졌지만, 1980년대에 들어서면서 대기업은 조립, 중소기업은 부품을 생산하는 방식으로 국내 분업이 부분적으로 확대되었다.[116] 실제로 중소기업의 하청 비율은 1978년에 14%에 불과했지만 1987년이 되면 48.5%로 급증했다. 더불어 박정희 권위주의 시기와 구분되는 이 시기의 산업 변화의 가장 중요한 특징 중 하나는 이러한 변화가 국가의 강압적 정책수단이 아닌 자본의 이윤추구라는 목적에 따라 이루어졌다는 점이다.[117]

....

114 이상철(2003). "박정희시대의 산업정책: 역사와 성격." 이병천 편.『개발독재와 박정희시대』. 서울: 창비. p.125; 임휘철. "축적체제의 위기와 재편: 1980년대." pp.173-180.

115 한국경제 60년사 편찬위원회.『한국경제60년사 I: 경제일반』. p.198; 임휘철. "축적체제의 위기와 재편: 1980년대." p.179.

116 이재회. "1980년대 한국자본주의의 성격." p.242; 정준호(2016). "한국 산업화의 특성과 글로벌 가치사슬." 이병천·유철규·전창환·정준호 편.『한국의 민주주의와 자본주의: 불화와 공존』. pp.70-111. 서울: 돌베개.

117 임휘철. "축적체제의 위기와 재편: 1980년대." p.180.

3. 내수 중심의 축적체제로의 전환, 1987~1990년

1985년 9월에 미국, 일본, 서독, 영국, 프랑스의 G5 국가들은 미국 뉴욕에 있는 플라자 호텔에서 미 달러에 대한 각국 통화의 환율 수준에 합의했다. 핵심은 달러화에 대한 각국 통화의 가치를 절상하는 것이었다. 1985년 말에 미화 1달러당 238.54엔이었던 일본 엔화는 1987년이 되면 144.64엔으로 39.4% 절상되었다. 개발도상국이었던 대만의 대만달러화도 동 기간 동안 1달러당 39.8대만달러에서 28.55대만달러로 28.3% 절상되었다. 반면 한국의 원화는 1달러당 890원에서 792.3원으로 11.0% 절상되는 데 그쳤다. 이자율과 원자재 가격도 낮아져서 3저 호황 국면이 1986년부터 1988년까지 이어졌다. 〈그림 13.4〉에서 보았던 것처럼 이 시기에 GDP와 수출이 급증하면서 한국의 대외종속성이 약화되었다. 하지만 이러한 변화는 한국 시장에 대한 개방 수준을 높이는 계기가 되었다. 1970년대까지만 해도 미국은 한국의 발전이 미국의 이해에 반하지만 않는다면 미국 시장에서 한국이 이윤을 얻는 것에 반대하지 않았다. 한국과 미국의 관계는 남미와 미국의 관계와 달리 경제적 잉여를 수취하기 위한 지배-종속의 관계가 아니라 군사적 안전을 보장받는 후원-수혜의 관계라는 성격이 더 강했기 때문이다.[118] 이것이 한국이 미국 시장에 막대한 수출을 하면서도 국내시장을 보호할 수 있었던 이유였다.

그러나 1980년대 중반에 들어서면서 상황이 변화하기 시작했다. 특히 1986년에 한국이 대규모 경상수지 흑자를 기록하자 미국의 시장개방 압력이 거세졌다. 미국은 일반특혜관세제도(Generalized System of Preferences)의[119] 대상에서 한국을 제외하고 (미국의 입장에서) 불공정한 무역대상국을 제재할 수 있는

----

118 임현진·권태환(1984). "국가와 국제정치·경제체제: 한국에서의 종속적 발전의 경험."『한국 사회학 연구』7: 53-80. p.72.

119 개발도상국의 산업화를 촉진하기 위해 선진제국(미국)이 개발도상국으로부터 수입하는 농수산품과 공산품에 대해 관세를 부과하지 않거나 부과하는 경우에도 낮은 세율을 적용하는 특별관세제도를 의미한다.

슈퍼301조라는 압력수단을 사용해 한국 시장의 개방을 강제했다.[120] 이에 따라 1980년대 중반을 넘어서면서 수입개방이 전면화되기 시작했고 그동안 수입개방 대상에서 제외되었던 농산물의 개방까지 요구받았다. 1979년에 68.6%에 불과했던 수입자유화율은 1985년에 87.7%, 1990년에 96.3%까지 높아졌다. 관세율도 1985년에 21.3%에서 1989년에는 12.7%로 낮아졌다.

한국의 민주화는 이러한 경제적 조건의 변화와 함께 이루어졌다. 민주화 이후의 첫 직선제 정부인 노태우 정부가 출범한 1988년의 경제 상황은 매우 좋았다. 1986년부터 시작된 3저 호황 국면이 지속되는 가운데 경상수지 흑자는 100억 달러 이상을 기록했고 경제도 12%나 성장했다.[121] 더욱이 인플레이션이 3%대로 안정되면서 낮은 인플레이션과 높은 경제성장이라는 최고의 상태를 유지했다. 노동자의 실질임금이 노동생산성 수준 이상으로 상승하고 있었지만 3저 호황에 따른 우호적인 경제여건으로 인해 재벌이 이를 감수했다. 더욱이 1987년에 노동자 대투쟁이 있었지만 1988년을 기준으로 한국의 임금수준은 1980년의 91.9% 수준에 그쳤다. 동 기간 동안 경쟁국인 대만의 임금은 82.3%나 상승했고 일본도 58.8%나 상승했던 것과 비교하면 여전히 낮은 수준이었다.[122] 1989년부터 수출증가율이 둔화되었지만 내수의 증가가 수출부문의 감소를 대신하면서 1990년의 활황을 이끌었다.[123]

수출부문의 경제성장에 대한 기여율은 1988년에 5.3%에서 1989년에 -1.7%, 1990년에 2.1%로 낮아진 데 반해 국내수요의 기여율은 동 기간 동안 10.0%, 13.4%, 12.3%를 기록했다. 임금인상과 주택 200만 호 건설 등 부동산 정책 및 주식시장 개방과 활성화 정책 등 자산소득의 증대에 힘입어 민간소비가 확대되고 내수가 확대되기 시작한 것이다. 특히 노태우 정부가 1992년 1월 국내주

....

120 임휘철. "축적체제의 위기와 재편: 1980년대." pp.175-176.
121 송치영(2012). "노태우 정부의 주요 경제정책 평가: 성장, 금융자유화 및 개방, 물가안정화 정책을 중심으로." 강원택 편. 『노태우 시대의 재인식』. pp.295-324. 서울: 나남. p.296.
122 임휘철. "축적체제의 위기와 재편: 1980년대." p.184.
123 박병규(1991). "3저호황 이후 한국경제의 동향과 전망." 『동향과 전망』 14: 149-167. p.152.

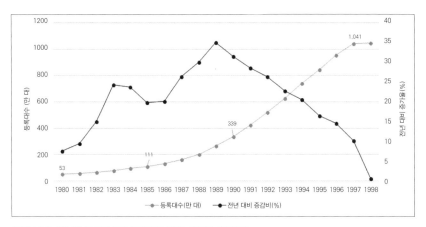

그림 13.8 자동차 등록대수와 증가율의 변화, 1980~1998년
출처: 국토교통부(각 연도). 『자동차 등록 현황』.

식시장에서 외국인의 직접매수를 허용하는 조치를 취해 자본시장도 개방되기 시작했다. 주식시장의 규모도 급격히 성장했다. 1991년에 GDP 대비 28%였던 주식시장 규모는 1994년에 68%로 급성장했다.[124] 내수도 확대되었다. 〈그림 13.8〉에서 자동차 등록대수의 증가를 통해 중간계급의 구매력이 확대되고 내수시장이 확장되는 모습을 확인할 수 있다.

고용시장도 완전고용 상태를 유지했다. 서구의 경우에 복지국가가 완전고용을 실현하는 데 중요한 역할을 했지만, 한국은 1980년대 중반 이후에 노동력의 부족 현상이 나타나면서 완전고용 상태에 이르게 되었다. 정권 차원에서도 대략 이 시기 동안에 케인스주의 경제학자인 조순이 부총리로 취임하면서 노동과 자본 간의 세력균형에 기초한 고임금과 내수 확대를 통한 케인스주의적 축적전략을 추진했다.[125] 국내수요가 수출을 대신해 경제성장을 이끄는 서구와 같은 포드주의 축적체제가 구현되는 듯했다.

포드주의 축적체제의 또 다른 구성요소 중 하나인 첨단기술개발 등 한국 지

....

124   송치영. "노태우 정부의 주요 경제정책 평가." p.310.
125   조성렬. "노태우 정권의 경제개혁과 국가전략의 변화." p.196.

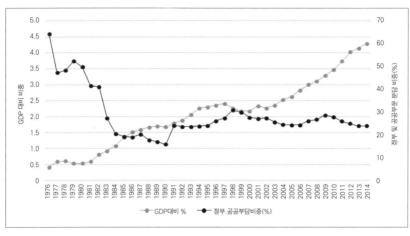

그림 13.9 GDP 대비 연구개발비의 비중, 1976~2014년

출처: 미래창조과학부(각 연도). 『연구개발활동조사』.

본주의의 핵심 구상능력도 부분적으로 높아졌다. 〈그림 13.9〉를 보면 GDP 대비
연구개발비의 비중은 1980년에 0.54%에서 1988년에 1.67%, 1989년에 1.71%
로 높아졌다. 주목해야 할 변화는 1970년대와 달리 이러한 기술개발을 국가가 아
닌 민간이 주도했다는 점이다. 전두환 독재정권에서 시작된 금융자유화와 개방
화도 민주화 이후에 더 적극적으로 추진되었다. 1988년 12월에 여신금리를 중심
으로 금리자유화를 단행하면서 대규모의 통화를 시중에 방출했다. 하지만 기업
의 자금수요의 증가로 실질금리가 상승하고 국제 경제상황이 악화되면서 노태우
정부는 다시 금리에 개입하게 된다.[126]

　　1987년 6월부터 1990년 1월까지의 기간 동안에 한국 자본주의에서 처음으로
내수 확대를 통해 성장을 도모하는 본래적 의미의 포드주의 축적체제가 실현되는
듯했다. 실제로 제조업의 부가가치 중 인건비가 차지하는 비중이 1987년에 47.0%
에서 1988년에 48.9%, 1989년에 51.2%, 1990년에 52.3%로 높아지면서 지금의
관점에서 보면 소위 내수 중심의 소득주도성장전략이 실행되었던 것이다. 하지만

....

126 송치영. "노태우 정부의 주요 경제정책 평가." pp.312-313.

1988년부터 제조업의 경상이익률이 하락하면서 내수 중심 성장전략의 지속 가능성이 불투명해졌다.[127] 노태우 보수정부와 재벌 대자본은 핵심 구상능력과 노동자의 숙련에 기초해 생산성을 높이고 내수 확대를 통해 대량생산과 대량소비라는 포드주의 축적체제를 만들기 위한 노력을 지속할 것인지 아니면 노동을 배제하고 자동화에 기초한 생산성의 향상이라는 재벌 중심의 성장전략을 채택할 것인지를 선택해야 하는 상황에 직면했다. 이런 상황에서 1990년 1월에 보수대연합이 전격적으로 이루어졌다. 선택은 결국 후자였다. 축적체제는 계급 간의 힘의 관계를 반영할 수밖에 없는데, 계급의 이해를 대표하는 정치세력이 없는 상황에서 노동계급은 보수대연합에 대항해 포드주의 축적방식을 지속시킬 수 없었다.

4. 개발주의적 신자유주의 국가로의 이행, 1990~1997년

1990년 1월의 3당 합당으로 대표되는 보수대연합의 탄생은 1987년 6월 민주화 항쟁 이후에 추진된 정치사회개혁을 단막극으로 끝나게 했다. 노동자를 비롯한 민중부문의 이해를 대변할 수 있는 정치세력이 부재한 가운데 다시 구축된 국가와 자본의 연합전선은 민주세력의 힘을 압도했다. 더욱이 앞서 언급했던 것처럼 보수대연합의 반대세력이 호남을 기반으로 하는 지역세력으로 축소되면서 호남을 고립시키는 지역 구도가 강화되었다. 이러한 조건에서 노동자의 숙련도 향상에 기초한 포드주의 축적체제의 실현은 불가능해 보였다. 실제로 〈그림 13.10〉에서 보는 것처럼 1990년의 로봇밀도는[128] 6.1로 일본 182.7, 독일 30.9, 미국 19.6과 비교해 매우 낮은 수준이었다. 그러나 1990년 이후에 성장전략이 노동의 숙련을 배제한 자동화에 기초한 조립산업형 수출주도 성장체제로 확정되면서 자동화율은 급격히 높아졌다. IMF 외환위기 직후인 1998년의 수치를 보면, 한국의 로봇밀도는 80.2로 일본의 298.8보다는 여전히 낮았지만 독일의 90.0에

....

127 박병규. "3저호황 이후 한국경제의 동향과 전망." pp.159-161.
128 노동자 1만 명당 산업로봇의 수로, 자동화율을 대표한다고 할 수 있다.

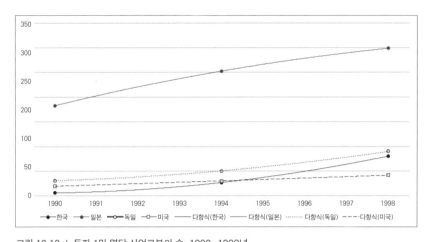

그림 13.10 노동자 1만 명당 산업로봇의 수, 1990~1998년

출처: International Federation of Robotics(2016). "World Robotics Report 2016: European Union Occupies Top Position in the Global Automation Race."

근접했고 미국의 41.5보다는 두 배 가까이 높았다. 불과 8년 만에 로봇밀도가 6.8배 높아진 것이다. 재벌 대기업의 관점에서 보면, 그들의 이해가 숙련된 노동자의 재생산이 아닌 자동화된 생산체제를 관리·유지하는 소수 엔지니어의 재생산에 있다는 것을 의미했다. 생산체제와 복지체제의 상보적 관계를 고려하면 당연히 공·사적 보장체계 또한 이들 소수 노동자의 이해에 기초한 방식으로 제도화되어 갈 수밖에 없었다.

정부는 1990년의 3당 합당 이후에 김영삼 정부 초기를 제외하면 1997년까지 국제경쟁력의 강화라는 명목하에 친재벌적인 신자유주의 노선을 강화했다. 특히 김영삼 정부는 OECD 가입을 위해 정부규제를 완화한 것은 물론 외국인 투자업종의 제한을 폐지하는 등 자본거래를 자유화하고 서비스 시장을 개방해 1980년 이래 지속된 개방정책을 적극 확대했다.[129] 전두환 독재정권에서 시작된 금융자유화는 김영삼 정부에 이르러 더욱 확대되었고, 시장은 국가를 대신

....

129 김성수·유신희(2014). "김영삼 정권의 신자유주의 경제개혁: 기술관료와 정당엘리트의 상호관계를 중심으로." 『사회과학연구』 25(4): 131-157. pp.149-151.

해 금융통제의 주체가 되었다. 국가가 자본 조달을 통제해 재벌을 규율할 수 있는 여지가 현격히 감소한 것이다. 수십 년 동안 정부의 통제를 받던 재벌이 더 이상 정부의 통제 없이 자금을 조달할 수 있게 되었다. 1985년에 기업의 자금조달 비중에서 0.6%에 불과했던 해외차입이 1997년의 외환위기 직전인 1996년에는 10.4%로 불과 10년 만에 무려 17.3배나 증가했다.[130] 물론 기업의 자금조달 방식의 변화가 한국 자본주의만의 특성은 아니었다. 1980년대 이후의 신자유주의화에 따른 기업의 자금조달 방식의 일반적 특성이었다. 제12장에서 언급했지만, 프랑스 기업의 자금조달 방식도 회사채와 주식 발행과 같은 자기자금 조달 방식은 1995년부터 1997년까지 각각 65%, 25% 증가한 반면 (은행 등으로부터의) 차입은 12% 감소했다.[131] 프랑스만이 아니었다. 일본도 프랑스와 유사한 경향을 보였다.[132]

큰 틀에서 보면, 김영삼 정부는 국가와 노동의 힘을 약화시키고 재벌로 대표되는 시장의 힘을 강화했다. 하지만 김영삼 정부가 재벌로 대표되는 자본의 힘을 일방적으로 강화하려고 했던 것만은 아니었던 것 같다.[133] 1996년 5월에 김영삼 정부는 노사개혁위원회를 설치해 한편으로는 노동시장을 유연화하는 정책을 추진하고 다른 한편으로 복수노조 금지, 노동조합의 정치활동 금지 등 권위주의 정

....

130 오영수. "금융산업 구조조정." p.281. 1997년의 IMF 경제위기의 원인에 대해서는 제14장에서 검토할
     것이다.
131 Duménil, G. and Lévy, D. (2006[2000]).『자본의 반격: 신자유주의 혁명의 기원』. 이강국 · 장시복 역,
     (*Crise et Sortie de Crise: Ordre et Désordres Néolibeéraux*). 서울: 필맥. p.167, 250.
132 왜 이런 일이 벌어졌던 것일까? 다시 말해 왜 한국 자본주의는 금융시장과 자본시장의 자유화를 통해
     더 많은 투자를 위한 자본을 필요로 했던 것일까? 제5절의 〈그림 13-16〉에서 보는 것처럼 한국의 순저
     축률은 1980년에 8.2%에서 1990년대 초에 이르면 20%를 넘어서서 투자할 수 있는 자본이 풍부해졌
     다. 이러한 지표는 한국 자본주의가 더 많은 투자를 위해 더 많은 자금을 필요로 했다는 주장의 설득력
     이 크지 않다는 것을 말해준다. 신케인스주의 학자이자 2001년에 노벨경제학상을 받은 컬럼비아 대학
     의 조지프 스티글리츠(Joseph Stiglitz)는 1990년대에 이루어진 동아시아 국가들의 자본시장과 금융
     시장의 자유화는 전적으로 미국 재무부와 그 이해를 대변하는 IMF 같은 국제기구의 압력 때문이었다
     고 단언한다. Stiglitz, J. (2000). "What I Learned at the World Economic Crisis." *Materials Prpared
     for Summer Institute 2000, Robarts Centre for Canadian Studies*. p.1. 출처: http://www.yorku.
     ca/drache/talks/2000/pdf/stiglitz_worldban.pdf, 접근일 2017년 3월 5일.
133 안재홍(2013).『복지 자본주의 정치경제의 형성과 재편』. 서울: 후마니타스. p.444.

권의 적폐를 개혁하려고 했다.[134] 1993~1994년에 김영삼 정부는 사회적 합의를 통해 임금결정구조를 개편하려고 시도했다.[135] 5개 경제단체(한국경영자총협회, 전국경제인연합회, 대한상공회의소, 중소기업중앙회, 한국무역협회)와 한국노총이 참여해 노사가 자율적으로 임금을 협상했다. 노사 양측은 1993년 4월 1일에 임금인상률을 4.7~8.9% 범위 내로 제한하는 것에 합의했다.[136] 하지만 한국노총과 경총 간에 이루어진 중앙단위의 임금협상은 대기업 노동조합의 거센 반발로 실현되지 못했다. 한국노총의 조사에 따르면, 중앙단위의 협상을 지지하는 대의원급 이상 노조 간부의 비율은 2.3%에 불과했다.[137] 소득정책은 1994년에도 시도되었는데, 이때는 임금인상률만이 아니라 고용보험의 조기실시, 근로자주택 10만 호 공급, 형평과세의 실현 등 복지정책에 대한 합의도 있었다. 하지만 이 합의 또한 상대적으로 낮은 임금인상률(호봉승급분을 포함하지 않았을 때 5.0~8.7%) 때문에 현장 노동자의 동의를 이끌어내지 못했다.[138]

이러한 김영삼 정부의 시도가 1980년대 이후의 스웨덴, 덴마크, 네덜란드, 오스트리아 등의 사회협약 또는 코포라티즘(corporatism)과 유사했다는 일부의 평가에 대해서는 좀 더 정확한 분석이 필요해 보인다.[139] 현상적으로 보면 중앙단위에서 노동조합과 자본이 임금으로 대표되는 노동문제에 합의한 것은 사실이지만, 김영삼 정부 시기의 사회적 합의 시도는 제도적이기보다는 정부의 단기적 정책 목표를 실현하기 위한 일회적 도구로 보였기 때문이다. 그럼에도 불구하고 김영삼 정부가 노사정 협의기구를 구성해 임금과 노동문제를 사회적 합의로 풀어나가려고 했던 것은 국가주의 코포라티즘에 익숙했던 한국 사회에서 사회적 코포라티즘을 제도화하려는 중요한 시도였다. 만약 김영삼 정부의 시도가 성공했다면 노동과 자본 간의 권력관계는 조금 더 균형적으로 구성될

....

134 최영기·김준·조효래·유범상(2001). 『1987년 이후 한국의 노동운동』. 서울: 한국노동연구원. p.114.
135 노중기(1996). "노사관계 개혁과 한국의 노동정치." 『경제와 사회』 31: 8-33. p.13.
136 한겨레신문. "올 임금인상, 4.7~8.9% 타결."
137 합의 이후에 정부가 임금인상률에 호봉승급분이 포함된다는 발표를 하자 반발은 더욱 거세게 일었다.
138 최영기 외. 『1987년 이후 한국의 노동운동』. pp.409-412.
139 안재홍. 『복지 자본주의 정치경제의 형성과 재편』. p.444.

수 있었을지 모른다. 하지만 김영삼 정부가 사회적 합의를 통해 소득정책과 복지확대를 실천하려 했던 시도는 1996년 12월 26일 새벽 4시에 집권 여당인 신한국당(현재 국민의힘)이 노동시장을 유연화하는 노동법을 날치기 통과시키면서 무산되었다. 노동자들은 1987년 7, 8, 9월의 대투쟁 이후에 가장 강력한 파업과 투쟁을 전개했다. 결국 1997년 1월 21일에 김영삼 대통령은 여야 영수회담을 통해 노동법 재개정의 가능성을 열었고 여야 합의에 의해 3월 10일에 개정된 노동법이 통과되었다. 민주노총이 드디어 합법적인 정치공간으로 진입했고, 노동시장의 유연화를 상징적으로 보여주는 '정리해고' 조항은 2년간 유예되었다.[140] 이제 노동시장의 유연화와 사회적 합의의 제도화라는 과제는 1998년에 수립된 김대중 정부로 넘겨졌다.

정리하면, 1980년부터 1997년의 경제위기 직전까지 한국 자본주의는 1987

경총과 한국노총의 대표가 임금조정에 합의한 후에 악수하고 있다. 왼쪽부터 한국노총의 이종완, 강석주 부위원장, 경총의 황정현 부회장, 이휘영 럭키화재 사장(사신출처: 연합뉴스).[141]

....

140   이원덕·이성희·문무기·배규식·조성재·유범상·김원배·김동배·안주엽·황수경·장지연·허재준·
       이승렬·정진호·김승백(2003). 『한국의 노동, 1987-2002』. 서울: 노동연구원. pp.167-168.
141   한겨레신문(1993). "올 임금인상, 4.7~8.9% 타결." 『한겨레신문』. 1994년 4월 2일자 1면.

년의 민주화에도 불구하고 대량생산체제가 국민국가의 대량소비체제로 이어지지 못해 서구와 같은 포드주의 축적체제를 만들지 못했다. 1986년부터 1988년까지 3저 호황을 지나면서 잠시 동안 국내수요를 확대하기 위한 시도를 하지 않은 것은 아니었지만 3저 호황에 뒤이은 경기침체와 보수대연합의 탄생으로 지속되지 못했고, 다시 재벌 중심의 경쟁력을 강화하기 위한 신자유주의 정책으로 전환되었다. 사회적 합의를 통해 노동과 자본 간의 권력관계를 제도화하려는 시도도 했지만 사회적 합의를 성공적으로 안착시키지는 못했다. 결국 1980년부터 1997년까지의 시기를 지나면서 한국은 국가 중심의 개발국가에서 국가가 시장의 역할을 강화하기 위해 선별적으로 개입하는 개발주의적 신자유주의 국가로 전환되어갔다. 제5절에서는 이상의 정치체제와 경제체제가 만들어놓은 한국의 복지체제를 검토해보자.

제5절 주변부 포드주의 생산체제의 복지체제[142]

서구에서 복지국가라는 분배체계가 형성될 수 있었던 전제 중 하나는 대량생산체제의 성립과 함께 이를 국민국가 단위에서 소비할 수 있는 구매력을 갖춘 광범위한 노동계급이 형성되었기 때문이다. 더 정확히 이야기하면, 대량생산과 대량소비라는 포드주의 생산양식의 분배체계로서의 복지국가는 단순히 임금노동자의 양적 확대만이 아닌 노동계급이 자신의 몫을 정치적으로 주장하고 관철할 수 있는 정치적으로 조직된 주체로 성장했기 때문에 가능했다. 이런 점에서 1980년대 중반 이후에 한국에서 진행된 민주주의 이행은 한국 사회가 일하는 사람들로 대표되는 대다수 시민의 이해에 조응하는 새로운 복지체제를 만들어갈 수 있는 세 번째 기회의 창을 열었다.[143]

....

142 제5절의 일부 내용은 다음 글의 일부 내용을 수정 · 보완한 것이다. 윤홍식(2018). "민주주의 이행기 한국복지체제, 1980-1997." 『한국사회복지학』 70(4): 37-68.

143 사실 1980년대에는 기회의 창이 두 번 열렸다. 한 번은 1979년 10월의 박정희 권위주의 체제의 몰락과

1987년 이전까지 한국 자본주의는 억압적인 노동정책과 저임금으로 대표되는 원초적(유혈적) 테일러주의에[144] 기초해 산업화와 대량생산체제를 형성했다. 복지체제의 관점에서 보면, 1987년 6월의 민주화 항쟁의 의미는 한국 사회가 이러한 원초적 테일러주의를 종식시키고 대량생산과 이에 조응하는 대량소비를 가능하게 하는 복지체제를 만들어갈 수 있는 우호적인 정치적 조건을 창출했다는 것이다. 그러나 제3절에서 다루었듯이 1987년 6월 이후의 민주주의 이행은 노동계급을 중심으로 한 기층 민중부문의 독자적 정치세력화로 이어지지 않았다. 사회적 균열은 계급과 계층의 이해가 아닌 지역에 따라 나누어졌다. 한국의 민주화는 대량생산에 조응하는 대량소비체제가 형성될 수 있는 정치적 조건을 만드는데 실패했다. 권위주의 세력과의 타협에 의한 민주주의 이행으로 한국 사회에는 국가가 주도했던 경제성장을 '공정한 경쟁'으로 대표되는 구자유주의 원리를 중심으로 재편할 것인지, 아니면 국가경쟁력을 강화하기 위해 다시 국가가 중심이 되어 재벌기업의 경쟁력을 강화하는 신자유주의적 개혁을 할 것인지의 선택만 남아 있었다.

이러한 인식에 기초한 제5절의 핵심 질문은 1960~1970년대에 이루어졌던

········

함께 이루어진 1980년 민주화의 봄이었다. 하지만 4·19혁명이 5·16 군사쿠데타에 의해 무산되었듯이, 이 기회의 창도 전두환 신군부세력의 5·17 군사쿠데타로 닫혔다. 다른 한 번은 1987년 6월의 민주화 항쟁으로 촉발되었다. 이때 한국 사회는 비로소 민주화의 길을 걷게 되었다. 첫 번째 기회의 창은 1945년 8월 15일에 해방과 함께 열렸다. 이때 사민주의 분배체계를 구축할 수 있는 기회가 있었지만, 미군정기와 한국전쟁을 거치면서 국민 다수의 이해를 대변하는 좌파의 몰락으로 닫혔다. 두 번째 기회의 창은 1960년 4·19혁명과 함께 열렸다. 이때 자유주의 복지체제를 만들 수 있는 기회가 있었지만 이 역시 1961년에 5·16 군사쿠데타에 의해 무산되었다.

144 원초적(유혈적) 테일러주의는 리피에츠가 규제되지 않은 노동시장과 노동계급을 억압한다는 의미에서의 '유혈적'이라는 개념과 반숙련 노동력의 세밀한 분업을 의미하는 '테일러주의'의 합성을 통해 동아시아 신흥공업국의 생산체제를 설명하려고 개념화한 용어이다. Jessop, B. and Sum, N.(2006). *Beyond the Regulation Approach: Putting Capitalist Economies in Their Place.* Northampton, MA: Edward Elger. p.157. 리피에츠의 말로 표현하면, "유혈적 테일러주의라는 개념은 저임금, 장시간 노동, 강한 노동강도 등으로 매우 높은 수준으로 착취하고 생산된 상품의 대부분을 선진국으로 수출하는 사회를 설명하기 위한 제한적인 테일러주의적 산업활동의 비편재화라는 의미를 압축하고 있다." Lipietz, A.(1997). "The Post-fordist World: Labour Relations, International Hierarchy and Global Ecology." *Review of International Political Economy* 4(1): 1-41. p.7.

유혈적 테일러주의 생산체제가 노동자의 저항으로 한계에 부딪치면서 한국 자본주의가 새로운 생산방식을 모색했던 1980년부터 1997년까지의 복지체제의 성격을 규명하는 것이다. 이는 한국에서 대량생산체제의 확립과 노동계급의 양적 성장이 대량소비로 이어졌는지를 판단하는 것이고, 만약 대량소비체제가 성립되었다면 그 성격이 어떠한지를 규명하는 것이다. 또한 국민국가 차원에서 대량소비체제는 노동체제의 특성과 밀접한 관련이 있다는 점에서 이 시기 노동체제의 특성을 노동시장의 분절(기업내부노동시장), 임금체계, 외주화의 문제를 중심으로 살펴보았다. 이처럼 대량소비체제의 성립 여부를 규명하는 것이 중요한 이유는 대량소비체제의 성립 여부가 한국 복지체제의 성격을 밝히는 핵심적 준거이기 때문이다. 서구 복지국가에서 성립된 포드주의 생산체제와 비서구국가의 산업화 과정에서 성립된 생산체제를 구분하는 가장 중요한 준거 중 하나는 대량소비를 위한 사회적 제 조건이 성립되었는지를 판별하는 것이다.[145] 그리고 그것을 판단하는 핵심 기준은 완전고용의 실현과 노동력의 숙련에 기초한 생산성의 향상에 조응하는 임금수준, 임금소득의 상실에 대응해 생활수준을 유지시켜줄 수 있는 사회보험과 사회수당 등 공적 탈상품화 정책의 제도화 여부이다. 먼저 이 시기의 한국 복지체제의 전반적인 변화에 대해 기술하고, 이어서 구체적으로 임금소득, 자산소득, 공적 사회보장 등을 통해 한국 복지체제의 변화를 검토했다.

1. 민주주의 이행기의 개발국가 복지체제[146]

1) 개발국가 복지체제의 지속과 위기

박정희 권위주의 시기처럼 1990년대 초까지 한국 사회에서 경제성장은 곧 일자리의 확대를 의미했고, 이는 빈곤과 불평등의 감소로 이어졌다. 1981년

....
145 Lipietz. 『기적과 환상』. pp.89-91.
146 1, 2의 내용 중 일부는 다음 글의 일부를 수정·보완해 실었다. 윤홍식(2018). "민주주의 이행기 한국복지체제." 『한국사회복지학』 70(4): 37-68.

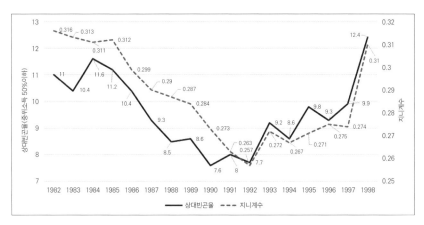

그림 13.11 빈곤율과 불평등 지수(지니계수)의 변화, 1982~1998년

출처: 유경준. "우리나라 빈곤변화 추이와 요인 분석." 『KDI정책포럼』 215. p.11.

부터 1990년까지 10년 동안 연평균 GDP 성장률은 8.7%에 달했다.[147] 이는 한국 개발국가의 전형적 시기라고 알려진 1970년대의 연평균 성장률 8.3%보다 높은 수치였다. 경제성장을 통한 비농업 분야, 특히 광공업 분야의 일자리 창출은 〈그림 13.11〉에서 보는 것처럼 (상대)빈곤율과 불평등 지수(지니계수)를 낮추는 결정적 역할을 했을 것이다. 물론 빈곤율과 불평등 지수가 도시에 거주하는 2인 이상 가구를 대상으로 집계된 자료에 의해 추정된 수치라는 점에서 실제 빈곤율과 불평등 지수는 제시된 수치보다 더 높았을 것이다. 다만 이 수치들은 한국 사회에서 1980년대 초부터 1992년까지 불평등과 빈곤이 감소하는 경향을 보여주는 자료로 사용하는 데는 문제가 없을 것 같다. 1982년에 11.0%였던 (상대)빈곤율은 1992년에는 7.7%까지 낮아졌다. 불평등을 측정하는 지니계수도 1982년에 0.316에서 1992년에 0.257로 불과 10년 만에 18.7%나 낮아졌다. 1970년대의 중화학공업 중심의 경제개발이 불평등을 증가시켰다면, 1980년대 이 경제성장은 불평등을 완화시켰다.[148] 더욱 놀라운 사실은 이러한 변화가 〈그

....

147 한국경제 60년사 편찬위원회, 『한국경제 60년사 I: 경제일반』. p.198.

148 실제로 지니계수로 측정한 불평등 지수는 1970년에 0.332에서 1980년에 0.388로 증가했다. Choo, H. J.(1992). "Income Distribution and Distributive Equity in Korea." Krause, L. and Park, F. eds.

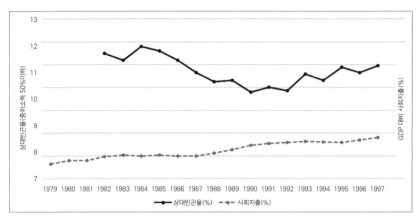

그림 13.12 GDP 대비 사회지출과 상대빈곤율의 변화, 1979~1997년
출처: 유경준. "우리나라 빈곤변화 추이와 요인 분석." p.11.

림 13.12〉에서 보는 것처럼 공적복지의 확대 없이 이루어졌다는 점이다. 1980
년대에는 여전히 성장에 의한 낙수효과가 불평등과 빈곤을 완화하는 개발국가
복지체제가 작동하고 있었다.

　총 취업자 중 비농업 분야의 종사자 수는 지속적으로 증가했고, 특히 광공
업 분야의 종사자 수도 계속 늘어났다. 여기에 임금까지 높아지니 빈곤과 불평등
이 지속적으로 낮아졌다. 경제성장 지표도 나쁘지 않았다. 1986년부터 1988년까
지의 3저 호황 시기와 1970-1980년대의 성장률에는 미치지 못했지만, 1992년부
터 경제위기 직전인 1996년까지의 연평균 경제성장률은 7.3%로 높은 수준이었
다.[149] 그러나 1990년대 초에 들어서면서 한국 복지체제는 이전에 경험하지 못했
던 상황에 직면했다. 경제가 성장하는데도 불평등이 증가하고 빈곤율이 높아진
것이다. 이를 취업자 수의 변화를 통해 보면, 1992년까지 계속 증가하던 광공업
분야의 취업자 수가 1992년을 기점으로 감소하기 시작했다. 광공업분야의 취업
자 수는 1992년에 522만 명에서 1997년이 되면 456만 명으로 불과 5년 만에 66

....

　Social Issues in Korea. Seoul: KDI; 문형표(1999).『경제위기에 따른 분배구조의 변화와 정책적 시
　　사점』. 서울: 한국개발연구원.
149　한국경제 60년사 편찬위원회,『한국경제 60년사 I: 경제일반』. p.202.

만 명이나 감소했다. 반면 SOC 및 서비스 분야의 종사자 수는 동 기간 동안 1,130만 명에서 1,437만 명으로 무려 307만 명이나 증가했다.

GDP 대비 사회지출은 1987년 이후에 증가했지만 불평등과 빈곤을 완화하는 역할을 하지 못했다. 〈그림 13.12〉에서 보았던 것처럼 1993년부터 한국 사회는 불평등, 빈곤 사회지출이 함께 높아지는 양상을 보였다. 1960년대부터 1980년대까지 30년 동안 계속되었던 경제성장을 통해 불평등과 빈곤을 완화한 '노동력의 상품화를 통한 개발국가 복지체제'가 삐걱거리기 시작한 것이다. 〈그림 13.11〉을 보면 1992년에 0.257로 1980년 이래(사실상 지니계수가 측정된 1970년대 이래) 가장 낮은 수준을 기록했던 지니계수가 1993년에 0.272로 급등하면서 1997년에 0.274까지 높아졌다. 상대빈곤율도 1992년 이후에 높아지기 시작해 1997년의 외환위기로 인한 경제위기의 효과가 본격적으로 드러나기 시작하기 직전인 1997년에 9.9%까지 높아졌다. 경제성장의 낙수효과가 더 이상 나타나지 않았다. 노동력의 상품화를 통해 불평등과 빈곤을 완화했던 한국 개발국가 복지체제의 토대가 흔들리기 시작한 것이다. 이러한 상황에서 한국 사회는 한국전쟁 이래 최대의 위기라고 할 수 있는 IMF 경제위기를 맞이했다.

2) 노동체제의 특성[150]: 역진적 선별주의 복지체제의 토대

제4절에서 살펴본 1980년부터 1997년까지의 한국 경제의 특성은 이 시기 한국 노동체제의 특성이 형성되는데 중요한 영향을 미쳤다. 그리고 이 노동체제의

....

150 여기서 노동체제는 주로 정규직과 관련된 기업내부노동시장(노동시장의 분절구조), 보상체계로서의 연공임금(노동력 재생산구조), 노동과정과 작업장 체제(외주화, 하청 등) 등을 중심으로 접근했다. 노동체제의 중요한 구성요소인 노동정치 부문은 제3절에서 다루었기 때문에 여기서는 논의하지 않았다. 일반적으로 노동체제는 노동시장구조, 노동력 재생산구조, 노동과정과 작업장 체제(노동시장, 외주화 등), 노동정치(교섭체계, 노동의 조직화 등)로 구성된 "노동을 둘러싼 사회경제 현상이나 문제에 대한 총체적인 분석과 이해를 위한 개념적 도구"로 정의할 수 있다. 장홍근(2018). "노동존중사회와 새로운 사회적 대화 모색." 포용적 노동체제의 비전과 새로운 사회적 대화. 주최: 경제사회발전노사정위원회. 2018년 2월 22일. 프레지던트 호텔 19층 브람스홀. p.21. 이를 조금 더 추상적인 수준에서 이야기하면, 노동체제는 "노동문제의 제도화를 둘러싼 정치, 경제, 사회적 측면에서의 구조와 행위의 역동적 복합체를 포착하기 위한 개념"이라고 할 수 있다. 노중기(1999). "논평·계급정치와 노동체제의 전환." 『동향과 전망』 43: 69-76. pp.71-72.

특성은 1998년 이후에 한국 복지체제에서 왜 역진적 선별성이 강화되었는지를 설명하는 배경이 된다. 김대중 정부의 출범 이후에 본격화된 사회보험 중심의 공적 복지 확대가 역진적 선별성을 강화할 수밖에 없었던 이유는 바로 1970년대의 중화학공업화 시기에 시작되어 1987년 7, 8, 9월의 노동자 대투쟁 이후에 가시화되었던 기업내부노동시장과 연공임금체계 등으로 대표되는 노동시장의 이중구조화(또는 분절화)와 밀접한 관련이 있기 때문이다. 구체적으로 이 시기의 노동체제의 특성을 1987년의 민주화 전후로 나누어 살펴볼 수 있지만, 기본적으로 대기업 내부노동시장의 형성과 외부노동시장의 확대를 특징으로 하는 분절된 노동시장이라는 한국 노동체제의 특성이 지속되었다고 할 수 있다.[151] 물론 그렇다고 1987년의 민주화가 한국 노동체제에 중요한 영향을 미쳤다는 사실을 부정하는 것은 아니다. 여기서 이야기하고자 하는 것은 1987년의 민주화가 '기업내부노동시장의 확대, 강화, 제도화' 등으로 한국 노동체제에 변화를 초래할 정도로 중요한 영향을 미쳤지만 노동시장의 이중구조화 현상은 1987년 이전에 이미 나타나기 시작했다는 것이다.[152] 다시 말해 1987년의 민주화 이후에 형성된 한국 노동체제의 특성은 진공상태에서 만들어진 것이 아니라 1970년대부터 시작된 누적된 변화의 결과라고 할 수 있고, 1987년의 민주화는 그 변화를 가속화시킨 결정적 계기였다는 것이다.

먼저 1980년부터 1987년의 민주화 이전까지의 노동체제의 특성을 노동시장의 이중구조화라는 측면에서 보면, 1970년대에 재벌 대기업 중심의 중화학공업화로 형성되기 시작된 기업내부노동시장이 일부 대기업을 중심으로 확대되고 있었다. 조선(대한조선공사, 삼성중공업), 석유화학, 시멘트, 철강, 석탄 산업 등에서 내부노동시장의 관행이 생산직 노동자에게 적용되고 있었다.[153] 다만 이러한 경향이 중화학공업에 보편적으로 나타나지는 않았다. 유형근의 「한국 노동계급 형성과 변형」을 보면, 당시 대표적인 대기업이라고 할 수 있었던 현대중공업에

....
151 정이환(2013). 『한국 고용체제론』. 서울: 후마니타스. p.281.
152 정이환. 『한국 고용체제론』. p.262.
153 노병직(2003). "기업별노사관계시스템의 형성에 관한 연구: 한국조선산업에서의 노사관계변천사례." 서울대학교 경영학과 박사학위논문. p.203; 남춘호(2005). "1960-70년대 태백지역 탄광산업의 이중구조와 노동자 상태." 『지역사회연구』 13(3): 1-33. pp.28-29; 정이환. 『한국 고용체제론』. pp.246-247.

서 직접 고용된 생산직 노동자(직영 기능공)와 사내 하청 노동자 간의 임금과 노동조건의 차이는 크지 않았다.[154] 임금과 노동조건에서 직영과 하청 간의 차이가 없었기 때문에 노동자들도 하청과 직영을 구분하지 않고 임금이 높고 이직이 편리한 곳을 선호했다. 실제로 1982년과 1986년의 생산직 노동자의 임금을 비교한 연구를 보면 기업 규모에 따른 유의미한 차이가 발견되지 않았다.[155] 다만 1980년대 초중반에 몇몇 기업에 생산직 노동자를 대상으로 기업내부노동시장이 형성된 것은 분명해 보이며, 중견기업과 대기업의 사무직 노동자의 기업내부노동시장은 이미 어느 정도 형성되었던 것으로 보인다.

이 시기의 노동체제와 관련해 우리가 주목해야 할 또 하나의 특성은 연공임금의 존재와 적용 범위이다. 호봉승급제 같은 연공임금제도는 대기업의 사무직 노동자를 대상으로 1970년대 중반 이후에 일반화되었고, 사무직 노동자에 비해서는 일반화되지 않았지만 생산직 노동자의 임금체계의 연공성도 이 시기부터 나타나기 시작했다.[156] 이러한 임금체계의 특성은 1987년의 민주화 이후에 생산직 노동자의 임금체계의 기초가 되었다. 사실 연공임금은 노동자의 생애주기에 따른 욕구를 반영한 것으로, 서구 복지국가의 생애주기에 따른 소득보장정책과 사회서비스 정책의 기능적 등가물이라고 할 수 있다. 노동자는 생애주기에 따라 결혼과 출산, 노인 부양과 돌봄 책임 등을 경험하게 되고 이에 따라 필요한 재화와 서비스가 늘어나게 되는데, 생애주기에 따른 소득보장제도와 사회서비스가 갖추어져 있지 않은 한국 같은 사회에서 연령과 경력이 높아짐에 따라 소득이 높아지는 연공임금체계는 서구 복지체제의 소득보장제도와 사회서비스의 기능적 등가물이 될 수 있다. 예를 들어, 출산과 양육을 지원하는 소득보장정책과 돌봄 서비스가 사회화되어 있지 않다면 가구에 추가 소득이 필요한 것은 물론이고 가족원 중 누군가(대부분은 여성 배우자)는 노동시장에 참여하지 않고 아동을 돌봐야 한다. 이러한 필요를 사

....

154 유형근(2012). "한국 노동계급의 형성과 변형: 울산지역 대기업 노동자를 중심으로, 1987-2010." 서울대학교 사회학과 박사학위논문. p.215.

155 정이환. 『한국 고용체제론』. pp.254-257.

156 정이환. 『한국 고용체제론』. pp.262-268, p.278.

회적으로 충족하기 위해서 남성 생계부양자의 임금이 생애주기의 필요에 따라 높아지는 연공임금체계가 갖추어져야 하는 것이다. 다만 이 시기에 이러한 연공임금체계는 보편적으로 적용되었다기보다는 대기업의 사무직 노동자와 일부 생산직 노동자에게 제한적으로 적용되었다는 점을 분명히 할 필요가 있다.

다음으로 민주화 이후의 노동체제의 특성을 살펴보면, 역설적이게도 1987년의 민주화와 노동자 대투쟁 이후에 한국 노동체제의 분절성이 확대되었다. 이는 민주화 이후에 임금과 노동조건을 개선할 수 있는 교섭력을 갖춘 조직화된 노동자의 대부분이 대기업 노동자였기 때문이다. '직종별 임금실태조사' 자료를 분석한 결과에 따르면, 1989년에 500인 이상 사업체의 노동조합 조직률은 85%로 매우 높은 수준이었던 것에 반해 10~29인 사업체의 조직률은 9.9%에 그쳤다.[157] 다만 1990년대 초까지는 제3절에서 검토한 것과 같이 경제상황이 좋았고 노동력이 부족했기 때문에 노동시장의 분절구조가 가시적인 임금 격차로 나타나지 않았던 것으로 보인다. 실제로 이 시기에 기업 규모별 시간당 임금 격차는 줄어들고 있었다.[158] 하지만 3저 호황이 끝나고 경기가 둔화되기 시작하자 기업 규모별 임금 격차가 드러나기 시작했는데, 이 시기는 재벌 대기업이 노동과 숙련을 배제하고 자동화를 통해 생산성을 높이기 시작한 시점과 일치한다. 실제로 현대자동차의 용접, 도장, 의장 등의 분야의 연간 산업용 로봇 도입 추이를 보면 1984년에 24대에서 1990년이 되면 289대로 급증했다.[159]

대기업의 입장에서 보면 1987년의 민주화 이후에 기업내부노동시장과 연공임금체제가 노동자의 조직화와 함께 확산되면서 노동비용이 증가했지만, 이에 수반해 (숙련도 향상을 통한 생산성 증대를 위한) 효율적인 노동력 관리 제도를 구축하지 못하면서 기업내부노동시장과 연공임금체제의 효율성이 낮아졌다.[160]

....

157 정이환. 『한국 고용체제론』. p.285.
158 정이환. 『한국 고용체제론』. p.276.
159 현대자동차(1992). 『현대자동차사』. p.730; 홍장표(1994). "자동차산업의 합리화전략과 임노동관계의 변화." 『동향과 전망』 21: 29-51, p.36.
160 Nam, H.(2013). 『배 만들기, 나라 만들기』. 남관숙·남화숙 역. (*Building Ships, Building A Nation*). 서울: 후마니타스. pp.408-420; 정건화(2003). "노동시장의 구조변화에 대한 제도경제학적 해석." 정

1987년의 민주화 이후부터 1990년대 중반까지는 내부노동시장이 만들어진 대기업에서 유의미한 숙련도 형성이 이루어지지 않았다.[161] 한국 대기업의 대량생산체제와 분리형 작업수행 방식에서는 생산성을 높이기 위해 숙련 수준이 높은 노동자를 필요로 하는 경우가 많지 않았던 것이다.[162] 1987년의 민주화 이후에 확대된 기업내부노동시장은 자본이 효율성을 높이기 위한 수단으로 구축한 것이 아니라 민주화 이후에 강력해진 노동조합의 요구가 관철된 결과라고 볼 수 있다.[163] 기업의 입장에서 보면 높은 비용을 지불해야하는 노동력 대신 자동화를 통해 생산성을 높이는 것이 적어도 '단기적'으로는 합리적 선택이었다고 할 수 있다. 물론 3당 합당으로 정권의 권위주의 성격이 강화된 것도 대기업이 노동과 숙련을 배제하고 자동화를 보다 쉽게 선택할 수 있었던 환경을 제공했을 것이다. 하지만 모든 기업이 자동화를 통해 생산성을 높이는 전략을 선택할 수 있었던 것은 아니다. 대규모 설비투자가 수반되는 자동화를 통해 생산성을 높일 수 있는 기업은 대기업에 국한될 수밖에 없었고, 대규모 설비투자를 할 수 없었던 중소기업의 생산성이 대기업에 비해 낮아지면서 임금 격차로 대표되는 기업 규모에 따른 노동시장의 분절화가 본격화되었다.

더불어 1990년대 중반의 3저 호황 이후에 경기가 하강 국면에 들어서면서 한국의 대기업은 자동화와 함께 하청, 비정규직 고용, (생산시설의 해외이전을 포함한) 외주화 등 거래와 생산비용을 외부화하기 시작했다. 1997년의 외환위기 이후에 본격화된 노동시장의 유연화가 이미 1990년대 중반에 시작되었다고 할

....

이환·이병훈·김연명·정건화 편. 『노동시장 유연화와 노동복지』. pp.105-139. 서울: 인간과복지. pp.124-125.

161 남기곤(1994). "독점, 비독점부문간 노동시장 구조의 차이에 관한 세 논문: 노동이동, 숙련수준, 임금 구조에 대한 분석을 중심으로." 서울대학교 대학원 경제학과 박사학위논문; 전병유(1994). "한국 제조업 생산직 노동자의 숙련 구조에 관한 연구." 서울대학교 대학원 경제학과 박사학위논문; 류장수(1993). "한국노동시장의 숙련별 분단구조." 서울대학교 대학원 경제학과 박사학위논문.

162 황수경(1993). "독점-비독점 부문간 숙련형성메커니즘에 관한 비교 연구." 숭실대학교 노사관계대학원 석사학위논문; 남기곤. "독점, 비독점부문간 노동시장 구조의 차이에 관한 세 논문: 노동이동, 숙련수준, 임금구조에 대한 분석을 중심으로."

163 정이환(1992). "제조업 내부노동시장의 변화와 노사관계." 서울대학교 사회학과 박사학위논문.

수 있다. 임시노동자의 비율은 1990년대 초중반을 거치면서 증가하기 시작했다.[164] 실제로 민주노총이 조사한 자료에 따르면, 1996년 5~6월을 기준으로 지난 3년간 비정규직 규모가 증가했다고 응답한 사업장은 101개 사업장 중 55.7%에 달했다.[165] 특히 제조업과 대기업의 비정규직 증가율이 비제조업과 중소기업의 경우보다 높게 나타났다. 사내 하청도 확산되었는데, 특히 조선업에서 두드러졌다.[166] 현대중공업의 경우에 직영 기능직 노동자의 비중 대비 사내 하청 노동자의 비율이 1990년에 11.9%에서 1997년에 24.2%까지 높아졌고, 대우조선은 16.4%에서 29.5%, 한진중공업은 1991년에 17.9%에서 1997년에 무려 95.9%까지 높아졌다. 삼성중공업의 경우에 1997년 기준으로 사내 하청 노동자의 비율이 무려 101.6%로 직영 기능직 노동자보다 하청 노동자가 더 많았다. 사내 하청은 자동차산업에서도 1989년부터 완성차업체를 중심으로 부품생산을 이전시키기 시작하면서 확산되기 시작했다.[167] 예를 들어, 현대자동차의 경우에 1989년의 계획 수립 이후에 1991년 9월까지 52개 하청업체에 361개 품목, 2,745억 원 규모의 부품생산을 이전했다.[168] 이처럼 대기업이 생산과 거래 비용을 외부화하면서 대기업의 일자리가 줄어들고 중소기업의 일자리는 상대적으로 증가하는 경향이 나타났다. 이는 전반적으로 고용의 질이 저하되어갔다는 것을 의미한다.[169]

결국 1987년의 민주화 이후에 노동자 대투쟁으로 노동자의 힘이 강화되고 대기업의 정규직을 중심으로 노동자의 임금과 노동조건이 개선되었지만, 이에 수반되는 숙련체계나 노동시장의 불평등을 막을 수 있는 장치를 제도화하지 못하면서 1997년의 외환위기 이후에 한국의 노동체제에서는 기업 규모와 고용 형

....

164 정이환. 『한국 고용체제론』. p.296.
165 윤진호(1996). "고용조정과 노동조합의 대응." 『산업노동연구』 2(1): 25-74. pp.38-39.
166 신원철(2003). "사내하청공 제도의 형성과 전개: 현대중공업 사례." 『산업노동연구』 9(1): 107-141. p.128.
167 박명준(1997). "자동차 산업 생산합리화에 대한 노동조합의 대응 연구: H사와 D사에 대한 비교 연구." 서울대학교 사회학과 석사학위논문; 홍장표. "자동차산업의 합리화전략과 임노동관계의 변화." p.38.
168 현대자동차. 『현대자동차사』; 홍장표. "자동차산업의 합리화전략과 임노동관계의 변화." p.38. 재인용.
169 장홍근·김세움·김근주·정홍준·박준식(2016). 『대안적 노동체제의 탐색: 1987년 이후 30년, 한국 노동체제의 구조와 동학』. 서울: 한국노동연구원.

태에 따른 노동시장의 분절화가 심화되었다. 1987년 이후에 임금인상과 노동조건의 개선이 노동자의 숙련을 통해 기업의 생산성을 향상시키는 효율적인 체계로 구축되지 못하자, 재벌 대기업은 노동자의 숙련을 높이는 체계를 구축하는 대신 노동자의 숙련을 배제하고도 생산성을 높일 수 있는 상대적으로 '손쉬운 길'인 자동화와 거래와 생산의 외부화를 선택했다.

이러한 노동체제의 변화를 복지체제와의 상호보완적인 관점에서 조금 더 구체적으로 보면, 1970년대부터 형성되기 시작한 기업내부노동시장과 연공임금체계 등이 확대되었다는 사실 자체가 중요한 것은 아니다. 중요한 지점은 1980년대의 기업내부노동시장과 연공임금체계의 존재가 기업 특수적 숙련체제의 형성을 동반했는지의 여부이다. 왜냐하면 1980년대의 기업내부노동시장과 연공임금체계의 확대가 이에 조응하는 기업 특수적 숙련체제의 형성을 수반했다면, 이는 한국 사회가 재생산해야 하는 핵심 노동자의 범위가 확대되었다는 것을 의미하는 동시에 사회보험의 포괄범위가 확대되었다는 것을 의미하기 때문이다. 사회보험의 제도화의 중요한 목적 중 하나가 숙련 노동자가 직면한 사회적 위험에 대응해 숙련 노동력을 유지·재생산하는 것이라는 점을 고려하면, 기업내부노동시장과 연공임금체계의 확대와 숙련체제의 형성은 복지체제의 성격을 결정하는 매우 중요한 준거가 된다. 즉, 한국에서 노동자의 숙련을 동반한 산업화가 진행되었다면 이에 따라 사회보험의 보편성 또한 확대되었을 것이다. 하지만 기업내부노동시장과 연공임금체계의 확대가 노동자의 숙련 형성을 수반하지 않는다면 이는 기업에는 생산성을 높이는 기제가 아닌 비용을 유발하는 기제가 될 것이고, 기업은 가능하다면 자동화를 통해 핵심인력을 제외하고 생산성의 향상과 무관한 비용이 많이 드는 노동자의 수를 축소하는 것을 선택할 수 있다. 이는 결국 한국 경제를 주도하는 재벌 대기업이 재생산해야 할 노동력이 제한적이라는 것을 의미하고, 이에 따라 사회보험 또한 제한된 노동자에게 적용될 수밖에 없다는 것을 의미한다. 물론 정치적으로 사회보험의 보편성을 산업구조와 노동체제와 무관하게 확대할 수 있지만, 이는 장기적으로 보면 지속 가능한 선택이라고 할 수 없다. 불행히도 이 시기의 한국 노동체제에서 대기업을 중심으로 기업내부노동시장이 확대되고 있었음에도 불구하고 노동력의 숙련체제가 형성되었다는 근거를 찾기는 어렵다.[170] 북서유럽의 조정시장경제가 생산성을 높이기 위한 자본의 필요에 의해 만들어졌다는 자본주의 다양성 논자들의 주장을 생각해보면,[171] 1987년의 민주화 이후에 노동자의 숙련을 제도화할 수 있는 노동체제를 구축하지 못한 것은 복지체제의 입장에서 보면 1987년의 민주화의 뼈아픈 한계였다고 할 수 있다.

2. 복지체제의 특성, 주변부 포드주의 대 포드주의 복지체제

국민국가의 차원에서 대량생산과 이에 조응하는 대량소비체제의 구축에는 기본적으로 개인과 가구의 가처분소득 증가가 수반되어야 한다. 개인과 가구의 가처분소득은 크게 세 가지 소득원에 의존하는데, 먼저 임금소득은 가처분소득의 수준을 결정하는 가장 중요한 소득원이다. 서구 복지국가의 경우에 일반적으로 노동생산성의 향상에 조응하는 실질임금의 상승을 통해 가처분소득을 증대시켰다. 두 번째, 부동산, 증권, 금융자산 등으로부터 발생하는 자산소득의 증가가 구매력의 확대와 연결될 때 소비가 증가한다. 마지막으로, 연금, 실업급여, 보편적 사회수당 등과 같은 공적 탈상품화 정책, 즉 사회적 임금을 통해 개인과 가구의 구매력을 유지하고 높일 수 있으며 의료, 보육 등 공적 사회서비스를 저렴한 가격 또는 무상으로 제공해 가구의 실질구매력을 높일 수 있다. 『기원과 궤적』에서는 이러한 세 가지 소득원을 검토해서 1980년부터 1997년까지의 한국 복지체제의 변화를 검토했다.

....

170 이효수(1984). 『노동시장구조론』. 서울: 법문사. p.86; 정이환. 『한국 고용체제론』. p.249. 재인용.

171 Hall. p. and Soskice, D.(2001). "An Introduction to Varieties of Capitalism." Hall. P. and Sosck-ice, D. eds. *Varieties of Capitalism: The Institutional Foundations of Comparative Advantage*. pp.1-68. Oxford: Oxford University Press. p.7; Estevez-Abe, M., Iversen, T., and Soskice, D.(2001). "Social Protection and the Formation of Skills: A Reinterpretation of the Welfare State." Hall. P. and Sosckice, D. eds. *Varieties of Capitalism: The Institutional Foundations of Comparative Advantage*. pp.145-183. Oxford: Oxford University Press.

1) 상품화: 임금소득의 변화

국민소득에서 노동자의 임금소득이 차지하는 비중인 임금노동자의 노동소득분배율(WS)은 〈그림 13.13〉에서 보는 것처럼 1970년 중반 이후에 급격히 상승하다가 전두환 신군부의 집권기간인 1980년부터 1987년까지 성장세가 완만해진다.[172] 앞서 제3절과 제4절에서 검토했던 것처럼, 이는 전두환 정권이 1970년대 말과 1980년대 초에 발생한 경제위기를 안정화와 자유화 정책으로 대응하

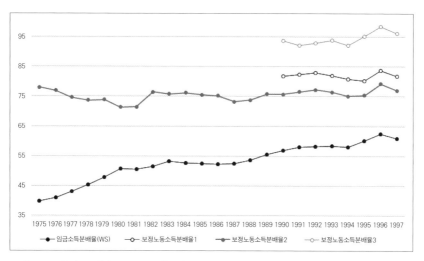

그림 13.13 국민소득에서 노동소득분배율 비중의 변화, 1975~1997년

출처: 보정노동소득분배율1, {(피용자보수+개인영업이익)/요소비용국민소득}, 보정노동소득분배율3, {[피용자보수+(피용자보수/임금노동자수+비임금노동자수)]/요소비용국민소득}, 김정훈 · 민병길 · 박원익(2017). "소득 주도 성장의 쟁점 및 정책적 시사점."『이슈&진단』. p.296. 보정노동소득분배율2, {(피용자보수/(요소비용국민소득-개인영업이익)}, 1975~1989년 자료, 이병희(2015). "노동소득분배율 측정 쟁점과 추이."『월간 노동리뷰』205(1): 25-42. p.42; 개편전 국민계정자료, 1990~2016년; 김정훈 외(2017).『노동소득분배율』; 한국은행(각 연도), 한국은행경제통계시스템 국민계정.

....

172 다만 이러한 설명은 논란이 될 수 있다. 자영업자의 소득을 자본소득이 아닌 노동소득으로 간주해 노동소득분배율(ALS)을 다시 계산할 경우에 보정된 노동소득분배율은 1970년대 후반부터 1990년대 후반까지 큰 변화를 보이지 않는다. 더불어 보정된 노동소득분배율은 임금소득을 기준으로 한 노동수득분배율의 상승이 자영업자의 소득의 감소를 통해 설명될 수 있다는 것을 보여준다. 즉, 자영업자가 감소하고 대신 임금노동자가 증가하면서 국민소득에서 노동소득분배율이 증가한 것이지 실제로 1970년대 후반부터 1990년대 후반까지의 국민소득에서 임금노동자와 자영업자의 노동소득분배율이 증가한 것은 아닌 것이다. 이는 1970년대 후반과 마찬가지로 1980년대부터 1990년대까지도 자영업자의 지속적인 임금노동자화가 진행되었다는 것을 의미한다.

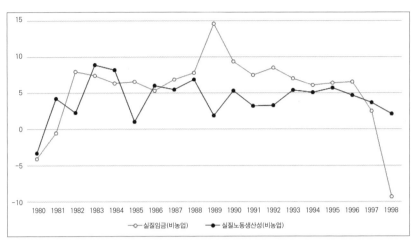

그림 13.14 노동생산성 증가율과 비농업 분야의 실질임금 상승률, 1980~1998년
출처: 한국노동연구원(KLI). 2016년 노동통계 Archive, https://www.kli.re.kr

는 과정에서 산별노조를 해체하고 노동3권을 무력화시키는 등 억압적인 노동정
책을 전개했기 때문이다. 전두환 독재정권은 이를 통해 노동계급의 정치세력화
를 저지하고 노동계급에 저임금을 강요했다. 실제로 전두환의 집권기간인 1980
년부터 1987년까지 8년간의 연평균 실질임금 상승률은 4.5%에 그쳤다. 이는 유
신체제의 성립 이후인 1973년부터 1979년까지의 연평균 실질임금 상승률인
12.7%의 1/3을 조금 넘는 수준이었다(제11장 참고). 〈그림 13.14〉에서 보는 것처
럼 전두환 집권 시기의 연평균 실질임금 상승률은 노동생산성 증가율보다 0.4%
포인트 높은 데 불과했지만, 유신독재 시기에는 1.6%포인트를 기록했다.

　　평균 임금수준으로 측정했을 때도 전두환 정권 시기에 노동자들의 임금수준
은 높지 않았다. 임금을 통한 소비여력은 임금과 생계비를 비교할 경우에 더 분
명히 드러난다. 〈표 13.3〉을 보면 전두환 독재기간 내내 노동자는 임금소득만으
로 가구의 최저생계비를 충당할 수 없었다. 가구당 최저생계비 대비 명목임금의
비율은 1980년에 54.8%였고 1987년에 이르러서도 64.4%에 불과했다. 취업한
가구원의 임금을 다 더해도 가구의 임금소득은 가구당 최저생계비를 넘지 못했
다. 평균적인 노동자 가구의 임금소득은 노동력의 재생산에 필요한 최소한의 수

표 13.3 전두환 집권 시기의 임금과 생계비의 비교, 1980~1987년

	1980	1982	1984	1986	1987
명목임금(원)(A)	176,058	245,981	396,907	350,965	386,536
가계지출(원)(B)	183,578	255,416	312,415	369,366	425,151
가구당 최저생계비(원)(C)	321,408	434,527	501,767	538,774	600,086
가구당 취업자 수(D)	1.31	1.27	1.28	1.36	1.40
임금의 가계지출 충당률(A/B)	95.9	96.3	95.0	95.0	90.9
임금의 최저생계비 충당률(A/C)	54.8	56.6	59.2	65.1	64.4
가구당 최저생계비 충당률{(A*D)/C}	71.8	71.9	75.7	88.6	90.2
가구원 수(평균)	4.54	4.39	4.24	4.11	4.04
노총의 최저생계비(원)	353,974	494,906	591,706	655,443	742,681

출처: 이원보. 『한국노동운동사 5: 경제개발기의 노동운동, 1961~1987』. p.592.

준조차 충족시키지 못했다. 여기에 부동산투기로 인한 주거비용의 폭등과 자산 불평등의 심화는 노동자 가구의 삶을 더 피폐하게 만들었다.[173] 다만 1980년대 후반으로 가면서 경제상황이 호전되어 가구당 최저생계비의 충당률이 90%에 가까워졌고 임금의 최저생계비 충당률도 높아졌다.

노동강도도 더 강화되었다. 제조업 노동자의 월평균 노동시간은 1975년에 219.2시간(주당 50.5시간)에서 1980년에 230.6시간(주당 53.1시간)으로 늘어났고 1986년에는 237.7시간(주당 54.7시간)으로 1975년보다 11.4시간(주당 1.6시간)이나 길어졌다. 1970년대의 한국의 생산체제가 본원적 테일러주의에 충실했다는 점을 생각하면 1980년대의 억압적 노동정책하에서 강제된 노동자의 생활실태가 얼마나 심각했는지를 짐작할 수 있다. 낮은 임금과 열악한 노동조건에서의 장시간 노동은 산업재해를 증가시켰다. 공식적으로 인정된 산업재해는 1975년에 79,819건에서 1980년에 112,111건으로 급증했고 1987년에는 무려 141,495건에 이르렀다. 공식적으로 인정된 산업재해로 사망한 노동자가 1987년에만 무려 1,761명에 달했다. 매일 5명의 노동자가 산업재해로 사망했다. 독재정

....

173   이원보. 『한국노동운동사 5: 경제개발기의 노동운동, 1961~1987』. p.592; 이정우(1991). "한국의 부, 자본이득과 소득불평등." 『경제논집』 30(3): 327-364. pp.333-334.

권의 가혹한 탄압으로 노동운동이 숨조차 쉬기 어려운 조건에서 적절한 임금을 보장받지 못한 노동자는 대량생산에 조응하는 대량소비를 실현할 주체가 될 수 없었을 것이다. 1980년부터 1987년까지 유혈적 테일러주의가 여전히 한국 사회를 지배했다. 대량생산이 이루어졌지만, 대량소비의 주체는 국민국가 내에 있지 않고 해외에 있었다.[174]

변화는 1987년의 민주화를 계기로 시작되었다. 〈그림 13.14〉에서 보는 것처럼 1987년 6월의 민주화 항쟁에 이은 7, 8, 9월의 노동자 대투쟁은 실질임금을 상승시키는 계기가 되었고, 이에 따라 노동소득분배율도 높아졌다. 1987년부터 1996년까지 10년간 연평균 실질임금 상승률은 8.1%로 동 기간의 실질 노동생산성 증가율인 4.7%의 두 배에 달했다. 특히 1987년부터 1989년까지 이어진 3저 호황 직후인 1989년의 실질임금 상승률은 14.6%로 같은 해의 실질 노동생산성 증가율인 1.9%의 7.7배에 달했다.[175] 하지만 이렇게 높은 임금상승률에도 불구하고 가구지출 대비 임금소득의 비율은 실질임금이 가장 큰 폭으로 상승한 1989년에도 91.7%에 불과했다.[176] 민주화 이후에 노동생산성의 증가보다 높은 임금 상승은 이기적인 노동자의 과도한 요구가 아니라 독재정권에 의해 강제로 억눌려 왔던 임금수준이 정상화되는 과정이었다.

하지만 임금수준의 정상화는 지속되지 못했다. 1987년의 민주화 항쟁 과정에서 노동계급의 정치세력화가 좌절되고 1990년 1월의 3당 합당으로 여소야대라는 분점정부가 보수정권의 단일지배체제로 전환되면서 노동운동에 대한 탄압이 재개되자 실질임금 상승률은 급격히 낮아지기 시작했다. 1990년의 실질임금 상승률은 1989년과 비교해서 5.2%포인트 낮아진 9.2%였고, 1997년에는 2.5% 수준으로 떨어졌다.[177] 실질 노동생산성과의 차이도 1990년 이후에 급격히 감소

....

174 다만 우리가 놓치지 말아야 할 사실은 〈그림 13.10〉에서 보는 것처럼 이 시기에는 경제개발이 여전히 불평등과 빈곤을 완화시키고 있었다는 점이다.
175 이러한 상승은 권위주의 체제에서 억눌려왔던 임금이 정상화되는 과정으로 이해할 수 있다.
176 김금수(2004). 『한국노동운동사 6: 민주주의 이행기의 노동운동, 1987~1997』. 서울: 지식마당. p.58.
177 1997년의 경제위기가 1997년 말에 가시화되었다는 점을 고려하면, 1997년 경제위기를 1997년의 낮은 실질임금 상승률을 설명하는 요인으로 보기에는 충분하지 않다.

지게차를 앞세우고 "가라 자본가 세상! 쟁취하자 노동해방"을 외치는 노동자들의 모습(출처: 경향신문).[178]

하기 시작해 1997년에는 실질임금 상승률이 노동생산성 증가율에도 미치지 못했다. 가구지출 대비 임금소득의 비율도 1989년에 91.7%, 1990년에 92.1%에서 1997년에 89.8%로 낮아졌다.[179] 그러나 문제는 모든 노동자의 임금이 동일하게 낮아진 것이 아니었다는 점이다. 실질임금의 하락은 주로 교섭력을 확보하지 못한 비조직된 중소기업과 영세사업체에서 발생했다. 〈그림 13.15〉를 보면 한국 노동시장의 이중구조화는 이미 1980년대 중반에 나타나기 시작했고 1987년의 민주화 과정에서 잠시 주춤하다가 3당 합당 이후인 1990년대 초반에 다시 확대되는 양상을 보였다.[180]

〈그림 13.15〉를 좀 더 자세히 보면, 1970년대 초중반에 중화학공업이 본격화되면서 1980년대 중반까지 비정규직의 비중이 감소하다가 1980년대 중반 이

....

178 http://www.ngt.or.kr/board_uQxX44/16500
179 김금수. 『한국노동운동사 6: 민주주의 이행기의 노동운동, 1987~1997』. p.58.
180 김성희(2008). "한국 비정규직노동자의 현실과 대안." 고려대학교 노동문제연구소 편. 『2008 한국 사회와 비정규직』. pp.17-40, p.19.

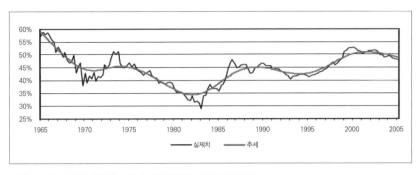

그림 13.15 임시직·일용직 노동자 비중의 변화, 1965~2005년
출처: 김성희. "한국 비정규직노동자의 현실과 대안." p.19.

후에 증가하기 시작했고 1987년 민주화 이후부터 1990년대 중반까지 다시 감소
했다. 이는 민주화 이후에 임금이 상승하고 노동여건이 개선된 상황이 반영된 것
으로, 이 시기는 제4절에서 언급한 것처럼 수출을 대신해 내수가 한국 경제의 성
장에 중요한 역할을 했던 시기와 일치한다. 1980년대 후반부터 1990년대 초까지
는 한국에서 포드주의 방식의 대량생산체제가 갖추어진 이후에 처음으로 내포적
성장이 이루어졌던 시기라고 할 수 있다. 전두환 독재정권의 연장선으로 이해되
었던 노태우 정부에서 처음으로 노동계급의 소득 증가를 통한 내포적 성장의 징
후가 나타난 것은 역설적이다. 반면 3당 합당 이후에 보수대연합이 만들어지고
김영삼 정부가 들어서면서 비정규직의 비중은 다시 증가했다. 노동자의 실질임
금 상승을 통한 대량소비는 단기적으로 끝났고, 김영삼 정부 시기에 한국의 성장
체제가 다시 재벌기업 중심의 수출지향적 성장으로 방향을 전환하면서 광범위한
대중의 대량소비에 근거한 내포적 성장의 가능성, 즉 포드주의 축적체제의 성립
가능성이 사라져버렸다. 복지체제의 관점에서 보면, 이러한 변화는 한국 사회에
서 대량생산과 대량소비에 조응하는 복지체제로서 서구적 의미의 복지국가가 형
성될 가능성이 낮아졌다는 것을 의미했다.

2) 사적 탈상품화: 자산의 축적, 선별적인 사적 탈상품화 기제의 지속
실질임금이 상승한다는 것은 임금소득자에게는 생활에 필요한 지출 이외에

'남는 돈'이 생긴다는 것을 의미한다. 1980년부터 1997년까지도 1970년대와 마찬가지로 공적복지가 취약한 상황에서 대부분의 시민은 자신이 직면한 실업, 질병, 노령 등과 같은 사회위험에 대해 <u>스스로</u> 사적 탈상품화 기제를 구축해야 했다. 이러한 상황은 정부정책과 맞물리면서 더욱 가속화되었다. 1987년의 민주화는 앞서 제3절에서 언급한 것처럼 권력구조의 개편을 위한 제도의 변화로 이어졌는데, 그 핵심은 '대통령 직선제'와 '소선거구제'의 제도화였다. 일반적으로 소선거구제에 기초한 권력구조에서는 정부지출이 시민의 보편적 이해를 대변하기 어려운 것으로 알려져 있다.[181] 한국에서도 소선거구제로의 복귀는 제도권 정당들 간에 '중간계층'의 지지를 확보하기 위한 치열한 경쟁을 유발했다. 권위주의 세력이 노동계급과 중산층의 연대를 해체하고 중산층을 정치적 지지기반으로 확보하기 위해서는 중산층에 특화된 제도가 필요했다. 만약 서구와 같이 노동계급의 정치세력화가 이루어졌다면 노동계급이 중산층과 연대해 보편적인 공적 탈상품화 제도(사회보장제도)의 도입을 가능하게 했을지도 모른다. 하지만 노동계급의 정치세력화가 좌절된 상황에서 중산층이 자신의 이해를 보장받을 수 있는 거의 유일한 선택지는 1987년 이후에 국가권력을 장악한 보수세력과의 연대였을 것이다. 중산층은 이념적으로도 보수적·중도적 성향이 강했다. 1990년에 실시된 한 조사에 따르면, 중산층 중에 자신을 진보적이라고 응답한 비율은 21.3%에 불과했고 중도적 또는 보수적이라고 답한 비율은 각각 40.7%와 38.0%에 달했다.[182]

민주화 이후에 두 차례 집권에 성공한 보수세력은 감세, 부동산, 금융자산, 기업복지라는 사적 탈상품화 기제를 강화하는 4종 정책세트를 통해 중산층의 범위를 확장하는 동시에 이들의 이해를 대변하는 역진적인 사회보장체계의 구축을 본격화했다. 먼저 조세정책은 보수정권이 노동계급으로부터 중산층을 분리하고 중간계급과 상층 노동계급을 정권의 지지세력으로 포섭하기 위한 출발점이었다.

....

181   Alesina, A. and Glaeser, E. (2012). 『복지국가의 정치학: 누가 왜 복지국가에 반대하는가?』. 전용범 역. (*Fighting Poverty in the US and Scruggsope*, 2004). 서울: 생각의 힘. pp.139-140.
182   홍두승. 『한국의 중산층』. p.124.

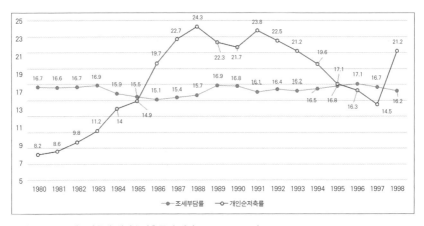

그림 13.16 조세부담률과 개인순저축률의 변화, 1980~1998년
출처: 통계청. e-나라지표: 저축률; 황성현. "한국의 1980년대 긴축 재정정책 연구." p.93.

실질임금의 상승을 전제했을 때 낮은 세금은 잉여자본의 축적을 가능하게 했고 이는 중산층이 부동산과 증권 같은 자산을 축적할 수 있게 했다. 〈그림 13.16〉을 보면 1980년부터 1997년까지의 조세부담률은 박정희 권위주의 개발국가 시기 보다 더 낮았다.[183] 전두환 정권 시기의 조세부담률은 1980년에 16.7%에서 1986 년에 15.1%로 1.6%포인트 낮아졌다. 어떻게 보면 큰 폭의 변화가 아닌 것처럼 보인다. 그러나 1964년에 7.1%에서 1979년에 16.9%까지 계속 높아지던 GDP 대비 조세부담률이 전두환 정권의 출범과 함께 증가세를 멈추고 감소세로 돌아섰다는 점을 주목할 필요가 있다. 만약 전두환 정권이 세출축소와 세입축소를 동시에 추진하는 안정화 정책을 추진하지 않았다면, 한국의 조세부담률은 지속적으로 상승했을 것이고 공적복지의 확대를 가능하게 하는 물적 토대가 확보될 수 있었을지도 모른다. 전두환 정권은 세출축소와 세입축소를 통해 민주화 이후에 공적복지가 확대될 가능성을 원천적으로 차단한 것이다.

이런 상황에서 3저 호황으로 근로소득세가 초과 징수되었다. 1986년에 근로소득세액의 12.2%가 초과 징수된 데 이어 1989년에는 무려 60%나 초과 징수되

....
183 한국경제 60년사 편찬위원회. 『한국경제 60년사 1: 경제일반』. p.215.

었다. 1989년 10월 14일의 무역협회의 자료에 따르면, 1989년 상반기의 임금인 상률은 18.7%였는 데 반해 근로소득세 부담은 62.2~84.1%나 증가했다.[184] 같은 해 9월 23일자 『경향신문』은 "근소세 10%는 내릴 수 있다"라는 기사를 1면 헤드라인에 내보냈고 "봉급자는 세정의 봉인가"라는 기획기사를 통해 근로소득세 감면을 요구했다.[185] 이런 여론을 등에 업고 야당과 한국노총은 '분배정의'라는 명목으로 세제개혁을 요구했다. 1988년부터 1989년 말까지 2년 가까이 이어진 여소야대라는 분점정부하에서 야당이 세제개혁을 정치쟁점화하고 한국노총 또한 소득세 공제 규모를 확대할 것을 요구하자, 노태우 정부는 근로소득세 감면을 위한 세제개혁을 단행했다. 당시 근로소득에 대한 세금 포착률이 75.0%에 달했던 반면 임대소득, 이자소득, 배당소득 등은 각각 11.8%, 40.2%, 51.0%에 불과했던 상황을 고려하면, 야당과 노동조합의 주장에 설득력이 없었던 것은 아니다.[186] 하지만 조세감면이 고소득층에 유리하다는 점을 고려하면, 야당과 노동조합이 공평과세 차원에서 조세감면을 요구한 것은 모순적이었다.

노태우 정부조차 세금감면정책이 소득계층 간에 불평등을 확대하는 역진적 성격이 강한 정책이라고 비판했고 분배의 공평성을 기하기 위해서는 세금감면이 아니라 공적복지를 확대해야 한다고 주장했다.[187] 그러나 근로소득세 감면은 민주화 이후에도 여전히 중간계층을 위한 가장 중요한 복지정책이었다. 세금의 과다징수를 해결하는 대안으로 세금감면 대신 공적복지를 보편적으로 확대할 수도 있었겠지만, 계급과 계층의 이해를 중심으로 사회적 균열이 만들어지지 않은데다가 소선거구제라는 조건에서 정치권의 핵심 포섭대상은 중산층에 집중될 수밖에 없었다. 더불어 오랜 권위주의 체제하에서 국가는 단지 시민을 억압하고 수탈하는 '악당'으로 인식되었던 상황에서 국가가 초과 세수를 복지 확대를 위해 사

....

184 한겨레(1989). "근로소득세 부담 증가율 임금 상승률의 3~4배." 1989년 10월 15일 2면.
185 경향신문(1989). "봉급자는 세정의 봉인가." 1989년 9월 23일자 3면; 경향신문(1989). "근소세 10%는 내릴수 있다." 1989년 9월 23일자 1면.
186 김도균(2013). "한국의 자산기반 생활보장체계의 형성과 변형에 관한 연구: 개발국가의 저축동원과 조세정치를 중심으로." 서울대학교 대학원 사회학과 박사학위논문. pp.126-128.
187 김도균. "한국의 자산기반 생활보장체계의 형성과 변형에 관한 연구." pp.130-131.

용하겠다는 주장은 거의 설득력을 갖지 못했을 것이다. 국가에 대한 시민의 신뢰는 증세의 전제이기 때문이다.[188] 스웨덴 시민들이 높은 세금에 저항하지 않았던 이유는 국가에 대한 신뢰를 바탕으로 자신이 낸 세금을 돌려받는다는 믿음이 있었기 때문이다.[189] 1991년을 기준으로 1인당 세금감면 규모는 254,000원인 데 반해 1인당 사회보장지출은 164,000원으로 세금감면액의 64.6%에 불과했다.[190]

임금소득과 함께 상대적으로 낮은 세금은 개인저축과 사보험을 통해 개인과 가구가 사회위험에 대응하는 사적 탈상품화 기제를 구축하고 확대할 수 있는 전제가 되었다. 〈그림 13.16〉에서 보았던 것처럼 개인순저축률은[191] 1980년에 8.2%에서 민주화 직후인 1988년에 24.3%로 정점을 찍었고 1997년의 외환위기 직전까지도 14.5%라는 상대적으로 높은 수준을 유지했다. 민간기업의 생명보험에 가입하는 건수도 급증했다. 〈그림 13.17〉을 보면 1976년에 1,432,000건에 불과했던 계약보유건수가 1980년에 11,378,000건으로 증가하더니 1995년에는 무려 12억 건에 달했다. 1997년의 외환위기 직전에 생명보험 가입건수가 5억 건대로 급락하기는 했지만, 1980년대 이후에 지속적으로 증가했고 상당히 높은 계약보유건수를 유지했다.

연간 보험료수입액도 〈그림 13.18〉에서 보는 것처럼 1980년에 6천억 원 규모에서 1997년에 49조 원 규모로 성장했다. 1997년의 국세 규모가 63.6조 원이었다는 점을 고려하면 보험료수입액의 규모는 엄청난 수준으로, 14.8조 원의 소득세는 물론 25.4조 원의 간접세보다도 훨씬 컸다. 국민 1인당 보유계약액도 1980년에 298,000원에서 1990년에 8,438,000원, 1997년 12,080,000원으로 급

....

188 Steinmo. "The Evolution of Policy Ideas: Tax Policy in the 20th Century." p.230.
189 Steinmo, S.(2002). "Globalization and Taxation: Challenges to the Swedish Welfare State." *Comparative Political Studies* 35(7): 839-862.
190 김도균. "한국의 자산기반 생활보장체계의 형성과 변형에 관한 연구." p.142.
191 "개인이 처분할 수 있는 소득, 즉 가처분소득에 대한 순저축의 비율을 말한다. 곧 개인이 처분할 수 있는 모든 소득 가운데 소비하고 남은 금액의 비율로, 개인 부분의 저축 성향을 반영하는 지표이다. 경기가 어려우면 낮아지고 호황이면 높아진다." 두산백과. "개인순저축률." http://terms.naver.com/entry.nhn?docId=1231987&cid=40942&categoryId=31819, 접근일 2017년 8월 1일.

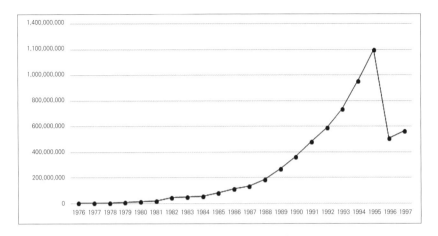

그림 13.17 민간기업 생명보험 계약보유 건수의 변화, 1976~1997년

출처: 생명보험협회. "생명보험통계(생명보험 사업개황)." http://www.klia.or.kr/consumer/consumer_0503.do, 접근일 2017
년 8월 1일.

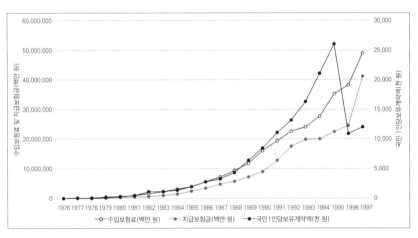

그림 13.18 민간기업 생명보험의 수입액, 지급액, 국민 1인당 보유계약액의 규모

출처: 생명보험협회(2016). "생명보험통계: 연도별 생명보험 사업개황 50년 통계." http://www.klia.or.kr/consumer/consumer
_0502.do, 접근일 2017년 8월 11일.

증했다. 1980년대에 들어서면서 한국의 사회보장체계는 적어도 소득보장영역에
서는 개인저축과 사보험이 중심이 된 사적 탈상품화 기제가 사회보험과 공공부
조를 중심으로 제도화된 공적 탈상품화 기제를 압도했다. 실제로 지급보험금 규

모는 1980년에 3,105억 원에서 1997년이 되면 41조 원로 높아졌다. 이는 1997년의 GDP 530조 원의 7.7%에 이르는 규모로, GDP 대비 사회지출비율인 3.6%보다 두 배 이상 컸다. 사회위험에 대한 대응이 공적 사회보장제도가 아닌 사적 보장제도를 통해 이루어진 것이다.

박정희 독재정권의 마지막 해인 1979년의 지급보험금 규모는 1,526억 원으로 GDP 32조 2천억 원의 0.47%에 불과했고 GDP 대비 사회지출비율은 1.31%로 민간보험 지급액의 규모보다 세 배 이상 컸다는 점을 고려하면, 한국의 사적 보장제도는 1980년대에 들어서면서 본격적으로 형성되었다고 볼 수 있다. 문제는 이러한 사적 보장제도가 소득수준과 관계없이 모든 계층에 보편적으로 적용된 것이 아니었다는 점이다. 민간생명보험을 구입할 수 있는 여력이 있는 가구는 앞서 언급한 것과 같이 상대적으로 소득이 높은 가구에 한정될 수밖에 없었기 때문이다. 〈표 13.3〉에서 보았던 것처럼 대부분의 임금노동자 가구는 임금소득으로 생계비조차 충당할 수 없었다. 민간보험의 확대는 한국 복지체제의 역진적 선별주의라는 특성이 사적 자산축적에도 관철되었다는 것을 확인해준다. 사적 탈상품화의 역할이 1980년대부터 1997년까지 적어도 민간생명보험을 시장에서 구매한 사람들에게는 핵심 복지제공 기제였다는 점에는 의심의 여지가 없다. 노동자 가구의 총소득 중 이전소득의 비중을 보면 사적 이전소득의 비중은 1982년에 4.5%, 1987년에 6.6%, 1992년에 3.4%, 1997년에 3.7%였던 것에 반해 공적이전소득의 비중은 동 기간 동안 0.3~0.6% 수준에 머물렀다.[192]

보수정부는 세금을 늘리지 않고 기금을 활용하는 방식으로 중산층의 사적 탈상품화의 기제가 되는 사적 자산형성을 지원했다. 기금을 사용해 중산층의 자산형성을 지원하는 것은 자산형성 지원정책의 대상이 보편적이어야 할 필요를 약화시키고 자산형성 지원정책이 계급과 계층 간에 정치쟁점화될 가능성도 낮추었다. 만약 세금을 사용했다면 특정 계층에 유리한 지원정책을 제도화하는

....

192 남찬섭(2008). "한국 복지정치의 딜레마: 낮은 조세능력과 자가복지로 인한 한계에 중점을 두어." 『사회복지연구』 38: 33-59. p.43.

것은 다른 계층(계급)의 심각한 반발을 불러왔을 것이다. 세금은 모든 계층과 계급의 소득에 영향을 주는 가장 치열한 계급 전쟁의 장이기 때문이다.[193]

민주화 이후에 기금을 이용한 주택정책은 중산층의 사적 자산형성에 핵심적 역할을 했다. 주택정책은 단순히 중산층만을 위한 정책이 아니라 임금노동자가 자가 주택보유를 통해 중산층에 편입되어 정권의 지지기반이 되도록 만드는 복지정치를 적극적으로 실현하는 정책이었다. 노태우 정부의 주택정책은 주택을 구입할 수 있는 노동계급과 그렇지 못한 노동계급을 분리시켰고, 전체적으로 자산 불평등을 확대하는 중요한 요인이 되었다. 노태우 정부의 주택정책이 본격화되기 전인 1988년에 조사한 자료에 따르면, 지니계수로 측정한 당시 실물자산의 불평등 지수는 이미 0.60에 달해 매우 심각한 상황이었다.[194] 상위 30%가 전체 자산의 73%를 소유했고, 하위 30%는 단지 3%만을 소유했다.

물론 저소득층을 위한 주택정책이 전혀 없었던 것은 아니다. 1989년 2월 24일에 민정당이 주최한 노태우 대통령 취임 1주년 기념 "보통 사람들의 밤"이라는 행사에서 노태우 대통령은 영구임대주택 25만 가구 건설계획을 전격 발표했다.[195] 이는 당시 6대 도시의 생활보호자가 23만 명이었던 것을 반영한 수치였다. 당시 전세금이 급등해 일가족이 자살하는 사건이 연일 신문에 보도되는 등 저소득층의 주거문제가 심각한 사회문제로 등장했다. 『한겨레』의 보도에 따르면, 1990년 5월 25일에 부산에 거주하던 세입자가 오른 전세금 200만 원을 마련하지 못해 3층 옥상에서 투신한 사건이 발생했다.[196] 하지만 노태우 정부는 3당 합당 후 지방선거에서 압승하자 '7차 경제사회발전 5개년 계획'을 수립하면서 계획했던 25만 호 주택건설계획을 19만 호를 건설하는 것으로 축소했다.[197] 김영삼 정

....

193 Steinmo, S.(1993). *Taxation and Democracy: Swedish, British, and American approaches to Financing the Modern State*. New Haven: Yale University Press. p.194.

194 Kwon, S.(1990). "Korea: Income and Wealth Distribution and Government Initiatives to Reduce Disparities." Seoul: KDI. pp.16-18.

195 이영환(1995). "영구임대주택정책 형성과정 연구." 『사회복지연구』 5: 168-200. p.169.

196 한겨레(1990). "제세금 고민 투신 자살." 『한겨레』. 1990년 5월 27일 10면.

197 이영환. "영구임대주택정책 형성과정 연구." p.169.

부는 더 나아가 영구임대주택 정책을 사민주의 정책으로 간주해 폐기하고 공공임대주택으로 전환했다.[198] 또한 김영삼 정부는 노태우 정부 시기에 공적기금에 의해 지원되던 저소득층을 위한 주택건설재원을 민간재원을 중심으로 재편했다. 저소득층 주택건설에 투입된 공적재원과 민간재원의 비중도 노태우 정부 시기에 73.4% 대 26.6%에서 김영삼 정부에 들어서면서 21.8% 대 78.2%로 역전되었다. 김영삼 정부는 주택정책에서 공적재원의 역할을 축소했다.

국민주의 발행도 중산층 포섭전략의 일환이었다. 1980년대에 들어서면서 증권시장은 폭발적으로 성장했다. 1980년에 106.9에 불과했던 종합주가지수(KOSPI)는 1986년에 272.6, 1987년에 525.1, 1988년에 907.2, 1989년에 981.7로 불과 10년 만에 열 배 가까운 폭발적 성장을 했다.[199] 정부는 주식투자자 중 50%가 중산층이라는 점에 주목해 포항제철, 한국전력공사, 국민은행, 전기통신공사 등을 국민주 형태로 공개해 더 많은 중산층이 금융자산을 확보할 수 있도록 했다.[200] 이른바 중산층 중심의 국민주 시대를 연다는 전략이었다. 노태우 정부는 중산층이 소액주주가 되면 중산층이 정치적으로 보수화되어 경기변동에 부정적 영향을 미칠 수 있는 모든 정치적 행동에 반대할 것이라고 생각했다. 실제로 금융자산을 보유하고 늘려나갈 수 있었던 계층은 중간계층 이상이었다. 1988년 기준으로 상위 10%가 전체 금융자산의 61%를 소유했고, 상위 30%까지 확대하면 이 수치는 88%에 달했다. 반면, 하위 40% 가구의 금융자산은 거의 0에 가까웠다.[201] 이러한 과정을 통해 1980년대에 들어서면서 주식 같은 금융자산은 중산층의 대표적인 사적 보장제도가 되었다.

기업복지 또한 역진적인 사적 보장제도를 공고화하는 중요한 제도적 구성물 중 하나였다. 1980년대에 들어서면서 국제적 독점자본으로 성장한 재벌은 적어

....

198 하성규·배문호(2004). "한국의 공공임대 주택정책과 주택정치: 3개 정부(노태우정부·김영삼정부·김대중정부)를 중심으로." 『한국지역개발학회지』 16(4): 95-120. pp.101-103.
199 정해구. 『전두환과 80년대 민주화운동』. p.219.
200 오연호. "노정권의 중간층 포섭전술." p.20.
201 Kwon, S.(1990). "Korea: Income and Wealth Distribution and Government Initiatives to Reduce Disparities." Seoul: KDI. pp.16-18.

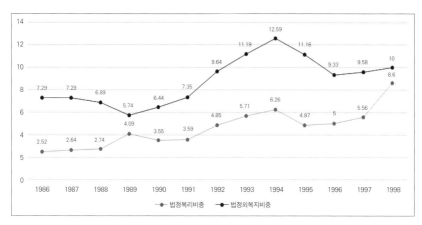

그림 13.19 현금급여 총액 대비 법정기업복지와 법정외기업복지의 비중 변화, 1986~1998년
출처: 김도균. "한국의 자산기반 생활보장체계의 형성과 변형에 관한 연구." p.160.

도 자신이 고용한 노동자에게 임금인상과 기업복지라는 개량을 제공할 수 있는 물적 기초를 확립했다.[202] 1991년에 노태우 정부는 '사내복지기금법'을 제정해 기업의 복지 제공을 법제화했다.[203] 기업별 단체교섭제가 정착되면서 수출 중심의 대기업은 고임금과 함께 기업복지를 확대했고, 기업복지와 관련한 재벌 대기업과 중소기업 간의 차이도 확대되었다.[204] 대기업은 자신이 고용한 노동자에게 주거비, 학비, 보험료를 지원해 그들을 기업 단위의 생산체제로 포섭했다.[205] 기업은 노동자가 가입한 민간보험에도 지원금을 지급했다. 경제위기 직전인 1996년에 기업이 노동자에게 지원한 민간보험 지원금은 월평균 68,000원 수준이었다. 재벌 대기업이 제공한 기업복지는 대기업 노동자가 공적 사회보장제도의 확대에 무관심한 이유 중 한 가지 요인이 되었다. 〈그림 13.19〉에서와 같이 현금급여 총액 대비 법정외기업복지의 비중은 등락은 있었지만 지속적으로 높아졌다.

....

202 이재회. "1980년대 한국자본주의의 성격." p.246.
203 양재진(2008). "한국 복지정책 60년: 발전주의 복지체제의 형성과 전환의 필요성."『한국행정학보』
      42(2): 327-349. p.339.
204 김형기. "1980년대 한국자본주의: 구조전환의 10년." p.102; 홍경준·송호근(2003). "한국 사회복지정
      책의 변화와 지속: 1990년 이후를 중심으로."『한국 사회복지학』 55: 205-230. p.207.
205 김도균. "한국의 자산기반 생활보장체계의 형성과 변형에 관한 연구." pp.158-160.

재벌 대기업은 자신이 생산한 상품의 주요시장이 해외에 있었기 때문에 노동자의 재생산 문제를 전국적으로 확대하는 것보다 자신의 사업장에 고용된 노동자를 기업이 직접 포섭하는 것이 더 유리했을 것이다.

정리하면, 1990년대 초반에 잠깐 동안 한국 사회가 내수의 확장을 통해 대량생산에 조응하는 대량소비체제를 구축할 수 있는 가능성을 보였지만 실현되지 못했다. 1980년부터 1997년까지 좋은 직장에 다니고 저축을 하며 주식과 부동산에 투자해 사적으로 사회위험에 대응할 수 있었던 계층은 선택된 일부였다. 이 시기에 사적 영역에서 역진적 선별주의 복지체제가 구축된 것이다. 하지만 사적 보장제도를 확대하는 방식으로는 생산과 소비가 순환하는 복지국가 복지체제를 만들 수 없었다. 포드주의 축적체제의 대량소비를 가능하게 하는 복지체제는 사적으로는 구축될 수 없었다. 남아 있는 희망은 공적복지였다.

3) 공적 탈상품화: 공적 사회보장, 이중화된 선별주의

한국 자본주의가 본격적인 대량생산체제에 들어가고 자본주의 세계경제에 더 깊숙이 편입되어가던 1980년부터 1997년 사이에 공적 사회보장은 어떤 역할을 했을까? 〈그림 13.12〉에서 보았던 것처럼 GDP 대비 사회지출은 1980년부터 1987년까지 연평균 1.9%에 불과했다. 이마저도 모든 시민에게 보편적으로 제공된 것이 아니라 상대적으로 생활형편이 좋은 공무원, 교사 등 일부 엘리트 집단을 위해 제도화된 사회보험에 집중되어 있었다. 실제로 1980년에 총 사회지출 중 사회보험 지출이 차지하는 비중은 64.6%에 이르렀다.[206] 반면 저소득층을 위한 대표적인 사회지출인 생활보장제도는 전체 인구 중 단지 1%에 해당하는 사람들에게 최소한의 생존에 필요한 비용의 절반 정도만 지급되는 수준이었다.[207] 이러한 현상은 1985년 이후에 더 심화되었다. 전체 GDP 대비 사회지출에서 사회보험 지출이 차지하는 비중은 1980년에 64.6%에서 1985년에 74.4%로 무려 10%

....

206 노인철·김수봉(1996).『사회보장재정의 국제비교와 전망』. 서울: 한국보건사회연구원. p.27.
207 이혜경(1993). "한국의 소득보장제도: 압축성장의 한계와 탈도구화의 과제." 『연세사회복지』 1: 63-92. p.80.

포인트 가까이 높아졌다. 사회보험의 포괄 범위가 대기업 노동자와 공무원, 교사 등 상대적으로 안정적 직업을 갖고 있는 계층에 집중되어 있다는 점을 고려하면, 당시 사회지출은 소득·자산조사에 기초해 저소득층을 선별하는 일반적인 의미에서의 선별성과 달리 소득이 높고 상대적으로 안정적인 계층에 집중되는 '역진적 선별성'을 갖고 있었다고 할 수 있다. 특정 집단에만 제한적으로 공적 탈상품화 기제가 작동한 것이다. 물론 1987년의 민주화 이후에 노태우 정부 기간 동안 GDP 대비 사회지출이 증가했다는 점은 주목할 만하다. 전두환 집권기간인 1980년부터 1987년까지 GDP 대비 사회지출은 0.4%포인트(1.6%에서 2.0%로) 증가하는 데 그쳤지만, 민주화 이후에 노태우 정부 5년 동안 GDP 대비 사회지출은 1987년에 2.2%에서 1992년에 3.2%로 1.0%포인트, 45.5% 가까이 증가했다. 반면 김영삼 정부 기간 동안 GDP 대비 사회지출은 거의 증가하지 않았다. 1993년에 3.3%였던 GDP 대비 사회지출은 1997년에 3.6%로 5년 동안 0.3%포인트, 9.1% 증가하는 데 그쳤다. 1980년 이래 가장 낮은 사회지출 증가율을 기록했다.

김영삼 정부 시기의 이러한 낮은 사회지출은 김영삼 정부가 출범할 당시 한국 사회의 위기의식을 반영한 결과였다. 김영삼 정부는 당시 한국 경제가 매우 위태로운 상황에 처해 있었는데 이는 전투적 노동조합이 생산성을 초과하는 임금인상을 요구했기 때문이라고 생각했다.[208] 이러한 인식에 기초해 김영삼 정부는 임금인상과 복지 확대를 자제할 것을 요구했기 때문에 복지정책은 정부의 핵심 의제가 아니었다. 복지정책이 김영삼 정부의 중요한 정책으로 등장한 것은 김영삼 대통령이 1995년 3월에 코펜하겐 사회개발정상회의에 참여하면서부터, 특히 OECD 가입을 추진하면서부터였다. 하지만 김영삼 정부는 사회지출 수준에서 단 한 번도 노태우 정부 때의 수준을 넘지 못했다.

전반적으로 1980년부터 1997년까지 GDP 대비 사회지출은 1.6%에서 3.6%로 125% 증가했다. 하지만 이 시기의 변화를 과대평가해서는 곤란하다. 사실상 1997년의 경제위기 이후에 김대중 정부가 출범한 1998년 이전까지 GDP 대

....

208 성경륭(2001). "민주주의의 공고화와 복지국가의 발전." 『한국 사회복지학』 46: 145-177. pp.154-155.

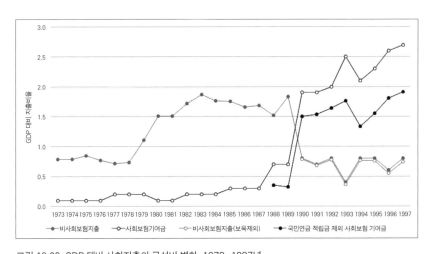

그림 13.20 GDP 대비 사회지출의 구성비 변화, 1973~1997년

출처: OECD. Social expenditure database; 통계청(2018). "e-나라지표: 국민연금 재정현황." http://www.index.go.kr/potal/main/EachDtlPageDetail.do?idx_cd=2764, 접근일 2018년 8월 7일; 통계청(2018). "e-나라지표: 국내총생산 및 경제성장률(GDP)."

비 사회지출은 불평등을 완화하는 데 거의 아무런 역할을 하지 못했다. 한 연구에 따르면, 1989년의 공적소득이전 전의 지니계수가 0.297였는데, 이전 후에도 0.297로 거의 변화가 없었다.[209] 공적사회보장이 빈곤을 완화하는 데 일정한 역할을 한 것은 1998년 이후였다. 이 시기의 사회보장제도는 '역진적 선별성'을 갖고 있는 분배기제였을 가능성이 높다. 사실 사회보장제도의 이런 '역진적 선별성'은 경제개발 이래 사회보험이 국가의 책임을 최소화하고 노동자와 고용주의 재정부담에 기초해 제도화되었기 때문에 나타난 필연적 결과였다. 사회보험의 제도화에 민간보험처럼 수익자부담원칙을 적용해 지불 능력이 있는 노동자만이 사회보험에 가입할 수 있었기 때문이다. 이는 결국 상위소득 계층을 사회보험의 대상으로 선별하는 사회보험제도의 '역진적 선별성'으로 나타났다. 이제 몇 가지 핵심적인 사회보장제도와 관련해 이 시기에 나타난 주목할 만한 변화를 살펴보자.

....

209 홍경준·송호근. "한국 사회복지정책의 변화와 지속: 1990년 이후를 중심으로." pp.217-218.

3. 사회보장제도

1) 사회보험

국민연금, 전국민 의료보험, 최저임금제 도입 등 1987년의 민주화 이후에 시행된 주요 사회보장정책들은 노태우 정부의 업적으로 간주된다.[210] 하지만 실제로 이러한 제도들은 모두 전두환 독재정권이 계획했고 노태우 정부는 전두환 독재정권이 기획한 복지제도를 시행했을 뿐이다. 물론 1987년 이후에 민주화로의 이행이 없었다면 제도의 시행 자체가 불가능했을지도 모른다. 이 시기에 확대된 사회보험은 앞서 언급했듯이 모두 수익자부담원칙에 근거해 제도화되었다. 먼저 국민연금은 전두환 독재 시기인 1981년 1월에 청와대에서 개최된 경제정책 협의회에서 한국개발연구원이 국민복지연금 실시에 관한 특별보고를 하면서 시작되었다.[211] 동년 9월에 경제기획원이 '제5차 경제사회발전 5개년 계획' 기간 중에 국민복지연금을 실시할 계획이라고 보고했고, 한국개발연구원이 연금제도의 기본 구성을 마련했다. 흥미로운 사실은 보건사회부가 아닌 경제기획원에서 국민복지연금의 실시를 입안했다는 점이다. 물론 그렇다고 경제기획원이 국민연금의 제도화와 관련된 전권을 행사한 것은 아니었다. 국민연금제도의 핵심 사항인 소득비례부분의 산정기간, 반환일시금의 지급조건 등 핵심 사안은 경제기획원과 보사부의 협의에 의해 결정되었다. 국민연금기금의 운영위원장을 누가 맡을 것인지도 경제기획원과 보사부 간에 치열한 논쟁이 있었다.[212] 경제기획원이 제도 도입에 중요한 역할을 했지만, 보사부 또한 주무부서로서 적극적으로 의견을 개진했다.

1986년 8월에 전두환은 기자회견을 통해 1988년부터 국민연금을 시행하겠다고 발표했고, 같은 해에 국민복지연금법을 개정했다. 국민연금은 보험료를 납

....

210   홍경준·송호근. "한국 사회복지정책의 변화와 지속: 1990년 이후를 중심으로." p.208.
211   박정호(1997). "국민연금 제도 형성에서의 정부의 역할에 관한 연구."『사회복지정책』5: 34-53. p.44.
212   양재진(2008). "국민연금제도." 양재진·김영순·조영재·권순미·우명숙·정홍모.『한국의 복지정책 결정과정: 역사와 자료』. pp.103-159. 서울: 나남. p.129.

부한 사람만을 대상으로 했기 때문에 보험료를 납부할 수 없는 저소득층과 실업자 등은 배제되었다.[213] 하지만 당시 논란이 되었던 쟁점은 두 가지였는데, 하나는 기업이 제공하고 있던 퇴직금과 국민연금의 관계를 어떻게 설정할지였다.[214] 경영자총협회(이하 경총)는 국민연금을 도입하는 대신 퇴직금을 법정제도가 아닌 임의제도로 변경하자고 주장했다. 경총은 자체 연구결과를 토대로 당시 경제상황을 고려했을 때 국민연금을 시행하는 것은 적절하지 않으며, 시행한다고 해도 퇴직금과 연금기여금 수준을 조정해야 한다고 주장했다. 반면 한국노총으로 대표되는 노동계는 국민연금의 시행과 무관하게 법정 퇴직금제를 유지하자고 했다.[215] 다른 하나는 노후를 누가 부양하는 것이 타당할지를 둘러싸고 벌어졌다. 대다수 국민은 노후는 자식들이 부양할 터인데 굳이 지금 보험료를 내면서 국민연금에 가입할 필요가 있느냐는 것이었다. 지금 생각하면 어처구니 없는 생각이지만 당시는 상당히 설득력이 있는 반론이었다.[216]

당시 집권여당인 민정당은 국민연금의 제도화에 별반 관심이 없었다. 민정당은 최저임금제 시행, 전국민 의료보험 시행, 중학교 의무교육 등 6대 과제에 관심을 두고 있었기 때문이다.[217] 정부 내에서도 관련부처 담당 공무원을 제외하면 국민연금에 대한 이해수준은 매우 낮았던 것으로 보인다. 당시 법제처 담당관은 국민연금의 제도설계를 담당한 실무자에게 일본에도 국민연금법이 있냐고 물어보았고, 있다고 대답하자 "그럼 됐어"라고 별다른 의견을 제시하지 않았다고 한다.[218] 사실 일본의 국민연금과 당시 제도화하려고 했던 국민연금은 완전히 다른

....

213 이혜경. "한국의 소득보장제도: 압축성장의 한계와 탈도구화의 과제." pp.82-83.
214 박정호. "국민연금 제도 형성에서의 정부의 역할에 관한 연구." pp.44-45.
215 김수영(1992). "한일 연금제도의 비교연구." 부산대학교 박사학위논문; 박정호. "국민연금 제도 형성에서의 정부의 역할에 관한 연구." p.44. 재인용.
216 박능후(2019). 경제사회노동위원회 국민연금특별위원회 위원들과 박능후 보건복지부장관의 오찬간 담회에서 박능후장관의 발언. 2019년 1월 23일. Chainan 광화문점. 당시(1986년) 박능후장관은 보사부계약직 공무원으로 국민연금 제도화 과정에 참여했다고 한다.
217 박정호. "국민연금 제도 형성에서의 정부의 역할에 관한 연구." p.45.
218 박능후(2019). 경제사회노동위원회 국민연금특별위원회 위원들과 박능후 보건복지부장관의 오찬간 담회에서 박능후장관의 발언.

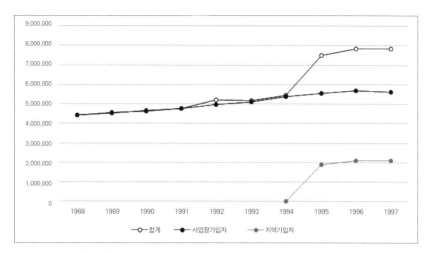

그림 13.21 국민연금 가입자 수의 변화(명), 1988~1997년

출처: 보건복지부(2005). 『보건복지백서』. 서울: 보건복지부. p.290.

제도였다.

여하튼 1980년대 이전에는 복지제도의 도입을 둘러싼 복지정치가 전문가, 관료, 정치인을 중심으로 제한적으로 이루어졌다면, 국민연금제도의 도입을 둘러싼 복지정치는 자본가과 노동계급의 이해가 대립되는 양상으로 전개되었다. 논란 끝에 국민연금은 10인 이상의 노동자를 고용하는 사업장을 당연가입자로 시작해서 1992년부터는 5인 이상 사업장까지 확대하기로 했다. 〈그림 13.21〉에서 보는 것처럼 1995년 이전까지 사업장 중심의 국민연금 가입자 수에는 큰 변화가 없었다. 가입자 수는 1995년 7월부터 국민연금의 가입대상에 군 지역 거주 농어민을 포함시키면서 소폭 증가했다.[219]

한편 1973년의 국민복지연금법의 제도화 당시에 검토되었던 저소득층을 위한 복지연금은 1986년의 법 개정 당시에는 전혀 고려되지 않았다.[220] 물론 연금급여를 계산할 때 정액급여 부분을 설정해 계층 간이 소득재분배를 고려하기는 했

....

219 유광호·이혜경·최성재(2005). 『한국의 사회보장』. 서울: 유풍출판사. p.65.
220 이혜경. "한국의 소득보장제도." p.82.

지만, 이는 어디까지나 보험료를 납부한 가입자를 대상으로 한 것이었다. 정부는 재정중립주의에 따라 국가의 재정 부담을 최소화했다. 더욱이 김영삼 정부는 연금을 시장화하려고 시도했다. 1997년에 김영삼 정부가 확정한 국민연금개혁안을 보면, 국민연금을 기초연금과 소득비례연금으로 나누고 기초연금은 공적부문이 담당하되 소득비례연금은 민영화한다고 했다.[221] 하지만 김대중 정부가 출범하면서 김영삼 정부의 연금개혁안은 전면 재검토되었다. 결과적으로 국민연금이 가장 필요했던 당시의 노인세대는 제도에서 배제되었다. 공적 노후소득보장제도가 없이는 안정적 노후생활을 할 수 없는 저소득·취약계층 또한 제도의 사각지대에 방치한 채 개발국가 시기부터 지금까지 부동산, 금융자산 등으로 사적 탈상품화 기제를 구축한 중간계급이 제도의 주 대상이 되었다. 제도의 출발 당시부터 국민연금은 저소득층을 배제하는 광범위한 사각지대 문제를 안고 출발했다고 할 수 있다. 더불어 부분적립 방식으로 누적되는 기금을 재정투융자기금으로 전환한다는 계획을 갖고 있었다.

의료보험을 둘러싼 통합논쟁은 '역진적 선별성'을 갖고 있던 한국의 사회보장제도를 보편적 사회보장제도로 전환하려는 과정에서 발생했다. 제11장에서 검토한 것과 같이 의료보험은 공무원, 교사 등과 같은 엘리트 집단과 중화학공업 노동자 등 직장단위로, 즉 조합주의 방식으로 운영되고 있었다. 조합주의 방식으로 노동자에게 지급되는 의료비를 비용 처리할 수 있고 적립금은 기업의 투자 재원으로 활용할 수 있었기 때문에 기업은 이를 선호했다.[222] 더욱이 기업별 조합주의 방식은 기업에 대한 노동자의 충성심을 높일 수 있다는 점에서 여러 모로 기업에 유리했다. 하지만 의료보험의 가입대상이 1988년에 농어민에게 확대되고 1989년에는 도시자영업자에게 확대되면서 많은 조합들이 생겨났고 이들 소규모

....

221 양재진. "국민연금제도." pp.138-139.
222 김연명(1989). "한국 의료보험제도의 발달 및 행태 규정 요인에 대한 연구." 보건사회연구회 편. 『한국의료보장연구』. pp.99-120. 서울: 청년세대. p.110; 강명세(2006). "한국 복지국가의 기원: 의료보험제도의 기원과 변화." 『사회과학연구』 14(1): 6-33. p.22. 재인용; 이상우·조은상(2003). "산업화 이후 영국과 한국기업의 통제형태 및 노사관계변화에 대한 비교 분석." 『한국인사관리학회』 27(4): 199-221. p.211.

표 13.4 의료보험의 조합방식과 통합방식의 비교

구분	조합방식	통합방식
조직구성 및 자격관리	직역, 직장, 지역별로 조직 조합별로 자격관리	전 국민 단일조직 전국 일원적 자격관리
보험료 부담	각기 조합 내에서 소득비례 차등 부담	전 국민 계층 간 소득비례 차등 부담
보험급여	법정급여는 균등, 부가급여는 조합에 따라 차등	법정급여의 균등화
보험재정	조합별 독립재정: 위험분산기능의 제한	보험재정의 통합운영: 위험분산기능의 확대

출처: 차흥봉. "의료보험의 정책결정과정." p.180.

조합의 재정불안이 사회적 문제가 되면서 조합주의 방식에 대한 비판이 제기되었다. 의료보험조합 통합운동은 이러한 문제를 해소하기 위해 시작되었다.[223] 사실 소규모 의료보험조합의 재정적 취약성은 1970년 말부터 문제가 되어 관리운영체계의 통합이 필요하다는 논의가 있었다. 보건사회부는 1980년 11월 4일에 내부적으로 의료보험 통합일원화 방침을 확정하고 11월 17일에는 천명기 보사부 장관이 전두환에게 통합일원화 방침을 보고했으나, 전두환은 "要研究檢討(요연구검토)"라며 결정을 유보했다.[224] 1982년에도 보건사회부 장관은 당시 집권여당인 민정당의 이종찬 원내총무와 함께 통합을 지지했지만, 윤성태 비서관 등은 소득파악 문제와 임금노동자의 부담을 증가시킨다는 이유로 반대했다. 논란이 지속되자 전두환은 1982년 11월 2일에 의료보험 통합에는 연구검토가 더 필요하다는 의견을 제시하며 논의를 전면 중단시켰다.[225] 사실상 통합이 무산된 것이다. 황당한 사실은 1983년 2월에 의료보험 통합일원화를 추진했던 보사부 공

....

223 이혜경(1993). "권위주의적 자본주의 사회에서의 복지국가의 발달: 한국의 경험."『한국사회복지학』 21: 162-191.
224 차흥봉(1996). "의료보험의 정책결정과정. 제1차 의료보험통합 논의과정을 중심으로."『사회복지정책연구』3: 179-189. p.182-184.
225 이재희(2001). "한국의료보험정책의 변화의 과정에 관한 연구." 고려대학교 박사학위논문; 김행열(2006). "국민건강보험정책 결정요인 분석."『한국거버넌스학회보』13(2): 191-216. pp.193-194. 재인용: 김행열. "국민건강보험정책 결정요인 분석." p.195; 김종대(2011). "경제발전과 함께 발전한 복지정책."『월간조선』. 2011년 1월호.

무원들이 사직당국에 연행되어 조사받았고 보사부에서 축출되었으며 여당인 민정당에서도 통합일원화에 대한 논의를 통제하면서 통합 논의가 더 이상 진전되지 못했다는 것이다.[226]

복지정치의 측면에서 보면, 자본의 이해를 대표하는 전국경제인연합회, 경영자총협회, 상공회의소, 무역협회, 중소기업중앙회 등은 적극적인 반대의사를 표시했고 전국의료보험협의회도 통합에 반대한다는 의견을 제출했다. 권위주의 정권의 통제 하에 있었던 『조선일보』.『동아일보』.『한국일보』.『중앙일보』 등 주요 신문도 통합에 반대하는 사설을 게재했다. 『경향신문』만이 유일하게 통합에 찬성하는 사설을 게재했다. 당시 노동계급을 대표했던 한국노총도 통합에 반대했다. 사실상 권위주의 체제 내에서 합법적인 활동을 할 수 있었던 거의 대부분의 이해집단과 언론이 통합에 반대했다. 다만 여기서 놓치지 말아야 할 점은 조합주의 방식을 지지했던 진영이나 통합방식을 주장했던 진영 모두 국가의 재정적 부담을 최소화하고 가입자가 비용을 부담한다는 원칙에는 이견이 없었다. 차이는 그 비용 부담을 전 국민의 연대에 기초할지 아니면 개별 조합단위로 부담할지와 관련된 것이었다.

노태우 정부 시기에 벌어졌던 통합논쟁은 전두환 정권기의 논쟁이 재연된 것이었다. 하지만 노태우 정부 시기의 통합논쟁은 전두환 정권 시기와는 다른 양상으로 전개되었다. 전두환 정권 시기에 통합논쟁은 전문가와 관료집단이 주로 제기한 것이었다면, 노태우 정권 시기의 통합 논쟁은 '전국의료보험대책위원회'라는 일종의 시민사회단체가 구성되고 이 단체를 중심으로 1988년 10월 8일에 국회에 입법청원을 제기하면서 시작되었다.[227] 즉, 통합논쟁이 복지정치의 맥락에서 전개된 것이다. 많은 논란 끝에 1989년 3월 3일에 신민주공화당이 농촌지역 출신 의원들과 전국의료보험대책위원회의 요구를 수용해 3월 8일에 만장일치로 통합 법안을 국회에서 통과시켰다. 하지만 같은 달 24일에 노태우 대통령이

....

226 차흥봉. "의료보험의 정책결정과정: 제1차 의료보험통합 논의과정을 중심으로." p.184-185.
227 김행렬. "국민건강보험정책 결정요인 분석." pp.193-194.

거부권을 행사해 통합을 무산시켰다. 대신 정부가 광역조합 방식을 채택하고 지역가입자가 부담해야 할 보험료의 50%를 국가가 부담한다는 규정을 만들면서 통합논쟁은 다시 수면 아래로 가라앉았다.[228]

　의료보험 통합논쟁은 1997년의 대통령 선거를 앞두고 당시 집권여당이었던 신한국당이 입장 선회를 하면서 극적인 전환이 이루어졌다.[229] 농촌에 지역구를 두고 있던 여당 의원들이 의료보험을 통합하지 않고는 1997년의 대통령 선거에서 승리를 장담할 수 없다고 판단해 통합으로 입장을 선회한 것이다. 1997년 10월 30일에 국민의료보험법이 발의되고 같은 해 12월 31일에 국회에서 통과되면서 논쟁은 종료되었다. 특히 김영삼 정부 시기에 있었던 통합논쟁에 시민사회단체가 적극적으로 참여하면서 찬반으로 이해가 대립되었고 활발한 복지정치가 전개되었다. 의료보험연합회와 경총은 통합에 적극적으로 반대했고, 한국노총, 직장의료보험조합, 공무원 및 사립학교교직원 의료보험조합 등도 통합에 반대했다.[230] 반면 1987년의 민주화 이후에 결성된 시민단체들, 민주적 노동조합, 농민조직 등은 통합을 지지했다.[231] 의료보험노조와 한국노총은 마지막까지 통합에 격렬히 반대했다. 처음에는 소극적인 반대자였던 한국노총이 적극적인 반대자로 돌아선 것은 직장의료보험노조가 한국노총에 가입했기 때문이다.

　쟁점은 통합이 관리운영을 효율화할 수 있다는 주장과 통합이 오히려 주인의식을 약화시켜 조합방식보다 보험료의 징수가 어렵고 진료비 통제가 어려워져 재정문제를 유발할 수 있다는 주장이 맞서면서 벌어졌다.[232] 또 다른 쟁점은 의료보험 같은 사회보험을 재분배정책으로 볼 것인지를 둘러싸고 벌어졌다. 통합 반대 측의 주장은 명확했다. 자영업자의 소득파악이 제대로 이루어지지 않는 상황

....

228　이혜경. "권위주의적 자본주의 사회에서의 복지국가의 발달." p.186.

229　신언항(2006). "의료보험발전 단계별 정책형성에 관한 연구." 연세대학교 의료법윤리협동과정 박사학위논문. p.110.

230　김행열. "국민건강보험정책 결정요인 분석." p.197.

231　조영재(2008). "건강(의료)보험제도." 양재진·김영순·조영재·권순미·우명숙·정흥모. 『한국의 복지정책 결정과정: 역사와 자료』. 서울: 나남. pp.87-90.

232　신언항. "의료보험발전 단계별 정책형성에 관한 연구." pp.111-114

에서 의료보험조합을 통합하면 의료서비스의 비용을 직장가입자가 부담하는 문제가 생긴다는 것이었다. 당시 한 조사에 따르면, 도시자영업자의 소득파악 비율은 11% 수준에 불과했고 농촌은 60% 정도였다.[233] 더불어 통합 반대 측은 소득재분배가 사회보험을 통해서가 아니라 조세정책과 재정정책을 통해 이루어져야 한다고 주장했다.[234] 반면 통합 찬성 측은 의료보험이 소득계층과 지역을 넘어 국민통합과 연대를 이루는 중요한 수단이라고 주장했다. 더욱이 1987년의 민주화운동의 여운이 남아 있던 상황에서 통합은 민주주의와 사회정의를 실천하는 것이라는 생각이 받아들여졌다.

고용보험은 노태우 정부가 기획하고 김영삼 정부 시기에 도입되었다. 한국형 복지모형의 일환으로 도입된 고용보험은 그 명칭에서 보듯이 단순히 실업급여를 제공하는 수동적 역할을 넘어 (실제로 역할을 했는지의 여부와는 관계없이) 적극적으로 고용을 촉진한다는 의미를 담으려고 했다. 김영삼 정부 시기에 이르러 고용보험이 제도화되면서 한국은 주요 4대 사회보험을 모두 제도화했다. 특히 고용보험의 도입은 한국 복지체제를 다른 동아시아의 신흥공업국가와 구분하는 중요한 특징이 되었다.[235] 하지만 당시 도입되었던 고용보험은 서구 복지국가의 실업보험과 비교하면 급여수준이 낮았고 자격요건 또한 엄격했다. 한국의 실업급여는 실업 전 임금의 50%를 대체해주었지만 최대 급여기간을 8주로 설정해 스웨덴의 60주, 일본의 30주, 영국의 52주보다 훨씬 짧았다. 또한 자발적 실업자에 대해서는 급여를 제공하지 않았고 대기기간도 14일로 긴 편이었다. 더욱이 도입 당시에 고용보험의 대상이 30인 이상을 고용한 사업장으로 한정되어 있었기 때문에 고용불안에 시달리고 있는 비정규직 종사자나 영세사업장의 노동자 등 실업급여가 절실한 대상자는 제도에서 배제되었다. 또 하나의 '역진적 선별성'을 갖는 사회보험제도가 만들어진 것이다. 이처럼 공적 탈상품

....

233 김종대. "경제발전과 함께 발전한 복지정책."
234 신언항. "의료보험발전 단계별 정책형성에 관한 연구." pp.111-114
235 신동면(2001). "김영삼 정부의 사회복지정책: 세계화와 사회복지." 『연세사회복지연구』 6-7: 79-103. pp.91-92.

화 정책의 핵심 제도인 사회보험은 상대적으로 노동시장에서 지위가 안정적인 계층을 중심으로 실시되면서 출발부터 저소득층과 취약계층을 배제하는 '역진적 선별성'을 갖게 되었다.

2) 공공부조

1980년대에 들어서면서 '생활보호법'은 몇 차례의 개정을 통해 공공부조의 모습을 갖추었다. 먼저 1981년에 생활보호대상자가 무상으로 직업훈련을 받을 수 있는 프로그램이 시행되었고, 1982년의 영세민대책에는 '자활보호대상'이라는 개념이 도입되었다.[236] 1982년 12월 31일에는 자활을 강조하는 내용을 담은 '생활보호법'의 개정이 이루어졌다. 김영삼 정부가 추진했던 '삶의 질의 세계화를 위한 국민복지 기본구상'에 나타난 공공부조에 대한 생각도 노동능력이 없는 취약계층에 대해서는 국가가 최저생계를 보장하지만 노동능력이 있다고 간주되는 사람에 대해서는 자활할 수 있도록 지원한다는 것이었다. 다만 '기본구상'에서는 생계보호수준을 70%에서 1998년까지 100%로 높인다는 계획을 제시했다. 그러나 이 계획은 1997년의 경제위기로 인해 실현되지 못했다.[237] 여하튼 노동 가능자와 무능력자를 구분하는 이러한 접근은 조선시대의 구휼제도 이래(제5장 참고) 한국 사회에서 취약계층에 대한 지원과 내용을 결정하는 가장 중요한 준거로 지속되었다. 실제로 시민권에 근거해 공공부조를 제도화했다고 평가받는 '국민기초생활보장제도' 또한 노동능력의 유무를 구분하는 기준을 유지했다.

부양의무자 기준이 본법에 적시된 것도 1982년 12월 31일에 법률이 개정되면서부터였다.[238] 1982년의 개정 이전에는 부양의무자 기준이 시행령에 포함되어 있었고 주로 '면제' 조항으로만 존재했다. 그런데 1982년의 개정을 통해 민법

....

236 보건복지 70년사 편찬위원회. 『보건복지 70년사: 가난의 시대에서 복지사회로』. pp.78-79.
237 박경일(1995). "문민정부의 사회복지정책 추진방향 분석과 발전과제." 『사회복지개발연구』 1(2):94-113. p.102.
238 1982년 12월 31일 전면개정. 생활보호법 제2조(정의) 4. "부양의무자"라 함은 민법의 규정에 의하여 제3조제1항의 규정에 의한 보호대상자를 부양할 책임이 있는 자를 말한다.

에 규정되어 있던 부양의무자 기준을 적용해 부양해야 할 가족의 부양 범위를 확정했다. 예를 들어, 남편의 8촌 이내의 부계혈족까지 부양의무자의 범위에 포함시켰다.[239] 물론 판례를 보면 민법이 규정하는 부양의무자 기준이 실제로 적용되었다고 보기는 어렵고,[240] 1990년에 가족법이 개정되어 민법상의 부양의무자 기준은 직계혈족 및 그 배우자와 생계를 같이하는 친족으로 축소되었다(민법 제974조). 또한 보건복지부는 1991년에 생활보호사업지침을 통해 부양의무자의 적용 대상을 생계를 같이하는 4촌 이내의 혈족과 남편의 4촌 이내의 혈족, 처의 부모로 제한했다.[241] 그럼에도 불구하고 개정된 생활보호법에 부양의무자 기준을 적시했다는 것은 국민의 최저생활을 보장해야 하는 일차적 책임이 국가가 아닌 가족에 있다는 점을 분명히 한 것이다. 이렇게 1982년의 법 개정을 통해 본법에 포함된 부양의무자 기준이 2019년 현재까지 지속되고 있으며, 공공부조의 사각지대를 양산하는 가장 중요한 원인이 되고 있다. 마지막으로 1982년의 전면개정으로 이전까지 국가가 직권에 의해 생활보호대상자를 선정하던 방식에서 벗어나 대상자나 제3자가 시장 또는 군수에게 직접 신청할 수 있도록 했다. 생활보호대상자의 자녀의 수업료 및 기타 교육에 소요되는 경비를 지원하기 위해 교육보호와 자활보호가 추가되는 등 보호의 종류가 네 가지에서 여섯 가지로 확대된 것도 1982년의 전면개정의 중요한 내용이라고 할 수 있다.[242]

3) 사회서비스

1980년대에 들어서면서 이전까지 외원과 민간자원에 의지해 유지·제공되었던 사회서비스에 국가의 개입이 조금씩 확대되었다. 물론 국가의 개입은 국가

....

239 허선(2002). "국민기초생활보장제도와 부양의무자기준: 왜 부양의무자기준이 문제인가?" 기초생활보장제도 부양의무자기준 개선방향 모색을 위한 토론회 자료집. 2002년 4월 16일 참여연대 2층 강당. p.3.

240 이찬진(2002). "민법상의 부양의무의 범위와 한계에서 본 국민기초생활보장법상의 부양의무자 관련 규정의 검토." 기초생활보장제도 부양의무자기준 개선방향 모색을 위한 토론회 자료집. 2002년 4월 16일 참여연대 2층 강당.

241 전재경(1992). 『生活保護法制의 運用實態와 改善方向』. 서울: 한국법제연구원.

242 남찬섭(2006). "1980년대의 사회복지-1." 『복지동향』 2006(8): 52-54.

가 공적 사회서비스를 제공하는 주체로서 적극적 역할을 수행하기보다는 민간기관에 재정적 지원을 하고 민간기관을 관리·감독하는 방식이었다. 일제강점기 이래 사회서비스의 주 제공자로서의 민간기관의 지위가 변한 것은 아니었다. 민간기관은 여전히 사회서비스를 제공하는 역할을 담당했다. 여기서는 이 시기의 사회서비스 정책의 특징을 주로 아동 돌봄과 관련된 휴가제도와 보육을 중심으로 검토했다.[243]

먼저 1987년에 남녀고용평등법이 제정되고 무급 육아휴직제도가 처음으로 도입되었다. 육아휴직의 제도화는 돌봄 책임을 '전통적 미풍양속'을 빌어 가족에게 강제했던 전두환 정권 시기와[244] 비교했을 때 한국 사회가 민주화 이후에 돌봄의 사회적 책임을 부분적으로 받아들였다는 것을 의미한다. 육아휴직의 제도화 배경은 몇 가지로 추론할 수 있는데, 먼저 1970년대까지 제조업 분야에 값싼 노동력을 제공하던 미혼여성노동자의 규모가 인구증가율이 낮아지면서 감소했다는 점을 들 수 있다.[245] 육아휴직의 제도화는 기혼여성의 노동시장 참여가 미혼여성의 노동력을 대신할 대안으로 인식된 것과 관련이 있다. 기혼여성들로부터 노동력을 안정적으로 제공받기 위해서는 (부분적이지만) 아동양육과 직장생활을 병행할 수 있는 제도를 만들어야 했다. 두 번째는 1987년의 노동자 대투쟁과 민주노조의 설립 과정에서 모성보호 같은 여성 관련 정책이 중요한 요구사항으로 등장했다는 점이다.[246] 마지막으로는 전두환 정권이 1984년 12월 27일에 UN 여성차별철폐협약을 비준해 협약이 국내법과 동일한 효력을 갖게 되어 이를 이행하는 것이 한국 정부의 의무가 되었고 제6차 경제사회발전 5개년 계획에 여성개발 부분이 포함되었다는 점을 들 수 있다.[247] 그러나 제도 도입 당시에 육아휴직

....

243 이하 세 문단은 다음 문헌에 실린 내용의 일부를 전재했다. 윤홍식(2007). "아동양육 관련 휴가 및 휴직제도의 쟁점: 산전후휴가·육아휴직·남성양육참여." 참여연대 사회복지위원회 편. 『한국 사회복지의 현실과 신덕』. pp.241-274. 서울: 나눔의 집. pp.246-248.
244 최유정(2010). 『가족정책을 통해 본 한국의 가족과 근대성』. 서울: 박문사. p.275.
245 김영옥(1991). "기획: 제6공화국의 여성노동정책." 『사무직여성』 통권4호. 출처: http://www.womenlink.or.kr
246 이옥지(2001). 『한국여성노동 운동사』. 서울: 한울.
247 류임량(2003). "모성보호정책의 변화에 관한 연구." 숙명여자대학교 석사학위논문.

제도는 무급이었기 때문에 여성 노동자의 모성권리를 실질적으로 보장해준 정책이라고 할 수 없었다. 육아휴직을 여성만 사용할 수 있게 했다는 점에서 육아휴직제도가 가족 내 성별분업을 강화시키는 한계도 있었다.

1987년의 대선을 앞두고 여성유권자들의 표를 의식해 민주정의당(현재 자유한국당)에서 졸속으로 성안된 남녀고용평등법은 여성단체 등의 지속적인 요구에 힘입어 시행 1년 만에 부분 개정이 이루어졌다.[248] 재계의 반대가 있었지만 1989년에 남녀고용평등법의 1차 개정을 통해 육아휴직기간을 근속기간에 포함하게 되었고 법 위반 시의 벌칙규정도 제정했다.[249] 하지만 여전히 아동 돌봄의 주체는 여성이었다. 1994년에 고용보험법이 제정되고 출산 노동자의 육아휴직으로 인한 기업의 부담을 줄이고 제도를 활성화하기 위해 휴직자가 있는 사업장에 대해 1995년 5월부터 육아휴직 장려금이 지급되었다. 1995년에는 육아휴직 대상을 '여성노동자' 뿐만 아니라 '여성노동자'의 배우자로 확대하는 남녀고용평등법의 2차 개정이 이루어졌다. 남녀고용평등법의 2차 개정은 남성이 육아를 담당할 수 있는 기회를 열어놓아 명목상 전통적인 성별분업을 약화시키려는 것이었다. 그러나 남성 노동자의 육아휴직 권리가 여성노동자의 권리에 근거했다는 점과 여전히 무급이었다는 점으로 인해 양육에 대한 실제적 책임은 여전히 여성에게만 부과되고 있었다. 특히 무급인 육아휴직제도는 일반적으로 생계부양을 주로 담당하고 있던 남성노동자의 육아휴직 사용을 원천적으로 봉쇄한 것이었다. 더욱이 무급 육아휴직을 이용할 수 있는 여성은 고용보험에 가입해 있고 자신이 생계를 책임지지 않아도 생계가 가능한 여성이라는 점에서 육아휴직제도도 상대적으로 소득수준이 높은 중상위계층에 유리한 '역진적 선별성'이 내재된 또 하나의 사회보장제도였다.

1980년대의 영유아보육정책은 전두환 권위주의 시기인 1982년에 시작된

....

248 최미정(1989). "남녀고용평등법에 관한 연구." 이화여자대학교 석사학위논문.
249 최유정. 『가족정책을 통해 본 한국의 가족과 근대성』. p.335; 이규용·남재량·박현·김은지(2004). 『육아휴직 활용실태와 정책과제』. 서울: 한국노동연구원; 김엘름(1999). 『남녀고용평등법 시행 10년의 성과와 과제』. 서울: 한국여성개발원.

새마을유아원으로부터 출발한다.[250] 앞서 언급한 것과 같이 기혼여성의 노동시장 참여가 증가하는 상황에서 아동을 돌볼 수 있는 보육시설(당시 명칭으로는 탁아시설)의 공급은 절대적으로 부족했다. 특히 3세 미만의 아동의 보육 문제는 심각한 상황이었다. 경제기획원 자료를 보면, 1973년부터 1988년까지 여성의 경제활동참가율은 40.8%에서 46.5%로 14.0% 증가했다.[251] 남성의 경제활동참가율이 동 기간 동안 0.8% 감소한 것과 대조적이었다. 더욱이 미취학 자녀가 있을 가능성이 높은 30~34세 여성의 경제활동참가율은 동 기간 동안 18.0%나 증가했다. 하지만 보육비용을 개인이 부담해야 하는 상황에서 보육시설을 이용할 수 있는 계층은 제한적이었다. 흥미로운 사실은 유아교육진흥법이 제정되고 남녀고용평등법에 의해 직장탁아시설을 설치할 수 있는 근거가 마련되었는데 담당 부처가 행정력과 재정동원을 이유로 보건사회부에서 내무부로 이관되었다는 점이다.

1987년의 민주화 이후에는 돌봄 정책을 둘러싸고 복지정치가 작동하면서 보육정책의 전환이 이루어졌다. 이 시기의 복지정치의 핵심 주체는 여성단체연합으로 대표되는 여성운동단체였다. 당시 아동복지법 시행령만으로는 증가하는 보육수요를 감당할 수 없게 되자 여성단체를 중심으로 법 개정 운동이 전개되었고, 1990년 12월 18일에 전문 6장 33조와 부칙 7조로 이루어진 '영유아보육법'이 제정되었다.[252] 탁아와 새마을유아원이라는 명칭 대신 보육시설이라는 보육과 보호가 결합된 용어가 사용된 것도 이 시기부터였다.[253] 무엇보다도 법 제정의 의미는 보육정책의 대상을 전체 아동으로 확대한 것이었다.[254] 하지만 '영유아보육법'은 이용자부담원칙을 적시하고 국공립 보육시설을 저소득층 밀집지역, 농어촌 지역 등 취약지역에 우선적으로 설치하도록 했다는 점에서 이후 보육서비스가 민간시설 중심으로 확대되는 계기를 제공했다. 다만 당시만

....
250 이진숙·이슬기(2013). "젠더관점에서 본 보육정책의 패러다임 변화 연구." 『젠더와 문화』 6(2)' 85-123. p.91, pp.98-99.
251 한국노동연구원(1991). 『한국의 여성노동시장』. 서울: 한국노동연구원.
252 동아일보(1991). "복지차원 託兒 意志 약해." 『동아일보』 12월 19일자 9면.
253 이진숙·이슬기. "젠더관점에서 본 보육정책의 패러다임 변화 연구." p.101.
254 윤홍식·송다영·김인숙(2011). 『가족정책: 복지국가의 새로운 전망』. 파주: 공동체. p.314.

표 13.5 아동보육 비율의 변화, 1990~1997년

연도	보육관련지표			기혼여성 경활률	남성임금 대비 여성임금 비율
	보육비율(계)	공적보육비율	민간보육비율		
1990	1.2	0.6	0.6	41.3	55.0
1991	2.2	0.9	1.3	41.0	56.0
1992	3.1	2.0	1.1	40.7	55.7
1993	3.8	2.5	1.3	39.8	56.5
1994	5.4	3.3	2.1	39.8	58.6
1995	7.0	3.7	3.3	40.0	60.0
1996	9.5	4.3	5.2	41.6	61.5
1997	12.3	5.0	7.3	43.5	62.5

출처: 보건복지부(각 연도). "보육통계..

해도 여성이 직장생활을 유지하기 위해 아동을 보육시설에서 보내는 것에 대한 시선이 곱지 않았고 비용부담 문제도 있었기 때문에 보육시설 이용비율은 높지 않았다. 〈표 13.5〉를 보면 전체 아동 수 대비 보육시설 이용비율은 1990년에 1.2%에 불과했다.

1990년대 전반까지만 해도 공적보육시설의 비율이 민간보육시설의 비율보다 높았다. 역전이 일어난 것은 1995년부터 1997년까지 김영삼 정부가 추진한 민간보육시설 중심의 '보육사업확충 3개년 계획' 이후였다. 노태우 정부 3년 동안 공적보육시설의 비율은 1.4%포인트 증가한 데 반해 민간보육시설의 비율은 0.5%포인트 증가한 데 그쳤다. 반면 김영삼 정부 기간 동안 공적보육시설의 비율은 1993년 2.5%에서 1997년 5.0%로 2.5%포인트 증가한 데 반해 민간보육시설의 보육비율은 1.3%에서 7.3%로 6.0%포인트나 증가했다. 김영삼 정부가 민간기관을 중심으로 보육시설을 확대하면서 현재와 같이 보육서비스의 대부분을 민간시설이 제공하게 된 것이다. 큰 틀에서 보면 보육서비스도 수익자부담원칙에 입각해 제공되었기 때문에 상대적으로 소득수준이 높고 지불능력이 있는 계층에 서비스가 제공되는 '역진적 선별성'을 갖고 있었다.

그 밖에 사회서비스와 관련해 주목할 만한 몇 가지 사항을 덧붙이면 다음과 같다. 1987년 전두환 정권 말기에 동사무소에 배치된 사회복지전문요원(별정직)은 이후 사회복지전담공무원(사회복지직)으로 개편되면서 한국 사회복지의 공적

전달체계를 담당하는 핵심 인력으로 성장해갔다.[255] 1987년에 49명에 불과했던 전문요원은 1991년에 2천 명 규모로 증가했다.[256] 1995년부터는 전국 5개 시·군·구에 사회서비스의 통합적이고 효율적인 전달을 목적으로 시범복지사무소를 운영했다.[257] 김영삼 정부의 사회복지사무소 시범 사업은 노태우 정부가 기획했던 대도시 중심의 복지사무소 설치계획을 명칭만 변경해 시행한 것이었다. 사회서비스를 공공부조와 사회보험 같은 독립적인 사회보장영역으로 분리한 것도 김영삼 정부 시기였다. 1995년에는 '사회보장에관한법률'을 폐지하고 '사회보장기본법'을 제정했다.[258] 더불어 1993년에 재가노인복지사업에 대한 규정을 신설하여 유료 노인복지사업시설의 근거를 마련했고, 1996년에는 정신보건법을 제정했으며, 1994년 12월에 보건사회부를 현재의 보건복지부로 개편했다.[259]

김영삼 정부에서 확대된 민간 중심의 사회서비스가 이전과 다른 점은 국가가 재정적 지원을 하면서 민간서비스를 활성화하려고 했다는 점이다. '보육사업 확충 3개년 계획'은 그 대표적 사례이다. 김영삼 정부가 추진한 '신경제 5개년 계획'의 중요한 목표 중 하나인 '한국형 사회복지모형'은 민간의 참여와 가족의 역할에 기초한 "지역사회 중심의 사회서비스체계를 구축"하려는 시도의 일환이었다.[260] '한국형 사회복지모형'은 국가의 책임을 강화하는 모델이 아닌 가족과 지역사회라는 민간부문의 역할을 강화하는 모델이었다. '사회복지공동모금법'을 제정한 것도 이러한 김영삼 정부의 복지정책의 일환이었다.[261] 국가의 역할이 강화되었다면 이는 국가가 직접 서비스를 제공하는 것이 아니라 민간이 서비스를 제공할 수 있도록 지원하는 영역에 한정된 것이었다.

········

255 안상훈·김수완·박종연(2010).『한국형 복지국가의 미래 전망』. 기획재정부.
256 보건복지 70년사 편찬위원회,『보건복지 70년사: 가난의 시대에서 복지사회로』, p.79.
257 고수현(2001). "문민정부시기의 공공부조 정책에 관한 연구."『사회복지개발연구』7(1): 1-28. p.13.
258 고수현. "문민정부시기의 공공부조 정책에 관한 연구." p.3.
259 안상훈 외.『한국형 복지국가의 미래 전망』.
260 신동면. "김영삼 정부의 사회복지정책." pp.91-94.
261 성경륭. "민주주의의 공고화와 복지국가의 발전." p.154.

제6절 정리와 함의[262]

1987년의 민주화 이후에 한국 사회는 생산과 소비가 조화롭게 순환하는 복지체제를 만들어갈 수 있는 기회를 맞이했다. 그러나 한국 사회는 이러한 가능성을 현실화시키지 못했다. 이러한 선순환을 가능하게 할 수 있는 정치경제적 조건을 확보하지 못했기 때문이다. 다수득표제에 의한 대통령 직선제와 소선거구제로의 복귀는 이를 상징적으로 보여주는 것이었다. 정치적으로는 민주화 이후에 계급과 계층의 이해를 대표하는 사회적 균열이 대의제 정치체제에 반영되지 못하면서 계급과 계층의 이해에 따라 갈리기보다는 지역, 특히 호남과 비호남이라는 지역균열로 대표되고 말았다. 민주화운동을 주도했던 노동운동, 학생운동, 재야운동 세력도 독자적인 정치세력화에 실패하면서 정치질서는 구정치세력에 유리한 방향으로 재편되었다. 제도정치권은 보수정당만의 경쟁의 장이되었다.

경제적인 측면에서 보면, 한국 자본주의는 이 시기에 한국 사회를 짓누르고있던 외채와 종속의 그늘로부터 조금씩 벗어나고 있었다. 특히 3저 호황이 가져다준 엄청난 경상수지 흑자는 한국 자본주의가 외국자본에 종속되는 위치에서벗어날 수 있는 기회를 제공해주었다. 한국 자본주의가 국민국가 차원에서 대량생산과 대량소비의 선순환 관계를 만들 수 있는 기회를 맞이했던 것이다. 그러나한국 자본주의는 여전히 핵심기술을 외국 기업에 의존해 기술적 종속에서 벗어나지는 못했다. 국가와 자본 간의 관계도 변화하기 시작했다. 국가가 은행을 통제해 자본을 규율했던 방식이 더 이상 작동하기 어려웠다. 1980년대 들어 금융부문의 자유화와 자율화가 진행되었고, 기업의 주 자금원이 은행에서 회사채 같은 자체조달 방식으로 변화하면서 국가의 영향력이 줄어들고 자본의 자율성이 높아지기 시작했다. 권위주의 국가를 대신해 재벌이 새로운 강자로 부상하기 시작한 것

....

262 제6절의 일부 내용은 다음 글의 일부 내용을 수정·보완한 것이다. 윤홍식(2018). "민주주의 이행기 한국복지체제, 1980-1997." 『한국사회복지학』 70(4): 37-68.

이다. 민주화 이후에 이루어진 수많은 신자유주의 개혁은 바로 재벌이 새로운 권력의 핵으로 등장하는 과정이었다.

복지체제의 측면에서 보면, 이 시기에는 공적복지를 확대할 재정적 여력이 축소되었다. 경제위기를 극복한다는 명목하에 취해진 전두환 정권의 안정화 정책은 세출을 줄이는 것은 물론 세입을 함께 감소시켜 공적복지를 확대시키기 위해 필요한 한국 사회의 재정적 여력을 축소했다. 이런 상황에서 정부는 중산층을 중심으로 부동산과 저축, 사보험, 증권 등과 같은 사적 자산의 축적을 지원했다. 중산층에 사적 자산을 축적할 수 있는 기회를 제공하고 지원해서 사회위험에 대응할 수 있는 사적 자산을 구축하도록 했고, 이는 곧 보수정권에 대한 중산층의 지지로 연결되었다. 공적복지도 제한적이었다. 사회보험으로 대표되는 공적복지의 대상도 노동시장에서 안정적 지위를 갖고 있는 사람에게 집중되었다. 사회보험의 대상을 주로 전문직과 상층 노동자에게 맞추면서 사회보장제도가 불평등을 완화하기보다 불평등을 강화하는 역할을 했다. 공공부조를 통해 매우 제한적인 급여를 제공했으며, 사회서비스는 역대 정권과 같이 민간 중심으로 저소득층을 위한 선별적 서비스를 제공하는 틀을 벗어나지 못했다.

정리하면, 1980년부터 1997년까지의 한국 복지체제에서는 개발국가 복지체제가 해체되어갔지만 이를 대신할 보편적 복지체제는 형성되지 않았다. 대신 안정적 고용지위를 갖고 있는 일부 계층에 사적 탈상품화와 공적 탈상품화가 집중되는 역진적 선별주의 복지체제가 형성되었다. 한국 사회는 자신의 노동력을 파는 것 이외에는 다른 소득원이 없이 사회위험에 그대로 노출된 다수의 사람들과 안정적 임금과 사적 자산에다 공적 사회보장까지 갖춘 사람들로 나누어졌던 것이다. 다만 이 시기에 중산층이 확대되면서 사적 자산을 축적할 수 있는 계층도 증가했다. 의료보험의 확대와 국민연금, 고용보험 등의 제도화로 공적 탈상품화의 내용과 대상이 확대되었다. 만약 이러한 확대과정이 지속된다면, 우리는 민주주의 이행기의 한국 복지체제가 복지제도의 보편성이 확대되는 출발점이었다고 평가할 수 있을 것이다. 그러나 만약 민주주의 이행기 이후에도 공적 탈상품화 제도에 광범위한 사각지대가 남아 있고 사적 탈상품화 기제 또한 선별적으로 확대되었다면, 우리는 이 시기가 한국 복지체제의 '역진적 선별성'이 강화되는 출발점이었다고 평가할 수 있을 것이다. 1997년 이후의 자유주의 정부 10년은 한국 복지체제의 이러한 역진적 선별성의 지속 여부를 결정하는 중요한 분수령이었다.

제14장

자유주의 정부와 한국 복지체제의 성격, 1998~2007년: 역진적 선별주의 복지체제의 강화와 지속

"국민의 정부는 민주주의와 경제발전을 병행시키겠습니다. 민주주의와 시장경제는 동전의 양면이고 수레의 양 바퀴와 같습니다. 분리해서는 결코 성공할 수 없습니다. 민주주의와 시장경제를 다 같이 받아들인 나라들은 한결같이 성공했습니다. (…) 저는 우리가 겪고있는 오늘의 위기를 민주주의와 시장경제를 병행해서 실천함으로써 극복할 수 있다고 확신합니다."

— 김대중 대통령 취임사[1]

....

1   대통령기록관(1998). "연설기록: 제15대 대통령 취임사(국난극복과 재도약의 새 시대를 엽시다)." http://www.pa.go.kr/research/contents/speech/index.jsp?spMode=view&catid=c_pa02062& artid=1308525, 접근일 2017년 7월 6일.

제1절 문제제기[2]

한국 복지국가의 역사에서 자유주의 정부 10년은 모순적인 일들이 반복되어 나타난 시기였다.[3] 오랫동안 반독재 민주화운동을 전개했던 세력이 해방 이후에

....

2 이 장의 일부 내용은 다음 글의 일부 내용을 수정·보완한 것이다. 윤홍식(2018). "자유주의 정부시기: 한국복지체제, 1998-2007." 『한국사회복지교육』 44.

3 해방 이후에 처음으로 민주적 선거로 정권을 교체한 김대중 정부(국민의 정부)와 노무현 정부(참여정부)를 어떻게 부를지에 대해 고민했다. 김대중·노무현 정부에 대해 우호적인 견해를 갖고 있는 진영에서는 이 두 정부를 '민주정부'라고 명명했고 이 기간을 민주정부 10년이라고 부른다. 2017년에 문재인 정부가 출범하면서 문재인 정부는 스스로를 민주정부 3기라고 불렀고 자연스럽게 김대중·노무현 정부를 민주정부 1, 2기로 규정했다. 반면 이명박·박근혜 정부는 일반적으로 보수정부로 명명된다. 이는 두 정부를 탄생시킨 한나라당과 새누리당의 이념에 기초한 정부에 대한 명칭이라고 생각된다. 문제는 보수정부에 대응하는 개념으로 '민주정부'라는 용어가 성립되지 않는다는 점이다. 민주정부의 대립 개념은 독재정권(권위주의 정부)인데, 이명박·박근혜 정부가 권위주의적 요소를 갖고 있기는 하지만 민주화 이후에 선거에 의해 집권한 정권을 독재정권(권위주의 정부)이라고 부르는 것은 적절해 보이지 않는다. 북서유럽의 사례를 보면 일반적으로 우파정부 대 좌파정부, 보수정부 대 사민주의 정부 등의 대립항이 사용되고 있다. 한국에서는 서구적 의미의 우파정부 대 좌파정부의 개념이 적절해 보이지 않는다. 대신 보수정부에 대응하는 개념으로 민주당의 이념적 성격을 반영하는 자유주의 정부라는 명칭이 적절해 보인다. 민주당 정부를 좌파정부라고 규정하기는 어렵기 때문이다. 물론 한나라당과 새누리당 정권에 대한 대응 개념으로 상대적 좌파, 상대적 진보라는 명칭은 가능할 것 같다. 이러한 이유로 제14장 이후에 김대중·노무현·문재인 정부를 이념적 성격에 기초해 부를 때 '자유주의 정부'라고 명명했다.

처음으로 민주적 선거에 의해 정부를 구성했다. 김대중 정부가 출범했다는 것만으로도 역사적 사건이었다. 하지만 김대중 정부는 권위주의 반공개발국가 이후에 고착화된 한국 사회의 고질적인 문제를 해소시키지 못했다. 재벌 대기업이 주도하는 숙련과 기술이 분리된 조립가공형 수출 중심의 성장체제가 지속되었다.[4] 재벌 대기업의 무분별한 기업 경영이 1997년 외환위기의 중요한 원인 중 하나였기 때문에 재벌 중심의 경제체제를 해체하고 보다 공정한 경제체제를 수립해야 했다. 하지만 자유주의 정부 10년 동안 재벌의 경제력 집중과 지배는 다시 강화되었다. 김대중 정부는 노동계급과 소외된 사람들의 이해를 대변하는 최초의 정부가 될 것으로 기대되었지만, 노동시장의 유연화를 사회협약이라는 형식을 빌려 추진했다. 한국 사회에서 신자유주의가 본격화된 것이다.[5]

경제위기 상황에서 공적복지가 확대된 상황을 역설적이라고 표현하기도 하고 국가의 책임이 강화된 것이라고 평가하기도 한다. 하지만 역사적 관점에서 보면 자유주의 정부 10년은 개발국가 이래 한국 복지체제의 기본 특성인 상대적으로 안정된 고용과 괜찮은 임금을 받는 계층을 중심으로 복지가 확대되는 역진적 선별성이 강화된 시기였다. 복지 대상이라는 측면에서 포괄성이 확대된 것은 분명했지만, 포괄성의 확대가 제도에 포괄되는 대상과 배제되는 대상의 경계를 더욱 분명하게 만들었기 때문이다. 노동시장의 유연화와 개방화가 복지정책의 역진적 선별성과 맞물리면서 한국 사회는 상이한 복지체제에서 살아가는 3개의 분리된 사회가 되어갔다. 경제체제의 신자유주의화로 인한 사회적 문제를 공적복지의 확대를 통해 완화하려고 했지만, 이러한 시도는 한국 복지국가의 역사적 궤적에서 보면 처음부터 성공할 수 없었다.

왜 이런 일이 벌어진 것일까? 진보적이라고 알려진 자유주의 정부가 10년간 집권했고 시민사회는 그 어느 때보다 성장했으며 한국 진보세력의 숙원이었

....

4   정준호(2016). "한국 산업화의 특성과 글로벌 가치사슬." 이병천·유철규·전창환·정준호 편. 『한국의 민주주의와 자본주의: 불화와 공존』. pp.70-111. 서울: 돌베개.
5   전병유(2007). "한국 노동시장의 양극화에 관한 연구: 중간일자리 및 중간임금계층을 중심으로." 『한국경제의 분석』 13(2): 171-230.

던 진보정당이 원내에 진출했다. 하지만 평범한 사람들의 삶은 더 나빠졌다. 『기원과 궤적』의 제14장에서는 외환위기 이후에 자유주의 정부 10년 동안 벌어진 이 역설적인 상황을 설명하려고 했다. 제2절에서는 자유주의 정부 10년을 세 시기로 구분해서 개략했고, 제3절에서는 외환위기 이후의 한국 자본주의의 특성을 조립가공형 수출체계를 중심에 놓고 살펴보았다. 제4절에서는 이 시기의 권력관계를 권력자원의 변화와 주요 선거들을 통해 살펴보면서 검토했다. 복지정책을 다룬 제5절에서는 빈곤과 불평등 문제와 함께 공·사 영역에서 나타난 한국 복지체제의 특성에 대해 검토했다. 마지막으로 제6절에서는 자유주의 정부 10년의 의미를 한국 복지국가의 역사라는 관점에서 정리했다.

제2절 자유주의 정부 10년의 시기 구분

복지체제의 관점에서 외환위기 이후의 자유주의 정부 10년은 크게 세 시기로 구분될 수 있다. 첫 번째 시기는 1997년의 경제위기 직후부터 1999년까지이다. 이 시기는 위기관리시기로 명명할 수 있는데, 국가의 모든 역량이 외환위기를 극복하는 데 모아졌다. 정치적으로는 해방 이후에 처음으로 민주적 선거에 의해 정권이 교체되어 호남과 충청의 지역연합정권이 등장했다. 독재정권 시기에 비합법 노동운동을 주도했던 세력은 정권교체 이후에 민주노총으로 결집했고, 노사정위원회의 출범은 노동계급이 국정운영의 중요한 주체라는 것을 공식적으로 선언하는 것과 같았다. 경제적으로는 해방 이후에 가장 진보적인 정권이 집권했지만 역설적이게도 그 정권에 의해 노동시장의 유연화로 대표되는 신자유주의화가 가속화되었다. 권위주의 반공개발국가 시기에 정부의 강력한 통제하에 놓여 있었던 은행이 자유화되었고 공공기관이 민영화되었으며 구조조정의 결과로 재벌의 경제력 집중이 일시적으로 완화되는 듯했다. 복지정책은 외환위기로 발생한 실업과 빈곤에 대응하는 데 집중되었다. 사회보험의 대상이 확대되어 보편성이 강화되었지만 외환위기로 인한 빈곤과 불평등을 완화하는 실효적 역할을 수행하지는 못

표 14.1 자유주의 정부 10년의 시기 구분, 1998~2007년

시기	경제체제의 특성	권력관계의 특성	복지체제의 특성
위기관리시기 1997~1999년	·국가 주도의 신자유주의화 ·노동시장의 유연화 ·자본의 이윤율 반등 ·금융자유화 ·자산유동화에 관한 법률 ·공공기관의 민영화 ·재벌의 경제력 집중도의 　완화 ·경제성장률의 경향적 저하	·수평적 정권교체 ·호남+충청지역 　연대(DJP연합) ·노사정위원회 ·민주노총의 합법화 ·서비스 노동자의 대두	·실업대중 중심의 임시적 　대응 ·고용보험 대상의 확대 ·국민연금 개혁(70%→ 　60%) ·사회협약(1998. 2. 6.)
생산적 복지지향 2000~2004년	·숙련과 기술이 분리된 　조립전략에 기초한 　수출독주체제의 성립 ·소비와 투자의 GDP 　기여도 저하 ·금융산업화를 위한 입법 ·재벌의 경제력 집중도의 　강화로 재전환	·2002년 대선(지역→이념) ·민주노동당의 원내 　진출(10석) ·남북정상회담 　(반공이데올로기의 균열) ·총선시민연대 ·노동운동의 한계 ·시민운동과 복지정치 ·정당명부식 비례대표제의 도입 ·단점정부 ·국민경선제도의 도입 ·인터넷 기반의 권력자원	·사회보험 대상의 보편적 　확대 ·현대적 공공부조의 제도화 　(국민기초생활보장제도의 　도입) ·건강보험 통합 ·의약분업 ·민간보험(저축→투자)
사회투자적 복지지향 2005~2007년	·한미FTA 추진 ·수출독주체제의 심화	·노동계급(우호→적대) ·최다 구속노동자 ·지역주의→사회경제적 이슈 ·민주노동당의 분열	·저출산·고령사회에 대응 ·사회서비스의 확대(민간 　중심) ·사회복지재정분권 ·노인장기요양보험 ·연금개혁(60%→40%) ·기초노령연금 ·배우자휴가제 도입 ·기간제보호법

했다. 노사정이 공적복지를 확대하기 위한 사회협약을 맺은 것은 한국 복지국가의 역사에서 처음 있는 일이었다. 하지만 사회보험 중심의 복지 확대는 상대적으로 안정된 고용과 임금이 보장된 계층에 공적복지가 집중되는 문제를 심화시켰다.

　두 번째 시기에는 김대중 정부가 외환위기를 일정 수준에서 안정시킨 이후로 본격적으로 '생산적 복지'를 추구했다. 정치적으로는 김대중 정부에서 노무현 정부로 자유주의 정권이 지속되었고 2004년의 총선을 통해 민주노동당이 원내

로 진출했다. 1987년 민주화 이후 성장한 시민사회는 2000년 총선에서 총선연대를 구성해 제도정치권에 의미 있는 영향력을 행사했으며, 일반 국민이 정당의 공직 후보 선출과정에 참여하는 국민경선제도가 도입되었다. 인터넷을 중심으로 '정치인 팬덤(fandom)'이라는 새로운 경향이 나타나기도 했다. 이러한 과정을 통해 한국 정당은 모든 국민을 포괄하는 포괄정당으로의 이행을 시도했다. 김대중 정부의 햇볕정책과 남북정상회담은 한국 사회에서 반공이데올로기를 약화시켜 한국 사회의 균열구조가 사회경제적 이슈를 중심으로 형성될 수 있는 조건을 만들었다. 경제적으로는 권위주의 반공개발국가 성장전략의 특징인 숙련과 기술이 분리된 조립전략에 기초한 수출 중심의 성장체제가 더욱 강화되었다. 성장에서 소비와 투자의 비중이 줄고 수출의 기여도가 증가하는 수출독주체제가 만들어진 것이다. 외환위기 이후에 일시적으로 완화되었던 재벌의 경제력 집중은 재벌 대기업 중심의 수출독주체제가 재구성되면서 다시 높아지기 시작했다. 자유주의 정부의 금융산업화 정책도 주목할 만한 변화이다.

복지정책과 관련해서는 정규직 남성노동자 중심의 사회보험이 위기관리시기 이후로 계속 확대되었다. 20년 넘게 논란이 거듭되었던 건강보험의 통합은 보건의료서비스의 보편성을 높였다는 점에서 한국 복지체제의 큰 도약이라고 할 수 있다. 소득보장정책과 관련된 중요한 변화는 시민권에 기초한 국민기초생활보장제도가 시행되어 해방 이후에 처음으로 취약계층을 위해 시민권에 기초한 근대적 공공부조제도가 만들어졌다는 것이다. 사적 보장체계와 관련해서는 사회위험에 대비하는 사적 보장기제였던 민간(생명)보험이 외환위기 이후에 자유주의 정부가 추진한 금융의 산업화와 맞물리면서 수익성을 추구하는 투자상품으로 변화했다.

마지막으로 제3기에는 노무현 정부가 2005년부터 저출산·고령사회에 대한 대응을 본격화하면서 사회투자적 복지정책을 지향했다. 정치적 측면에서는 노무현 정부와 노동계급 간의 갈등이 심화되었고 민주노동당이 정파 갈등으로 분열해 진보정당의 수권 정당화에 씻을 수 없는 과오를 남겼다. 노무현 정부가 신자유주의 정책을 추진하자 지지집단이 지지를 철회하면서 노무현 정부의 정치적 기반이 허물어졌다. 경제적으로는 한미자유무역협정을 추진했고 대기업 중심의 수출독주체제가 더욱 공고화되었다. 복지정책과 관련해서는 저출산·고령사회에 대응하기 위해 사회서비스가 확대되었다. 노인장기요양법을 제정해 노인 돌봄 문제를 사회보험 방식으로 대응하는 정책이 입안되었다. 그러나 사회서비스가 민간 중심으로 확대되면서 시장화와 영리화로 인한 문제가 나타나기 시작했다. 사회보험과 관련해서는 소득대체율을 대폭 낮춘 연금개혁과 사적 개인보험을 지원하는 정책이 동시에 추진되면서 노후소득보장체계의 공적 성격이 약화되고 시장에 대한 의존이 강화되었다. 문제는 공·사적 노후소득보장 모두 안정적일자리와 임금을 보장받는 계층을 중심으로 제도화되었다는 점이다. 그나마 다행스러운 일은 저소득 노인에 대한 기초노령연금이 제도화된 것이지만, 임금노동자의 평균소득의 5%에 해당하는 급여로는 노인 빈곤문제를 해결할 수 없었다. 노인 빈곤율은 무려 50%에 가까웠다. 자유주의 정부 10년을 거치면서 한편으로 공적 사회보장제도의 보편성을 확대하는 부분적인 제도개혁이 지속적으로 이루어졌지만, 다른 한편으로는 공적 사회보장제도에 포괄되는 시민과 배제되는 시민 간의 불평등이 공고화되어갔다. 보편성의 확대가 불평등의 증가를 가속화시키는 모순적인 상황이 벌어진 것이다.

제3절 1997년의 경제위기 이후의 한국 자본주의

1997년의 외환위기를 계기로 한국 경제의 신자유주의화는 증폭되었다. 1997년 1월 23일에 한보철강이 주식포기각서의 제출을 거부함에 따라 한보철강과 ㈜한보가 최종부도 처리된 것을 시작으로 한국 정부는 12월 3일에 국제통화기금(IMF)에 구제금융을 요청했다.[6] 재벌 대기업의 부도는 1997년 12월의 외환위기 이후에 계속되었다. 1999년에 대우그룹이 해체되고 2000년에 현대그룹이 사실상 부도 처리되면서 30대 재벌 대기업 중 16개 그룹이 법정관리, 화의,

....
6   한겨레(1997). "한보철강 부도처리." 1997년 1월 12일자 1면.

워크아웃에 처하게 되었다.[7] 수출주도형 경제를 이끌던 재벌 대기업이 위기에 처하자 한국 자본주의는 심각한 위기에 직면했다. 하지만 역설적이게도 재벌 대기업 중심의 수출주도형 경제체제는 해체되지 않고 더욱 강화되었다. 해방 이후에 처음으로 선거에 의해 정권이 교체되고 독재에 저항한 자유주의 정당이 집권했음에도 재벌체제와 수출주도형 경제체제는 여전히 강고했다. 1997년의 경제위기 이후로 한국 사회는 서구 복지국가를 기능적으로 대신했던 성장을 통한 분배라는 개발국가 복지체제가 더 이상 작동하지 않은 사회가 되었다.

1987년의 민주화 이후에 노태우·김영삼의 1, 2기 보수정부 10년 동안 한국의 실질 GDP 성장률은 〈그림 14.1〉에서 보는 것과 같이 높은 수준을 유지했고, 개발국가가 추구했던 '성장'이 서구 복지국가의 기능적 등가물로서 고용을 창출해 소득을 분배하는 핵심적 역할을 했다. 실제로 노태우·김영삼 정부 10년 동안 연평균 실질 GDP 성장률은 8.45%로 높은 수준을 유지했다. 하지만 1997년의 IMF 경제위기 이후에 자유주의 정부 10년 동안 연평균 경제성장률은 4.95%로 보수정부 10년 동안의 연평균 경제성장률의 절반 수준으로 급락했다. 더 심각한 문제는 시간이 지날수록 동일한 양을 생산하기 위해 필요한 노동자의 수(취업계수)가 점점 더 감소했다는 점이다. 10억을 생산하기 위해 필요한 노동자의 수는 2000년에 25.8명에서 노무현 정부의 마지막 해인 2007년에는 20.4명으로 불과 7년 만에 5.4명이나 감소했다. 성장률이 낮아졌지만 이에 상응하는 고용수준을 유지했다면 그럭저럭 '성장을 통한 분배'가 가능했을 것이다. 하지만 더 이상 그런 일을 기대할 수는 없었다. 경제가 성장할수록 불평등이 심화되었고 소득불평등은 1997년의 경제위기 이전 수준으로 낮아지지 않았다.

왜 이런 일이 벌어진 것일까? 1990년대 초까지 그럭저럭 작동했던 '성장을 통한 분배'는 왜 더 이상 작동하지 않았던 것일까? 퇴임 직전인 2008년 1월 3일의 마지막 신년 인사회에서 노무현 대통령은 "복지는 성장과 선순환하는 것이고

....

7   김상조(2010). "재벌 중심 체제의 한계: 경제력 집중 심화 및 폐쇄적 지배구조의 폐해와 극복 방안." 안
     현효 편. 『신자유주의 시대 한국경제와 민주주의』. pp.131-180. 서울: 선인. p.163.

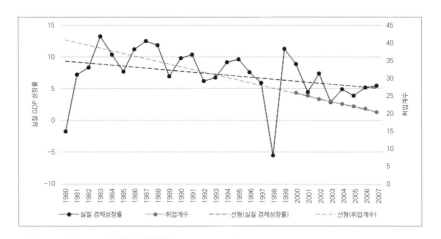

그림 14.1 실질 GDP 성장률과 취업계수, 1980~2007년
출처: 한국고용정보원(2017). "통계로 보는 노동시장: 취업계수 및 고용 탄성치." https://statistics.keis.or.kr/stats/index.do,
접근일 2017년 8월 11일; 통계청. "e-나라지표: 국내총생산 및 경제성장률." http://www.index.go.kr

장기적으로 보면 경쟁력의 밑천입니다. 사람이 밑천이니까, 복지는 사람을 살리는 것이니까 중요한 것이다. 그렇게 생각하고 복지를 위해 5년 내내 노력했습니다."라고 이야기했다.[8] 하지만 김대중 정부와 노무현 정부가 야심차게 추진한 복지 확대는 성장을 통해 불평등을 완화하는 개발국가 복지체제를 대신하지 못했다. 『기원과 궤적』에서는 자유주의 정부가 공적복지를 확대했음에도 불평등과 빈곤을 완화하지 못했던 중요한 원인 중 하나를 한국 자본주의의 경제적 특성에서 찾을 수 있다고 생각한다. 제3절에서는 이런 관점에서 한국 자본주의의 경제적 특성을 검토했다.

1. 1997년의 경제위기와 신자유주의화의 의미

외환위기를 계기로 한국 자본주의는 국가가 앞장서고 재벌 대기업이 뒤를

....
8   김상철(2012). "'성장지상주의' 깨고 '복지투자' 새길 열다: 참여정부 복지사회정책…한 세대 앞 내
     다보며 골고루 잘 사는 국가발전전략 제시." 노무현사료관: 사료이야기. http://archives.knowhow.
     or.kr/president/story/view/918, 접근일 2017년 8월 15일.

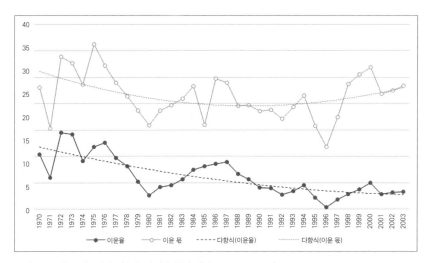

—●— 이윤율	—○— 이윤 몫	----다항식(이윤율)	······· 다항식(이윤 몫)

그림 14.2 한국 제조업의 이윤율 및 이윤 몫의 변화, 1970~2003년

출처: 정성진(2006). "한국 자본주의 축적의 장기 추세와 위기: 1970~2003." 경상대학교 사회과학연구원 편. 『한국 자본주의 축적체제 변화: 1987-2003』. pp.17-57. 서울: 한울. p.55.

따르는 개발국가에서 시장이 국가의 역할을 대신하는 영미식 신자유주의 국가의 경로로 들어선 것일까? 〈그림 14.2〉를 보면 한국 제조업의 이윤율은 1987년에 13.9%를 정점으로 지속적으로 낮아지기 시작해서 1996년에는 1970년 이래 역대 최저치인 5.4%를 기록했다. 이윤율의 저하는 1997년의 경제위기가 실물부문의 수익성 저하와 밀접한 관련이 있다는 것을 보여준다.[9] 이렇게 보면 1997년의 경제위기를 계기로 이루어진 자유주의 세력의 집권과 신자유주의화는 한국 자본에는 이윤율을 회복할 수 있는 절호의 기회였을 것이다.[10] IMF가 요구한 금융자유화, 노동시장 유연화 등 신자유주의 정책은 자본이 1987년의 민주화 이후에 지속

········

9   정성진(2006). "한국 자본주의 축적의 장기 추세와 위기: 1970~2003." 경상대학교 사회과학연구원 편. 『한국 자본주의 축적체제 변화: 1987-2003』. pp.17-57. 서울: 한울. p.21.

10   카를 마르크스(Karl Marx)에 따르면, 이윤율 p는 잉여가치의 크기 m을 불변자본 'c'와 가변자본 'v'로 나눈 값이다. 이러한 마르크스의 정의에 따라, 정성진은 이윤율(P)을 이윤(P)을 산출(Y)로 나눈 값(P/Y)과 산출(Y)을 자본(K)으로 나눈 비율로 분해했다. 여기서 P/Y는 이윤 몫이 되는데, 마르크스적 의미에서 잉여가치율의 대응변수라고 할 수 있다. 정성진. "한국 자본주의 축적의 장기 추세와 위기." pp.21-22.

적으로 축소되고 있었던 자신의 몫을 되찾아올 수 있는 기회였을지도 모른다. 실제로 한국 제조업의 이윤율은 1997년을 기점으로 반등하기 시작했다. 이윤율이 회복한 데에는 국가가 자본과 함께 임금을 낮추고 노동 배제적인 신자유주의 정책을 실행한 것이 중요한 역할을 했다.[11] 자본(K)을 구성하는 임금비용을 낮추는 것은 이윤 몫의 증가를 의미하고 이윤율을 회복시키는 데 기여했다. 이러한 현상은 제12장에서 검토한 것과 같이 1980년대에 서구 자본주의 국가에서도 유사하게 나타났다. 1970년대의 이윤율의 경향적 저하는 서구 자본주의 체제의 위기를 불러왔고, 자본은 이에 대한 대안으로 1980년대부터 노동시장을 유연화하고 세금과 정부지출을 줄이며 임금을 낮추는 신자유주의 정책을 통해 이윤율을 부분적으로 회복했다. 하지만 서구 자본주의의 이윤율은 결코 자본주의 황금시대의 수준에 도달하지 못했다.

이런 관점에서 보면 1997년의 위기 이후에 자유주의 정부의 신자유주의 정책은 자본의 이윤율과 이윤 몫을 회복시키려는 조치였다고 할 수 있다. 물론 자유주의 정부가 취한 신자유주의 정책 자체가 한국 자본주의를 '금융주도 축적체제' 같은 새로운 축적체제로 이행시킨 것은 아니었지만,[12] 자본의 입장에서 보면 적어도 1987년 이후에 지속되었던 이윤율의 경향적 저하를 멈추게 하는 브레이크 역할을 했던 것으로 보인다. 문제는 신자유주의 정책으로 인한 자본의 이윤율 회복이 재벌 대기업과 핵심 산업에 종사하는 일부 노동계급을 제외한 모두의 희생을 강요했다는 점이다. 1997년의 경제위기 이후에 노동소득분배율이 급격히 낮아진 것은 이러한 현상을 방증하는 근거가 될 수 있다.[13]

1997년의 외환위기 이후에 신자유주의화가 본격화되었지만, 그렇다고 개발국가의 유산이 해체된 것은 아니었다. 구체적으로 살펴보겠지만, 1997년의 경제위기 이후에도 개발국가의 대표적 유산인 수출주도형 성장체제가 해체되지 않았고 재벌 대기업을 중심으로 오히려 더 강화되는 양상을 보였다. 자유주의 정부가

....

11   정성진. "한국 자본주의 축적의 장기 추세와 위기." p.25.
12   정성진. "한국 자본주의 축적의 장기 추세와 위기." p.21. pp.31-32.
13   이병희(2015). "노동소득분배율 측정 쟁점과 추이." 『월간 노동리뷰』 205(1): 25-42. p.42.

국제경쟁력을 갖춘 재벌 대기업의 수출 증대에 의존해 경제위기를 극복하려고 했기 때문이다. 김대중 정부는 집권 초에 재벌개혁을 천명했지만, 정권 후반기로 들어서면서 재벌 대기업의 경제력 집중도는 더 커지고 한국 경제의 수출 의존도도 더 높아졌다. 정부 주도의 산업정책이라는 유산도 남아 있었다.[14] 이것이 산업 전반을 주도한 것은 아니었지만, 특정한 영역에서 개발국가 시기와 마찬가지로 정부의 주도성이 발현되었다. 김대중 정부가 추진한 '정보통신산업육성정책'은 1970년대에 박정희 권위주의 체제가 추진한 중화학공업육성정책과 유사해 보였다.[15] 노무현 정부의 금융산업육성정책 또한 국가가 새로운 산업을 육성해 신성장 동력을 창출하려고 했다는 점에서 개발국가의 모습과 유사했다.[16]

김대중 정부의 정보통신산업육성정책은 나름대로 성공했다는 평가를 받았지만, 김대중·노무현 정부가 추진한 금융산업화정책은 성공적이지 못했다. 금융의 산업화 정도를 가늠할 수 있는 연간 증권화 발행 규모를 보면 2004년에 240억 달러에서 2006년에도 240억 달러로 변화가 없었다.[17] 반면 동 기간 동안 미국은 2.6조 달러에서 3.3조 달러로 증가했고, 영국도 1,300억 달러에서 2,420억 달러로 증가했다. 자유주의 정부의 노력에도 불구하고 한국 경제는 미국, 영국과 달리 금융화의 길로 나아가지 않았다. 사실 2008년에 발생한 세계적인 금융위기를 생각하면 금융산업화정책의 실패는 한국으로서는 천만다행한 일이었다. 성공이 아닌 실패가 한국 사회를 구렁텅이에 밀어넣지 않았던 것이다. 이처럼 자유주의 정부는 제조업을 대신할 수 있는 새로운 성장 동력을 만들려고 노력했지만 성공하지 못했다. 오히려 한국 제조업은 역설적이게도 1997년의 경제위기를 거치면서 더 강해진 것같이 보였다. 한국 제조업의 규모는 1990년에 12위에서 경제위기 이후에 7위로 올라섰으며, 전체 산업에서 제조업이 차지하는 비중은 1990년

....

14   Johnson, C. (1982). *MITI and the Japanese miracle: the Growth of industrial policy, 1925-1975*. Stanford, CA: Standford University Press.

15   장지호(2005). "김대중 정부의 벤처기업 지원정책에 관한 고찰: 산업정책의 부활인가 혹은 '촉매적' 정부의 새로운 역할인가." 『한국행정학보』 39(3): 21-41.

16   전창환(2014). "1997년 외환·금융위기 이후 구조조정과 증권화." 이병천·신진욱 편. 『민주 정부 10년, 무엇을 남겼나』. pp.237-374. 서울: 후마니타스.

17   전창환. "1997년 외환·금융위기 이후 구조조정과 증권화." p.242

에 27%에서 2000년에 28%로 높아졌다. 2000년을 기준으로 한국의 제조업 비중은 독일, 일본과 유사한 수준으로 높아졌다.[18] 한국 자본주의는 1997년의 경제위기를 거치면서 부분적으로 신자유주의화되어 개발국가의 유산을 공유했던 일본, 대만, 싱가포르 등과는 상이한 경로에 들어섰지만,[19] 개발국가의 유산을 탈각하고 '완전한' 신자유주의 체제로 나아간 것은 아니었다. 자유주의 정부 10년 동안 한국 경제는 개발국가와 신자유주의 사이의 어느 중간 지점에서 서성이고 있었다.

2. 조립형 산업화 전략과 노동시장의 양극화

외환위기 이후에 왜 '성장을 통한 분배'가 작동하지 않았는지를 이해하기 위해서 우리는 1960년대 이후에 진행된 한국 산업화의 특성을 다시 돌아볼 필요가 있다(제11장 참고).[20] 허버트 슈미츠(Hubert Schmitz)에 따르면, 가난한 지역(국가)의 산업화에는 두 가지 길이 있다.[21] 하나는 지역의 중소기업을 기반으로 산업화를 추진하는 것이고, 다른 하나는 지역 밖에 있는 큰 기업을 끌어들여 산업화를 추진하는 것이다.[22] 크게 보면 한국의 산업화는 이 두 가지 유형 중 후자에 속한다고 볼 수 있다. 일반적으로 이러한 산업화 방식은 '위로부터의 산업화' 또는 '조립형 전략(assembly strategy)'을 통한 산업화로 알려져 있다.[23]

레비(Levy)와 쿠오(Kuo)는 조립형 전략이 왜 한국의 산업화 전략에 잘 들어맞는지를 다음과 같이 설명한다.[24] 조립형 전략의 핵심요소는 시장가격을 초과

....

18 정준호. "한국 산업화의 특성과 글로벌 가치사슬." p.75.
19 이병천(2014). "외환위기 이후 한국의 축적 체제." 이병천·신진욱 편. 『민주 정부 10년, 무엇을 남겼나』. pp.29-90. 서울: 후마니타스. p.30.
20 구체적인 내용은 제11장을 참고하라.
21 Schmitz, H.(1999). "Collective Efficiency and Increasing Returns." *Cambridge Journal of Economics* 23(4): 465-483. p.478.
22 이 두 가지 방식이 현실세계에서 반드시 배타적으로 구분되는 것은 아니다. 산업화는 종종 두 가지 방식이 혼합된 모습으로 진행된다.
23 정준호. "한국 산업화의 특성과 글로벌 가치사슬." p.72.
24 Levy, B. and Kuo, W.(1991). "The Strategic Orientations of Firms and the Performance of Korea

하는 생산비용이 들더라도 대규모 신규 생산을 할 준비가 되어 있어야 한다는 것이다. 대량생산은 해당 분야의 신규 생산자가 신속하게 생산기술을 학습할 수 있게 해서 생산성을 높일 수 있고, 이에 따라 생산 경험이 축적되면서 기업은 단위당 생산비용을 낮출 수 있다. 성공적인 조립형 기업은 이러한 과정을 통해 기업 내부에서 복잡한 제품 디자인 및 구성요소를 제작할 수 있는 역량을 향상시킬 수 있게 된다. 결국 조립형 전략을 실행하기 위해서는 초기에 막대한 투자를 하고 대량생산을 시작하는 단계에서 발생할 수 있는 대규모 손실을 감당할 수 있는 기업이 필요하다. 조립형 산업화 전략은 이러한 이유로 한국처럼 재벌 같은 대기업 집단이 존재하는 국가에 잘 맞는다고 할 수 있다.

실제로 조립형 산업화 전략을 통해 한국 경제는 빠르게 성장할 수 있었다. 제조업의 생산 규모로 측정한 한국 제조업의 순위는 박정희 독재정권이 중화학공업화를 공식적으로 선언하기 직전인 1970년에 41위에 불과했다. 현재 신흥공업국으로 분류되는 인도와 브라질의 당시 순위는 각각 22위와 12위였고, 한국과 유사한 발전 궤적을 보였던 대만이 34위로 한국보다 앞서 있었다. 그러나 조립형 산업화 전략을 채택한 이후에 한국 제조업의 생산 규모는 성장을 거듭해 1997년의 경제위기를 겪었음에도 2000년에 들어서면 미국, 일본, 독일, 이탈리아, 영국, 프랑스에 이어 세계 7위를 기록하게 된다.[25] 경이로운 성장이라고 하지 않을 수 없다. 1990년대에 들어서면서 한국이 제조업 강국으로 부상할 수 있었던 데는 이처럼 재벌 대기업이 주도한 수출주도형 조립형 산업화 전략이 핵심적 역할을 했던 것이다.

제조업의 성장을 견인했던 컬러텔레비전, 자동차, 비디오 재생기, 전자레인지, 범용강철, DRAM, LCD 등은 생산과 관련된 노동숙련의 축적 없이도 기술의 고도화를 통해 서구 산업을 추격할 수 있는 조립형 생산의 대표적 분야였다.[26] 〈그

....

and Taiwan in Frontier Industries: Lessons from Comparative Case Studies of Keyboard and Personal Computer Assembly." *World Development* 9(4): 363-374. p.366.

25 정준호. "한국 산업화의 특성과 글로벌 가치사슬." p.75. 이 순위는 중국을 제외한 것으로, 중국을 포함시킬 경우에 8위가 될 것으로 추정된다.

26 Fujimoto, T.(2006). "Architecture-based Comparative Advantage in Japan and Asia." Ohno, K. and Fujimoto, T. eds. *Industrialization of Developing Countries: Analysis by Japanese Economists.*

림 14.3〉에서 보는 것과 같이 제조업체가 고용한 노동자 1만 명당 다목적 산업용 로봇 수로 계산한 로봇밀도를 보면, 한국 제조업에서 자동화가 얼마나 폭발적으로 진행되었는지를 확인할 수 있다. 특히 한국 제조업의 자동화는 1997년의 외환위기를 경과하면서 급격하게 높아져서 1994년에 26.7에서 2006년이 되면 168.6으로 불과 12년 만에 531.1%(6.31배)나 급증했다. 재벌은 조립형 생산에 자본을 집중해 단기간 내에 선진국을 추격할 수 있었던 것이다. 실제로 조립형 전략을 통한 급속한 산업화는 신속한 결정을 할 수 있고 대규모 자본을 동원해 특정분야에 집중적인 투자를 할 수 있는 창업자이자 소유주인 총수가 강력히 통제하는 재벌 대기업이 취할 수 있는 전략이었다.[27]

문제는 이러한 조립형 산업화 전략이 제조업 중심의 재벌 대기업을 고도의 생산성을 갖춘 대량생산자로 변화시키면서 생산과 관련된 중요한 기술을 습득할

현대자동차 아산공장에서 자동차를 용접하고 있는 로봇(출처: 현대자동차, 『머니투데이』)[28]
········

pp.1-10. Tokyo: National Graduate Institute for Policy Studies. p.7; Levy and Kuo. "The Strategic Orientations of Firms and the Performance of Korea and Taiwan in Frontier Industries." p.369.

27   Fujimoto. "Architecture-based Comparative Advantage in Japan and Asia." p.7.

28   http://news.mt.co.kr/mtview.php?no=2016040315162017770

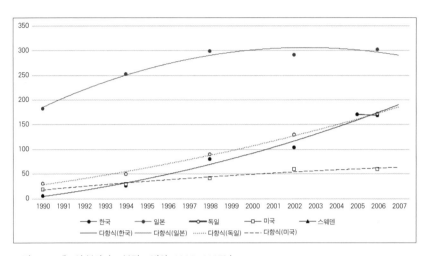

그림 14.3 제조업 분야의 로봇밀도 변화, 1990~2007년
출처: 1990~2013년 자료는 정준호. "한국 산업화의 특성과 글로벌 가치사슬." p.81.

수 있게 했지만 노동자의 숙련을 향상시키는 데는 거의 도움이 되지 않았다는 것
이다.[29] 산업화가 진행됨에 따라 숙련과 기술의 분리현상이 나타난 것이다. 숙련
과 기술이 분리되면서 노동수요는 숙련노동에 대한 J자형 곡선으로 나타났다.[30]
상위일자리의 고용증가율은 1993년부터 2006년까지 26% 증가한 반면 하위일
자리와 중간일자리는 각각 29%, 24% 감소했다. 특히 대기업의 이윤실현 방식이
거래와 생산 비용을 내부화하는 것에서 외부화하는 것으로 변화하면서 노동시장
의 분절화는 더 심화되었다. 재벌 대기업이 더 많은 이윤을 얻기 위해 핵심부문
을 제외한 나머지 부문의 거래와 생산을 아웃소싱하면서 대기업이 직접 고용하
는 안정적 일자리가 줄어든 것이다. 통계청 조사에 따르면, 1인 이상 사업체 종사
자 중 500인 이상 사업체에 고용된 노동자의 비중은 1993년에 17.2%에서 2005
년에 8.7%로 급감했다. 이를 종사자가 5인 이상인 기업으로 제한하면 500인 이
상 사업체에 고용된 노동자의 비중은 동 기간 동안 24.2%에서 12.7%로 절반 가

....

29 Levy and Kuo. "The Strategic Orientations of Firms and the Performance of Korea and Taiwan
    in Frontier Industries." p.369.
30 전병유. "한국 노동시장의 양극화에 관한 연구: 중간일자리 및 중간임금계층을 중심으로." p.204.

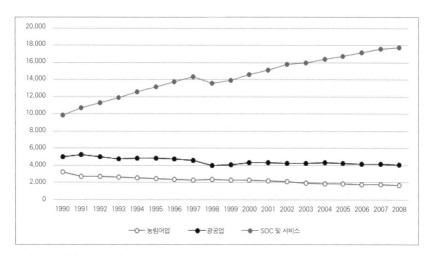

그림 14.4 산업별 고용인원의 추이, 1990~2008년
출처: 한국경제 60년사 편찬위원회. 『한국경제 60년사: 경제일반』. p.205.

까이 줄어들었다.[31]

여기에 〈그림 14.4〉에서 보는 것처럼 제조업 고용은 정체 또는 감소한 반면 서비스 일자리는 증가했다. 일자리가 증가한 서비스 분야에서 나쁜 일자리와 좋은 일자리는 증가하는 U자형 고용형태가 나타났기 때문에, 노동시장에서의 전체적인 고용양태는 U자형으로 나타났다. 1999년에 들어서면 전체 임금노동자 중 비정규직의 비중이 50%를 넘었다. 〈그림 14.5〉에서 보는 것처럼 노태우 정부 때 일시적으로 감소했던 비정규직이 1997년의 외환위기 이후에 다시 증가 추세로 돌아선 것이다.[32] 1997년의 경제위기 이후에 조립형 전략에 의존한 재벌 대기업 중심의 수출주도형 성장이 노동시장의 유연화와 함께 가속화되었다. 산업구조의 변화와 함께 노동시장이 유연화되면서 사회보험의 대상이 되는 남성 정규직 제조업 일자리의 상대적 비중이 감소하기 시작했다. 복지국가의 경제적 토대가 변화한 것이다.

....

31   정이환(2013). 『한국 고용체제론』. 서울: 후마니타스. pp.102-103.
32   김유선(2003). "1980년대 이래 비정규직 증가원인." 『노동사회』 78.

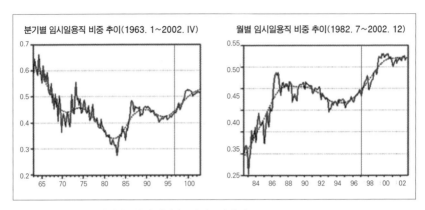

그림 14.5 1997년 외환위기 전후의 임시일용직 비중의 추이
출처: 김유선(2013). "1980년대 이래 비정규직 증가원인." 『노동사회』 78, 〈그림 1〉과 〈그림 2〉.

3. 복선형 산업화의 해체와 수출독주체제의 형성

1997년의 경제위기 이후에 가속화된 수출주도형 경제는 국민국가 차원에서 보면 성장의 성과가 국민 모두에게 골고루 흘러가지 않고 재벌 대기업에 집중되는 문제를 야기했다. GDP 성장에서 총고정자본형성의 기여도에서 한국이 독일, 일본 등 다른 선진국을 압도했던 것도 재벌 대기업이 대규모 자본을 동원하는 조립형 전략에 의존하는 수출주도형 성장의 결과였다.[33] 역사적으로 보면, 한국은 독일, 일본 등과 달리 부품과 소재를 국민국가 내에서 조달하지 않고 외국에서 수입할 수 있었던 반자동화 수치제어(numerical control, NC) 공작기계 시대에 산업화를 시작해 노동숙련에 대한 필요성이 상대적으로 적었다. 한국 제조업은 1970년대에 NC 공작기계 시대를 거쳐 1980년대에는 자동화 설비가, 1997년의 경제위기 이후에는 IT기술이 중심인 산업이 되었다.[34] 한국 제조업은 노동자의 숙련축적을 통한 생산성 향상 대신 기술 발전에 의존하는 생산성 향상의 길

....

33   정준호. "한국 산업화의 특성과 글로벌 가치사슬." p.79-80.
34   여유진·김미곤·강혜규·장수명·강병구·김수정·전병유·정준호·최준영(2014). 『한국형 복지모형 구축: 한국의 특수성과 한국형 복지국가』. 서울: 한국보건사회연구원. p.126.

을 지속했다. 문제는 권위주의 개발국가 시기에 권위주의 정권과 재벌의 연합이 추진한 이러한 산업화 방식이 자유주의 정부의 등장 이후에도 해체되지 않고 지속·확대되었다는 점이다.

물론 권위주의 방식이 그대로 지속된 것은 아니었다. 이는 개발국가의 긍정적인 측면이 약화되고 부정적인 측면이 강화되는 형태로 나타났다. 적어도 권위주의 개발국가 시기의 수입대체와 수출증대의 복선형 산업화는 대기업이 조립, 중소기업이 부품생산이라는 하청관계를 통해 국내 산업 간의 분업과 연관관계를 확대시켰다.[35] 하지만 1997년의 경제위기 이후에는 수출증대와 수입대체가 함께하는 복선형 성장이라는 한국 경제의 성격이 약화되었다. 숙련과 기술이 분리된 조립형 전략에 의존한 수출주도형 경제가 강화되자 국민국가 내의 산업 간 연관관계도 약화되었다. 〈그림 14.6〉에서 보는 것처럼 자유주의 정부 10년(1998~2007) 동안 최종수요에서 수입유발계수가 1995년에 0.254에서 2007년에 0.301로 계속 높아졌다. 1995년 기준으로 최종수요가 1천만 원 증가할 때 254만 원이 해외로 유출되던 것이 2007년에 이르면 301만 원으로 증가해 해외유출 규모가 18.5%나 높아졌다. 수출에서는 동 기간 동안에 수입유발계수가 0.302에서 0.400으로 높아졌다. 1천만 원을 수출할 경우에 수출액의 절반에 가까운 400만 원이 해외로 유출되었다. 특히 수출주도 성장을 이끌었던 반도체, 휴대전화 등 전자기기의 수입유발계수는 2007년 기준으로 무려 0.459에 달해서 수출 금액의 절반이 고스란히 해외로 유출되었다.[36]

자연스럽게 소비와 투자의 GDP 성장에 대한 기여도도 낮아졌다. 〈그림 14.7〉에서 보는 것처럼 자유주의 정부 10년 동안 GDP 성장기여도에서 수출이 차지하는 연평균 비중은 5.3%로, 노태우·김영삼 정부 10년 동안의 기여도인 2.5%보다 두 배 이상 높아졌다. 반면 총소비의 기여도는 보수정부 10년 동안에 연평균 5 4%에서 자유주의 정부 10년 동안에는 2.1%로 낮아졌다. GDP 성장에

....
35   이재회. "1980년대 한국자본주의의 성격." p.242.
36   한국은행(2012). "2010년 산업연관표(연장표) 작성 결과." 2012년 5월 31일 공보 2012-5-28호.

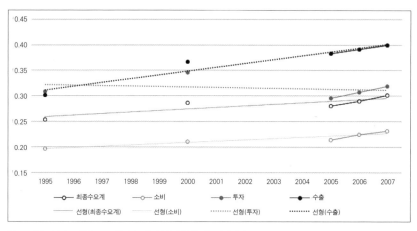

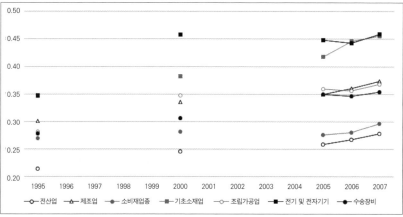

그림 14.6 산업연관표상 수입유발계수 추이, 1995~2007년

출처: 한국은행(2014). "2011년 산업연관표(연장표)를 이용한 우리나라의 경제구조 분석."; 한국은행(2017). "'산업연관표' 통계
정보보고서."; 한국은행(2010). "2008년 산업연관표 작성결과."

서 총소비와 총수출의 역할이 역전된 것이다. 1960년대의 산업화 이래로 수출은
경제성장에서 항상 중요한 역할을 했지만 적어도 외환위기 이전의 보수정부 10
년 동안 GDP 성장에서 수출이 국내수요보다 컸던 해는 1997년이 유일했다. 수
출과 수입을 더한 순수출의 기여도는 외환위기 이전인 노태우 정부와 김영삼 정
부에서는 마이너스였다. 소비(민간소비와 정부소비)와 투자가 경제성장의 핵심
동력이었던 것이다. 반면 1997년의 경제위기 이후의 자유주의 정부 10년 동안은

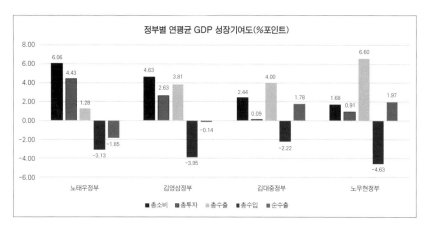

정부별 연평균 GDP 성장기여도(%포인트)

그림 14.7 GDP 성장기여도: 총소비, 총투자, 총소비, 1988~2007년
출처: 한국경제 60년사 편찬위원회. 『한국경제 60년사: 경제일반』. pp.202-203.

두 해를 제외하면 항상 수출의 GDP 성장에 대한 기여도가 소비보다 높았다. 외환위기 이후의 10년 동안 '수출독주체제'가 구축된 것이다.[37] 국제적으로는 1997년의 동아시아 경제위기 이후에 미국의 경기회복이 IT산업을 중심으로 이루어지면서 재벌 대기업이 주도하는 조립형 상품의 수출독주체제가 더 강화되었다.

총투자의 GDP 성장에 대한 기여도의 변화는 더 극적이었다. 보수정부 10년 동안 3.53%였던 총투자의 GDP 기여도가 자유주의 정부 10년 동안 0.5%로 무려 85.8%나 감소했다. 하지만 재벌 대기업의 투자가 줄어든 것은 아니었다. 총투자의 기여도가 낮아진 것은 재벌 대기업과 중소기업, 수출산업과 내수산업 간에 투자의 양극화가 심화되면서 나타난 현상이었다.[38] 이처럼 성장이 국민국가의 소비와 투자에 의존하지 않고 해외시장에 의존하는 사회에서 성장의 과실을 국민국가 내로 환류시키는 성장과 분배의 선순환은 만들어질 수 없었다. 성장의 성과가 국민국가 내로 되돌아오지 않는 경제체제에서 경제성장이 시장에서 만들 수 있는 좋은 일자리는 제한적일 수밖에 없었다. 복지체제의 관점에서 보면, 이러한 한

....

37   이병천(2013). "김대중 모델과 한국경제 97년 체제." 『기억과 전망』 28: 144-182. pp.163-167.
38   김상조. "재벌 중심 체제의 한계." p.138.

국의 성장방식은 한국 사회에서 완전고용에 기초한 보편주의 복지체제가 만들어지기 어렵다는 것을 의미했다.[39] 자유주의 정부는 복지 확대, 성장과 분배의 선순환을 외쳤지만 외환위기 이후에 한국 경제는 자유주의 정부의 소망과는 정반대로 구조화되었다. 부분적인 복지 확대만으로는 재벌 대기업 중심의 수출독주체제가 양산하는 불평등과 빈곤을 막을 수 없었다.

4. 경제위기 이후의 신자유주의화

1997년의 경제위기는 한국 자본주의의 신자유주의화를 가속화하는 결정적 계기가 되었다. 해방 이후에 처음으로 민주적 정권교체가 이루어졌고 상대적으로 진보적인 김대중 정부가 들어섰지만, 김대중 정부는 신자유주의 경제정책을 제도화하라는 IMF의 요구를 거부하지 않았다.[40] IMF는 금융, 재벌, 공공부문, 노동시장 등 핵심적인 경제영역에 신자유주의 개혁을 요구했고, 김대중 정부는 이를 성실히 따르는 모범생이었다. 김대중 정부는 외자를 유치해 경제위기를 극복하기 위해 주식시장과 회사채 시장을 개방하고 금융기관의 구조조정을 단행했다. IMF는 한국 자본주의를 영미식 주주자본주의로 변화시키려고 했다.[41] 1998년 9월에 '자산유동화에 관한 법률'을 제정하고 2000년 1월에 일부 조항을 개정하면서 한국 자본시장에서 자산담보부증권(ABS)과 주택저당부증권(MBS) 시장이 형성되기 시작했다.[42] 경제위기로 인한 긴급한 구조개혁 과제가 정리되자 김대중 정부가 본격적으로 한국 자본주의의 신자유주의적 변화를 추진하기 시작한 것이다. 김대중 정부는 임기 마지막 해인 2002년 7월 22일에 '금융정책의 새로운 패러다임'이라는 보고서를 발표하고 주식시장 중심의 자금순환체계를 구축하려고

....

39 김상조. "재벌 중심 체제의 한계." p.149.
40 김관옥(2011). "신자유주의와 참여정부의 경제정책 결정요인 연구." 『국제정치연구』 14(1): 275-300. p.281.
41 유철규(2016). "한국금융의 진단과 금융시스템 개혁의 과제." 이병천·유철규·전창환·정준호 편. 『한국의 민주주의와 자본주의: 불화와 공존』. pp.228-254. 서울: 돌베개. pp.235-236.
42 전창환. "1997년 외환·금융위기 이후 구조조정과 증권화." p.249.

미셸 캉드쉬(Michel Camdessus, 왼쪽) 국제통화기금(IMF) 총재가 1997년 12월 3일에 임창렬 경제부총리 겸 재정기획원 장관(가운데)과 이경식 한국은행 총재가 IMF에 긴급자금을 신청하는 의향서에 서명하는 모습을 지켜보고 있다(사진출처: 연합뉴스).[43]

했다.[44] 보고서는 기업연금제도의 도입, 연기금의 주식시장 투자 확대, 자산운용의 발전 유도, (2008년 세계적인 금융위기의 원인이 되었던) 파생상품을 포함한 금융기관의 주식 관련 업무 확대 유도, 주주 중심의 경영체제 강화 등 한국 자본주의의 신자유주의적 개혁 내용을 담고 있었다.

노무현 정부의 '동북아 금융허브 전략과 자산운영업의 활성화 조치'도 주식시장을 중심으로 자금시장을 재편하려는 김대중 정부의 정책을 계승한 것이었다. 노무현 정부의 신자유주의적 금융정책은 한걸음 더 나아가 금융을 새로운 성장 동력으로 육성한다는 계획을 담고 있었다.[45] 금융을 산업화하기 위한 조치들이 숨 가쁘게 마련되었다. 2003년에 '간접투자자산운용업법'이 제정되고 2004년에는 '사모펀드 활성화를 위한 간접투자자산운용업법'과 '기금관리기본법'을 개

---

43 https://www.hellophoto.kr/YNA/Front/Pop/YIPW_ContentsDetailPop.aspx?cid=PCM2003
    0716011900999
44 유철규. "한국금융의 진단과 금융시스템 개혁의 과제." pp.235-236.
45 유철규. "한국금융의 진단과 금융시스템 개혁의 과제." pp.236-237.

정해 연기금의 주식투자를 금지하는 조항을 삭제했다. 2005년에는 공적 자산운용을 위한 '한국투자공사'를 설립하고 퇴직연금제도를 도입했으며, 2007년 8월에는 '자본시장과 금융투자업'에 관한 법률」을 공포했다. 2009년 2월부터 시행된 이 법은 두 가지 중요한 의미를 갖고 있었는데, 하나는 제2금융권인 증권회사가 은행의 고유한 업무였던 지급결제기능을 담당할 수 있게 해서 증권회사를 소유한 재벌 대기업이 은행업에 진출할 수 있는 길을 열었다.[46] 이는 금산분리의 원칙을 실질적으로 무력화시킨 조치였다. 이렇게 되면 자금조달을 매개로 기업을 규율하는 금융기관의 기능이 현격히 약화된다. 다른 하나는 금융투자 대상을 확대해 다양한 파생상품에 대한 투자가 가능하도록 했다. 노무현 정부는 미국이 줄기차게 요구했던 은행, 증권, 보험 간의 칸막이를 허물어서 세 가지 업무를 통합 운영할 수 있는 개방적 금융체계를 만들었다. 전창환은 노무현 정부의 이러한 금융산업화정책을 "정신분열적"이라고 표현했다.[47] 흥미로운 사실은 자유주의 정부 10년의 모든 것을 부정했던 이명박·박근혜 보수정부의 금융선진화 구상이 김대중·노무현 정부의 금융화 노선을 충실히 계승했다는 점이다.

김대중 정부는 공공기관의 민영화도 적극적으로 추진했다. 과거 노태우·김영삼 보수정부도 추진하지 않았던 공기업의 민영화가 김대중 정부 시기 동안에 대규모로 이루어졌다.[48] 1998년 3월부터 2000년 1월까지 김대중 정부가 추진한 공기업의 민영화로 공기업 18개가 감소했고 정원은 37,013명이나 감소했다.[49] 공공부문 고용의 대폭적인 감축이 이루어진 것이다. 서구 복지국가에서 공기업의 민영화가 1980년대 보수정권의 집권과 함께 시작된 것과 달리 한국에서는 상대적으로 진보적인 정권이 이를 추진했다. 김대중 정부는 1998년 7월 3일에 '1차

....

46 유철규. "한국금융의 진단과 금융시스템 개혁의 과제." pp.238-239.
47 전창환. "1997년 외환·금융위기 이후 구조조정과 증권화." p.273.
48 박노영(2001). "김대중 정부하에서의 공기업 민영화에 대한 비판적 고찰."『동향과 전망』50: 60-83. pp.60-64.
49 물론 공기업의 민영화로 김대중 정부가 9.3조 원의 매각대금 수입을 얻었고 이 수입이 한국이 외환위기를 극복하는 데 도움이 되었다는 평가도 있다. 곽채기(2000). "김대중 정부 공기업 민영화 정책에 대한 평가."『광주·전남행정학회보』7: 147-167. pp.157-159.

민영화 계획'을 발표하면서 포항제철, 한국중공업, 한국종합화학, 국정교과서, 한국종합기술금융 5개 기관을 완전 민영화 대상으로 발표했고, 한국전기통신공사, 한국담배인삼공사, 한국전력공사 등 6개 기관을 단계적 민영화 대상으로 선정해 민영화를 추진했다. 이는 전체 공기업 108개 중 30%에 해당하는 규모였고, 고용된 노동자의 수로는 70%에 이르는 엄청난 규모였다. 김대중 정부는 '1차 민영화 계획'을 발표한 지 한 달이 지난 8월 4일에는 '2차 민영화 계획'을 발표하면서 대대적인 민영화를 진행했다. 전력, 가스, 전기통신 등 국가기간산업이자 민생과 직결되는 공기업도 민영화되었고 외국자본에 공기업이 매각되었다.[50]

해방 이후에 처음으로 집권한 상대적으로 진보적이었던 자유주의 정부가 영국 복지국가를 자유주의 복지체제로 전환시킨 대처의 보수당 정부를 따르면서 외국자본이 한국 자본주의의 핵심 세력으로 부상할 수 있는 계기를 마련해주었다. 다만 김대중 정부에서 이루어진 대규모 민영화를 단순히 신자유주의화라는 맥락에서만 이해하는 것은 적절하지 않을 수 있다. 1997년의 한국 경제의 위기가 본질적으로 관치경제에 있었다는 국내외의 비판을 고려할 때 김대중 정부의 민영화 정책은 관치경제를 벗어나려는 시도의 일환으로 이해될 수도 있기 때문이다. 오랜 기간 권위주의 체제에 저항했던 시민사회의 입장에서 보면 공기업의 민영화는 권위주의 체제의 유산을 해체하는 작업의 일환으로 이해될 수 있다.[51] 하지만 중요한 것은 김대중 정부의 의도와 관계없이 공기업의 민영화가 한국 사회의 신자유주의화를 가속화시킨 것만은 분명해 보였다.

5. 재벌개혁

자유주의 정부의 재벌개혁 정책에 대한 평가는 논쟁적이다. 김대중 정부는 기업의 지배구조를 개선하고 부채비율을 낮추었으며 경영의 투명성을 제고하는

....

50 박노영. "김대중 정부하에서의 공기업 민영화에 대한 비판적 고찰." pp.80-81.
51 김윤자(2010). "외환위기 이후 한국의 민영화." 안현효 편. 『신자유주의 시대 한국경제와 민주주의』. pp.19-50. 서울: 선인. p.32.

노무현 대통령이 청와대에서 4대 재벌기업 총수들과 환담을 나누고 있다(왼쪽부터 삼성 이건희 회장, 현대자동차 정몽구 회장, LG 구본무 회장, SK 최태원 회장의 모습이 보인다)(출처: 연합뉴스).

정책을 실천했다고 평가받고 있다. 1999년에는 재벌 계열사 간의 순환출자를 억제하고 부당내부거래 차단, 변칙상속과 증여 방지 등의 조치를 통해 재벌개혁을 추진했다.[52] 하지만 집권 후반기에 들어서면서 경제 활성화라는 명목하에 재벌 대기업의 요구를 수용해 경제위기 직후에 재벌 총수들과 합의한 재벌개혁의 5대 원칙을 폐기했다.[53] 2001년 5월 16일의 간담회 이후에 공정거래위원회는 출자총액제한제의 예외사항을 발표하면서 재벌규제를 완화하기 시작했고, 8월 21일에는 전경련이 출자총액제한제의 폐지를 요구하자 많은 부분을 수용했다. '워크아웃'이라고 불리는 부실 재벌의 구조조정 프로그램은 도리어 재벌 기업의 경제력 집중을 강화하는 수단이 되었다.[54] 재벌 대기업의 지배구조를 개선하기 위해 미

....

52 김관옥. "신자유주의와 참여정부의 경제정책 결정요인 연구." p.282.
53 5대 원칙이란 경영투명성 제고, 재무구조 개선, 핵심사업으로의 집중, 지배주주의 책임 강화, 상호채무 보장 해소이다. 장상환. "1990년대 자본축적과 국가의 역할." p.98.
54 송원근(2016). "외환위기 이후 재벌정책 변화와 경제민주화 전망." 이병천·유철규·전창환·정준호 편.『한국의 민주주의와 자본주의: 불화와 공존』. pp.155-192. 서울: 돌베개. p.160.

국 자본주의 모델을 따라 도입한 사외이사제도는 재벌 총수가 사외이사 선임에 절대적 영향력을 행사하는 상황에서 제대로 작동하기 어려웠다.[55] 실제로 사외이사제도는 재벌 대기업과 관료의 유착관계를 심화시켰다. 1998년부터 2005년까지 삼성그룹의 사외이사 109명 중 관료 출신의 비중은 48.6%(관료 33.9%, 판검사 14.7%)에 달했다.[56] 결국 김대중 정부의 마지막 해인 2002년 12월 21일에 국회가 '독점규제 및 공정거래법' 개정안을 통과시키면서 경제위기 직후에 김대중 정부가 추진했던 재벌개혁은 그 힘을 잃었다.

노무현 정부의 재벌개혁도 재벌의 지배구조 개혁이 아닌 구자유주의적 개혁을 실천하려고 했다는 점에서 김대중 정부의 재벌정책과 크게 다르지 않았다. 대선후보였던 당시에 노무현 대통령은 "대기업 집단의 왜곡된 지배구조와 불투명한 경영, 불공정한 경쟁, 부당한 세습을 바로잡아야 한다."고 주장했지만 자신이 한 말을 책임지지 못했다.[57] 증권 관련 집단소송제를 도입하는 등 일부 개혁적인 조치를 취했지만 전체적으로는 한국 경제의 재벌지배체제를 더 강화시켰다.[58] 노무현 정부는 순환출자를[59] 규제해 재벌 대기업의 기업지배구조를 개선하고 이를 전제로 출자총액제한제도를[60] 폐지한다는 계획을 갖고 있었다. 하지만 실제로 순환출자에 대한 규제는 재벌과 경제부처의 반대로 이루어지지 못했고 출자총액제한제도를 완화하는 조치만 취해졌다.[61] 이는 재벌과 경제부처만의 문제가 아니었다. 심상정 의원(민주노동당, 현재 정의당)에 따르면, 노무현 정부의 실세라고 불

....

55   김상조. "재벌 중심 체제의 한계." pp.165-169.
56   참여연대(2005). "삼성의 인적 네트워크를 해부한다."『삼성보고서』 1. 참여연대. p.42.
57   조태근(2007). "시장 지배를 향한 노무현 정부와 재벌의 동거."『월간말』 252: 130-135. p.130.
58   송원근. "외환위기 이후 재벌정책 변화와 경제민주화 전망." p.161.
59   A기업이 B기업의 지분을 소유하고, B기업이 C기업을, C기업이 D기업을, D기업이 다시 A기업의 지분을 소유하는 방식으로 이루어진 기업지배구조를 말한다. 대표적으로 삼성에버랜드는 삼성생명의 지분을 갖고 있고, 삼성생명은 삼성전자를, 삼성전자는 삼성카드를, 삼성카드는 다시 삼성에버랜드의 지분을 소유하는 형태이다. 이러한 순환출자를 통해 삼성에버랜드의 대주주인 이재용이 삼성그룹 전체를 지배하는 구조가 만들어진다.
60   출자총액제한제도란 대기업의 문어발식 사업 확장을 막기 위해 회사 자금으로 다른 회사의 주식을 구매·보유할 수 있는 총액을 제한하는 제도이다.
61   조태근. "시장 지배를 향한 노무현 정부와 재벌의 동거." p.130.

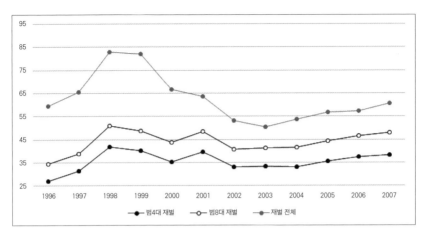

그림 14.8 재벌의 집중도: GDP 대비 자산규모, 1996~2007년

출처: 이창민 · 조재민(2015). "공정거래법상 경제력 집중 억제시책의 정권별 변화와 일반집중, 시장집중, 소유집중과의 연관성."
『법경제학연구』 12(3): 389-425. p.420.

렸던 이광재 의원이 주도한 의정연구센터가 삼성경제연구소와 공동세미나를 개최하고 집권여당의 386의원들이 전경련으로 가서 경제 강의를 듣는 등 정권 실세들과 재벌의 밀착은 그 어느때 보다 심각했다.[62] 이런 상황에서 재벌개혁이 제대로 이루어질 수 없었다. 노무현 정부의 마지막 해인 2007년 1월 26일에는 '금융산업구조개선에 관한 법률'을 개정해 재벌기업의 의결권을 제한하는 주식 수를 줄여주는 조치를 취했다.[63] 재벌기업의 소유구조를 단순화해서 투명한 경영을 강화하기 위해 지주회사제를 도입했지만, 지주회사의 상장자회사 및 상장손자회사의 지분요건을 30%에서 20%로 완화하고 자회사, 손자회사의 지분요건을 완화하는 등의 조치를 취해 재벌 모기업으로 경제력을 더 집중시키면서 재벌 기업에 대한 재벌 2~3세의 지배권을 강화했다.[64]

결국 〈그림 14.8〉에서 보는 것처럼 경제위기로 주춤했던 재벌의 경제력 집

....

62   박권일(2004). "노무현 대통령과 '386'의원 이미 재벌과 유착." 『월간말』 222: 134-139. p.139.
63   조태근. "시장 지배를 향한 노무현 정부와 재벌의 동거." pp.132-133.
64   송원근. "외환위기 이후 재벌정책 변화와 경제민주화 전망." p.161; 조태근. "시장 지배를 향한 노무현 정부와 재벌의 동거." p.135.

중도는 노무현 정부에 들어서면서 다시 높아지기 시작했다. 전체 재벌 기업의 GDP 대비 자산규모는 1997년의 경제위기로 인한 구조조정이 일정 정도 마무리된 2003년에 50.5%로 최저점을 기록한 이후에 상승하기 시작해 노무현 정부의 마지막 해인 2007년에 들어서면 2003년과 비교해 10.2%포인트가 높아진 60.7%를 기록했다. 삼성, 현대, LG 등 범4대 재벌과 범8대 재벌의 자산집중도는 김대중 정부의 마지막 해인 2002년을 저점으로 노무현 정부 초기부터 상승하기 시작했다. 사실 자유주의 정부의 재벌개혁은 재벌을 해체하려는 것이 아니었다. 개혁의 초점은 투명하고 공정한 시장질서를 확립시킨다는 '구자유주의'적 개혁에 맞추어져 있었다. 하지만 집권 후반기에 들어서 두 자유주의 정부가 재벌개혁을 후퇴시켰다는 것은 '상대적으로 진보적이라고 평가받았던' 자유주의 정부가 구자유주의적 개혁조차 실행할 수 없었다는 것을 의미했다.[65]

이렇듯 1997년의 경제위기 이후에 집권한 자유주의 정부는 구자유주의적 시장질서도 구축하지 못한 채 재벌을 규제할 수 있는 개혁조치들을 약화시켰다. 경제위기 이전까지 그나마 남아 있던 금융을 통해 재벌을 규율하는 권위주의 개발국가의 유산도 경제위기 이후에 IMF가 요구했던 자유화조치로 인해 무력화된 상황이었다. 자유주의 정부의 재벌개혁은 재벌 총수 일가의 지배구조를 개혁하지 않는 구자유주의적 재벌개혁의 한계를 여실히 드러냈다. 결국 자유주의 정부의 재벌개혁은 1997년의 경제위기를 발생시킨 주범이었던 재벌에 의존해 경제위기를 극복할 수밖에 없었던 한국 정치경제구조의 한계를 벗어나지 못했다. 더 심각한 문제는 1997년의 경제위기 이후에 재벌을 규율했던 개발국가의 통제장치가 약화되었고 구자유주의적인 시장질서도 확립하지 못한 자유주의 정부 10년 동안에 한국 사회는 그야말로 재벌공화국이 되어갔다는 점이다.[66]

재벌이 국가의 위로 올라선 것이다. 2004년에 설비투자 대비 범4대 재벌(삼

....
65   김기원(2002). 『재벌개혁은 끝났는가』. 서울: 한울; 손호철(1999). 『신자유의 시대의 한국정치』. 서울: 푸른숲. p.176.
66   이종보(2014). "재벌과 자유주의 정부: 삼성그룹을 중심으로." 이병천·신진욱 편. 『민주 정부 10년, 무엇을 남겼나』. pp.91-128.

성, 현대, LG, SK)의 투자비율이 34.4%에 이른 상황에서 투자를 축소하겠다는 자본의 사보타주(파업)를 감내하면서 재벌 대자본의 요구를 거부하려면 '대단한' 정치적 결단이 필요했다.[67] 대통령조차 "권력은 이미 시장으로 넘어갔다"고 푸념할 정도였다.[68] 외환위기 이후에 자유주의 정부의 재벌개혁이 실패하자 재벌 중심의 조립형 수출주도 성장체제가 더 강화되면서 민주주의를 사회경제적으로 확산시킬 가능성이 사라져갔다.[69] 현실이 이러한데도 노무현 정부는 재벌 대기업 중심의 수출독주체제를 강화할 수 있는 한미FTA를 적극적으로 추진했다. 역설이 아닐 수 없었다. 재벌 대기업은 1997년의 경제위기의 주범이었지만, 자유주의 정부는 경제위기를 극복하기 위해 '위기의 주범'인 재벌 대기업에 의존했고 경제위기 이후에 재벌 대기업은 더 거대해졌다. 대안은 없었던 것일까? 한미FTA를 반대하는 것이 대안이었을까? 1997년 이후의 권력관계를 검토하면서 『기원과 궤적』에서는 문제를 풀어갈 수 있는 실마리를 찾을지도 모른다. 노무현 대통령은 2006년 2월 16일에 제6차 대외경제위원회를 주재하면서 다음과 같이 말했다.

"한미 자유무역협정(FTA)은 통상교섭본부가 만들어낸 회심작이다. 지혜롭고 전략적인 포석으로 미국을 끌어낸, 칭찬받을 만한 작품이다. 어지간하면 한미 FTA를 다음 정부로 미뤄볼 수 없을까 생각했다. 하지만 기회는 한 번 넘기면 보통 10년 가야 돌아온다. 성공적인 타결을 위해 노력하고 두 가지를 구분해줬으면 한다. 우선 국내의 이해관계와 저항 때문에 주저앉는 일이 없도록 확고하게 가자. 또 최후의 선을 내놓으라고 하면 협상을 깨도 좋다."[70]

....

67 삼성그룹 단독으로 전체 투자의 13.2%에 이르는 설비투자를 하고 있다. 김상조. "재벌 중심 체제의 한계." pp.139-140.

68 2005년 5월 16일에 대·중소기업 상생협력 대책회의에 참석한 노무현 대통령이 이 같은 발언을 한 것으로 알려져 있고, 노대통령의 이 같은 발언은 노무현 정부가 재벌개혁을 포기했다는 신호로 해석되었다. 한겨레(2017). "법개정만으론 재벌개혁 어려워, 4대·10대 그룹 집중해 법 집행." 『한겨레』 2017년 4월 24일자.

69 최장집·박찬표·박상훈(2013). 『어떤 민주주의인가: 한국 민주주의를 보는 하나의 시각』(개정판). 서울: 후마니타스.

70 참여정부 국정브리핑 특별기획팀(2008). 『노무현과 참여정부 경제5년』. 서울: 한스미디어. p.301.

제4절 자유주의 정권 10년의 권력관계

김대중 정부(국민의 정부)의 출범은 한국 복지체제의 중요한 전환점이었다. 김대중 정부가 들어서면서 본격적인 복지정치가 시작되었기 때문이다. 1997년 제15대 대통령 선거 당시에 민주노총은 경제위기와 장기실업에 대응하기 위해 노사정위원회를 제안했고, 대선 당시 자본을 의식해 특별한 대응을 하지 않았던 김대중 대통령은 집권 후에 민주노총의 제안을 수용했다.[71] 1998년 1월 15일에 발족한 노사정위원회는 2월 6일에 '경제위기 극복을 위한 사회협약'에 합의했다. 90개 항에 이르는 합의문은 경제사회개혁과 관련된 많은 내용을 담고 있었지만, 핵심은 노동시장의 유연화(정리해고와 파견근로자 허용)와 복지 확대에 관한 사회적 합의였다. 노사정이 노동시장을 유연화하는 대신 공적복지를 확대해 노동시장의 유연화로 발생하는 문제를 완화하는 사회적 대타협을 이룬 것이다. 북서유럽의 복지국가가 '영구적 긴축(permanent austerity)'의 시대로 접어들고 있는 상황에서[72] 그 반대편에 위치한 동아시아 개발국가의 전형인 한국에서 경제위기를 계기로 공적복지의 확대를 위한 복지정치가 본격적인 닻을 올리기 시작했다.

이는 중대한 전환이었다. 하지만 김대중 정부 이래 한국의 복지정치는 북서유럽의 복지국가 형성기의 그것과는 근본적으로 달랐다. 사회적 균열구조가 계급을 중심으로 구성된 것도 아니었고, 사회적 균열구조를 대표하는 정당이 있는 것도 아니었으며, 조직된 노동도 이제 막 그 모습을 드러내고 있을 뿐이었다. 사회위험의 성격도 북서유럽과 상이했다. 노동시장에서 발생하는 실업, 질병, 노령 등의 구사회위험에 더해 노동시장의 유연화로 인한 비정규직의 증가, 민간 중심의 사회복지서비스 확충, 돌봄 위기 등 새로운 사회위험이 중첩적으로 나타났다.

....

71   이영환·김영순(2001). "한국 사회복지 발달에 대한 계급정치적 고찰." 『비판사회정책』 9: 249-302. p.292.

72   Häuserman, S.(2015[2010]). 『복지국가 개혁의 정치학』. 남찬섭 역. (*The Politics of Welfare State Reform in Continentlal Europe: Modernization in Hard Times*). 서울: 나눔의 집. p.20.

남한의 단독정부 수립 이래 처음으로 여야의 정권교체가 평화적으로 이루어졌다. 김대중 대통령이
제15대 대한민국 대통령 취임식에서 취임사를 하고 있고, 오른쪽에 김영삼 전 대통령이 굳은 표정으로
앉아 있다. 1987년의 민주화 이후에 양김의 분열은 한국 민주주의에 씻을 수 없는 상처를 남겼다. 결국
이리 되고 말 것을…(출처: 대통령기록관).[73]

북서유럽에서 자본과 타협해 복지국가의 확대를 이끌었던 (제조업 중심의) 노동
계급의 규모는 경제위기를 전후로 감소하기 시작했고 비전형적 형태로 고용된
새로운 노동계급이 등장하면서 노동계급이 이질화되어갔다. 노동계급은 더 이
상 동질적인 계급이 아니었다. 제도적 측면에서도 복지정치가 활성화될 수 있는
조건을 갖추고 있지 못했다. 선거제도는 복지정치를 통한 타협과 합의를 어렵게
하는 승자독식구도인 소선거구제와 단순다수제였고, 국회는 형식적으로 다당제
의 모습을 띠었지만 실제로는 계급적 기반이 모호한 보수정당(한나라당, 현재 국

....

73   대통령기록관. http://www.pa.go.kr/online_contents/inauguration/president15.jsp, 접근일 2017
      년 7월 6일.

민의힘)과 자유주의 정당(새천년민주당, 현재 더불어민주당) 중심의 보수–자유 양당체계로 고착화되어 있었다. 역설은 김대중 정부의 탄생이 지역 분할적 정당체계(지역주의)와 단순다수제라는[74] 복지정치를 가로막는 그 장애물 때문에 가능했다는 점이다. 이런 조건에서 복지정치가 시작되었다. 제4절에서는 이러한 인식을 기초로 1998년부터 2007년까지 한국 사회에서 벌어진 복지정치의 변화의 기초가 되는 권력자원과 권력관계를 검토했다.

1. 권력관계: 주체의 구성과 성격

조직된 노동과 좌파정당, 노동계급과 중간계급의 연대에 기초해 복지국가의 성격과 변화를 설명하는 권력자원론은 경제위기 시기에, 그것도 취약한 노동의 권력자원과 좌파정당이 부재한 조건에서 나타난 한국 복지국가의 확대를 설명하기 어렵다. 『기원과 궤적』에서는 1997년 이후의 한국 사회의 권력관계를 검토하면서 한국 복지정치의 토대가 되는 권력관계를 구성하는 주체와 그 주체의 성격을 살펴볼 것이다.

1) 경제위기 이후의 계급구조의 변화

북서유럽에서 자본과 타협해 복지국가를 확장시켰던 제조업 노동자는 한국에서는 1990년대에 들어서면서 감소하기 시작했다.[75] 〈그림 14.9〉를 보면 지난 10년간 구중간계급은 3.6%포인트 감소했고 신중간계급은 0.4%포인트 증가했다. 전체적으로 중간계급의 비중은 41.5%에서 38.4%로 7.5% 감소했다.[76] 중

....

74 정태환(2008). "김대중 정권의 성립과 위기: 지역주의 정치 동학을 중심으로." 『사회와 이론』 12: 261-291.
75 홍두승. 『한국의 중산층』. p.66.
76 중간계급은 매우 논쟁적인 개념이고 이에 대한 합의된 정의도 없다. 다만 대략적인 정의가 있을 뿐이다. 마르크스주의, 베버주의, 계층적 계급분석을 종합한 에릭 올린 라이트(Erik Olin Wright)에 따르면, 중간계급은 "다양한 종류의 자격을 요구하는 일자리와 관련된 광범위하고 유연한 고등교육 및 기술훈련체계에 기반하고 있는" 계급이라고 할 수 있다. Wright, E.(2017[2015]). 『계급 이해하기』. 문혜림·

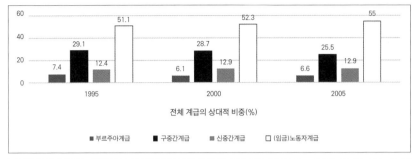

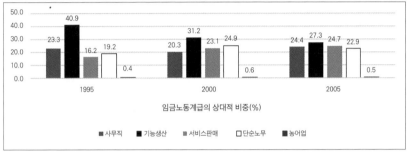

그림 14.9 계급구성과 임금노동자계급 구성의 변화, 1995~2005년

출처: 장귀연(2013). "신자유주의 시대 한국의 계급구조." 『마르크스주의 연구』 10(3): 12-40. p.21.

간계급과 달리 임금노동자의 비중은 증가했다. 임금노동자의 내적 구성의 변화를 보면 전통적 노동계급이라고 할 수 있는 기능생산직에 종사하는 노동자의 비율은 1995년에 전체 임금노동자 중 40.9%에서 2000년에 들어서면 31.2%로 감소했고 2005년에는 27.3%로 축소되었다. 불과 10년 만에 임금노동자 중 제조업 노동자의 비중이 무려 12.7%포인트(33.3%)나 감소한 것이다. 대신 사무직 노동자의 비율이 1.1%포인트 증가했고, 서비스 판매직 노동자의 비율도 16.2%에서 24.7%로 8.5%포인트(52.5%) 증가했다. 단순노무직 노동자의 비율은 동 기간 동안 19.2%에서 22.9%로 3.7%포인트(19.3%) 증가했다. 전반적으로 자유주의 정

....

곽태진 역. (*Understanding Class*). 부산: 산지니. p.42. 신중간계급은 대체로 자영업과 자영농으로 대표되는 구중간계급과 구분되는 기업의 경영관리 업무에 종사하거나 전문직 기술을 갖고 있는 집단이다. 장귀연(2013). "신자유주의 시대 한국의 계급구조." 『마르크스주의연구』. 10(3): 12-40. pp.14-16. 물론 이러한 정의는 다분히 추상적인 것으로, 실질적으로 계급을 분류하는 것은 여전히 어려운 일이다.

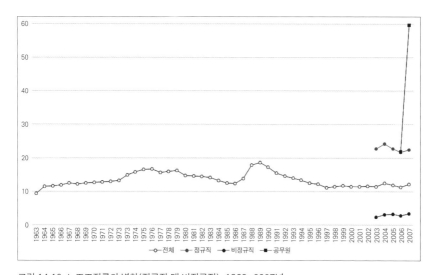

그림 14.10 노조조직률의 변화(정규직 대 비정규직), 1963~2007년

출처: 김유선(2016). "비정규직 규모와 실태: 통계청, '경제활동인구조사 부가조사'(2016.8) 결과." 『KLSI Issue Paper』 제9호; 김유선(2008). 『한국의 노동조합 조직연구: 조합원수(조직률) 분석을 중심으로』. 서울: 한국노동연구원. p.46; 통계청(2017). "공무원 노동조합 조직현황." http://www.index.go.kr/potal/main/EachDtlPageDetail.do?idx_cd=2836, 접근일 2017년 10월 9일.

부 10년 동안의 계급구성의 변화는 중간계급의 소폭 감소, 임금노동자 중 서비스직과 단순노무직에 종사하는 노동자의 증가, 제조업 노동자의 감소로 정리할 수 있다. 특히 전체 노동계급에서 전통적 노동계급이라고 할 수 있는 기능생산직 노동자의 비중이 낮아졌다는 것은 복지국가의 확대를 위한 복지정치의 중요한 변화를 의미한다. 남성 정규직 노동자의 이해에 근거한 사회보장제도의 확대로는 한국 사회에서 더 이상 복지국가의 확대를 위한 정치적 연대를 만들어 내기가 쉽지 않다는 것을 의미했다.

2) 권력자원과 권력관계의 변화

노동계급

해방 이후에 처음으로 민주적 정권교체가 이루어졌고 역대 정권 중 가장 진보적인 정권이 들어섰지만 노동자의 조직화 정도는 거의 변화하지 않았다. 상대적으로 진보적인 정권은 노동자의 결사의 자유를 보장하고 노동계급의 세력화를 위한 우호적 조건을 만들 것이라고 기대되었다. 하지만 〈그림 14.10〉에서 보는 것처럼 자유주의 정부 10년 동안 노동조합 조직률에는 거의 변화가 없었다. 1998년에 11.4%였던 노동조합 조직률은 김대중 정부의 마지막 해인 2002년에 11.6%, 노무현 정부의 마지막 해인 2007년에는 12.1%였다. 1989년부터 시작된 노동조합 조직률의 하락이 김대중 정부의 출범과 함께 멈추었지만, 2008년 이후에 보수정부 9년 동안에도 노조 조직률(11~12%)에 큰 변화가 없었다는 점을 고려하면 조직률의 하락이 반드시 김대중 정부와 연관되어 있다고 말하기는 어렵다. 고용형태에 따른 노동조합 조직률의 차이에도 주목할 필요가 있다. 작은 변화이지만 이 기간 동안 비정규직 노동자의 노동조합 조직률은 2003년에 2.4%에서 2007년에 3.3%로 0.9%포인트(37.5%) 증가했다.[77] 세계적으로 신자유주의가 지배적 정책담론이었고 이에 발맞추어 노동시장의 유연화를 추진했던 자유주의 정부에서 노동조합 조직률이 높아질 것이라고 기대하기는 어려웠다.

중요한 변화도 있었다. 1998년에 '2·6 사회적 협약'으로 (6급 이하) 공무원의 단결권이 부분적으로 합법화되었는데, 2002년에 공무원노동조합이 설립되고 2004년 12월에 공무원노동조합법이 제정되면서 2006년부터 공무원노동조합의 (제한적이지만) 합법적 활동이 가능해졌다.[78] 사실 이러한 제한적인 권리를 쟁취하는 과정도 쉽지 않았다. 공무원노동조합법의 제정을 둘러싸고 노무현 정부와 노조가 정면으로 충돌했던 것이다. 공무원노조는 총파업을 했고, 노무현 정부는 파업 가담 공무원 2,595명을 징계하고 그중 442명을 파면·해임하는 등 강경 대응으로 맞섰다. 결국 노동자로서의 공무원 노동조합의 법적 권리를 일부 제한하는 방식으로 법제화되었다. 다만 산업구조의 변화에 따라 임금노동자의 주류가 제조업에서 비제조업으로 변화하고 있는 상황에서 제한적이지만 공무원의 결사의 자유가 보장되었다는 점은 노동자의 정치세력화를 위한 중요한 진전이었다.

....

77   김유선. "민주 정부 10년, 비정규직 규모와 실태." p.482.
78   노광표·홍주환(2008). 『공무원노동조합 조직 연구』. 서울: 한국노동연구원. pp.8-17.

북서유럽에서의 권력관계의 변화

1990년대에 들어서면서 북서유럽 복지국가에서는 복지정책을 둘러싸고 노동 대 자본이라는 단일한 복지정치의 전선이 해체되고 다양한 전선들이 본격적으로 모습을 드러내기 시작했다. 예를 들어, 산업화시대 복지국가의 가장 중요한 제도였던 연금의 개혁을 둘러싼 복지정치를 보면 임금노동자는 더 이상 자본과 보수정당에 대응해 단일한 대오를 갖추고 있는 계급이 아니었다. 노동계급은 노동의 성격과 성별에 따라 정반대의 입장에서 충돌하고 있었다. 노동만이 아니었다. 자본도 자신이 고용한 노동계급의 성격과 산업의 특성에 따라 노동계급만큼은 아니지만 상이한 입장을 갖고 있었다. 실제로 2001년에 독일에서 비정규직 노동자에 대한 연금 확대와 여성의 연금 권리를 확대하기 위한 교육 크레딧의 확대와 분할연금제도의 도입을 둘러싸고 벌어진 복지정치는 노동계급이 더 이상 단일한 계급이 아니라는 것을 확인시켜주었다.[79] 저숙련 노동자 중심인 금속노련은 모든 연금개혁을 반대했지만, 사무직 노동조합, 화학노조(고숙련 노동조합), 독일노동조합연맹(블루칼라 노동조합)은 (비판적 입장을 갖고 있었지만) 반대를 위한 정치적 동원에 나서지 않았다. 사무직 노동조합은 연금개혁을 지지했고, 고숙련 노동조합은 반대했다. 좌파정당과 노동계급 간의 연대에도 심각한 균열이 발생했다. 좌파정당인 사민당과 녹색당은 찬성한 반면 사민당의 전통적 지지기반이었던 제조업 노동자들의 조직인 독일노동조합연맹은 반대했다.

하지만 복지정치와 관련된 정작 중요한 변화는 노동 대 자본이라는 단일한 대립전선의 형성이 점점 더 어려워지고 있었다는 점이다. 비정규직 노동자가 증

....
79   Häuserman.『복지국가 개혁의 정치학』. p.305.

가하면서 노동과 자본 간에 다양한 전선이 형성되어갔다. 비정규직의 확대로 대표되는 임금노동자계급의 이질화는 한국에서 복지국가의 확대와 관련해 전통적 권력자원론이 더 이상 유효하지 않다는 것을 의미했다. 특히 한국 같은 기업별 노조체계에서 노동계급의 이질화는 대기업 노동조합에는 사업장 단위의 강력한 경제투쟁을 촉진한 반면 중소기업 노동자와 비조직화된 노동자에게는 대기업 조직노동에 대한 반감을 높여 노동자 간의 연대 가능성을 낮추었다.[80] 김대중·노무현 자유주의 정부 10년은 이러한 한국 계급구조의 변화가 가시적으로 나타나기 시작한 시기였다.

자유주의 정부와 노동 간의 관계도 순탄치 않았다. 김대중 정부는 권위주의 정권의 노동배제 정책을 버리고 노동을 국정운영의 중요한 상대로 간주해 노사정위원회를 제도화했다. 하지만 1기 노사정위원회(1998년 1~2월)는 노동시장의 유연화에 합의한 민주노총 지도부를 노조원이 불신하면서 해소되었다.[81] 2차 노사정위원회(1998년 6월~1999년 5월)도 김대중 정부가 공기업에 대한 대규모 민영화와 구조조정을 추진하고 기업의 불법적인 정리해고에 침묵하자 1998년 6월에 민주노총이 탈퇴를 선언하고 1999년 4월에 한국노총도 탈퇴하면서 무력화되었다.

물론 의미 있는 변화도 있었다. 1998년 2월 9일에 1기 노사정위원회가 합의한 '경제위기 극복을 위한 사회협약'은 노동기본권의 보장에 대한 중요한 내용을 담고 있었다.[82] 공무원의 단체결성(직장협의회)에 대한 허용, 나아가 노동조합에 대한 허용, 교원의 노동조합 결성 권한의 법제화, 노동조합의 정치적 활동을 보장하는 선거법과 정치자금법 내용 등이 담겨 있었다. 또한 무엇보다도 민주노총이 정치적 주체로서 독립적인 목소리를 낼 수 있게 된 것은 한국 권력자원의 중요한 변화이자 진전이었다. 2000년 6월 13일부터 15일까지 진행된 김대중 대통령과

....

80   김재훈(2003). "노동력 재생산구조의 변화: 소득 및 소비구조를 중심으로." 『신자유주의적 구조조정과 노동문제, 1997-2001』. 서울: 한울. p.248.
81   이영환·김영순. "한국 사회복지 발달에 대한 계급정치적 고찰." p.288.
82   경제사회발전노사정위원회(2016). 『한국의 사회적 합의』. 서울: 경제사회발전노사정위원회. pp.259-260.

2000년 6월 14일일 평양에서 남북 공동선언을 한 후 두 손을 맞잡은 김대중 대통령과 김정일 국방위원장(출처: 청와대 사진기자단).[83]

2007년 10월 2일에 남북정상회담을 위해 평양을 방문한 노무현 대통령을 직접 영접하고 있는 김정일 국방위원장(출처: 청와대 사진기자단).[84]

....

83   http://www.hani.co.kr/arti/politics/defense/195838.html
84   http://www.hani.co.kr/arti/politics/defense/239917.html

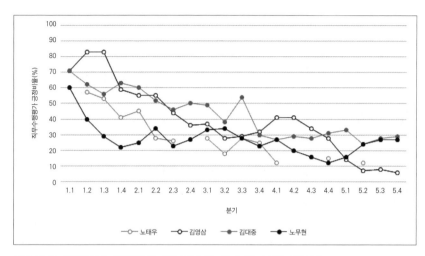

그림 14.11 민주화 이후 대통령의 분기별 국정수행능력 지지율, 1988~2007년

출처: 한국갤럽(2017). "역대 대통령 직무 수행 평가 1988-2016." 『한국갤럽 데일리 오피니언』 193~240호. http://www. gallup.co.kr/gallupdb/reportDownload.asp?seqNo=802, 접근일 2017년 8월 23일.

김정일 국방위원장의 남북정상회담도 분단 이후에 노동계급의 정치세력화를 억눌렀던 반공이데올로기가 약화되는 결정적 계기가 되었다.[85] 2004년의 총선에서 민주노동당이 약진한 데에는 이러한 민주노총의 정치세력화와 남북 간의 화해협력 정세가 중요한 정치적 계기로 작용했다고 할 수 있다.

　　노무현 정부는 출범 직후를 제외하면 〈그림 14.11〉에서 보는 것처럼 집권 기간 내내 40% 이상의 지지율을 얻지 못했다. 심지어 2006년 4분기의 지지율은 12%로, 국정농단으로 인해 지지율이 4%까지 떨어졌던 박근혜 대통령의 2016년 4분기의 지지율과 같았다. 박근혜 전 대통령에 대한 민심이반이 얼마나 심각했는지를 기억한다면 노무현 정부에 대한 당시 민심이 어떠했는지를 짐작할 수 있다. 어쩌면 노무현 정부의 이러한 낮은 지지율은 노무현 정부 스스로 자초한 일인지도 모른다. 예를 들어, 2003년 8월 21일에 시작된 화물연대 파업에 대해 노

....

85　정진상(2006). "노동계급 형성의 구조적 조건의 변화." 경상대학교 사회과학연구원 편. 『한국 노동계급의 형성, 1987-2003』. pp.23-57. 서울: 한울 아카데미. p.51.

무현 정부는 업무방해죄를 적용해 강경 대응했다. 민주노총을 압수수색하고 화물연대 지도부 16명에 대한 체포영장을 발부했다.[86] 노무현 정부는 화물연대 지도부에 대한 전원검거 방침을 세우는 등 보수정부가 했을 법한 강경 대응으로 일관했다. 이로 인해 노무현 정부 5년 동안 구속된 노동자 수는 1,052명으로, 김대중 정부 시기의 892명은 물론이고 보수정부인 김영삼 정부 시기의 632명보다도 많았다.[87] 당시 민정수석비서관이었던 문재인(제19대 대통령)은 자신의 회고록에서 화물연대 파업에 대한 정부의 대응으로 대표되는 노-정 간의 충돌로 인해 노동개혁의 역량이 손상되었다고 평가했다.[88] 노무현 정부는 시민사회의 열망을 담아내지 못했다.

이런 조건에서 노동계급의 권력자원이 성장할 가능성은 낮았다. 더욱이 노동계급이 이질화되면서 노동계급의 대중동원 역량이 심각하게 훼손되었다. 조직노동은 민중을 대표하지 못했고 오직 대기업 노동자만 대표하는 조직으로 인식되기 시작했다. 김영삼 정부 말기에 노동법 개악에 맞서 대중적 지지를 받으며 대규모 총파업으로 맞섰던 노동계급의 역량은 자유주의 정부 10년 동안 유지되지 되지 못했다. 그나마 희망적이었던 것은 2004년에 보건의료 부문에서 연대임금정책을 실현하려는 산별교섭이 시도되었다는 점이다.[89] 한국 노동운동의 역사에서 처음으로 기업별 노조의 벽을 넘어 중앙단위의 산별교섭이 이루어진 것이다.

시민운동

노동운동이 조직노동만의 이해관계자로 정치적·대중적 위상이 축소되어갔다면, 다른 한편에서는 새로운 권력자원이 등장하고 있었다. 1989년에 시민운동

....

86   참여연대(2003). "노사문제 힘으로 해결할 수 없다." 참여연대 논평. 2003년 8월 28일.
87   김홍두(2008). "노무현 정부 5년 구속노동자 1,052명." 『울산매일』. 2003년 3월 29일자. http://iusm. co.kr/news/articleView.html?idxno=419014. 접근일 2017년 8월 23일.
88   문재인(2011). 『문재인의 운명』. 서울: 가교.
89   대병원의 임금인상률은 2% 이내로, 중소병원은 5% 이내로 제한했다. 박태주(2007). "노동시장에서 본 사회해체, 그 단면과 해법." 이병천 편. 『세계화 시대 한국 자본주의: 진단과 대안』. pp.265-285. 서울: 한울. p.277; 전국보건의료산업노동조합(2018). 『돈보다 생명을: 보건의료노조 20년 20대 사건의 기록』. 서울: 매일노동뉴스.

을 표방하며 창립된 경제정의실천시민연합(경실련)은 탈계급적 운동 노선을 분명히 했다. 창립취지선언문에서 경실련은 노동자와 농민 같은 한국 민주화운동의 핵심 주체로 간주되었던 민중만이 아닌 "민주복지사회로 가야겠다고 하는 선한 의지를 가진 사람이면 그가 기업인이든 중산층이든 할 것 없이 이 운동의 중요한 구성원이 될 수 있다."고 선언했다. 노동과 자본이 함께 불로소득층을 공격하는 것이 경실련 운동이라고 선언한 것이다.[90] 1987년의 민주화 이전에 권위주의 정권에 맞서 물리적 충돌도 주저하지 않았던 민중주의적 성격이 강했던 민주화운동과 구분되는, '탈계급적'이고 정책대안을 제시하는 대안운동으로서의 시민운동이 탄생한 것이다.

1994년에는 경실련의 보수적 시민운동 노선을 비판하면서 진보적 시민운동을 표방한 운동세력이 '참여민주주의와 인권을 위한 연대(참여연대)'를 출범시켰다. 참여연대의 창립은 한국 사회에서 반독재 민주화운동의 주요 축이었던 민중운동의 전통을 계승하는 진보적 시민운동 진영의 요청에 부응한 것이었다.[91] 경실련과 달리 참여연대는 "소외된 자, 억압받는 자, 신체적·정신적·사회적으로 어려움에 처한 이웃"의 이해를 일상적 권력감시를 통해 대변하겠다는 것을 분명히 했다.[92] 경실련과 참여연대 이외에도 환경운동연합, 녹색연대, 여성민우회, 한국여성단체연합 등 수많은 시민운동단체가 1997년의 외환위기를 계기로 다양한 운동을 전개해나갔다.

민주주의의 심화, 복지사회, 인권, 성 평등 등을 목적으로 창립된 시민운동단체의 활동은 한국 사회에서 복지국가의 형성을 둘러싼 새로운 권력자원이 구성되고 있다는 것을 의미했다. 자유주의 정부 10년 동안 한국 복지정치는 이러한 시민운동을 고려하지 않고는 설명할 수 없다. 2003년에 여성단체연합이 주도한

....

90 경실련(1989). "취지선언문: 우리는 왜, 경제정의실천시민연합을 발기하는가?" 1989년 7월 8일. http://ccej.or.kr/intro/history/, 접근일 2017년 8월 24일.

91 조희연(1993). "민중운동과 시민사회, 시민운동." 『실천문학』 32: 232-270.

92 참여연대(1994). "창립선언문." 1994년 9월 10일. http://www.peoplepower21.org/about_PSPD/1254880, 접근일 2017년 8월 25일.

'호주제 폐지운동', 참여연대 경제개혁센터가 1997년에 제일은행 주주대표소송을 시작으로 주도했던 소액주주운동, 1998년에 참여연대 사회복지위원회가 주도했던 '국민기초생활보장법' 제정운동 등은 한국 복지정치에서 시민운동의 역할을 보여주는 대표적인 사례라고 할 수 있다. 시민운동과 민중운동이 함께한 것도 이 시기의 복지정치를 둘러싼 권력관계에서 주목해야 할 특징이다. '국민기초생활보장법' 제정운동은 경실련, 참여연대, 여성단체연합 등 시민단체만이 아닌 민주노총, 도시빈민여성연합, 전국불교운동연합 등 노동조합, 빈민단체, 종교단체 등을 모두 포괄한 광범위한 사회운동이었다. 이처럼 1997년 이후에 공적복지를 확대하는 과정에서 시민운동단체는 노동조합, 종교단체 등 광범위한 사회세력과 연대하면서 친복지진영을 확장시켜나갔다.

북서유럽에서 복지국가 확장의 핵심 주체였던 조직노동이 한국에서는 기업별 노조에 갇혀 임금인상과 노동조건 개선 등 사업장 수준의 경제투쟁에 매몰되어 있는 상황에서 시민운동은 복지국가 확장의 중요한 주체로 부상했다. 하지만 한계 또한 명확했다. 시민운동이 국민생활기초보장법 제정, 의료보험 통합 등 한국 복지국가의 확장에 기여한 바가 크지만, 시민운동은 여전히 교수, 변호사, 시민단체 활동가 등 전문가가 중심이 된 운동이었다. 대중이 직접 참여하는 운동이기보다는 국회 입법활동과 진보적 시민운동단체에 상대적으로 우호적이었던 김대중·노무현 정권의 특성을 십분 활용한 제도권의 상층운동의 성격이 강했다. 가치지향적인 시민운동이 노동운동을 대신할 수 있는지의 여부에 대해서도 부정적인 견해가 많았다. 김영순은 "복지 관련 시민사회운동이 전문가와 활동가 중심의 운동이었다는 점, 그 하부는 매우 느슨하게 조직화된 또는 조직화되지 않은 대중들로 구성되어 있다는 점, 그리고 특정한 복지 이슈를 두고 형성되는 대중들의 지지와 관심이 강한 휘발성과 유목성을 갖는다는 점 등을 고려할 때, 한국의 시민운동에 서구의 노동운동이 했던 것과 똑같은 구실을 기대하기는 어려울 것"이라고 했다.[93] 시민

········

93   김영순(2012). "보편적 복지국가를 위한 복지동맹: 한국 사회의 조건과 전망." 윤홍식 편. 『우리는 한배를 타고 있다』. pp.60-80. 서울: 이매진. pp.70-71.

호주제 폐지를 외치는 시민들의 모습(출처: 한국여성단체연합 홈페이지)[94]

서울역 광장에서 호주제를 수호하겠다는 유림들의 모습(사진출처: 연합뉴스)[95]

....

94 http://women21.or.kr/board_SWQx60/7146

95 https://www.hellophoto.kr/YNA/Front/Pop/YIPW_ContentsDetailPop.aspx?cid=PYH
    20061228021400999

운동이 외환위기 이후에 복지 확장에 일정한 역할을 한 것은 사실이지만 "노동운동의 역할을 시민운동이 대체할 수 있는 것"은 아니라는 주장이었다.[96]

북서유럽의 복지국가 역사를 생각하면 이러한 주장은 타당해 보인다. 하지만 다른 방식으로 생각하면 한국 복지국가의 역사에서 시민운동이 북서유럽 복지국가에서 노동계급이 했던 역할을 대신할 수 있는지를 묻는 것 자체가 우문(愚問)일 수 있다. 누가 복지국가를 만드는 주체인가에는 정해진 답이 있는 것이 아니다. 복지국가의 모습과 성격은 복지국가를 만들어가는 주체의 성격에 따라 달라지기 때문이다. 보수세력이 중심이 되어 만든 복지국가, 상대적으로 강력한 노동계급이 주체가 되어 만든 복지국가, 계급연대(노동계급과 중간계급의 연대)가 만든 복지국가의 모습은 다르다. 복지국가의 모습은 그 복지국가를 만들어가는 주체의 성격에 따라 결정되는 결과물이지, 정해놓은 모습에 따라 복지국가를 만들어갈 주체가 형성되는 것은 아니다. 한국에서 복지국가 발전의 전통적 주체인 조직노동이 기업별 노조에 매몰되어 제 역할을 수행하지 못하고 시민운동이 지금과 같은 역할을 수행한다면, 한국 복지국가는 시민운동이 대변하고자 하는 복지국가의 모습을 벗어나기 어렵다. 또한 시민운동이 지향하는 복지국가가 실현될지의 여부는 철저히 시민운동이 한국 사회의 권력관계에서 그 이해를 실현할 정도로 강력한 정치적 자원을 갖고 있는지의 여부에 달려 있다. 여하튼 외환위기 이후에 10년 동안 한국 사회에서 시민운동이 북서유럽 복지국가의 확장 국면에서 노동운동이 담당했던 역할을 대신할 수 있을지는 여전히 불투명했다.

자본

자본의 측면에서 보면 1997년의 경제위기는 역설적이게도 위기의 진앙지였던 재벌 대기업의 독점력을 더욱 강화시킨 반면 중소자본의 힘은 약화시켰다. 김대중 정부가 추진한 신자유주의적 구조조정인 빅딜은 재벌 대기업이 경쟁력이 있는 분야로 합병하도록 했기 때문에 〈그림 14.8〉에서 보는 것처럼 재벌 대

....

96 이영환·김영순. "한국 사회복지 발달에 대한 계급정치적 고찰." p.294.

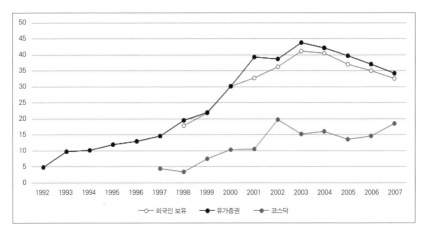

그림 14.12 주식시장에서 외국인투자자 보유주식 비중의 변화, 1992~2007년

출처: 금융감독원(2007). "외국인 주식투자 현황 및 주가 영향."; 통계청(2017). "e-나라지표: 외국인 증권투자 현황." http://
www.index.go.kr/potal/main/EachDtlPageDetail.do?idx_cd=1086, 접근일 2017년 8월 24일.

기업의 독점력이 강화된 것은 어쩌면 당연한 결과였다. 자본의 성격과 관련해서
도 경제위기 이후에 중요한 변화가 나타났다. 1997년의 외환위기를 계기로 자
본시장이 완전히 개방되면서 구조조정과정에서 유입된 외국자본으로 인해 재벌
대기업의 소유구조가 변화했다. 기업의 자금조달 방식 중 외부자금 구성에서 주
식의 비중이 13%에서 31.3%로 급증했고 국외 조달이 차지하는 비중이 6.7%에
서 13.5%로 높아졌다.[97] 예를 들어 통신업의 경우를 보면, 외국인 지분율은 1998
년에 9.0%에 불과했지만 2002년에는 39.1%로 급증했고 노무현 정부 기간 내내
40% 중반을 유지했다.[98]

유가증권시장에서 시가총액 대비 외국인의 보유비중도 〈그림 14.12〉에서
보는 것처럼 외환위기 이전인 1996년에 13.0%에서 2003년에 42.3%로 높아졌
다. 특히 재벌 대기업은 더 이상 국민국가의 경계 내에 있지 않았다. 북서유럽의
복지국가가 국민국가에 기초해 발전했다는 점을 고려하면 자본의 탈국민국가적

....

97 이병천. "외환위기 이후 한국의 축적 체제." p.54.
98 신석하·임경묵(2009). 『외국인 투자자 주식매매 분석』. 서울: 한국개발연구원. p.49.

성격은 한국 복지국가의 형성에 중요한 의미를 갖는다. 초국적 자본이 국민국가에 기초한 복지국가의 형성에 갖는 이해는 제한적일 수밖에 없기 때문이다. 실제로 외환위기 이후에 자본의 국적성은 재벌개혁의 중요한 쟁점이 되었다. 또한 산업화의 도구로만 인식되었던 금융이 이윤을 창출할 수 있는 핵심 영역으로 인식되면서 산업자본의 성격이 강했던 한국 자본의 금융적 성격이 강화되었다.[99] 대륙유럽 복지국가에서 금융자본이 산업자본에 비해 상대적으로 전통적 복지국가의 축소를 지지하고 일–생활의 양립, 기초보장의 강화 등 새로운 방식의 복지 확장을 지지했다는 점을 고려하면,[100] 자본의 금융화는 한국 복지국가의 형성과 관련해 중요한 의미를 갖게 된다.

2. 권력관계: 선거와 정당

1) 한국 정당의 복지이념

복지국가를 만들어가는 주체가 노동계급이 되었든 시민운동이 되었든, 이들 주체가 자신들이 원하는 복지국가를 만들어가기 위해서는 '정당'을 통해 국회를 장악하고 대통령을 당선시키는 '집권'이라는 관문을 우회할 수 없다. 물론 자민련이 1997년의 제15대 대통령 선거를 앞두고 자유주의 세력(새정치국민회의)과 연대해 유사 공동정부를 구성한 것처럼 대통령을 배출하지 않고도 일정 정도 자신의 이해를 정책에 반영할 수도 있다. 하지만 이러한 방식은 DJP 공동정부의 사례에서 보듯이 그 역할이 제한적일 수밖에 없다. 이렇게 보면 자유주의 정부 10년 동안 주요 정당이 지향한 복지의 성격을 검토하는 것은 한국에서 어떤 복지국가를 만들어갈 것인가를 이해하는 중요한 출발점이 된다. 특히 1997년의 외환위기 이후에 실업 극복 등 사회경제적 이슈가 선거의 주요 쟁점으로 등장하는 등 '복지정책'은 제도권 정당이 핵심 의제로 성장해갔다. 이를 반영하듯이 1997년

....

99   이창용·이종화(2007). "한국경제의 변화와 과제." 정운찬·조흥식 편.『외환위기 10년, 한국사회 얼마나 달라졌나』. 서울: 서울대학교. p.47.

100   Häuserman.『복지국가 개혁의 정치학』.

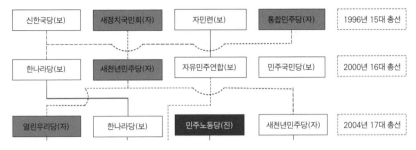

그림 14.13 주요 제도권 정당의 분당, 합당, 당명 변경의 계보, 1996~2004년
출처: 중앙선거관리위원회(2017). "선거통계시스템: 당선인통계." http://info.nec.go.kr/main/showDocument.xhtml?electionId=
0000000000&topMenuId=EP&secondMenuId=EPEI03, 접근일 2017년 8월 17일). 주: 보: 보수, 자: 자유주의, 진: 진보.

의 경제위기 이후에 복지 확대가 불가피하다는 인식이 정당의 이념과 관계없이 확산되었다.[101]

　　이 시기(1998~2007)의 제도권 정당이 지향한 복지의 성격을 이해하기 위해서는 먼저 외환위기 이후의 제도권 정당의 변화를 이해할 필요가 있다. 〈그림 14.13〉에서 보는 것처럼 한국의 제도권 정당은 짧은 기간(1998~2007)에도 당명 변경, 분당, 합당 등을 반복하는 등 유동성이 높아서 이념적으로 일관성을 가진 정당이라고 보기 어려울 수 있다. 하지만 상식적인 수준에서 보면 여러 차례 당명을 변경하고 합당·분당을 했지만 정당이 갖는 이념적 성향은 안정적으로 유지되었다. 2007년의 대선과 2008년의 총선 과정에서 나타난 특성을 기준으로 주요 정당의 진보-보수에 따른 이념적 위치를 보면, 민주노동당이 가장 진보적이고 다음에 민주당(새정치국민회의-새천년민주당-열린우리당)이 위치하고 있으며 그다음에 보수 성향의 한나라당, 자유선진당(자민련-자유선진당)이 가장 보수적인 것으로 나타났다.[102] 물론 한국의 정당이 북서유럽같이 계급으로 나누어지는 사회적 균열을 정확하게 대표하지는 않지만, 민주화 이후에 제도권 정당의 이념적 지향과 유권자의 이념적 지향이 대체로 일치한다는 점을 고

....

101　이지호(2009). "정당 위치와 유권자 경향: 2007년 대선과 2008년 총선을 중심으로." 『현대정치연구』 2(1): 123-149. pp.129-130.
102　이지호. "정당 위치와 유권자 경향." p.137.

려하면[103] 정당의 이념적 지향을 정당의 당헌과 강령에 기초해 파악하여 복지정치의 일면을 구성할 수 있을 것이다. 실제로 정당은 자신이 우월한 위치에 있는 '이념적 포트폴리오(idological portfolio)' 내에서 제기되는 정책이슈로 다른 정당과 경쟁하려고 하기 때문에, 정당이 지향하는 복지체제는 정치적 국면마다 제기되는 정책이슈보다는 당헌과 강령에 근거해 분석하는 것이 더 타당하다.[104] 이런 인식에 기초해 한나라당(보수, 2018년 현재 자유한국당), 열린우리당(상대적 진보, 현재 민주당), 민주노동당(진보, 현재 정의당) 주요 3당이 지향하는 복지이념에 대해 검토해보자.

당헌과 강령에 기초해 한나라당, 열린우리당, 민주노동당이 지향하는 복지체제를 몇 가지 차원으로 분석해볼 수 있다. 먼저 복지체제의 성격을 가르는 기준은 자본주의 사회에서 발생하는 불평등과 빈곤을 완화하기 위해 국가의 적극적 역할을 강조할 것인지 아니면 시장의 역할을 강조할 것인지이다. 한나라당은 당헌 제2조(목적)에서 '자유민주주의와 시장경제'를 기본이념으로 한다는 점을 명확히 하고 있다.[105] 열린우리당의 강령 및 기본정책도 한나라당과 같이 '자유민주주의와 시장경제'를 근간으로 하고 있다는 점에서 국가의 역할보다는 시장의 역할에 보다 무게를 두고 있는 것으로 보인다.[106] 실제로 열린우리당 내 진보그룹이라고 할 수 있는 소위 '386' 초선의원들조차도 시장의 역할을 중시하는 신자유

....

103 이지호. "정당 위치와 유권자 경향." pp.140-142. 다만 한국 정당의 경우에 지지자들과의 접촉이 제한적이고 연계가 성공적이지 못했다는 연구도 있다. 자세한 내용은 다음 논문을 참고하라. 윤종빈·정회옥·김윤실(2014). "한국 정당의 유권자 연계 수준과 정당정치 만족도." 『한국정당학회보』 13(2): 31-62.

104 Dolezal, M., Ennser-Jedenastik, L., Müller, W., and Winkler, A.(2014), "How Parties Compete for Votes: A Test of Saliency Theory." *European Journal of Political Research* 53: 57-76. p.60. 현저이론(saliency theory)이라고 알려진 이러한 접근 방법은 정당 간의 경쟁을 연구하는 데 가장 영향력이 있다고 알려져 있다. 하지만 오스트리아 총선을 대상으로 현저이론의 타당성을 분석한 연구에 따르면, 정당은 직접 대응보다는 자신이 선택한 이슈를 강조하는 방식으로 경쟁한다는 현저이론의 핵심 명제는 성립하지 않았다. 자세한 내용은 다음 문헌을 참고하라. Dolezal et al. "How Parties Compete for Votes: A test of Saliency Theory."

105 한나라당(2003). "당강령·당헌·당규집." 한나라당. http://www.nec.go.kr/search/search.jsp. 접근일 2017년 8월 27일.

106 열린우리당(2005). "강령 및 기본정책 당헌·당규." 열린우리당. p.13.

주의에 경도되어 있었다. 2004년 6월에 실시되었던 한 설문조사에 따르면, 설문에 응답한 83명 중 54.2%가 '성장을 통한 분배의 실현'이 우선이라고 응답한 반면 '분배가 우선된 성장'이라고 응답한 비율은 24.1%에 그쳤다.[107] "좌측 깜빡이를 켜고 우회전했다."는 당시 세간의 비판이 왜 나왔는지를 생각하게 하는 결과였다. 반면 민주노동당은 "자본주의 사회의 질곡을 극복"한다고 명시해 자본주의의 대안사회를 지향하고 있다는 점을 분명히 했다.[108]

구체적인 복지정책을 보면, 한나라당은 "지속적인 성장을 통해 일자리 복지를 실현"한다고 강령에 적시해 시장을 통한 분배를 기초로 국가 개입을 최소화하는 잔여주의 복지체제를 지향한다는 점을 분명히 했다. 열린우리당은 '참여복지'를 실현한다고 했지만, 내용을 보면 "탈빈곤 지원 등 사회안전망의 강화"를 첫번째 실천과제로 제시했고 취약계층에 대한 지원과 노인, 아동 등 대상별 정책을 열거하는 수준에 그쳤다. 사실상 잔여주의 복지체제를 지향하고 있는 것으로 볼수 있다. 다만 전 국민의 평생건강을 보장하고 건강보험의 보장성을 확대한다고 명시해 보건의료 영역에서 부분적으로 보편주의를 지향하고 있었다. 민주노동당의 경우에 당헌에 '복지'라는 언급이 전혀 없다는 점은 이례적이다. 하지만 강령의 '사회복지' 분야에 권리로서의 복지와 보편적 수당, 사회보험, 사회서비스 등을 언급하고 있다는 점에서 제도적 차원에서 보편주의 복지체제를 지향하고 있다고 할 수 있다.[109] 다만 민주노동당 당헌의 전문에 민주, 평등, 해방에 최고의 가치를 두고 있다는 점을 분명히 하고 있다는 점에서 제도적 복지체제를 넘어 자본주의의 대안사회를 꿈꾸고 있다고 할 수 있다. 에스핑-앤더슨의 세 가지 복지체제의 형식으로 분류하면, 한나라당은 시장의 역할을 강조하고 복지에 대한 일차적 책임을 개인과 가족에게 묻는다는 점에서 '자유주의 복지체제'를 지향한다고 볼 수 있다. 반면 민주노동당은 보편적 수당과 사회서비스와 함께 사회보험에서

....

107 강병익(2012). "민주화 이후 한국 정당의 복지정치: 담론, 선거, 입법과정을 중심으로." 성균관대학교 정치외교학과 박사학위논문. p.245.

108 민주노동당(2003). "민주노동당 당헌." http://www.nec.go.kr, 접근일 2017년 8월 27일.

109 위키문헌(2014). "민주노동당 강령." https://ko.wikisource.org, 접근일 2017년 8월 27일.

도 모든 국민을 포괄하는 단일 보험체계를 지향한다는 점에서 '사민주의 복지체제'를 지향했다. 강령과 기본정책에 기초해 열린우리당이 지향하는 복지체제를 검토해보면, 적어도 2004년의 제17대 국회의원 총선거까지는 한나라당과 유사한 '자유주의 복지체제'를 지향한 것으로 보인다.

2) 선거를 통한 복지정치의 가능성

1997년 12월 14일에 실시된 제15대 대통령선거는 한국 사회에서 민주주의 공고화의 핵심인 불확실성이 제도화된 결정적 계기였다. 쉐보르스키의 말처럼 "특정한 사람들의 집단으로부터 규칙체계로의 권력 이전이야말로 민주주의로 가는 결정적인 발걸음이었다."[110] 선거를 통해 여당에서 야당으로 정권의 교체되는 것만큼 민주주의의 이행이 공고화되어가고 있다는 것을 증명하는 것도 없을 것이다. 1997년의 제15대 대통령선거는 한국 사회에 이런 의미를 갖고 있었다. 1997년의 대선 이후에 민주적 선거 경쟁이 정권수립의 유일한 길이 되었기 때문에, 모든 정당은 선거 경쟁에서 이기기 위해 유권자로부터 지지를 얻어야 했고 복지정책은 유권자의 지지를 얻기 위한 가장 강력한 수단 중 하나가 되었다. 지역주의와 안보문제 이외에도 경제위기 같은 사회경제적 이슈가 선거 판세를 가르는 중요한 쟁점으로 등장했다.[111] 선거를 매개로 복지정치의 가능성이 열린 것이다. 실제로 여당인 한나라당의 이회창 후보는 300만 개의 고용을 창출하겠다고 공약했고, 새정치국민회의의 후보였던 김대중은 "경제위기 극복을 위한 IMF와의 재협상, 복지예산 확대 등"을 공약했다.[112] 〈표 14.2〉에서 보는 것과 같이 충청지역의 정당인 자민련과 연대한 김대중 후보가 40.3%를 득표해 38.7%를 득표한 이회창 후보를 누르고 당선되면서 자유주의 정부 10년의 시작을 알렸다.

외환위기 이후에 한국 경제가 안정되어가던 2000년에 치러진 제16대 총선은 정당의석수를 기준으로 전국구를 배분한 마지막 선거이자 전국구 의원(이후

110 Przeworski. 『민주주의와 시장』. p.34.
111 지병근(2016). 『김대중·노무현 정부 시기의 선거』. 파주: 마인드맵. pp.30-31.
112 지병근. 『김대중·노무현 정부 시기의 선거』. p.20.

표 14.2 제15, 16, 17대 대통령선거의 결과

		당선	2위	3위	4위
제15대	이름	김대중	이회창	이인제	권영길
1997.12.14.	정당	새정치국민회의(자)	한나라당(보)	국민신당(보)	건설국민승리21(진)
80.7%	득표율(%)	40.3	38.7	19.2	1.2
제16대	이름	노무현	이회창	권영길	이한동
2002.12.19.	정당	새천년민주당(자)	한나라당(보)	민주노동당(진)	하나로국민연합(보)
70.8%	득표율(%)	48.9	46.6	3.9	0.3
제17대	이름	이명박	정동영	이회창	문국현
2007.12.19.	정당	한나라당(보)	대통합민주신당(자)	무소속	창조한국당(중)
63.0%	득표율(%)	48.7	26.1	15.1	5.8

출처: 중앙선거관리위원회(2017). "선거통계시스템: 당선인통계." http://info.nec.go.kr/main/showDocument.xhtml?electionId=00
00000000&topMenuId=EP&secondMenuId=EPEI03, 접근일 2017년 8월 17일. 주: 보: 보수, 자: 자유주의, 중: 중도, 진: 진보.

비례대표)의 30%를 여성에게 할당한 최초의 선거이기도 했다.[113] 더욱이 2000년
총선에서는 1987년의 민주화 이후에 성장한 시민운동이 '2000년 총선시민연대'
를 중심으로 '낙천낙선운동'을 전개하면서 정치권에 영향력을 발휘했다.[114] 복지
정치의 측면에서 보면 2000년 총선은 제15대 총선과 큰 차이가 없어 보였다. 정
당들은 복지정책을 공약했지만, '비교 매니페스토 프로젝트'를 이용해 선거강
령을 분석한 결과에 따르면 민주당, 한나라당, 민주노동당 간에 큰 차이가 없었
다.[115] 예상과 달리 근소한 차이였지만 보수정당인 한나라당의 복지정책의 비중
이 다른 정당에 비해 더 컸다.

분배문제보다는 지역주의가 여전히 강력한 영향력을 발휘했다. DJP 공동정부
가 수립되고 김대중 정부가 외환위기를 안정적으로 관리하면서 지역주의가 약화
된 것처럼 보였지만, 지역주의는 여전히 선거의 판세를 가르는 중요한 변수였다.[116]

········

113 지병근. 『김대중·노무현 정부 시기의 선거』. p.58.
114 외환위기와 김대중 정부의 출범 이후에 성장을 거듭하던 시민운동은 2000년 총선에서 1,054개 시민단
체가 참여하는 '낙천낙선운동'을 전개해 86명의 낙선 대상자 중 59명을 낙선시켰다. 김동노(2013). "시
민운동의 정치 참여를 통해 본 시민운동의 성장과 한계." 『현상과 인식』 37(3): 59-85. p.66. 수도권 지
역구에서는 낙선 명단에 이름을 올렸던 전원이 낙선했다.
115 지병근. "한국 정당들의 복지정책." p.85.
116 지병근(2014). "호남 유권자들의 이슈에 대한 태도 및 이념적 특성." 『21세기정치학』 24(1): 33-56.

표 14.3 국회의원선거의 결과, 의석수 및 정당득표율

		제1당	제2당	제3당	제4당
	정당	신한국당(보)	새정치국민회의(자)	자민련(보)	통합민주당(진)
제15대	지역구의석	121	66	41	9
1996년	전국구의석	18	13	9	6
4월 11일	의석수(합)	139	79	50	15
	지역구득표율(%)	34.5	25.3	16.2	11.2
	정당	한나라당(보)	새천년민주당(자)	자유민주연합(보)	민주국민당(보)
제16대	지역구의석	112	96	12	1
2000년	전국구의석	21	19	5	1
4월 13일	의석수(합)	133	115	17	2
	지역구득표율(%)	39.0	35.9	9.8	3.7
	정당	열린우리당(자)*	한나라당(보)	민주노동당(진)	새천년민주당(자)
제17대	지역구의석	129	100	2	5
2004년	비례대표의석	23	21	8	4
4월 15일	의석수(합)	152	121	10	9
	정당득표율(%)	38.3	35.8	13.0	7.1

참고: *제1당이 과반의석을 득표한 경우. 출처: 중앙선거관리위원회(2017). "선거통계시스템: 당선인통계." http://info.nec. go.kr/main/showDocument.xhtml?electionId=0000000000&topMenuId=EP&secondMenuId=EPEI03, 접근일 2017년 8월 17일. 주: 보: 보수, 자: 자유주의, 중: 중도, 진: 진보.

호남에서의 새천년민주당의 독식구조(29석 중 25석)와 영남에서의 한나라당의 독식구조(48석 중 47석)가 유지되었다. 특히 영남에서 울산 동구를 제외하고 한나라당이 48석 중 47석을 차지한 것은 전례가 없는 일이었다.[117] 선거결과를 보면, 〈표 14.3〉에서 보는 것처럼 민주당이 수도권에서 선전했고 한나라당은 영남에서 독점체제를 유지했다.

2002년의 제16대 대통령선거에서는 이회창 한나라당 후보의 압승이 예상되었다. 세간에는 이회창 후보가 "앉아서도 되고 누워서도 된다."는 말이 있을 정도였다.[118] 『시사저널』과 미디어리서치의 조사에 따르면 2002년 2월 11일 기준으로 이회창 후보에 대한 지지율은 34.5%였고 후보가 확정되기 전이었지만 노무현 후보에 대한 지지율은 5.8%에 불과했다.[119] 『시사저널』의 기사가 보여주듯이, 노무

....

117 서중석(2008). 『대한민국 선거이야기』. 서울: 역사비평사.
118 서중석. 『대한민국 선거이야기』. p.250.
119 이숙이(2002). "이회창·이인제, 격차 줄었다: 지지율 6.7% 포인트 차이." 『시사저널』 642호. 2002년 2

현 후보가 대통령이 될 것이라고는 아무도 예상하지 못했다. 그런데 대역전이 일어났다. 민주당이 한국 정당정치의 역사상 처음으로 '국민참여경선제도'로 대통령 후보를 선출하기로 한 것이다. 당의 대통령 후보가 당원이 아닌 일반 유권자에 의해 선출되는 방식은 파격적이었다. 일부에서는 국민참여경선제도의 도입을 한국 정당의 포괄정당(catch-all party)화로 평가했다.[120] 하지만 포괄정당화는 북서유럽의 정당들이 계급정당에서 국민정당으로 전환한 현상을 설명하는 개념으로,[121] 계급정당의 역사가 없는 한국 정당이 국민참여경선제도를 활용해 당의 외연을 확대한 현상을 설명하는 개념으로는 적절해 보이지 않는다. 실제로 1950년대에 영국을 제외한 독일의 사민당과 기민당, 심지어 이탈리아의 공산당까지 탈계급화하고 국민정당으로 전환했다.[122] 다만 한국에서 포괄정당화의 개념을 지역주의라는 사회적 균열구조에 깊게 의존했던 한국 정당의 탈지역주의라는 의미에서 해석할 수도 있겠지만, 국민참여경선의 실시와 탈지역주의 간에 인과관계가 있는지에 대해서는 논란이 있을 수 있다. 실제로 민주당의 노무현 후보는 광주, 전북, 전남에서 90%가 넘는 지지를 받았고, 한나라당의 이회창 후보는 대구, 경북, 경남에서 70%를 전후한 지지를 받았다. 여하튼 국민참여경선을 통해 노무현은 민주당의 대통령 후보가 되었고 이회창과의 경쟁에서 승리했다.

2002년의 대선은 국민참여경선제도와 함께 새로운 형태의 정치적 자원이 형성되었다는 점에서 이전의 선거와 상이했다. 인터넷을 중심으로 특정 정치인을 지지하는 주체들이 만들어진 것이다. 정치인 노무현의 팬클럽인 "노무현을 사랑하는 사람들의 모임(노사모)"이 결성되었고 국민경선대책위원회를 조직해 민주당 경선에 적극적으로 참여했다. 노사모에의 참여 규모는 40만 명에 달해 전체 선거인단 190만 명의 21%에 달했다.[123] 노사모는 사실상 노무현이 민주당 후

....

월 14일. http://www.sisapress.com/journal/article/83974, 접근일 2017년 8월 31일.

120 성지훈·진영재(2016). "한국정당의 국민참여경선제 도입 적실성과 보완점: '제도'와 '유권자문화'를 중심으로." 『의정연구』 22(3): 84-115. pp.89-90.

121 Eley. 『The left, 1848~2000』. p.579; Sassoon. 『사회주의 100년: 1』. p.411.

122 Sassoon. 『사회주의 100년: 1』. p.514; Eley. 『The left, 1848~2000』. p.573.

123 김용호(2001). "인터넷 커뮤니티와 정치: 「노사모」 사례 연구." 2003년 12월 한국사회학회 사회학대회

보가 되는 데 결정적 역할을 했다. 특정 후보에 대한 지지집단이 국민참여경선에 참여해 자신이 지지하는 후보를 대통령 후보, 나아가 대통령에 당선시켰다는 사실은 전통적인 계급 중심의 권력자원과는 다른 새로운 권력자원이 형성되었다는 것을 의미했다. 하지만 국민참여경선은 당의 정체성에 기초해 일관된 정책을 추진할 수 있는 리더십이 형성되는 구조를 해체했다는 비판을 받았다. 시민사회와 당의 경계가 모호해지면서 당의 정체성 또한 모호해졌고, 이런 조건에서 민주당이 정당으로서 제 역할을 수행하기 어려웠다는 것이다.[124]

반공이념의 영향이 약화된 것도 2002년의 선거에서 주목할 만한 현상이었다. 2002년 6월 29일에 서해교전이 발생했고 대선을 며칠 남겨두지 않은 12월 9일에 미국이 북한 선박을 나포했으며 12월 12일에 북한이 제네바 선언을 파기하고 핵시설을 재가동하는 등 2002년 한 해 동안 한반도는 긴장의 연속이었다.[125] 한편 6월 13일에 미군 장갑차가 2명의 여학생을 치어 사망하는 참사가 일어났고 11월 22일에 법원이 미군 병사에 대해 무죄판결을 내리자 촛불집회가 전국적으로 확산되었다. 어느 때보다 반공이데올로기가 극성을 부릴 수 있는 조건이었지만, 김대중 정부 시기에 이루어진 남북정상회담과 남북 교류는 북한 문제가 선거에 미치는 영향을 약화시켰다. 지역주의와 안보이념이 약화되자 세대와 이념이 중요한 변수로 등장했다.[126] 특히 2002년의 대선은 정치적으로 '3김(김대중, 김영삼, 김종필)시대' 이후에 치러진 첫 번째 선거였기 때문에 지역주의가 이전 선거에 비해 상대적으로 약화되었고, 소위 386세대가 노무현의 등장과 함께 정치의 전면에 등장하면서 '이념과 세대의 결합'이 선거의 중요한 변수로 등장했다.[127]

....

논문집. p.21.
124 최장집·이창곤(2013). "대담: 사회세력과 연계 없는 정당, 미래 없다." 이창곤·한귀영 편. 『18 그리고 19』. pp.352 387. 서울· 도서출판 밀. p 381
125 지병근. 『김대중·노무현 정부 시기의 선거』. p.108.
126 지역주의의 약화는 영남과 호남에서 지역정당 후보에 대한 지지율이 1997년의 대선보다 다소 완화된 것에서 찾을 수 있다.
127 강원택(2003). 『한국의 선거정치: 이념, 지역, 세대와 미디어』. 서울: 푸른길; 최영준·조진만(2005). "지역균열의 변화 가능성에 대한 경험적 고찰." 『한국정치학회보』 39(3): 375-394.

분배와 성장을 둘러싼 복지정치가 전면화될 수 있는 조건이 만들어지기 시작한 것이다.

하지만 노무현 정부의 국정운영은 순탄하지 않았다. 집권 직후부터 하락하기 시작한 노무현 대통령의 지지율은 〈그림 14.11〉에서 보았던 것처럼 취임 3개월이 되자 30%대로 떨어졌고 임기 내내 40%를 넘지 못했다. 대북송금 특검과 이라크 파병으로 노무현 대통령을 지지했던 호남과 진보진영이 반노무현으로 돌아서자 노무현 정부는 좌우로부터 협공을 받았다. 이런 와중에 민주당 내외의 개혁세력이 탈지역주의, 정책정당, 정당민주화 등 5대 개혁과제를 주장하면서 '열린우리당'을 창당해 자유주의 정당은 다시 분열했다. 분당과 관련된 일련의 과정은 대통령의 선거개입 논란을 일으켰고, 한나라당과 민주당이 주도했던 국회는 2004년 3월 12일에 재적의원 271명 중 193명이라는 압도적 찬성으로 노무현 대통령의 탄핵소추안을 가결시켰다. 하지만 탄핵은 대규모의 국민 저항을 불러왔고, 2004년의 제17대 국회의원 총선거에서 집권여당인 열린우리당이 1987년의 민주화 이후에 처음

2004년 노무현 대통령의 탄핵에 반대하는 시민들의 촛불집회 현장. 『오마이뉴스』는 2004년에 한국프로야구의 관중 동원이 1989년 이후에 최저치를 기록했다는 설명을 덧붙였다(사진출처: 연합뉴스).[128]

....

128 http://www.ohmynews.com/NWS_Web/View/img_pg.aspx?CNTN_CD=IE002108789#
IE002108789

으로 과반의석이 넘는 다수당이 되는 이변이 일어났다. 47석에 불과했던 열린우리당이 무려 152석의 거대 여당이 되었고, 탄핵을 주도했던 민주당은 괴멸상태에 이르렀다.[129]

처음으로 단점정부가 수립되었지만 제17대 국회에서 여당인 열린우리당은 국민의 기대와 달리 개혁을 주도하지 못했다. 정당정부론에서 주장하는 것과 달리 단점정부 시기의 입법 산출의 총량과 중요 법안의 처리건수는 분점정부 시기와 거의 차이가 없었다.[130] 복지제도의 입법화에도 차이가 없었다. 제5절에서 구체적으로 살펴보겠지만, 복지정치의 측면에서 열린우리당은 종종 한나라당보다 더 보수적인 입장을 취하곤 했다. 2004년의 총선 이후에 집권여당인 열린우리당이 2005년 4월의 재보궐선거에서 패하자 여당의 과반의석이 붕괴되었고 국정을 주도할 수 있는 역량도 상실했다. 이런 상황에서 노무현 대통령은 지역주의 해소를 위한 중대선거구 개편, 대통령 중임제 개헌, 한나라당과의 대연정 등을[131] 제안하며 정국 타개를 위한 적극적 행보를 취했지만 열린우리당의 내분과 한나라당의 거부로 성공하지 못했다.[132] 5·13지방선거에서 패배하자 집권여당인 열린우리당은 정국주도권을 상실하며 해체의 길을 걷게 된다.

2007년의 대선은 붕괴 직전에 있던 여당과 대안으로 떠오른 한나라당 간의 경쟁이었다. 2007년의 제17대 대선은 표면적으로는 큰 쟁점이 없었던 것으로 알려져 있지만 복지정치와 관련해 몇 가지 중요한 의미를 갖는다. 먼저 지역주의와 반공주의의 약화는 2002년의 대선 이래 지속된 현상 중 하나였지만, 2007년의

....

129 흥미로운 점은 2004년의 선거가 역대 선거 중 복지공약이 가장 많았고 보수정당인 한나라당의 복지공약 비중이 민주당은 물론이고 민주노동당보다 더 컸다는 것이다. 지병근. "한국 정당들의 복지정책." pp.84-85.
130 오승용(2004). "한국 분점정부의 입법과정 분석: 13대~16대 국회를 중심으로."『한국정치학회보』 38(1): 167-192. p.188.
131 2005년 당시 독일에서 이루어진, 이념이 상이한 사민당과 기민당의 대연정이 노무현 대통령에게 영향을 준 것으로 보인다. 하지만 독일의 대연정은 독일이라는 특수한 정치제도에서 국정운영을 위해 불가피했던 예외적인 상황이라는 점을 고려하면, 독일식 대연정이 대통령 중심제인 한국에서 적절했는지에 대해서는 논란의 여지가 있어 보인다. Häuserman.『복지국가 개혁의 정치학』.
132 지병근.『김대중·노무현 정부 시기의 선거』.

대선에서는 그 양상이 더욱 분명해졌다. 물론 호남은 여전히 정동영 민주신당 후보에게, 영남은 이명박 한나라당 후보에게 압도적 지지를 보냈다. 하지만 유권자의 출신지역에 따라 지지후보를 결정하는 경향이 약화되면서 지지후보와 거주·출신지역 간의 연관성이 낮아졌다.[133] 지역주의가 출신지역이 아니라 거주지역으로 재편되면서 2007년의 17대 대선에서는 지역주의보다는 상대적으로 사회경제적 이슈가 더 중요한 이슈로 부각되었다. 지역주의가 약화되자 실생활과 관련된 사회경제적 의제가 부상할 수 있는 공간이 열렸다. 실제로 정책공약이 투표에 영향을 미친 요인이었다고 응답한 비율이 2002년에 23.5%에서 2007년에 31.5%로 높아졌고, 출신지역과 연고는 각각 1.3%, 1.6%에 불과했다.[134] 민심의 흐름은 민주당과 한나라당의 대선공약에도 그대로 반영되었다. 특히 노무현 정부 기간 동안에 경제가 더 어려워졌다는 여론의 흐름에 따라 주요 대선후보들은 경제정책을 가장 중요한 공약으로 제시했다.

1997년의 경제위기 이후에 개발국가가 해체되어가는 과정에 있었지만, 2007년의 대선에서 "어떻게 성장할 것인가"를 둘러싸고 논쟁이 벌어지면서 '성장을 통한 분배'라는 개발국가 복지체제의 복원 여부가 유권자들의 큰 주목을 받았다. 이명박 한나라당 후보는 "7% 성장, 300만 개 일자리, 친기업환경 조성"을, 정동영 민주당 후보는 "6% 성장, 250만 개 일자리, G-10 진입"을 1순위 공약으로 제시했다.[135] 개발국가 시기처럼 성장을 둘러싼 분배정치가 2007년의 대선에서 부활한 것이다. 이러한 여론의 흐름에는 노무현 정부의 사회경제정책에 대한 평가가 자리하고 있었다. 2007년 12월에 조사한 자료에 따르면 노무현 정부의 업무수행에 대해 잘못하고 있다는 평가가 68.6%로 압도적이었다.[136] 국가 경제에 대해서도 노무현 정부 5년 동안 51.8%가 나빠졌다고 응답한 데 반해 좋아졌다고 응답한 비율은 9.8%에 불과했다.[137] 공적복지가 시민의 일상과 밀접하게 관련되지

....

133 강원택(2010).『한국 선거정치의 변화와 지속』. 서울: 나남. pp.60-68.
134 강원택.『한국 선거정치의 변화와 지속』. p.43.
135 강원택.『한국 선거정치의 변화와 지속』. p.27.
136 강원택.『한국 선거정치의 변화와 지속』. pp.36-40.
137 물론 노무현 정부 기간 동안 연평균 경제성장률은 4.48%로 역대 정부(노태우 정부 9.06%, 김영삼 정

않은 사회에서 복지정책을 둘러싼 복지정치가 활성화되는 것은 불가능했다.

노무현 정부는 2004년의 총선 이후에 1987년의 민주화 이래 유례가 없는 (대통령과 국회를 동일 정당이 장악한) 단점정부를 구성했음에도 국정을 주도하지 못했다. 개발국가 시기의 고도성장에 대한 향수가 남아 있던 시기에 사람들은 연평균 4.5%의 성장을 노무현 정부의 실패로 인식했고, 지지집단은 이라크 파병, 한미FTA 등 보수적이고 자유주의적인 노무현 정부의 행보로 인해 지지를 철회했다. 결국 노무현 정부의 실패는 제17대 대선에서 한나라당 이명박 후보가 압도적 지지로 당선되는 길을 열었다. 이명박-박근혜 정부로 이어지는 보수정부 9년의 시작을 알리는 출발점이었다.

3. 진보정당의 원내 진출

자유주의 정권 10년은 해방 이후에 처음으로 진보정당이 자유주의 정당과 구분되는 진보정치의 모습을 보여줄 수 있는 흔치 않은 기회였다. 자유주의 정부 10년 동안에 불거진 민생문제와 한미FTA, 이라크 파병 등 자유주의 정권의 신자유주의 정책이 진보정당이 진보적 유권자의 이해를 대변하는 정당으로 자리할 수 있는 기회의 창을 열었기 때문이다. 제도적으로는 2004년의 제17대 총선부터 1인2표 방식의 정당명부식 비례투표제가 실시되면서 진보정당의 원내 진출이 가능해졌다. 비례대표의석은 전체 299개 의석 중 18.7%에 불과한 56석이었지만, 진보정당의 원내 진출 가능성을 높이는 변화였다. 선거제도의 변화는 제한적이지만 의미 있는 변화를 일으켰다. 〈표 14.3〉에서 보는 것처럼 정당명부식 비례대표제의 도입으로 지역구에선 2석을 얻는 데 그쳤던 민주노동당은 〈그림 14.14〉에서 보는 것처럼 2004년의 총선에서 13.0%를 득표하면서 8석의 비례대표의석을 확보해 총 10석의 원내 제3당이 되었다. 민주노동당의 10석은 보수-자유주의

....

부 7.82%, 김대중 정부 5.32%)보다 낮은 것은 사실이었지만, 이후의 이명박 정부(3.20%)와 박근혜 정부(4년 평균 2.95%)보다는 높았다.

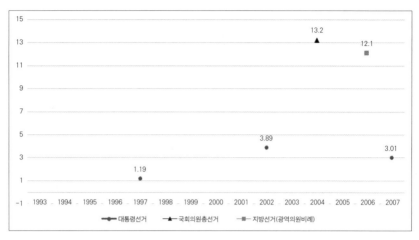

그림 14.14 진보정당의 득표율, 대통령선거, 국회의원선거, 지방선거

주: 대통령선거: 1992년 백기완 1.0%, 1997년 건설국민승리21(권영길) 1.19%, 2002년 민주노동당(권영길) 3.89%, 2007년 민주노동당(권영길) 3.01%. 국회의원선거: 2004년 민주노동당 13.0%, 사회당 0.2%. 지방선거: 2006년 민주노동당 12.1%. 출처: 중앙선거관리위원회. http://www.nec.go.kr/portal/main.do; 위키백과. https://ko.wikipedia.org

양당구도에 균열을 낸 일대 사건이었다.[138] 특히 "부자에겐 세금을, 서민에겐 복지를"이라는 슬로건이 보여주듯이 민주노동당은 제도권 정당 중에서 분배와 관련해 가장 진보적인 위치에 있었다.[139] 17대 총선 당시 민주노동당은 공약에서 부자와 기업에서 세금을 걷어 보편적 복지를 확대하겠다는 것을 분명히 했다. 완전무상교육, 기초연금, 아동수당, 실업수당, 무상의료 등은 민주노동당의 대표 공약이었다.[140]

민주노동당은 원내 진출을 통해 2000년 창당 당시에 채택했던 보수세력과 자유주의세력에 맞서 진보정치의 독자성을 강화한다는 기본노선을 구체화할 수 있는 최소한의 교두부를 마련했다. 2005년부터 당의 기본노선을 '민생정당'으로 정하고 본격적으로 사민주의 정당으로서의 위상을 제고하기 시작했다.[141] 물론

....

138 지병근. 『김대중·노무현 정부 시기의 선거』. p.143.
139 강원택. 『한국 선거정치의 변화와 지속』. p.179.
140 민주노동당(2004). "민주노동당 17대 총선 정책·공약: 40대 핵심 공약 및 분야별 공약." 민주노동당 내부문건.
141 이재영(2013). 『한국 진보정당의 역사』. 서울: 레디앙, 해피스토리. pp.227-229.

민주노동당의 복지정책들은 당시에는 큰 반향을 불러일으키지 못했고 기성 정당과 언론으로부터 현실성 없는 정책이라고 비판받았다. 하지만 민주노동당이 제안했던 복지정책들은 불과 6년 후인 2010년 6월의 지방선거부터 정치권의 핵심 의제로 등장하기 시작했다. 2017년에 출범한 문재인 정부의 핵심 국정과제인 비정규직의 정규직화와 공공부문 일자리의 창출 등은 민주노동당의 핵심 정책이었다. 민주노동당의 원내 진출은 자원을 어떻게 분배할 것인가를 둘러싼 사회구조의 균열이라는 의미에서 좌파정당이 해방 이후에 처음으로 유의미한 수준에서 국회에 진출한 일대 사건이었다. 서구 복지국가에서 분배를 둘러싼 계급 간 균열 구조가 좌우 정당의 대립으로 나타난 시점이 20세기 초였다는 점을 고려하면,[142] 한국에서는 그 맹아가 100년이 지난 21세기 초에 비로소 나타났다고 할 수 있다.

2004년 제17대 총선에서 10명의 당선자를 배출한 민주노동당이 국회 개원에 앞서 국민에게 희망을 주는 정치를 하겠다는 결의를 다졌다. 하지만 민주노동당은 이후 10년도 버티지 못하고 해체되었다(사진출처: 연합뉴스).[143]

....

142 Lipset, S. and Rokkan, S.(1967). "Cleavage Structures, Party Systems and Voter Alignments: An Introduction." Lipset, S. and Rokkan, S. eds. *Party Systems and Voter Alignments*. pp.1-64. New York: Macmillian. p.50.

143 http://h21.hani.co.kr/arti/cover/cover_general/26756.html

해방 이후에 미군정을 시작으로 거의 모든 정권이 억압했던 좌파 정치세력이 드디어 일정한 세력을 갖추고 제도정치권에 진입해 복지국가를 추동할 권력자원이 형성된 것이다. 민주노동당의 10석은 한국 "정당체계에 큰 영향을 남기지 못한 하나의 에피소드에 지나지 않았다."라는[144] 비아냥을 들어야 했던 "실패와 좌절로 점철되어온 한국 진보정당운동의 한 순환을 마감하는 것을 의미"했다.[145]

하지만 민주노동당이 1958년 5·2정초선거 이후에 고착화된 보수양당체제에[146] 균열을 내고 복지국가를 실현할 좌파정당으로 자리 잡을 수 있을지는 불명확했다. 1인2표 정당명부식 비례대표제의 도입으로 유권자의 분할투표가 가능해졌지만, 민주노동당에 표를 주었던 유권자가 민주노동당의 충성스러운 정치적 지지자였는지는 판단하기 어렵다. 민주노동당이 서구적·전통적 의미에서 노동계급의 (지지를 받는) 정당인지 불명확했기 때문이다. 2004년의 총선에서 민주노동당을 지지했던 유권자의 특성을 보면 민주노동당은 서구적 의미의 좌파정당과 일정한 거리가 있었다.[147] 민주노동당에 대한 지지는 상대적으로 고소득계층에서 높게 나타난 반면 최하위계층에서 가장 낮았다. 직업군에서도 제조업 노동자만이 아닌 중산층으로 불리는 사무직 노동자에게서 상대적으로 높은 지지를 받았다. 투표 결과만 놓고 보면 정치적 수사가 무엇이든 관계없이 민주노동당은 대도시 중간계급의 정당에 가까웠다.

이념적으로도 민주노동당의 지지자들은 2004년의 총선 당시 자유주의 정당인 열린우리당의 지지자들과 크게 다르지 않았다. 사실상 대부분의 유권자의 입장에서 보면 열린우리당과 민주노동당은 큰 차이가 없었다. 강원택은 이러한 현상에 대해 영국 자유당의 사례를 들면서 일종의 저항투표(protest voting)가 나타난 것이라고 해석했다.[148] 열린우리당과 한나라당의 경쟁구도에서 진보적 유권자의 일부가 일시적 피난처로 민주노동당을 지지했다는 것이다. 만약 우리가 이러

....

144 최장집(2005). 『민주화 이후의 민주주의』. 서울: 후마니타스.
145 조현연(2009). 『한국 진보 정당 운동사』. 서울: 후마니타스. p.211.
146 최장집. 『민주화 이후의 민주주의』. p.65.
147 강원택. 『한국 선거정치의 변화와 지속』. p.155-156.
148 강원택. 『한국 선거정치의 변화와 지속』. p.166.

한 분석을 받아들인다면, 2004년의 총선에서 나타난 13.0%라는 민주노동당에 대한 지지율은 2004년의 총선이라는 특수한 정치구도에서 나타난 일시적 현상일 수 있다. 실제로 2004년의 총선에서 민주노동당이 얻은 지지율은 이후의 선거에서 지속되지 못했다.

하지만 고소득층과 사무직 노동자의 지지율이 상대적으로 높았다는 것이 민주노동당의 지지층이 북서유럽의 사회(민주)주의 정당의 지지층과 다르다는 근거가 되지는 않는다.[149] 왜냐하면 1980년대 이후에 북서유럽에서도 사민당의 주요 지지기반이 제조업 노동자에서 사무직 노동자와 중산층으로 이동했기 때문이다.[150] 북서유럽 사민당의 전통적 지지기반이었던 제조업 노동자의 정치적 지지는 극우정당과 사민당으로 분화되고 있었다. 이렇게 보면 민주노동당의 중요한 지지층이 제조업 노동자만이 아닌 사무직 노동자를 포함하고 계층으로는 중산층 이상의 고소득층을 포괄하고 있다는 것만으로 민주노동당의 지지기반이 북서유럽의 사민주의 정당과 다르다고 할 수 없다. 오히려 사민주의 정당으로서 민주노동당에 대해 한국 사회는 한국의 다른 사회경제적 변화와 유사하게 '노동계급의 정당'이라는 단계를 건너뛰어 환경, 평화, 젠더, 인권 등의 가치를 지향하는 새로운 좌파정당으로 변신을 요구하고 있는지도 모른다.

정파연합으로서 민주노동당의 이질성도 생각해볼 수 있다. 물론 단일한 정파로 구성된 정당은 없으며 모든 정당들은 상이한 이념을 가진 정파로 구성되어 있기 때문에 민주노동당이 정파연합정당이었다는 것이 특별히 문제될 수는 없다. 사실 정당 내의 정파는 정당이 건강한 생명력을 유지하기 위해 필수적으로 필요하다. 하지만 민주적 과정에 따라 특정 정파로부터 당권이 이전되지 않고 당의 주요한 의사결정이 민주적으로 이루어지지 않는 등 당내 민주주의가 작동하지 않는다면 이야기는 달라진다. 이런 우려스러운 일에 2004년의 총선 이후에 본격적으로 나타났다.[151] 길 알려져 있듯이 민주노동당은 크게 자주파와 평등파 2

....

149 강원택.『한국 선거정치의 변화와 지속』. p.156.

150 Häuserman.『복지국가 개혁의 정치학』.

151 조현연.『한국 진보 정당 운동사』. pp.251-252.

개의 정파로 나누어져 있는데, 2006년 2월에 민주노동당의 자주파와 민주노총의 국민파가 지원한 문성현 후보(문재인 정부의 초대 경제사회발전노사정위원회 위원장)가 평등파의 지원을 받은 조승수 후보를 간발의 차이로 누르고 당선되면서 정파 갈등이 폭발했다.

당권을 장악한 범NL그룹(자주파)은 1987년의 대통령선거 당시 PD계열이 추진했던 민중독자후보(백기완)를 비판하고 김대중 후보를 비판적으로 지지했기 때문에 독자적인 진보정당운동에 큰 관심을 보이지 않았다.[152] 자주파가 노선을 전환해 진보적 대중정당 활동에 적극적으로 참여하기 시작한 것은 2001년 9월 22일과 23일에 충북 군자산 보람원연수원에서 개최된 민주주의민족통일전국연합대회에서 발표된 '3년 계획, 10년 전망(일명 군자산의 약속)'으로 알려진 소위 '9월 테제'를 발표한 후였다.[153] '9월 테제'를 발표 이후에[154] 자주파는 민주노동당의 활동에 적극적으로 참여하기 시작했고, 2006년에 문성현이 당대표로 당선되면서 마침내 당권을 장악했다. 문제는 자주파에 민주노동당은 한국 사회의 모순을 민주적 방식으로 풀어가고 대안을 만드는 주체가 아니라 '자주적 민주정부 및 연방통일조국'을 건설하기 위한 통일전선의 수단에 불과했다는 점이다.[155]

2006년 2월에 실시된 제2기 당 지도부를 선출하는 선거는 대중적 지지의 감소, 2005년 10·26 재보선의 패배 등 지배정파로 부상한 자주파 지도부를 심판하는 것이었어야 했다.[156] 하지만 선거결과는 자주파의 지지를 받았던 문성현 후보의 승리였다. 당대표, 사무총장, 정책위의장은 물론이고 최고위원 대부분이

....

152 지병근(2014). "한국진보정당의 조직, 이념, 그리고 지지기반." 『현대정치연구』 7(1): 7-53. p.10.
153 전교조, 민중연대, 통일연대 등 700명의 NL계열 활동가들은 이 대회에서 "3년 내에 광범위한 대중조직화를 통해 '민족민주정당'을 건설하고 10년 내에 '자주적 자유주의 정부 및 연방통일조국'을 건설하겠다."고 결의했다. 박종관(2013). "PD 무력화시킨 NL '군자산 약속' 뭐길래…." CBS노컷뉴스. 2013년 9월 2일. http://www.nocutnews.co.kr/news/1093320, 접근일 2017년 8월 30일.
154 '테제'는 20세기 초에 국제공산주의운동을 주도했던 코민테른이 국제공산주의운동과 관련해 발표한 중요한 문건에 붙이던 명칭이다. 21세기의 한국에서 이런 명칭을 다시 사용했다는 것이 놀랍고, 코민테른의 '테제'가 당의 활동에 대해 갖는 교조적 영향을 생각했을 때 긍정적으로 평가하기는 어렵다.
155 조현연. 『한국 진보 정당 운동사』. pp.265-266.
156 조현연. 『한국 진보 정당 운동사』. pp.249-251.

자주파였다.[157] 자주파가 당권을 다시 장악하자 소수파인 평등파는 당권교체를 통한 혁신이 어렵다는 것을 인지하게 되었다.[158] 더욱이 문성현체제의 출범 직후에 불거진 부정선거 논란은 민주노동당의 도덕성에 결정적 타격을 입혔다.[159] 부정선거 진상조사과정에서 조사위원회가 선거기간 허위사실 유포 등 선거부정이 광범위하게 이루어졌다는 것을 확인했지만 중앙위원회에서 조사결과서의 채택이 부결되면서 민주노동당은 당의 이해보다 자주파와 국민파의 정파적 이해가 관철되는 정당이라는 것이 확인되었다.

갈등이 표면화된 것은 2006년 10월에 검찰이 북한에 남한 내부 동향을 보고했다는 이유로 전 민주노동당 사무부총장 등을 구속기소한 '일심회' 사건이 발생한 이후였다. 민주노동당 간부가 당직자 수백 명의 신상정보를 북한에 넘겼고 이에 대해 당내 평등파는 심각한 인권침해이자 일탈행위라고 비판했지만, 자주파는 '당을 음해하려는 검찰의 공작'이라고 맞서면서 갈등이 심화되었다.[160] 여기에 북한의 핵 실험에 대해 민주노동당 정책위원회 의장이 미국의 위협에 대한 북한의 자위적 행위라는 발언을 하면서 논란은 더 거세어졌다. 이런 논란 속에 치러진 2007년의 대통령선거에서 권영길 후보가 진보정당이 원외 정당이었던 2002년 대선의 3.89%에도 미치지 못하는 3.01%의 득표율을 얻는 데 그치자(그림 15-19 참고) 논란이 다시 격화되었다. 2007년의 대선에서 한나라당의 이명박 후보가 압승할 것이 예견되었기 때문에 진보적 유권자들이 사표에 대한 고민 없이 민주노동당을 지지할 수 있었다는 점에서 이런 결과는 충격적이었다.[161] 민주노동당의 평등파(PD)는 대선 패배의 원인을 당의 '종북주의' 때문이라고 주장했고, 일심회 사건으로부터 촉발된 종북주의 논란을 해소하지 못한 채 민주노동당은 분당에

....

157 프레시안(2006). "민노당 새대표에 문성현…지도부 '자주파' 싹쓸이." 2006년 2월 10일. http://www.pressian.com/news/article.html?no=78708#09T0. 집근일 2018년 9월 26일.

158 김윤철(2011). "민주노동당의 분당: 연대 유인의 '다층적' 약화와 '대안'으로서의 분당." 『한국정당학회보』 10(1): 101-136. pp.120-124.

159 조현연. 『한국 진보 정당 운동사』. pp.253-264.

160 한겨레(2008). "2006년 일심회 사건이란?" 『한겨레』. 2008년 2월 4일.

161 지병근. "한국진보정당의 조직, 이념, 그리고 지지기반." p.16.

이르게 되었다.[162] 특히 종북주의 논란은 『조선일보』 등 보수언론이 진보정당은 친북정당이라는 이미지를 대중적으로 확산시키는 계기가 된다.

결국 2007년의 대선 패배와 함께 심상정 비대위가 출범했지만, 2008년 2월 3일의 임시 당대회에서 비대위의 혁신안이 거부되면서 민주노동당은 분열의 깊은 수렁에 빠졌다. 민주노동당의 분당이 정파 갈등 때문이었는지, 정파 간 연대의 유인이 약화되고 분당이 정치적 대안으로 제시될 수 있었기 때문이었는지에 대해서는 논란이 있다.[163] 하지만 분명한 것은 민주노동당이 당내의 다양한 이견을 민주적으로 논의하고 해결하는 능력을 상실하고 당권이 민주적 절차에 따라 바뀔 가능성이 사라지면서 비당권파로서는 분당 이외에 다른 대안이 없었다는 것이다. 민주적 선거에 의한 특정 집단으로부터 다른 집단으로의 권력 이전이 불가능해졌다는 것은 민주주의의 가장 기본적인 원칙이 결손되었다는 것을 의미하기 때문이다. 민주노동당의 분당은 진보정치세력의 분열을 알리는 출발점이었고, 복지국가를 만들어가기 위한 권력자원의 약화를 초래한 뼈아픈 실패였다.

민주노동당의 정파 구성[164]

민주노동당의 정파는 크게 보면 1980년대에 한국 사회를 어떻게 볼 것인가를 둘러싸고 학생운동 진영에서 벌어진 노선투쟁에 그 기원을 두고 있다. 민주노동당의 정파는 두 그룹으로 나눌 수 있는데, 한 그룹은 한국 사회를 '식민지반자본주의' 사회로 보고 민족해방민중민주주의혁명론(NLPDR,

....

162 성두현(2016). "진보정치, 진보운동 전반이 몰락한 이유." 『황해문화』 85: 67-85. pp.14-15.
163 김윤철. "민주노동당의 분당: 연대 유인의 '다층적' 약화와 '대안'으로서의 분당."; 조현연. 『한국 진보 정당 운동사』.
164 '민주노동당의 정파 구성'은 다음 문헌을 축약해 정리했다. 조상기(2007). "국민파·중앙파·현장파 민주노총 선거 3파전." 『주간경향』 709호. 2007년 1월 23일. http://weekly.khan.co.kr; 조현연. 『한국 진보 정당 운동사』; 한석호(2008). "중앙파-국민파-현장파의 기원." 레디앙. 2008년 11월 19일. http://www.redian.org/archive/22550

NL)을 주장하는 그룹이고 다른 한 그룹은 한국 사회를 '신식민지국가독점자본주의' 사회로 보고 민중민주주의혁명론(PDR, PD)을 주장하는 그룹이다. 민주노동당의 최대 주주라고 할 수 있는 민주노총도 크게 국민파, 중앙파, 현장파로 나누어져 있다고 볼 수 있다. 사실 국민파, 중앙파, 현장파라는 명칭은 1998년에 금속연맹 홈페이지에 익명으로 올라온 울산노동운동을 분석한 글에서 사용되었다. 국민파는 '국민과 함께하는 노동운동'을 중시하는 노선이라는 의미에서 명명되었고, 현장파는 노동현장이라는 아래로부터 권력을 쟁취하는 노선이라는 의미에서 붙여졌다. 반면 중앙파는 당시 전노협, 금속연맹, 전문노련, 사무금융노련의 집행부에서 활동하는 그룹이라는 의미에서 붙여졌다고 알려져 있다(중앙파라고 불리는 그룹은 명칭이 갖는 권력지향적 이미지 때문에 중앙파라고 불리는 것을 좋아하지 않았다고 한다). 정파의 구성을 보면, 국민파는 '민주노동자전국회의(전국회의)'와 '노동운동전략연구소(노연)'가 만든 '민주혁신산별운동연대회의(혁신연대)'를 주축으로 하는 NL계열로 알려져 있다. 국민파는 노사정 대화를 중시하고 NL그룹답게 통일운동과 반미투쟁에 적극적이다. 대표적인 인물은 조준호, 이수호 등이다. 중앙파는 PD계열로 알려져 있다. 최근에는 다른 PD그룹과 구분하기 위해 '전진'으로 통칭한다. 대표적인 인물은 단병호, 심상정, 문성현 등이다. 중앙파는 민주노동당을 중심으로 한 정치세력화에 적극적이고 북한에 대해서는 비판적인 시각을 갖고 있다. 현장파는 조직적 실체가 있는 정파라기보다는 대공장의 현장 노동자 그룹을 중심으로 느슨하게 연결되어 있는 그룹이라고 볼 수 있다. 장혜옥(전 전교조 위원장), 이갑용(전 울산 동구청장) 등이 대표적 인물이다. 자주파는 민주노동당의 NL계열과 민주노총의 국민파를 통칭해 부르는 표현이고, 평등파는 민주노동당과 민주노총의 PD계열을 통칭해 부르는 표현이다. 자주파와 평등파는 범NL그룹과 범PD그룹으로 불리기도 한다. 2007년 이후의 민주노동당의 분당은 이 두 정파의 갈등과 밀접한 관련이 있다.

제5절 자유주의 정부 시기의 복지체제:
삼중구조화된 역진적 선별주의 복지체제

1997년의 외환위기 이후에 한국 사회에는 상반된 두 가지 힘이 동시에 작용하고 있었다. 하나는 시장의 힘을 강화시키는 신자유주의의 제도화였고, 다른 하나는 신자유주의화로 인해 발생한 불평등과 빈곤을 완화하기 위해 공적 사회보장제도를 확대하는 것이었다. 물론 이 두 방향의 힘이 항상 대립적인 것은 아니며, 이분법적 선택의 문제도 아니다. 특히 한국같이 공적 사회보장이 취약한 복지체제에서는 더더욱 그렇다. 하지만 1998년 1월에 노사정 합의에 의해 추진된 노동시장의 유연화는 '성장을 통한 분배'라는 한국 개발국가 복지체제의 핵심적 분배기제가 더 이상 작동할 수 없다는 것을 의미했다. 공적 사회보장제도의 확대로 개발국가 복지체제를 대신하려는 시도가 있었지만 성공하지 못했다. 도대체 최초의 민주적 정권교체 이후에 한국 복지체제에 무슨 일이 일어났던 것일까? 분명한 사실은 한국 사회가 숙련노동에 기초한 포드주의 체제를 건너뛰었지만 이상하게도 공적 복지체제는 숙련노동에 기초한 사회보험을 중심으로 확대되었다는 것이다. 숙련노동과 무관하게 성장한 한국 자본주의 체제에서 공적 사회보험의 확대는 필연적으로 광범위한 사각지대를 양성할 수밖에 없었다. 시민권에 기초했다고 평가받는 공공부조(국민기초생활보장법)가 제도화되었지만 노동시장의 유연화로 나타난 불평등과 빈곤을 막을 수 없었다. 한국에서는 사회위험에 대응해 부동산, 민간보험 등 사적 보장기제가 중심이 되고 불충분한 공적 사회보험이 보충적 역할을 하는 중간계급과 대기업 정규직 노동자, 불충분한 공적 사회보험에 의존하는 중소기업 정규직 노동자와 일부 비정규직 노동자, 공공부조 이외에는 의지할 곳이 없는 불안정 고용상태에 있는 노동자와 영세자영업자라는 3개의 집단으로 나누어지는 복지체제가 형성되기 시작했다. 제5절에서는 이러한 인식에 기초해 자유주의 정부 10년 동안 전개된 한국 복지체제의 모습을 검토했다.

1. 개발국가 복지체제의 해체

1) 성장과 고용을 통한 개발국가 체제의 해체

1970년대의 고도성장기와 비교하면 인상적이지 않았지만 1980~1990년대까지 한국 자본의 이윤율은 20~30%로 비교적 높은 수준을 유지했다. 이는 기업이 투자 확대를 통해 시장에서 상대적으로 괜찮은 일자리를 만들 수 있었다는 것을 의미했다. 하지만 1997년의 외환위기 이후에 '일을 통한 분배'라는 개발국가 복지체제는 더 이상 작동하지 않았다. 외환위기 이전에는 적어도 40만 개의 이상의 일자리가 만들어졌지만, 외환위기 이후에는 연간 30만 개의 일자리를 만드는 것도 어려워졌다.[165] 〈그림 14.15〉에서 보는 것처럼 외환위기 직후인 1998년부터 2007년까지 연평균 신규 취업자 수는 23.5만 명에 불과했다. 외환위기 직후라는 특수성을 고려해 1998년의 127.6만 개의 일자리 감소분을 제외해도, 1999~2007년의 9년 동안 연평균 신규 취업자 수는 40.3만 명에 불과했다. 특히 노무현 정부 5년 동안으로 국한하면, 연평균 신규 취업자 수는 26.6만 명에 불과했다. 자유주의 정부 10년 동안 신규 취업자 수가 40만 명을 넘은 연도는 김대중 정부가 신용창출로 경기를 부양했던 2000~2002년과 2004년이 유일했다. 더욱 심각했던 것은 실질임금상승률이 〈그림 14.16〉에서 보는 것처럼 자유주의 정부 10년 동안(1998~2007) 단 한 번도 노동생산성 증가율을 넘어선 적이 없었다는 것이다. 1997년의 외환위기 이전의 10년 동안 실질임금 상승률이 노동생산성 증가율 보다 높았다는 점을 고려하면 임금노동자의 상대적 소득은 낮아지고 있었다. 외환위기 직후라는 특수한 상황을 고려해 1998년을 제외해도 김대중 정부 4년 동안 실질임금 상승률은 노동생산성 증가율의 72.2% 수준에 불과했고, 노무현 정부가 들어서면서 그 격차는 더 벌어져서 2007년에는 44.0%에 불과했다.

여기에 노사정 합의에 따라 노동시장의 유연화가 시행되면서 비정규직의 규

....

165 전병유(2014). "민주 정부 고용정책의 성과와 한계 그리고 대안." 이병천·신진욱 편. 『민주정부 10년, 무엇을 남겼나』. pp.453-479. 서울: 후마니타스. p.456.

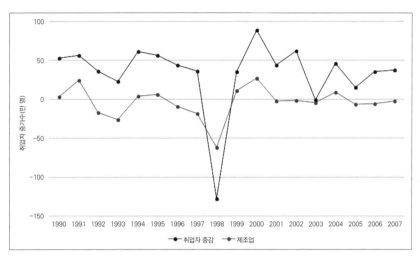

그림 14.15 취업자의 증가수, 1990~2007년

출처: 통계청(2018). "e-나라지표: 취업자 수/실업률 추이." http://www.index.go.kr/potal/main/EachDtlPageDetail.do?idx_
cd=1063, 접근일 2018년 6월 20일.

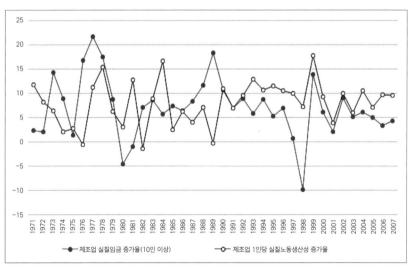

그림 14.16 실질임금 상승률과 노동생산성 증가율, 1971~2007년

출처: 한국노동연구원(KLI). "2016년 노동통계 Archive." https://www.kli.re.kr

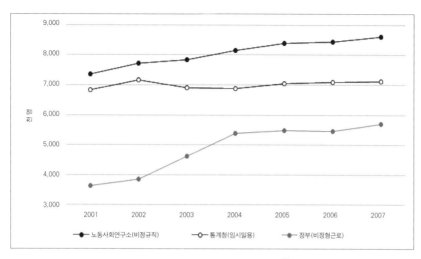

그림 14.17 비정규직 노동자 규모의 변화, 2001~2007년(8월 기준)[166]
출처: 김유선(2016). "비정규직 규모와 실태: 통계청, '경제활동인구조사 부가조사'(2016.8) 결과."『KSLI ISSUE Paper』제9호; 김유선.『한국의 노동조합 조직연구』.

모가 급증했다. 김대중 정부는 경제위기 이후에 노사정 합의라는 형식을 통해 정리해고, 노동력의 수량적 감축, 파견노동제, 변형노동제의 도입 등의 고용유연화와 임금체계 개편 및 임금총액 감소를 골자로 하는 노동시장의 유연화를 실행했다.[167] 문제는 한국 경제가 노동시장의 유연화로 제조업에서 방출되는 노동력을 흡수할 수 있는 서비스 산업의 역량이 대단히 취약했고, 감소한 소득을 보존해줄 사회보장제도 또한 취약했다는 점이다. 〈그림 14.17〉에서 보는 것처럼 저임금 비정규직·임시직 일자리가 급증하면서 노동시장의 양극화가 가속화되었다.

....

166 비정규직 규모와 관련해 정부 통계와 노동계의 통계가 상이한 이유는 이렇다. "노동계는 비정규직 규모를 848만 명(47.8%)으로 집계하고, 정부는 591만 명(33.3%)으로 집계한다. 양자의 차이는 257만 명(14.5%)인데, 이들은 종사상 지위가 임시직이거나 일용직이다. 노동계는 이들 입시직과 일용직을 비징규직으로 분류하고, 정부는 정규직으로 분류한다." 김유선(2014). "민주 정부 10년, 비정규직 규모와 실태." 이병천·신진욱 편.『민주정부 10년, 무엇을 남겼나』. pp.481-510. 서울: 후마니타스. p.483.
167 김관옥. "신자유주의와 참여정부의 경제정책 결정요인 연구." p.282; 장상환(2006). "1990년대 자본축적과 국가의 역할." 경상대학교 사회과학연구원 편.『한국 자본주의 축적체제 변화: 1987-2003』. pp.58-114. 서울: 한울. p.100.

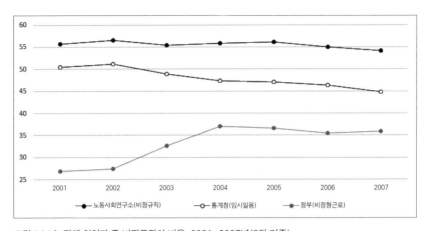

그림 14.18 전체 취업자 중 비정규직의 비율, 2001~2007년(8월 기준)
출처: 김유선. "비정규직 규모와 실태: 통계청, '경제활동인구조사 부가조사'(2016.8) 결과.": 김유선. 『한국의 노동조합 조직연구』,

　　노동의 결사권이 부분적으로 확대되었지만, 결사권을 제한하는 법적 장치도 함께 강화되었다. 자유주의 정부는 사업주가 파업으로 인한 손실을 노동자에게 청구할 수 있는 권리를 강화하는 등 노동의 결사의 자유를 심각하게 제약했다. 장상환은 이를 "자유주의적 노동억압체제로 되돌아간 것"이라고까지 평가했다.[168] 노무현 정부가 집권 마지막 해인 2007년에 비정규직 문제를 완화하기 위해 '기간제 보호법'을 제정하려고 했지만, 노동과 자본 간의 갈등으로 기간제의 기간을 2년으로 제한하는 수준에 그쳤다.[169] 다만 이러한 정책으로 노무현 정부가 비정규직 규모를 줄이지는 못했지만 법 제정 이후에 비정규직의 증가를 둔화시킬 수 있었다.

　　사실 김대중 정부의 노동시장 유연화 정책은 재벌 대기업에 고용된 노동자에게는 거의 영향을 미치지 않았다. 1997년의 경제위기 이후에 한국의 노동시장이 기업체의 규모에 따라 분절되었고 이러한 분절이 조립형 수출주도 성장체제에서 노동자가 차지하는 지위를 반영하고 있었기 때문이다.[170] 재벌 대기업이 주

....
168　장상환. "1990년대 자본축적과 국가의 역할." p.101.
169　전병유(2016). "노동시장의 구조변화와 정책대응." 이병천·유철규·전창환·정준호 편. 『한국의 민주주의와 자본주의: 불화와 공존』. pp.195-227. 서울: 돌베개. p.208.
170　전병유. "노동시장의 구조변화와 정책대응." p.200, 207.

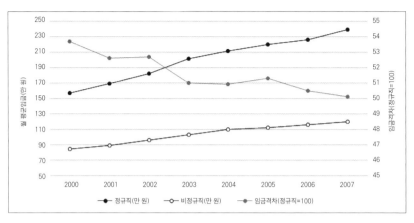

그림 14.19 정규직과 비정규직의 월평균 임금과 임금격차의 추이, 2000~2007년
출처: 김유선. "비정규직 규모와 실태: 통계청, '경제활동인구조사 부가조사'(2016.8) 결과." p.15.

도하는 수출주도형 성장체제에 포섭된 대기업 노동자에게는 외환위기 이후에
도 상대적으로 높은 임금과 안정적 고용이 보장되었다. 노동시장의 유연화는 중
소기업에 종사하거나 대기업에서 파견노동을 하고 있는 노동자 등과 같은 불안
정 고용상태에 있는 노동자의 문제였다. 앞서 언급한 것처럼 재벌 대기업이 주도
하는 수출주도형 성장체제에서 숙련 향상은 이 체제에 포섭된 노동자들에게 국
한된 문제였기 때문에 나머지 부문에 종사하는 노동자는 탈숙련화되었다. 여성
이 다수인 비정규직의 증가와 노동시장의 양극화도 1997년의 경제위기 이후에
한국 경제의 이러한 특성이 반영된 것이었다. 숙련이 필요한 일부 노동자를 제외
한 저숙련·탈숙련 노동자에게 자본이 적절한 임금과 안정적 고용을 보장할 이유
는 없었다. 더불어 기업 자체가 대기업과 중소기업으로 양극화되고 불합리하고
전근대적인, 재벌 대기업에만 이로운 하청관계가 지속되는 상황에서 중소기업은
자신이 고용한 노동자에게 적절한 임금과 안정된 고용을 보장하기 어려웠다.

　　정규직 대비 비정규직의 임금격차는 이러한 현실을 분명히게 보여주고 있
다. 〈그림 14.19〉를 보면 신자유주의화가 본격화된 2000년에 정규직의 월평균
임금 총액은 157만 원에서 2007년에 239만 원으로 52.2% 증가했지만, 동 기
간 비정규직의 월평균 임금은 84만 원에서 120만 원으로 42.9% 증가하는 데 그

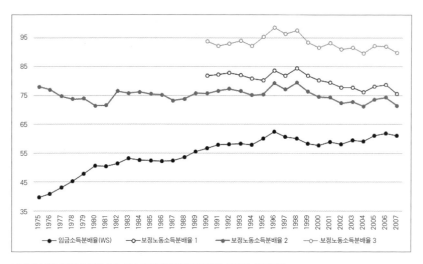

그림 14.20 국민소득에서 노동소득분배율 비중의 변화, 1975~2007년

출처: 보정노동소득분배율1, {(피용자보수+개인영업이익)/요소비용국민소득}, 보정노동소득분배율3, {[피용자보수+(피용자보수/
임금노동자수×비임금노동자수)]/요소비용국민소득}, 김정훈·민병길·박원익(2017). "소득 주도 성장의 쟁점 및 정책적 시사점."
『이슈&진단』296. 보정노동소득분배율 2, {(피용자보수/(요소비용국민소득-개인영업이익)}, 1975~1989년 자료: 이병희(2015).
"노동소득분배율 측정 쟁점과 추이." 『월간 노동리뷰』205(1): 25-42. p.42(개편전 국민계정자료). 1990~2007년 자료: 김정훈
외(2017). 『노동소득분배율』; 한국은행(각 연도). "한국은행경제통계시스템 국민계정."

쳤다. 결과적으로 김대중 정부 중반인 2000년부터 노무현 정부의 마지막 해인
2007년까지 정규직 대비 비정규직의 임금수준은 53.7%에서 50.1%로 3.6%포인
트(-6.7%) 더 벌어졌다. 자유주의 정부 기간 동안 시장에서의 전반적인 분배 상
황이 악화되었지만, 상대적으로 안정적 고용과 높은 임금을 보장받는 노동자들
에게는 더 높은 임금이 보장되는 구조가 만들어졌다. 이후에 구체적으로 살펴보
겠지만, 노동시장에서 이루어지는 이러한 불평등한 분배는 공적 사회보장과 사
적 보장체계에서도 그대로 재현된다.

생산성 증가율보다 낮은 임금인상률과 비정규직의 증가는 당연히 전체 소득
에서 노동소득이 차지하는 비중을 낮추었다. 〈그림 14.20〉에서 보는 것과 같이
외환위기 이후에 (자영업자의 소득을 포함한 보정된) 노동소득분배율(ALS)은 낮
아졌다. 1998년 80.4%에 이르렀던 노동소득분배율은 2007년에 이르면 71.9%로
낮아졌다. 홍장표가 분석한 자료에 따르면, 1997년 이후에 노동소득분배율은 더

급격하게 낮아졌다. 1997년에 70% 수준이었던 노동소득 분배율은 자유주의 정부 10년 동안 계속 낮아져서 2007년이 되면 60% 중반대로 낮아졌다.[171] 상황이 이렇게 변화하자 2000년 이후에 노동시장의 문제는 실업과 함께 노동시장의 양극화와 근로빈곤층(working poor) 문제로 전환되었다.[172] 외환위기 이후에 새롭게 만들어진 일자리의 규모도 충분하지 않았지만, 일자리의 질이 하락하면서 성장과 고용의 선순환을 통해 빈곤과 불평등을 완화했던 개발국가 복지체제가 해체되어갔다. 순환이 끊어지자 고소득층의 소득이 저소층의 소득보다 더 빠른 속도로 증가하면서 불평등과 양극화가 심화되기 시작했다.[173]

실제로 노동소득분배율에서 소득수준에 따른 비중 변화를 보면 노동소득분배율의 감소가 소득하위계층과 자영업자의 소득감소로 인해 나타난 결과임을 확인할 수 있다. 〈그림 14.21〉을 보면 1997년에 임금소득 상위 10%의 노동소득분배율은 16.2%에서 2007년에 20.4%로 4.2%포인트(25.9%) 증가했다. 상위 10~20%와 20~30% 계층의 비중도 상위 10%에는 미치지 못했지만 동 기간 동안 각각 20.4%, 19.4% 증가했다. 반면 임금소득 하위 70%의 비중은 동 기간 동안 22.4%에서 14.0%로 8.4%포인트(-37.5%) 하락했고, 자영업자의 비중도 10.4%에서 6.2%로 4.2%포인트(-40.4%) 하락했다. 이는 노동소득분배율의 하락이 임금소득하위 70%계층과 자영업자의 소득 하락으로 인해 나타난 결과라는 것을 확인해준다. 놀라운 사실은 이러한 변화가 2003년 노무현 정부의 출범과 함께 가속화되었다는 점이다. 사실 임금소득 상위 10%의 노동소득분배율은 김대중 정부 기간 동안 큰 변화가 없었다. 상위 10% 계층의 노동소득분배율이 급격히 높아지기 시작한 것은 2003년부터였다. 하위 70%의 노동소득분배율의 급격한 저하도 2003년을 기점으로 시작되었다.[174]

....

171 홍장표. "소득주도 성장과 산업생태계 혁신." p.119.

172 전병유. "민주 정부 고용정책의 성과와 한계 그리고 대안." p.455.

173 강신욱, "김대중·노무현 정부 시기 소득불평등의 변화." 이병천·신진욱 편. 『민주정부 10년, 무엇을 남겼나』. pp.511-534. 서울: 후마니타스. p.531.

174 임금소득자와 다르게 자영업자의 소득비중의 하락은 1997년의 외환위기 이후부터 나타났다.

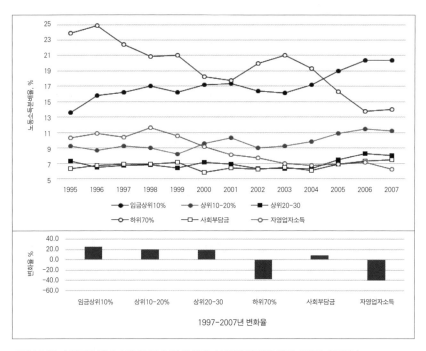

그림 14.21 순부가가치(요소비용국민소득)에 대한 소득계층별 비중 변화, 1995~2007년

출처: 이병희·황덕순·홍민기·오상봉·전병유·이상헌(2014). 『노동소득분배율과 경제적 불평등』. 서울: 한국노동연구원. p.124.

더 나아가 1997년의 외환위기 이후에 지속된 노동소득분배율의 저하와 소득불평등의 증가는 한국 경제의 성장률도 낮추었다. 한국같이 노동소득분배율과 총수요가 밀접한 관련을 갖고 있는 임금주도형 성장체제에서 노동소득분배율의 저하는 경제성장률을 낮추는 중요한 원인이 될 수 있기 때문이다.[175] 1999년부터 2007년까지 노동소득분배율이 1%포인트 낮아지면서 민간부문초과수요(PED)도 1%포인트 가까이 낮아졌고, 장기적으로 균형소득을 약 1.5~2%포인트 낮추었다.[176] 노동소득분배율과 내수(소비+투자) 간의 인과관계를 분석한 연구에서도

....

175 Onaran, Ö. and Stockhammer, E.(2005). "Two Defferent Export-oriented Growth Strategies: Accumulation and Distribution in Turkey and in South Korea." *Emerging Markets Finance and Trade* 41(1): 65-89; 홍장표. "한국의 노동소득분배율 변동이 총수요에 미치는 영향."

176 전병유·정준호(2016). "자산과 소득불평등의 총수요효과와 성장체제."『사회과학연구』 55(1): 263-

1997년 외환위기 이후의 노동소득분배율의 악화가 내수 침체의 중요한 원인인 것으로 나타났다.[177] 외환위기 이후의 경제성장률의 둔화가 노동소득분배율의 악화와 밀접한 관련이 있다는 것을 말해주는 결과였다. 이처럼 외환위기 이후에 한국 사회는 노동시장이 유연화되고 나쁜 일자리가 양산되면서 노동소득분배율이 악화되었고 성장률도 낮아지기 시작했다. 성장을 통해 안정된 일자리를 보장받고 괜찮은 임금을 받는 경우는 점점 더 소수가 되어갔다.

2) 외환위기 이후의 빈곤과 불평등

공적 사회보장제도가 제대로 갖추어지지 않은 상태에서 진행된 노동시장의 유연화는 빈곤과 불평등을 증가시켰다. 빈곤율은 역설적이게도 진보정권으로 불렸던 자유주의 정부 10년 동안 급증했다. 〈그림 14.22〉를 보면 가처분소득 기준 도시가구의 빈곤율(빈곤율2)은 1997년에 8.2%에서 1999년의 외환위기 이후에 최고 수준인 11.5%에 달했다. 2000년에 다소 완화되기는 했지만 2001년부터 다시 증가하기 시작해 2007년에는 12.2%로 외환위기 직후보다 더 높아졌다. 공적 복지의 확장으로 시장소득 기준 빈곤율과 가처분소득 기준 빈곤율의 차이가 커진 것은 긍정적이었다. 시장소득 기준 빈곤율과 가처분소득 기준 빈곤율의 차이는 1997년에 0.5%포인트에서 김대중 정부의 마지막 해인 2002년에 1.3%포인트로 커졌고, 노무현 정부의 마지막 해인 2007년에는 2.7%포인트로 증가했다. 하지만 김대중·노무현 정부가 추진한 복지확대정책으로는 노동시장에서 발생하는 빈곤을 막기에 충분하지 않았다.

지니계수로 측정한 소득불평등도 외환위기 이후에 계속 증가했다. 〈그림 14.23〉을 보면 (도시가구의 지니계수로 측정한) 불평등 수준(지니계수1)은 1986년부터 계속 낮아져서 1992년에 0.257로 역대 최저치를 기록했고, 1992년 이후에 조금씩 높아지기 시작해 1997년에는 0.274로 높아졌다. 문제는 1997년의

....

303. p.293.

177 주상영(2013). "노동소득분배율 변동이 내수에 미치는 영향." 『경제발전연구』 19(2): 151-182. pp.175-176.

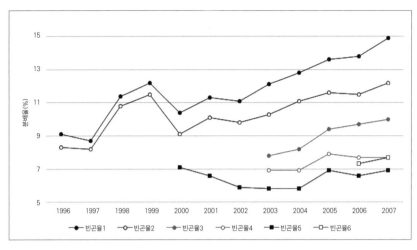

그림 14.22 외환위기 이후의 빈곤율의 변화, 1996~2007년

주: 빈곤율1: 중위소득 50%, 시장소득 기준 빈곤율(도시가구). 빈곤율2: 중위소득 50%, 가처분소득 기준 빈곤율(도시가구). 빈곤율3: 절대빈곤율(전 가구), 시장소득. 빈곤율4: 절대빈곤율(전 가구), 가처분소득. 빈곤율5: 절대빈곤율(도시가구 2인 이상 가구, 가처분소득 기준). 빈곤율6: 절대빈곤율(도시가구 1인 가구 포함, 가처분소득 기준). 출처: 기초보장연구실(2016). 『2016년 빈곤통계연보』. 서울: 보건사회연구원.

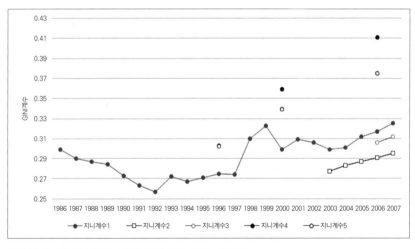

그림 14.23 지니계수로 본 소득불평등의 변화, 1986~2007년

주: 지니계수1: 유경준이 추정한 도시가구 지니계수. 지니계수2: 통계청 '가계동향조사'와 '농가경제조사'를 이용한 전국 가구(2인 가구 이상 비농가). 지니계수3: 통계청 '가계동향조사'와 '농가경제조사'를 이용한 전체 가구(1인 가구 및 농가포함). 지니계수4: 김낙년과 김종일이 국세청 자료로 추계한 시장소득 기준 지니계수. 지니계수5: 김낙년과 김종일이 국세청 자료로 추계한 가처분소득 기준 지니계수. 출처: 유경준. "우리나라 빈곤변화 추이와 요인 분석."; 김낙년 · 김종일. "한국 소득분배 지표의 재검토." p.37.

외환위기를 거치면서 불평등 수준이 급등하기 시작해 1998년에 0.31, 1999년에 0.32로 높아졌고, 2007년까지 지속적으로 상승했다. 2007년의 지니계수는 0.325로 외환위기 직후보다 더 심각했다. 국세청 자료를 분석한 결과를 보면 불평등 수준은 공식 통계보다 훨씬 더 심각했다.[178] 1996년에 0.303이었던 지니계수는 2000년에 0.359로 높아졌고, 2006년이 되면 0.411로 높아졌다. 김대중 정부는 IMF체제를 조기에 벗어났다고 선언했고 경제성장률도 높아졌지만, 빈곤과 불평등은 더 심화되는 역설적인 상황이 나타났다. 개발국가 시대와 달리 외환위기 이후에 한국 사회는 성장하면 성장할수록 불평등이 더 심화되는 사회가 되었다.

3) 외환위기 이후의 노동체제의 특성

복지체제의 관점에서 주목해야 할 이 시기의 노동체제의 특성은 1997년의 외환위기 이후에 자유주의 정부가 1987년 이후에 가시화되기 시작한 노동시장의 분절화에 어떻게 대응했는지를 살펴보면 알 수 있다. 제13장에서 살펴보았듯이 복지체제의 관점에서 노동시장의 분절화가 중요한 이유는 노동시장의 분절화가 심화되면 공적 사회보장제도의 대상이고 사적 자산을 축적할 수 있는 노동자와 이로부터 배제된 노동자의 간극이 더 확대될 수 있기 때문이다. 이후에 살펴보겠지만 자유주의 정부의 복지 확대가 정규직 노동자의 특성에 기초한 사회보험을 중심으로 이루어졌다는 점을 고려하면, 자유주의 정부가 외환위기 이후에 노동시장의 개혁을 둘러싼 국내외 자본의 신자유주의화 요구에 어떻게 대응했는지가 이 시기의 한국 복지체제의 성격을 결정하는 토대가 된다고 할 수 있다. 만약 노동시장의 분절화가 완화되었다면 사회보험 중심의 복지 확대가 한국 복지체제의 보편성을 확대하는 역할을 할 수 있겠지만, 노동시장의 분절화가 심화되었는데도 사회보험 중심으로 복지를 확대했다면 이는 역실직이세도 노동시장의 분절화를 사회보장제도의 분절화로 확대하는 역할을 할 것이다.

....

178   김낙년·김종일(2013). "한국 소득분배 지표의 재검토." 『한국경제의 분석』 19(2): 1-50. p.37.

그러면 외환위기 이후에 1987년의 노동체제는 어떻게 변화했을까? 1997년의 외환위기를 계기로 1987년의 노동체제가 해체되었다는 주장도 있지만,[179] 1987년의 노동체제는 1997년의 외환위기 이후에도 기본 골격이 유지되었다고 보는 것이 적절해 보인다. 제13장에서 언급했듯이 1987년의 노동체제에 대기업 내부노동시장과 분절된 노동시장, 숙련과의 관계가 약한 보상체계(연공임금제)가 지속되었다고 본다면,[180] 1997년의 외환위기 이후에도 한국 노동체제에는 기본적으로 1987년의 노동체제의 특성이 지속되었다고 할 수 있다. 정규직 노동자에 대한 OECD 회원국의 고용보호법제의 경직성 지수를 보면, 한국의 고용보호 경직성 지수는 1997년에 3.04에서 1998~2007년에 2.37로 낮아져서 고용보호의 경직성이 완화된 것은 분명하다. 하지만 다른 OECD 국가들에 비해서는 여전히 높은 수준을 유지했다.[181] 국제적으로도 한국 노동법규의 정규직에 대한 보호는 사민주의 복지국가 중 스웨덴의 2.70~2.61(1998~2007)보다는 낮았지만 덴마크의 2.13보다는 높았고 일본보다는 훨씬 높았다(1.70~1.37). 노동시장의 신자유주의적 유연화는 기업내부노동시장의 정규직 노동자가 아니라 취약한 노동자에게 적극적으로 전가되었다고 할 수 있다.[182] 대기업 작업장은 강력한 전투적 노동조합을 갖고 있었기 때문에 1997년의 외환위기 이후에도 노동조건과 임금수준을 유지할 수 있었다.

실제로 외환위기 이후의 노동시장의 유연화는 대기업 정규직 노동자의 고용 안정성에는 큰 영향을 주지 않았던 것으로 보인다. 고용노동부의 통계에 따르면,

....

179 여기서 1987년의 노동체제가 해체되었다는 것은 노동시장의 분절화라는 1987년 노동체제의 특성이 약화되었다는 의미가 아니라 1987년 노동체제와는 질적으로 다른 신자유주의화가 본격화되었다는 의미로 사용된다. 노중기(2008). 『한국의 노동체제와 사회적 합의』. 서울: 후마니타스. p.10.

180 정이환(2013). 『한국 고용체제론』. 서울: 후마니타스. pp.262-268, p.278, 281.

181 이 수치의 산출에는 개별 노동자의 해고에 대한 규제를 나타내는 EPRC_V1 지수를 사용했다. 집단 해고를 포함한 수치를 사용해도 이러한 특성에는 큰 영향을 미치지 않았다. OECD(2018). OECD Indicatiors of Employment Protection. http://www.oecd.org/els/emp/oecdindicatorsofemploymentprotection.htm, 접근일 2018년 10월 21일.

182 장홍근·김세움·김근주·정홍준·박준식(2016). 『대안적 노동체제의 탐색: 1987년 이후 30년, 한국 노동체제의 구조와 동학』. 서울: 한국노동연구원. p.84.

500인 이상 제조업에서의 이직률은 1998년에 1.93%에서 2007년에는 0.99%로 낮아져서 대기업 제조업 노동자의 고용안정성은 외환위기 이후에 더 좋아졌다고 할 수 있다.[183] 보상체계와 관련해서도 1997년 이후에 연봉제가 확산된 것은 사실이지만 연공급제라는 보상체계도 지속되었다. 2006년에 노동부가 조사한 자료에 따르면, 기업의 임금체계 중 호봉제를 유지하는 비율은 56.1%로 과반을 넘었고 직능급과 직무급은 각각 20.7%, 19.5%에 그쳤다.[184] 이처럼 외환위기 이후에도 연공급제가 유지되었다는 것은 여전히 기업의 임금체계와 숙련 형성의 연관성이 약했다는 것을 방증하는 것이라고 할 수 있다.

물론 그렇다고 1997년 이후에 한국의 노동체제가 1997년의 외환위기의 영향을 받지 않았다는 것을 의미하는 것은 아니다. 1997년의 외환위기가 노동시장에 미친 영향으로 인해 자유주의 정부 10년 동안 노동체제에 질적 변화가 나타날 정도는 아니었지만, 노동시장의 유연화 같은 신자유주의적 변화는 지속적으로 심화되었다. 자본은 이윤을 확대하기 위해 조직노동의 저항이 큰 정규직 노동자의 규모를 최소화하는 대신 자동화를 늘리고 비용을 외부화하는 방식으로 대응했다. 이로 인해 제3절 〈그림 14.3〉에서 보았던 것처럼 자동화가 급격히 진행되었고 기업의 비핵심 기능의 외주화도 본격화되었다. 특히 기업의 분사와 아웃소싱을 통한 비용의 외부화가 1997년의 외환위기 이후에 본격화되면서, 상대적으로 안정적 고용을 보장하고 높은 임금을 지급하는 기업내부노동시장이 축소되었다. 2000년을 기준으로 분사와 아웃소싱을 실시한 기업의 비율은 각각 21.7%와 45.2%에 달했고, 이 중 1997년의 외환위기 이후에 분사와 아웃소싱을 실행한 기업의 비율은 각각 74.0%와 57.6%에 달했다.[185] 1997년의 외환위기 이후에 기업의 생산과 비핵심 업무의 외부화가 급증하면서 기업내부노동시장의 축소가 본격화되었다고 할 수

....

183 정이환, 『한국 고용체제론』 pp 311-312

184 김동배(2008). "우리나라의 임금체계 현황과 과제: 한일 성과주의 비교." 『임금연구』 2008년 봄호: 58-69. p.60.

185 아웃소싱 분야 중 생산부문을 아웃소싱하는 비율은 52.3%에 달했고, 전산, 인사, 경비 등이 그 뒤를 따랐다. 박우성·노용진(2001). 『경제위기 이후 인적자원관리 및 노사관계 변화』. 서울: 한국노동연구원. pp.31-33.

있다. 이처럼 노동시장의 분절구조는 외환위기를 거치면서 더 심화되었고, 기업내부노동시장과 외부노동시장 간의 격차가 더 벌어지고 내부노동시장으로의 진입장벽은 더 높아졌다. 좋은 일자리라고 할 수 있는 기업내부노동시장에 진입하기가 더 어려워진 것이다. 실제로 사업체 조사 자료에 따르면, 500인 이상의 사업체에 고용된 노동자의 비중은 1997년에 13.4%에서 2005년에 8%대로 낮아졌다.[186]

이러한 내부노동시장과 외부노동시장의 분절화는 고용안정성에서도 분명한 차이를 보였다. 정규직과 비정규직의 직장유지율의 차이를 보면, 정규직의 경우에 1997년의 외환위기 이후에 잠시 낮아졌다가 1999년 이후에 1997년 이전 수준에 가깝게 회복되었지만 비정규직의 직장유지율은 외환위기의 직접적 충격이 약화된 이후에도 회복되지 않았다. 실제로 외환위기 이전에는 정규직과 비정규직의 2년 이내 이직률의 차이가 통계적으로 유의미하지 않았지만, 1997년의 외환위기 이후에는 비정규직의 이직률이 정규직에 비해 더 높게 나타났다.[187] 외환위기 이전의 비정규직의 2년 직장유지율이 정규직보다 높았다는 점을 고려하면, 외환위기 이후의 노동시장의 유연화가 외부노동시장을 중심으로 진행되었다는 것을 확인할 수 있다. 정규직과 비정규직의 임금격차도 〈그림 14.19〉에서 보았던 것처럼 외환위기 이후에 지속적으로 확대되었다. 물론 정규직도 해고로부터 자유롭지 않았다. 외환위기 이후에 명예퇴직, 권고사직 등으로 이직한 노동자의 비율이 높아졌기 때문이다.[188] 실제로 명예퇴직, 권고사직, 정리해고 등의 구조조정을 실시한 기업의 비율은 1997년(1~11월)에 10.8%에 불과했지만 외환위기 이후인 1998년(4~10월)에는 49.7%로 급증했다.[189] 정리하면, 외환위기 이후의 노동체제는 기본적으로 1987년의 노동체제의 특성을 갖고 있었지만 이 시기만의 독특한 역사적 흔적을 한국 노동체제에 남겼다. 그것은 기업내부노동시장

....

186 정이환. 『한국 고용체제론』. p.316.
187 금재호·조준모(2005). "고용 안정성의 동태적 변화에 관한 연구." 『국제경제연구』 11(3): 79-114. p.101.
188 정이환. 『한국 고용체제론』. p.313.
189 박우성·노용진. 『경제위기 이후 인적자원관리 및 노사관계 변화』. p. 66.

과 외부노동시장 간의 차이가 외환위기 이전보다 더 커졌고 기업내부노동시장의 규모가 축소되면서 소수 재벌 대기업의 내부노동시장과 광범위한 외부노동시장으로 분화되는 양상으로 나타났다는 것이다. 결국 자유주의 정부 10년 동안에 진행된 노동시장의 분절화는 한국 복지체제의 삼중구조화를 강화시켰다. 한국 복지체제는 사적 자산을 축적해 사적 보장체제를 구축하고 공적 사회보험의 대상이 되는 기업내부노동시장에 진입해 있는 소수의 첫 번째 집단, 사회보험 등과 같은 공적 보장제도 이외에 별다른 보장제도를 구축하지 못한 중소기업 등에 정규직으로 고용된 두 번째 집단, 공공부조 이외에는 아무런 안전망이 없는 불완전 고용상태에 있는 세 번째 집단으로 분화되어갔다.

2. 자유주의 정부 10년, 한국 복지체제의 성격

우리가 알고 있는 상식 중 하나는 1980년대부터 본격화된 신자유주의화가 서구 복지국가를 축소시켰다는 것이다. 하지만 진실은 상식과 조금 다른 이야기를 들려준다. OECD의 GDP 대비 사회지출은 1980년에 14.9%에서 1990년에는 16.9%로 증가했고 2007년이 되면 다시 18.3%로 높아졌다. 신자유주의화로 서구 복지국가가 심각한 도전에 직면한 것은 사실이지만, (인구학적 착시라는 비판을 고려해도) 적어도 공적 복지지출의 절대수준은 감소하지 않았다. 반면 개발도상국가의 GDP 대비 사회지출은 OECD 국가와 정반대의 경향을 보였다. 〈그림 14.24〉에서 보는 것처럼 53개 개발도상국의 GDP 대비 복지지출은 1972년에 3.3%에서 1995년에 2.1%로 1.2%포인트나(36.4%) 감소했다.[190] 그러나 세계화와 신자유주의화로 모든 개발도상국가의 GDP 대비 복지지출이 감소한 것은 아니었다. 그리스의 GDP 대비 사회지출은 신자유주의화가 본격화된 1980년에 9.9%에서 1995년에 16.6%로 67.7%나 증가했고, 한국도 마찬가지였다. 한국의

....

190 Rudra, N.(2002). "Globalization and the Decline of the Welfare State in Less-Developed Countries." *International Organization* 56(2): 411-445. p.412.

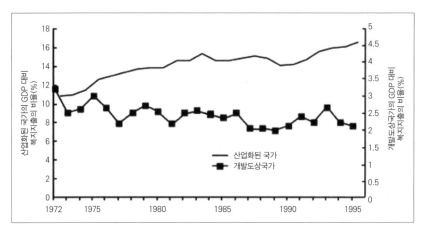

그림 14.24 산업화된 국가와 개발도상국가의 GDP 대비 복지지출의 변화, 1972~1995년

출처: Rudra, N.(2002). "Globalization and the Decline of the Welfare State in Less-developed Countries." *International Organization* 56(2): 411-445. p.412.

GDP 대비 사회지출은 1976년에 0.87%에서 1995년에 3.2%로 세 배 이상 증가했다. 이렇게 보면 1997년의 외환위기 이후의 한국 복지체제에서 공적 복지제도가 확대되고 GDP 대비 사회지출이 증가한 것을 역설적이거나 예외적인 현상이라고 단정하기는 어렵다.

1997년에 한국의 GDP 대비 사회지출은 3.6%에 불과했지만, 김대중 정부의 마지막 해인 2002년에는 5.1%, 노무현 정부의 마지막 해인 2007년에는 7.6%로 증가했다. 전면적인 개방화가 이루어지고 신자유주의화가 본격화된 자유주의 정부 10년 동안에 GDP 대비 사회지출이 두 배 이상 증가한 것이다. 왜 이런 역설적인 상황이 벌어진 것일까? 루드라(Rudra)의 연구는 세계화로 대표되는 신자유주의화가 반드시 개발도상국의 사회지출을 감소시키는 것은 아니라는 점을 확인해준다.[191] 개발도상국에서도 GDP 대비 사회지출이 감소한 경우는 민주주의가 후퇴하고 노동계급의 힘이 약화된 사회였다. 반대로 노동계급의 힘이 강하고 민주주의가 유지·확대된 사회에서는 세계화와 신자유주의화에도 불구하고 GDP 대

....

191   Rudra. "Globalization and the Decline of the Welfare State in Less-Developed countries." p.432.

비 사회지출이 증가했다. 실제로 그리스의 복지 확대는 1974년 7월의 민주주의 체제로의 이행을 배제하고는 설명하기 어렵다.[192] 한국의 사회지출의 증가 또한 1987년의 민주주의 체제로의 이행과 1997년의 수평적 정권교체를 통한 민주주의의 공고화가 중요한 역할을 했다. 1987년의 민주화 이후에 보수정부 10년 동안 GDP 대비 사회지출의 연평균 증가율은 6.3%에 달했다. 더욱이 1997년의 외환위기 이후에 민주적 정권교체로 수립된 자유주의 정부 10년 동안의 GDP 대비 사회지출의 연평균 증가율은 8.8%로 GDP 경제성장률 4.9%보다 두 배 가까이 높았다.

이처럼 자유주의 정부 10년 동안 공적복지의 확대는 1987년의 민주화 이후에 노동계급과 시민사회로 대표되는 권력자원의 성장과 '선거'를 통한 정권교체라는 민주주의의 공고화와 무관한 결과라고 할 수 없다.[193] 자유주의 정부 10년 동안은 1996년의 김영삼 정부의 노동법 개악을 총파업으로 저지했던 전투적 조직노동의 힘이 여전히 남아 있고 1980년대 후반과 1990년대 중반을 거치면서 성장한 시민사회의 정치적 힘도 성장하고 있던 시기였다. 민주적 선거가 집권의 유일한 경로가 되면서 국민의 삶의 문제가 선거의 중요한 쟁점이 되었기 때문에 선거를 통해 집권하려는 정치세력은 복지 확대에 적극적일 수밖에 없었다. 이것이 자유주의 정부 10년 동안 경제성장률보다 두 배 가까이 높은 사회지출의 증가가 가능했던 이유였다. 민주노동당이 원내에 진출해 아동수당과 무상의료 같은 보편적 복지정책을 요구할 수 있었던 힘도 1987년의 민주주의로의 이행과 1997년의 정권교체를 고려하지 않고는 설명할 수 없다.

한 가지 덧붙이자면, 1997년의 외환위기 이후에 한국에서 본격적으로 신자유주의가 확대되면서도 복지지출이 증가한 데에는 1990년대 초의 소위 워싱턴 컨센서스라고 불리는 신자유주의 국제질서의 성격이 1990년대 말에 들어서면

....

192 Castles, F.(2006). "The Welfare State and Democracy: On the Development of Social Security in Southern Europe, 1960-1990." Gunther, R., Diamandouros. P., and Sotiropoulos, D. eds. *Democracy and the State in the New Southern Europe*. pp.42-86. NY: Oxford University Press.

193 Przeworski. 『민주주의와 시장』. p.34.

서 변화한 것도 중요한 역할을 했다. 본래 워싱턴 컨센서스는 제12장에서 언급한 것과 같이 "미국식 시장경제체제를 전 세계에 확산시키는 신자유주의 시대의 자본주의 세계체계의 새로운 국제질서를 상징했다. 경제위기를 겪는 국가는 IMF로부터 대부를 받을 수 있지만, 대부 조건은 자본시장의 개방과 자유화로 대표되는 신자유주의 개혁정책을 실행하는 것이었다."[194] 하지만 이러한 워싱턴 컨센서스가 동유럽과 중남미 등 개발도상국가가 직면한 문제를 해결하는 데 실패하자, 1990년대 말부터 사회안전망의 강화, 기업지배구조의 개선, 빈곤 퇴치, 신중한 자본계정의 개방 등 기존의 신자유주의 전략과는 구별되는 방향으로 변화했다.[195] IMF가 구제금융을 받은 김대중 정부에 사회안전망을 확충하라고 요구했던 것도 이러한 워싱턴 컨센서스의 내용적 변화와 관련이 있다고 할 수 있다.

물론 제2장에서도 검토했지만 자유주의 정부 10년 동안에 확대된 공적복지를 어떻게 이해할 것인가를 둘러싸고 많은 논란이 있는 것이 사실이다. 다만 모두가 동의할 수 있는 두 가지 분명한 사실을 짚어보면, 하나는 자유주의 정부 10년을 거치면서 공적복지의 역할이 중요해지기 시작했다는 것이다. 〈그림 14.25〉에서 보는 것과 같이 2001년에 처음으로 GDP 대비 사회지출 비율이 민간보험 지급 비율보다 더 높아졌고, 2007년이 되면 사회지출 비율이 민간보험 지급비율보다 1.8배나 커졌다. 자유주의 정부 10년 동안 공적복지가 명실상부하게 사회위험에 대응하는 중요한 역할을 맡게 된 것이다. 다른 하나는 사회보험제도의 대상이 확대되고 국민기초생활보장제도 같은 근대적 공공부조제도가 도입되었다는 것이다. 중요한 사회보장제도가 명목상 보편적으로 확대되고 국가가 빈곤문제를 국가의 중요한 책임으로 제도화했다는 것은 국민국가의 차원에서 복지국가가 성립되었는지의 여부를 판단하는 중요한 조건이 마련되었다는 것을 의미했다.[196]

....

194 박상현. 『신자유주의와 현대 자본주의 국가의 변화』. p.277.
195 Rodrik, D.(2011[2007]). 『더 나은 세계화를 말하다』. 제현주 역. (*One Economics Many Recipes: Globalization, Institutions, and Economic Growth*). 서울: 북돋움. p.33.
196 Pierson. *Beyond the Welfare State: The New Political Economy of Welfare*. p.103.

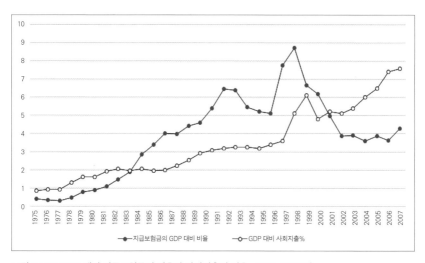

그림 14.25 GDP 대비 지급보험금의 비율과 사회지출의 비율, 1975~2007년
출처: 생명보험협회(2016). "생명보험통계: 연도별 생명보험 사업개황, 50년 통계." http://www.klia.or.kr/consumer/
consumer_0502.do, 접근일 2017년 8월 11일; OECD. *Social Expenditure Database*.

문제는 자유주의 정부의 성취라고 할 수 있는 이 두 가지 특성을 어떻게 바라볼 것인가이다. 자세한 내용은 이미 제2장에서 다루었기 때문에 여기서는 몇 가지 중요한 쟁점을 다루기로 한다. 먼저 자유주의 정부 10년 동안에 GDP 대비 사회지출 비율이 3.5%에서 7.1%로 높아진 것은 시민의 복지에 대한 국가의 공적 책임이 확대되었다는 것을 보여주는 대표적 근거가 될 수 있다. 그러나 사회지출 비율의 증가만으로는 자유주의 정부 10년 동안에 한국 복지체제의 성격이 어떻게 변화했는지를 설명할 수 없다. 왜냐하면 대표적인 신자유주의 복지체제로 알려져 있는 영국과 미국도 1980년부터 2007년까지 GDP 대비 사회지출 비율이 증가했기 때문이다. 동 기간 동안 영국은 15.6%에서 19.5%로 증가했고, 미국도 12.8%에서 15.9%로 증가했다.[197] 국가 책임의 확대, 즉 공적 사회지출이 증가가 어떤 의미를 갖는지는 개방화와 노동시장의 유연화 등 신자유주의화로 인해 발생한 사회위험에 대해 자유주의 정부가 어떻게 대응했는지를 볼 때

....

197 OECD. *Social Expenditure Database*.

이해할 수 있다. 만약 자유주의 정부가 노동과 연계된 공공부조를 강화·확대하고 사적 탈상품화라고 할 수 있는 시장의 역할을 강화하는 조치를 취했다면, 자유주의 정부 10년 동안에 한국 복지체제의 자유주의 성격이 강화되었다고 할 수 있다. 한편 자유주의 정부가 사회경제적 계층(즉, 노동시장에서의 성취)에 따라 차별적인 공적 사회보장정책을 제도화하고 성별분업에 기초해 가족의 역할을 지원하는 방식으로 공적 사회지출을 확대했다면, 한국 복지체제의 보수주의 성격이 강화되었다고 할 수 있다. 반면 복지의 대상이 시민권에 기초해 보편적으로 확대되고 그 질이 높아졌다면 한국 복지체제는 사민주의 복지체제에 조금 더 다가섰을 수 있다.

물론 이러한 대응이 빈곤과 불평등이라는 사회위험에 효과적이었는지는 다른 차원의 문제이다. 사실상 복지체제의 유형과 관계없이 모든 북서유럽의 복지체제에서 불평등과 빈곤이 증가했기 때문이다. 사민주의 복지체제인 덴마크, 노르웨이, 핀란드, 스웨덴에서도 신자유주의 시기 동안에(1980년대 중반~2010년대 초반까지) 예외 없이 불평등이 증가했다.[198] 지니계수로 측정한 불평등 수준의 변화를 보면, 덴마크는 0.221(1980년대 중반)에서 0.249(2010년대 초반)로, 노르웨이는 0.243(1990년대 중반)에서 0.253으로, 핀란드는 0.220에서 0.260으로, 스웨덴은 0.211에서 0.274로 높아졌다. OECD 전체적으로는 0.264(1980년대 중반)에서 0.315로 높아졌다. 한국이 자본주의 세계체계의 일부로 편입되어 있는 한 한국 복지체제는 '시대'로부터 자유로울 수 없다. 더불어 정권의 성격 자체를 '자유주의 정권'으로 규정한다면, 자유주의 정권에서 이루어진 복지 확대의 성격이 정권의 성격으로부터 벗어나기는 쉽지 않을 것이다. 실제로 외환위기 이후의 국제적 상황에는 김대중 정부가 신자유주의 이외에 다른 선택을 할 수 있는 조건이 형성되어 있지 않았다. 김대중 정부는 IMF의 서울지부라는 평가를 받을 정도였다.[199] 한 가지 더 덧붙이자면, 사실 경제체제를 신자유주의

....

198 OECD. "Income Inequality."
199 정태환(2009). "김대중 정권의 성격과 개혁정치: 모순과 한계." 『한국학연구』 31: 387-416.

적으로 전환하고 그 폐해를 공적복지의 확대를 통해 막겠다는 자유주의 정부의 발상은 한국처럼 공적 복지체제에 대한 사회적 합의의 역사가 짧고 제도가 취약한 사회에서 실현 가능성이 낮았다. 설령 그 발상이 실현되었다고 해도 그러한 복지체제의 지속 가능성은 보장할 수 없었다. 이제 구체적인 제도의 변화를 통해 그 성격을 고찰해보자.

3. 역진적 선별주의 복지체제의 강화와 삼중구조의 형성

1) 낮은 세금과 가처분소득

외환위기 이전까지 낮은 세금은 개발국가 복지체제라는 한국 복지체제의 핵심적 분배제도였다. 고도성장이 창출한 일자리의 임금수준은 서구 복지국가와 비교하면 상대적으로 낮았지만, 세금이 낮았기 때문에 중산층 이상은 필수적인 소비 이외에 부동산과 민간보험 등 사적 자산을 축적할 수 있는 가처분소득을 확보할 수 있었다. 개발국가는 저소득층에는 세금을 납부할 의무를 면제시켜주어 필수적인 소비에 지출할 수 있는 가처분소득을 확보할 수 있게 했다. 문제는 1997년의 외환위기로 실업과 빈곤이 급증하면서 공적복지의 확대가 불가피한 상황에서 김대중 정부가 개발국가의 낮은 세금정책을 지속했다는 점이다. 〈그림 14.26〉에서 보는 것과 같이 임금소득자 중 임금(근로)소득세를 납부하는 비율은 1997년에 68.0%에서 2002년에 51.5%로 김대중 정부 5년 동안에 16.5%포인트 (24.3%)나 낮아졌다.

1999년 6월 18일에 재정경제부 기획예산처가 발표한 '중산층 및 서민생활 안정대책'을 보면 임금소득자에 대한 다양한 감세조치가 담겨 있다. 임금소득의 과세표준에서 공제되는 소득 규모(근로소득 공제한도)를 연간 900만 원에서 1,200만 원으로 상향히고, 임금노동지의 신용키드 시용금액을 총소득의 10% 범위 내에서 연간 300만 원까지 공제해주며, 임금소득에 대한 특별공제한도를 인상하는 조치를 취했다. 또한 교육비와 의료비의 공제한도를 상향했고, 민간보험료의 공제한도를 50만 원에서 70만 원으로 높였으며, 주택구입대출금의 원리금

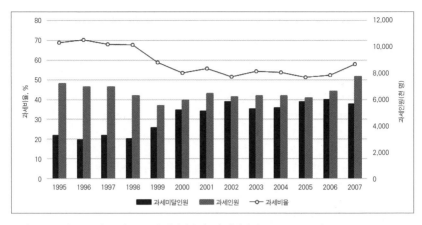

그림 14.26 임금소득자 중 임금소득세 과세비율과 (비)과세인원, 1995~2007년
출처: 통계청(2017). "e-나라지표: 근로소득세 신고(지급조서 제출) 현황." http://www.index.go.kr, 접근일 2017년 7월 1일.

상환액에 대한 소득공제한도도 연간 72만 원에서 180만 원으로 확대했다.[200] 더 나아가 '비과세 근로자우대저축'의 가입 대상을 연간 급여 2천만 원에서 3천만 원으로 상향했다. 외환위기 이전까지 임금소득에 대한 감면조치가 주로 저소득층을 위한 조치였다면, 김대중 정부는 감세정책의 대상을 중산층 이상으로 확대했다. 감세정책은 명목상으로 저소득층의 세금부담을 줄여 서민층의 생활안정을 도모하겠다는 것이었지만, 실제로는 중산층 이상에 가처분소득을 늘려주는 역진적 정책이었다. 기획예산처의 추계에 따르면, 1999년 기준으로 연간 급여가 1,200만 원인 가구의 연간 세금경감 규모는 17,000원에 불과했지만 연간 급여가 4,500만 원인 가구는 1,580,000원에 달했고, 1억 원인 가구의 감면 규모는 3,010,000원에 달했다.[201]

노무현 정부에서는 〈그림 14.27〉에서 보는 것처럼 2003년의 감세조치로 국민부담률과 조세부담률이 일시적으로 낮아졌다가 2004년부터 다시 높아졌다. 노무현 정부의 주요 감세정책은 연간 임금소득이 500~1,500만 원인 저소득층

....

200   재정경제원 기획예산처(1999). "中産層 및 庶民生活 安定對策."
201   재정경제원 기획예산처. "中産層 및 庶民生活 安定對策." p.8.

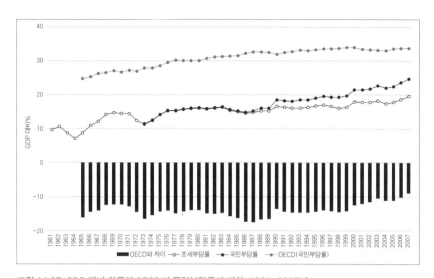

그림 14.27 GDP 대비 한국과 OECD의 국민부담률의 변화, 1961~2007년

출처: OECD. "Revenue Statistics: OECD Countries: Comparative Tables." https://stats.oecd.org/Index.aspx?
DataSetCode=REV#, 접근일 2017년 8월 11일; 통계청. "e-나라지표: 조세부담률, OECD." http://www.index.go.kr, 접근일
2017년 8월 11일.

에 대한 공제율을 45%에서 50%로 높이고 70세 이상의 노인과 장애인에 대한 공
제제도를 도입한 것과 종합소득세의 세율을 모든 구간에서 1%포인트 낮춘 것이
었다.[202] 세후 소득을 기준으로 분석한 불평등 지수(지니계수)를 보면, 1997년에
0.272에서 2002년에는 0.271로 0.001포인트 낮아졌고 노무현 정부의 마지막 해
인 2007년에는 0.283으로 0.012포인트 높아졌다.[203] 소득 1분위 대비 10분위의
상대비도 1997년에 7.5배에서 2002년에 5.8배로 낮아졌다가 2007년에는 6.7배
로 높아졌다.[204] 노무현 정부에서 세금이 불평등을 완화하는 기능이 약화되고 중
립적 성격이 강화된 것으로 보인다. 사실 조세의 위상 변화는 한국에서만 일어난

....

202 성명재(2011). "1990년대 이후 정부별 소득세 개편이 세부담 및 소득재분배에 미친 효과 분석."『재정
     학연구』4(1): 111-152. pp.119-123.
203 성명재. "1990년대 이후 정부별 소득세 개편이 세부담 및 소득재분배에 미친 효과 분석." pp.137-138.
204 노무현 정부 5년 동안에 소득하위 20%의 세금증가율이 7.2%에 그치고 소득상위 20%의 세금증가율
     이 63.7%나 증가한 것을 고려하면 모순적인 결과이다. 성명재. "1990년대 이후 정부별 소득세 개편이
     세부담 및 소득재분배에 미친 효과 분석." p.138.

일은 아니었다. 서구 복지국가에서는 1970년대의 경제위기를 거치면서 이념과 관계없이 모든 정부가 효율적인 경제운영에 조세정책이 유용한 수단이 아니라는 공감대가 형성되었다.[205] 조세정책의 목적이 과세로 인해 나타나는 시장 왜곡 현상을 최소화해 중립화하는 것으로 변화했다.[206]

전반적으로 불평등을 완화하는 기제로서의 조세의 역할이 약화되었지만, 자유주의 정부 10년 동안에 국민부담률은 지속적으로 높아져 OECD 국가와의 차이를 좁혀갔다(그림 14.27 참고). 김대중 정부의 출범 직전인 1997년에 OECD와 한국의 국민부담률의 차이는 14.3%포인트에 달했지만 김대중 정부의 마지막 해인 2002년에는 11.4%포인트로 감소했고, 노무현 정부의 마지막 해인 2007년에는 9.0%포인트로 역대 최저 수준을 기록했다. 하지만 국민부담률의 증가는 조세부담의 증가가 아닌 사회보험료의 증가에 힘입은 것이었다. 자유주의 정부 10년 동안에 사회보험이 대기업 노동자와 중소기업 정규직 노동자를 중심으로 확대되었다는 점을 고려하면, 사회보험료 중심의 국민부담률의 증가는 한국 복지체제에서 공적 사회보장제도가 대기업과 중소기업의 정규직 노동자를 선별하는 방식으로 역진성이 강화되었다는 것을 보여준다.

사회보험료의 증가에 힘입어 국민부담률이 높아졌지만 여전히 OECD 평균보다는 낮았다(OECD 평균의 65.4% 수준). 〈그림 14.28〉을 보면 임금소득 중 세금의 비중은 독일과 스웨덴의 절반에 불과했다. 평균임금소득자의 임금소득 중 세금의 비중은 김대중 정부의 마지막 해인 2002년을 기준으로 스웨덴은 47.8%이고 한국은 18.3%로 스웨덴의 38.3%에 불과했다. 노무현 정부의 마지막 해인 2007년을 기준으로 보면 스웨덴이 45.3%, 한국은 19.7%에 불과했다. 차이는 줄었지만 여전히 스웨덴의 절반에도 미치지 못했다. 자유주의 정부도 과거 권위주의 개발국가 복지체제의 핵심 분배방식인 낮은 세금이라는 유산에서 벗어나지

....

205 윤홍식. "복지국가 조세체제의 변화: 복지국가는 어떻게 조세규모를 확대했을까?" p.209; Swank and Steinmo. "The New Political Economy of Taxation in Advanced Capitalist Democracies." p.645.

206 Ganghof. "The Politics of Income Taxation: A Comparative Analysis."; Steinmo. "The Evolution of Policy Ideas: Tax Policy in the 20th Century."

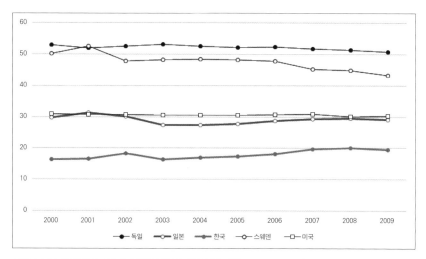

그림 14.28 평균임금 소득자의 임금소득 중 세금 부담 비율, 2000~2009년
출처: Revenue Statistics: OECD countries: Comparative tables. https://stats.oecd.org/Index.aspx?DataSetCode=REV#
접근일, 2017년 8월 11일.

못했다. 자유주의 정부의 낮은 세금 정책은 과거 권위주의 정권같이 소득상위계층에 자산을 축적할 수 있는 경제적 여유를 제공해 소득계층 간에 민간보험, 부동산 등과 같은 사적 자산 축적의 불평등을 확대하는 역진적 선별성을 강화했다. 더욱이 경제체제를 검토하면서 언급한 것처럼, 사적 자산의 불평등은 자유주의 정부가 추진한 금융화 정책과 맞물리면서 한국 사회에서 사적 보장체계의 역진적 선별성을 더욱 가속화시켰다.

쟁점은 이러한 자유주의 정부의 조세정책을 신자유주의적이라고 규정할 수 있는지의 여부이다. 김대중·노무현 정부가 감세를 단행했다는 점에서 자유주의 정부의 조세정책을 신자유주의적이라고 할 수 있지만, GDP 대비 국민부담률이 지속적으로 높아졌다는 점을 고려하면 자유주의 정부의 조세정책이 신자유주의적이었다고 평가하기에는 논란의 여지가 있다. 사실상 GDP 대비 국민부담률이 낮아져서 OECD 평균과 격차가 벌어진 시기는 이명박 정부가 출범한 이후였기 때문이다. 더욱이 역사적으로 감세를 통해 가구의 가처분소득을 늘리는 정책은 1960년대의 권위주의 개발국가 이래 한국 복지체제의 특성이었다는 점에서 김

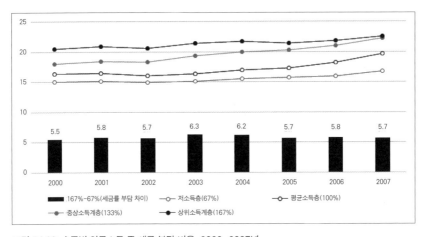

그림 14.29 수준별 임금소득 중 세금 부담 비율, 2000~2007년

출처: OECD. "Revenue Statistics: OECD Countries: Comparative Tables." https://stats.oecd.org/Index. aspx?DataSetCode=REV#, 접근일 2017년 8월 11일.

대중·노무현 정부의 감세정책은 신자유주의 정책이라기보다는 권위주의 개발 국가의 유산이 지속된 것이라고 평가하는 것이 더 적절해 보인다.

또 다른 논란은 〈그림 14.29〉에서 보는 것처럼 노무현 정부가 출범하면서 모든 소득계층의 세 부담이 조금씩 높아졌지만 상대적으로 고소득계층이 아닌 중상위소득계층과 평균소득계층의 세 부담이 더 늘었다는 점이다. OECD 자료에 따르면, 임금소득에서 세금이 차지하는 비중은 상위소득계층과 저소득계층이 2002년에 각각 20.6%와 14.9%에서 2007년 22.5%와 16.8%로 1.9%포인트 증가하는 데 그쳤지만, 중상위계층은 동 기간 동안 18.3%에서 22.2%로 3.9%포인트 증가했고 평균소득계층은 16.1%에서 19.7%로 3.5%포인트 증가했다. 노무현 정부 기간 동안에 상대적으로 중간소득계층의 세 부담이 증가한 것이다. 마지막으로, 자유주의 정부 10년 동안에도 여론은 증세에 부정적이었다. 노무현 정부가 소수의 자산가에게만 부과했던 종합부동산세에 대해 광범위한 저항이 있었던 이유는 권위주의 개발국가 복지체제 이래로 공적 복지를 대신했던 '저(低)세금 기조'로부터 벗어나려는 자유주의 정부의 시도에 대한 사회적 저항 때문이었다.

2) 사적 탈상품화

부동산

1990년대 후반부터 국민의 다수가 소유하고 있는 주택 같은 자산의 가치를 높여 수요와 경제성장을 촉진하는 정책이 서구 복지국가에서 광범위하게 확산되었다. 로버트 브레너(Robert Brenner)가 일명 '주식시장 또는 자산 가격 케인스주의(stock market, or asset price, Keynesinism)'라고 부른 이러한 경기부양책은 1960년대 후반부터 미국에서 제조업의 이윤율 저하를 해결하는 방식으로 사용되었고, 앨런 그린스펀(Alan Greenspan)이 미국 연방준비제도이사회 의장으로 재직하던 1990년대 이후에 본격화되었다.[207] 쟁점은 자산이 공적 사회보장제도를 대체하는 효과를 갖기 때문에 자산 가격이 상승할수록 공적복지에 대한 시민들의 선호가 낮아진다는 것이었다. 2009년의 국제사회조사(the International Social Survey)에 따르면, 자산 가격이 높은 국가일수록 재분배정책에 대한 지지가 낮게 나타났다.[208] 한국복지패널을 분석한 연구에서도 보유하고 있는 자산 가격이 높을수록 복지 확대에 대해 부정적으로 생각하는 것으로 나타났다.[209] 이러한 논의에 근거한다면 김대중 정부와 노무현 정부 시기에 폭등한 부동산 가격은 공적복지를 확장하는 데 필요한 사회적 합의를 어렵게 했다고 추정할 수 있다. 부동산 가격의 상승은 단순히 부동산 문제가 아니었다.

〈그림 14.30〉에서 보는 것처럼 1986년을 100으로 했을 때 주택 매매가격은 노태우·김영삼 정부 시기에는 거의 변화가 없었지만 1998년부터 급격히 상승하기 시작해 자유주의 정부 기간 내내 높아졌다. 전국의 주택 매매가격 지수는 김대중 정부 5년 동안에 16% 높아졌고, 노무현 정부 기간 동안에는 24%나 높아졌

....

207 Norris, M. and Byrne, M.(2015). "Asset Price Keynesianism, Regional Imbalances and the Irish and Spanish Housing Booms and Busts." UCD Geary Institute For Public Policy Discussion Paper Series. p.3; Brenner, R.(2006). *The Economics of Global Turbulence: The Advanced Capitalist Economies from Long Boom to Long Downturn, 1945-2005.* New York: Verso. p.293.

208 Ansell, B.(2012). "Assets in Crisis: Housing, Preferences and Policy in the Credit Crisis." *Swiss Political Science Review* 108(2): 383-402. p.534.

209 김항기·권혁용(2017). "부동산과 복지국가: 자산, 부채, 그리고 복지태도."『한국정치학보』51(1): 261-285. pp.275-278.

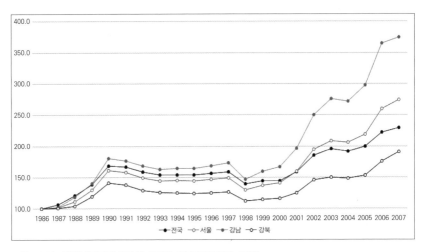

그림 14.30 주택 매매가격 증감률, 1986~2007년(1986=100)
출처: 통계청. "e-나라지표: 주택매매가격 동향." http://www.index.go.kr, 접근일 2017년 8월 11일.

다. 서울 강남의 주택 가격은 더 급격하게 상승해 동 기간 동안 각각 44%와 50%
높아졌다. 강남의 주택 매매가격 지수는 자유주의 정부 10년 동안에 116.2%나
상승했다. 이러한 현상은 외환위기에 직면한 김대중 정부가 건설업의 도산을 막
고 건설업을 일자리 창출과 경제 활성화의 수단으로 이용했던 것과 관련이 있
다.[210] 김대중 정부는 주택의 공급과 수요를 활성화시키기 위해 규제완화, 조세감
면의 확대, 주택자금의 지원과 청약 조건 등을 완화하는 조치를 취했다. 노태우
정부가 부동산 가격을 안정시키기 위해 활용했던 '토지공개념'이 위헌 판결을 받
았던 상황도 자산 가격의 상승에 기여했을 것으로 보인다.[211] 노무현 정부는 부동
산 거래의 투명성을 높이고 주택정책을 경기활성화를 위한 정책수단으로 활용하
지 않았다는 점에서 역대 정부와 차별적인 부동산정책을 실행했지만, 주택 공급
을 총량 차원에서 접근해 수도권을 중심으로 부동산 가격을 폭등시키는 결과를

....

210 변창흠(2014). "민주 정부 10년의 부동산 정책: 평가와 남겨진 과제." 이병천·신진욱 편. 『민주정부 10
    년, 무엇을 남겼나』. pp.381-412. 서울: 후마니타스. pp.389-390.
211 국가기록원. "택지소유상한제, 토지초과이득세, 개발부담금제."

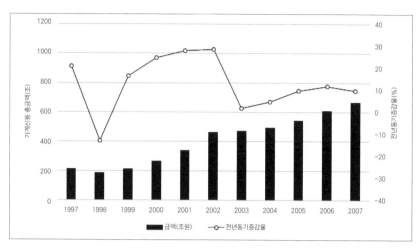

그림 14.31 가계신용 동향: 가계신용의 규모와 증가율, 1997~2007년
출처: 통계청(2017). "e-나라지표: 가계신용 동향."

초래했다.[212] 결국 자유주의 정부가 부동산 가격을 안정시키는 데 실패하면서 자산 가격이 급등했고 사회적 연대에 기초한 공적복지에 대한 시민의 지지를 약화시켰던 것으로 보인다.

하지만 자산 가격의 상승이 가계부채의 상승과 동반되었다면 이야기는 복잡해진다. 앞서 검토했듯이 자산 가격의 상승은 복지 확대에 대한 부정적 여론을 확산시키지만 가계부채의 증가는 자산 가격의 상승과는 반대로 복지 확대에 우호적인 여론을 확산시킬 수 있기 때문이다.[213] 한국복지패널을 분석한 연구에서도 부채비율이 높을수록 복지 확대에 대한 선호가 높은 것으로 나타났다.[214] 〈그림 14.31〉을 보면 1997년의 경제위기 이후에 가계신용이 지속적으로 증가했다.[215] 전년 동기 대비 증가율을 보면 1998년을 제외하고 김대중 정부 기간 동안에 연

....

212   변창흠. "민주 정부 10년의 부동산 정책." pp.399-402.
213   Ansell. "Assets in Crisis: Housing, Preferences and Policy in the Credit Crisis."
214   김항기·권혁용. "부동산과 복지국가: 자산, 부채, 그리고 복지태도." p.280.
215   가계신용은 일반 가정이 은행 등의 금융기관에서 대출받은 가계대출과 신용카드같이 외상으로 물품을 구입한 대금인 판매신용으로 구성된다. 통계청. "e-나라지표: 가계신용 동향." http://www.index.go.kr/potal/main/EachDtlPageDetail.do?idx_cd=1076

평균 24.4%라는 높은 증가율을 기록했다. 증가율은 노무현 정부의 출범 이후에 감소했지만 집권 후반기로 갈수록 높아졌다. 가계신용의 규모는 1998년에 183.6 조 원으로 최저치를 기록한 이후에 2007년까지 계속 상승해 2007년에는 1998년 의 3.6배에 달하는 607조 원으로 증가했다. 이는 2007년 GDP(1,043.3조 원)의 58.2%에 이르는 규모였다. 자산 가격의 상승이 공적 사회보장제도보다는 민간 보험, 저축, 부동산 등과 같은 사적 탈상품화 기제에 대한 사람들의 선호를 높였 겠지만, 자산 가격의 상승이 부채의 증가를 동반하면서 공적복지에 대한 선호 또 한 높아지는 모순적인 상황이 발생했을 것이다. 현재로서는 자유주의 정부 10년 동안의 자산 가격 상승과 부채 증가가 공적복지의 확대와 어떤 관계에 있는지 확 인할 수 있는 자료는 없다. 다만 노무현 정부 시기의 종합부동산세에 대한 국민 적 저항은 바로 한국 복지체제에서 자산이 갖는 위치를 간접적으로 확인해주는 사례라고 할 수 있다.

금융자산

금융자산 또한 한국 복지체제의 사적 보장 영역에서 역진적 선별성을 보여 주는 대표적인 항목이다. 특히 경제위기 이후에 김대중·노무현 정부가 추진한 금융화정책은 생명보험, 개인연금 등 민간보험 시장을 확대했다. 〈그림 14.32〉 를 보면 자유주의 정부 10년 동안에 민간생명보험의 계약건수, 수입보험료, 국 민 1인당 보유액이 급격히 증가했다. 민간생명보험의 수입보험료는 1997년에 49조 원에서 2007년에 75조 원으로 증가했고, 국민 1인당 보유액은 1,208만 원 에서 3,393만 원으로 증가했다. 보험사가 지급한 보험료도 41.2조 원에서 44.9 조 원으로 증가했다. 퇴직연금과 개인연금이 확대된 것도 사적 보장체계의 중 요한 변화 중 하나였다. 김영삼 정부 시기에 노사정위원회에서 처음으로 퇴직 금을 퇴직연금으로 전환할 수 있는 근거규정을 신설하는 것에 합의한 이후에 2005년 12월에 '근로자 퇴직 급여보장법(일명 퇴직연금)'이 법제화되었다.[216] 개

....
216 경제사회발전노사정위원회. 『한국의 사회적 합의, 1993~2015』. p.291; 김수성(2010). "퇴직연금제도

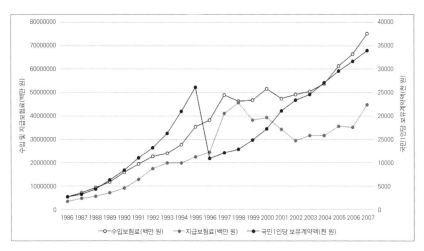

그림 14.32 민간생명보험의 수입보험료, 지급보험료, 국민 1인당 보유계약액, 1986~2007년
출처: 생명보험협회. "생명보험통계: 연도별 생명보험 사업개황, 50년 통계."

인연금은 1994년에 제도화된 이후에 정부의 세제지원을 통해 지속적으로 그 규모가 확대되었다.

먼저 퇴직연금을 보면, 2008년 2월 현재 전체 5인 이상 사업장의 6.5%인 32,647개소만이 퇴직연금제도를 도입했고 5인 이상 사업장의 전체 상용노동자의 8.5%인 582,800명만이 퇴직연금에 가입해 있는 것으로 나타났다.[217] 기업 규모별 가입률을 보면, 상대적으로 규모가 작은 10~29인 사업장의 퇴직연금 가입률은 5.2%에 불과했지만 500인 이상 기업의 가입률은 15.2%에 달했다. 기업 규모가 클수록 퇴직연금의 도입 비율이 더 높았다. 5인 미만 사업장의 경우에는 퇴직연금 자체가 고려되지 않는다는 점에서, 퇴직연금이 상대적으로 고용이 안정적이고 임금수준이 높은 대기업 노동자의 사적 노후소득보장제도가 되어가고 있다는 것을 알 수 있다. 실제로 경제활동인구조사 부가조사 자료를 분석한 결과에 따르면, 2007년 3월 현재 정규직 노동자의 퇴직금 적용률이 97.9%에 이른 데 빈

....

의 활성화를 위한 연금소득 과세 개선방안."『조세연구』10(1): 378-422. p.379; 송원근(2007). "퇴직연금제 도입 현황과 문제점."『경제와 사회』73: 99-128. p.100.
217 고용노동부(2008). "08. 2월말 기준 퇴직연금제도 도입 현황."

해 비정규직 노동자의 적용률은 21.8%에 불과했다.[218] 다만 퇴직연금의 적립금 규모가 2008년 2월 말 현재 2.9조 원으로 가입자 1인당 498만 원이 적립되어 있어[219] 중·상위 임금소득자에게 유의미한 사적 노후소득보장제도로 자리 잡을지는 조금 더 지켜볼 필요가 있다.

퇴직연금이 기업복지라는 특성을 갖고 있다면, 개인연금은 개인이 임의로 선택하는 민간금융상품이다. 개인연금 가입률은 2005년에 22.7%에서 2008년에 31.8%로 증가했다.[220] 개인연금은 임의가입이기 때문에 중도에 해지하는 경우가 있지만, 중도에 해지할 경우에 기존의 세금감면액을 다시 납부해야 하기 때문에 일정 수준의 강제력을 갖고 있다. 여하튼 개인연금은 개인의 노후소득보장에 사적으로 대응하는 것으로 사회적 연대와는 무관하며, 가입자 대부분이 소득분위 중·상위계층이라는 점을 고려하면 (모든 사적 보장제도가 그렇듯이) 상위소득 편향적인 사적 보장제도라고 할 수 있다. 1994년의 개인연금 도입 당시에 불입액의 40%인 연 72만 원까지 소득공제를 해주었고, 2001년에 조세특례제한법이 신설되면서 소득공제가 폐지되고 세액공제로 전환되었다. 연간 1,800만 원까지 납입액의 12%를 공제해주며 공제금액한도는 연간 48만 원까지였다(퇴직연금이 추가된 경우에 60만 원까지).[221] 특히 〈그림 14.33〉에서 보는 것처럼 2001년에 세금공제가 되지 않는 투자상품인 개인연금이 도입되면서 개인연금의 적립금은 1997년에 13.4조 원에서 1997년에 94.8조 원으로 불과 10년 만에 무려 7.1배 급증했다. 김대중·노무현 정부의 개인연금 확대 정책은 1997년의 외환위기 당시에 세계은행이 한국에 요구했던 신자유주의적인 다층적 노후소득보장체계가 제도화되었다는 것을 의미한다. 문제는 퇴직연금과 개인연금 모두 민간보험이라는 제도의 성격상 보편적인 노후소득보장제도가 되기 어렵다는 점이다. 자유주의 정부 10년 동안에 급격히 증가한 중산층의 개인연금 가입률과 적립금 규모는 이후

....

218 김유선(2007). "2007 비정규직 규모와 실태." 한국노동사회연구소.
219 고용노동부. "08. 2월말 기준 퇴직연금제도 도입 현황."
220 주은선(2009). "신자유주의 시대의 연금개혁." 『경제와 사회』 84: 70-107. p.101.
221 국세청(2016). "원천징수(연말정산)안내: 그 밖의 소득공제." https://www.nts.go.kr

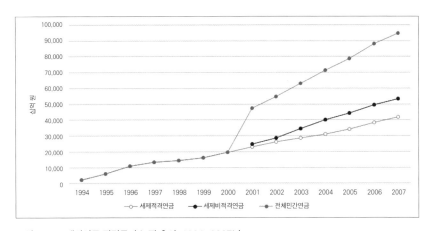

그림 14.33 개인연금 적립금의 누적 추이, 1994~2007년

출처: 오진호(2013). "사적연금 적립금 추이전망." 통계개발원 편. 『2013년 하반기 연구보고서 제Ⅱ권』. 통계개발원. p.252.

의 공적복지의 확장에 장애요인으로 작용할 가능성이 높았다. 공적 연금만으로는 적절한 노후소득을 보장받기 어려운 상황에서 중산층이 노후를 기업연금(퇴직연금)과 개인연금에 의존하는 구조가 만들어졌기 때문이다.

사적 보장과 관련해 놓치지 말아야 할 또 다른 특성은 민간생명보험의 보험료수입이 늘어난 것에 비례해 보험료의 지급 규모가 증가하지 않았다는 점이다. 특히 1997년의 외환위기 이후부터 2002년까지 보험료지급액이 감소했고 2003년부터는 증가했지만 여전히 보험료 수입에 미치지 못했다. 1997년 이전까지 수입보험료와 보험료지급액의 차이가 크지 않았다는 점을 고려하면 이례적 현상인데, 이는 민간보험의 역할 변화와 밀접한 관련이 있다. 1997년의 외환위기 이전까지 민간보험은 중간계층 이상에 공적 사회보장제도를 대신해 사회위험에 대응하는 사적 보장체계로서 기능했다. 그러나 앞서 언급했듯이 김대중 정부 이후에 신자유주의 금융화가 진행되면서 개인과 가족의 사회위험에 대응하는 민간보험의 보장적 성격이 약화되고 변액보험과 종신보험 등과 같은 투자적 성향이 강화되었다.[222] 민

....

222 이지원·백승욱(2012). "한국에서 생명보험의 신자유주의적 전환." 『한국사회학』 46(2): 88-122; 장진호(2014). "1997년 외환위기 이후 일상생활의 금융화." 이병천·신진욱 편. 『민주정부 10년, 무엇을 남겼나』. pp.345-380. 서울: 후마니타스.

간보험을 선택하는 기준이 사회위험에 얼마나 잘 대응하느냐가 아니라 얼마나 많은 수익을 낼 수 있느냐로 전환된 것이다. 민간보험의 성격이 보장형에서 투자형으로 변화하면서 민간보험회사의 수익은 증가했지만 사적 보장제도로서 민간보험의 역할은 급격히 약화되었다.

주식시장의 부상도 주목할 만한 변화였다. 특히 노무현 정부에서는 대통령이 직접 나서서 간접투자(펀드투자)를 독려하는 일까지 벌어졌다. 노무현 대통령은 2005년 7월 17일에 국회의장 공관에서 진행된 5부 요인 만찬장에서 "부동산 투기를 하지 않고 주식을 사는 국민이 늘어나는 것이 좋다."라고 발언했고, 일주일 후인 7월 22일에는 8천만 원을 펀드에 직접 투자했다.[223] 금융산업화정책으로 주식투자 인구는 1997년에 133만 명에서 2002년에 397만 명으로 급증했고 2007년이 되면 444만 명으로 증가했다. 2007년 기준으로 전체 경제활동인구의 18.5%가 주식투자에 참여했다.[224] 자유주의 정부 10년 동안에 시민의 일상이 금융화되었고, 이에 따라 사적 보장제도로서의 역할을 수행했던 사적 금융자산도 그 성격이 변화했다. 문제는 여전히 취약한 공적 사회보장체계와 외환위기 이후에 심화된 고용불안으로 인한 가구소득의 금융화가 내수를 위축시키면서 생산과 소비의 선순환을 통한 한국 사회의 성장 동력을 위축시켰다는 점이다. 실제로 사회보장제도가 잘 갖추어져 있지 않고 노동시장이 불안정한 중국 같은 개발도상국뿐만 아니라 독일 같은 선진 산업국가에서도 공적복지의 축소는 가구의 사적 저축을 증가시켜 내수를 위축시키는 원인으로 지목되고 있다.[225]

....

223 동아일보(2005). "투기-투자 명확한 구분 가능한가." 『동아일보』. 2005년 8월 1일. http://news.don-ga.com/View?gid=8215026&date=20050801, 접근일 2017년 9월 6일.
224 장진호. "1997년 외환위기 이후 일상생활의 금융화." pp.374-375.
225 Kumhof, M. and Rancière, R.(2010). "Inequality, Leverage and Crises." *IMF Working Paper*, 268 (WP/10/268); Carlin, W. and Soskice, D.(2009). "German Economic Performance: Disentangling the Role of Supply-side Reforms, Macroeconomic Policy and Coordinated Economy Institutions." *Socio-Economic Review* 7(1): 67-99. p.68.

가족 간 소득이전

가족 간 사적 소득이전은 공적 소득보장체계가 취약했던 한국 복지체제에서 중요한 사적 보장제도의 역할을 해왔다. 특히 소득이 낮을수록 가족 간에 사적 소득이전을 받는 비율이 높았다는 점을 고려하면, 사적 소득이전은 저소득층에 중요한 사적 보장제도였던 것으로 보인다. 물론 소득이 낮은 계층의 가구소득구성에서 사적 소득이전의 비중이 높은 것은 한국만의 특성은 아니다. 미국에서도 소득이 낮은 계층의 가구소득에서 사적 이전소득의 비중이 컸다.[226] 사적 소득이전을 받는 가구의 비율도 저소득층이 고소득층보다 더 높았다. 한국도 2003년 기준으로 소득분위별 사적 이전을 받는 가구의 비중을 보면, 소득 1분위 가구의 경우에 46.5%인 데 반해 5분위 가구의 경우에 20.5%만 사적 소득이전을 받는 것으로 나타났다.[227] 전체 가구소득에서 사적 이전이 차지하는 비율도 1분위 가구의 경우에 26.9%에 달하는 데 반해 5분위 가구는 1.8%에 불과했다.

〈그림 14.34〉에서 보는 것처럼 사적 이전소득을 받는 가구의 비율은 1997년에 24.1%에서 2007년에 47.5%로 급증했다.[228] 자유주의 정부 10년 동안에 공적 복지가 확대되었다는 점을 고려하면 의외의 결과였다. 하지만 사적 소득이전을 받는 가구의 평균 이전 금액은 1997년에 연평균 33.5만 원(월 2.8만 원)에서 외환위기 직후인 1998년에 21.5만 원(월 1.8만 원)으로 감소했는데, 2007년에도 31.1만 원(월 2.6만 원)으로 외환위기 이전 수준을 회복하지 못했다.[229] 동 기간 동안 국민 1인당 총소득(GNI)이 1,147만 원에서 2,136만 원으로 86.2% 증가한 것과는 대조적이다.[230] 이러한 결과는 외환위기 이후에 사적 보장제도로서 사적 소득

....

226 McGarry, K. and Schoeni, R.(1995). "Transfer Behavior in Health and Retirement Study: Measurement and the Redistribution of Resources Within the Family." *The Journal of Human Resources* 30: 185-226.

227 성재민(2006). "한국노동패널조사에서 나타난 사적이전." 『노동리뷰』 15: 75-83. pp.77-79.

228 전승훈·박승준(2011). "공적이전소득이 사적이전소득에 미치는 영향 분석." 『한국경제연구』 29(4): 171-205. p.178.

229 전승훈·박승준. "공적이전소득이 사적이전소득에 미치는 영향 분석." p.178.

230 통계청(2017). "국민총소득." http://www.index.go.kr, 접근일 2017년 9월 6일.

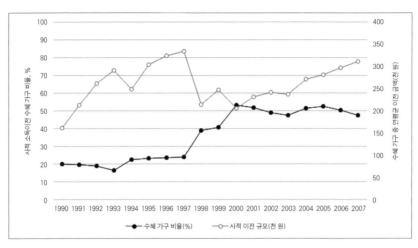

그림 14.34 사적 소득이전 수혜 가구의 비율 및 연평균 이전 금액, 1990~2007년
출처: 전승훈 · 박승준. "공적이전소득이 사적이전소득에 미치는 영향 분석." p.178.

이전의 기능이 급격히 약화되었다는 사실을 확인해준다. 정리하면, 사적 탈상품
화를 담당했던 한국의 사적 보장제도 중 부동산과 민간보험은 중·상위층의 사적
보장제도로 여전히 기능하고 있으나 그 역할이 사회위험에 대비하는 보장적 성
격에서 투자적 성격으로 변화했고, 저소득층의 사적 보장제도로 중요한 역할을
했던 사적 소득이전은 그 규모가 급격히 축소되어갔다. 자유주의 정부 10년 동안
에 사적 보장제도는 소수의 중·상위소득계층만을 위한 제도로 고착화되어갔다.
사적 보장제도에 역진적 선별성이 강화된 것이다.

3) 공적 탈상품화: 역진적 선별성의 변화
공적 사회지출의 구성[231]
　　비정규직과 영세자영업자의 절대 다수가 사회보험으로부터 배제되어 있다
는 점을 고려하면, GDP 대비 사회지출의 구성에서 사회보험의 비중이 증가했다

....

231　공적 사회지출의 구성을 사회보험과 비사회보험으로 구분한 통계자료가 없기 때문에 여기서는 GDP
　　대비 사회지출에서 사회보장세를 제외한 비율을 비사회보험지출 비율로 산정했고, 사회보험지출 비율
　　은 사회보장세에서 가장 적립금의 규모가 큰 국민연금 적립금을 제외한 비율로 계산해 비교했다. 국민

는 것은 자유주의 정부 10년 동안에 공적 탈상품화의 역진적 선별성이 강화되었다는 것을 의미한다. 물론 GDP 대비 사회보험지출 비율의 증가가 대상의 확대로 인한 것이라면 문제는 조금 복잡해진다. 하지만 정규직과 비정규직으로 대표되는 노동시장의 이중구조가 강화되는 맥락 속에서 사회보험지출 비율이 높아졌다는 것은 분배체계라는 큰 틀에서 공적 사회보장제도의 역진적 선별성이 강화되었다는 것을 의미한다. 반면 비사회보험지출 비율이 높아졌다는 것은 공적 사회보장의 확대가 노동시장에서의 성취와 무관하게 이루어졌다는 것을 의미한다.

〈그림 14.35〉는 자유주의 정부 10년 동안에 GDP 대비 사회지출의 구성에서 사회보험과 비사회보험의 지출 비율이 어떻게 변화했는지를 GDP 대비 사회보험료에서 국민연금 적립금 부분을 제외한 방식으로 보여주고 있다. 1990년에 들어서면서 GDP 대비 사회지출 중 사회보험지출 비중이 전반적으로 증가하기 시작했다. 이러한 변화는 노태우 정부에서 의료보험의 가입대상을 농어민(1988년), 도시자영업자(1989년)로 확대한 결과를 반영한 것이라고 판단된다.[232] 물론 국민연금이 도입되었지만 노후소득보장제도의 특수성으로 인해 제도 도입과 동시에 급여대상자가 발생하지 않기 때문에 국민연금의 제도화가 사회보험지출 비율의 즉각적인 확대로 나타나지는 않았다. 민주화와 함께 진행된 사회보험의 확대라는 전반적인 경향 속에서 김대중 정부는 사회보험의 대상을 확대해 이러한 경향을 강화하는 조치를 취했다. 노무현 정부가 출범한 2003년에 GDP 대비 (국민연금 적립금을 제외한) 사회보험지출 비율과 비사회보험지출 비율 간의 격차가 2.28%포인트로 역대 최고치를 기록한 이후에 사회서비스와 공공부조 등 비사회보험지출이 확대되면서 사회지출에서 사회보험지출이 차지하는 상대적 비중이 다소 감소했다.

....

연금 적립금을 제외했지만, GDP 대비 사회보험지출 비율은 건강보험료 적립금 등에 의해 부분적으로 과대평가되었을 수 있다. 다만 건강보험료 적립금이 가장 컸던 2015년의 신규 건강보험 적립금 규모가 GDP의 0.029%(4,587억 원)이었다는 점을 고려하면, 지출되지 않고 적립된 건강보험 적립금이 사회보험지출 비율에 미친 영향은 제한적이라고 할 수 있다. KOSIS(2017). "연도별 건강보험 재정현황." http://kosis.kr/statHtml/statHtml.do?orgId=350&tblId=TX_35001_A023#, 접근일 2018년 8월 7일.
232 김연명(1989). "한국 의료보험제도의 발달 및 행태 규정 요인에 대한 연구." 보건사회연구회 편.『한국 의료보장연구』. pp.99-120. 서울: 청년세대.

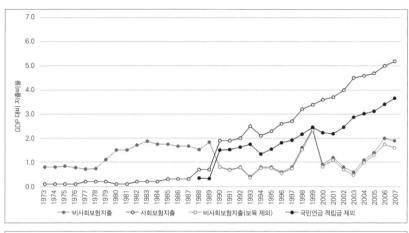

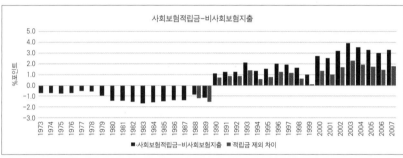

그림 14.35 GDP 대비 사회지출의 구성 변화: 사회보험 대 비사회보험

출처: OECD(2018). *Social Expenditure Database*; 통계청(2018). "e-나라지표: 국민연금 재정현황." http://www.index.
go.kr/potal/main/EachDtlPageDetail.do?idx_cd=2764, 접근일 2018년 8월 7일; 통계청(2018). "e-나라지표: 국내총생산 및
경제성장률(GDP)." http://www.index.go.kr/potal/main/EachDtlPageDetail.do?idx_cd=2736, 접근일 2018년 8월 7일.

다음으로 사회지출의 구성을 현금과 현물 기준으로 보면, 〈그림 14.36〉에서
와 같이 1997년의 외환위기를 거치면서 현물 중심으로 변화한 것을 관찰할 수
있다. 물론 외환위기 이후에 급증한 실업과 빈곤 문제에 대응하기 위해 1998년과
1999년에 현금급여가 급증한 것은 사실이지만, 이러한 현상은 급증한 실업문제
에 대응하기 위한 임시적 성격이 강했다. 실제로 1997년에 편성된 1998년의 실
업 관련 예산은 1조 35억 원에 불과했다.[233] 그러나 실업문제가 예상보다 심각해

....

233 허선(2000). "빈곤가구에 대한 정부의 대응." 김동춘 · 노대명 · 장세훈 · 정건화 · 류정순 · 손병돈 · 허선.

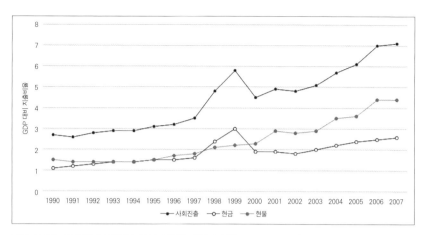

그림 14.36 GDP 대비 사회지출 구성의 변화: 현물과 현금, 1990~2007년

출처: OECD.Stat, Social Expenditure-Aggregated data. https://stats.oecd.org/Index.aspx?DataSetCode=SOCX_AGG, 접근일 2017년 8월 6일.

지자 김대중 정부는 1998년 3월 26일에 실업에 대한 종합대책을 발표하고 실업 대응예산을 7조 9,020억 원으로 증액하고 다시 추경을 편성해 10조 707억 원으로 증액했다. 1999년의 실업예산은 당초 13조 1,859억 원에서 16조 539억 원으로 다시 증액된다. 실업문제가 진정 국면에 들어선 2001년부터는 현물 지출이 현금 지출보다 더 빠른 속도로 증가해 현물 중심의 지출 구조가 만들어졌다. 특히 노무현 정부 시기의 보육서비스로 대표되는 사회서비스의 확대는 GDP 대비 사회지출에서 현물 비율이 높아지는 중요한 원인이 되었다. 2006년에 GDP 대비 현금과 현물 지출 비율의 차이가 2.3%포인트로 벌어져서 현물 지출이 현금 지출의 두 배나 되었다. 이러한 현상은 김대중·노무현 정부가 노동시장 참여를 전제한 생산적(김대중 정부)·사회투자적(노무현 정부) 성격의 복지를 확대하려고 했기 때문인 것으로 보인다.[234] 현금급여를 최소화하는 대신 인적자본 형성과 관련이 있는 사회서비스를 중심으로 사회지출을 확대한 것이다.

....

『IMF 이후 한국의 빈곤』. pp.225-261. 서울: 나남출판. p.226.

234 이태수(2014). "보편적 복지국가로 가는 길에서 민주 정부 10년의 복지정책." 이병천·신진욱 편. 『민주 정부 10년, 무엇을 남겼나』. pp.535-570. 서울: 후마니타스.

마지막으로 OECD가 분류한 주요 항목별 구성비의 변화를 보면, 외환위기 직전인 1996년에 건강, 연금, 장애, 가족, 기타 등의 순이었는데 외환위기 직후인 1998년에는 연금, 건강, 장애, 적극적 노동시장 정책 등의 순으로 변화했다 (그림 14.35 참고). 외환위기가 안정된 2001년 이후에는 대체로 건강, 연금, 장애, 기타 순이었다. 1997년의 외환위기를 전후해 상대적으로 지출 규모가 증가한 분야는 노인에 대한 현금급여, 적극적 노동시장 정책과 관련된 지출, 실업과 관련된 급여였다. 적극적 노동시장 정책과 관련된 지출이 증가한 것은 김대중 정부의 실업대응정책의 핵심이 공공근로사업이었기 때문에 나타난 현상으로 보인다. 1999년 4월의 추경예산을 포함한 실업자 생활보호예산 7조 6,599억 원 중 공공근로사업 예산은 2조 3,500억 원으로 전체 예산의 30.7%에 달했다.[235] 상위 순위에 들지는 못했지만 노무현 정부의 출범과 함께 가족에 대한 지출 비율이 증가한 것도 주목할 만하다. 2002년에 GDP 대비 0.1%에 불과했던 가족에 대한 지출이 2003~2005년에는 0.2%, 2006년에는 0.5%까지 상승했다. 특히 2005년 이후에 가족에 대한 지출이 급증한 이유는 2005년 5월 18일에 '저출산고령사회기본법'이 제정되고 저출산에 대한 대응정책으로 가족에 대한 사회서비스가 증가했기 때문이다.[236] 김대중 정부에서 사회보험과 관련된 지출이 증가했다면, 노무현 정부에서는 사회서비스 관련 지출이 증가했다. 이어지는 논의에서는 주로 사회보장 제도를 중심으로 자유주의 정부 10년 동안에 제기되었던 주요 쟁점을 중심으로 검토했다.

사회보험

자유주의 정부 10년 동안의 사회보험과 관련해서는 크게 의료보험, 국민연금 등 사회보험의 사각지대 문제에 대해 주목할 필요가 있다.[237] 먼저 의료보험과

....

235 허선. "빈곤 가구에 대한 정부대책." p.226.
236 인구정책50년사 편찬위원회(2016). 『한국 인구정책 50년: 출산억제에서 출산장려로』. 서울: 보건복지부·한국보건사회연구원.
237 노무현 정부의 마지막 해인 2007년에 제도화된 노인장기요양보험은 노인 돌봄의 사회적 책임을 공식

관련해서는 1999년 1월에 '국민건강보험법'이 제정되고 다음해인 2000년 7월에 600개가 넘는 의료조합이 건강보험으로 통합된다. 1976년의 의료보험법 2차 개정으로 시작된 직장과 지역에 기초한 조합주의 방식의 의료보험이 직역을 통합한 단일한 국민보험 방식의 건강보험으로 전환된 것이다(제11장 참고). 노동시장에서의 성취에 기초하고 직역이 분리된 보수주의적 사회보험체계에서 전체 국민을 대상으로 하는 전국민건강보험(National Health Insurance, NHI) 방식으로 전환되었다고 할 수 있다.

한국 복지국가의 역사에서 전국민건강보험의 출범이 갖는 의미는 크게 세 가지로 정리할 수 있다. 먼저, 아래로부터의 운동을 통해 조합주의 의료보험체계를 단일한 국민건강보험체계로 통합했다는 점이다. 이러한 사례는 한국이 유일할 정도로 2000년의 단일 건강보험의 출현은 한국 복지국가의 역사에서 중요한 의미를 갖는다.[238] 둘째, 전국민건강보험의 출연으로 사회위험에 대한 연대가 조합과 지역이라는 분절된 단위에서 전체 국민으로 확대되었다는 점이다. 마지막으로, 소득과 자산에 따라 의료보험을 공평하게 부과할 수 있는 기초가 만들어졌다는 점이다.

이렇듯 국민건강보험의 출범은 역사적으로 매우 큰 의미를 갖고 있지만, 통합은 쉽지 않았다. 김대중 정부의 출범 이전에 이미 몇 차례 시도가 있었지만 성공하지 못했다. 민주노총, 전농, 진보적 의료단체와 사회복지학자들이 1988년에 '전국의료보험대책위원회', '의료보장쟁취공동위원회' 등 연대단체를 구성해 사회적 연대와 형평성 강화를 위한 의료보험 통합운동을 전개해 1989년 3월에 '국민의료보험법'이 국회를 통과했지만, 노태우 대통령의 거부권 행사로 무산되었다.[239] 하지만 대통령의 거부권 행사도 의료보험의 통합을 막을 수는 없었다. 민주노총준비위원회는 1995년에 2대 사회개혁과제 중 하나로 의료보험의 통합을

....

화했다는 점에서 의미가 있지만, 2008년부터 제도가 시행되었다는 점을 고려해 제15장에서 다룰 예정이다.

238 김연명(2010). "통합의료보험의 사회보장적 의의." 『복지동향』 14: 9-12. p.9.

239 백승기(2010). "옹호연합모형(AFC: Advocacy Coalition Framework)에 의한 의료보험 통합정책에 관한 비교연구: 한국과 대만의 사례를 중심으로." 『한국행정학보』 44(4): 233-259. p.243.

상정하고 모든 임금교섭과 단체협약에 의료보험 통합문제를 포함시킬 것을 천명했다.[240] 전국농민회총연맹도 1995년의 농정대개혁투쟁에서 의료보험의 통합을 전면화했다. 민주노총준비위원회, 전농, 시민단체 등이 연대해 통합을 추진하자 1997년 11월에 공무원 및 사립학교 교직원 의료보험공단과 지역건강보험의 통합이 여야 합의로 이루어졌고, 1997년 대선에서 주요 후보들이 모두 의료보험 통합을 공약하면서 통합은 거스를 수 없는 대세가 되었다.[241] 실제로 당시 의료보험 제도의 개선과 관련된 전문가의 여론조사를 보면, 조합주의에 찬성하는 비율은 10.7%에 불과했다.[242]

의료보험의 통합을 둘러싼 복지정치의 양상도 복잡하게 전개되었다. 대체적으로 전경련과 경총으로 대표되는 자본 측은 의료보험의 통합에 강력하게 반대했다.[243] 조합주의 체제에서 개별 기업의 의료보험조합에 수백억 원에 이르는 적립금을 쌓아두고 있었고 기업이 적립금의 열 배까지 대출받을 수 있는 상황에서 기업이 의료보험의 통합에 찬성할 이유가 없었다.[244] 조직노동의 입장은 복잡했다. 민주노총은 시민단체와 '의료보험통합일원화 및 보험적용확대를 위한 범국민연대회의(의보연대회의)'를 구성해 통합운동을 전개했다. 북서유럽에서와 같이 복지국가의 보편성을 확대하는 데 노동운동과 농민운동의 연대가 이루어지고 여기에 한국 복지정치의 특수성이라고 할 수 있는 시민운동이 결합해 아래로부터 의료보험 통합논의를 주도했다. 하지만 한국노총이 자본과 함께 통합에 반대하면서 복지 확대를 둘러싸고 계급을 가로지르는 연대 또한 만들어졌다. 한국노총과 직장의료보험노조는 '봉급생활자대책회의'라는 단체까지 만들어 통합에

....

240 정종주(1995). "왜 보건복지부에는 조합주의자만 있는가: 의료보험 통합일원화를 가로막는 보사부 마피아." 『사회평론』. 95(3): 120-127. p.120.

241 조영재(2008). "건강(의료)보험제도." 양재진 · 김영순 · 조영재 · 권순미 · 우명숙 · 정홍모 공저. 『한국의 복지정책 결정과정: 역사와 자료』. 서울: 나남. p.90.

242 정종주. "왜 보건복지부에는 조합주의자만 있는가: 의료보험 통합일원화를 가로막는 보사부 마피아." p.121.

243 조영재. "건강(의료)보험제도."

244 정종주. "왜 보건복지부에는 조합주의자만 있는가: 의료보험 통합일원화를 가로막는 보사부 마피아." pp.121-122.

강력하게 반대했다.[245] 반대 이유는 직장 노동자의 의료비부담이 2~3배 높아진 다는 것이었다. 전통적 권력자원론으로는 설명할 수 없는 양상이 전개된 것이다. 북서유럽의 경우에 노동운동의 균열은 대체로 제조업 노동자와 비제조업 노동 자의 균열로 나타난 데 반해 한국에서는 산업적 성격과 무관하게 노동운동의 균 열이 나타났다.[246] 사실 한국노총이 통합에 적극적으로 반대한 것은 전통적 노동 계급의 가치를 지키기 위해서라기보다는 직장의료보험노조가 한국노총에 가입 한 것이 중요한 역할을 했던 것으로 보인다.[247] 한국노총은 통합에 소극적 찬성과 반대를 오갔지만, 의보노조가 한국노총에 가입하면서 적극적인 반대로 돌아섰 다.[248] 많은 논란이 있지만 복지정치에서 노동운동과 시민운동이 연대해 의료보 험 통합을 이루었다는 사실은 세계사적 의미를 갖는다고 할 수 있다. 한국의 의 료보험통합 사례는 탈산업화시대에 복지국가의 확대를 위한 새로운 연대의 가능 성을 확인해주었기 때문이다.

노무현 정부는 〈그림 14.37〉에서 보는 것처럼 김대중 정부에서 이루어진 전국민건강보험을 기초로 건강보험의 보장성을 확대했다.[249] 건강보험보장률은 국민건강보험공단이 통계를 집계하기 시작한 2004년에 61.3%에서 노무현 정 부의 마지막 해인 2007년이 되면 65.0%로 역대 최고치를 기록했다.[250] 하지만

....

245 백승기. "옹호연합모형(AFC: Advocacy Coalition Framework)에 의한 의료보험 통합정책에 관한 비 교연구: 한국과 대만의 사례를 중심으로." pp.243-245.

246 북서유럽에서 복지 확대와 관련된 대립전선은 전통적 복지제도의 유지 · 강화를 주장하는 제조업 중심 의 노동운동과 환경, 다양한 가족형태 등 새로운 복지욕구에 대한 대응을 주장하는 비제조업 노동자와 시민운동 간에 형성되었다. Häuserman. 『복지국가 개혁의 정치학』.

247 김연명(2000). "의료보험 통합의 이해관계 · 의의와 향후과제." 이종찬 · 이규식 · 김연명 외. 『한국 의료 보험 대논쟁』. 서울: 소나무. p.99; 조영재. "건강(의료)보험제도." p.91. 재인용.

248 김연명(1996). "의료보험 관리운영체계와 관련집단의 이해관계: 의료보험 통합에 대한 찬반집단의 이 해관계 분석." 『사회복지정책연구』 3: 195-207. pp.197-198; 백승기. "옹호연합모형(AFC: Advocacy Coalition Framework)에 의한 의료보험 통합정책에 관한 비교연구: 한국과 대만의 사례를 중심으로." pp.243-245.

249 김연명. "통합의료보험의 사회보장적 의의." p.11.

250 조경애(2012). "보험료는 꼬박꼬박 냈는데 건강보험 보장성은 왜 떨어졌나?" 『프레시안』. 2012년 2 월 20일. http://www.pressian.com/news/article.html?no=38165, 접근일 2017년 9월 13일. 건강 보험보장률=[건강보험급여비÷(건강보험급여비+법정본인부담금+비급여본인부담금)]×100. 통계

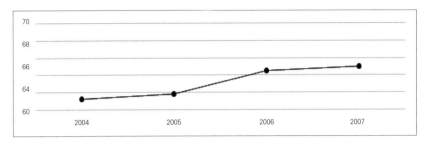

그림 14.37 건강보험의 보장률 변화, 2004~2007년

출처: 조경애. "보험료는 꼬박꼬박 냈는데 건강보험 보장성은 왜 떨어졌나?" 통계청. 건강보험보장률.

노무현 정부는 이명박 정부가 의료민영화를 추진할 수 있는 논리와 법안을 만들었다는 점에서 지울 수 없는 오점을 남겼다. 노무현 정부는 2005년 10월 5일에 의료산업화를 총괄할 범정부조직인 '의료산업선진화위원회(위원장 국무총리)'를 출범시키고 2006년 12월 12일에 '서비스산업경쟁력강화종합대책(종합대책)'을 발표하기에 이른다. '종합대책'에 "의료의 공공성을 해하지 않는 범위 내에서 수익성을 추구토록 함으로써 의료서비스의 다양화·첨단화를 추진"한다고 적시했는데,[251] 이는 이후에 이명박 정부가 추진한 '의료민영화'의 출발점이 되었다.

　　다음으로 국민연금에 대해서는 자유주의 정부 10년 동안에 시행된 두 차례의 개혁을 둘러싼 논란을 중심으로 살펴보자. 제1차 국민연금 개혁은 김영삼 정부 말기인 1997년에 시작해 김대중 정부 초기인 1998년에 마무리되었다. 김영삼 정부는 1997년 6월에 한국노총, 경총, 연금 전문가로 구성된 '국민연금제도개선기획단'을 출범시켜 국민연금 개혁안을 마련했다. 개혁안은 크게 현행 제도를 유지하는 1안, 세계은행의 요구를 수용해 국민연금을 공적 기초연금과 민간보험 중심의 소득비례연금으로 구성하고 국민연금의 소득대체율을 70%에서 40%로 낮추는 다층연금체계로 전환하는 2안, 칠레의 민영화 방식처럼 개인저

....

청(2017). "국가주요지표: 건강보험보장률." http://www.index.go.kr/potal/main/EachDtlPageDetail.do?idx_cd=4073, 접근일 2017년 9월 13일.

251　재정경제부(2006). "서비스산업 경쟁력강화 종합대책." 재정경제부.

축 방식의 완전비례연금제도로 전환하는 3안으로 구성되었다.[252] 논란 끝에 김영삼 정부는 1997년 12월에 세계은행이 요구한 2안을 일부 수정해 최종 개혁안을 마련했다. 하지만 보수정부에서 자유주의 정부로 정권이 교체되면서 김영삼 정부가 확정했던 2안 중심의 개혁안은 폐기되었고 1안을 중심으로 제도 변화가 이루어졌다.

김대중 정부에서 마무리된 제1차 연금개혁을 둘러싼 주요 쟁점은 국민연금의 대상자 확대, 재정의 안정화, 기금운용의 민주화로 집약될 수 있다. 먼저 대상자를 도시지역 자영업자로 확대하는 문제는 도시지역 자영업자의 소득 파악이 제대로 이루어지지 않아서 시작부터 난관에 부딪쳤다. 실제로 도시지역 가입대상자의 대부분은 소득이 불안정한 영세자영업자나 비정규직 노동자로, 이들 중 70%의 소득 자료가 없는 상태였다.[253] 소득 파악이 제대로 이루어지지 않은 상태에서 '신고권장소득에 기초한 보험료부과체계'를 기준으로[254] 국민연금을 도시지역에 거주하는 1천만 명이 넘는 사람들로 확대하자 반발이 거세졌다.

연금개혁의 주된 대립전선은 도시지역 자영업자로 국민연금의 대상을 확대하는 것을 반대하는 전경련, 경총, 한나라당, 한국노총과 찬성하는 민주노총, 시민단체, 여당(국민회의와 자민련) 간에 형성되었다. 자민련의 이념적 지향은 한나라당과 크게 다르지 않았지만 지역연합정권의 한 축을 담당하고 있었고 김모임 복지부 장관이 자민련 인사였기 때문에 김종필 총리도 도시지역으로 연금대상을 확대하는 것에 우호적이었다.[255] 다만 제1차 연금개혁에서 정당의 역

....

252 보건복지부. 『보건복지 70년사 가난의 시대에서 복지사회로』. pp.383-384; 김영순(2011). "한국의 복지정치는 변화하고 있는가? 1, 2차 국민연금 개혁을 통해 본 한국의 복지정치." 『한국정치학회보』 45(1): 141-163. p.146.

253 보건복지부. 『보건복지 70년사 가난의 시대에서 복지사회로』. pp.392-394.

254 가입대상자의 고용상 지위를 참고해 가입자별로 추정소득을 제시하고 이 추정소득의 80% 이상이 범위에서 소득을 신고하지 않을 경우에 직권으로 보험료를 부과하는 체계이다. 이로 인해 학생, 실업자, 군복무자 등에게 일괄적으로 보험료가 부과되는 문제가 발생했다. 보건복지부. 『보건복지 70년사 가난의 시대에서 복지사회로』. pp.393-394.

255 김영순. "한국의 복지정치는 변화하고 있는가?." p.150; 보건복지부. 『보건복지 70년사 가난의 시대에서 복지사회로』. p.394.

할은 수동적이었고 이해당사자와 느슨한 정책연대를 형성하고 있는 수준이었다.[256] 구체적으로 보면, 자본의 이해를 대변하는 전경련과 경총은 사회보험의 확대가 노동비용을 상승시켜 기업의 경쟁력을 약화시킨다는 논리로 반대했다.

조직노동 측에서는 한국노총과 민주노총 간에 대립전선이 형성되었다. 한국노총은 국민연금을 도시지역 자영업자로 확대하는 것 자체를 반대하지는 않았다. 하지만 자영업자의 소득이 축소 신고되고 있는 현실에서 국민연금의 도시지역 확대는 임금노동자에게 불리하기 때문에 임금노동자와 자영업자의 기금을 분리해서 운영해야 한다고 주장했다.[257] 반면 민주노총은 임금노동자의 단기적인 이익보다는 사회연대성에 기초한 단일한 국민연금을 유지하는 것이 중요하다는 입장을 유지하면서도 자영업자의 소득파악률을 획기적으로 높일 것을 요구했다. 민주노총은 연금개혁을 노동계급과 중간계급의 사회적 연대라는 차원에서 이해한 반면 한국노총은 임금노동자의 경제적 이해에 기초해 바라본 것이다. 건강보험 통합논쟁에서 보았듯이 민주노총은 사회보험의 보편성 확대를 사회적 연대라는 일관된 관점에서 접근했다. 건강보험 통합논쟁에서와 같이 자본과 한국노총이 연대하고 민주노총과 참여연대 등 진보적 시민운동단체가 연대하는 대립전선이 형성되었다.

국민연금의 지속 가능성을 담보하는 재정 안정화와 관련된 논쟁은 소득대체율을 70%에서 55%로 낮추고 연금수급 연령을 2013년부터 2017년까지 60세에서 65세로 높이며 보험료율을 2010년부터 조정하는(높이는) 문제를 놓고 벌어졌다.[258] 소득대체율을 55%로 낮추는 안에 대해서는 한국노총은 물론 민주노총과 참여연대 등이 반대했고 여당(국민회의와 자민련)과 야당(한나라당)도 반대했다. 결국 국회에서 소득대체율이 60%로 조정되었고, 수급 연령을 높이는 문제도

....

256 김연명(2002). "김대중 정부의 사회복지 개혁과 불확실한 미래: 국민연금·의료보험 개혁을 둘러싼 이해집단간 갈등을 중심으로." 『경제와 사회』 55: 35-60. p.46.

257 김연명. "김대중 정부의 사회복지 개혁과 불확실한 미래." p.50.

258 보건복지부. 『보건복지 70년사 가난의 시대에서 복지사회로』. pp.387-390; 김영순. "한국의 복지정치는 변화하고 있는가?" p.149.

2013년에 시작해 2033년까지 20년간 점진적으로 추진하는 것으로 변경되었다. 연금개혁으로 기금소진 시점이 2033년에서 2047년으로 14년 연장되었다고 평가했지만, 재정 안정화를 단순히 기금문제로 바라보는 근시안적인 시각에서 벗어나지 못했다. 1990년대 후반에 들어서서 합계출산율이 이미 인구대체율 수준인 2.1보다 낮은 1.4대로 진입했고 고령화 속도도 빨라졌기 때문에[259] 프로그램의 조정이 아니라 저출산 현상을 포함한 근본적·구조적 개혁이 필요한 상황이었다.

국민연금기금의 민주적 운영을 둘러싼 문제는 정부 내에서 경제부처와 보건복지부가 대립하면서 전개되었다. 막대한 연금기금에 대한 통제권을 놓지 않으려는 경제부처(재정경제원)는 의무예탁제도를 유지하려고 했고, 보건복지부를 포함한 시민사회단체는 기금운용의 투명성을 확보하지 못하는 한 대상의 보편적 확대와 개혁은 어렵다는 입장이었다.[260] 공공자금관리기본법으로 인해 기금운용위원회의 권한이 심각하게 제한되었었고 의무예탁규정이 운영되고 있었다.[261] 공공자금관리기본법은 재정경제원의 소관업무였기 때문에 의무예탁규정을 폐지하려면 재정경제원의 동의가 반드시 필요했다. 돌파구는 의외의 곳에서 생겼다. 세계은행이 한국 정부에 구조조정차관(SAL)을 제공하는 조건으로 의무예탁제도의 폐지를 요구한 것이다.[262] 김대중 정부는 노사정위원회의 합의에 따라 의무예탁제도를 2001년까지 폐지하는 동시에 가입자의 대표성을 강화하고 기금운용위원회 위원장을 재정경제부 장관에서 보건복지부 장관으로 교체했다. 이로써 국민연금기금의 민주적 운용을 위한 단초가 마련된 것이다.

제1차 연금개혁의 가장 큰 의의는 대상의 보편성이 확대되면서 명목상 전국민연금시대를 열었다는 점이다. 〈그림 14.38〉에서 보는 것과 같이 제도개혁이 이

....
259   인구정책50년사 편찬위원회. 『한국 인구정책 50년: 출산억제에서 출산장려로』. p.389.
260   보건복지부. 『보건복지 70년사 가난의 시대에서 복지사회로』. p.389.
261   김연명(1999). "국민연금 99년 전망." 『월간 복지동향』 4: 21-23. p.21.
262   윤희숙·김도형·김종훈(2015). "국민연금 재정목표와 기금운용 지배구조 개선의 필요성." 『KDI Focus』 55. p.8; 보건복지부. 『보건복지 70년사 가난의 시대에서 복지사회로』. p.389.

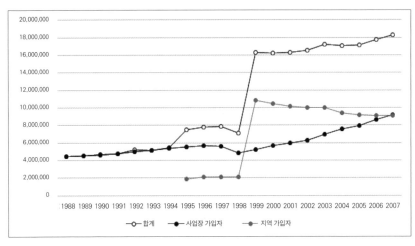

그림 14.38 국민연금 가입자 수의 변화(명), 1988~2007년
출처: 보건복지부(2005). 『보건복지백서』. 서울: 보건복지부. p.290.

루어지면서 지역가입자가 급증했다. 대부분 농어업 종사자였던 지역가입자 수는 1998년에 213만 명이었는데, 가입대상을 도시지역으로 확대하면서 무려 874만 명이 신규로 가입했다. 수급요건도 20년 가입에서 10년 가입으로 완화되었고, 장애연금과 유족연금의 수급요건도 1년에서 1개월로 대폭 축소되었다. 전업주부의 연금 수급권을 보장하기 위해 이혼한 배우자에 대한 분할연금도 제도화하는 등 대상 확대를 위한 의미 있는 진전이 이루어졌다. 하지만 도시지역 가입자의 절반 이상이 보험료를 내지 않아도 되는 납부 예외자가 되어 제도의 사각지대가 커지는 문제가 남아 있었다. 실제로 1999년 4월 기준으로 도시지역 가입자 905만 명 중 55%에 해당하는 498만 명이 납부 예외자였다.[263] 사각지대 문제의 심각성을 인식한 김대중 정부는 노인복지법을 개정해 도시 노동자 가구의 1인당 월평균 소득의 65% 이하인 65세 이상 노인에 대해 경로연금을 지급했지만, 대상과 급여수준은 매우 제한적이었다.[264] 제1차 연금개혁을 통해 제도의 형식적 보편성이

....

263 국민연금공단(2008). 『국민연금 20년사: 함께 나누고 함께 누려요』. 서울: 국민연금공단.
264 급여수준은 1998년 7월 1일 기준으로 자격기준에 따라 월 30,630~50,000원이었고, 대상 인원은 1998년 기준으로 국민기초생활보장제도 수급자와 저소득층 수급자를 포함해 550,102명이었다. 행정안전

확대되면서 중소기업의 정규직 노동자와 일부 자영업자가 제도의 대상으로 포괄되었지만, 비정규직 노동자와 영세자영업자 등 제도로부터 배제된 대상도 보다 더 분명해졌다. 사회보장제도에 포괄되는 대상이 확대되면서 역설적으로 역진적 선별성이 더 강화된 것이다.

제2차 연금개혁은 제1차 연금개혁 당시에 국민연금의 재정 안정성을 5년마다 주기적으로 점검하기로 합의한 결정에 따라 국민연금의 재정추계를 하면서 불거졌다. 2003년에 재정추계전문위원회는 제1차 연금개혁에도 불구하고 2036년부터 기금이 소진되어 2047년에 고갈될 것이라는 분석결과를 내놓았다. 따라서 기금 고갈 이후에 수정적립방식을 부과방식으로 전환할 경우에 2050년의 보험요율이 30%에 달할 것으로 예측되었다.[265] 사실 이러한 결과는 이미 제1차 연금개혁 과정에서 검토된 내용을 재확인한 것이었다. 이에 노무현 정부는 급여율(60~40%)을 낮추고 보험료율(11.84~19.85%)을 높이는 모수조정에 기초한 개혁안을 만들었다. 논란 끝에 보험료율을 15.9%까지 점진적으로 인상하고 급여수준을 50%로 축소하는 안을 중심으로 개혁안이 마련되었으나 2004년의 총선을 앞둔 상황에서 국회회기 내에 처리되지 못하고 자동 폐기되었다.[266] 이때까지만 해도 누구도 제2차 연금개혁이 총선 이후에 정치권의 핵심 쟁점으로 등장할 것이라고 예상하지 못했다. 노무현 정부도 16대 국회가 개회되면 정부안이 큰 논란 없이 국회에서 통과될 수 있을 것으로 기대했다.

하지만 상황은 2003년과 완전히 달라졌다. 인터넷에서 '국민연금의 8대 비밀' 같은 국민연금에 반대하는 여론이 확산되었다. 사실 '국민연금의 8대 비밀' 은 2003년 9월에 처음으로 인터넷에 게시되었는데, 게시 당시에는 주목을 거의 받지 못했으나 2004년 5월 초에 인터넷에 다시 게시되면서 급속히 확산되었다. 여기에『조선일보』,『중앙일보』,『동아일보』등 보수언론이 노무현 정부에 맞

....

부 국가기록원(2006). "경로연금제." http://www.archives.go.kr/next/search/listSubjectDescription.do?id=000339, 접근일 2017년 9월 17일.

265   보건복지부.『보건복지 70년사 가난의 시대에서 복지사회로』. pp.398-399.

266   보건복지부.『보건복지 70년사 가난의 시대에서 복지사회로』. p.401.

서기 위해 반(反)국민연금 정서에 편승하자 국민연금에 반대하는 여론이 걷잡을 수 없이 확대되면서 정치권의 중요한 쟁점으로 등장했다.[267] 제1차 연금개혁에서 수동적인 모습을 보였던 정당들은 적극적으로 복지정치에 참여했다. 본격적인 복지정치가 시작된 것이다. 흥미로운 사실은 2003년에 제2차 연금개혁을 주도했던 노무현 정부가 모수조정을 통한 재정 안정화에 초점을 맞추었던 것에 반해 2004년부터 진행된 연금개혁을 둘러싼 복지정치는 연금제도의 사각지대를 해소하는 문제에 집중되었다는 것이다. 민주노동당은 재정 안정화를 위해 소득대체율을 40%로 낮추고 보험료율을 9%로 유지하는 대신 노후소득보장의 사각지대를 해소하기 위해 소득하위 80%에 대해 평균노동자임금의 5%(2008년) 수준에서 점진적으로 15%(2028년) 수준으로 높아지는 기초연금을 지급하자고 했다. 반면 한나라당(현 자유한국당)은 소득대체율을 20%로 대폭 낮추는 대신 보험료율도 7%로 낮추고 모든 노인에게 평균노동자임금의 9%(2006) 수준에서 점진적으로 20%(2028년) 수준의 기초연금을 보편적으로 지급하자는 개혁안을 제시했다. 사각지대를 해소하기 위해 보편적 기초연금을 도입해야 한다는 주장이 좌파정당인 민주노동당도 자유주의 정당인 열린우리당(현 더불어민주당)도 아닌 보수정당인 한나라당에서 나왔다. 예상치 못한 일이었다. 복지와 관련된 보수정당의 입장이 자산과 소득조사에 근거해 취약계층에 급여를 제공하는 선별주의라는 점을 고려하면 한나라당의 대응은 이념적으로 이해하기 어려웠다.

연금개혁을 계기로 복지정치가 만개했지만, 대치전선은 정당의 이념과 무관하게 전개는 것처럼 보였다. 복지정치의 전선이 보수정당인 한나라당, 좌파정당인 민주노동당, 참여연대 같은 진보적 시민단체, 민주노총과 한국노총, 진보적 지식인, 저소득층의 연대가 열린우리당, 정부, 자본의 연대에 대응하는 모습으로 형성되었다.[268] 한국의 정당정치가 계급으로 대표되는 사회적 균열에 조응하는 방

....

267 참여연대 사회보험팀(2005). "참여정부 국민연금에 대한 평가." 『복지동향』 77: 8-11. p.8.
268 김영순. "한국의 복지정치는 변화하고 있는가?" p.157.

식으로 제도화되어 있지 않고 여전히 강한 지역기반을 갖고 있었으며 민주노동당을 포함한 모든 정당이 포괄정당을 지향했다는 점을 고려하면, 한나라당의 입장이 생뚱맞은 주장이라고 할 수만은 없다. 하지만 제2차 연금개혁으로 촉발된 복지정치는 조직된 대중의 정치적 이해에 기초하지 않은 제도권 정당의 복지정치와 계급 없는 권력관계의 전형을 보여주는 사례였다. 흥미로운 사실은 제도권에서 연금개혁을 둘러싸고 격렬한 논쟁과 대립이 이루어지고 있는데도 정작 당사자인 일반 국민의 대응은 없었다는 점이다.

국민연금의 소득대체율이 60%에서 40%로 무려 3분의 1이나 삭감되면 국민연금이 용돈연금으로 전락하는데도 아무런 대중적 저항이 없었다. 2010년에 프랑스에서 퇴직 연령을 60세에서 62세로 높이고 감액 없는 퇴직연금 수급 연령을 65세에서 67세로 높이는 (한국의 2차 연금개혁과 비교하면) 온건한 개혁에 반대해 수백만 명이 시위와 파업에 참여했다는 점을 고려하면,[269] 2007년에 한국의 급진적 연금개혁에 대해 대중적 저항이 일어나지 않았다는 것은 놀라움을 넘어 이해가 되지 않는 상황이었다. 한 전문가는 "2007년의 연금개혁(소득대체율 인하)에 대중적 저항이 없었던 이유는 소득대체율 인하로 나타나는 문제를 완화할 수 있는 기초노령연금이라는 대안이 있었고 대중이 소득대체율 인하가 무엇을 의미하는지 잘 알지 못했기 때문"이라고 주장했다.[270] 그러나 국민연금 가입자가 소득대체율 인하의 의미를 이해하지 못했다면 기초노령연금이 국민연금의 소득대체율 인하의 대안이었기 때문에 대중적 저항이 없었다는 주장은 논리가 맞지 않는다.

수차례의 논란을 거듭한 후에 2007년 4월에 여야 합의안이 국회에서 통과되면서 2003년부터 시작된 제2차 연금개혁이 마무리되었다. 제2차 연금개혁의 핵심은 소득대체율을 2028년까지 40%로 낮추고 소득하위 70%의 노인에게 평균

....

269   양승엽(2011). "프랑스의 2010년 연금개혁의 원인과 사후 경과." 『국제노동브리프』 2011년 2월호: 93-100.

270   국민연금 급여수준 현실화를 위한 토론회 중 한 전문가의 발언. 2017년 7월 14일 국회 의원회관 제9간담회의실.

노동자임금의 5%에 해당하는 기초노령연금(이후 기초연금으로 전환)을 지급하며 2028년까지 지급수준을 10%까지 높인다는 것이었다. 출산크레딧제도를 도입한 것은 출산과 양육의 중요성을 사회적으로 공식화했다는 점에서 성 평등을 위한 작은 진전이라고 할 수 있다.

논란이 된 내용은 소득대체율을 60%에서 40%로 낮춰 국민연금의 노후소득 보장 기능을 약화시키는 것만이 아니었다. 국민연금의 소득대체율을 낮추는 대신 민간개인연금을 활성화시키기 위해 세금감면제도 같은 정책을 시행한 것이다. 중산층 이상의 노후소득보장에서 공적연금의 역할을 약화시키고 사적연금의 역할을 강화하는 정책이 시행된 것이다. 실제로 생명보험회사의 보험계약 보유 건수가 2004년의 제2차 연금개혁 다음해인 2005년에 무려 12,830만 건이나 증가했다.[271] 사실상 세계은행과 IMF가 1998년의 구조조정 당시 한국 정부에 요구했던 취약계층을 위한 기초연금, 중산층을 위한 공적 소득비례연금, 중산층을 위한 개인연금이라는 노후소득의 다층체계가 노무현 정부에서 제도화된 것 같았다. 더욱이 사업장 가입자 수가 늘어나긴 했지만 사각지대 문제는 여전히 해소되지 않은 상태로 남아 있었고, 기금운용의 민주화는 제1차 개혁에 비해 큰 진전이 없었다. 중간계급과 정규직 노동자의 노후가 공적연금으로 적절히 보장되지 않는다는 것이 분명해지면서 민간개인연금 같은 사적 보장기제가 다시 한 번 상대적으로 안정적인 고용과 임금을 보장받는 사람들에게 중요해졌다. 공적 연금제도를 자유주의 정부가 개혁하면서 사적 보장영역에서도 역진적 선별성을 강화한 것이다.

사회보험의 역진적 선별성

자유주의 정부 집권 10년 동안에도 상대적으로 안정된 고용과 임금을 보장받고 있는 노동자가 직면하는 사회위험에 대응하는 방식으로 제도화된 한국 사

....

271 생명보험협회(2016). "생명보험통계: 연도별 생명보험 사업개황, 50년 통계." http://www.klia.or.kr/consumer/consumer_0502.do, 접근일 2017년 8월 11일.

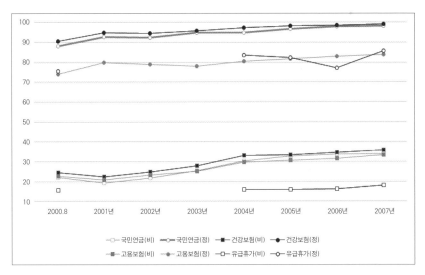

그림 14.39 정규직과 비정규직의 사회보험 적용률의 변화, 2000~2007년
출처: 김유선(2007). "비정규직 규모와 실태(2007년)." 한국노동사회연구소.

회보험의 역진적 선별성은 더 공공화되었다. 〈그림 14.39〉를 보면 고용보험을 기준으로 2000년의 정규직 노동자에 대한 적용 비율은 74.2%인 데 반해 비정규직은 22.6%에 불과했다. 이후 조금씩 개선되기는 했지만 기본적으로 그 차이는 좀처럼 줄어들지 않았다. 2007년에도 정규직의 고용보험 적용률은 83.8%인 데 반해 비정규직은 33.3%에 그쳤다. 사각지대를 해소하려는 노력이 전혀 없었던 것은 아니었다. 노무현 정부는 국민연금의 적용을 5인 미만 영세사업장으로 확대하는 조치를 취했다. 2002년에 28만 7천 개였던 적용 사업장이 2006년에는 77만 3천 개로 증가했고 사업장 가입자 수도 232만 명 증가했다.[272] 하지만 여전히 비정규직과 영세자영업자의 절대 다수는 사각지대에 놓여 있었다. 김대중 정부의 후반기인 2001년부터 노무현 정부의 초반기인 2004년까지 사회보험의 비정규직 적용률이 높아졌지만 2004년 이후에는 다시 정체했다. 지역가입자 중 납부 예외자의 비율도 좀처럼 낮아지지 않았다. 2002년에 42.5%였던 납부 예외자 비율이

....

272 보건복지부. 『보건복지 70년사 가난의 시대에서 복지사회로』. p.411.

2007년에는 56.4%로 오히려 높아졌다.[273]

사회보험의 보편성을 확대하는 정책은 단순히 프로그램의 개혁을 통해서 달성할 수 있는 과제가 아니었다. 앞서 경제와 정치문제를 다루면서 검토했지만, 사회보험의 사각지대 문제는 노동자의 숙련을 동반하지 않은 자동화를 통한 생산성 증대라는 재벌 대기업 중심의 수출주도형 산업화 과정과 기업의 이윤실현 방식이 생산과 거래 비용을 내부화하는 것에서 외부화하는 것으로 바뀌면서 나타난 하청, 프랜차이즈, 플랫폼 노동 같은 새로운 고용형태의 등장 같은 경제구조의 변화와 밀접히 결합되어 있기 때문이다. 정치적으로는 이러한 문제를 근본적으로 개혁할 수 있는 강력한 주체가 없는 것이 문제였다. 이런 조건에서 사회보험의 대상을 확대하는 정책은 공적 사회보험제도의 역진적 선별성을 강화했고, 민간보험을 지원하는 공적 제도는 사적 보장영역에서도 역진적 선별성을 강화했다. 실제로 2003년의 소득 기준으로 보면 사회보험 급여로 인한 불평등의 증가가 공적 소득이전의 불평등 감소 효과보다 더 컸다.[274]

공공부조: 국민기초생활보장제도

1997년의 외환위기는 한국 사회에서 핵심적 분배 역할을 했던 성장을 통한 분배라는 개발국가 복지체제가 멈추어버린 일대 사건이었다. 수많은 실업자가 양산되었고 빈곤층이 급증했다. 1997년에 2.6%에 불과했던 실업률은 1998년에 7.0%로 치솟았고, 〈그림 14.22, 23〉에서 보았던 것처럼 빈곤과 불평등도 급증했다. 문제는 사회보험의 대상을 확대하는 정책으로는 경제위기로 인해 발생한 빈곤과 불평등 문제를 해결할 수 없었다는 것이었다. 사회안전망을 확충하라는 IMF와 세계은행의 요구가 있었지만 공공부조의 제도화로 이어지지는 않았다. 급기야 경제적 어려움으로 아버지가 보험금 1천만 원을 타기 위해 초등학생인 자녀의 손가락을 자르는 사건이 발생하는 등 경제위기로 인한 사회문제를 더 이

....

273 국민연금연구원(2015). "국민연금 적용 현황(2014. 6월), 내부자료."; 보건복지부. 『보건복지 70년사 가난의 시대에서 복지사회로』. p.412. 재인용.
274 성재민. "한국노동패널조사에서 나타난 사적이전." p.78.

상 방치할 수 없는 상황이 되었다.[275]

외환위기 이전인 1994년부터 참여연대 사회복지위원회를 중심으로 국민 최저선 확보 운동이 전개되었지만 대중적 관심을 받지 못하다가 외환위기 이후에 실업과 빈곤 문제가 심각해지면서 중요한 정책 이슈로 부상했다. 1998년 7월에 참여연대 사회복지위원회를 중심으로 26개 사회단체가 한나라당 김홍신 의원을 통해 '국민기초생활보장법 제정 입법청원'을 하면서 본격적인 법 제정 운동에 나섰고,[276] 1999년 3월에는 민주노총과 한국노총을 포함한 경실련, 참여연대, 여연, 민변 등 한국 사회의 대표적 시민사회단체와 노동조합 64개 단체가 '국민기초생활보장법 제정추진 연대회의(이하 연대회의)'를 결성해 법 제정 운동이 본격화되었다.[277] 이러한 상황에서 김대중 대통령이 1999년 6월 21일에 울산에서 "국민기초생활보장법을 만들어 국민이 생활에서 안심하고 살아갈 수 있도록 국가가 대책을 세울 것이다."라고 발언하면서 법 제정 운동이 활성화되었다.[278] 하지만 정작 여당인 국민회의(현재 더불어민주당)는 적극적으로 움직이지 않았고, 연대회의는 보수정당인 한나라당의 협조를 얻어 법안을 제출했다. 이런 와중에 1999년 8월에 여당인 국민회의가 기존의 소극적인 입장에서 벗어나 국민기초생활보장법의 제정을 당론으로 확정하고 적극적으로 입법을 추진했다.[279] 한나라당의 전임 재정국장이 구속된 사건으로 임시국회가 파행되는 등 우여곡절이 있었지만, 여야가 이미 당론을 확정한 상태였고 보건복지부도 이를 받아들이고 있는 상황에서 마지막 쟁점이었던 법의 시행시기를 둘러싼 논란이 정리되면서 국민기초생활보장법이 마침내 1999년 12월에 국회에서 통과되었다.

....

275 참여연대(2014). "참여연대 빛나는 활동 100: [054] 국민기초생활보장법 제정운동." http://www.peoplepower21.org/pspd100/1338938, 접근일 2017년 9월 17일.
276 김영순·권순미. "공공부조." p.232.
277 문진영(2001). "DJ 정부의 사회복지제도의 발전과 NGO의 역할: 국민기초생활보장법을 중심으로." 한국NGO학회 춘계학술심포지엄. 2001년 5월 18일.
278 박윤영(2002). "국민기초생활보장법 제정과정에 관한 연구." 『한국사회복지학』 49: 264-295. p.275.
279 안병영(2000). "국민기초생활보장법의 제정과정에 관한 연구." 『행정논총』 38(1): 1-50. pp.12-14.

〈표 14.4〉에 정리된 것처럼 빈곤에 대한 국가의 책임과 시민권을 강조한 국민기초생활보장제도는 기존의 생활보호법의 인구학적 기준을 철폐하고 부양의무자와 소득기준에 의해 최저생계비 이하의 저소득층을 노동능력의 유무와 관계없이 수급자로 선정해 국가가 기초생활을 보장하려는 시도였다.[280] 생계비 지원 대상자를 기준으로 했을 때 국민기초생활보장제도의 실시 전의 생활보호제도 대상자는 1999년에 54만 명이었는데, 실시 후인 2000년 12월에는 149만 명으로 무려 2.8배 가까이 증가했다.[281] 이와 함께 소요재정 규모도 1999년의 생활보호법 당시에 18,479억 원에서 2001년에는 1.8배 증가한 32,427억 원이었다.[282] 그러나 이러한 외형적 성장에도 불구하고 여전히 많은 수의 빈곤층이 사각지대에 놓여 있었다는 사실 때문에 최후의 사회안전망으로서 국민기초생활보장제도의 효과성에 대한 논란이 지속되었다. 제도 시행 원년을 기준으로 했을 때 수급자 수는 149만 명으로 전체 인구[283] 대비 3.6%의 규모여서, 2000년의 전체 빈곤인구 296만 명의(절대빈곤율 6.8%) 53% 수준에 불과했다.[284]

제도 초기부터 전체 빈곤층의 절반에 가까운 147만 명이 제도의 사각지대에

....
280 소득기준에 의한 대상자는 2003년부터 소득인정액기준 최저생계비 이하인 자를 의미하며, 여기서 소득인정액은 소득평가액에(실제소득−가구특성별 지출비용−근로소득공제) 재산의 소득환산액을([재산−기초공제액−부채]×소득환산율) 더한 액수이다. 국민기초생활보장법에서는 근로무능력자에 대해서는 조건 없이 급여를 실시하고 근로능력자에 대해서는 자활사업에의 참여를 전제로 조건부 급여를 실시하고 있다. 자세한 내용은 다음 문헌을 참고하라. 보건복지부(2003). 『2003년도 국민기초생활보장사업 안내(I)−조사, 선정, 급여, 관리』. 보건복지부. 이 문단은 다음 문헌의 일부를 수정 후 전재한 것이다. 윤홍식(2003). "국민기초생활보장제도의 수급결정 요인: 부양의무자 기준을 중심으로." 『사회복지정책』 17: 5-31.

281 보건복지부(2001). 『2000-2001년 국민기초생활보장 수급자 현황』. 서울: 보건복지부. 그러나 이를 전체 수급자 수로 살펴보면, 국민기초생활보장제도의 시행 전인 1999년 192만 명이었고 2000년의 법 시행 이후에는 43만 명이 감소한 149만 명으로 나타났다. 박능후(2002). "국민기초생활보장제도의 시행과정과 발전과제." 『보건복지포럼』 74: 53-65. 이를 근거로 김진수는 생활보호법에 비해 그 대상자가 감소했다고 지적하고 있다. 김진수(2001). "공공부조의 제도적 변화와 재정." 한국사회보장학회 2001년도 학술대회 자료집. pp.53-76.

282 보건복지부(2001). 『기초생활보장통계자료』. 보건복지부; 보건복지부(2002). 『2002년 국민기초생활보장 예산 현황』. 보건복지부.

283 2000년 현재 전체 인구는 46,136,101명으로 집계되었다. 통계청. [On-line] KOSIS 주로 찾는 통계. www.nso.go.kr

284 보건복지부. 『2000-2001년 국민기초생활보장 수급자 현황』.

표 14.4 생활보호법과 국민기초생활보장제도의 비교

구분	생활보호법	국민기초생활보장제도
급여의 성격	·시혜적 보호	·국민의 권리와 국가의 의무
선정기준 및 방식	·선별적 범주형(네 가지 기준) ·부양의무자기준, 소득기준, 재산기준, 인구학적 기준	·일반적 보편성(두 가지 조건) ·부양의무자기준 ·소득인정액이 최저생계비보다 적을 경우
대상자 구분	·대통령령에 위임하여 거택, 시설, 자활보호 대상자로 구분(시행령 6조)	·대상자 구분 폐지 ·(단, 근로능력이 있는 자는 구분-대통령령)
최저생계비 결정 권한	·보건복지부 장관	·중앙생활보장위원회의 의결 ·보건복지부 장관의 결정
급여 종류	·6종(생계보호, 의료보호, 자활보호, 교육보호, 해산보호, 장제보호) ·자활보호 대상자에게는 생계보호 및 장제보호의 혜택이 제외됨.	·7종[긴급급여 포함 8종. 생계급여, 주거급여(신설), 의료급여, 자활급여, 교육급여, 해산급여, 장제급여] ·모든 수급자에게 생계급여를 기본으로 하고 필요에 따라 여타 급여 제공 ·근로능력이 있는 자에게는 자활에 필요한 사업에 참가하는 조건으로 생계급여 실시(임의조항)
긴급급여		·급여 실시 여부의 결정 전이라도 긴급한 필요가 인정될 때 긴급급여 실시
자활지원		·근로능력자 가구별 자활지원계획의 수립 ·자활에 필요한 서비스를 체계적으로 제공하여 수급자의 궁극적 자활을 촉진
생활보장위원회	·중앙생활보장위원회 ·시도생활보장위원회 ·시군구생활보장위원회 ·읍면동생활보장위원회	·중앙생활보장위원회 ·시도생활보장위원회 ·시군구생활보장위원회
보장비용 분담	·자치단체의 재정자립도에 대한 고려 없음	·자치단체의 재정자립도를 고려하여 재정분담 비율을 차등 적용

출처: 보건복지부. 『보건복지 70년사 가난의 시대에서 복지사회로』. p.98.

방치되었다.[285] 더불어 수급자 선정기준의 완화에도 불구하고 시행 초기에 149만 명에 이르던 생계비 지원 대상자가 2001년 11월에는 144만 명으로, 2002년 6월에는 139만 명으로 감소했다.[286] 조선 후기에 구휼 대상을 선별할 때와 유사한 부

....

285 약 59%에 이르는 수급 적격자가 사각지대에 놓여 있다고 추정된다. 류정순(2002). "2002년 기초생활
      보장제도의 평가와 개선 방안." 한국빈곤문제연구소 창립1주년 기념 논문집. pp.28-54. 한국빈곤문제
      연구소.
286 보건복지부(2003). "국민기초생활보장제도 성과 및 '03년 정책방향." 보건복지부; 보건복지부. 『2000-

양의무자 기준이 존치되었고 시행령에 노동능력을 수급기준으로 적용한 조건부 수급제도가 남아 있는 등 국민기초생활보장제도에는 여전히 전근대적인 요소가 남아 있었다. 실제로 국민기초생활보장제도의 수급 탈락 사유 중에 부양의무자 기준에 의한 경우가 45.0%에 이르러서 소득(16.6%) 및 재산기준에(13.7%) 비해 현저히 높았다.[287] 이러한 논란에도 불구하고 국민기초생활보장제도의 도입은 1944년에 일제가 제정한 조선구호령을 대신해 근대적 공공부조를 제도화했다는 점에서 중요한 의미를 갖는다. 특히 빈곤 예방을 국가의 의무로 규정했다는 점에서 국민기초생활보장제도의 도입은 한국 사회가 복지국가로 이행하기 위한 중요한 문턱을 넘어서는 역사적 계기가 되었다.

3) 새로운 사회위험과 사회서비스[288]

산업사회로부터 후기산업사회로의 이행은 자유주의 정부 10년은 물론이고 현재 한국 사회정책의 전망을 논하는 데 있어 핵심적 조건으로 간주된다. 노무현 정부에서 발간된 사회정책의 전망을 다룬 주요 보고서에서의 핵심 고민도 후기산업사회로의 이행에 대응하는 사회정책의 새로운 역할을 찾는 것에 모아졌다.[289] 핵심은 교육훈련을 강화해 시민들이 탈산업사회에 효과적으로 적응할 수 있게 하자는 것이다. 그러나 교육훈련만을 강조하는 영국식 사회투자방식으로는 산업구조의 변화에 적절히 대응할 수 없었다. 선반공이 교육훈련을 통해 하루아침에 IT산업의 전문가로 변화할 수는 없기 때문이다.[290] 노동시장의 측면에서 보면 산업구조의 변화는 좋은 일자리의 감소와 저임금·비정규 일자리의 확대를 의

....

2001년 국민기초생활보장 수급자 현황』.
287 최일섭·김대환·박순일·이혜경·김연명·김수현·허선(2001).『국민기초생활보장제도의 개선방안』. 국민기초생활보장제도 평가단.
288 '3) 새로운 사회위험과 사회서비스'는 다음 문헌의 내용 중 필자가 작성한 부분을 전재했다. 인구정책 50년사 편찬위원회.『한국 인구정책 50년』.
289 정책기획위원회(2007).『대한민국의 미래 비전과 전략』. 정책기획위원회; 국정홍보처(2008).『참여정부 국정운영백서 4: 사회』. 국정홍보처.
290 Hobsbawm, E.(1999). "신자유주의의 죽음." 『제3의 길은 없다』. 노대명 역. (The Third Way is Wrong). 서울: 당대.

미했다. 더 나아가 제조업 중심의 산업사회에서 요구되었던 산업예비군을 유지하는 것도 더 이상 사회적 합의를 도출하기 어려웠다.[291] 대학을 졸업한 고학력자들도 일자리를 구하지 못하는 사회에서 실업자와 빈곤층이 전통적인 교육훈련을 받고 일자리를 찾을 수 있다는 생각은 환상이었다.

가족은 물론이고 노동자 한 사람을 온전히 부양할 수 있는 일자리가 감소하고 있는 사회에서 남성 혼자 가족의 생계를 부양하는 것은 소수의 특권층을 제외하면 더 이상 적절한 생존전략이 될 수 없었다. 또한 남성 혼자 가족의 생계를 부양하지 못하는 상황에서 남성 생계부양자(정규직 남성노동자)와 여성 피부양자(전업주부)를 전제로 제도화된 전통적 복지국가는 더 이상 시민의 복지를 감당할 수 없었다. 외환위기 이후의 10년 동안 이러한 변화된 노동시장과 산업구조에 조응하는 새로운 사회보장체계의 제도화가 요구되었다. 남녀 모두가 일해야 하는 사회에서 가족 내 노인, 장애인, 아동에 대한 돌봄 책임을 여성에게 강제할 수 없었기 때문이다. 가족 내에서는 남성의 분담이, 가족 밖에서는 사회적 분담이 요구되었다. 만약 이러한 분담이 현실화되지 않을 경우에 여성은 소득활동과 돌봄 중 양자택일을 강요받게 되고, 이는 저출산 현상으로 대표되는 돌봄의 포기로 나타날 수밖에 없기 때문이다. 그렇다고 노동시장에 참여하지 않고 출산과 돌봄을 선택한다고 해서 문제가 해결되는 것도 아니었다. 가족이 경제적 어려움에 직면할 수 있고 한 번 노동시장에서 이탈하면 재진입이 매우 어려웠기 때문이다. 실제로 일인생계부양자 가구(홑벌이가구)가 빈곤에 처할 가능성은 서구는 물론이고 한국에서도 이인생계부양자가구(맞벌이가구)에 비해 높게 나타났다.[292] 자유주의 정부 10년 동안에 노인과 아동의 돌봄 위기, 노동시장의 유연화로 안정적 고용과 소득이 담보되는 않는 상황, 돌봄 서비스의 민영화·시장화가 노동시장에서 발생

....

291 Bauman, Z. (2010[2004]). 『새로운 빈곤: 노동, 소비주의 그리고 뉴푸어』 이수영 역 (*Work, Consumerism and the New Poor*). 서울: 천지인.

292 Yoon, H. (2010). Poverty and new social risks in Korea: Family and labor market status, paper for the 8th Annual ESPAnet Conference in Budapest, Hungary, 2-4 September 2010, Stream No. 2.1C "Poverty and Social Exclusion."; 윤홍식·조막래(2007). "남성일인생계부양자가구와 이인생계부양자가구의 소득특성과 빈곤실태." 『가족과 문화』 19(4): 131-162.

하는 실업, 질병, 노령으로 인한 소득상실이라는 구사회위험과 구별되는 새로운 사회위험으로 등장했다.

전통적 소득보장정책의 주된 역할은 상품화된 남성 정규직 노동자가 소득활동을 중단했을 경우에 발생하는 소득상실에 대응하는 것이었다. 반면 사회서비스 정책은 돌봄을 사회화(탈가족화)해 전통적으로 돌봄을 제공하던 사람이 노동시장에 참여할 수 있도록 지원하며 돌봄의 욕구에 따라 가족 내에서 돌봄을 수행할 수 있도록 지원하는 정책을 망라했다. 사회서비스 정책이 복지국가의 중요한 영역이 된다는 것은 복지국가의 역할이 탈상품화에서 탈가족화, 상품화, 가족화로 확대된다는 것을 의미했다. 자유주의 정부 10년 동안의 사회서비스 정책의 확대를 새로운 사회위험에 대한 한국 복지체제의 새로운 역할이라고 이해한다면, 사회서비스 정책에 대한 평가 또한 김대중·노무현 정부가 한국 복지체제의 새로운 역할을 어떻게 수행했는가를 중심으로 검토할 필요가 있다. 더 나아가 사회서비스 정책은 단순히 돌봄의 위기에 대응하고 새로운 일자리를 창출하기 위한 정책은 아니었다. 중산층도 필요한 서비스를 모두 시장에서 구매하는 것이 불가능하기 때문에,[293] 사회서비스 정책은 계층과 계급, 성별을 가로지르는 연대의 핵심 고리였다.

사회서비스 지출의 증가

사회서비스 정책에서 돌봄 책임의 사회적 분담은 단순히 가족의 돌봄 책임을 탈가족화하는 과제를 넘어 가족 내에서 이루어지는 돌봄에 대한 적극적 지원(가족화에 대한 지원)을 포괄하고 있었다. 김대중 정부와 노무현 정부의 탈가족화와 가족화 정책을 가족 관련 사회지출의 변화 양상을 통해 검토해보자. 〈그림 14.40〉을 보면 김영삼 정부 시기에 가족 관련 GDP 대비 가족 관련 사회서비스(이하 사회서비스) 지출은 1993년에 0.050%에서 1997년에 0.081%로 0.031%포

....

293 Anttonen, A. and Sipilä, J.(2008). "Universalism and Idea and Principle in Social Policy." http://www.hioa.no/asset/3723/1/3723_1.pdf, 접근일 2017년 9월 17일.

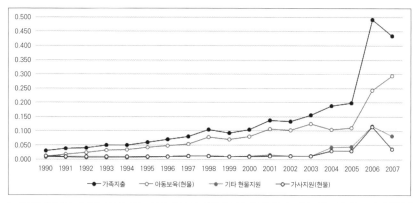

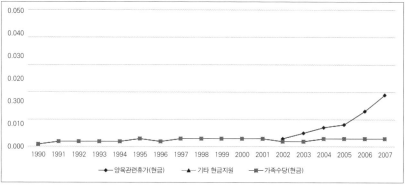

그림 14.40 GDP 대비 가족 관련 사회서비스 지출 비율의 변화(%), 1990~2007년

출처: OECD. *Social Expenditure Database.*

인트 증가하는 데 그쳤다. 사회서비스 지출은 경제위기 이후에 김대중 정부에서부터 증가한 것처럼 보이지만 실제로 김대중 정부 기간 동안의 증가율은 김영삼 정부 기간보다 높지도 않았다. 1998년(0.105%)부터 2002년(0.134%)까지 GDP 대비 증가율은 0.029%포인트에 그쳤다. 사회서비스 지출이 본격적으로 증가한 것은 노무현 정부에서였다. 2003년부터 2007년까지 GDP 대비 사회서비스 지출은 0.156%에서 0.435%로 0.279%포인트 증가해 김영삼 정부와 김대중 정부보다 열 배 가까이 높았다.

노무현 정부 기간 동안에 아동보육 관련(탈가족화) 예산은 비약적으로 증가했다. 아동, 노인, 장애인 등 가족이 담당했던 돌봄 서비스를 국가가 분담하려는 시도가 이루어진 것이다.[294] 예를 들어, 2004년에 이루어진 '영유아보육법' 개정에서는 보육서비스의 대상을 모든 영유아로 확대해 보편적 보육서비스를 제공할 수 있는 제도적 기반을 마련했다. 이로 인해 2003년에 3천억 원 정도에 불과했던 보육 관련 예산은 2007년에는 무려 1조 8천억 원 규모로 증가했다.[295] 이렇게 노무현 정부에서 사회서비스 관련 예산이 비약적으로 증가할 수 있었던 배경으로 산업구조의 변화로 인한 일자리 감소와 급격한 출산율 저하에 대한 우려가 중요한 역할을 했다. 여성의 몸을 도구화한다는 비판이 있었지만, 노무현 정부는 사회서비스를 저출산 현상을 완화하고 고용을 창출할 수 있는 중요한 수단으로 인식했다.

반면 가족에 대한 현금 지원은 매우 취약했다. 부·모가 일시적으로 일을 중단하고 가정에서 아동을 직접 양육할 수 있도록 지원하는 육아휴직과 산전후휴가에 대한 GDP 대비 지출 비율은 2002년 이전까지 전무했으며, 저출산 대응을 본격화한 2005년에 0.008%, 노무현 정부의 마지막 해인 2007년에도 0.019%에 그쳤다. 2005년을 기준으로 보면 출생아 수는 43만 5천 명인 데 반해 육아휴직을 이용한 여성은 10,492명에 불과했다.[296] 이는 2005년의 출산여성 수 대비 2.4%인데, 출산여성의 절반이 취업했다고 가정했을 때 4.8%, 30%만 취업했다고 보수적으로 가정해도 8.0%만이 육아휴직을 이용한 것으로 추정된다.[297] 다만 노무현 정부에서 남성의 양육 참여를 제도화하기 위한 (무급) 배우자출산휴가가 제도화되고 육아휴직의 대상에 남성을 포괄하려는 노력을 시작했다는 점은 주목할 만한 변화였다.[298]

노무현 정부 시기 동안에 이처럼 가족 관련 사회서비스 지출이 이전 정부

....

294 국정홍보처. 『참여정부 국정운영백서 4: 사회』. p.144.

295 보건복지부(2010). "저출산 대응 예산자료(내부자료)."

296 통계청(2010). "출산 및 육아휴직 현황."

297 2009년의 출생아 수는 44만 5천 명이고, 2009년에 육아휴직을 이용한 여성은 34,898명이다. 통계청. "출산 및 육아휴직 현황." 출생아수 대비 7.8%, 출산여성의 절반이 취업했다고 가정했을 때 15.7%, 30%만 취업했다고 보수적으로 가정해도 26.1%만이 육아휴직을 이용한 것으로 추정된다. 2005년에 비해서는 세 배 이상 증가한 것으로 추정된다.

298 여성신문(2006). "아버지 출산휴가제 논쟁 가열." 『여성신문』. 2006년 5월 12일. http://www.womennews.co.kr/news/view.asp?num=29058, 접근일 2017년 9월 19일.

와 비교해 급격히 증가했지만 OECD 국가와 비교하면 여전히 낮은 수준이었다. 2007년 기준으로 한국과 유사한 경제수준에 있는 스페인, 포르투갈, 그리스 모두 가족 관련 사회지출(현금 및 현물 지원)이 GDP 대비 1.0%가 넘는 데 반해 한국은 남유럽 국가의 40~50% 수준인 0.435%에 그쳤다.[299] 탈가족화와 가족화에 대한 지원을 분리해도 결과는 유사하다. 가족화에 대한 지원이라고 할 수 있는 현금지출은 2007년 기준으로 스페인, 그리스, 이탈리아의 50~80% 수준이었고, OECD 평균의 36%에 불과했다.

사회서비스 일자리

자유주의 정부 10년 동안에 사회서비스의 확충은 일자리 창출을 위한 핵심 정책수단으로 간주되었다. 국정홍보처에서는 2004년 기준으로 한국의 사회서비스 부문이 고용에서 차지하는 비율은 12.7%로 OECD 평균인 21.7%에 크게 미치지 못하고 있기 때문에 이를 OECD 평균수준으로만 확대해도 91만 개의 일자리가 창출될 수 있다고 기술했다.[300] 더 구체적으로 사회서비스 부문에 한정해서 보면 1인당 GDP가 2만 1천 달러 수준일 때 보건·사회복지 분야의 고용비율은 한국(2007년)이 3.2%로 사회서비스가 잘 발달된 스웨덴(1987년)의 16.0%는 물론이고 일본(1987년)의 4.1%보다도 낮다고 기술했다.[301] 이를 반영하듯이 노무현 정부 기간 동안에 민간시설 중심의 보육시설 확대와 바우처 방식을 통해 4대 사회서비스 사업(노인돌보미 사업, 중증장애인 활동보조 사업, 산모신생아도우미 지원 사업, 지역사회서비스 혁신 사업) 분야에서 4만 4천 개의 일자리를 창출했다고 보고했다.[302]

그러나 새롭게 만들어진 사회서비스 일자리의 질에 대한 의문이 지속적으로 제기되었다. 사회서비스 일자리의 대부분은 저임금과 비정규직으로, 취약계

....

299 윤홍식(2010). "저출산 대응정책 예산의 현실과 재원확대의 과제, 제2차 저출산고령사회 기본계획, 무엇을 담아야 하나? 성공적인 저출산고령사회 대응을 위한 재원확보 방안." 제9차 토론회. 2010년 6월 29일. 서울 롯데호텔 에메랄드룸. 주최: 한국보건사회연구원.

300 국정홍보처. 『참여정부 국정운영백서 4: 사회』.

301 광장(2010). "한국의 사회서비스: 도전과 응전." 『Agora Issue Briefing』 제20호, 재단법인 광장.

302 국정홍보처. 『참여정부 국정운영백서 4: 사회』. pp.144-145.

층의 고용을 위해 만들어진 일자리라는 인식이 매우 강하고 노동조건은 매우 열악했다. 사회서비스 종사자의 월평균 임금은 노인돌봄서비스(2007년) 43만 원, 산모신생아도우미 지원(2006년) 64만 원, 장애인활동보조 지원(2007년) 66 만 원에 불과했다.[303] 더욱이 이러한 낮은 임금조차도 안정적으로 지급되지 않 았다. 사회서비스의 수요에 따라 등락을 반복했던 것이다.[304] 낮고 불안정한 임 금수준으로는 사회서비스 종사자가 피부양 가족은 고사하고 노동자 자신의 최 저생활조차 안정적으로 유지하기 어려웠다. 2007년의 1인 최저생계비가 44만 원 수준이었던 점을 고려하면, 노인돌봄서비스 종사자의 월평균 임금은 최저생 계비에도 미치지 못했다. 문제는 시장 중심의 사회서비스 일자리가 유지되는 한 사회서비스 일자리가 저임금을 벗어나기 어렵다는 점이었다. 더욱이 사회서 비스 노동자의 대부분이 여성이라는 점을 고려했을 때 (시장을 중심으로 만들어 진) 사회서비스 일자리의 확대는 노동시장에서 여성의 낮은 지위를 고착화시킬 가능성이 매우 높았고, 열악한 노동조건은 곧바로 사회서비스의 낮은 질을 의 미했다.[305] 결국 질 낮은 서비스가 중산층의 사회서비스에 대한 욕구를 충족시 키지 못하는 문제가 발생했다.

이렇게 사회서비스 일자리의 문제가 심각해진 이유는 1997년 8월 22일에 개정시행된 사회복지사업법과 관련이 있어 보인다. 개정된 사회복지사업법에 서는 사회복지법인에 배타적으로 허락되었던 사회복지 생활시설의 설치와 운 영을 비영리법인이 아닌 개인에게까지 확대하고 허가제에서 신고제로 규제를

....

303 권기환(2009). "지역아동센터 여성 일자리 현황과 일자리 창출방안 토론 자료." 지역아동센터 여성고용 현황과 여성일자리 창출 토론회 자료집.
304 오은진(2009). "사회서비스의 일자리와 발전방향: 돌봄노동을 중심으로." 경제위기 속 사회서비스 일자리의 발전 방향 모색을 위한 토론회. 2009년 4월 1일. 국회도서관 소회의실. 주최: 신낙균의원실, 대한YWCA연합회, 전국실업극복단체연대, 한국여성노동자회, 한국여성인력개발센터연합, 한국YMCA전국연맹, 한국지역자활센터협회; 채혜영(2009). "바우처 돌봄일자리의 현황과 개선방안." 경제위기 속 사회서비스 일자리의 발전 방향 모색을 위한 토론회. 2009년 4월 1일. 국회도서관 소회의실. 주최: 신낙균의원실, 대한YWCA연합회, 전국실업극복단체연대, 한국여성노동자회, 한국여성인력개발센터연합, 한국YMCA전국연맹, 한국지역자활센터협회.
305 좌혜경(2009). "서울시 사회서비스 현황과 문제점." 서울시 사회공공성연대회의 포럼 발제문. 2009년 7월 9일.

완화했다.[306] 실제로 1997년 이후에 사회복지 생활시설이 큰 폭으로 늘어났다. 단순히 일자리를 만드는 것이 목표였다면 김대중·노무현 정부가 사회서비스의 확대를 통해 일자리 창출이라는 정책목표를 달성했다고 평가할 수 있다. 그러나 사회서비스 노동자의 삶과 사회서비스의 질을 놓고 보면 성공적이라고 평가하기는 어려웠다. 자유주의 정부 10년 동안에 늘어난 사회서비스 일자리는 일자리라면 어떤 것이라도 좋다는 신자유주의적 주장을 실천한 것처럼 보였다. 자유주의 정부 기간 동안에 만들어졌던 사회서비스 일자리는 여성의 노동시장 참여를 통해 여성의 시민권을 강화하고 양질의 돌봄 서비스를 제공해 삶의 질을 향상시키는 유용한 정책도구가 아니었다.

사회서비스와 연대, 중산층과 저소득층

사회서비스 정책은 후기산업사회에서 요구되는 새로운 복지국가를 위한 시민연대의 확대라는 과제를 수행해야 했다. 자유주의 정부 10년에 동안 이루어졌던 사회서비스의 확대가 과연 이러한 시대적 과제에 복무했는지를 검토하는 것 또한 자유주의 정부 10년 동안의 한국 복지국가의 성과를 평가하는 매우 중요한 기준이 된다. 무엇보다도 자유주의 정부의 사회서비스 확대 정책이 중산층을 제도 내의 이해집단으로 포괄했는지에 대한 검토가 필요하다. 중산층이라도 모든 서비스를 시장에서 구매할 수 없다면 공적 영역에서의 서비스 제공은 필수적이고, 이러한 이유로 중산층이 복지국가의 새로운 역할에 대해 적극적 지지자가 될 수 있기 때문이다.[307] 그러나 제공되는 서비스의 질이 낮아서 중산층의 요구에 조응할 수 없다면, 중산층이 저소득층과 함께 연대해 사회서비스 정책의 확대를 지지할 가능성은 낮아진다. 이러한 관점에서 보면 자유주의 정부, 특히 노무현 정부에서 본격적으로 확대된 사회서비스 정책이 중산층의 이해에 조응했다고 보기는 어렵다. 월평균 40~60만 원대의 임금으로는 좋은 인력이 수요자들에게 질 높은

....

306   김정환(2010). "사회복지시설에 관한 공법적 고찰." 연세대학교 대학원 법학과 박사학위논문. p.78.
307   Anttonen and Sipilä. *Universalism and Idea and Principle in Social Policy.*

서비스를 제공할 수 없었다. 결국 중산층은 정부가 제공하는 사회서비스로부터 이탈하게 되고 사회서비스 이용자는 시장에서 서비스를 구매할 수 없는 저소득층으로 제한될 것이다. 이러한 평가는 노무현 정부에 직간접적으로 관여했던 사람들로 구성된 기관(재단법인 광장)에 의해서도 언급되고 있다.[308]

아동보육서비스는 이에 대한 중요한 실례를 제공한다. 많은 연구들에서 부모가 믿고 맡길 수 있는 보육시설의 부족이 일과 생활을 양립하는 데 중요한 장애요인이라고 지적했다. 반면 공적 보육시설에 대한 만족도는 높아서 대기자 수가 정원의 100%를 초과하는 실정이었다. 예를 들어 인천시 계양구의 경우를 보면, 국공립 보육시설 9개소의 대기 아동 수는 627명으로 전체 정원 481명의 1.3배에 이르렀다.[309] 그러나 불행히도 자유주의 정부 10년 동안에 민간보육시설을 이용하는 아동 수의 연평균 증가율은 항상 공적 보육시설을 이용하는 아동 수의 증가율보다 높았다. 노무현 정부 기간 동안의 민간보육시설의 연평균 증가율은 2.24%인 데 반해 공적 보육시설의 증가율은 0.28%에 그쳤다. 물론 공적 보육시설의 아동수용 규모는 이전 정부에 비해 증가했다. 그러나 민간보육시설의 수용 비율이 더 크게 증가하면서 민간보육시설을 이용하는 아동의 비율이 더 높아졌다. 결국 자유주의 정부 10년 동안에 사회서비스는 경쟁과 효율이라는 명목하에 민간(시장)을 중심으로 확대되었고, 이는 서비스의 질을 낮추어 중산층과 저소득층이 함께 보편주의 복지국가를 위해 연대할 가능성을 낮추었다.

물론 자유주의 정부는 국내외의 사회경제조건의 변화에 대해 적절히 인식했고, 이를 바탕으로 새로운 조건에 조응하는 한국 복지국가의 비전을 수립하려는 시도도 했다. 『선진복지한국의 비전과 전략』은 이러한 인식의 대표적 산물이었다. 그러나 자유주의 정부가 국내외의 변화된 사회경제조건에 대해 적합한 인식을 가졌다고 해서 정책 대안과 실천 또한 적합하게 이루어진 것은 아니었다. 자유주의 정부는 저출산·고령화로 대표되는 새로운 사회위험에 대한 대응으로 사

....

308 광장. 한국의 사회서비스: 도전과 응전. p.15.
309 이삼식·윤홍식·최효진·이지혜(2009). "2009년 지자체 저출산 컨설팅 보고서." 한국보건사회연구원.

회서비스를 확대했지만 4대 바우처 사업[310]에서 보듯이 정책 대상은 상대적으로 소득이 낮은 계층으로 제한되었다. 이는 저소득층 이외의 계층은 국가의 지원 없이 개별 가구의 경제적 능력에 따라 (시장에서) 사회서비스 욕구를 충족시켜야 한다는 것을 의미했다. 질 낮은 서비스는 중산층의 이해와 저소득층의 이해를 분리시켰다. 더불어 사회서비스의 확대와 함께 만들어진 (여성의) 일자리의 대부분이 저임금·비정규직 일자리가 되면서 사회서비스의 확대가 오히려 노동빈곤층을 양산하는 결과로 나타났다. 저임금 사회서비스 일자리는 낮은 질의 사회서비스를 양산하고 이는 다시 사회서비스의 수용자를 저소득층으로 제한하는 악순환의 고리가 만들어진 것이다.

정리하면, 자유주의 정부가 소득보장의 제도적 틀을 갖춘 점과 사회서비스를 한국 복지국가의 중요한 과제로 인식한 점은 긍정적으로 평가할 수 있다. 특히 노무현 정부하에서 진행되었던 사회서비스의 확대는 한국 복지국가의 역할이 전통적 소득보장 중심에서 새로운 사회위험에 대한 대응인 사회서비스로 확대되는 계기를 만들었다. 그러나 사회서비스에 대한 사회지출은 충분하지 않았고, 시장을 중심으로 질이 담보되지 않은 서비스가 제공되었으며, 저임금 일자리를 양산하는 결과로 나타났다. 이는 사회적 연대에 득이 되기보다는 오히려 해가 되었다. 복지 확대의 핵심적 연대세력인 중산층이 친복지연대로부터 이반될 가능성이 높아졌다. 결국 자유주의 정부는 사회서비스를 한국 사회의 중요한 과제로 설정했음에도 불구하고 한국 사회가 직면한 새로운 사회위험에 대응하는 사회적 연대를 만들어내지 못했다.

복지분권

노무현 정부에서 추진한 사회복지재정분권도 사회서비스의 확대라는 맥락

....

310 노인돌보미 사업의 대상은 전국 가구 평균소득의 80% 이하 노인, 산모신생아도우미 지원 사업의 대상은 도시근로자 가구 평균소득의 60% 이하로 제한되었다. 사회서비스 정책 중 가장 보편적이라고 할 수 있는 아동보육의 경우에도 노무현 정부의 마지막 해인 2007년에 이르러서야 도시가구 평균소득가지로 지원 대상을 확대했다. 김종해(2008). "보육정책." 『월간 복지동향』 111: 41-47.

에서 검토할 필요가 있다. 노무현 정부는 중앙정부에 집중되어 있는 사회복지의 권한을 지방정부로 이관해 사회복지예산 집행의 효율성을 높인다는 목표하에 사회복지재정의 지방분권을 추진했다.[311] 이에 따라 노무현 정부는 2005년부터 보건복지 분야의 138개 국고보조금 사업 중 67개 사업을 지방자치단체로 이양했다. 하지만 재정분권 이후의 성과는 노무현 정부가 기대했던 것과는 조금 다른 양상으로 전개되었다. 사실 재정분권 이전부터 재정분권이 공적복지에 대한 중앙정부의 책임을 약화시킬 것이라는 우려가 제기되었고, 실제로 2005년에 재정분권이 실시된 이후에 공적복지에 대한 중앙정부의 책임이 약화되는 양상이 나타났다.[312] 복지에 대한 책임이 중앙정부에서 지방자치단체로 이관되자 지방자치단체의 책임이 증가했고 지방재정을 압박하는 양상이 나타났다. 〈그림 14.41〉에서 보는 것과 같이 2005년을 전후로 지방자치단체의 예산 중 사회복지예산의 비율이 급증했다. 광주광역시의 사례를 보면, 사회개발부문은 2002년에 34.3%에서 2004년에 36.4%로 2.1%포인트(연간 1.05%포인트) 증가했지만 2007년에는 42.8%로 2004년에 비해 6.4%포인트(2.13%포인트)나 증가했다.[313] 사회개발비 중 사회보장예산 비율의 증가는 더 극적인데, 2002년에 35.4%에서 2004년에 39.9%로 4.4%포인트 증가하는 데 그쳤지만 2007년에는 49.3%로 2004년에 비해 9.4%포인트 증가했다.

더욱이 중앙정부가 지방자치단체에 교부하는 분권교부세의 규모가 지방자치단체의 복지 관련 보조사업보다 적게 산정되면서 지방이양은 지방자치단체의 재정부족 문제를 초래했다.[314] 부산, 대구, 인천, 광주, 전북, 전남, 경북 7개 광역자치단체가 사회복지 분야의 67개 지방이양 사업에 필요한 예산을 확보하지 못해

....

311 Ebel, R. and Yilmaz, S.(2001). "Fiscal Decentralization: is it Happening? How Do You Know?" International Studies Program, Atlanta, Georgia, US, April 4-6, 2001.
312 이중섭(2008). "복지재정분권화에 따른 지방정부의 사회복지예산 변화에 관한 연구." 『사회연구』 15(1): 95-128.
313 행정자치부(각 연도별). 『지방재정연감』; 박병현·박상미·최은미·고재수(2018). "노무현 정부의 사회복지 재정분권: 옳은 정책이었는가 아니면 잘못된 정책이었는가?" 『사회복지정책』 42(3): 347-376. p.358. 재인용.
314 박병현 외. "노무현 정부의 사회복지 재정분권." pp.367-368.

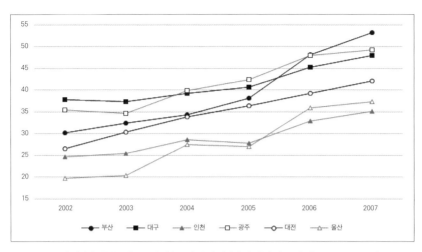

그림 14.41 광역시별 사회보장부문의 세출구성비(사회개발비 내의 비율) 추이, 2002~2007년

출처: 행정자치부(각 연도별). 『지방재정연감』; 박병현 외. "노무현 정부의 사회복지 재정분권." pp.359-360. 인용 자료를 재구성함.

자치단체 간의 복지격차가 나타날 개연성이 높아졌다.[315] 복지분권이 취약계층의 복지를 약화시킬 것이라는 우려 또한 현실화되었다. 실제로 복지분권 이후에 노인, 장애인, 정신요양시설 등 취약계층을 위한 생활시설의 건립에 차질이 발생했다.[316] 결과적으로 노무현 정부의 복지분권은 노무현 정부의 의도가 무엇이었든 간에 복지의 책임을 중앙정부에서 지방자치단체와 민간기관에 전가하는 결과를 가져왔고, 지역 간의 불평등, 취약계층의 복지 축소 등과 같은 문제가 발생할 가능성을 높였다. 노무현 정부의 복지분권은 폴 피어슨이 말한 것처럼 복지에 대한 의사결정을 중앙에서 지방으로 분산화해 미래에 발생할 수 있는 복지국가의 체계적 축소에 대한 책임과 비난을 지방자치단체로 떠넘길 수 있는 정치적 의사결정방식을 제도화했다는 비판을 받을 수 있게 되었다.[317] 2008년에 보수정부가 들어서면서 이러한 일들이 현실화되었다.

....

315 구인회·양난주·이원진(2008). "참여정부 복지분권화에 대한 비판적 고찰." 『한국사회복지학』 61(2): 61-84. pp.71-73.

316 구인회 외. "참여정부 복지분권화에 대한 비판적 고찰"

317 Pierson. P.(2006[1994]). 『복지국가는 해체되는가』. 박시종 역. (*Dismantling the Welfare State?*). 서울: 성균관대학교출판부.

4) 노무현 정부의 사회투자전략[318]

마지막으로 노무현 정부 후반기에 복지정책의 기조가 되었던 사회투자전략이 한국 복지체제에 갖는 의미를 검토해보자. 앤서니 기든스는 서구에서 자유민주주의가 위기에 처한 것은 적대적 경쟁자가 없기 때문이라고 주장했다.[319] 동서 냉전의 시대가 끝나고 대부분의 (서구) 국가들에 명백한 적이 없는 상황에서 정부의 정당성을 과거와는 다른 것에서 찾아야 했고 그것이 바로 복지국가를 새롭게 하는 것, 즉 사회투자전략(제3의 길)이라는 것이었다. 더불어 사회투자전략은 (형태는 다양했지만) 1970년대 이후에 복지국가를 경험한 산업화된 서구 국가의 현실적 과제로부터 출발했다. 사회투자전략을 개혁적이라고 할 수 있는 이유는 기존의 사회가 복지국가라는 전제에 근거하고, 사회투자전략이 이러한 복지국가의 지속 가능한 발전을 위한 개혁 전략이기 때문이다. 또한 '제3의 길'이라는 이념에 근거한 사회투자전략이 신자유주의에 대한 대안이라는 점도 염두에 둘 필요가 있다.

하지만 한국 사회의 조건은 북서유럽과 차이가 있었다. 한국은 여전히 분단국가였으며 이념적 대립이 심각했다. 계급과 계층에 따른 사회적 균열보다 반공주의와 지역주의가 여전히 사회적 균열을 만드는 중요한 기준이었다. 이러한 상황에서 적이 없는 사회를 상정하고 냉전을 종식시키고 복지국가로서 성숙한 북서유럽과 같이 국가의 역할을 새롭게 정의하는 것이 타당한지에 대해 의문이 든다. 논쟁적일 수 있지만, 사회투자전략의 문제의식을 한국 사회에 그대로 적용하는 것은 어려워 보였다. 한국 복지국가의 성격을 둘러싼 다양한 논쟁들이 존재했지만,[320] 분명한 것은 한국의 복지수준이 소위 자유주의 복지국가들의 복지수준에도 미치지 못하고 있다는 데는 이론의 여지가 없었다는 점이다. 더욱이 한국 사회에서 사회투자전략은 기존의 복지제도를 개혁하는 것이 아니라 무(無)복지

....

318 '4) 노무현 정부의 사회투자전략'은 다음 글의 일부를 수정해서 전재했다. 윤홍식(2009). "가족·여성정책의 사회투자와 한국의 복지국가." 김연명 편. 『사회투자와 한국 사회정책의 미래』. 서울: 나눔의 집.

319 Giddens. *The Third Way: The Renewal of Social Democracy*.

320 김연명 편. 『한국복지국가 성격논쟁 I』.

상태에서 복지를 새롭게 만들어내는 과제로 이해되었어야 했다. 외환위기 이후에 4대 보험의 전 국민으로의 확대와 국민기초생활보장제도의 도입을 통해 복지국가의 기본적인 밑그림이 그려진 것은 사실이다. 그러나 한국 사회보장체제의 사각지대는 매우 넓었고, 설령 제도의 대상이 된다 해도 급여가 충분하지 않았다. 또한 산업화된 서구에서 개혁을 요구받았던 실업급여, 연금, 공공부조의 과다한(?) 지출이 한국 복지체제에서는 복지 의존과 재정 압박을 야기할 정도라고 보기 어려웠다. 예를 들어, 2005년 12월을 기준으로 했을 때 국민기초생활보장제도의 수급자는 약 142만 4천 명으로 전체 인구대비 2.9%에 불과했다.[321] 2003년의 절대빈곤비율(가구소득이 최저생계비 이하)이 10.0%였다는 사실을 고려하면, 절대빈곤층의 70% 이상이 사각지대에 방치되어 있었다.[322] 이러한 광범위한 사각지대 문제는 고용보험과 국민연금에서도 나타났다. 즉, 전통적 복지국가가 야기한 재정불균형과 복지의존에 대한 대안으로 제기된 사회투자전략을 이제 막 복지국가의 초입에 들어선 한국 사회에 적용하는 것이 적절한지에 대해 검토할 필요가 있었다.

산업화된 서구 복지국가에서 사회투자전략은 높은 실업률에 대한 정책 대안이라는 성격이 강했다. 2005년 현재 유럽연합 15개국(신규 가입국을 제외한)의 평균 실업률은 남성이 7.0%, 여성이 8.9%였다.[323] 프랑스와 독일의 실업률은 남성이 8.7%, 8.9%, 여성이 10.5%, 10.3%로 유럽연합 15개국의 평균 수준보다 높았다. 상대적으로 실업률이 낮은 스웨덴도 남녀 모두 6%였다. 이로 인해 서구 복지국가의 핵심과제는 실업자의 고용율을 높이기 위해 사회보험료를 지원해 노동의 고정비용을 낮추고 노동시장의 규제를 완화해 일자리를 만들며 실업자들에 대한 교육훈련을 강화하는 것이었다. 또한 이러한 정책을 통해 고용률을 높여

....

321 보건복지부(2006). "2005년 국민기초생활보장 수급자 현황." 서울: 보건복지부.

322 이현주·백화종·신영석·김안나·박능후·이선우·홍경준·황덕순·유진영·김계연·이승경·황정하·임완섭·전혜숙·정순영·박신영(2005). 『차상위계층 실태분석 및 정책제안』. 한국보건사회연구원.

323 Taylor-Gooby. P.(2006). "European Welfare Reforms: the Social Investment Welfare State." 2006 EWC/KDI Conference, Social Policy at A Crossroad: Trends in Advanced Countries and Implications for Korea, Honolulu on July 20-21, 2006.

서 실업급여, 공공부조 등에 지출하는 재정을 줄이려고 했다. 이것이 실업 완화를 위한 활성화 정책이 사회투자전략의 핵심 정책이 된 이유였다. 반면 2006년의 한국의 실업률은 남성이 3.5%, 여성이 2.9%로 유럽연합 15개국의 절반에 불과했다.[324] 실업률 통계로 보면 거의 완전고용에 가까웠다. 이러한 상이성은 한국 사회의 불평등, 양극화, 사회적 배제 등에 대한 국가의 역할을 단순히 실업률을 낮추는 문제로 접근할 수 없다는 것을 의미했다. 사회투자전략의 필요성을 정당화하려면 잠재실업, 실망실업, 반실업 등 기존의 실업 개념으로는 잡히지 않는 비활성화된 노동력을 활성화시키고 (재)교육과 훈련 강화를 통해 노동력의 질을 높여 고용의 질을 높여야 했다. 물론 사회투자전략 또한 비활성화된 노동력(주로 여성)을 활성화시키는 것을 중요한 정책 목표로 상정하고 있지만, 한국의 경우 활성화가 북서유럽에서 보다 더 근본적인 문제라는 차이가 있었다.

북서유럽의 사회투자전략이 서구 사회의 변화된 계급구조를 반영하고 있다는 점도 고려할 필요가 있었다. 사회투자를 주장하는 진영은 전통적 좌파(사민주의)가 의존하던 자본가와 노동자(제조업 노동자 중심)의 대립적 계급구조가 더 이상 유용하지 않으며 지식기반경제에 조응하는 새로운 정치적 기반을 만들어야 한다고 주장했다.[325] 그렇다면 노무현 정부 시기에 사민주의 이념과 신자유주의 이념을 대변하는 좌파와 우파가 존재했는가와 이를 넘어서는 좌파적 대안이라고 지칭되는 사회투자전략을 뒷받침하는 정치세력이 존재했는가에 대한 의문을 갖지 않을 수 없다. 사회정책에 대한 좌파적 전통이 일천한 한국 사회에서 좌파적 대안을 갖는다는 것은 현실적이지 않았다. 이렇듯 사회투자전략은 서구적 사회경제조건하에서 도출된 개념이었기 때문에, 한국 사회에 이 개념을 적용시키는 것은 많은 논란을 일으켰고 창의적 재설계가 불가피했다. 이러한 논란에도 불구하고 가족의 소득보장, 의료보장, 주택보장 등이 사회투자전략을 실현하기 위한 기본 전제였다는 점을 고려하면,[326] 구사회위험과 신사회위험에 동시에 대응해야

....

324   통계청(2006). 연령·성별 실업률 〈경제활동인구조사 메타DB〉.
325   Giddens. *The Third way: The renewal of social democracy*.
326   Taylor-Gooby. "European Welfare Reforms: the Social Investment Welfare State."; Giddens. 『노

하는 한국 사회의 필요와 사회투자전략의 지향점에 상당한 공통분모가 존재했던 것도 사실이다. 문제는 한국 사회가 한국적 특수성을 반영한 새로운 사회정책을 설계할 역량을 갖고 있었는지 여부였다. 그러나 자유주의 정부 10년 동안에 한국 사회는 그런 숙련된 역량을 보여주지 못했다.

제6절 정리와 함의

해방 이후에 처음으로 이루어진 민주적 정권교체는 문재인 정부가 민주정부 1, 2기라고 부르는 자유주의 정부 10년의 시대를 열었다. 김대중 정부의 출범은 출범 자체만으로도 1987년의 민주화 이후에 한국 민주주의가 공고화되어가고 있다는 상징이었다. 민주적 선거가 집권의 유일한 경로가 되고 남북교류가 확산되자 사회경제적 문제가 민주적 선거의 중요한 쟁점으로 등장했다. 민주화 이후 10년 만에 비로소 복지정치가 가능해진 것이다. 하지만 한국 복지국가의 원년이라고 불리는 자유주의 정부 10년 동안에 한국 사회는 1945년에 제2차 세계 대전이 끝난 이후에 북서유럽이 직면했던 현실과 매우 다른 조건에 놓여 있었다. 한국 사회에는 복지국가를 추동할 강력한 정치적 주체가 존재하지 않았고 노동계급의 지지를 받는 집권 가능한 사민주의 정당도 없었다. 김대중 정부가 출범하면서 노동계급이 비로소 한국 사회의 중요한 주체로 인정받기 시작했지만, 조직된 노동계급의 힘은 이미 1990년대를 경과하면서 약화되었다. 1996년에 김영삼 정부의 노동법 개악을 저지했던 총파업 투쟁은 민주화 이후에 노동계급의 전성기를 알리는 마지막 불꽃처럼 보였다. 대신 전통적 노동계급과는 상이한 성격의 비정규직·서비스 노동자들이 증가하기 시작했고 좌파 정당을 대신해 진보적 시민단체가 복지정치의 중요한 축으로 등장하는 것 같았지만, 이들은 제2차 세계대전 이후에 서구에서 복지국가를 만들었던 노동계급의 역할을 재현하지 못했다.

....

동의 미래』.

경제적 측면에서는 재벌 대기업의 방만한 경영으로 인해 발생한 외환위기를 자유주의 정부가 재벌에 의존해 극복하려고 하면서 재벌 대기업으로의 경제력 집중이 더 강화되었다. 한국 경제는 경제위기를 거치면서 숙련과 기술이 분리된 재벌 대기업 중심의 수출주도 성장체제에서 수출독주 성장체제로 전환되었고, 노동시장의 양극화는 더 심화되었다. 성장을 통한 분배가 더이상 불가능한 상황으로 변화한 것이다. 더욱이 자유주의 정부가 추진한 금융산업화정책은 계층 간의 자산불평등을 확대했다.

이러한 조건에서 김대중 정부가 취한 사회보험 중심의 복지 확대 전략은 필연적으로 불완전 고용상태에 있는 노동자와 영세자영업자를 배제했다. 북서유럽에서 숙련 노동자가 직면하는 사회위험에 대응하기 위해 제도화된 사회보험제도가 숙련 노동에 기초한 포드주의를 건너뛴 한국 같은 주변부 포드주의 체제에서 제도화되면서 공적 사회보장제도에 대규모 사각지대가 발생한 것은 어쩌면 너무나 당연한 결과였다. 국민기초생활보장제도와 같은 근대적 공공부조가 제도화되었지만, 부양의무자 기준과 노동능력의 유무에 따라 자격이 결정되는 전근대적 요소가 온전하면서 제도의 반(反)빈곤 효과는 제한적이 되었다. 노무현 정부에서 추진한 사회서비스의 확대는 '돌봄'이 사회정책의 중요한 이슈로 등장했다는 점에서 그 자체로 의미가 크지만, 민간 중심의 사회서비스 확대는 서비스의 질을 저하시키고 저임금 일자리를 양산하는 문제를 발생시켰다. 민간보험과 부동산 등과 같은 사적 자산은 점점 더 소수의 전유물이 되어갔고, 그 성격도 사회위험에 대응하는 사적 보장기제에서 수익성을 최고의 목적으로 하는 투자상품으로 전환되었다.

결국 외환위기를 거치면서 한국 사회에서는 1960년대부터 지속된 성장을 통한 분배라는 개발국가 복지체제가 약화되었지만, 자유주의 정부는 이를 대체할 수 있는 대안적 복지체제를 구성하지 못했다. 불평등의 증가에서 보듯이 사회문제는 개발국가 시대보다 더 심각해졌다. 공적 사회보장제도의 대상자가 확대되었지만, 보편성의 확대가 불평등을 심화시키는 역설적인 상황이 발생한 것이다. 한국 복지체제의 보편성이 부분적으로 확대된 것은 사실이지만, 광범위한 배제집단을 양산함으로써 한국 복지체제의 역진적 선별성은 더욱 강화되었다. 불평등이 심화되는 과정에서 시민들은 자유주의 정부에 대한 지지를 거두어들였다. 이처럼 자유주의 정부 10년은 1945년 이후에 북서유럽에서 만들어진 복지국가를 21세기 초의 한국 사회에서 구성하는 작업이 쉽지 않다는 것을 확인해주었다. 이 모든 과정은 한국 사회를 3개의 다른 집단으로 나누었다. 공적 사회보장과 사적 보장기제를 모두 갖춘 집단과 공공부조 이외에는 별다른 사회안전망을 갖고 있지 않은 집단, 그리고 그 중간에서 공적 사회보험에 의존하면서 부유하는 불안한 중간계층이었다. 자유주의 정부 10년을 거치면서 어쩌면 한국에서 북서유럽 같은 복지국가를 만든다는 것 자체가 '신화'일지도 모른다는 생각이 들었다. 그렇다면 대안적 복지체제는 있는 것일까?

제15장

보수정부와 개발국가 신자유주의: 확장성의 제약

그때는 가장 나쁜 때였고, 가장 좋은 때였다.

그때는 어리석음의 시대였고, 지혜의 시대였다.

그때는 불신의 시대였고, 믿음의 시대였다.

그때는 어둠의 계절이었고, 빛의 계절이었다.

그때는 절망의 겨울이었고, 희망찬 봄이었다.

— 찰스 디킨스(Charles Dickens), 『두 도시 이야기』 중에서[1]

....

1   찰스 디킨스의 『두 도시 이야기』에 실린 본문은 "그때는 가장 좋은 때였고, 가장 나쁜 때였다"와 같이
     긍정적 언급이 먼저 나오고, 부정적 언급이 뒤에 나온다. 이명박과 박근혜 보수정부 시기에 대해 진보
     진영의 인식과 그 시기가 한국 사회에 준 의미를 표현하기 위해 디킨스의 문장을 전치시켰다.

제1절 문제제기[2]

자유주의 정권이 개발국가 복지체제를 대신하는 대안적 복지체제를 구축하는 데 실패하자 2007년의 대통령 선거의 쟁점은 '성장을 통한 분배'라는 개발국가 복지체제의 프레임으로 되돌아갔고, 10년 만에 보수가 다시 집권했다. 놀라운 사실은 보수정부가 정치적 수사를 통해 자유주의 정부 10년의 모든 것을 부정하는 것 같았지만 1997년의 외환위기 이후에 자유주의 정부가 추진했던 신자유주의 정책을 충실히 계승했다는 점이다. 적어도 경제정책과 복지체제의 관점에서 보면 자유주의 정부 10년과 보수주의 정부 9년은 단절보다 연속성이 더 강해 보였다. 2008년의 금융위기를 겪으면서 이명박 정부는 1997년의 경제위기 이후에 김대중 정부가 그랬던 것처럼 재벌 대기업에 의존해 경제위기를 극복하려고 했다. 복지와 관련해서는 사회서비스를 민간 중심으로 확대하는 것부터 연금개혁까지 자유주의 정부가 추진했던 복지정책의 거의 대부분을 계승했다.

....

2   문제제기는 다음 글을 수정한 것이다. 윤홍식(2018). "역진적 선별성의 지속과 확장성의 제약." 『한국 사회정책』25(4): 163-198.

자유주의 정부 10년을 지나 노태우·김영삼 정부에 이어 다시 보수정부가 출범하면서 한국 사회는 정말 복지국가로 진입한 것일까? 하지만 보수정부가 지향했던 복지체제는 국가의 복지를 확대해 시민들이 직면한 사회위험에 대응하는 복지국가가 아니었다. 보수정부 9년은 한국 복지체제를 개발국가 방식으로 신자유주의화하려고 시도했던 시기였다. 이명박·박근혜 정부는 정치·경제·사회의 전 영역에서 신자유주의를 확산시키기 위해 개발국가를 복원하려고 했다. 과거 권위주의 정권과의 차이는 국가가 직접 산업정책을 추진했던 것이 아니라 재벌 대기업에 유리한 사회경제적 조건을 만들어주려고 했다는 점이다. 복지정책도 형식적으로는 자유주의 정부를 계승하는 것처럼 보였지만, 실제로는 공적복지의 확장을 제약하는 다양한 장치들을 제도화했다. 노동시장은 더 유연화되었고 시민사회는 더 파편화되었다. 보수정부 시기 동안에 청년들은 한국 사회를 헬조선이라고 불렀고, 흙수저, 금수저가 논란이 되었다. 부모의 사회경제적 지위가 자녀의 대학 진학과 노동시장에서의 지위를 결정하는 세습자본주의가 되어가는 것 같았다.

　하지만 한국 사회에서 신자유주의를 개발국가 복지체제 방식으로 강화하려는 시도를 저지할 주체는 없었다. 자유주의 야당은 보수정부 9년 동안 무기력했고, 진보정당은 사분오열되었으며, 조직노동은 시민사회로부터 고립되어있었다. 한국 사회는 보수정부의 퇴행에 저항할 수 있는 진지를 구축해놓지 못했다. 김대중·노무현 정부가 역사에 남긴 지워지지 않을 과오는 1945년의 해방 이후에 처음으로 재벌 대기업을 규율할 수 있는 '정치적 힘', 즉 노동의 힘을 재건할 수 있는 10년의 시간이 주어졌음에도 이를 외면했다는 것이었다. 그 대가는 혹독했다. 결국 보수정부 9년 동안에 한국 사회는 1987년의 민주화 항쟁을 통해 쟁취했다고 믿었던 공정한 선거라는 최소한의 민주주의도 지키지 못했다. 복지는 양적으로 확대되었지만, 지속 가능해 보이지도 사람들이 직면한 사회위험에 적절히 대응하지 못했다. 한진중공업, 쌍용자동차, 기륭전기 등에서 수많은 노동자들이 고통을 받았다. 2016년 10월에 시작된 기나긴 촛불항쟁을 통해 한국 사회는 민주주의를 퇴행시킨 박근혜 정권을 퇴진시키고 1987년의 그 자리로 겨우 되돌아왔다. 제15장에서는 이러한 인식에 기초해 보수정부 9년 동안에 한국 사회가 걸어왔던 경제, 정치, 복지체제의 특성을 차례로 살펴보았다.

제2절 보수정부 9년의 시기 구분

보수정부 9년은 크게 세 시기로 구분할 수 있을 것 같다. 첫 번째 시기는 〈표 15.1〉에서 보는 것과 같이 이명박 정부의 출범부터 2010년 중반까지로, 경제적으로 2008년의 금융위기에 직면해 이명박 정부가 확장적 재정정책으로 대응했다. 이 시기에 이명박 정부는 신자유주의에 반하는 확장적 재정정책을 통해 경기침체에서 벗어나는 동시에 미국과의 FTA를 체결하고 규제를 완화했으며 노무현 정부에서 입안한 자본통합법을 시행하는 등 신자유주의 정책을 병행했다. 이명박 정부도 경제위기를 재벌 대기업의 수출경쟁력에 의존해 극복하려고 했다는 점에서 자유주의 정부와 차이가 없었다. 정치적으로는 정권이 출범한 지 반년도 되지 않아 미국산 쇠고기 수입에 반대하는 대규모 시민저항에 직면했고 노동자의 파업에 대해서는 권위주의 정부에서처럼 강경 대응으로 일관했다. 이 시기에 노동계급은 불안정 노동자가 증가하면서 더 분화되는 양상을 보였다. 복지체제의 측면에서는 성장을 통해 일자리를 만들겠다는 이명박 정부의 정책이 경제위기와 맞물리면서 취업자 감소로 이어졌다. 사회지출은 늘어났지만, 대규모 감세정책을 시행해 장기적으로 보면 복지국가의 확장에 제도적 제약을 가했다. 근로장려세제의 시행, 영리기관을 중심으로 한 노인장기요양보호 서비스의 제공, 가정양육수당의 도입, 보육바우처 제도의 시행 등은 모두 공적복지의 확대를 구조적으로 제약하는 조치였다.

두 번째 시기는 2010년 중반부터 2013년 중반까지이다. 경제위기가 일단락되자 이명박 정부는 본격적으로 신자유주의 복지체제의 강화를 시도했다. 특히 주주자본주의를 강화하는 조치들을 취해나갔다. 하지만 정치적으로는 2008년의 촛불항쟁에 이어 2010년 6월의 지방선거에서 보편적 무상급식이 정치적 쟁점으로 등

표 15.1 보수정부 9년의 복지체제의 시기 구분, 2008~2016년

시기	경제체제	권력관계	복지체제
위기관리 2008년 2월~ 2010년 중반	·확장적 재정과 대규모 감세의 병행 ·재벌의 경제력 집중의 강화 ·자유무역협정의 확대 ·경제의 이중구조화 심화(대기업 대 중소기업) ·자본통합법의 시행 ·규제완화 ·경제성장률의 저하	·민주노동당의 분당 ·2008년의 촛불항쟁 ·노동계급의 분화(불안정 노동자의 증가) ·노조에 대한 강경 탄압 (쌍용차파업 강경 진압, 삼성노조 파괴공작)	·취업자 수의 감소 ·노동빈곤층의 확대 ·감세를 통한 개발국가 복지체제의 복원 시도 ·노인장기요양보험, EITC, 가정양육수당의 시행 ·민간 중심의 노인요양시설 확충 ·보육바우처의 시행
개발국가 신자유주의 복지체제로의 복귀 2010년 중반~ 2013년 중반	·주주자본주의의 강화 ·수출증가율의 급격한 둔화 ·미국의 1인당 GDP 대비 상대적 GDP 수준의 정체(2010~)	·보편적 무상급식운동과 보편주의의 승리 ·반한나라당 전선 형성 ·민주노동당의 대중정당화 선언 ·통합진보당의 창당과 분당 ·국가기관의 선거 개입	·2010년 6월의 지방선거를 계기로 보편복지 논의의 확산 ·무상급식의 확산
개발국가 신자유주의 복지체제의 위기 2013년 중반~ 2016년 12월	·세계 최고수준의 로봇밀도(자동화)와 노동과 숙련의 분리 강화 ·수출의 GDP 기여도 폭락 ·국가 개입을 통한 신자유주의의 확산 (개발국가식 신자유주의화)	·민주노총의 고립과 2016년 정권퇴진을 위한 반박근혜 연대의 형성(보수에서 진보) ·보수의 분화(안보는 보수적이고 복지와 경제는 개혁적인 보수의 탄생) ·2016년의 박근혜 퇴진 촛불항쟁(87년체제수호 운동)	·2013년의 세제개편 ·2016년부터 불평등과 빈곤이 다시 증가 ·기초연금(70%)의 도입, 공무원연금개혁 ·보편적 보육과 보편적 아동양육수당 ·누리과정예산 갈등 ·유사중복사업 정비 ·의료민영화 추진 ·EITC 자영업자의 확대 ·CTC 도입

장하면서 위기에 직면했다. 반MB·반한나라당 전선이 구축되었고, 2008년에 분열했던 진보정치 세력이 통합진보당으로 다시 모여들었다. 복지체제의 측면에서는 무상급식 논쟁을 계기로 한국 사회에서 복지국가 논쟁이 본격화되었다. 하지만 2012년의 총선과 대선에서 보편적 복지를 주도했던 세력은 패배했고, 정권은 다시 보수정부인 박근혜 정부로 이어졌다. 이 시기에는 성과와 위기가 공존했다. 긍정적으로 보면 한국 선거 역사상 처음으로 복지이슈와 경제민주화가 중요한 의제로 등장하면서 복지 확대는 누구도 거스를 수 없는 대세가 되었다. 반면 총선과 대

선 국면에서 국가정보원, 국군사이버사령부 등 국가기관의 선거 개입이 이루어지면서 한국 민주주의는 1987년 이전으로 퇴행했다.

세 번째 시기는 2013년 중반부터 2016년 12월까지로, 박근혜 정부가 경제민주화 공약을 완성했다고 선포하고 신자유주의 복지체제를 강화하기 위한 시도를 다시 시작했다. 하지만 이 시기에 한국 경제는 내수와 수출 모두에서 어려움에 처하면서 역대 정권 중 가장 낮은 성장률을 기록했다. 박근혜 정부가 꿈꾸었던 '성장을 통한 분배'가 불가능하다는 것이 확인되면서 개발국가 방식을 통해 신자유주의 복지체제를 강화하려는 시도는 위기에 처했다. 경제적인 면에서는 세계에서 가장 높은 자동화율을 기록하면서 노동과 숙련이 배제된 생산체제가 더 강화되었고, GDP 성장률에서 대외부문이 차지하는 기여도가 역대 최저수준으로 낮아졌다. 2015년의 민주노총의 민중총궐기에 이어 2016년 10월에 연인원 1,700만 명이 참여한 광범위한 시민저항이 일어났다. 결국 촛불항쟁은 박근혜 정부를 퇴진시켰고 새 정부를 출범시키며 복지국가를 만들어가는 과정에서 노동자, 시민, 시민운동이 연대할 수 있는 가능성을 남겼다. 복지체제의 측면에서 박근혜 정부는 증세 없는 복지를 추구했지만, 실제로는 조세부담률을 2%포인트 가까이 늘리면서 세입을 확장했다. 비록 공약을 파기했지만, 기초연금을 도입하고 보편적 보육 지원과 아동양육수당을 제도화하는 조치를 취하기도 했다. 하지만 기초연금을 국민연금과 연계시켰고, 민간시설 중심의 사회서비스 인프라를 개선하지 않았으며, 돌봄의 책임을 가족에게 전가하려고 했고, 중앙정부의 복지 책임을 지방정부로 넘기려는 시도를 했다. 그러면서 많은 갈등을 유발했다. 2016년에 들어서면서 경제는 더 어려워졌고 불평등과 빈곤이 다시 증가하기 시작했다. 개발국가 방식으로 신자유주의 복지체제를 강화하려는 보수정부 9년의 시도는 한국 사회의 구조적 문제만 심화시키면서 결국 실패로 막을 내렸다. 그리고 다시 자유주의 정부가 출범했다.

제3절 보수의 집권과 한국 자본주의

시장자유주의를 지지하는 보수의 집권은 1997년의 외환위기 이래 자유주의 정부가 추진한 한국 자본주의의 '영미식' 신자유주의화를 더욱 가속화시킬 것으로 예상되었다. 하지만 2007~2008년에 발생한 세계적인 금융위기는 보수정부의 신자유주의 정책에 예상하지 못했던 변수로 작용했다. 2008년의 금융위기 당시에는 이명박 정부의 대응이 1997년 이래로 본격화된 한국 자본주의의 신자유주의화로부터의 근본적 후퇴인지 아니면 일시적 후퇴인지를 판단하기 어려웠다. 외형적으로 이명박 정부가 신자유주의 논리에 반해 대규모 정부지출을 감행했고 시장에 대한 개입을 확대한 것처럼 보였기 때문이다. 신자유주의화를 거치면서 약화될 것이라고 예상되었던 '국가의 역할'이 공공연히 시장자유주의를 추구했던 보수의 집권과 함께 강화되는 상황이 발생했다. 『기원과 궤적』에서는 이러한 상황에 기초해 복지체제의 관점에서 보수정부 9년 동안의 한국 자본주의의 성격에 대한 핵심 질문에 답하려고 했다. 보수정부가 한국 자본주의의 개발국가적 성격을 복원한 것인지, 아니면 국가 개입의 강화는 2008년의 금융위기에 대응하기 위한 일시적 현상일 뿐 1997년 이래로 본격화된 '영미식' 신자유주의화를 강화한 것인지를 검토하려고 했다.[3] 조금 다른 각도에서 보면, 보수정부 9년 동안에 한국 자본주의에서 개발국가의 유산과 새로운 제도적 유산이 되어가고 있는 신자유주의가 어떤 방식으로 결합되었는지를 살펴봄으로써 이에 대한 대답을 할 수 있을 것이다. 먼저 보수정부의 출범과 2008년의 금융위기에 대해 검토하고, 이어서 개

....

[3] 통상적으로 복지체제의 관점에서 보면 자본주의는 크게 세 가지 유형으로 구분될 수 있다. 첫번째 유형은 1980년대 이후에 세계 자본주의의 대세가 되었던 '주주자본주의(shareholder capitalism)'로, 주주의 이해를 최우선시하는 영미식 자본주의이다. 두 번째 유형은 주주자본주의와는 반대로 장기적으로 기업과 이해를 같이하는 노동자, 경영자, 소비자, 지역사회 등의 이해에 기초해 기업을 운영하는 '이해관계자 자본주의(stakeholder capitalism)'이다. 독일, 스웨덴이 대표적이다. 세 번째 유형은 동아시아 국가에서 주로 나타나는 '개발국가(developmental state)'이다. 개발국가에서는 국가가 산업정책을 주관하고 자원배분에 적극적 역할을 하는데, 기업의 이해 또한 국가의 경제성장(산업화)에 종속된 형태라고 할 수 있다. 한국, 대만, 일본 등이 대표적이다.

발국가의 유산인 재벌문제와 한국 경제의 위기에 대해 검토했다. 마지막으로, 보수정부하에서 진행된 신자유주의화의 성격과 2012년 12월의 대선에서 핵심 쟁점이 되었던 경제민주화에 대해 검토했다.

1. 보수정부의 출범과 2008년의 금융위기

한국 복지체제의 궤적에서 보면 자유주의 정부 10년은 명백한 한계가 있었지만 공적복지의 확대를 통해 '성장을 통한 분배'라는 개발국가 복지체제를 대체하려는 일련의 시도를 했다. 하지만 자유주의 정부는 숙련과 기술이 분리된 노동 배제적 조립형 수출주도 성장체제의 유산과 자본의 이윤실현 방식의 변화가 유발하는 불평등과 빈곤의 문제를 완화시킬 대안을 갖고 있지 않았다.[4] 제13장과 제14장에서 살펴보았듯이 1990년대 초부터 시작된 소득불평등(지니계수)과 (상대)빈곤율의 증가는 자유주의 정부 10년 동안 더 높아져서 역대 최고치를 기록했다.[5] 평범한 사람들의 이해를 대변해줄 것으로 기대했던 민주당이 집권했는데도 살림살이는 나아지지 않았다. 이러한 상황에서 2007년 12월 대선에서 보수정당의 대선후보였던 이명박의 당선은 시민들이 직면한 삶의 어려움을 공적복지의 확대가 아

....

4   자본주의의 이윤실현 방식의 변화는 기업경영 방식의 변화로 나타난다. 제3장에서 검토했던 것과 같이 대략 19세기 말부터 시작되어 제2차 세계대전 이후에 본격화된 미국 중심의 자본주의 축적체제의 특징은 원료 구매와 가공 생산 등 생산과 관련된 전 과정을 수직적으로 통합해 거래비용을 내부화하는 것이다. 자본주의의 이윤실현 방식의 변화는 이런 기업경영 방식의 변화를 의미한다. 변화는 1980년대부터 본격화되었는데, 주로 대기업이 기업의 핵심역량을 제외한 나머지 생산과정(또는 생산과정에 필요한 회계, 인사 등의 업무까지 포함)을 기업의 경계 밖으로 밀어내는 방식으로 이루어졌다. 대기업의 하청, 프랜차이즈, 플랫폼 형식의 노동 등은 이러한 기업경영 방식(자본주의의 이윤실현 방식)이 유발한 고용형태라고 할 수 있다. Arrighi, G.(2008[1994]). 『장기20세기: 화폐, 권력, 그리고 우리 시대의 기원』. 백승욱 역. (The Long Twentieth Century: Money, Power, and the Origins of Our Times). 서울: 그린비. p.413; Weil, D.(2017). Fissured Workplace: Why Work Became So Bad for So Many and What Can Be Done to Improve It. Cambridge, MA: Harvard University Press. 한국 경제에서 1997년의 외환위기 이후에 노동시장의 유연화에 따른 비정규직의 증가는 이러한 경영방식의 변화라는 새로운 변화 요인과 숙련과 기술이 분리된 조립형 수출주도 성장체제의 유산의 결과라고 보는 것이 적절해 보인다.

5   기초보장연구실(2017). 『2017년 빈곤통계연보』. 서울: 보건사회연구원.

닌 '성장을 통한 분배'를 통해 해결하라는 국민의 정치적 선택이었다. 다만 이명박 정부는 '성장을 통한 분배'를 국가가 산업정책을 주도하고 시장을 통제하는 방식이 아니라 감세, 규제완화, 외자유치 등의 신자유주의화를 통해 성취하려고 했다는 점에서 과거의 개발국가 복지체제와 상이했다.

이처럼 이명박 정부의 출범은 공적복지의 확대 대신 경제성장을 통한 분배라는 개발국가의 유산을 다시 불러들였다. 하지만 2008년의 금융위기는 신자유주의를 강화하려고 했던 보수정부에 '예기치 않은' 변수가 되었다. 보수정부가 자신의 공언과 달리 신자유주의로부터 후퇴해 국가 개입을 확대해야하는 상황에 직면한 것이다. 우리를 더욱 당혹스럽게 했던 사실은 1997년의 외환위기 이후에 집권한 김대중 정부의 위기대응전략이 주로 IMF, 세계은행 등 국제기구의 신자유주의 처방을 충실히 이행하는 것이었던 데 반해 2008년의 금융위기에 대한 이명박 정부의 위기대응전략은 정부 개입의 확대 같은 반(反)신자유주의적인 것처럼 보였기 때문이다.[6] 이언 파이리(Iain Pirie)는 이명박 정부가 경제위기로 인해 신자유주의로부터 선택적으로 후퇴(the selective retreat)했다고 평가하면서, GDP의 1%에 달하는 현금을 중소기업 등에 지원한 사례를 근거로 들었다. 실제로 〈그림 15.1〉에서 보는 것처럼 2008년과 2009년을 비교하면 GDP 대비 정부지출은 32.0%에서 34.9%로 9.0%(2.9%포인트) 증가했다. 특히 경제 분야는 동기간에 6.1%에서 7.2%로 18.7%(1.1%포인트)나 증가했다.

하지만 이러한 이명박 정부의 정책을 신자유주의로부터의 후퇴라고 보는 것은 논란의 여지가 있다. 2008~2009년에 한국 정부의 지출이 증가한 것은 사실이지만, OECD 28개국의 평균 증가율이 9.3%였다는 점을 고려하면 한국의 9.0%는 높은 증가율이라고 보기 어렵다. 더욱이 경제위기 이후에도 OECD 국가의 대부분이 정부지출을 늘렸던 것에 반해 한국의 정부지출은 감소했다. 정부지출 증가율이 미국과 영국 등 자유주의 복지체제에 비해서는 높았지만, 이

....

6   Pirie, I.(2016). "Korea and the Global Economic Crisis." *The Pacific Review* 29(5): 671-692. p.675, 678, DOI: 10.1080/09512748.2015.1032337

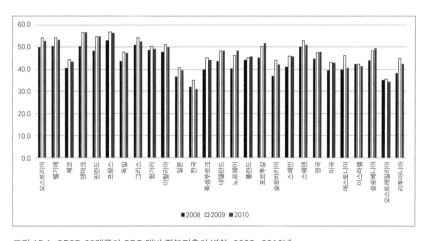

그림 15.1 OECD 28개국의 GDP 대비 정부지출의 변화, 2008~2010년

출처: OECD(2018). "General Government Spending." Https://data.oecd.org/gga/general-government-spending.htm, 접근일 2018년 4월 29일.

를 근거로 이명박 정부가 신자유주의로부터 선택적으로 후퇴했다고 보기는 어렵다. 만약 이명박 정부가 신자유주의로부터 선택적 후퇴를 했다면, 경제위기에 직면한 OECD 국가 대부분이 신자유주의로부터 선택적 후퇴를 했다고 볼 수 있다. 금융위기 이후의 이명박 정부의 정책을 보면, 파이리의 주장과는 반대로 선택적으로 신자유주의로부터 후퇴한 것이 아니라 신자유주의의 관점에서 개발국가의 요소를 선택적으로 수용했다고 보는 것이 더 적절해 보인다. 2008년의 금융위기에 대응한 정부지출의 증가 또한 이러한 맥락에서 이해할 수 있다.

실제로 이명박 정부는 작은 정부라는 신자유주의에 기초해 재벌 대기업이 주도하는 수출 중심의 경제성장에 친화적인 국가개입 정책을 선택적으로 추진했다. 후보 시절에 이명박 대통령이 제시했던 747이라는 허황된 공약(7% 경제성장, 국민소득 4만 달러, 7대 경제강국으로의 진입)은 과거 권위주의 개발국가가 이루었던 고도성장을 신자유주의 방식으로 성취하겠다는 선언이었다. 이명박 정부는 한국 경제가 1970년대의 오일쇼크와 1997년의 외환위기를 제외하면 7~8%대의 높은 성장률을 유지했기 때문에 규제완화 같은 신자유주의 정책을 본격화하면

7%의 성장이 가능하다고 판단했다.[7] 자유주의 정부 10년 동안 성장률이 낮아진 것도 정부정책이 성장보다 분배에 초점이 맞추어져 기업환경이 나빠졌기 때문이라고 주장했다.[8]

국가가 재벌 대기업을 지원해 고도성장을 이루었던 '개발국가'의 성취를 규제완화와 민영화 등과 같은 신자유주의 방식으로 달성하려고 했던 것이다. 실제로 토목건설 예산이라고 할 수 있는 SOC 예산은 2005~2008년 동안 연평균 2.5% 증가했지만 2009년에는 26% 증가했고, 산업·중소기업·에너지 분야의 예산도 연평균 1.9% 증가에서 2009년에는 무려 28.5%나 증가했다.[9] 여기에 4대강 예산(2009~2012) 22.2조 원, '녹색성장 국가전략 및 5개년 계획(2009~2013)'에 총 107.4조 원을 지출하는 것으로 계획되었다. 금융위기로 인해 발생한 신용경색을 완화하기 위해 리먼 브라더스(Lehman Brothers)가 파산한 2008년 9월 12일 이후에 기준금리를 여섯 차례에 걸쳐 5.25%에서 2.0%로 인하했고, 미국, 일본, 중국과 900억 달러 통화스와프계약을 체결했으며, 은행이 차입한 외화에 대해 정부가 1,000억 달러에 달하는 지급을 보증해주었으며, 단기자금 수요자의 자금조달을 원활하게 하기 위해 환매조건부 채권을 매입(Repurchase Agreement, RP)하는 등 국가가 직접 유동성을 제공했다.[10] 실제로 현금통화, 요구불예금, 수시입출식예금 등으로 구성된 통화(M1)는 전년 동기 대비 18.5% 증가했고, 만기 2년 미만의 금융상품으로 구성된 통화(M2)는 9.6% 증가했다. 여기에 더해 감세와 앞서 언급한 4대강으로 대표되는 토목건설에 대한 정부지출, 재벌에 대한 규제완화, 공기업의 민영화를 추진했다.

이러한 이명박 정부의 위기대응에 대해 기획재정부는 "대공황 이후의 최악이라는 글로벌 경제위기를 맞이하여 신속하고 과감한 정책대응을 통해 세계 주

....

7   국민일보(2007). "이명박 후보 경제정책 검증-(1) 거시정책] '대한민국 747' 공약인가 공약이가." 2007년 8월 21일자. http://v.media.daum.net/v/20070821214108262?f=o, 접근일 2018년 5년 1년.

8   임경석(2012). "이명박 정부의 747 공약과 그 결과." 『역사와 현실』 85: 3-12. p.4.

9   정태인(2009). "세계금융위기와 이명박 정부의 정책." 『노동저널』 2009(8): 46-62. p.53.

10   정태인. "세계금융위기와 이명박 정부의 정책." pp.51-52; 기획재정부(2010). "이명박 정부 2년의 경제적 성과." 기획재정부.

경제위기에 직면한 한국 정부는 유동성의 확대를 위해 주요 국가들과 통화스와프협정을 맺었다.
2008년 10월 30일에 이성태 한국은행 총재가 미국 연방준비제도이사회(FRB)와의 300억 달러의
통화스와프협상 타결을 공식적으로 발표했다(사진출처: 연합뉴스).[11]

요국 중 가장 빠른 경제회복세를 구현"했다고 자평했다.[12] 그러면서 기획재정부
는 금융위기에 대한 이명박 정부의 신속하고 시의적절한 대응으로 한국이 다른
국가에 비해 빠른 속도로 위기에서 벗어날 수 있었다는 IMF와 OECD 등 신자유
주의 국제기구와 신용등급평가회사인 피치 그룹(Fitch Group)의 평가를 소개했
다. 물론 서구 국가 및 일본과 비교하면 금융위기 이후에 한국은 상대적으로 신
속하게 성장률을 회복했다. 하지만 한국같이 수출주도형 경제발전모델을 채택한
동아시아 국가들과 비교하면 이명박 정부의 성과는 크게 두드러진 것이 아니었
다. 〈표 15.2〉에서 보는 것처럼 경제위기 직후인 2009년의 성장률은 다른 동아시
아 신흥국과 큰 차이가 없었고, 2010년의 성장률은 대만과 싱가포르에 미치지 못
했다. 이준구는 이 결과를 근거로 "글로벌 금융위기를 가장 성공적으로 극복했
다."는 이명박 정부의 평가는 허구라고 주장했다.[13] 더욱이 이명박 정부의 대응은

....

11   https://www.hellophoto.kr/YNA/Front/Pop/YIPW_ContentsDetailPop.aspx?cid=PYH
     20081030000900013
12   기획재정부. "이명박 정부 2년의 경제적 성과."
13   이준구(2012). "이명박 정부의 경제정책: '747공약'에 발목이 잡혀 보낸 5년." 『한국경제포럼』 5(4):

표 15.2 동아시아 신흥국의 2008년 금융위기 이후의 실질 GDP 성장률

	한국	홍콩	싱가포르	대만
2006	5.2	7.0	8.9	5.6
2007	5.5	6.5	9.1	6.5
2008	2.8	2.1	1.8	0.7
2009	0.7	-2.5	-0.6	-1.6
2010	6.5	6.8	15.2	10.6
2011	3.7	4.8	6.4	3.8
2012	2.3	1.7	4.1	2.1
2008~2012 연평균	3.2	2.6	5.4	3.1

출처: IMF(2018). "IMF DataMapper: Real GDP Growth: Annual Percent Change." http://www.imf.org/external/
datamapper/NGDP_RPCH@WEO/OEMDC/ADVEC/WEOWORLD/KOR, 접근일 2018년 5월 1일.

한국 경제의 구조적 문제를 더욱 심화시켰다. 이명박 정부의 토건 중심의 재정지출, 규제완화, 부실기업에 대한 지원 등이 "일본의 잃어버린 10년 정책을 답습하는 것"이라는 평가를 받았다.[14]

더욱이 〈그림 15.2〉에서 보는 것처럼 2010년에 세계교역 증가율이 급락하면서 2012년부터는 세계 GDP 증가율과 교역 증가율이 같아졌고, 2016년에는 교역 증가율이 세계 GDP 증가율의 60% 수준에 머물면서 수출주도형 성장체제를 지속하기도 어려워졌다.[15] 물론 앞서 언급한 한국 경제의 구조적 문제는 1987년의 민주화 이래 지속되었고, 특히 제14장에서 검토했던 것처럼 1997년의 외환위기를 거치면서 더 심화되었다. 보수정부는 1997년의 외환위기 이후의 자유주의 정부의 정책을 계승했다고 볼 수 있기 때문에 이명박 정부가 특별히 문제였다고 보기 어려울 수도 있다. 차이가 있다면, 앞서 언급했듯이 보수정부 9년은 자유주의 정부 10년 동안에 불평등이 증가하고 사람들의 살림살이가 어려워진 이유를 자유주의 정부의 복지 확대 정책에서 찾았고 복지 확대를 대신해 신자유주의를 강화하려고 했다는 것이다. 하지만 2008년의 금융위기 이후에 한국 경제를 개발

....

59-75. pp.69-73.

14   정태인. "세계금융위기와 이명박 정부의 정책." p.56.

15   WTO(2017). *World Trade Statistical Review 2017*. Geneva: WTO. p.18.

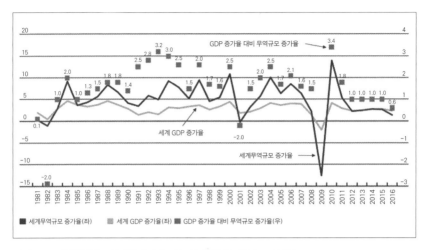

그림 15.2 세계무역규모 증가율과 세계 GDP 증가율(%), 1981~2016년
출처: WTO(2017). *World Trade Statistical Review 2017*. Geneva: WTO. p.18.

국가 방식으로 '신자유주의화'하려는 보수정부의 시도는 생산과 소비가 선순환하지 않는 한국 경제의 구조적 문제를 더욱 심화시켜서 소비, 투자, 수출 모든 부문에서 경제의 성장 동력을 심각하게 훼손시켰다.[16]

2. 한국 자본주의의 위기와 재벌문제

여기서는 한국 경제의 지속 가능성을 위협하는 핵심문제라고 할 수 있는 경제의 이중구조화가 보수정부 9년 동안에 어떻게 전개되었는지를 검토했다. 어쩌면 한국 경제의 구조적 문제의 심화는 2008년 10년 만에 재집권한 보수정부가 개발국가 방식으로 한국 경제의 신자유주의화를 강화하면서 나타난 필연적 결과일지도 모른다.

·······

16   보수정부 9년 동안의 불평등에 관한 구체적인 상황은 제5절에서 복지체제를 다루면서 검토했다.

1) 재벌이 지배하는 경제

2008년에 발생한 금융위기로 잠시 주춤했지만 재벌 대기업의 경제력 집중
은 〈그림 15.3〉에서 보는 것처럼 보수정부의 집권과 함께 다시 강화되었다. GDP
대비 30대 재벌의 자산규모는 2007년에 79.7%로 저점을 찍은 이후에 지속적으
로 상승해 2013년에 98.7%로 정점을 찍은 이후 90% 중반 수준을 유지하고 있다.
흥미로운 현상은 2008년의 금융위기 이후에 재벌집단이 소위 4대 재벌(삼성, 현
대자동차, SK, LG)과 비4대 재벌로 분화되었다는 점이다. 이러한 현상은 1997년
의 외환위기 이후에 나타났지만 2008년의 금융위기를 겪으면서 본격화되었다고
할 수 있다. 실제로 2007년의 GDP 대비 4대 재벌의 자산규모는 29.5%에서 2017
년 50.0%로 20.5%포인트 증가한 데 반해 5~10대 재벌은 16.4%에서 24.0%로
7.6%포인트, 11~30대 재벌은 17.3%에서 21.0%로 3.7%포인트 증가하는 데 그
쳤다. 이는 사실상 한국 재벌의 문제가 4대 재벌의 문제가 되어가고 있다는 것을
의미한다. 다만 2013년에 들어서면서 30대 재벌의 경제력 집중도가 2008년의 금

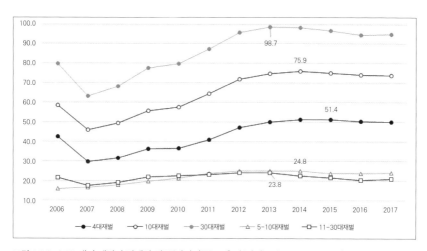

그림 15.3 GDP 대비 재벌의 경제력 집중(자산비중)도 추이(단위, %), 2006·2017년
출처: 공정거래위원회(2018). "〈별첨〉 2017년 상호출자. 채무보증제한 기업집단 지정 현황."; 공정거래위원회(2014). "보도자료:
공정위, 자산 5조 원 이상 '상호출자제한기업집단' 63개 지정."; 한국은행(2018). "2017년 국민계정."; 공정거래위원회(2008).
"상호출자제한기업집단 소속회사 수 및 자산총액."; 공정거래위원회(2007). "상호출자제한기업집단 소속회사 수 및 자산총액."; 공
정거래위원회(2006). "상호출자제한기업집단 소속회사 수 및 자산총액."

융위기 이래 처음으로 미세하지만 낮아지기 시작했고 4대 재벌의 집중도도 2015년을 정점으로 큰 변화를 보이지 않았다. 이러한 현상은 〈그림 15.2〉에서 보았던 것처럼 2011년 이후의 세계교역규모 증가율의 급격한 둔화 현상과 관련되어 있는 것으로 보인다. 세계교역규모 증가율이 둔화되면서 2002년에 중국의 세계무역기구(WTO)의 가입으로 열린 새로운 해외수요에 의존해 성장했던 재벌 대기업 중심의 제2차 수출주도 성장전략이 위기에 직면했다고 볼 수 있다.[17]

재벌 대기업으로 경제력이 집중되는 현상이 다소 둔화된 것과는 반대로 재벌 총수일가의 재벌 대기업 집단에 대한 지배력은 보수정부가 들어서면서 더욱 강화되었다. 보수정부의 지주회사 설립에 대한 규제완화와 맞물리면서 총수가 있는 재벌 대기업의 지주회사 전환이 확산되고 총수일가의 지배력이 강화된 것이다.[18] 실제로 보수정부 시기에 재벌 대기업이 지주회사로 전환하면서 총수일가와 지주회사의 대기업 집단에 대한 지배력은 두 배 가까이 증가했다. 〈그림 15.4〉에서 보는 것처럼 2007년부터 2012년까지 지주회사로 전환한 총수가 있는 재벌 대기업의 경우에 지주사회에 대한 총수일가의 지배력은 큰 폭으로 증가했다. 2012년에 지주회사로 전환한 한국타이어의 경우에 지주회사 전환 전의 지주회사에 대한 총수일가의 지분율이 32.3%였지만 지주회사로 전환한 1년 후인 2013년에는 73.9%로 무려 109.5%(38.6%포인트)나 증가했다. 한진중공업의 경우에도 총수일가의 지분율은 지주회사 설립 전에 16.9%에서 설립 1년 후에(2008년) 50.3%로 197.5%(33.4%포인트)나 폭증했다. 재벌 총수들은 인적 분할, 현물출자, 자기주식 등의 방법을 사용해 대기업집단을 지주회사로 전환하는 과정에서 총수일가와 지주회사의 대기업에 대한 지배력을 높였던 것이다.[19] 지주회사 설립 후 1

....

17 김상조(2014). "기업집단 규율체계의 새로운 패러다임 모색: 재벌의 양극화 현황 및 기업집단법적 대안." 한국경제발전학회 2014년 정책토론회 자료집. p.7; 전병유·정준호·장지연·정세은(2017). 『한국경제의 새로운 규칙 만들기』. 서울: 책과공간. p.54.
18 조복현(2011). "경제성장과 고용증대, 복지증진: 이명박 정부의 경제정책 평가와 경제성장의 새로운 과제." 『황해문화』73: 94-124. p.102.
19 인적 분할은 재벌 총수일가가 지주회사에 대한 지배권을 강화하기 위한 수단으로 사용된다. 예를 들어 A라는 기존의 대기업을 B(지주회사)와 C(사업회사)로 분할하면, 재벌 총수일가는 기존 대기업의 지분

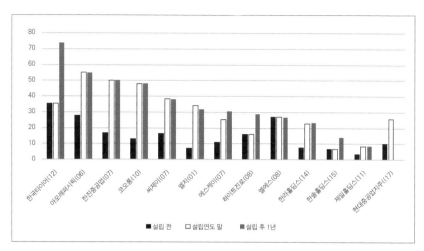

그림 15.4 지주회사 전환 전후의 총수일가 지분율의 변화

출처: 공정거래위원회(2018). "2018년 공정거래법상 지주회사 현황 분석 결과." 기업집단국 지주회사과. p.15.

년이 경과한 총수가 있는 19개 지주회사 중 인적 분할을 활용한 경우가 3개사, 인적 분할과 현물출자를 병행한 경우가 12개사, 현물출자를 한 경우가 1개사로 나타났다. 지주회사 전환을 통해 재벌 총수일가는 기업집단에 대한 자신의 소유지분율보다 훨씬 높은 의결권을 행사하면서 재벌 개혁의 핵심 과제인 대기업 집단의 왜곡된 지배구조가 더 심화되었다. 지주회사로 전환한 대기업 집단의 총수일가의 소유지분율 대비 의결지분율의 비율은 3.79배로 지주회사로 전환하지 않은 총수가 있는 대기업 집단의 2.63배보다 높아서 지주회사로 전환한 재벌 대기업 집단의 지배구조의 왜곡 문제가 더 심각한 것으로 나타났다.

　　복지체제의 관점에서 보면 이러한 재벌의 심화된 경제력 집중과 총수일가의 지배력 강화는 기업의 양극화, 즉 노동시장의 양극화를 심화시켜 시장소득의 불

....

율과 똑같은 비율로 B사와 C사의 지분을 보유하게 된다. 이후 사업회사인 C사의 주식을 B사에 출자하고 신주를 받으면 지주회사인 B사의 총수일가의 지배력이 출자한 만큼 강화된다. 이러한 인적 분할 방식을 이용한 지주회사 전환을 통해 재벌 총수일가는 기업에 대한 지배력을 한층 강화하는 것이다. 현물출자는 총수일가가 자회사의 주식을 지주회사에 현물로 출자하는 방식으로 지배력을 강화하는 방법이고, 자기주식은 자사주를 취득하는 방식으로 지주회사의 지배력을 강화하는 방법이다.

표 15.3 총수일가 및 총수 2세의 지분율에 따른 내부거래 비중 현황(전체)

총수일가의 지분율		2013	2014	2015	2016	증감, %P(16-13)
20% 미만	총수일가	13.1	13.5	12.2	12.9	-0.2
	총수 2세	12.4	12.8	11.7	12.8	-0.4
20% 이상	총수일가	9.2	7.6	9.0	9.4	1.8
	총수 2세	17.5	11.2	12.5	11.2	-6.3
30% 이상	총수일가	15.7	10.0	11.3	14.0	-1.7
	총수 2세	26.5	15.4	23.1	19.5	-7.0
50% 이상	총수일가	19.0	13.9	16.5	14.7	-4.3
	총수 2세	46.7	18.4	25.5	42.7	-4.0
100%	총수일가	37.5	29.2	34.6	17.3	-20.2
	총수 2세	54.5	66.0	59.4	51.8	-2.7

자료: 공정거래위원회(2017). "보도자료: 공정위, 2017년 상호출자제한 기업집단 내부거래 현황 공개."; 경쟁정책국 기업집단과 (2016). "대기업집단 내부거래현황 분석결과."

평등을 증대시키고 사회보장제도에서 배제되는 광범위한 계층을 양산했다. 더욱이 한국 재벌의 수직계열화와 내부거래는 재벌경제의 외부에 혁신적이고 경쟁력 있는 기업이 만들어질 수 있는 공간을 축소시켰다.[20] 특히 2000년대 이후에 내부거래를 통해 재벌 2, 3세가 대주주인 계열사로 일감을 몰아주는 행위는 재벌 대기업이 부를 상속하는 수단으로 사용되었고 내수시장에서 중소기업을 구축(驅逐)하면서 경제양극화를 심화시켰다.[21] 〈표 15.3〉을 보면 재벌 총수 2세의 지분율이 높은 기업일수록 내부거래 비중이 높게 나타났다. 2016년 현재 재벌 총수 2세의 지분율이 100%인 기업의 내부거래 비중은 무려 51.8%에 달했다. 이뿐만이 아니었다. 중소기업에 대한 재벌 대기업의 기술 탈취, 단가 후려치기 등의 횡포가 심해지면서 중소기업이 심각한 어려움에 직면했다.[22] 이런 조건에서 혁신적이고 경쟁력 있는 중소기업이 만들어지는 것이 어려워지면서 시장에서 불안

....

20   박상인(2017).『왜 지금 재벌개혁인가』. 서울: 미래를 소유한 사람들. p.83.
21   임영재(2015). "재벌의 경제력 남용과 상생경제, 어떻게 보아야 할 것인가?" [보수-진보 토론회] 재벌의 경제력 남용과 상생경제, 어떻게 보아야 할 것인가? 국가미래연구원·경제개혁연구소·경제개혁연대 합동토론회 시리즈 제4차 토론. 2015년 10월 27일. 서울 여의도 중소기업중앙회 2층 릴리홀.
22   박상인.『왜 지금 재벌개혁인가』. pp.82-93.

정한 저임금 일자리가 양산되었다. 실제로 원청기업에 고용된 노동자의 임금을 100(5,597,000 원)이라고 했을 때 1차 하청기업의 임금은 원청기업의 51.1%, 2차는 49.9%, 3차 이상은 42.2%에 불과했다.[23]

결국 이러한 재벌 중심의 경제구조가 새로운 기업의 창업과 성장을 어렵게 했고, 이 때문에 제조업이 둔화되고 한국 경제는 성장 동력을 잃어가고 있었다. 한국개발원의 분석에 따르면, 한국 제조업의 생산성 정체의 원인은 신생기업의 비중이 감소한 것과 관련이 있었다.[24] 제조업의 고용과 생산에서 신생기업이 차지하는 비중은 각각 20%와 12%인 데 반해 신생기업은 신규 일자리의 44%, 생산액 증가분의 27%를 담당하고 있었다. 이는 전체 제조업에서 신생기업의 비중이

대통령 선거 직후인 2007년 12월 28일에 이명박 대통령 당선자와 이건희 삼성그룹 회장이 악수를 하고 있고, 그 모습을 정몽구 현대자동차 회장, 김승연 한화그룹 회장이 지켜보고 있다. 이 사진을 실은 『BreakNews』는 "회장님들 얼굴 활짝~재계의 봄날 예고?"라는 제목을 달았다(출처: 주간사진공동취재단).[25]

....

23   안주엽(2015). "원하청구조와 근로조건 격차." 『월간 노동리뷰』 2015년 6월호: 67-83. p.74.
24   김민호(2018). "제조업 신생기업의 성장동력 역할 감소와 시사점." 『KDI Focus』. 92.
25   http://www.breaknews.com/sub_read.html?uid=75495

경제민주화를 공약으로 내걸고 대통령에 당선된 박근혜 대통령이 2013년 8월 28일에 청와대에서 10대 재벌 대기업의 총수와 오찬을 하면서 "경제민주화가 대기업 옥죄기나 과도한 규제로 변질되지 않고 본래 취지대로 운영될 수 있도록 하겠다."라고 발언했다. 『한겨레』는 "박근혜, MB의 경제실패 벌써 잊었나"라는 제목을 달았다(출처: 청와대사진기자단).[26]

감소하면 신규 일자리도, 생산액 증가도 감소할 수밖에 없다는 것을 말해준다. 실제로 10명 이상을 고용한 사업체 중 신생기업(창업 5년 이내)의 비중은 1995년에 51%에서 2014년에 28%로 격감했다. 1997년의 외환위기 이후에 강화된 재벌 중심의 경제체제에서 창의적 중소기업이 만들어지고 성장할 수 있는 여지가 점점 감소했고, 괜찮은 일자리나 생산도 감소했다.

권위주의 개발국가 시기의 재벌 중심의 경제구조는 권위주의 국가에 의한 노동통제를 구조화했고, 이를 기초로 재벌 기업의 이윤 확보, 생산적 투자 증가, 경제성장, 고용증대라는 선순환 구조를 만들 수 있었다.[27] 그러나 1997년 이후에 자본시장이 개방되고 외국인 투자비중이 증가하며 주주자본주의가 강화되자 재벌 대기업의 경영 또한 투자, 성장, 고용이 선순환하는 구조를 만드는 것이 아니

....

26   http://www.hani.co.kr/arti/economy/economy_general/601577.html
27   송원근(2016). "외환위기 이후 재벌정책 변화와 경제민주화 전망." 이병천·유철규·전창환·정준호 편. 『한국의 민주주의와 자본주의: 불화와 공존』. pp.155-192. 서울: 돌베개. p.175.

라 단기적 자본이득을 추구하는 경향이 강화되었다. 주주자본주의의 강화가 총수일가의 지배력을 강화했고, 주주이익을 극대화하기 위해 대규모 해고, 기업의 설비투자와 무관한 자사주 매입의 확대 등이 나타났다. 실제로 삼성전자는 2015년 10월부터 2016년 9월까지 네 차례에 걸쳐 주주환원 차원에서 11조 3,000억 원 규모의 자사주를 매입해 소각했다.[28] 자사주 매입을 통해 삼성전자의 주가는 20% 가까이 상승했다. 더욱이 2016년 11월에 삼성전자 이사회는 '주주가치 제고 방안'을 발표하면서 2016년과 2017년의 잉여현금의 50%를 주주에게 환원하고 배당 규모도 2015년의 3.1조 원에서 4조 원으로 30% 늘리며 자사주의 매입과 소각을 지속하겠다고 발표했다.[29] 결국 보수정부의 출범과 함께 시작된 재벌 대기업에 의존한 '성장을 통한 분배'라는 개발국가의 전략은 경제성장이라는 목표는 성취하지도 못하고 재벌의 힘만 강화시켜 한국 경제의 구조적 문제를 더욱 심화시켰다. 특히 신자유주의 질서에 기초해 시도되었던 개발국가 전략에서는 과거 권위주의 개발국가와 달리 국가가 재벌(자본)로부터 자율성을 확보하지 못하고 재벌에 의존해 경제성장을 도모했다.[30] 이로써 정부의 지원은 재벌을 규율하는 도구가 아닌 일방적인 특혜가 되어 가뜩이나 심각해진 경제양극화를 더욱 심화시켰다.

2) 노동과 숙련이 분리된 수출주도형 성장체제의 위기[31]

보수정부의 집권은 해체되어야 할 과거 권위주의 개발국가의 유산인 재벌 중심의 경제구조를 강화해 질 높고 혁신적인 부품과 중간재를 생산할 숙련 노동력과 중소기업의 성장을 어렵게 했다. 물론 이러한 현상은 1990년의 3당 합당을 전후한 시기부터 시작되었고 1997년의 외환위기 이후에 집권한 자유주의 정부

....

28 매일경제(2016). "삼성전자, 11조 3000억원 규모 자사주 소각 완료…주가 20%↑." 2016년 9월 28일, http://news.mk.co.kr/newsRead.php?no=681416&year=2016, 접근일 2016년 5월 1일.
29 Samsung Newsroom(2016). "삼성전자, 주주가치 제고 방안 발표." 2016년 11월 29일. https://news.samsung.com/kr, 접근일 2018년 5월 1일.
30 Pirie. "Korea and the Global Economic Crisis." p.678.
31 2)의 내용 일부는 다음 글을 수정한 것이다. 윤홍식. "역진적 선별성의 지속과 확장성의 제약."

10년 동안에도 지속되었기 때문에 이를 온전히 2008년 이후에 집권한 보수정부의 책임으로 돌릴 수는 없다. 또한 보수정부는 1990년대 이후에 역대 정부가 취했던 정책을 계승했다고 할 수 있다. 하지만 자유주의 정부 10년을 거치면서 이미 노동과 숙련을 배제한 재벌의 설비투자와 자동화에 기초해 규모의 경제를 실현하는 수출주도 조립형 생산체제가 한국 경제의 지속 가능성을 저해하고 있다는 것이 확인되었기 때문에 보수정부 출범 당시의 시대적 과제는 권위주의 개발국가의 유산인 재벌 중심의 경제구조를 해체하고 지속 가능한 대안적 경제질서를 만드는 것이었다. 2007년의 대선에서 유권자가 보수후보인 이명박 후보를 압도적으로 지지했던 이유도 자유주의 정부 10년 동안 심각해진 불평등과 양극화를 보수정부가 고도성장을 통해 해결할 수 있을 것이라는 기대 때문이었다.[32]

하지만 보수정부는 작업장에서의 숙련을 배제하고 엔지니어의 공정기술에 기초한 재벌 대기업 중심의 수출을 위한 조립형 생산체제를 강화해 한국 경제의 구조적 문제를 악화시켰다. 보수정부는 2008년의 금융위기 이후에 한국 경제가 나아가야 할 방향으로 협력적인 노사관계, 강력하고 중앙집권적인 노동조합, 높은 질의 생산, 고임금, 공적 사회보장에 기초한 윗길(high road) 대신 역대 정부와 같이 노동과 숙련의 배제, 외주화, 노동시장의 유연화를 통한 비용 절감, 적대적인 노사관계, 잔여적 사회보장에 기초한 아랫길(low road)[33]을 선택했다. 〈그림 15.5〉에서 보는 것처럼 노동과 숙련을 배제한 설비투자와 자동화에 기초해 규모의 경제를 실현하는 조립형 생산체제를 상징하는 로봇밀도는 박근혜 정부가 출범한 2013년에 세계 최고수준에 이르렀고, 2016년이 되면 631대로 제조업 강국인 독일, 일본, 미국의 309대, 303대, 189대를 압도했다. 주목해야 할 점은 독일, 일본, 미국 등 제조업 강국의 로봇밀도가 완만하게 증가하고 있는 데 반해 한국의 자동화는 매우 급격하게 이루어졌다는 것이다.

....

32   지병근(2016). 『김대중·노무현 정부 시기의 선거』. 파주: 마인드맵. p.185.

33   Milgerg, W. and Houston, E.(2005). "The High Road and the Low Road to International Competitiveness: Extending the Neo-Schumpeterian Trade Model Beyond Technology." *International Review of Applied Economics* 19(2): 137-162. p.138.

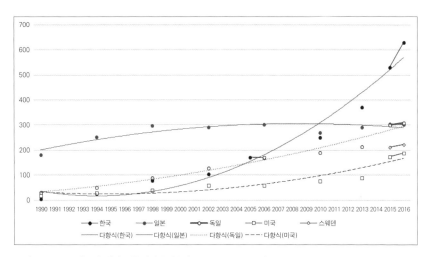

그림 15.5 노동자 1만 명당 로봇의 수(로봇밀도), 1990~2016년

출처: International Federation of Robotics(2016). "World Robotics Report 2016: European Union Occupies Top Position in the Global Automation Race." https://ifr.org/img/uploads/2016-09-29_Press_Release_IFR_World_Robotics_Report_2016_ENGLISH.pdf; International Federation of Robotics(2018). "Robot Density Rises Globally." https://ifr.org/ifr-press-releases/news/robot-density-rises-globally, 접근일 2018년 5월 1일.

결국 노동자의 숙련과 관계없는 기술, 즉 엔지니어 중심의 공정 자동화에 기초한 경제구조는 혁신적인 새로운 제품을 만들기 위해 반드시 필요한 '개념설계'(또는 조절주의 이론에서 이야기하는 구상능력)를 가능하게 하는 경험지식의 축적을 어렵게 해서 핵심 부품소재와 새로운 제품 설계를 선진산업국에 의존하는 구조를 지속시켰다.[34] 특히 한국의 산업구조가 IT산업을 중심으로 재편되면서 중간숙련 노동력에 대한 수요가 감소하고 중간숙련에서 고숙련으로의 전환이 불가능해지면서 기업 특수적 숙련 형성이 어려운 산업구조가 고착화되었다.[35] 예를 들어, 2016년의 한국의 세계 메모리반도체시장 점유율은 60%에 이르렀지만 반도체 장비의 국산화율은 17.8%, 세계 시장 점유율은 9.5%, 반도체 소재의 세계 시장 점유

....

34 이정동(2015). "창조적 축적 지향의 패러다임으로 바꾸어야 한다." 서울대학교 공과대학 편. 『축적의 시간』. pp.21-56. 서울: 지식노마드. p.47.
35 정준호 · 이병천(2007). "한국의 탈추격 시스템, 어디로 가능한가: 생산-복지 체제의 성격에 대한 시론." 제4회 사회경제학계 공동학술대회. 2007년 11월 30일.

율은 9.2%에 불과했다.[36] 반도체를 생산하기 위한 자동화 장비와 소재의 대부분을 국외에서 조달하고 있는 것이다. 노동과 숙련이 배제된 산업화는 장비와 부품산업을 약화시켰고 이는 다시 기업 특수적인 숙련 형성을 어렵게 해서 새로운 제품을 생산하는 데 필요한 숙련 축적이 불가능한 악순환이 계속되고 있는 것이다.

문제는 노동과 숙련을 배제한 공정관리를 통한 요소투입형 추격성장체제가 서구 산업국과 일본이 개발한 제품을 모방하는 데까지는 긍정적인 역할을 했지만 혁신에 기초한 새로운 제품을 생산하는 데는 오히려 장애요인이 되었다는 것이다. 이명박 정부는 3개 분야의 17개 '신성장동력산업'에 16.4조 원(2009~2013)을 투여했고 박근혜 정부는 2015년에 1조 800억 원, 2016~2020년까지 6조 722억 원을 4대 분야의 19개 '미래 성장동력산업'에 투입할 계획을 세웠지만,[37] 노동과 숙련을 배제한 생산체제에서 테크놀로지의 발전이 아닌 노동숙련에 기초한 창조적 혁신은 불가능했다. 혁신이 불가능해지자 수출의 성장 기여도도 폭락했다. 노무현 정부 기간 동안에 연평균 18.2%에 이르렀던 수출 증가율이 이명박 정부 기간 동안에 9.1%로 낮아졌고 박근혜 정부 4년 동안에는 -2.4%로 폭락했다.[38] 이처럼 수출 부진이 심해진 이유 중 하나는 공정 자동화에 의존하는 한국 기업의 경쟁력이 낮아진 것이었다. 한국무역협회 국제무역연구원의 자료에 따르면, 2018년 현재 수출기업들의 29.9%가 신제품 부족과 기술력 부족 등과 같은 수출상품의 취약한 경쟁력 때문에 수출에 어려움을 겪고 있다.[39] 더욱이 트럼프의 등장으로 상징되는 보호주의 무역 경향은 세계교역량 증가율의 감소와 맞물리면서 1997년의 외환위기 이후에 본격화된 한국 경제의 제2차 수출주도 성장체제의 지속을 불가능하게 했다.[40] 〈그림 15.2〉에서 보았던 것처럼 2012년부

....

36   중앙일보(2018). "세계 점유율 10%에 불과…흔들리는 반도체 후방산업." 2018년 5월 3일자. http://news.joins.com/article/22593348?cloc=joongang|home|newslist2, 접근일 2018년 5월 3일.

37   박상인. 『왜 지금 재벌개혁인가』. p.68.

38   통계청(2018). "e-나라지표: 수출입동향(전년동원대비 수출 증가율)." 1995-2017. http://www.index.go.kr/potal/main/EachDtlPageDetail.do?idx_cd=1066, 접근일 2018년 5월 4일.

39   이진형(2018). "2018년 수출기업 해외시장 경기 전망 설문조사 결과." 『Trade Brief』 9. p.6.

40   1960년대 이래 대미 수출에 기초해 성장한 체제를 제1차 수출주도 성장체제라고 부르고, 1990년대 중반

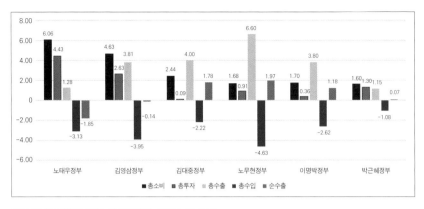

그림 15.6 연평균 GDP 성장 기여도, 1988~2017년

출처: 한국경제 60년사 편찬위원회(2015). 『한국경제 60년사: 경제일반』. pp.202-203. 2008년 자료부터는 한국은행(2018). "경제통계시스템 ECOS." https://ecos.bok.or.kr/jsp/vis/GDP/#/spending, 접근일 2018년 4월 25일.

터 세계교역규모 증가율이 둔화되면서 한국의 수출 증가율도 2011년에 19%에서 2012년에 −1.3%, 2013년에 2.1%, 2014년에 2.3%, 2015년에 −8.0%, 2016년에 −5.9%로 급락했다. 세계교역이 둔화되자 재벌 대기업의 성장도 멈추었고, 재벌 대기업의 성장이 멈추자 한국경제도 멈추어 섰다. 〈그림 15.6〉을 보면 외환위기 이후의 자유주의 정부 10년 동안에 한국 경제는 소비와 투자의 감소를 재벌 대기업의 수출에 의존해 근근이 성장을 이어갔지만, 이명박 정부 기간 동안의 대외부문(순수출)의 GDP 성장 기여도는 1.18%로 낮아졌고 박근혜 정부 4년 동안에 0.07%로 급락했다.

박근혜 정부에서 통일대박 운운하며 북한과 베트남을 중심으로 중국을 대신할 수 있는 수출지역을 찾았지만, 국내산업이 숙련노동에 기초한 중간재 생산의 경쟁력을 확보하지 못하는 한 해외시장 개척은 일시적인 대안에 불과하다. 딜로이트(Deloitte)가 발표한 자료에 따르면, 한국의 제조업 경쟁력은 2010년에 3위에서 2016년에 5위로 낮아졌고 2020년에는 인도보다 낮은 6위로 하락할 것으로 예

부터, 특히 2002년의 중국의 WTO 가입을 계기로 확대된 대중 수출에 기초한 성장체제를 제2차 수출주도 성장체제라고 부른다. 전병유 외. 『한국경제의 새로운 규칙 만들기』. p.54; 우천식(2018). "한국경제의 중장기전략 작업: 의의와 작업 구상." 사회비전포럼 발표문. 2018년 4월 24일.

	United States	Germany	Japan	South Korea	China	India
재능(역량)	89.5	97.4	88.7	64.9	55.5	51.5
혁신정책과 인프라	98.7	93.9	87.8	65.4	47.1	32.8
각격경쟁력	39.3	37.2	38.1	59.5	96.3	83.5
에너지 정책	68.9	66.0	62.3	50.1	40.3	25.7
물리적 인프라	90.8	100.0	89.9	69.2	55.7	10.0
법과 규제환경	88.3	89.3	78.9	57.2	24.7	18.8

Most competitive　　　　　　　　　　　　　　　　　　　　　　　　Least competitive

그림 15.7 글로벌 CEO 서베이: 국가별 제조업 핵심 경쟁력 역량
출처: Deloitte(2016). "2016 Global Manufacturing Competitiveness Index." *Council On Competitiveness*. p.18.

상되었다.[41] 특히 〈그림 15.7〉을 보면 한국은 제조업 경쟁력과 관련된 6개 지표 중 새로운 제품을 구상하는 개념설계 역량과 밀접히 관련되어 있는 인적자본의 역량 (talent), 혁신정책과 인프라, 사회적 혁신역량이라고 할 수 있는 법과 규제환경 부문에서 선진 제조업 강국인 미국, 독일, 일본에 미치지 못하는 것으로 나타났다. 이들 국가들과 비교하면 한국 제조업의 경쟁력은 여전히 가격에 의존하고 있지만, 이마저도 새로운 제조업 강국으로 등장하고 있는 중국과 인도에 밀리고 있는 형국이다. 결국 제2차 수출주도 성장체제가 위기에 처하면서 한국 경제의 지속 가능한 성장체제의 구축에 노동의 숙련을 우회할 길이 없다는 것을 확인해주고 있다.

제2차 수출주도 성장체제

제2차 수출주도 성장체제는 두 가지 중요한 특성을 내재하고 있다. 하나는 한국-중국-일본이라는 동아시아 분업체계에서 중국 경제의 고도성장

....

41   Deloitte(2016). "2016 Global Manufacturing Competitiveness Index." *Council On Competitiveness*. p.4.

에 기초한 성장체제로, 공급 측면에서 노동과 숙련이 배제된 자동화와 외주화에 기초한 조립형 산업화를 특성으로 한다.[42] 다른 하나는 대중국(개도국 포함) 수출의 비중이 증가하는 것과 함께 소수의 수출품목에 집중된 수출주도 성장체제이다. "2012년 현재 화학, 수송장비, 1차 금속, 전기·전자기계 등 5대 제조업이 매출액의 67%, 제조업 수출의 77%를 차지하고 있다."[43] 일반적으로 선진국의 수출집중도[44]는 낮고 개발도상국은 높은 것이 특성인데, 한국의 수출집중도는 선진국은 물론 개발도상국보다도 높다. 2014년을 기준으로 선진국의 수출집중도는 0.08에 미치지 못하고 개발도상국은 0.1에 근접한 수준인 데 반해 한국은 0.17 수준에 이르고 있다.[45] 문제는 이러한 소규모 수출상품에 의존하는 조립형 수출주도 성장체제에서는 수출 산업과 내수 산업 간의 연관성이 낮아 창출된 부가가치 중 해외로 유출되는 비중이 높다는 점이다. 이는 중간재를 해외에서 수입해 최종재를 조립해 생산하는 한국 성장체제의 필연적 결과라고 할 수 있다. 다시 말해 2008년의 금융위기 이후에도 보수정부가 소수 재벌 대기업에 의존한 수출주도형 성장체제를 지속하면서 수출의 국내산업 연관성은 더 낮아지고 경제성장이 고용창출과 노동의 숙련 형성과 무관해지는 현상이 가속화된 것이다.

3) 재벌 대기업과 중소기업의 이중구조화

경제의 이중구조화는 노동과 숙련을 배제한 재벌 대기업의 조립형 산업 중심의 수출주도 성장체제의 필연적 결과이다. 수출 중심의 재벌 대기업이 자동화

....

42 전병유 외. 『한국경제의 새로운 규칙 만들기』. pp.54-56.
43 박상인. 『왜 지금 재벌개혁인가』. p.34.
44 국가의 수출품목 수에 기초해 계산하는 지표로, 수출품목이 적을수록 집중도가 높다. 일반적으로 1에 가까울수록 수출집중도가 높다고 할 수 있다.
45 송영관(2015). 『국제무역이 한국 제조업 구조와 생산성에 미치는 영향』. 서울: KDI. p.20.

공정을 통해 경쟁력을 확보하고 있는 산업구조에서 재벌 대기업에 필요한 노동자는 첨단 자동화 공정을 효율적으로 관리할 수 있는 노동자뿐이다. 더욱이 1997년 이후에 기업이 이윤을 실현하는 방식이 생산과 거래 비용을 내부화 하는 것에서 외부화 하는 것으로 전환하면서 기업은 핵심역량을 제외한 나머지 부문을 외부업체로 이전하고 있다. 금융화와 기술혁신은 기업이 장기전략 대신 단기적 자본이득을 추구하게 했고 외부화한 기업 활동을 통제할 수 있게 했다.[46] 이처럼 기업이 이윤을 실현하는 방식이 변화된 상황에서 재벌 대기업이 핵심부문의 노동자를 제외한 나머지를 외주화·유연화하는 것은 어쩌면 당연한 결과라고 할 수 있다. 문제를 이렇게 보면 단순히 정부가 노동시장의 유연화와 외주화를 규제하는 것으로 경제의 이중구조화를 해결할 수 없다. 보수정부 9년 동안에 진행된 경제의 이중구조화는 이러한 인식에 기초해 살펴볼 필요가 있다.

먼저 기업의 실질부가가치 생산액을 종사자 수로 나눈 제조업의 노동생산성 지표를 보면, 〈그림 15.8〉에서 보는 것과 같이 대기업과 중소기업의 격차가 지난 15년에 동안 급격하게 확대되었다는 것을 확인할 수 있다. 2000년의 대기업의 노동생산성 지수는 171.2인 반면 중소기업의 노동생산성 지수는 65.1로 대기업의 38.0% 수준이었다. 하지만 10년이 지난 2010년이 되면 대기업 대비 중소기업의 노동생산성 지수는 28.8%로 9.2%포인트(-24.2%) 더 떨어졌다. 둘 간의 격차는 2012년부터 대기업의 노동생산성이 하락하면서 다소 둔화되었지만, 2015년 현재 중소기업의 노동생산성은 여전히 대기업의 32.4%에 불과했다. 문제는 이러한 현상이 산업의 고도화에 따른 자연스러운 결과가 아니라는 점이다. 제조업 분야에서 한국과 경쟁하고 있는 독일 중소기업의 노동생산성은 대기업의 56.5%이고 일본도 50.5%에 이르고 있다는 점을 고려하면, 한국 중소기업의 노동생산성이 지나치게 낮다는 것을 확인할 수 있다.[47] 결국 중소기업의 낮은 노동생산성은 최종재 생산에 필요한 중간재와 부품을 해외에서 조달하면서 국내 중소기업이

....

46   Weil. *Fissured Workplace*. p.44. 노동시장의 이중구조화는 제5절에서 개략적으로 살펴보았다.
47   이준표. 『2017 제조업 업종별 기업규모별 노동생산성』. p.14.

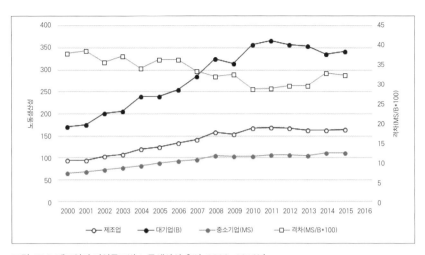

그림 15.8 제조업의 기업규모별 노동생산성 추이, 2000~2016년

출처: 이준표(2017). 『2017 제조업 업종별 기업규모별 노동생산성』. 서울: 한국생산성본부. p.12.

숙련을 축적할 수 있는 산업구조가 형성되지 않는, 수출을 위한 조립형 산업구조의 필연적 결과라고 할 수 있다.

특히 주목할 만한 현실은 실질부가가치의 하락에 대한 재벌 대기업과 중소기업의 대응 역량이 상이했다는 점이다. 2015년 기준으로 대기업은 실질부가가치가 17.3% 하락했을 때 노동투입을 줄이는 자동화로 대응해(그림 15.5 참고) 전체적인 생산성을 향상시켰다.[48] 반면 투자 여력이 없는 중소기업은 실질부가가치의 하락을 자동화와 같은 노동투입을 조정하는 방식으로 상쇄할 수 없었다. 실제로 〈그림 15.9〉를 보면 2015년 상반기 기준으로 삼성전자의 영업이익률은 13.5%인 데 반해 16개 협력업체의 영업이익률은 삼성전자의 4분의 1에 불과한 3.6%였다. 문제는 대기업이 하청기업을 수직계열화하고 수요가 대기업에 의해 독점되고 있는 상황이 완화되지 않는 한 중소기업이 대기업의 이윤을 위해 희생되는 구조가 개선될 가능성이 거의 없다는 점이다.[49] 이익의 대부분을 재벌 대기

....

48   이준표. 『2017 제조업 업종별 기업규모별 노동생산성』. p.11.

49   전병유 외. 『한국경제의 새로운 규칙 만들기』. p.41.

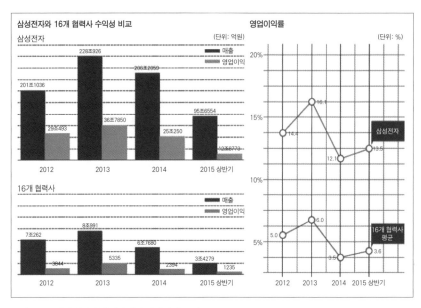

그림 15.9 삼성전자와 협력업체의 영업이익률 비교

출처: Economy Chosun(2016). "삼성전자 13.5% 이익 낼 때 협력사 이익률은 평균 3.6%." 2016년 1월 135호, http://economyplus.chosun.com/special/special_view.php?t_num=9055, 접근일 2018년 5월 4일.

업이 독차지하고 있는 상황에서 중소기업의 투자는 제한적일 수밖에 없고, 이는 곧 중소기업의 낮은 생산성으로 연결된다. 낮은 생산성이 낮은 임금과 인적자본의 저하와 맞물리면서 숙련 축적이 불가능한 악순환이 반복되고 있는 것이다.

그렇다고 수출 대기업의 매출과 이익 증가가 국내산업의 성장과 고용창출로 연결되는 것도 아니었다. 〈그림 15.10〉에서 보는 것처럼 수출의 수입유발계수는 1995년에 0.302에서 외환위기 이후인 2000년에 0.367로 높아졌고 2007년부터 2014년까지 줄곧 0.4대를 유지하고 있다. 수출 증가가 내수 증가로 연결되는 것이 아니라 수입을 유발하는 구조인 것이다. 수출이 수입 증가로 연결되는 구조에서 수출이 주도하는 성장과 고용 간의 관계는 약화될 수밖에 없다. 실제로 취업계수는 보수정부가 출범한 2008년에 20.0에서 2016년에 17.4로 낮아졌다.[50] 성

....

50   한국고용정보원(2018). "통계로 보는 노동시장: 취업계수 및 고용탄성치." https://statistics.keis.

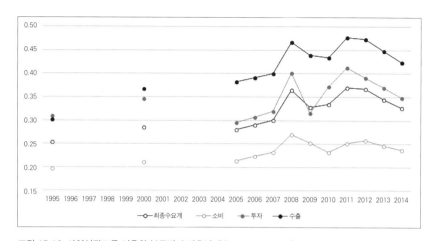

그림 15.10 산업연관표를 이용한 부문별 수입유발계수, 1995~2014년

출처: 한국은행(2014). "2011년 산업연관표(연장표)를 이용한 우리나라의 경제구조 분석."; 한국은행(2017). "산업연관표' 통계
정보보고서."; 한국은행(2010). "2008년 산업연관표 작성 결과."

장에 따른 낙수효과가 사라진 것이다.[51] 한국의 대기업은 생산성의 향상을 비용
의 외부화(하청, 프랜차이즈, 플랫폼 노동 등)와 노동 절감형 자동화를 통해 대응
했기 때문이다. 재벌 대기업의 이러한 대응은 상대적으로 '괜찮은 일자리의 감
소'와 '대기업과 중소기업의 생산성 격차'를 더 벌리는 것은 물론 자동화로 인해
제조업에서 퇴출된 노동력이 생산성이 낮은 저임금 서비스 일자리로 유입되면서
기업 간, 계층 간의 양극화를 심화시키고 있다. 전체적으로 보면 수출주도형 성장
체제에서 재벌 대기업이 추진한 비용의 외부화와 노동 숙련을 배제한 급격한 자
동화가 '생산성 역설(productivity paradox)'을 유발하고 있는 것이다.[52]

정리하면, 2008년의 금융위기 이후에 재벌 대기업이 노동과 숙련을 배제한
설비투자와 자동화에 기초해 규모의 경제를 실현하는 수출주도형 조립생산체제

········

or.kr, 접근일 2018년 5월 1일.

51 유종일(2018). "한국경제 양극화의 역사적 기원, 구조적 원인, 해소 전략: 외환위기 기원론과 성장체제
    전환 지체론."『경제발전연구』24(1): 1-31. p.8.

52 Flowers, A.(2014). "The Productivity Paradox: Is Technology Failing or Fueling Growth?"
    https://thenextrecession.files.wordpress.com/2014/01/13q4_technology.pdf, 접근일 2018년 5월 4일.

가 한계에 다다른 것이 명확해졌다. 결국 노동과 숙련을 배제한 재벌 대기업 중심의 수출주도 성장이라는 권위주의 개발국가의 유산을 해체하지 않는 한 한국 경제가 직면한 대기업과 중소기업의 양극화 문제를 해결하기는 어려워 보였다.

3. 보수정부와 경제민주화

2012년의 대통령 선거에서 박근혜 새누리당 후보는 진보진영의 의제였던 경제민주화를 전면에 내걸고 집권했다. 자본의 이해를 대변한다고 알려진 한국의 보수가 집권을 위해 신자유주의에 반하는 경제민주화를 핵심 공약으로 제시한 것이다. 하지만 정권 연장에 성공한 보수는 집권과 동시에 경제민주화를 주변화시켰다. 2013년 2월에 발표된 '제18대 대통령직인수위원회 제안: 박근혜 정부 국정과제'를 보면 222쪽에 이르는 인수위보고서 중 '경제민주화'는 단 한 차례도 언급되지 않았다.[53] 2012년 대선 당시의 새누리당의 경제민주화 공약을 보면 〈표 15.4〉에서 보는 것처럼 "경제적 약자의 권익 보호, 공정거래관련법 집행체계의 개선, 대기업 집단 총수일가의 불법 및 사익 편취행위 근절, 기업지배구조의 개선, 금산분리의 강화" 등 경제민주화와 관련된 진보진영의 주요 정책을 모두 포괄하고 있었다.[54] 하지만 정권 출범 반년 만에 박근혜 대통령은 언론사 간부들과의 오찬 자리에서 "경제민주화의 주요 법안들이 국회에서 통과되어 거의 끝에 오지 않았나 생각한다."며 더 이상 경제민주화를 위한 정책을 추진하지 않겠다고 선언하면서 앞으로 투자활성화를 위해 노력하겠다는 취지의 발언을 했다.[55] 경제민주화가 정권 출범 반년 만에 주요 국정의제에서 사라진 것이다.

....

53   제18대 대통령직인수위원회(2013). "제18대 대통령직인수위원회 제안: 박근혜 정부 국정과제."
54   위평량(2017). "박근혜정부 4년의 경제민주화 정책 평가와 차기정부의 전략 및 과제에 주는 시사점." 『ERRI 경제개혁리포트』 2017-05호. p.5.
55   경제개혁연대(2016). "[논평] 현실과 괴리된 대통령의 상황 인식이 경제민주화 실종의 핵심원인."

표 15.4 박근혜의 경제민주화 정책

5대 분야	35개 실천과제
첫째, 경제적 약자의 권익을 확실하게 보호하겠습니다.	· 정규직과 비정규직 근로자 간의 차별을 해소하고, 보험설계사, 학습지교사, 화물운송기사 등 특수고용직 종사자들의 권익을 보호하겠습니다. · 중소기업 적합업종제도의 실효성을 제고하고, 납품단가의 협상력을 더욱 높이겠습니다.[56] · 대형유통업체의 납품 · 입점업체에 대한 불공정행위, 가맹사업자의 가맹점에 대한 불공정행위도 근절하겠습니다. · 대형유통업체의 골목상권 진입을 규제해서 골목상권과 영세자영업자의 생존권을 보호하겠습니다. · 건설 및 IT 분야 등에서 하도급 불공정특약에 따른 중소사업자의 피해 방지에도 최선을 다하겠습니다. · 소비자 권익 증진을 위해 소비자보호기금을 설립하고, 소비자 피해구제명령제[57]를 도입하겠습니다.
둘째, 공정거래 관련법의 집행체계를 획기적으로 개선하겠습니다.	· 공정거래위원회의 전속고발권 제도를 폐지해서[58] 공정거래위반 행위에 대한 처벌을 강화하겠습니다. · 징벌적 손해배상제와 집단소송제를 도입해서 불공정거래를 방지하고, 불공정거래로 인한 손실을 보상해드리겠습니다. · 공정거래 관련 법령을 위반하는 행위 전반에 대해 피해자가 직접 법원에 해당행위의 금지를 청구하는 제도를 도입하겠습니다.[59] · 공정거래위원회의 정치적 독립성과 법 집행의 공정성 강화에도 힘을 기울이겠습니다.
셋째, 대기업 집단 관련 불법행위와 총수일가의 사익 편취행위에 대해 엄격하게 대처하겠습니다.	· '특경가법'상[60] 횡령 등에 대해 집행유예가 불가능하도록 형량을 강화하겠습니다. · 회계부정에 대한 처벌을 강화하고, 대기업 지배주주 · 경영자의 중대 범죄에 대한 사면권 행사를 엄격히 제한하겠습니다. · 일감 몰아주기 등 총수일가의 부당내부거래에 대한 규정을 더욱 강화하고[61] 부당내부거래가 발생하면 부당이익을 환수하겠습니다.[62]

....

56   중소기업협동조합에의 단가조정협의권 부여 방안.

57   2012년 3월부터 공정거래법상 '동의의결제도'가 시행되고 있으나 소비자 피해와 밀집한 담합 행위는 제외되어 있어, 이를 소비자관련법(표시 · 광고법, 전자상거래법, 방문판매법 등)으로 확대했다. '동의의결제도'는 불공정행위에 대해 기업이 자발적으로 소비자 피해에 대한 구제방안을 마련하면 소송 없이 신속하게 사건을 해결하는 제도이다.

58   조달청장, 중소기업청장, 감사원장 등이 고발을 요청할 경우에 공정거래위원장이 의무적으로 고발한다.

59   공정거래 사건에 대해 법원에 행위의 중지(금지)를 직접 청구할 수 있도록 하는 사인의 금지청구제도를 도입한다.

60   특정경제범죄가중처벌 등에 관한 법률.

61   부당내부거래의 요건에 현저성과 부당성 규정을 완화하는 공정거래법 개정으로 입법한다.

62   회사의 이익이 될 수 있는 기회를 총수 또는 총수일가를 위하여 이용하거나 이용하도록 하는 행위를 금지한다. 회사의 이익이 될 수 있는 기회를 유용한 자(예: 이사)뿐만 아니라 이를 지시한 자(예: 총수)도 포함하여 총수일가에 대해 실질적 제재(과징금, 벌금)를 부과한다.

넷째, 기업지배구조를 개선하겠습니다.	· 대기업 집단의 신규 순환출자를 금지하겠습니다. · 사외이사의 경영감시기능을 강화하기 위해 소액주주 등 비지배주주들이 　독립적으로 사외이사를 선임하는 시스템을 구축하겠습니다.[63] · 독립성 강화를 전제로 국민연금 등 공적 연기금의 의결권 행사를 강화하겠습니다.[64] · 집중투표제와 전자투표제 그리고 다중대표소송제도를 단계적으로 　도입하겠습니다.
다섯째, 금산분리를 강화하겠습니다.	· 금융 · 보험 계열사가 보유 중인 비금융 계열사의 주식에 대한 의결권 제한을 　강화하겠습니다.[65] · 지주회사에서 금융계열사가 일정 요건 이상인 경우[66]에 중간금융지주회사의 　설치를 의무화하겠습니다. · 산업자본이 은행을 사금고로 이용하는 일이 없도록 산업자본의 은행지분 　보유한도를 축소하겠습니다. · 현재 은행과 상호저축은행에 대해서만 시행되는 대주주 적격성 심사를 　금융 · 보험회사로 확대하겠습니다.

그렇다면 대통령의 말처럼 박근혜 정부에서 경제민주화 공약이 실행되었을까? 당시 안종범 경제수석[67]은 2016년 1월의 월례 경제 브리핑에서 박근혜 정부가 "역대 어느 정부도 하지 못한 경제민주화를 실천했다."고 자평했다. 안종범 수석은 구체적 성과로 "신규 순환출자 금지, 총수일가의 사익 편취 규율, 납품업체 등 경제적 약자의 권익 강화" 등을 위한 개혁과제의 입법을 완료했고 전속고발제의 폐지와 하도급법의 징벌적 손해배상의 확대 등으로 불공정행위에 대한 제재가 대폭 강화되었다고 밝혔다."[68] 하지만 현실은 박근혜 정부의 인식과 큰 차이가

....

63　현재 사외이사 거의 모두를 지배주주가 선임하고 있어서 경영감시기능이 미약하다.

64　금융의 안정성을 높이고 고객자산이 대주주의 사적 이익추구에 동원되는 것을 방지한다.

65　금융보험사의 계열사에 대한 의결권 한도를 단독으로 10%로 설정하고, 이를 5년간 1%포인트씩 인하하여 5%로 한다.

66　금융자회사 등이 보험업법에 따른 보험회사를 포함하여 일정 수 이상이거나 금융자회사 등의 자산총액의 합계액이 일정 금액 이상인 경우(금융자회사 등이 1개인 경우 제외)로, 구체적 기준은 시행령에 위임한다(김상민 의원 안). 보험사를 포함하여 3개 이상의 금융사를 지배하는 경우 또는 보험사가 없더라도 지배하는 금융사의 자산합계가 20조 원을 넘는 경우에 반드시 설치토록 의무화(18대 국회 정무위 대안)한다.

67　2019년 2월 현재 안종범 경제수석은 박근혜-최순실 게이트로 알려진 '국정농단사건 관련 직권남용권리행사방해' 등의 혐의로 구속수감 중이다.

68　경향신문(2016). "청와대 '역대 어느 정부도 하지 못한 경제민주화 달성'…새해부터 자화자찬." 2016년 1월 3일자. http://news.khan.co.kr/kh_news/khan_art_view.html?artid=201601031835321, 접근일 2018년 5월 9일.

있었다. 박근혜 정부가 성과라고 말하는 재벌 대기업의 순환출자 해소와 내부거래 비중의 감소는 사실상 실체가 없는 것이었다. 박근혜 정부가 출범한 2013년 4월 당시에 통상 재벌 대기업으로 불리는 상호출자제한기업집단의[69] 순환출자 고리 수는 97,658개에서 2016년 4월에 94개로 감소했다.[70] 하지만 그 내용을 보면 롯데그룹의 순환출자 고리 수가 동 기간에 95,033개에서 50개로 감소한 것이 중요한 원인이었다. 내부거래도 〈표 15.3〉에서 보았던 것처럼 감소하지 않았다. 총수 2세가 100% 지분을 갖고 있는 기업의 매출액 중 기업집단의 내부거래 비중은 2016년 현재 절반이 넘는 51.8%에 달했다. 2015년 11월 19일에 대규모 점포의 영업시간을 제한하는 것이 헌법에 위반되지 않는다고 대법원이 판결했지만, 중소기업 등 경제적 약자의 권익보호는 제대로 지켜지지 않았다.[71] 경제개혁연구소가 평가한 자료에 따르면, 경제민주화 공약의 실효성 있는 이행률은 21.5%에 불과했고 이행된 경제민주화 정책 또한 큰 틀에서 보면 지엽적인 것에 불과했다. 만약 박근혜 정부의 주장처럼 경제민주화가 완료되었다면, 한국 경제는 재벌 대기업 중심에서 벗어나 중소기업과 대기업이 상생하는 산업구조가 만들어졌을 것이고, 이에 따라 중소기업의 일자리의 질이 개선되면서 시장에서 좋은 일자리가 증가했을 것이다. 또한 비정규직과 나쁜 일자리의 감소로 인해 사회보험의 사각지대도 줄어들었을 것이다. 하지만 그런 일은 일어나지 않았다.

4. 신자유주의화와 개발국가화의 혼재성

좌파의 정치적 담론에서 신자유주의는 국가의 힘을 축소하고 시장의 힘을 강화하기 위한 재정긴축, 복지 축소, 민영화, 금융화 등으로 이해된다. 또한 신자

....

69 '기업집단 소속회사의 자산총액 합계가 10조 원 이상인 기업집단'을 말한다. 통계청(2018). "대규모기업집단 지정 현황." http://www.index.go.kr/potal/main/EachDtlPageDetail.do?idx_cd=1175, 접근일 2018년 5월 9일.
70 경제개혁연대. "[논평] 현실과 괴리된 대통령의 상황 인식이 경제민주화 실종의 핵심원인."
71 위평량. "박근혜정부 4년의 경제민주화 정책 평가와 차기정부의 전략 및 과제에 주는 시사점." p.7, 13.

유주의는 불평등과 양극화 등 우리 시대의 모든 나쁜 것들과 등치되면서 현대 자본주의를 일컫는 개념으로 통칭되기도 한다.[72] 이러한 인식에 근거하면 2008년에 시작된 보수정부 9년은 한국 자본주의의 신자유주의화와 분리해서 사고할 수 없다. 그러나 제14장에서 검토했듯이 자유주의 정부 10년 또한 한국 자본주의의 신자유주의화와 분리해서 사고할 수 없다. 사실 1997년의 외환위기 이후의 자유주의 정부 10년이야말로 한국 자본주의의 신자유주의화가 본격화된 시기였다. 큰 틀에서 보면 한국 자본주의는 1980년대에 들어서면서 개발국가에서 신자유주의로 전환하는 과정에 있었고, 1997년의 외환위기는 그 걸음을 가속화시켰다. 보수정부 9년 또한 자유주의 정부 10년에 이어 1980년대부터 시작된 한국 자본주의의 신자유주의화라는 큰 흐름에 있었다고 할 수 있다.

닉슨의 말처럼 자본주의 황금시대에 우리 모두가 케인스주의자였다면, 1980년대 이후에 우리 모두는 신자유주의자이었는지 모른다. 하지만 자유주의 정부 10년과 보수정부 9년 모두를 동일한 '신자유주의화'로 간주하는 것은 자유주의 정부와 보수정부의 차이를 간과하는 것이다. 우리 모두는 자본주의 체제에 살고 있지만 자본주의는 다양한 형태로 존재하고, 이는 신자유주의 또한 다양한 형태로 존재한다는 것을 의미한다.[73] 그렇다면 우리에게 중요한 것은 자유주의 정부 10년과 보수정부 9년의 차이를 이해하는 것이 될 것이다. 이러한 인식에 기초해 여기서는 보수정부 9년 동안에 진행된 한국 자본주의의 신자유주의화를 2개의 관점에서 검토했다. 하나는 보수정부의 신자유주의 정책을 1997년 이후에 본격화된 한국 자본주의의 신자유주의화라는 연속선상에서 이해하는 것이고, 다른 하나는 자유주의 정부 10년과 구별되는 보수정부 9년의 신자유주의화의 특성을

....

72 Glendinning, S.(2015). "Varieties of Neoliberalism." *LSE 'Europe in Question' Discussion Paper Series,* No. 89/2015.

73 Cerny. p., Menz, G., and Soederberg, S.(2005). "Different Roads to Globalization: Neoliberalism, the Competition State, and Politics in A More Open World." Cerny. P., Menz, G., and Soederberg, S. eds. *Internalizing Globalization, The Rise of Neolieberalism and the Decline of National Varieties of Capitalism.* pp.1-30. New York: Palgrave Macmillan; Glendinning. "Varieties of Neoliberalism."

이해하는 것이다.

1) 신자유주의화의 지속

보수정부 9년 동안에 자유주의 정부가 추진했던 신자유주의화가 지속되었는지의 여부를 보수정부가 자유주의 정부의 신자유주의 정책을 계승했는지의 여부를 중심으로 검토해보자. 사실 자유주의 정부와 보수정부 모두 규제완화, 감세, 금융화, 자유무역협정(FTA) 등 신자유주의화를 위한 핵심 정책을 추진했다. 두 정부의 차이는 신자유주의 정책의 깊이에 있었다.

감세정책

이명박 정부의 대규모 감세정책은 보수정부의 집권을 알리는 상징이었다. 이명박 정부는 자유주의 정부 10년 동안 증세와 복지 확대가 민간의 소비와 기업의 투자를 어렵게 해서 경제성장률이 낮아졌다고 진단했다.[74] 이러한 진단은 이명박 정부가 대규모 감세를 통해 노동공급, 저축, 투자를 활성화시켜서 성장률을 회복시키겠다고 주장한 배경이었다. 하지만 보수정부의 평가와 달리 자유주의 정부 또한 감세를 했다. 김대중 정부는 2001년에 법인세를 28%에서 27%로 1%포인트 낮추었고, 노무현 정부는 집권 이후에 첫 국무회의에서 김진표 경제부총리 겸 재정경제부장관이 제출한 법인세 인하 방침을 승인했다.[75] 2004년에 열린 우리당(현재 민주당)이 과반수를 차지한 국회에서 법인세율이 27%에서 25%로 2%포인트 낮아졌다. 소득세율도 마찬가지였다. 2001년의 세법 개정을 통해 김대중 정부는 모든 구간의 소득세율을 1~4%포인트 낮추었고, 노무현 정부도 전 구간의 세율을 1%포인트 낮추었다.[76] 이렇듯이 감세 자체만으로 이명박 정부가

....

74   징세은(2012). "이명박 정부의 재정ㆍ조세정책 평가와 세제개혁 방향." 서울사회경제연구소 편. 『이명박 정부 경제정책의 기조와 평가』. pp.39-73. 서울: 한울아카데미. p.39.
75   참여연대 조세재정개혁센터(2003). "[성명] 노무현 정부의 법인세 인하 방침에 대한 논평 발표." http://www.peoplepower21.org/Tax/698274. 접근일 2018년 5월 8일.
76   대통령실(2013). "이명박 정부 국정 성과." 『청와대 정책소식지』 141. p.11.

특별했다고 할 수는 없다.

문제는 이명박 정부가 추진한 감세정책의 깊이에 있었다. 2008년부터 법인세 과표 구간을 1억 원에서 2억 원으로 상향조정하고 13%, 25%인 법인세율을 2012년까지 3%포인트, 5%포인트씩 낮추어 10%와 20%로 하향조정하려고 했다. 소득세율 또한 모든 구간에서 2%포인트씩 인하해 8~35%의 세율을 6~33%로 낮출 예정이었다.[77] 당시에 국회예산처는 이명박 정부의 감세정책으로 2008~2012년까지 90.1조 원의 세수감소가 발생할 것으로 추정했다.[78] 하지만 2008년에 본격화된 금융위기로 감세정책은 계획대로 실행되지 못했다. 소득세율은 8,800만 원 이하의 구간에서만 계획대로 2%포인트씩 인하했고 8,800만 원 이상의 구간은 35%로 유지했다가 2012년부터는 3억 원 이상의 구간을 신설해 최고세율을 35%에서 38%로 높였다.[79] 감세를 추진했던 이명박 정부가 소득세 구간을 신설해 최고세율을 높인 것이다.[80] 법인세율 인하도 조정이 불가피했는데, 과표 구간은 상향하고 세율 감소폭을 조금 낮추었다. 과표 2억 원 이하의 법인세율을 3%포인트 인하해서 13%에서 11%(2008년)로, 다시 10%(2012년)로 단계적으로 낮추었고, 2~200억 원 구간의 법인세율은 25%에서 22%(2009년), 20%(2012년)로 5%포인트 낮추었다.[81] 다만 세계적인 금융위기로 인해 감세를 수반한 재정 확대가 재정 건전성을 위협할 수 있다는 여론을 의식해 200억 원 이상의 과표 구간을 신설해 세율을 22%에서 20%로 낮추는 정책은 철회했다.[82]

부동산에 대한 세금을 낮춘 것도 이명박 정부의 대표적인 감세정책이다. 개

....

77   김승래(2012). "이명박 정부의 조세정책 평가와 차기 정부의 조세개혁 과제." 한국재정하회 학술대회 논문집. p.33.
78   이영환·신영임(2009). "2008년 이후 세제개편의 세수효과." 국회예산정책처.
79   국회예산정책처(2017). 『2017 조세의 이해와 쟁점: ⑨ 통계』. 서울: 국회예산정책처. pp.16-17.
80   당시 세계적인 대부호인 워런 버핏(Warren Buffett)이 "더 이상 슈퍼리치들을 감싸지 마라"고 미국 정부를 질타하면서 부자 증세에 대해 기름을 부은 데 이어 이러한 흐름이 한국 사회에 영향을 미치면서 나타난 현상이었다. 한국일보(2011). "[이슈논쟁] 버핏세 도입 논란." 2011년 11월 16일자. http://hankookilbo.com/v/36f7a90fd053459c9883df0ee5a7217b, 접근일 2018년 5월 12일.
81   국회예산정책처(2017). 『2017 조세의 이해와 쟁점: ③ 법인세』. 서울: 국회예산정책처. pp.10-11.
82   대통령실. "이명박 정부 국정 성과." p.11.

인과 법인의 비업무용 토지에 대한 중과세제도를 폐지하고 다주택자에 대한 양도세율을 기본세율로 일원화했다. 특히 이명박 정부는 종합부동산세를 재산세로 전환하기 위한 3단계 세제개편안을 추진해 1단계로 종합부동산세 과표 적용률을 동결하는 동시에 세율을 300%에서 150%로, 2단계로 종합부동산세율을 1~3%에서 0.5~1%로 낮추었다. 이로 인해 2012년까지 종합부동산세액이 50% 이상 감소했다. 사실상 종합부동산세를 무력화시킨 것이다. 마지막 3단계인 종합부동산세를 재산세로 전환하는 정책은 박근혜 정부가 추진했지만 성사되지 못했다.[83]

이명박 정부는 이렇게 적극적인 감세정책을 실행했지만, 감세정책이 수요와 투자를 확대하지는 못했다. 사실 이러한 결과는 이미 예견된 것이었다. 이명박 정부의 주장과 달리 경제성장과 세율의 관계를 분석한 자료에 따르면, 지난 65년 동안 고소득층에 대한 세율이 높았을 때 오히려 경제가 성장했다.[84] 2001년과 2003년에 미국의 조지 부시(George Bush) 행정부가 시행한 대규모 감세정책의 효과를 분석한 미의회조사국(Congressional Research Service)의 자료에서도 고소득층에 대한 감세가 추가소비를 유발하는 경우는 거의 없었다고 보고했다.[85] 고소득층에 대한 증세도 마찬가지로 고소득층의 소비행위에 별다른 영향을 미치지 않았고, 경제성장과 고용창출에도 부정적 영향이 거의 없는 것으로 예측되었다. 역사적으로 실패한 정책이었던 감세를 통해 경기를 부양하겠다는 "사이비 이론이 태평양 너머 한국에서 화려하게 부활했던 것이다."[86] 경제성장률과 실업률 등 경제상황을 보여주는 지표는 이명박 정부의 공언에도 불구하고 감세 이후에도 나아지지 않았다.

박근혜 정부는 증세는 없다고 공언했지만, 이명박 정부와 달리 실질적인 증세정책을 추진했다. 2016년부터 금융파생상품의 양도소득에 대해 과세했고, 소

....

83 미디어스(2013). "새누리당, 종부세 결국 폐지하나." http://www.mediaus.co.kr/news/articleView.html?idxno=35990, 접근일 2018년 5월 9일.
84 이준구, "이명박 정부의 경제정책: '747공약'에 발목이 잡혀 보낸 5년." p.66.
85 Hungerford, T.(2012). "The 2001 and 2003 Bush Tax Cuts and Deficit Reduction." *CRS Report for Congress.* July 18, 2012. pp.15-16.
86 한겨레(2008). "[이준구칼럼] 사이비 이론의 화려한 부활." 2008년 9월 25일.

득세에 대한 소득공제를 세액공제로 전환했으며, 근로소득공제율을 낮추고 소득세 최고세율 구간의 기준을 3억 원에서 1.5억 원으로 낮추었다. 또한 대기업의 연구개발비 세액공제액도 6%에서 4%로 낮추었고, 과세표준 1천억 원 이상의 대기업에 대한 최저한계세율을 1%포인트 상향해 17%를 적용했다. 2015년 기준으로 2.9조 원에 달하는 담배세 인상도 대표적인 증세정책이라고 할 수 있다.[87] 이에 반해 기업상속공제금액을 2천억 원에서 3천억 원으로 상향하는 등의 감세정책이 있었지만 전체적인 기조는 실질적인 증세였다. 이렇듯 감세와 관련해 이명박 정부와 박근혜 정부는 다른 길을 걸었다. 이명박 정부가 적극적인 감세정책을 시행했던 것에 반해 박근혜 정부는 이명박 정부의 감세정책으로 축소된 재정여건을 개선하기 위해 표시나지 않는 방식으로 증세정책을 실행했다. 박근혜 정부는 1997년의 외환위기 이후 20년 동안 유일하게 조세부담률을 일관되게 높였다.

재정긴축

보수정부는 세계적인 금융위기로 인해 대표적인 신자유주의 정책인 긴축정책을 일관되게 실행하지 못했다. 보수정부 9년 동안에 재정정책의 기조는 확장에서 긴축으로, 긴축에서 중립으로, 중립에서 약한 확장으로 변화했다. 세계적인 금융위기가 있었던 2008년과 2009년에 확장적 재정정책을 실행한 반면 이명박 정부 집권 후반인 2010~2012년에는 긴축정책으로 일관했다.[88] 2013년의 박근혜 정부의 출범과 함께 2014년까지는 균형재정정책을 시행하는 것처럼 보였지만, 2014년과 2015년의 재정지출 증가율이 명목 경제성장률에도 미치지 못했다는 점을 고려하면 2015년까지 재정정책의 기조는 긴축적이었다.[89] 실제로

....

87   정세은(2015). "박근혜 정부의 조세재정정책 평가와 대안의 모색." 『민주사회와 정책연구』 28: 45-81. pp.48-50.

88   현대경제연구원(2015). "IMF 재정충격지수로 본 국내 재정정책의 기조 분석: 확장적 재정정책이 필요하다." 『경제주평』 63. p.6.

89   정세은, "박근혜 정부의 조세재정정책 평가와 대안의 모색." p.55; 현대경제연구원. "IMF 재정충격지수로 본 국내 재정정책의 기조 분석." p.6.

2014년 7월에 40조 원을 풀어 확장적 거시정책을 펼치겠다는 최경환 경제부총리의 공언도 사실은 기금을 활용하거나 대출을 늘리는 융자정책에 불과했다. 다만 2015년부터 실질 GDP 성장률이 2%대로 낮아지면서 긴축정책에서 미약하지만 확장적 재정정책으로 전환한 것으로 보인다. 하지만 박근혜 대통령이 2015년 5월 13일에 열렸던 '국가재정전략회의'에서 "입법을 통한 무분별한 정부지출 증가를 막기 위해서는 재정지출이 필요한 법안에 재원조달 방법도 함께 제출하도록 의무화할 필요가 있다"면서 "페이고(PAYGO, Pay as you go) 원칙이 도입돼야 한다."고 발언한 것을 보면 보수정부의 재정정책의 기본방향은 재정지출을 억제하는 것이었다.[90]

다만 한국의 재정정책을 OECD 국가들과 비교해보면, 정권의 성격(자유주의 정부 대 보수정부)과 관계없이 상당히 보수적으로 운영되었다. 유럽 국가들의 경우에 2008년의 금융위기를 거치면서 대부분 구조적 재정수지[91]가 큰 폭의 적자로 돌아선 반면 한국은 예외적으로 확장적 재정정책을 실행했던 2008~2010년 기간에도 구조적 재정수지는 흑자를 기록했다.[92] 문제는 이러한 경직된 긴축정책이 경제의 장기침체를 유발할 수 있다는 점이다. 2012년에 실질 GDP 성장률이 이미 2%대로 내려앉았고, 2010년에 발생한 남유럽의 재정위기로 세계 경제가 어려운 상황에 처하면서 보수정부의 재정긴축 기조가 한국 경제를 더 어렵게 했을 수 있다. 실제로 남유럽의 재정위기에 대해 재정준칙에 입각한 유럽연합의 엄격한 대응이 유럽 경제를 더 어렵게 했기 때문이다.[93] IMF도 구조조정의 필요성을 감소시키거나 재정적 지속 가능성을 위협하지 않는다는 조건을 달기는 했지만 한국 정부가 경기침체에 대응해 수요를 진작시킬 수 있는 적극적 재정지출을

....

90 한겨레(2015). "재정지출 늘리는 법안 만들 때 재원대책 의무화…'페이고' 법제화 논란 시끌." 2015년 5월 19일자. http://www.hani.co.kr/arti/economy/economy_general/691762.html, 접근일 2018년 5월 9일, 페이고 원칙은 국회에서 법안을 낼 때 재원확보 방안을 함께 마련하는 것을 의무화하는 제도로, 엄격한 재정준칙을 실행하는 장치로 알려져 있다.

91 "구조적 재정수지란 재정수지 중 경기변동에 따른 수입과 지출의 자동적인 증감을 제외하고 시산되는 재정수지를 말한다." 김성태(2012). 『구조적 재정수지를 이용한 재정정책 평가』. 서울: 한국개발원. p.4.

92 김성태. 『구조적 재정수지를 이용한 재정정책 평가』. pp.50-51.

93 정세은. "박근혜 정부의 조세재정정책 평가와 대안의 모색." p.63.

할 필요가 있다고 권고했다.[94] 현대경제연구원 조차 총수요를 늘리기 위한 확장적인 재정정책을 요구할 정도로 보수정부는 경기침체에 대응해 적극적 재정정책을 실행하지 않았다.[95]

규제완화와 민영화

규제완화는 자유주의 10년과 보수정부 9년 동안 일관되게 추진된 정책이다. 참여연대가 뽑은 최악의 무분별한 규제완화 11건 중 자유주의 정부가 추진한 대표적인 규제완화 정책은 신용카드 대란과 신용불량자를 양산했던 김대중 정부의 '카드사용한도의 규제 폐지', 저축은행의 수익모델을 창출한다는 명목으로 서민들에게 큰 피해를 주었던 노무현 정부의 '저축은행의 제로베이스 규제완화', 중소기업의 경쟁력을 높인다는 명목으로 중소기업 고유업종의 규제를 폐지해 재벌 대기업이 중소상공인의 사업 영역을 침탈할 수 있게 했던 사례를 꼽을 수 있다.[96] 사행성 게임에 대한 규제완화도 노무현 정부 시기인 2007년에 이루어졌다.

보수정부는 자유주의 정부보다 더 적극적으로 친재벌적인 규제완화 정책을 시행했다. 특히 박근혜 대통령은 2014년 9월 3일에 청와대에서 제2차 규제개혁 장관회의 겸 민관합동 규제개혁점검회의를 주재하면서 "쓸데없는 규제는 우리가 쳐부술 원수이자 제거해야 할 암 덩어리"라는 격한 표현을 써가며 규제완화를 적극적으로 밀어붙였다.[97] 보수정부 집권 기간 동안에 산업자본이 사모펀드를 이용해 은행을 소유할 수 있도록 했으며, 보험사와 증권회사를 소유한 비은행 지주회사가 산업자본을 지배할 수 있는 길도 열어주었다.[98] 특히 2009년 2월부터 시

....

94   IMF(2015). *Republic of Kore: IMF Country Report* No. 15/130. p.16.
95   현대경제연구원. "IMF 재정충격지수로 본 국내 재정정책의 기조 분석." p.8.
96   참여연대(2014). "박근혜 정부에 묻는다. 모든 규제가 '암' 인가?" 『참여연대 이슈리포트』. 2014년 4월 9일.
97   경향신문(2014). "박대통령, 규제개혁 속도전 강력 피력." http://news.khan.co.kr/kh_news/khan_art_view.html?artid=201409031500001&code=910203, 접근일 2018년 5월 12일.
98   정태인. "세계금융위기와 이명박 정부의 정책." p.54.

행된 자본시장통합법을[99] 앞두고 2008년의 보수정부의 출범과 함께 재벌 대기업의 금융사 인수합병이 본격화되었다. 현대자동차는 신흥증권을 인수했고, 현대중공업은 CJ증권 인수 양해각서를 체결했다. 이 밖에도 두산그룹, 롯데그룹, GS그룹, LG그룹 등도 증권사 인수를 시도했다.[100]

이명박 정부는 비금융주력사가 은행주식을 보유할 수 있는 한도를 4%에서 9%로 두 배 이상 높였다. 출자총액제한제도를 폐지했고, 지주회사에 대한 200% 부채비율 제한제도를 폐지했으며, 비계열사 주식보유한도를 5%로 제한하는 정책도 폐지했다.[101] 또한 헤지펀드가 투자할 수 있는 범위도 확대했다. 2008년의 세계적인 금융위기로 OECD 주요국들이 금융자본에 대한 통제를 강화했던 상황과 정반대로 금융자본에 대한 규제를 더 풀어주고 사실상 금산분리 원칙을 무력화했다.[102] 이명박 정부는 노무현 정부의 금융허브화 정책도 계승해 '경제의 금융화, 금융의 산업화'를 통해 재벌 대기업이 금융산업을 지배할 수 있는 길을 넓혀놓았다.

2009년 10월에는 기업형슈퍼마켓(SSM)의 규제를 완화해 대형마트가 골목상권을 장악할 수 있는 길을 열었다. 2005년에 10만 개에 달했던 소형 슈퍼마켓(매장 면적 150m² 이하)이 2009년의 규제완화 이후에 7만 9천여 개로 2만 개 이상 감소한 반면, 이마트, 롯데마트, 홈플러스 3개 대형마트의 시장점유율은 2006년에 6.2%에서 2009년에 11.2%로 두 배 가까이 높아졌다.[103] 1999년부터 시작된 개발제한구역(그린벨트)을 2008년 9월부터 대도시를 중심으로 해제하기 시작했고, 분양가상한제 및 무주택자 우선분양제도를 폐지했다.

....

99 노무현 정부가 입안한 법이다. "14개로 나뉘어 있는 금융시장 관련 법률을 하나로 통합하고 금융상품에 대한 사전적 제약을 철폐하여 모든 금융투자회사가 대부분의 금융상품을 취급할 수 있도록 하는 법률로, 이를 통해 대형화·겸업화된 투자은행(IB)의 출현 기반을 마련한다."는 취지로 제정되었다. Daum백과(2018). "자본시장통합법." http://100.daum.net/encyclopedia/view/31XXXXX12673, 접근일 2018년 5월 10일.

100 새로운사회를여는연구원(2009). 『신자유주의 이후의 한국경제』. 서울: 시대의 창. pp.308-309.

101 조복현. "경제성장과 고용증대, 복지증진: 이명박 정부의 경제정책 평가와 경제성장의 새로운 과제." p.102.

102 송원근. "외환위기 이후 재벌정책 변화와 경제민주화 전망." p.161.

103 참여연대. "박근혜 정부에 묻는다. 모든 규제가 '암' 인가?"

민영화 역시 자유주의 정부에서 보수정부로 이어지면서 지속된 신자유주의 정책이다. 이명박 정부는 2008년 8월부터 2009년 3월까지 여섯 차례에 걸쳐 공기업 선진화 방안을 발표할 정도로 적극적으로 공기업의 민영화를 추진했다. 전기, 철도, 수도, 가스, 우편, 공항 등 거의 모든 국가기간사업에 대해 선진화라는 이름으로 민영화를 적극적으로 추진했다.[104] 보수정부 9년 동안에 공기업의 민영화는 중요한 국정과제였다. 보수정부는 국영기업을 만성적인 낭비와 비효율을 야기하는 골칫덩어리로 보았지만, 실증자료를 보면 국영기업이 성장에 부정적인 영향을 미친다는 근거는 없었다.[105] 자유주의 정부가 추진한 공기업의 민영화에서도 드러났듯이 민영화의 대상이 된 공기업은 부실 · 적자 경영을 하는 경쟁력이 낮은 기업이 아니라 매우 건실한 기업이었다. 예를 들어, 이명박 정부가 '공기업 선진화 추진계획안 선진화 방안' 1단계에서 지분 49%(전문공항운영사와의 전략적 제휴 15%를 포함해)를 매각하고 2012년까지 나머지 51%의 지분을 완전 매각하기로 계획한 인천국제공항공사는 전형적인 우량 공기업이었다.[106]

국영기업의 낮은 서비스 질이 문제라고 말했지만 인천국제공항은 2007~2008년에 『포브스(Forbes)』가 선정한 세계 최고의 10대 국제공항에서 3위를 기록할 정도로 높은 질의 서비스를 제공하고 있었다.[107] 영업이익은 2002년 이래 지속적으로 증가하고 있었고, 단기순이익은 2005년에 적자에서 흑자로 전환된 이후에 계속 흑자를 내고 있었다. 오히려 너무 많은 비정규직(전체 고용인력의 87%)을 고용하는 것이 문제가 될 정도로 고용도 유연화된 상태였다. 더욱이 외국의 경우를 보면 민영화가 국민 전체의 이익에 부합되지 않는 경우가 많았는데도 불구하고

....

104 정태인. "세계금융위기와 이명박 정부의 정책." p.54.
105 Chang, H. and Grabel, I.(2008[2004]). 『다시 발전을 요구한다』. 이종태 · 황해선 역. (*Reclaiming Development: An Alternative Economic Policy Manuel*). 서울: 부키. pp.114-124.
106 기획재정부 · 문화체육관광부 · 지식경제부 · 보건복지가족부 · 노동부 · 국토해양부 · 금융위원회 · 방송통신위원회(2008). "공기업 선진화 추진계획안 [1차]." 새로운사회를여는연구원. 『신자유주의 이후의 한국경제』. p.315.
107 Forbes(2008). "World's 10 best Airports." https://www.forbes.com/2008/07/14/airports-best-world-forbeslife-cx_rr_0714travel.html#6d4283654752, 접근일 2018년 5월 12일.

보수정부는 민영화를 적극적으로 추진했다. 실제로 민영화된 호주 시드니 공항과 영국 런던의 히드로 공항의 여객 이용료는 인천공항의 4~5배에서 6.5배에 이르렀다.[108] 보수정부와 자유주의 정부의 민영화 정책의 차이도 있었다. 김대중 정부 당시에 민영화된 공기업의 인수주체는 주로 외국 자본이었던 것에 반해 이명박 정부 시기 공기업의 인수주체는 대부분 재벌 대기업이었다.[109] 이러한 이유로 보수정부의 민영화 정책은 공기업의 민영화를 지지하는 집단으로부터도 기관 통폐합과 인원감축을 제외하고는 긍정적 성과를 내지 못했다는 평가를 받았다.[110]

자유무역협정(FTA)

신자유주의 이론에 따르면 자유무역은 최고의 무역정책이며 개발도상국이 성장하기 위한 이상적인 정책으로 알려져 있다.[111] 노무현 정부에 이어 이명박·박근혜 정부도 자유무역을 적극적으로 추진했다. 한국이 수출주도형 성장 정책으로 산업화에 성공했다는 점을 고려하면 수출을 늘리기 위해 FTA는 반드시 필요했을지 모른다. 보수정부 정부는 노무현 정부가 준비한 한미자유무역협정(FTA)을 체결하고 본격적으로 자유무역을 확대했다. 2016년 8월 현재 한국은 유럽자유무역연합(EFTA, 4개국), 아세안(10개국), EU(28개국), 미국, 중국 등 14건(53개국)의 자유무역협정을 발효시켰고, 콜롬비아와 터키(서비스)와 협상을 타결했으며, 11건의 신규 FTA 협의를 진행 중이었다. 이러한 적극적인 FTA 추진 정책으로 한국은 미국, 유럽연합, 중국, 아세안 등 거대 경제권과 자유무역협정을 맺은 유일한 국가가 되었다.[112] 14건의 자유무역협정이 체결되었지만 사회적 논란이 되었던 협정은 한미FTA였다. 흥미로운 사실은 노무현 정부에서 한미FTA

....

108 조선일보(2011). "히드로·시드니 공항 민영화 후 이용료 대폭 올려." 2011년 8월 3일. http://news. chosun.com/site/data/html_dir/2011/08/03/2011080300123.html?Dep0=twitter&d=2011080 300123, 접근일 2018년 5월 12일.

109 새로운사회를여는연구원. 『신자유주의 이후의 한국경제』. pp.297-299.

110 조성봉(2011). "이명박 정부 공기업 선진화 정책의 평가와 향후 과제." 『규제연구』 20(2): 33-67.

111 Chang and Grabel. 『다시 발전을 요구한다』. p.79.

112 김양희. "한국의 대외경제정책과 미래 진로." p.469.

2011년 10월 20일에 참여연대가 광화문 광장에서 기획한 한미FTA 비준을 반대하는 1인 시위에 참여하고 있는 필자의 모습이다. 2017년에 미국의 트럼프 대통령은 한미FTA 재협상을 요구했다. 한미FTA 재협상을 요구했던 필자를 포함한 진보진영은 트럼프의 재협상 요구에 어떻게 대응해야 했을까? 다시 광화문 광장에 나가 재협상을 요구하는 팻말을 들었어야 했을까? 그때는 옳고 지금은 잘못된 것일까? 우리는 아무런 대응도 하지 않았다.

를 추진했던 민주당이 이명박 정부가 집권한 이후에 한미FTA 체결에 반대했다는 점이다.

세계 최강국인 미국과 자유무역협정을 맺는 것은 한국 경제에 커다란 변화를 야기할 수 있기 때문에 큰 논란이 되었다. 미국은 본래 국가 간의 양자협상에는 관심이 없었다.[113] 미국은 일관되게 다자협상을 통해 경제적·정치적 패권을 유지하려고 했다. 그러나 1980년대 이후의 중요한 다자협상에서 미국은 의도한 성과를 얻지 못했고, 국제사회에서의 영향력이 감소하기 시작했다. 정확히 이 시점부터 미국은 다자협상의 실패로 인한 영향력 감소를 만회하기 위해 양자협상

....

113 이 문단의 일부 내용은 다음 글을 수정한 것이다. 윤홍식(2012). "한미FTA, 박근혜식 복지국가의 미래."『프레시안』. 2018년 5월 12일. http://www.pressian.com/news/article.html?no=20186

으로 노선을 변경했다. 미국은 양자협상을 통해 협상 대상국에 자신의 이해를 관철하려고 했다.[114] 미국은 협상 대상국에 통상협상을 맺는 조건으로 협상 대상국의 경제구조를 미국식 경제구조로 전환할 것을 요구했던 것이다. 이렇게 보면 한미FTA를 체결한다는 것은 한국의 정치경제가 미국식 신자유주의로 전환될 수 있다는 것을 의미했다.[115] 더욱이 현재 한국 자본주의가 직면한 위기의 근원이 재벌 대기업 중심의 조립형 생산에 기초한 수출주도형 성장체제라는 점을 고려한다면, 미국과의 자유무역협정을 통해 한국 경제의 수출주도형 성격을 강화하는 것이 적절했는지는 논란이 될 수 있다. 하지만 한미FTA 체결을 반대했던 진영은 국민을 설득할 수 있는 분명한 대안을 갖고 있지 못했던 것 같다. 흥미로운 사실은 2017년에 도널드 트럼프(Donald Trump) 미국 대통령이 한미FTA 재협상을 요구했을 때 한미FTA의 폐기와 재협상을 요구했던 진보진영이 적극적인 입장을 표명하지 않았다는 점이다. 한미FTA를 반대했던 진영이 요구했던 재협상을 미국 측에서 요구했는데도 말이다. 여하튼 한미FTA의 경제성장률에 대한 기여도는 2005년에 0.048%포인트에서 2013년 1.19%포인트로 높아졌다.[116]

2) 신자유주의화를 위한 개발국가의 복원

개발국가를 복원하려는 보수정부의 시도는 보수정부 9년의 신자유주의화를 자유주의 정부 10년과 구별하는 중요한 특성이었다. 다만 여기서 중요한 것은 보수정부가 신자유주의적 방식으로 개발국가를 복원하려고 했던 것이 아니라 신자유주의를 실현하기 위해 개발국가의 복원이 필요했다는 점이다. 먼저 보수정부가 시도한 개발국가의 복원은 중앙은행의 독립성과 관련해서 나타났다. 일반적으로 자율적인 금융감독기관과 독립적인 중앙은행의 설립은 신자유

....

114 김종걸·정하용(2007). "한미FTA와 동아시아 경제협력." 최태욱 편, 『한국형 개방전략』, pp.57-97 서울: 창비, p.64.
115 최태욱(2007). "미국 자본주의의 세계화전략과 한미FTA." 최태욱 편, 『한국형 개방전략』, pp.98-128. 서울: 창비, pp.123-124.
116 김양희(2016). "한국의 대외경제정책과 미래 진로." 이병천·유철규·전창환·정준호 편, 『한국의 민주주의와 자본주의: 불화와 공존』, pp.468-501. 서울: 돌베개, pp.475-476.

주의 규범을 국가의 핵심부에 착근시키고 신자유주의로부터 벗어나려는 어떠한 시도에 대해서도 강력히 저항하는 보루를 형성하는 역할을 한다.[117] 하지만 자유주의 정부의 큰 국가를 비판하면서 집권한 보수정부가 중앙은행의 독립성과 금융감독기관의 자율성을 약화시키는 역설적인 상황이 벌어졌다.[118] 이명박 정부는 집권 직후에 금융정책을 담당할 국무총리 산하 금융위원회를 신설해 금융감독원과 함께 은행을 감독하고 한국은행의 고유한 업무인 금리운용에 개입하기 시작했다. 한국은행 총재가 금리인상을 언급할 때마다 기획재정부 장관이 시기상조라는 입장을 내놓는 방식으로 신자유주의의 핵심 원칙인 중앙은행(한국은행)의 독립성을 침해했고, 2010년 1월부터는 금융통화위원회에 기획재정부 차관이 열석발언권을 행사하기 시작했다.[119] 이에 대해 소위 진보진영의 일부에서 한국은행의 독립성을 훼손했다는 이유로 보수정부를 비판하는 역설적인 상황이 벌어졌다.

사실 일부 진보진영의 주장과 달리 민주적으로 선출된 정부로부터 독립된 중앙은행이 절대 선은 아니며, 중앙은행의 독립성이 경제민주화를 담보하는 것은 더더욱 아니다.[120] 오히려 민주적으로 선출된 정부로부터 독립된 중앙은행은 민주주의에 반하는 것일 수도 있다. 한국은행의 주된 역할은 물가안정인데, 이것이야말로 금융자본의 이해를 철저히 대변하는 행위이다. 물가상승의 가장 큰 피해자가 금융자본이기 때문이다.[121] 신자유주의가 지배적 담론으로 등장하기 전까지 중앙은행의 주된 역할은 재정정책, 환율관리, 직접적 수단을 사용해 경제발전

....

117 Pirie, I. (2005). "The New Korean State." *New Political Economy* 10(1): 25-42. p.26.
118 한국은 IMF의 요구로 1997년 12월 31일의 법률 개정을 통해 한국은행의 독립을 명문화했다. pirie. "The New Korean State." p.31.
119 이종태(2010). "한국은행 독립은 불멸의 진리인가." 『시사IN』 제135호. http://www.sisain.co.kr/?-mod=news&act=articleView&idxno=7033, 접근일 2018년 5월 9일. 열석발언권은 의결권 없이 발언권만 있는 것을 의미한다.
120 김태동(2017). "경제권력도 국민으로부터 나온다." 김유선·김태동·윤원배·이동걸·이정우·최정표·허성관. 『한국경제특강』. pp.249-281. 서울: 레디앙. p.262, 실제로 한국은행은 지금까지 외환시장에 개입해 원화가치를 절하시켰는데, 이는 독립된 중앙은행이 수출대기업의 이해에 철저히 복무한 사례라고 할 수 있다.
121 Chang and Grabel. 『다시 발전을 요구한다』. p.240.

을 지원하는 것이었다.[122] 역사적으로 보면 신자유주의가 본격화되기 전까지 유럽은 물론이고 미국, 일본에서도 중앙은행은 경제발전을 촉진하는 기관이었다. 중앙은행을 독립시켜 민주적으로 선출된 정부의 간섭으로부터 벗어나게 해서 물가안정을 지상 최고의 목표로 삼는 것이야말로 신자유주의에 충실한 중앙은행을 만드는 것이었다. 이렇게 보면 이명박 정부가 중앙은행인 한국은행의 금리운영에 개입하고 금융위원회를 설립한 것은 현상적으로 보면 명백한 반신자유주의 정책이라고 할 수 있다.

하지만 중요한 것은 현상적인 중앙은행의 독립 여부가 아니라 이명박 정부가 왜 한국은행의 독립성을 침해했는지이다. 앞서 언급했듯이 저금리 기조를 유지하는 것은 투자심리를 유발하고 경기를 부양하는 유용한 정책수단이다. 다시 말해 재벌 대기업의 투자심리를 높여서 경제위기에서 벗어나기 위한 조치 중 하나로 보수정부는 저금리 정책을 활용했고, 이러한 저금리 기조를 지속하기 위해서는 한국은행에 대한 정부의 통제가 불가피했던 것이다. 이렇게 보면 이명박 정부의 한국은행에 대한 통제는 과거 권위주의 개발국가 시기의 금융통제와 유사해 보이지만, 실제로는 정부가 인위적으로 낮은 이자율을 유지해 재벌 대기업의 이해를 보장해주려고 했다는 점에서 차이가 있다. 다시 말해, 권위주의 개발국가가 금융기관을 통해 자본을 통제한 이유는 경제발전이라는 국가의 이해에 재벌 대기업이 복무하게 하기 위해서였지만, 보수정부가 금융기관을 통제한 것은 자본의 이해를 보장하기 위해서였다. 하비의 주장처럼 신자유주의가 자본의 이해를 복원시키려는 일련의 시도라고 이해한다면,[123] 한국은행의 독립성을 훼손하는 것은 보수정부가 신자유주의를 실현하기 위해 국가의 개입이라는 개발국가의 방식을 선택한 것이라고 볼 수 있다. 보수정부 기간 동안에 진행된 개발국가의 복원은 바로 이러한 신자유주의의 이해를 실현하기 위한 전략적 선

---

122 Epstein, G.(2005). "Central Banks As Agents of Economic Development." *Political Economy Research Institute*. Working Paper Series, Number 104.

123 Harvey, D.(2007[2005]). 『신자유주의: 간략한 역사』. 최병두 역. (*A Brief History of Neoliberalism*). 서울: 한울아카데미. pp.48-55.

택이었던 것이다.

영업이익으로 이자비용을 감당하지 못하는 STX조선해양, 대우조선해양 등 한계기업을 국책금융기관을 동원해 지원한 것 또한 보수정부가 개발국가 방식으로 자본의 이해를 대변한 것이었다고 할 수 있다. 2015년 6월 기준으로 한계기업에 제공된 은행의 신용공여액은 118.6조 원에 달했는데, 이 중 국책은행을 포함한 특수은행의 신용공여 비중이 61.7%에 달했다.[124] 보수정부의 이러한 조치로 한계기업의 비중은 크게 증가했다. 한계기업의 수는 노무현 정부의 마지막 해인 2007년에 2,691개에서 이명박 정부의 마지막 해인 2012년에 3,298개로 늘어났고, 박근혜 정부 말기인 2016년에 다시 3,479개로 늘어났다.[125] 스웨덴이 한계기업에 대한 무의미한 지원을 중단하고 과감한 구조조정을 통해 산업고도화를 실현했던 것과 비교된다.[126] 하지만 한계기업의 구조조정이 말처럼 쉬운 일은 아니다. 2016년 현재 2,858개의 한계기업에서 고용한 노동자 수가 34.5만 명에 달하고 이들에게 지급되는 임금이 22.7조 원에 달하는데, 이들을 모두 구조조정할 경우에 실업급여 지급 총액만 무려 5.9조 원에 달할 것으로 예상되기 때문이다. 국가가 강제한 한계기업에 대한 금융지원은 결국 자본의 리스크를 국가의 적극적 개입을 통해 보장해줌으로써 신자유주의화의 길을 개발국가 방식으로 보장한 것이라고 할 수 있다.

보수정부의 출범과 함께 재정지출 중 교육과 보건복지 등 사람에 대한 지출보다 사회경제 인프라의 건설과 산업·중소기업·에너지 분야에 대한 지출이 더 증가한 것도 개발국가 방식으로 신자유주의를 실현하려는 보수정부의 일관된 정책이라고 할 수 있다. 사회경제 인프라의 건설 예산은 2005~2008년에 연평균 2.5%의 증가율에 그쳤지만 2009년에는 무려 26%나 증가했고, 산업·중소기업·에너지

....

124 박상인. 『왜 지금 재벌개혁인가』. p.43.
125 한겨레(2018). "노동자 24만·임금 23조…한계기업 구조조정 왜 더딜까." 『한겨레』. 2018년 5월 3일자 16면; 최영진·박진(2016). 『산업별 한계기업 현황분석과 시사점』. 산업연구원. p.23.
126 스웨덴은 조선업의 경우 글로벌 하청기업화와 해양산업으로 진출하고 철강산업의 경우 특수제품군에 주력하는 방식 등을 통해 산업구조를 고도화했다. 김재훈·오정책(2016). 『구조조정에 관한 국내외 사례연구』. 국회예산정책처. pp.75-78.

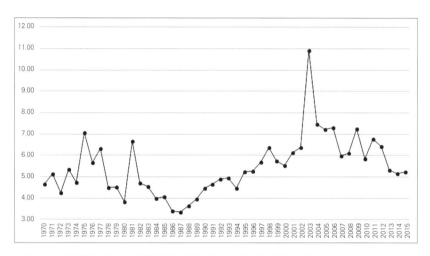

그림 15.11 일반정부예산 중 경제개발부문 지출 비중의 변화(%), 1970~2015년

출처: OECD(2018). "General Government Spending(indicator)." doi: 10.1787/a31cbf4d-en(Accessed on 20 May 2018).

분야에 대한 예산 증가율도 동 기간 동안 1.9%에서 28.5%로 급증했다.[127] 백미는 2009년부터 2012년까지 22.2조 원이 투여된 4대강 관련 예산과 '녹색성장 국가전략 및 5개년 계획'에 107.4조 원을 투입한 것이었다. SOC에 대한 공적지출의 확대는 전형적인 개발국가 방식으로 재벌 대기업의 이해를 보장하려는 정책이었다.

역사적으로 보면 보수정부가 경제개발과 관련된 재정지출을 확대해 재벌 대기업의 이해를 보장하는 정책은 박정희와 전두환으로 이어지는 권위주의적 개발국가의 복원이 아니라 1987년의 민주화 이후에 집권한 노태우, 김영삼 정부가 개발국가 방식으로 신자유주의를 강화하려고 했던 시도를 복원하는 것이었다. 실제로 일반정부지출에서 경제개발예산(economic affair)의 비중은 〈그림 15.11〉에서 보는 것처럼 1981년을 제외하면 박정희 권위주의 체제의 후반부인 1975년부터 1987년까지 지속적으로 감소했다. 일반정부지출에서 경제개발예산이 다시 증가한 것은 1988년부터 2003년까지였다.[128] 노태우 정부는 수도권 신국제공항

....

127 정태인. "세계금융위기와 이명박 정부의 정책." p.53.

128 OECD(2018). "General Government Spending(indicator)." doi: 10.1787/a31cbf4d-en(Accessed on 20 May 2018).

(현재 인천공항), 경부고속철도, 새만금 간척, 서울 지하철 확충, 주택 2백만 호 건설, 이동통신사업, 초고속 인터넷망 구축 등 대규모 경제개발예산을 집행하면서 재벌 대기업의 이해를 실현했다.[129] 하지만 보수정부는 일반정부예산 중 경제개발예산의 비중이 감소하는 경향을 되돌리지는 못했다. 보수정부는 경제개발예산의 비중이 감소하는 속도를 제어하는 것으로 만족해야 했다.

이명박 정부의 고환율 정책과 저금리 정책 또한 국가가 외환시장과 금융시장에 적극적으로 개입했다는 점에서 개발국가 방식으로 신자유주의의 이해를 실현하려는 것이었다. 이명박 정부의 고환율 정책은 1997년의 외환위기를 재벌 대기업의 수출 증대로 극복하려고 했던 자유주의 정부와 같이 2008년의 금융위기를 수출 확대를 통해 극복하려는 전략이었고, 권위주의 개발국가의 외환시장 정책을 재현한 것이었다.[130] 실제로 권위주의 개발국가 시기의 급격한 수출 증가는 원화에 대한 급격한 평가절하와 밀접한 관련이 있었다. 권위주의 개발국가 시기에 미국 달러 대비 원화의 환율은 1961년 11월에 291.4원에서 304.4원으로 (4.4%), 1971년 6월에는 328.2원에서 370.8원으로(13.0%), 1차 오일쇼크가 있었던 1974년 12월에는 399원에서 484원으로(21.3%), 2차 오일쇼크 이후인 1980년 1월에는 580원으로(19.8%) 평가절하했다.[131] 권위주의 정부 시기처럼 이명박 정부는 수출 증대를 위해 사실상 환율상승을 방치했다. 대미 환율은 2008년 2월에 937.3원에서 2009년 2월 불과 1년 만에 1,516.4원으로 급등했다.[132]

인위적 고환율 정책은 수출 중심의 재벌 대기업에는 축복이었지만 내수 중심의 중소기업에는 치명적 손실을 입혔다. 특히 고환율 정책은 한국 경제의 경쟁력이 다시 가격에 의존하는 결과를 초래하면서 한국 경제의 고질적 문제인 대외의존성을 더욱 강화했다.[133] 실제로 삼성전자의 2012년 3분기 영업이익 8조 1,247

....

129   김미경(2018). 『감세국가의 함정』. 서울: 후마니타스. pp.263-266.
130   이준구. "이명박 정부의 경제정책: '747공약'에 발목이 잡혀 보낸 5년." pp.62-64.
131   국가기록원(2007). "통상: 단일변동환율제도." http://www.archives.go.kr/next/search/listSubject-Description.do?id=006716, 접근일 2018년 5월 18일.
132   조복현. "경제성장과 고용증대, 복지증진." pp.110-111.
133   Pirie. "Korea and the Global Economic Crisis." p.684.

억 원 중 2조 3,700억~3조 6,200억 원이 고환율로 인한 것으로 추정되었다.[134] 반면 중소기업의 경우 자산수익률이 3.5%, 이자보상비율이 267.9%로 기업 전체의 자산수익률 7.3%와 이자보상비율 469.8%의 절반에 불과했다.[135] 저금리 정책 또한 기업의 투자를 유발하는 대신 부동산 투기를 부추겨 가계부채를 증가시키고 인플레이션 압력을 심화시켰다.[136] 생필품 52개 품목의 가격을 집중적으로 관리하는 'MB 물가지수'도 권위주의 체제의 관리경제정책으로 회귀한 것이라는 평가를 받았다. 하지만 수출 증대를 위한 고환율과 기업투자를 위한 낮은 이자율을 강제하고 있는 상황에서 생필품 가격을 낮은 수준으로 유지하는 것은 불가능했다.

정리하면, 자유주의 정부의 신자유주의화와 보수정부의 신자유주의화의 차이는 자유주의 정부가 본래의 의미에서 시장의 자기조정적 기능을 강화하려는 조치로 신자유주의에 접근했다면 보수정부는 국가의 개입을 통해 자본의 이해를 적극적으로 대변하려는 조치로 신자유주의에 접근했다는 것이다. 시장의 자기조정적 기능을 강화하는 신자유주의 방식으로 자본의 이해를 대변할 수 있었다면 보수정부는 그 길을 선택했을 것이다. 하지만, 세계적인 경제위기로 시장이 스스로 자본의 이해를 대변하기 어려운 상황에서 국가 개입이라는 개발국가 방식이 필요했고, 보수정부는 이 방식을 적극적으로 수용한 것으로 보인다. 파이리는 이러한 이명박 정부의 정책에 대해 국가의 선별적 개입주의가 강화되었다고 하면서 한국 정부가 선택적으로 신자유주의로부터 후퇴했다고 평가했다.[137] 그러나 이러한 해석은 절반의 진실만을 말해준다. 데이비드 하비의 주장처럼 신자유주의가 자본주의 황금시대 동안 노동계급에 의해 잃어버린 자본의 권력을 되찾는

....

134   선대인경제연구소(2012). "이명박정부 10대 경제실정 완벽 정리." http://www.sdinomics.com/data/blog/552, 접근일 2018년 5월 12일.

135   OECD(2010). *Economic Survey of Korea*. paris: OECD. p.46. 자산수익률(Return On Asset)은 "기업이 일정한 기간 동안 벌어들인 순이익을 자산 총액으로 나눈 값으로, 기업이 보유 자산을 얼마나 효율적으로 운영했는지를 나타내는 지표이다", 이자보상비율은 "이자 비용과 법인세 차감 전의 순이익의 합을 이자 비용으로 나눈 값으로, 채권자에게 지급해야 할 고정 비용인 이자 비용의 안전도를 측정하는 지표이다." Daum 사전. http://dic.daum.net, 접근일 2018년 9월 27일.

136   임경석. "이명박 정부의 747 공약과 그 결과." p.86.

137   Pirie. "Korea and the Global Economic Crisis." pp.678-681.

계급권력의 회복을 의미한다면,[138] 시장의 권력을 강화하기 위해 시장에 대한 국가의 개입을 확대한 보수정부의 행위는 모순적이라기보다는 신자유주의를 가장 잘 실현한 것이라고 할 수 있다. 시장에서 발생하는 자본의 리스크를 국가의 적극적인 개입으로 약화시키는 것이야말로 신자유주의화의 핵심전략인 것이다.[139] 신자유주의화에서 중요한 것은 '어떤 방식'인가가 아니라 '무엇을 위해서인가'일 것이다. 역설을 말하자면, 보수정부가 추구한 신자유주의화는 강력한 국가 개입을 통해 자본의 이해를 실현함으로써 "신자유주의가 고양하고자 하는 그 자유를 부정"한 것이었다.[140] 이것이 보수정부 9년 동안에 한국 자본주의의 신자유주의화가 확대되었음에도 불구하고 시장의 자유가 위축된 이유였다.

제4절 민주주의가 만들어 낸 권위주의의 귀환

2007년의 제17대 대선은 보수의 화려한 부활을 알리는 나팔소리 같았다. 자유주의 정부 10년 동안에 악화된 민생은 박정희식 성장체제에 향수를 갖고 있던 평범한 사람들의 마음을 움직였고, 2007년 12월의 대선은 한나라당 이명박 후보의 압승으로 끝났다. 정치적 측면에서 보면 이명박 정부의 출범은 1987년의 민주화 이후에 다시 한 번 민주주의를 공고화하는 과정처럼 보였다. 하지만 기대와 달리 민주주의는 공고화되지 않았고, 민주적으로 선출된 보수정부가 민주주의를 파괴하는 모순적인 일들이 벌어졌다. 국가정보원, 국군기무사 등 국가기관이 선거에 개입하고 민간인을 사찰하는 일이 벌어졌고, 정부는 법원의 판결에 관여했다. 민주주의가 유린되면서 한국 사회는 다시 과거로 회귀하는 것 같았다. 하지만 민주주의는 그렇게 쉽게 무너지지 않았다. 2008년의 촛불항쟁으로 시작된 시민의 저항은 2016년의 촛불항쟁을 정점으로 민주주의를 위협했던 보수정부를 끌

....

138 Harvey. 『신자유주의: 간략한 역사』. pp.48-55.

139 지주형(2015). "신자유주의 국가: 전략관계론적 형태 분석." 『경제와 사회』106: 360-406. p.384.

140 Harvey. 『신자유주의: 간략한 역사』. p.193.

어내리고 새로운 정부를 출범시켰다. 그러나 변한 것은 없었다. 한국 사회는 다시 1987년 체제로 돌아왔고, 다시 민주주의를 만들어가야 했다. 2016년의 촛불항쟁 이후의 한국 사회는 단순히 선거를 통한 민주주의가 아니라 정치·경제·사회의 전 영역에서 민주주의를 심화시켜야 하는 과제를 안게 되었다.

제4절에서는 복지체제의 관점에서 이러한 보수정부 기간 동안에 권력자원과 권력관계가 어떻게 변화했는지를 기술했다. 권력자원과 권력관계의 변화를 지켜보면서『기원과 궤적』에서는 한국 사회에서 복지국가를 건설할 주체를 찾는 일이 쉽지 않다는 것을 확인했다. 노동계급은 자유주의 정부 10년과 비교해도 더 분화되고 고립되었고, 시민은 여전히 조직되지 않았으며, 시민운동에는 시민이 좀처럼 보이지 않았다. 보수와 진보의 이념도 새롭게 형성되어가고 있었다. 전통적으로 보수의 이념적 기반이었던 지역주의와 반공주의가 약화된 자리에 계층과 세대라는 새로운 준거가 등장했다.

1. 민주주의의 위기와 87년 체제의 복원

2008년 2월의 보수정부(이명박 정부)의 출범은 국가권력이 선거라는 규칙체계를 통해 자유주의 정부에서 보수정부로 교체되었다는 점에서 1998년 2월의 김대중 정부의 출범과 함께 쉐보르스키가 말한 민주주의의 공고화가 한국에서 실현되었다는 것을 확인해주는 것 같았다.[141] 조희연은 국정원의 2012년 대선 불법 개입도 "민주주의의 역류라기보다는 민주주의의 공고화 이후의 새로운 문제"라고 평가했다.[142] 이처럼 한국 사회에서 민주주의는 되돌릴 수 없는 현실처럼 보였기 때문에 '제도화된 불확실성', 즉 '민주적 선거'를 거치면서 복지국가의 실현 또한 가능할 것처럼 보였다. 실제로 OECD 16개국을 분석한 연구에 따르면, 민주

....

141 Przeworski, A.(1997[1991]).『민주주의와 시장』. 임혁백·윤성학 역. (*Democracy and the Market*). 서울: 한울. p.34.

142 조희연(2014). "민주주의 2.0의 실현을 위한 2단계 시민운동의 혁신 과제들: 참여연대를 중심으로." 조대엽·박영선 편.『감시자를 감시한다: 고장난 나라의 감시자 참여연대를 말하다』. 서울: 이매진. p.434.

주의 사회에서 시민들의 선호는 복지국가의 확대 여부를 결정하는 가장 중요한 변수로 나타났다.[143] 심지어 민주주의 사회에서 시민들의 선호는 권력자원론에서 중시하는 좌파정당의 집권보다도 복지국가의 확장에 더 큰 영향을 주었다. 이러한 연구결과는 좌파의 권력자원이 취약하고 보수-자유주의 정당 구도가 고착화된 한국 사회에서도 시민들이 원하기만 한다면 선거를 통해 얼마든지 복지국가를 실현하고 확장할 수 있다는 것을 의미했다.

하지만 '제도화된 불확실성'을 통한 보수정부로의 정권교체는 민주주의의 공고화가 아니라 민주주의의 후퇴처럼 느껴졌다. 남미에서처럼 권위주의 체제에서 형식적 민주주의로의 이행은 "민주주의의 서서한 죽음"으로 나타났고, 한국에서도 보수정부 출범 이후에 이러한 현상들이 목격되었다.[144] "2008년 미국산 광우병 쇠고기 수입반대 촛불항쟁(이하 2008년의 촛불항쟁)"과 "2016년 박근혜 퇴진을 위한 촛불항쟁(이하 2016년의 촛불항쟁)"은 한국 민주주의의 퇴행을 상징적으로 보여주는 사건이었다. 이명박 정부가 들어선 이후에 한국 사회에서는 1987년의 민주화운동으로 쟁취했다고 믿었던 민주주의가 심각하게 후퇴했다. 조희연의 주장과 달리 보수정부하에서 일어난 일련의 사건들은 민주주의를 공고화하는 과정에서 일어난 일들이 아니라 87년 민주주의 체제 자체를 위협하고 있었다.

이명박 정부는 출범과 동시에 방송을 장악했다. KBS 정연주 사장을 해임했고, YTN에는 대선 당시 특보였던 구본홍을 사장으로 내려보냈으며, 방송문화진흥회를 통해 MBC를 장악했다.[145] 방송통신심의위원회는 정부에 비판적인 언론에 재갈을 물렸고, 『조선일보』, 『동아일보』, 『중앙일보』, 『매일경제신문』 등 보수적 언론사가 종합편성채널(종편)에 진출할 수 있는 길을 열어주었다. 국무총리실 산하 공직윤리지원관실에서는 민간인을 불법적으로 사찰했고 국가기관을 동

....

143 Brooks, C. and Manza, J.(2007). *Why Welfare State Persist: The Importance of Public Opinion in Democracies*. Chicago, IL: The University of Chicago Press. p.48.

144 박노자(2014). "박근혜 스타일: 사회적 파시즘과 정치제도적 자유민주주의." 『경제와사회』 101: 12-26. p.20.

145 미디어오늘(2015). "괴벨스 뺨쳤던 이명박근혜 언론장악 8년." 2015년 11월 16일.

원해 온라인 게시물을 삭제했으며 검열을 통해 국가보안법 위반혐의를 적용하는 등 이명박 정부는 전방위적으로 정부에 비판적인 세력을 통제했다. 급기야 2012년 12월의 대선에서는 기무사령부, 국가정보원 등 국가정보기관을 동원해 선거에 불법적으로 개입하는 사태까지 벌어졌다. 심지어 이명박 대통령은 청와대 수석비서관 회의에서 "다른 기관들도 국정원처럼 댓글 이런 거 잘해야 한다."며 선거개입을 지시했다.[146] 이렇듯 국가정보기관의 선거개입은 한국 사회가 민주주의 존립의 최소 요건인 선거조차 민주적으로 치러지지 않는 사회라는 것을 확인해 주었다.

박근혜 정부 출범 이후에도 민주주의의 퇴행은 계속되었다.[147] 박근혜 정부는 통합진보당의 해산을 주도했고 민감한 재판과 관련해 양승태 대법원장과의 거래를 통해 재판에 개입해 삼권분립을 무력화했다.[148] 실제로 2015년 12월에 박근혜 대통령은 "징용배상 판결이 확정되면 나라 망신이다."라고 발언했고, 2016년 중반경에는 대법원에 정부의 의견서를 제출하라고 지시했다.[149] 이에 따라 양승태 대법원장은 한 달 사이에 대법원 규칙을 세 차례나 바꾸면서 강제징용 재판 자체를 파기하려고 했다.[150] 또한 소위 비선실세라는 선출되지 않은 권력이 국정을 농단하면서 헌법질서가 근본적으로 위협받는 사태까지 벌어졌다. 더 나아가 2016년의 촛불항쟁과 대통령 탄핵에 이르는 일련의 과정에서 국군기무사령부는 대통령 탄핵이 기각될 경우에 계엄령을 선포하고 특전사와 수백 대의 탱크와 장갑차를 동원해 촛불항쟁을 무력으로 진압한다는 계획을 수립했다. 김영삼 정부 이래로 공고화되었다고 믿었던 문민통치와 탈군부화도 이루어지지 않았던 것이다.[151] 민주주의의 뿌리가 흔들렸다. 이런 상황에서 정치적 민주주의를 사회경제

....

146 한겨레(2018). "댓글공작 지시 'MB 육성파일' 나왔다." 2018년 9월 17일.
147 김동춘(2017). "촛불항쟁, 대통령 탄핵과 한국 정치의 새 국면." 『황해문화』 2017년 봄: 202-220 p.203.
148 OhmyNews(2018). "박근혜 정부-양승태 대법원 사이 재판거래 단서 나왔다." 2018년 8월 4일.
149 한겨레(2018). "박근혜 징용배상 판결 확정되면 나라 망신 파기 종용." 2018년 9월 3일.
150 한겨레(2018). "강제징용 재판 파기하려…대법원규칙 '한달새 3차례' 바꿔." 2018년 9월 4일.
151 한겨레(2018). "기무사, 박근혜 탄핵 심판 때 탱크 200대·특전사 동원 계획." 2018년 7월 7일; 신진욱

적 민주주의로 확대해야 하는 '복지국가의 실현'은 불가능해 보였다. 박근혜 정부의 복지 확대는 더 이상 민주주의 체제에서 시민의 선호를 반영하는 결과물이 아니라 집권세력의 시혜이자 정권에 대한 시민들의 집단적 저항을 무마하기 위한, 안토니오 그람시(Antonio Gramsci)의 표현을 빌리면 정권 유지를 위한 일종의 '수동혁명'의 도구 같았다.[152]

이런 관점에서 보면 보수정부 시기에 발생한 2008년의 촛불항쟁과 2016년의 촛불항쟁은 1987년의 시민항쟁으로 수립된 민주주의 체제를 지키기 위한 시민들의 저항이었다. 특히 연인원 1,700만 명이 참여한 2016년의 촛불항쟁은 박근혜 정부를 끌어내리는 데 결정적 역할을 했다는 점에서 1987년의 민주화 이후 최대 사건이었다. 문재인 대통령 또한 자신을 "촛불혁명으로 태어난 대통령"이라고 표현했다.[153] 하지만 2008년의 촛불항쟁은 물론이고 2016년의 촛불항쟁도 혁명은 아니었다. 2016년의 촛불항쟁은 1987년의 헌정질서의 틀 안에서 이루어진 비폭력시위였고, 헌정질서의 중단을 유발하지도 않았다.[154] 2016년의 촛불항쟁은 1987년에 수립된 헌정질서를 지키기 위한 시민들의 체제수호운동이었다. 2016년의 촛불항쟁에 『조선일보』를 비롯한 보수언론, 검찰, 경찰, 법원 등의 권력기관, 박근혜 정부를 탄생시킨 새누리당(현 국민의힘)의 일부 보수세력, 민주당 같은 자유주의 세력, 정의당, 민주노총, 참여연대 등 시민사회의 진보세력이 함께할 수 있었던 이유는 2016년의 촛불항쟁이 갖는 이러한 체제수호적인 성격 때문이었다.[155] 극우세력과 일부 군부를 제외한 보수세력과 자유주의 세력의 입장에서 보면 박근혜 대통령을 끌어내려서 1987년의 헌정질서를 복원하는 것이 2016

....

(2016). "한국에서 결손민주주의의 심화와 촛불의 시민정치." 『시민과 세계』 29: 1-26. p.14.

152 수동혁명은 지배세력이 혁명이 발생할 것을 우려해 혁명이 발생하지 않도록 미리 개혁적인 조치를 취하는 행위를 의미한다. Gramsci, A. (1999[1971]). 『그람시의 옥중수고 2: 철학·역사·문화편』. 이상훈 역. (Quaderni del Carcere). 서울: 거름. p.80.

153 Huffpost. (2017). "촛불 혁명으로 태어난 문대통령 1주년을 기념해 발표한 메시지(전문)." 2017년 10월 28일. https://www.huffingtonpost.kr/2017/10/28/story_n_18406300.html, 접근일 2018년 9월 2일.

154 권영숙(2018). "촛불의 운동정치와 87년 체제의 이중 전환." 『경제와사회』 117: 63-103. pp.65-72.

155 김동춘. "촛불항쟁, 대통령 탄핵과 한국 정치의 새 국면." pp.208-209; 권영숙. "촛불의 운동정치와 87년 체제의 이중 전환." pp.75-76, p.87.

년의 촛불항쟁이 '87년 체제'를 넘어 급진화되는 것보다 더 나은 선택이었을 것이다. 왜냐하면 2016년의 촛불항쟁을 '박근혜 퇴진'으로 제한하는 것은 1987년에 권위주의 세력과 자유주의 세력이 민중부문을 배제하고 합의한 자유주의적 민주화(권위주의 체제의 해체)와 자본이 국가의 통제로부터 벗어나는 시장 자유화(개발국가의 해체)를 지속하는 길이었기 때문이다. 실제로 촛불항쟁은 박근혜 퇴진에 이어 사회경제적 모순의 해체로 확산될 개연성이 있었기 때문이다.

2016년 12월 24일에 제9차 촛불집회의 사전집회 성격으로 개최된 토론회에서 "언론장악 적폐 해결, 사드 철회, 박근혜표 나쁜 노동정책 청산 등" 정치경제적 개혁과제가 6대 긴급현안으로 발표되었다.[156] 이러한 상황에서 헌정질서에 따른 박근혜 정권의 퇴진은 보수세력과 자유주의 세력의 입장에서 보면 2016년의 촛불항쟁의 급진화를 선제적으로 막는 일종의 정치적 수동혁명이었다고 할 수 있다. 실제로 〈그림 15.12〉를 보면 2016년의 촛불항쟁이 시작된 10월부터 12월까지 박근혜 정부에 대한 지지율이 분기 기준으로 10%를 기록했지만, 주 단위의 지지율은 통계적으로 무의미한 수준으로 낮아지고 있었다. 김동춘은 2016년의 촛불항쟁이 박근혜를 제거하고 거국내각을 수립해 개헌과 선거를 통해 재집권하려는 보수의 기획에서 출발했다고 평가했다.[157] 이것이 2016년의 촛불항쟁에서 신자유주의의 심화로 나타난 양극화와 불평등의 해소, 2015년의 강남역 살인사건으로 촉발된 페미니즘 등 급진적 의제들이 중심 의제가 되지 못했던 이유였다. 현상적으로 2016년의 촛불항쟁은 보수정부 9년을 끝내고 1987년의 민주주의 체제를 복원시켜 제3기 자유주의 정부를 출범시키는 것으로 마무리되었다. 정치·사회·경제적 모순은 해결되지 않은 채 남아있었고, 한국의 민주주의는 30년을 돌고 돌아 다시 '87년 체제'라는 원점으로 돌아왔다. 결국 심화된 민주주의의 결과인 복지국가의 실현과 확장을 위한 복지정치도 원점에서 다시 시작해야 했다. 하지만 복지국가를 실현하기 위한 복지정치가 1987년과 동일한 지형 위에서 펼쳐지는 것은 아니었다.

....

156 박근혜정권퇴진비상국민행동 기록기념위원회 백서팀(2018). 『촛불의 기록 1』. 서울: 박근혜정권퇴진
      비상국민행동 기록기념위원회. p.34.
157 김동춘. "촛불항쟁, 대통령 탄핵과 한국 정치의 새 국면." p.210.

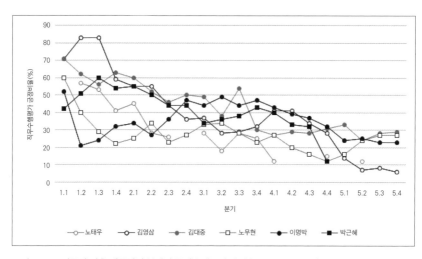

그림 15.12 민주화 이후 대통령의 분기별 국정수행능력 지지율, 1988~2016년

출처: 한국갤럽(2017). "역대 대통령 직무 수행 평가 1988-2016." 한국갤럽 데일리 오피니언 193~240호. http://www.gallup.
co.kr/gallupdb/reportDownload.asp?seqNo=802, 접근일 2017년 8월 23일.

2. 권력관계: 주체의 구성과 성격

1) 경제위기 이후의 계급구성의 변화

계급구성의 변화를 보면 자유주의 정부 10년의 경향이 지속되었다. 구중간계급의 비중이 감소했고, 신중간계급의 비중은 증가했다. 임금노동자의 비중도 큰 폭은 아니지만 증가했다. 임금노동자의 구성을 구체적으로 보면 〈그림 15.13〉에서 보는 것과 같이 2010년에 들어서면서 사무직, 기능생산, 서비스판매직, 단순노무직의 비중이 거의 유사해졌다. 다만 북서유럽에서 복지국가 형성의 정치적 토대가 되었던 제조업 노동자의 비율은 1990년대 이래로 지속적으로 감소해 2010년에 24.6%로 역대 최저수준을 기록한 반면, 서비스판매직, 사무직, 단순노무직은 모두 증가했다. 임금노동자의 주류가 변화한 것이다.

그러나 〈그림 15.13〉에 나타난 계급구성의 변화는 현상적인 모습만을 보여줄 뿐이다. 우리가 주목해야 할 계급구성의 변화는 불안정한 고용관계에서 일하는 노동자가 증가했다는 점이다. 노동사회연구소가 추계한 자료에 따르면, 〈그림

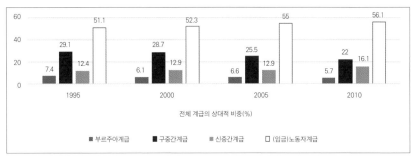

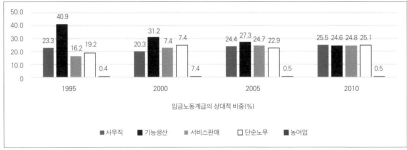

그림 15.13 계급구성과 임금노동자 계급구성의 변화, 1995~2010년
출처: 장귀연(2013). "신자유주의 시대 한국의 계급구조." 『마르크스주의 연구』10(3): 12-40. p.21.

15.14〉에서 보는 것과 같이 2017년 8월 현재 한시, 시간제, 파견, 용역, 가내, 호출
노동, 특수고용형태 등을 포함한 비정규직의 규모는 8,427천 명에 달하는 것으로
추정된다. 정부통계에서 임시일용직으로 분류되는 비정형 노동자(한시, 시간제,
파견, 용역 등)의 규모는 2008년의 금융위기 이후에 증가하고 있는 추세이다. 전
체 임금노동자 중 비정규직의 규모는 〈그림 15.15〉에서 보는 것처럼 보수정부 9
년 동안에 전체 임금노동자의 절반에 가까운 48.0%에 달했다. 물론 비정규직 노
동자의 규모는 1997년의 외환위기 이후에 증가하기 시작해 김대중 정부 후반기
와 노무현 정부 전반기에 급증했고, 전체 취업자 대비 비정규직의 비율은 2002년
에 56.5%로 정점에 이르렀다가 2016년에 42.4%로 감소했다. 하지만 현재와 같
은 전통적인 고용 분류 방식으로는 새로운 노동형태를 정확하게 분류하는 것이
불가능하다. 예를 들어, 대기업의 하청업체에 정규직으로 고용된 경우에 공식 통
계에서는 상용직으로 분류되지만, 대기업이 해당 노동자를 직접 고용하지 않고

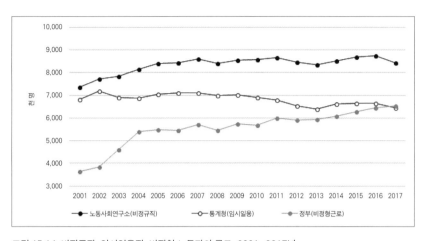

그림 15.14 비정규직, 임시일용직, 비정형 노동자의 규모, 2001~2017년

출처: 김유선(2017). "비정규직 규모와 실태: 통계청, '경제활동인구조 부가조사'(2017.8) 결과." 『KLSI Issue Paper』 제14호. 2017. 12. 12.

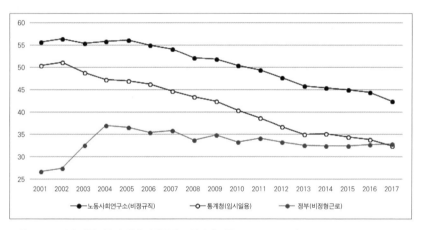

그림 15.15 전체 임금노동자 대비 비정규직 노동자의 비율, 2001~2017년

출처: 김유선(2017). "비정규직 규모와 실태: 통계청, '경제활동인구조 부가조사'(2017.8) 결과." 『KLSI Issue Paper』 제14호. 2017. 12. 12.

고용 책임을 하청업체에 전가했다면 이러한 고용형태를 전통적인 정규직으로 분류하기는 어렵다. 더욱이 상용직 또는 정규직으로 분류되는 경우에도 고용 불안정성이 증가하고 있다는 점이 고려되어야 하기 때문에 현재 공식 통계로는 불안정 노동자의 규모를 추정하는 것이 불가능하다.

다양한 원인이 있겠지만, 산업구조가 제조업 중심에서 서비스 경제로 변해간 것이 중요한 원인 중 하나라고 할 수 있다. 하지만 산업구조의 변화만으로는 불안정 고용이 증가하는 원인을 설명할 수 없다.[158] 우리가 주목해야 할 원인 중 하나는 자본의 이윤실현 방식이 변화한 것, 즉 자본의 노동에 대한 포섭방식의 근본적 변화이다. 최근에 기업이 핵심 부문을 제외한 다른 부문을 외부로 밀어내는 방식으로 이윤 극대화를 도모하고 있기 때문이다.[159] 비정규직 노동자의 77.6%(6,542천 명)에 해당하는 하청, 프랜차이즈, 플랫폼 노동(공급체인) 등은 바로 자본의 이윤실현 방식, 즉 노동 포섭방식의 변화로 인한 결과이다. 이러한 임금노동자 구성의 변화는 한국 사회에서 복지국가를 만들어가야 할 정치적 주체가 제2차 세계대전 이후에 북서유럽에서 복지국가를 만들었던 주체와 확연히 다르다는 것을 확인해주고 있다. 복지국가가 그 사회의 계급구성과 생산관계를 반영한 분배체계라면 한국 복지체제 또한 예외일 수 없다. 한국 복지체제도 자본의 이윤실현 방식의 변화로 인해 나타나는 고용형태의 변화에 따라 임금노동자가 직면하는 사회위험에 기초해 만들어지고 확대되는 분배체계여야 하기 때문이다.

2) 권력자원과 권력관계

보수정부 9년 동안에 권력자원의 핵심요소라고 할 수 있는 좌파정당과 노동조합의 역량은 심각하게 위축되었다. 좌파정당과 관련해서는 진보정치를 다루면서 검토하기로 하고, 여기서는 주로 노동조합, 시민운동, 자본을 중심으로 검토했다. 특히 김대중 정부 이래로 한국 사회에서 공적복지의 확대는 참여연대, 경실련 등과 같은 시민운동단체가 중요한 역할을 했다는 점에서 한국 복지국가의 형성 과정에서 시민운동의 지위와 역할에 대한 논의를 검토하는 것이 필요해 보인다.

....

158 이승윤 · 백승호 · 김윤영(2017). 『한국의 불안정 노동자』. 서울: 후마니타스. p.21.
159 Weil. *Fissured Workplace.*

이는 이미 제14장에서도 제기된 질문인데, 쟁점은 시민운동과 노동운동의 관계, 즉 시민운동이 노동운동을 대신해 한국 사회에서 복지국가 형성의 핵심 역할을 수행할 수 있는지의 여부이다.

노동과 자본

보수정부 출범 이후에도 노동조합 조직률은 거의 변화하지 않았다. 어쩌면 정권이 자유주의 정부에서 기업에 우호적인 보수정부로 바뀌었는데도 노조조직률이 변하지 않았다는 것 자체가 한국 사회에서의 권력자원의 현재를 정확하게 보여주는 것인지도 모른다. 실제로 〈그림 15.16〉에서 보는 것처럼 노조조직률은 2008년 이후에도 변하지 않았다. 노조조직률은 자유주의 정부 10년의 마지막 해인 2007년에 12.1%에서 보수정부의 마지막 해인 2016년에 11.9%로 2007년과 큰 차이가 없었다. 비정규직과 정규직의 노조조직률의 차이도 변화하지 않았다. 2016년 기준으로 정규직 노동자의 조직률은 20.0%인 데 반해 비정규직은 1.8%에 불과했다. 사업체 규모별 노동조합 조직률도 여전히 큰 차이를 보였다. 2015년 기준으로 300명 이상 사업체의 노조조직률은 62.9%에 이르는 반면 300명 미만 사업장은 0.1%에 불과했다.[160] 또한 공공부문을 대표하는 공무원노조의 조직률은 2009년에 53.1%에서 2016년 65.5%로 높아졌다. 이러한 현실은 복지국가를 만들어가는 중요한 권력자원 중 하나인 조직노동이 주로 정규직, 대규모 사업장, 공공부문을 중심으로 형성되어 있다는 것을 의미했다.

보수정부는 큰 틀에서 자유주의 정부의 신자유주의 노동정책을 계승한 것처럼 보였다.[161] 하지만 보수정부의 노동정책이 자본의 이해를 물리적으로 보장했던 과거의 권위주의적 방식으로 퇴행했다는 점에서 자유주의 정부 10년과는 차이가 있었다. 실제로 노동자의 파업에 대한 이명박 정부의 대응은 과거의 권위주의 정권을 방불케 했다. 2009년에 이명박 대통령의 승인 아래 경찰은 쌍용자동

....

160 고용노동부(2016). 『2016년 전국 노동조합 조직현황 통계자료』. p.14.
161 조효래(2013). "이명박 정부의 노동정책: 변화와 연속성?" 『동향과 전망』 87: 224-263. p.225.

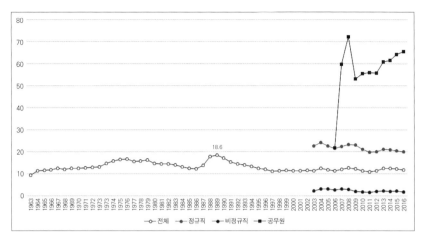

그림 15.16 노조조직률의 변화(정규직 대 비정규직), 1963~2016년
출처: 김유선(2016). "비정규직 규모와 실태: 통계청, '경제활동인구조사 부가조사'(2016.8) 결과." 『KLSI Issue Paper』 제9호; 김유선(2008). 『한국의 노동조합 조직연구: 조합원수(조직률) 분석을 중심으로』. 서울: 한국노동연구원. p.46; 통계청(2017). 공무원 노동조합 조직현황." http://www.index.go.kr/potal/main/EachDtlPageDetail.do?idx_cd=2836, 접근일 2017년 10월 9일,

차 노조의 파업에 헬기를 동원하고 대테러작전을 담당하는 경찰특공대를 투입해 야만적인 진압을 했다. 경찰의 진압은 모두 '경찰관직무집행법'과 '위해성 경찰장비의 사용기준 등에 관한 규정'을 위반한 불법행위였지만, 정권의 묵인 아래 진행되었다.[162] 더 심각한 퇴행은 보수정부 출범 이후에 국가가 자본과 손잡고 노동조합을 와해시키려는 기업의 공작을 묵인 또는 지원했다는 사실이다. 쌍용자동차는 검찰, 노동부 등 국가기관과 공모해 쌍용자동차 노조를 와해시키려고 했고, 삼성은 노조를 와해시키기 위한 계획을 담은 6천 건의 문건을 작성하는 등 보수정부 출범 이후에 자본은 국가기관과 손잡고 노동조합을 무력화시키는 공작을 감행했다.[163] 이뿐만이 아니다. 비정규직 등 취약노동자를 보호하기 위한 국가의 역할 또한 보수정부 출범 이후에 약화되었다. '사내하도급 점검 및 불법파견'에 대한 정부의 대응을 보면, 자유주의 정부 시기인 2004~2006년까지 253건이 사

....

162   한겨레(2018). "이명박이 죽였다…쌍용차 해고자들 폭우 가른 절규." 2018년 8월 29일.
163   한겨레. "이명박이 죽였다…쌍용차 해고자들 폭우 가른 절규."; 한겨레(2018). "삼성 노조파괴 문건 6천건 나왔다." 2018년 4월 3일.

쌍용자동차 파업 노동자를 무참히 짓밟고 있는 대테러 경찰특공대의 모습(출처: 『민중의소리』).[164]

법처리되었지만 2007년부터 2010년까지는 8건에 불과했다.[165]

보수정부의 권위주의적 퇴행에 대한 조직노동의 대응은 무기력했다. 박근혜 정부가 2015년에 들어서면서 당시 가장 심각한 사회문제 중 하나로 대두되었던 노동시장의 이중구조와 청년실업 문제의 원인이 대기업 정규직 노동자에 대한 지나친 보호와 임금의 경직성이라고 주장하면서 정규직 노동자의 임금삭감과 노동시장의 유연화를 전면화하려고 했을 때도 조직노동은 적절히 대응하지 못했다.[166] 여론도 박근혜 정부에 우호적이었다. 여론조사기관인 리얼미터가 2015년 8월 20일에 발표한 자료에 따르면, 노동시장의 유연화와 임금피크제 도입을 골자로 하는 정부의 노동개혁에 45.8%가 찬성했고 33.0%가 반대했다.[167] 여론을 등에 업은 보수정부의 공세에 조직노동은 시민사회와의 연대는 고사하고 단일

....

164 http://www.vop.co.kr/A00000381871.html
165 조효래. "이명박 정부의 노동정책: 변화와 연속성?" p.241-242.
166 이병훈(2016). "노동개혁국면에 있어 노조운동의 대응전략에 관한 평가: 박근혜정부의 노동시장 구조개혁에 대한 양노총의 대응을 중심으로." 『한국사회정책』 23(1): 1-23. p.10.
167 리얼미터(2015). "박정부의 노동개혁 방향, 찬성 45.8% vs. 반대 33.0%." 2015년 8월 20일. http://www.realmeter.net, 접근일 2018년 8월 30일.

한 대오도 형성하지 못하고 분열했다. 한국노총은 조직 내부의 강력한 반대에도 '노동시장 구조개선을 위한 노사정합의문'에 서명했고, 민주노총은 총파업으로 맞섰지만 시간이 지나감에 따라 투쟁동력을 상실했다.[168] 민주노총이 주도한 4월 24일의 총파업에는 27만 명이 참여했지만, 7월과 9월의 총파업에는 단지 6만 명 정도가 참여하는 데 그쳤다. 하반기에 들어서면서 시민사회와 연대해 11월에 민중총궐기를 조직하고 12월에 또 한 차례 총파업에 돌입했지만, 민주노총의 취약한 동원 역량과 정치적 고립만을 확인했을 뿐이었다.

물론 긍정적인 진전도 있었다. 4월과 7월의 총파업을 통해 시민사회와의 연대의 중요성을 인식한 것은 학습을 통해 노동조합의 전략적 역량을 높이는 계기가 되었다.[169] 민주노총이 2015년 9월 23일에 총파업을 준비하면서 발표한 '노동자–서민 살리기 총파업 6대 요구'에서 실업부조와 국민연금 등과 같은 중산층과 저소득층을 위한 사회보장제도를 도입하고 확대하라고 요구한 것은 조직노동이 비조직노동과 시민사회와 연대하겠다는 전략적 선언이었다.[170] 이는 조직노동의 이해를 지키기 위한 투쟁의 성패가 단지 조직노동만의 동원이 아닌 중산층과 시민사회와의 연대에 달려 있다는 인식의 전환이 있었기 때문에 가능했다. 이를 반영하듯이 박근혜 정부의 노동개혁에 대한 여론은 부정적으로 변했다.[171] 또한 2010년 6·2지방선거를 통해 교체된 지방권력이 비정규직 노동자의 조직화에 긍정적 영향을 미치기도 했다. 진보적 성향을 가진 시·도·의원과 교육감이 당선되자 비정규직 노동자의 조직화가 왕성하게 이루어졌다.[172] 실제로 광주에서

....

168 이병훈, "노동개혁국면에 있어 노조운동의 대응전략에 관한 평가." pp.10-11.

169 Lévesque, C. and Murrary, G.(2010). "Understanding Union Power: Resources and Capabilities for Renewing Union Capacity." *European Review of Labour and Research* 16(3): 333-350. pp.344-345.

170 전국민주노동조합총연맹(2015). "[보도자료] 민주노총 9.23 총파업대회 개최," http://nodong.org/statement/7041080, 접근일 2018년 8월 30일.

171 리얼미터(2015). 정부의 노동개혁, '청년고용 촉진에 효과 있을 것' 29.9% vs '별 효과 없을 것' 55.0%, http://www.realmeter.net, 접근일 2018년 8월 30일.

172 강인석·이주호·김윤철·김승호(2012). "4·11총선 결과와 진보정치의 갈길." 『노동사회』 164: 10-29. p.16.

진보적 성향의 교육감이 당선되면서 학교비정규직 노동조합이 만들어지고 교육청과 단체교섭을 체결하는 성과도 있었다. 이는 진보적 정권교체가 어떻게 노동자의 조직화에 기여할 수 있는지를 보여주는 사례였다. 조직노동의 역량이 취약했고 보수정부 시기였지만, 조직노동이 어떻게 전략적 역량(strategic capabilities)을 발휘하는가에 따라 자본과 노동의 권력관계가 달라질 수 있다는 것을 보여주었다.[173]

기업별 단체협상을 산별단위로 전환하려는 조직노동의 시도는 큰 성과를 내지 못했지만 보수정부 기간 동안에 지속적으로 시도되었다는 점에서 중요한 의미가 있었다. 조직노동의 취약성이 단지 낮은 노동조합 조직률에만 있는 것이 아니라 사업장별 교섭에 있다는 점을 고려했을 때, 이러한 시도는 복지국가를 만들어가는 노동자의 주체적 역량을 강화한다는 점에서 매우 의미 있는 진전이었다. 금속노조는 2006년에 완성차노조를 포함해 10만여 명에 달하는 노동자가 합류한 이후에 2007년부터 중앙단위의 산별교섭을 추진했다.[174] 운수노조와 공공노조가 공공운수노조라는 산별노조 건설을 위해 2007년에 한시적으로 결성된 공공운수연맹을 2011년 6월에 공공운수노조로 전환한 것도 의미 있는 진전이라고 할 수 있다.[175] 비록 처음에 목표로 한 운수노조와 공공노조를 포괄하는 공공운수노조를 건설하지 못하고 공공서비스노조를 중심으로 산별노조가 건설되었지만, 이는 큰 틀에서 보면 산별노조를 강화하기 위한 과정이었다.

자본의 입장에서 보면 보수정부의 출범은 권력관계를 자본 중심으로 재편할 수 있는 정치적 공간이 열렸다는 것을 의미했다. 이명박·박근혜 정부가 취했던 노동에 대한 권위주의적 억압정책은 자유주의 정부 10년 동안에 상대적으로 약화된 자본의 계급권력을 복원하고 2008년의 금융위기로 어려움에 처한 자본이

....

173 Lévesque and Murrary. "Understanding Union Power: Resources and Capabilities for Renewing Union Capacity." p.341.

174 이원보·인수범·김종진·이명규·이정봉·김승호·이상훈(2012). 『한국 산별노조의 문제진단과 발전방안』. 서울: 한국노동사회연구소·프리드리히 에버트재단. pp.61-68.

175 이원보 외. 『한국 산별노조의 문제진단과 발전방안』. pp.246-247.

그 위험을 노동자에게 전가할 수 있는 돌파구였는지도 모른다. 앞서 쌍용자동차와 삼성의 사례에서 보듯이 보수정부는 일관되게 노동조합을 무력화시키고 노동시장의 전면적 유연화를 추진했다.[176] 더욱이 천안함 침몰, 연평도 포격, 핵실험 등 보수정부 기간 동안에 발생한 남북 간의 긴장은 노동조합이 자신의 정당한 요구를 주장할 수 있는 정치적 입지를 더욱 축소시켰다. 진보정당과 관련해서 구체적으로 논의하겠지만, 보수정부의 등장으로 한국 사회에 '종북'이라는 광풍이 몰아쳤기 때문이다. 이러한 정치경제적 조건에서 보수정부 9년 동안에 재벌이 한국 경제에서 차지하는 비중이 더 커진 동시에 자본의 권력도 소수 재벌에 집중되는 양상이 나타났다. 실제로 500대 기업의 매출에서 5대 재벌계열사가 차지하는 비중은 2008년에 30.28%에서 2016년에 38.57%로 증가했고, 이를 20대 재벌계열사로 확대하면 46.7%에서 58.1%로 무려 11.4%포인트나 높아졌다.[177] 특히 삼성은 보수정부 기간 동안에 무소불위의 권력을 가진 것처럼 보였다. 2015년 9월 1일에 국민연금공단을 움직여서 삼성물산과 제일모직의 합병을 성사시킨 것은 물론 보수정부 9년 동안에 줄기차게 시도된 영리병원의 도입도 사실상 삼성을 위한 정책이라는 것이 공공연한 비밀일 정도였다.[178]

이렇듯이 강력한 자본과 약한 노동은 한국 사회에서 복지국가를 만들어가는 데 가장 넘기 어려운 장벽 중 하나처럼 보였다. 이러한 인식은 보수정부 시기 동안에 재벌개혁을 둘러싼 논란으로 확산되었다. 장하준으로 대표되는 진영은 주주자본주의를 비판하면서 재벌의 경영권 승계를 보장해주는 방식으로 재벌과 타협해 복지국가로 나아가야 한다고 주장했다.[179] 노동의 주적은 재벌이 아니라 초국적 금융자본으로 대표되는 투기자본이라는 것이다. 이들은 재벌이 중

....

176 조효래. "이명박 정부의 노동정책: 변화와 연속성?." pp.229-230.

177 위평량(2018). "한국 500대기업의 동태적변화 분석과 시사점(1998~2017)." 『경제개혁리포트』 2018-8호. p.22.

178 이정환(2014). 『한국의 경제학자들』. 서울: 생각정원. p.8.

179 Shin, J. S. and Chang, H. J.(2004[2003]). 『주식회사 한국의 구조조정』. 장진호 역. (*Restructuring Korea Inc*). 서울: 창비; 장하준·정승일(2005). 이종태 편. 『쾌도난마 한국경제』. 서울: 부키; 장하준·정승일·이종태(2012). 『무엇을 선택할 것인가』. 서울: 부키; 이정환. 『한국의 경제학자들』.

소기업을 착취하는 것도 초국적 금융자본이 단기이익을 추구하기 때문이라고 주장했다. 장하준 진영의 주장은 산업정책을 복원해 재벌 대기업과 중소기업을 경쟁력 있게 키우고 복지국가를 확대하는 것이 한국 사회의 지속 가능성을 담보할 수 있는 길이라는 것이었다.[180] 물론 북서유럽의 복지국가 형성과정을 보면 초국적 자본이 일정한 역할을 했던 것은 분명해 보인다. 하지만 비판도 있었다. 재벌에 주는 것은 분명한데, 이를 대가로 한국 사회가 얻는 복지국가란 매우 추상적이라는 것이다.[181]

김상조로 대표되는 진영은 주주자본주의가 제대로 작동해야, 다시 말해 공정한 시장질서가 확립되어야 한국 사회에 미래가 있는데 현재 한국의 재벌 중심의 경제구조는 공정한 시장질서에 위배된다고 주장했다.[182] 복지국가도 경제민주화와 함께 가야 한다는 것이었다. 더욱이 한국은 북서유럽 같은 강력한 조직된 노동계급이 없다는 점에서 재벌이 타협을 선택할 가능성이 없다는 것이 이들의 판단이었다. 그래서 이들은 한국 사회의 핵심 문제는 재벌의 독식과 경제력 집중이기 때문에 이를 개혁해야 한다고 주장했다. 논쟁은 정리되지 않았다. 하지만 분명한 것은 〈그림 15.17〉에서 보는 것처럼 자본의 성격이 이미 국민국가의 경계를 넘어서고 노동계급의 힘이 취약한 한국 사회에서 장하준의 전략이 타당한지 의문이며 김상조의 주장처럼 공정한 시장질서, 소위 구자유주의 시장질서를 실현한다고 해서 복지국가가 성립하는 것도 아니다. 또한 재벌은 강력한 현실적 힘으로 존재하기 때문에 한국 사회가 재벌로 대표되는 자본을 배제·우회할 수 없으며, 공정한 시장경제질서의 회복이 없이 복지국가를 만들어갈 수 없다는 것도 분명해 보였다.

....

180 장하준(2018). "세계경제 대전환과 한국경제: 복지국가와 산업정책, 경제민주화." 2018 장하준 교수 초청포럼. 새경제규칙포럼(준) · 전국사회연대경제지방정부협의회 · 한겨레경제사회연구원.
181 이정환. 『한국의 경제학자들』. p.53.
182 김상조(2012). 『종횡무진 한국경제』. 서울: 오마이북; 이병천(2012). 『한국경제론의 충돌』. 서울: 후마니타스; 이병천(2012). 『한국 자본주의 모델』. 서울: 책세상; 이정환. 『한국의 경제학자들』.

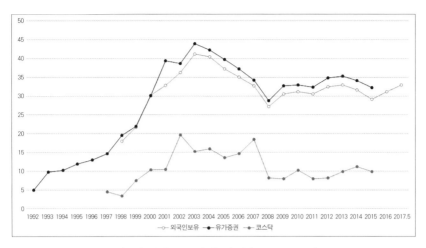

그림 15.17 주식시장에서 외국인투자자 보유주식 비중의 변화, 1992~2017년

출처: 금융감독원(2007). "외국인 주식투자 현황 및 주가 영향."; 통계청(2017). "e-나라지표: 외국인 증권투자 현황." http://www.index.go.kr/potal/main/EachDtlPageDetail.do?idx_cd=1086, 접근일 2017년 8월 24일.

노동운동과 시민운동

결국 정치적 측면에서 한국 복지국가를 둘러싼 논쟁의 핵심은 누가 복지국가 건설의 주체가 될 수 있는지에 대한 답을 제시하는 것이었다. 구체적으로 한국 사회에서 노동운동을 대신해 복지국가를 만들어갈 대안적 주체세력을 찾는 것이 매우 중요한 과제였다. 하지만 시민과 노동을 대립항으로 놓는 것은 이미 제14장에서 언급했지만 적절하지 않다. 정치적 측면에서 보면 분배체계로서의 복지국가의 성격은 철저히 그 사회의 권력자원과 권력관계를 반영한 결과물이기 때문이다. 우리가 주목해야 할 점은 제2차 세계대전 이후의 조직노동이 중심이 된 복지국가와 소위 '시민'이 중심이 된 복지국가가 동일한 복지국가인지, 아니면 상이한 복지국가인지를 상상하는 것이다. 이런 관점을 전제로 보수정부 9년 동안에 벌어진 시민과 노동의 관계를 살펴보았다.

보수정부 기간 동안에 발생한 두 차례의 대규모 촛불집회와 2012년의 총선과 대선을 앞두고 결성된 '복지국가실현연석회의', 박근혜 정부의 노동법 개악에 대항했던 2015년의 조직노동의 일련의 투쟁은 한국 사회에서 복지국가를 만들어갈 주체로서 시민과 노동의 성격과 지위, 둘 간의 관계를 잘 보여주는 역사적 경험이었다. 잘 알려져 있듯이 2008년의 촛불집회는 2000년의 총선 낙천낙선운동, 2002년 효순·미선 양 여중생 촛불집회, 2004년의 대통령 탄핵 반대시위 등의 연장선상에서 발생한, 온라인 네트워크를 통해 밑으로부터 조직된 다중이 참여한 시위였다.[183] 이명박 정부의 출범과 함께 시작된 경쟁적 교육정책(영어몰입, 0교시 등), 대운하 논란, 강부자와 고소영 내각, 미국산 쇠고기 협상 타결 등은 온라인상의 네트워크를 통해 아래로부터 시민들을 결집시켰고, 2008년의 촛불항쟁은 5월 2일부터 8월 15일까지 100여 차례에 걸쳐 계속되었다. 하지만 이 과정에서 진보적 성향의 시민운동단체인 참여연대, 진보연대 등은 물론 야당이었던 통합민주당(현재 더불어민주당)과 민주노동당도 촛불항쟁에 거의 영향을 미치지 못했다.[184] 대신 시민운동과 관련이 없어 보이는 소울드레서, 동방신기 팬클럽, 82cook 같은 인터넷 커뮤니티 등이 촛불항쟁의 공론의 장이 되면서 시위를 지속하고 확대하는 역할을 했다. 이처럼 2008년의 촛불집회는 분명한 지도부 없이 수개월간 연인원 수백만 명이 참여한 자발적이고 탈중심적인 사회운동의 형태로 전개되었다.[185]

위로부터의 지도를 거부하고 대의제 민주주의의 문제를 전면화한, 아래로부터 촉발된 대중의 새로운 역동성은 분명 한국의 사회운동에 큰 획을 그었다고 평가할 수 있다. 그러나 정작 수백만 명이 참여한 수개월간의 촛불항쟁이 정치·경제적 변화를 이끌어 내지는 못했다. 촛불항쟁 이후에 변한 것은 없었으며, 촛불항쟁이 시민사회의 조직적 성과로 남지도 않았다. 시민은 다시 일상으로 돌아갔으며, 이명박 정부의 신자유주의 정책은 더 노골화되었고, 결국 국가기관의 조직적 선거부정을 통해 박근혜 정부가 탄생했다. 2016년에 박근혜 퇴진 촛불항

....

183 송재경(2009). "네트워크 시대의 시민운동 연구: 2008 촛불집회를 중심으로." 『현대정치연구』 2(1): 55-83. pp.56-57, 66-67.
184 강내희·최영화·고병권·김세균·박영균·원용진(2008). "특집좌담: 좌파, 2008년 촛불집회를 말하다." 『문화과학』 55: 15-65. pp.16-17.
185 이항우(2012). "네트워크 사회운동과 하향적 집합행동." 『경제와사회』 93: 244-274. pp.245-246.

쟁이 시작되기 전까지 2008년의 촛불항쟁 같은 시민의 자발적인 아래로부터의 분출은 없었다.

한편 2010년의 보편적 무상급식 논란을 계기로 복지국가 이슈가 전면화되면서 2011년 7월에 402개의 진보적 시민운동단체들이 결성한 '복지국가실현연석회의(이하 연석회의)'는 복지국가 실현의 주체로 시민운동단체와 시민이 얼마나 동떨어진 존재인지를 확인해주었다. 전국의 거의 모든 진보적 시민운동단체들이 연대해 연석회의를 결성하고 노동자와 시민을 중심으로 복지국가를 실현할 주체를 조직화하려고 했지만, 성명서를 몇 차례 발표하고 행사를 개최한 것 이외에는 아무런 성과를 내지 못했다. 더욱이 민주노총이 '복지국가'라는 자본주의 내에서의 개혁에 동의하지 않고[186] 소극적으로 결합하자, 시민운동단체가 중심이 된 연석회의는 시민과 노동을 주체로 세우지 못했다. 노동과 시민이 없는 연석회의의 활동은 언론과 제도정치권을 상대로 한 상층운동에 제한되었다. 조직노동이 결합하지 않은 시민운동의 동원력은 매우 제한적이었다.

물론 국민기초생활보장제도가 도입되는 과정에서 참여연대 사회복지위원회 등 시민운동단체가 중요한 역할을 한 것은 분명했다. 하지만 이는 어디까지나 자유주의 정부와 국회를 상대로 한 상층운동 영역에 한정된 것이었고, 스스로 시민의 지지를 확산시켜나가면서 운동의 힘을 성장시키지는 못했다. 김대중 정부가 국민기초생활보장제도의 도입에 적극적으로 돌아서기 전까지 참여연대 등 시민운동단체의 역할은 제한적이었다. 결국 연석회의는 박근혜 정부의 출범 이후에 뚜렷한 성과를 내지 못한 채 아무런 논란도 없이 스스로 조직해체를 결정했다. 2008년의 촛불항쟁과 2011년의 연석회의의 실패는 한국 사회에서 시민을 복지국가 실현의 주체로 세우는 것이 얼마나 어려운 일인가를 확인해주었다. 진보적 시민운동은 시민의 이해를 대변할 수는 있었지만 시민 없는 시민운동을 하고 있다는 것이 분명해졌다. 2008년의 촛불항쟁 같이 제도권 정당과 기존의 운동단

....

186 연석회의를 준비하는 과정에서 만난 민주노총의 일부 간부들은 복지국가운동에 회의적인 의견을 지속적으로 개진했다. 일부 민주노총 간부들에게 복지국가를 실현하자는 시민사회운동은 노동해방과 거리가 먼, 자본주의 체제를 지속시키는 개량적 운동 이상이 아니었던 것 같다.

체의 지도를 거부한 자발적인 시민의 결집은 거대했지만, 조직되지 않은 주체의 일시적 결집의 한계는 분명했다. 둘 다 세상을 바꿀 힘은 없었다.

조직노동도 마찬가지였다. 2012년에 총선과 대선을 앞두고 진행된 진보정당의 통합논의는 민주노총이 노동과 시민이 연대하는 복지국가 건설운동 대신 노동조합과 진보정당이 중심이 되는 한국 사회의 변혁을 꿈꾸었던 데서 비롯되었다.[187] 그러나 다시 이야기하겠지만, 2012년 4월 총선 이후에 불거진 비례대표 후보 경선 부정 논란으로 통합진보당이 다시 분열되었고, 민주노총은 진보정당에 대한 조직적 지원과 연계를 단절해야 했다. 하지만 조직노동의 힘만으로 할 수 있는 것은 거의 없었다. 2015년의 박근혜 정부의 노동법 개악에 맞서 조직노동이 저항했을 때도, 공무원들이 연금개혁에 맞섰을 때도, 한국노총과 민주노총으로 대표되는 조직노동은 단일한 대오를 형성하지 못했고 시민은 조직노동과 함께하지 않았다. 박근혜 정부 시기 내내 조직노동은 고립되어 있었고, 조직노동으로 대표되는 민중운동은 힘을 잃어갔다. 시민은 기존의 시민운동과 노동운동을 거부했고, 시민운동단체는 시민을 조직화할 수 없었으며, 조직노동은 복지국가운동에 회의적이었다. 그렇게 각자의 길을 걷고 있었다.

2016년에 박근혜 퇴진을 위해 시작된 촛불항쟁은 보수정부 9년 동안에 이렇게 고립되어 있던 주체들이 다시 하나로 집결하는 계기가 되었다. 국가기관의 선거개입과 비선실세의 실체가 드러나면서 1987년의 민주화운동으로 쟁취한 최소한의 민주주의마저 위태롭게 되자 천만 명이 넘는 시민들이 다시 광장으로 나왔다. 하지만 2016년의 촛불항쟁에 참여했던 시민들은 2008년과 달리 지도부의 형성에 거부감을 드러내지 않았다.[188] 2016년의 촛불항쟁은 다양한 시민의 자발적 참여라는 점에서 2008년의 촛불항쟁과 유사했지만, 촛불항쟁을 실질적으로 지도했던 지부도가 조직되었다는 점에서 2008년과 상이했다. 2016년 12월 3일에 230만 명이 참여한 6차 촛불집회를 앞두고 '박근혜 정권 퇴진 비

....

187 박영선(2014). "한국 복지국가운동 논쟁에 대한 비판적 연구: 복지국가실현연석회의 사례를 중심으로." 『한국정치연구』 12(2): 263-287. p.273.

188 권영숙. "촛불의 운동정치와 87년 체제의 이중 전환." pp.84-85.

박근혜 퇴진을 외치며 광화문 광장에 나선 고등학생. 광화문 앞으로 경찰의 차벽이 설치되어 있는 모습과 촛불이 대조적이다.

상국민행동(이하 퇴진행동)'이라는 2016년의 촛불항쟁을 실질적으로 지도하는 단위가 결성되었다. 민주노총, 전농 등 민중조직, 참여연대, 한국여성단체연합 등 진보적 시민운동단체는 물론 민달팽이유니온 등 청년운동단체, 행동하는성소수자인권연대, 노동당, 녹색당, 정의당, 소상공인시국회의 등 다양한 성격의 2,832개 단체가 퇴진행동이라는 지도부를 구성했고, 17개 광역시·도별로도 지역퇴진행동을 구성했다.[189] 물론 퇴진행동은 스스로 지도부라고 자처하지 않았고 국민의 행동을 지원하고 안내하는 역할을 한다고 했지만, 2016년 12월 3일

....

189 박근혜정권퇴진비상국민행동 기록기념위원회 백서팀,『촛불의 기록 1』. pp.281-283.

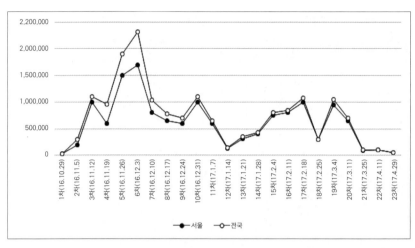

그림 15.18 2016년 박근혜 퇴진 촛불집회의 참여인원
출처: 박근혜정권퇴진비상국민행동 기록기념위원회 백서팀. 『촛불의 기록 1』. p.311.

의 6차 집회부터 2017년 4월 29일의 23차 집회까지 실질적 지도부 역할을 했다.

조직노동도 이전과는 다른 방식으로 퇴진행동에 결합했다. 민주노총은 퇴진행동에 물적·인적 지원을 하고 조직적으로 촛불항쟁에 참여했다. 〈그림 15.18〉에서 보는 것처럼 2016년의 촛불항쟁은 제3차 집회를 거치면서 100만 명 이상이 참여했는데, 이는 민주노총이 민중총궐기를 통해 조직적으로 참여했기 때문에 가능했다. 하지만 민주노총은 23차례에 걸친 촛불항쟁에서 자신의 조직적 요구, 예를 들어 2015년 11월에 박근혜 정부에 대항해 민중총궐기를 주도한 혐의로 구속 상태였던 한상균 위원장의 석방 같은 자신의 요구를 의제화하지 않는 등 조직노동의 이해를 전면에 내걸지 않았다. 조직노동은 적어도 밖으로 드러난 정황으로는 지원은 하지만 주도하려고 하지는 않았던 것으로 보인다. 퇴진행동도 집회에 참여한 시민들의 다양한 요구를 '박근혜 퇴진'으로 집중시키는 것 이외에 사회경제적 요구를 전면화하지 않았다. 퇴진행동은 조직노동, 시민운동단체, 자발적으로 참여한 시민이 연대해 '질서 있게' 박근혜 퇴진 운동을 전개하도록 했다.

하지만 거기까지였다. 2016년의 촛불항쟁은 시위를 촉발한 근본적 원인이었던 87년 체제로 대의되지 못하는 한국 민주주의의 한계에 대해서도, 1997년의 외환위기 이후에 본격화된 신자유주의화로 인한 불평등, 양극화, 빈곤, 실업 등의 민생문제에 대해서도, 젠더, 성소수자 등과 관련된 새로운 이해에 대해서도, 1960년대의 산업화 이래 지속되고 있는 재벌 대기업 중심의 수출주도형 성장체제가 낳은 심각한 사회경제적 문제에 대해서도 침묵했다. 어쩌면 퇴진행동은 침묵할 수밖에 없었을 것이다. 보수부터 급진적 진보까지 다양한 계층과 계급의 시민이 참여했던 촛불항쟁의 방향이 정치·사회·경제적 개혁 문제로 전환되는 순간 조직노동, 시민운동단체, 자발적 시민의 단일한 대오는 더 이상 불가능하다는 것을 퇴진행동은 알고 있었을 것이다. 결국 2016년의 촛불항쟁은 박근혜 정부를 퇴진시켰다는 점에서 구체적 성과를 이루었지만, 문제의 근원에는 손도 대지 못하고 다시 87년 체제로 돌아가는 것에 만족해야 했다.[190] 박근혜 퇴진 운동은 조직노동, 시민운동단체, 시민의 연대라는 조직적 성과로 남지 않았다. 특히 복지국가를 만들고 확장하는 일을 하려면 분배를 둘러싼 다양한 계층과 계급의 상충하는 이해를 조정해야 한다는 점을 고려하면, '87년 체제'의 복원은 한국 민주주의가 지난 30년 동안의 유의미한 진전 없이 다시 원점으로 돌아갔다는 것을 의미했다.

3. 보수정부 시기의 선거

1) 보수정부 시기의 주요 정당의 복지이념

보수정부 시기의 정당의 복지이념은 자유주의 정부 시기와는 조금 다른 양상으로 전개되었다. 2010년의 무상급식 논쟁을 거치면서 보편적 복지에 대한 국민의 지지가 확인되자 자유주의 정당인 통합민주당은 물론이고 보수정당인 한나라당(이후 새누리당→자유한국당→미래통합당→국민의힘으로 당명 변경)도 복지 확대에 적극적인 모습을 보였다(당명 변경은 그림 15.19를 참고하라). 통합민주당은 2002년에 진보정당인 민주노동당이 주장했던 무상의료, 무상교육 등에 준하

....
190 권영숙. "촛불의 운동정치와 87년 체제의 이중 전환." p.97.

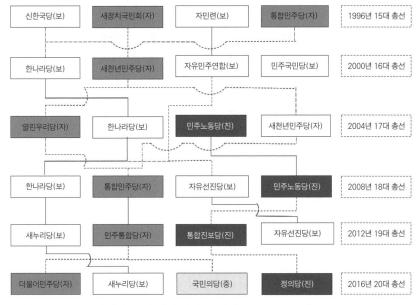

신한국당(보)	새정치국민회(자)	자민련(보)	통합민주당(자)	1996년 15대 총선
한나라당(보)	새천년민주당(자)	자유민주연합(보)	민주국민당(보)	2000년 16대 총선
열린우리당(자)	한나라당(보)	민주노동당(진)	새천년민주당(자)	2004년 17대 총선
한나라당(보)	통합민주당(자)	자유선진당(보)	민주노동당(진)	2008년 18대 총선
새누리당(보)	민주통합당(자)	통합진보당(진)	자유선진당(보)	2012년 19대 총선
더불어민주당(자)	새누리당(보)	국민의당(중)	정의당(진)	2016년 20대 총선

그림 15.19 주요 제도권 정당의 분당, 합당, 당명 변경의 계보, 1996~2016년

는 무상보육, 무상급식, 무상의료 등을 공약했다. 통합민주당은 2010년에 당 강령을 개정해 보편적 복지국가를 실현하겠다는 것을 적시했다. 그러나 통합민주당은 증세 없이 부자감세의 철회와 세출구조의 효율화 등을 통해 보편적 복지국가를 실현하는 것이 가능하다고 주장했고, 통합민주당이 추구하는 보편적 복지국가는 북서유럽의 복지국가와는 다른 '한국형 복지'라고 주장했다.[191] 한편 2010년의 무상급식 논쟁 당시만 해도 분명하게 선별적 복지를 지향했던 한나라당도 2011년 10월의 서울시장 재보궐 선거에서 보편적 복지를 주장하는 박원순 시장에게 패배하자 입장을 선회했다. 2012년의 총선과 대선을 앞두고 당명을 한나라당에서 새누리당으로 변경한 보수정당은 보편적 복지를 지향한다고 명시적으로 밝히지는 않았지만 보편적 무상보육과 보편적 기초연금을 공약으로 내거는 등

....

191 강병익(2017). "한국 정당의 복지정치 유형-'정책역량'과 '동원전략'을 중심으로."『정치·정보연구』
     20(2): 27-60. p.49.

실질적으로 보편적 복지를 지향하는 것 같은 정치적 행보를 취했다.

새누리당은 2012년의 대선을 앞두고 당이 지향하는 복지국가를 '한국형 복지국가'로 명명했다. 한국형 복지국가는 생애주기에 맞게 복지정책을 제도화하고 현금보다는 현물을 중심으로 복지를 확대한다는 점에서 노무현 정부의 사회투자국가를 계승한 것이라는 평가를 받기도 했다. 재원과 관련해서도 통합민주당같이 새누리당도 증세 없이 세출구조의 효율화와 지하경제의 양성화를 통해 재원을 마련할 수 있다고 주장했다. 큰 틀에서 2012년의 총선과 대선 국면에서 복지를 둘러싼 자유주의 정당과 보수정당의 공약은 큰 차이가 없었다. 물론 2012년의 대선 승리 이후에 박근혜 정부가 보육료를 보편적으로 지원한 것 이외에는 자신이 약속했던 기초연금, 고교무상교육 등 보편적 복지정책을 줄줄이 후퇴시켜 선별적인 복지정책으로 되돌아갔다는 점에서 새누리당이 보편적 복지를 실질적으로 지향했다고 보기는 어려울 수 있다.

역사적으로 보면 보편적 복지는 2002년에 창당한 민주노동당의 상징이었지만, 2010년 이후에 복지가 경쟁적 정책으로 등장하면서 복지와 관련한 진보정당의 선명성은 크게 약화되었다. 결과적으로 해석해보면 집권여당으로서 공약을 이행해야 한다는 정치적 부담이 없었던 자유주의 정당(통합민주당에서 더불어민주당으로 변경)은 보수정부 9년 동안에 줄기차게 보편적 복지를 주장한 반면, 보수정당인 새누리당은 2012년의 선거 국면을 제외하면 보육정책 같은 일부 예외적인 경우를 제외하고 대체로 선별주의 정책기조를 갖고 있었다. 복지재원을 마련하기 위한 증세문제와 관련해서는 보수정당과 자유주의 정당 간에 큰 차이가 없었다. 차이가 있다면, 민주당이 이명박 정부의 감세정책을 원래 상태로 되돌려야 한다고 하면서 법인세와 부자증세를 주장했지만 증세정치에 적극적으로 나서지는 않았다. 반면 정의당 같은 진보정당은 사회복지세의 신설을 주장하는 등 상대적으로 증세에 적극적이었다.

2) 보수정부 시기의 선거를 통한 복지정치의 가능성

2008년 4월 9일에 실시된 제18대 국회의원 선거는 자유주의 정부에서 보수정부로 정권교체가 이루어진 이후에 치러진 첫 번째 전국적 선거였다는 점에서 큰 주목을 받았다. 특히 2007년 12월의 대선에서 한나라당 이명박 후보가 48.7%의 득표율로 26.1%를 득표한 대통합민주신당의 정동영 후보(2019년 3월 현재 민주평화당 대표)를 압도적인 차이로 누르고 승리했기 때문에 한나라당이 4월 총선에서 압승할 것이라는 예상이 지배적이었다. 한나라당이 2007년 12월의 대선에서 이명박 후보가 얻었던 득표율을 18대 총선에서 그대로 유지한다면 전체 299개 의석 중 200~210석을 차지해 한나라당이 모든 야당이 얻은 의석수의 두 배에 이르는 1.5정당체제가 올 수 있다고 예상했던 것이다.[192] 하지만 전문가들의 예상과 달리 한나라당의 압승은 없었다.

〈표 15.5〉에서 보는 것처럼 한나라당은 153석을 얻는 데 그쳤다. 그렇다고 야당인 통합민주당이 선전한 것도 아니었다. 지난 17대 총선에서 161석을 얻었던 범민주당 계열(열린우리당과 새천년민주당)은 18대 총선에서는 81석을 얻는 데 그쳤다. 선거결과를 보수, 자유주의, 진보 진영으로 나누어보면 2008년 4월의 총선은 보수진영의 압승이었다. 보수진영은 한나라당 153석, 자유선진당 18석, 친박연대 14석을 얻어 185석을 얻은 반면 자유주의 진영은 통합민주당 81석, 창조한국당 3석 등 84석을 얻었고, 원내에서 유일한 진보정당인 민주노동당은 5석을 얻는 데 그쳤다. 정당득표율로 보아도 자유주의 정당을 포함한 범진보 진영은 34.7%를 얻는 데 그친 반면 보수진영은 54.5%를 얻었다.

이명박 정부에 대한 견제심리가 투표에 영향을 주었지만, 유권자가 생각한 견제의 주체는 민주당이 아니라 친박연대와 같은 범보수 진영이었다. 복지정책은 말할 것도 없고 대운하 논란을 제외하면 정책을 둘러싼 쟁점도 형성되지 않았다.[193] 분배를 둘러싼 쟁점이 형성되지 않으면서 지역주의가 또다시 한국 사회의 균열을 가르는 역할을 하는 것처럼 보였다. 영남에서는 한나라당과 친박연대, 호남에서는 통합민주당이 당선되는 현상이 계속되었다. 다만 한국의 정치지형에서

....

192 권순철(2008). "[정치] 거대여당 등장 1.5정당체제 올까." 『주간경향』 1293호.
193 강원택(2010). 『한국 선거정치의 변화와 지속』. 서울: 나남. pp.116-119.

표 15.5 국회의원 선거결과, 의석수 및 정당득표율

		제1당	제2당	제3당	제4당
제18대 2008년 4월9일 46.1%	정당	한나라당(보)	통합민주당(자)	자유선진당(보)	친박연대(보)
	지역구의석	131	66	14	6
	전국구의석	22	15	4	8
	의석수(합)	153	81	18	14
	정당득표율(%)	37.5	25.2	6.8	13.2
득표율에 따른 가상의석 수		113(-40)	76(-5)	20(+2)	40(+26)
제19대 2012년 4월11일 54.2%	정당	새누리당(보)	민주통합당(자)	통합진보당(진)	자유선진당(보)
	지역구의석	127	106	7	3
	전국구의석	25	21	6	5
	의석수(합)	152	127	13	8
	정당득표율(%)	42.8	36.5	10.3	3.2
득표율에 따른 가상의석 수		128(-24)	110(-17)	31(+18)	10(+2)
제20대 2016년 4월13일 58.0%	정당	더불어민주당(자)	새누리당(보)	국민의당(중)	정의당(진)
	지역구의석	110	105	25	2
	비례대표의석	13	17	13	4
	의석수(합)	123	122	38	6
	정당득표율(%)	25.5	33.5	26.7	7.2
득표율에 따른 가상의석수		77(-46)	101(-21)	80(+42)	22(+16)

지역주의는 단순한 지역주의 이상을 의미한다는 점에서 주의할 필요가 있다. 지역균열과 정책지향으로 대표되는 계급과 계층에 기초한 가치가 중첩되는 현상이 나타났기 때문이다. 실제로 호남의 유권자는 영남의 유권자에 비해 상대적으로 더 진보적이었다. 한국 사회가 '해방 이후에 이룬 성과 중 가장 자랑스러운 것'이 무엇인가라는 질문에 '정치 민주화의 실현'이라고 응답한 호남 응답자의 비율은 43.0%인 데 반해 영남 응답자는 29.8%에 그쳤다. 반면 '경제발전과 성장'이라고 응답한 호남 응답자의 비율은 64.7%인 데 반해 대구경북 응답자의 비율은 71.2%였다.[194] 더불어 한나라당의 지역정당 색채가 약화되면서 지역주의보다는 이념적 요소가 투표에 중요한 영향을 미쳤다.[195] 2004년이 17대 총선부터 시작된

....

194 리서치앤리서치(2015). 『2015년도 국민통합에 관한 국민의식조사』. 국민대통합위원회. p.30.
195 문우진(2009). "지역주의와 이념성향: 17대 총선 분석." 『한국정당학회보』 8(1): 87-113. p.106.

일인이표제가 정당투표에서 유권자가 이념적 투표를 할 수 있는 여지를 주었던 것이다.

정치에 대한 불신이 극심해져서 투표율은 2004년의 17대 총선에 비해 무려 14.5%포인트나 폭락한 46.1%에 그쳤다. "누굴 뽑아도 거기서 거기더라는 식의 불신감이 늘어난 게 근본 원인"이라는 평가가 있을 정도였다.[196] 서민과 중산층을 위한다는 자유주의 정부가 10년 동안 집권했지만 불평등과 빈곤은 더 심각해졌고 사람들의 살림살이도 더 어려워졌기 때문이었다. 국민은 2007년의 대선에서와 같이 18대 총선에서도 자유주의 정부 10년에 대해 냉혹한 평가를 했다. 하지만 보수정부의 위기는 예상 외로 빨리 왔다. 제17대 총선 이후 한 달 만에 시작된 촛불항쟁으로 이명박 정부는 위기에 몰렸다. 이명박 대통령의 지지율은 정권이 출범한 일사분기에 52.0%에서 촛불항쟁이 발생한 이사분기가 되면 21.0%로 급락했다(그림 15.12 참고).

2008년에 촛불항쟁을 촉발시켰던 미국산 쇠고기 수입문제가 촛불항쟁 이후에 분배문제로 확산되면서 2010년 6월의 지방선거에서 무상급식이 핵심 쟁점으로 등장했다. 2010년 6월의 지방선거가 2010년 3월 26일에 백령도 해상에서 해군의 초계함(천안함)이 침몰해 안보 위기가 어느때보다 고조된 상황에서 치러졌음에도 안보문제는 지방선거의 핵심 이슈가 되지 못했다. 지방선거라는 특징도 있었겠지만, 분배 이슈가 안보 이슈를 제압한 초유의 사태가 벌어진 것이다. 2010년 6월의 지방선거와 2011년 10월의 서울시장 보궐선거를 거치면서 분배 이슈가 선거의 중요한 쟁점으로 등장했다. 2012년 4월의 제19대 국회의원 선거와 2012년 12월의 대통령 선거에서 복지국가와 경제민주화 등과 같은 분배 이슈가 선거의 핵심 쟁점으로 부상한 것도 2010년의 무상급식 논쟁을 통해 분배 이슈가 전면화되었기 때문에 가능했다. 여기에 이명박 정부의 실정이 더해지면서 2012년의 총선과 대선은 친복지 진영에 유리한 국면으로 진행될 것처럼 보였다.

....

196 한겨레(2008). "투표율 역대 최저…'민주주의 위기'지적." 2008년 4월 10일.

하지만 제18대 총선의 결과는 예상 밖이었다. 새누리당은 진보 진영의 의제로 간주되었던 복지와 경제민주화를 적극적으로 자신의 의제로 가져왔다. 새누리당이 중앙선관위에 제출한 10대 공약을 보면, 일자리 창출이 1순위 공약이었고, 경제민주화, 저출산 대책, 고령화 대책, 의료비부담 완화가 3, 5, 6, 7순위 공약이었다.[197] 10대 공약 중 절반이 복지 관련 공약이었던 것이다. 통합민주당의 공약을 보면, 일자리 창출과 비정규직 차별 해소가 1순위 공약이었고, 민생경제 회복, 주거 안정, 무상보육·무상급식·무상의료 실현, 반값등록금, 경제민주화, 비정규직 차별 해소 등 7개 공약이 복지 관련 공약이었다.[198] 새누리당에 비해 통합민주당이 복지 확대에 더 적극적이었고 새누리당은 여전히 국가의 역할을 확대하는 것에 소극적이었지만, 복지 확대에 소극적인 것은 아니었다. 사실 새누리당의 이러한 변화는 2011년 2월에 박근혜 의원이 사회보장기본법 전부개정안을 발의하면서 본격화되었다고 할 수 있다.[199] 박근혜 의원의 발의안에는 생애주기에 따라 국가가 필요한 소득보장과 서비스를 제공하는 한국형 복지국가를 만들어간다는 내용이 담겨 있었다.

보수정당인 새누리당이 이처럼 복지 확대에 전향적인 모습을 보이자 2012년의 19대 총선에서 복지는 더 이상 범진보 진영만의 의제가 아니었다. 물론 구체적으로 보면 보수정당과 자유주의 정당의 공약에는 차이가 있었다. 예를 들어, 의료비 부담과 관련해 통합민주당은 실질적 무상의료를 주장했지만 새누리당은 선별적인 건강보험급여의 확대를 공약으로 내걸었다. 하지만 정책의 차이는 선거의 쟁점이 되지 못했다. 정책의 차이가 선거의 쟁점이 되기 위해서는 상이한 이해를 갖고 정책을 제안하고 지지하는 조직된 주체가 있어야 했지만, 한국 사회에서는 그런 조직된 주체가 취약했기 때문에 정책의 내용적 차이는 선거의 쟁점으로 등장하기 어려웠다. 이렇듯 정책을 지지하는 조직된 주체가 취약한 상황에

....

197   중앙선거관리위원회(2012). "제19대 국회의원선거 10대 정책 [정당명: 새누리당]."
198   중앙선거관리위원회(2012). "제19대 국회의원선거 10대 정책 [정당명: 민주통합당]."
199   안상훈(2010). "한국형 복지국가의 비전과 전략." 사회보장기본법 전부개정을 위한 공청회: 한국형 복지국가 건설. 2010년 12월 20일. 주최: 국회의원 박근혜.

서 '복지 확대'가 경쟁적 담론이 되자 복지정책은 모든 정당의 가장 중요한 공약 중 하나가 되었다. 하지만 역설적이게도 선거의 핵심 쟁점은 되지 못했다. 모두가 동의하는 문제가 쟁점이 될 수는 없었기 때문이었다.

이명박 정부의 실정에도 불구하고 2012년의 19대 총선에서 새누리당은 과반이 넘는 152석을 얻었고, 민주통합당은 17대 총선과 비교해 46석이 늘어난 127석, 통합진보당(전 민주노동당과 진보신당 일부)은 13석을 얻었다. 정당득표율에서도 새누리당은 42.8%의 지지를 받아서 36.5%에 그친 민주통합당에 앞섰다. 하지만 진영별로 보면 자유선진당과 새누리당은 46.0%를 득표하는 데 그친 반면 범진보 진영(민주통합당과 통합진보당)은 46.8%를 득표했다. 지난 2004년의 총선에서 보수 진영에 기울었던 표심이 범진보 진영의 미세한 우위로 바뀐 것이다. 비록 총선에서는 패배했지만 민주통합당이 2012년 12월의 제18대 대통령 선거에서 정권교체의 희망을 가질 수 있는 결과였다. 복지정치와 관련해 제19대 국회에서 이루어진 중요한 변화도 있었다. 소위 국회선진화법으로 알려진 국회법이 개정되면서 쟁점이 되는 법안을 통과시키기 위해서는 정족수의 60% 동의를 얻어야한다는 것을 명시했다. 여야 간에 합의와 타협의 정치가 정착되지 못하면 새로운 제도를 도입하거나 기존 제도를 변경하는 것이 매우 어렵게 되었다. 복지정책의 제도화와 변화를 거부할 수 있는 거부권이 제도화된 것이다.[200]

12월의 대선은 새누리당 박근혜 후보의 승리로 끝났다. 2012년의 대선은 〈표 15.6〉에서 보는 것처럼 근례에 보기 드문 75.8%라는 높은 투표율을 기록했고 박근혜 후보는 51.6%를 득표해 48.0%를 득표한 문재인 후보를 백만 표차로 누르고 승리했다. 복지정치의 측면에서 보면 2012년 12월의 대통령 선거도 4월 총선과 유사한 양상이었다. 박근혜 후보와 문재인 후보 모두 복지 확대와 경제민주화를 주장하면서 두 이슈는 선거의 핵심 쟁점이 되지 못했다. 구체적으로 보면

....

200 홍경준(2017). "문재인 정부의 소득주도성장 전략과 복지정책 방향, 어떻게 볼 것인가?" 2017년 사회 정책연합학술대회 발표문.

표 15.6 제15, 16, 17대 대통령 선거 결과

		당선	2위	3위	4위	5위
제17대	이름	이명박(보)	정동영(자)	이회창(보)	문국현(중)	권영길(진)
2007.12.19	정당	한나라당	대통합민주신당	무소속	창조한국당	민주노동당
63.0%	득표율(%)	48.7	26.1	15.1	5.8	3.0
제18대	이름	박근혜(보)	문재인(자)			
2012.12.19	정당	새누리당	민주통합당			
75.8%	득표율(%)	51.55%	48.03%			
제19대	이름	문재인(자)	홍준표(보)	안철수(중)	유승민(보)	심상정(진)
2017.5.9	정당	더불어민주당	자유한국당	국민의당	바른정당	정의당
77.2%	득표율(%)	41.08	24.03	21.41	6.76	6.17

주: 보: 보수, 자: 자유주의, 중: 중도, 진: 진보.
출처: 중앙선거관리위원회(2017). "선거통계시스템: 당선인통계." http://info.nec.go.kr/main/showDocument.xhtml?electionl
d=0000000000&topMenuld=EP&secondMenuld=EPEI03, 접근일 2017년 8월 17일.

문재인 후보는 4월 총선에서와 같이 복지 확대를 더 적극적으로 제시했지만, 유권자의 시각에서 보면 어느 누가 되어도 복지가 확대될 것이라는 기대감을 가질수 있었다. 심지어 박근혜 후보는 모든 노인에게 20만 원씩 보편적 기초연금을지급하겠다고 공약해 문재인 후보보다 복지확대에 더 적극적인 인상마저 주었다. 2012년의 대선 당시에 문재인 후보의 정책을 총괄했던 김수현조차 문재인 후보와 박근혜 후보의 복지공약에 유사한 부분이 많았다고 평가했다.[201] 새누리당의 박근혜 후보가 '실용적 보수화'를 통해 복지와 경제민주화 의제 등을 유연하게 받아들인 것이다.[202] 보수는 승리를 위해 자신의 이념과 동떨어진 주장을 받아들일 정도로 유연했다.

물론 박근혜 후보의 기초연금 공약은 당선을 위한 '먹튀' 공약이었지만, 선거당시에는 65세 이상의 노인들에게 위력을 발휘했다. 대선 당시에 노인들 사이에서는 박근혜 후보가 당선되면 자식들 눈치 안보고 월 20만 원의 돈을 받을 수 있

....

201 김수현·이창곤(2013). "정책, 무엇이 문제였고, 어떻게 해야 하나?" 이창곤·한귀영 편. 『18 그리고
19』. pp.316-329. 서울: 도서출판 밈. p.323.
202 최장집·이창곤(2013). "사회세력과 연계 없는 정당, 미래 없다." 이창곤·한귀영 편. 『18 그리고 19』.
pp.352-387. 서울: 도서출판 밈. p.354.

다는 여론이 형성되었다.[203] 더욱이 민주통합당의 문재인 후보가 안철수 후보와의 단일화를 위해 정치개혁 이슈에 매달리면서 복지정책과 경제민주화 등 정책 이슈는 박근혜 후보의 독무대가 되었다.[204] 2012년의 대선 당시에 경제, 복지, 일자리 문제가 대선 10대 의제 중 1~3위였다는 점을 고려하면 문재인 후보가 정치개혁 이슈에 매달렸던 것은 패배를 자초한 일이었다. 민주통합당의 문재인 후보가 본 격적으로 정책공약을 중심으로 선거운동에 들어간 것은 안철수 후보와의 단일화가 이루어진 2012년 11월 23일 이후였다. 대선이 한 달도 남지 않은 시점이었다. 박근혜 후보를 따라잡기에는 시간이 너무 없었다.[205]

계급배반투표도 지속되었다. 2007년의 대통령 선거에서 저소득층이 보수 정당 후보인 이명박 새누리당 후보를 지지하는 계급배반투표 현상이 2012년의 대통령 선거에서도 확인되었다.[206] 저소득층 중 박근혜 후보를 지지한 비율은 60.5%에 이른 반면 문재인 후보는 39.5%의 지지를 얻는 데 그쳤다. 하위소득계층은 마치 미국의 저소득층처럼 자신의 경제적 이해에 따라 투표한 것이 아니라 한미동맹, 사회질서의 유지 등 자신의 도덕적 이해에 기초해 보수정당 후보에게 투표했다.[207] 그러나 이러한 계급배반투표는 한국 선거에서 자연스러운 현상은 아니었다. 1997년의 15대 대통령 선거에서 새정치국민연합의 김대중 후보는 전 연령층에서 고른 지지를 받았고 저소득층, 자영업자 등의 지지를 기반으로 당선

....

203 OhmyNews(2013). "먹튀가 된 기초연금…선거 땐 왜 예측 못했나." 2013년 9월 23일. http://www.ohmynews.com/NWS_Web/View/at_pg.aspx?CNTN_CD=A0001908730, 접근일 2018년 9월 11일.
204 서복경(2013). "정치개혁 의제에 의해 지배당한 18대 대선." 이창곤·한귀영 편. 『18 그리고 19』. pp.294-313. 서울: 도서출판 밈. pp.295-298.
205 물론 나중에 밝혀졌지만, 박근혜 후보의 당선은 정당한 것이 아니었다. 국가정보원, 국군기무사령부, 국군사이버사령부 등 국가기관의 대선 개입 정황이 드러나면서 2012년 12월의 대선은 공권력이 개입한 명백한 부정선거로 밝혀졌기 때문이다.
206 한귀영(2013). "왜 가난한 이들은 보수정당을 지지했는가?" 이창곤·한귀영 편. 『18 그리고 19』. pp.24-41. 서울: 도서출판 밈. pp.27-29; park, C. W.(2009). "Effects of Social and Ideological Cleavages on Vote Vhoice in the Korean Presidential Election of December 19, 2007." 『현대정치연구』 2(1): 85-121. pp.104-105; 강원택(2013). "사회계층과 투표선택." 박찬욱·강원택 편. 『2012년 대통령선거 분석』. pp.111-137. 서울: 나남. p.119.
207 강원택. "사회계층과 투표선택." pp.124-125.

되었다.[208] 2002년의 16대 대통령 선거만 해도 노무현 후보와 이회창 후보에 대한 저소득층의 지지율은 각각 46.1%와 51.8%로 그 차이가 크지 않았다. 결국 계급배반투표는 자유주의 정부 10년의 실패가 반영된 결과였다.

저소득층을 위한다는 정부가 집권했는데도 빈곤과 불평등이 심화되었고 삶이 더 어려워졌기 때문이다. 다만 계급배반투표가 순수한 계급효과를 반영한 것은 아니라는 지적도 있었다. 계급배반투표는 고연령층의 소득수준이 상대적으로 낮다는 사실과 연관되면서 계급과 세대가 교차할 때 발생했다는 것이다. 가난한 노인이 분배를 중시하는 정당의 후보보다 외교안보 등 사회질서를 안정적으로 유지할 수 있다고 생각하는 보수후보에게 투표했기 때문이다.[209] 또한 최상위소득계층에서 보수후보에 대한 지지가 더 높았다는 점에서 계급배반투표는 보편적인 현상이 아니라 하위소득계층에서 일어난 특별한 현상처럼 보였다.

저소득계층이 자신에게 유리한 분배정책이 아닌 안보, 사회질서 등과 같은 도덕적 가치에 따라 투표하고 복지 확대가 보수와 진보의 경쟁적 정책이 된 것은 물론 공약(公約)이 공약(空約)으로 그치는 일이 반복되면서 복지국가가 더 이상 중요한 선거 쟁점이 되지 못했다. 2016년 4월에 치러진 제20대 총선은 박근혜 정부의 실정, 더 나아가 보수정부 9년을 평가하는 선거였지만, 사실상 쟁점이 없는 선거로 치러졌다.[210] 선거에서의 관심은 새누리당의 소위 '친박'이 주도한 공천파동과 민주당의 분당에 있었다. 선거 결과는 민주당이 제1당이 되었지만, 민주당은 전통적 지지기반인 호남에서 신생정당인 국민의당에 참패했고 정당지지율에서도 국민의당에 뒤지는 이변이 일어났다. 국민의당의 출현으로 총선에서 지역주의가 약화되었지만, 영남과 호남에서는 지역주의 투표가 여전히 영향을 미쳤다.[211]

....

208 한귀영. "왜 가난한 이들은 보수정당을 지지했는가?" pp.28-31.
209 강원택(2017). "2017년 대통령선거에서의 보수 정치: 몰락 혹은 분화?" 『한국정당학회보』 16(2): 5-33. p.8.
210 강원택(2016). "쟁점 부재의 선거에서 투표 선택: 2016년 국회의원 선거를 중심으로." 『한국정치연구』 25(3): 109-133. p.111.
211 문우진(2017). "20대 총선에서 투표결정 변경자의 지역별·계층별·이념적 특징 분석." 한국선거학회 편. 『한국의 선거 VII: 2016년 제20대 국회의원선거 분석』. pp.207-238. 서울: 오름. p.221.

2017년 5월의 제19대 대통령 선거는 1997년 12월의 제15대 대통령 선거 이래로 가장 높은 77.2%의 투표율을 기록했지만, 사실상 2016년 10월부터 시작된 '박근혜 퇴진' 촛불항쟁을 정치적으로 승인하는 선거였다. 복지국가와 경제민주화와 관련해 다양한 공약이 제안되었고 복지재원을 어떻게 마련할 것인가를 두고 문재인 민주당 후보 대 유승민 바른정당 후보, 심상정 정의당 후보 간에 논쟁이 있었지만, 핵심 쟁점은 아니었다. 오히려 관심은 국민의당 안철수 후보와 자유한국당 홍준표 후보 중 누가 2등이 되는지와 유승민 바른정당의 후보가 보수 진영에서 얼마나 입지를 다질 수 있는지로 모아졌다. 결과적으로 압도적 표차로 문재인 후보가 승리함으로써 박근혜 퇴진을 위한 촛불항쟁의 승리를 정치적으로 공식화했다.

　문재인 후보의 당선은 한국 사회에서 권위주의적 성장체제로 상징되는 박정희식 개발국가 복지체제가 최종적으로 해체되어야 한다는 것을 의미했다. 1987년의 민주화항쟁이 정치적 측면에서 박정희체제의 권위주의를 해체한 것이라면, 이명박 정부와 박근혜 정부로 이어진 보수정부가 자유주의 정부로 교체된 것은 성장을 통한 분배라는 박정희식 개발국가 복지체제가 더 이상 한국 사회에서 유용하지 않다는 것을 확인해준 것이었다. 민주화 이후에도 30년이나 지속된 박정희체제가 최종적으로 해체될 것처럼 보였다. 박정희체제가 약화되면서 2017년 5월의 대선에서는 지역주의도, 반공주의도 힘을 잃어 가는 것 같았다. 민주당 후보는 1990년의 3당 합당 이래 보수정당의 텃밭이었던 부산·울산에서 처음으로 승리했고, 대구·경북에서 20% 이상을 득표했으며, 경남에서의 득표율은 36.7%로 홍준표 자유한국당 후보가 얻은 37.2%에 근접했다. 더욱이 영남은 보수정당, 호남은 자유주의 정당이라는 공식도 세대요인을 고려하면 성립하지 않았다.[212]

　반공주의, 지역주의, 경제성장 제일주의의 힘이 약화되자 경제적 계층을 중

········

212　강원택·성예진(2018). "2017년 대통령 선거에서 이념과 세대: 보수 성향 유권자를 중심으로." 『한국정치연구』 27(1): 205-240. p.216.

심으로 지지후보가 갈리는 현상이 나타났다. 지난 선거에서는 반공주의, 지역주의, 경제성장 제일주의 등 박정희체제의 유산에 가려서 저소득층이 보수정당을 지지하는 계급배반투표가 나타났지만, 박정희체제의 힘이 약화되자 경제적 계층의 이해에 기초한 투표행위가 다시 나타났다. 선거에서 계급이 제자리를 찾기 시작한 것이다. 실제로 압구정동 같은 소위 강남의 부촌에서는 홍준표 자유한국당 후보가 문재인 민주당 후보보다 두 배 가까이 많이 득표했다.[213] 『중앙일보』는 아파트 가격과 자유한국당 홍준표 후보의 지지율이 정의 관계에 있었다고 보도했다.[214] 사실 이러한 현상은 이전부터 나타나고 있었다. 손낙구는 계급배반투표는 없으며 자산소유 정도에 따라 정당을 선택하는 투표행위가 나타난다고 주장했다.[215] 소득수준이 세대와 결합하면서 여전히 계급배반투표 현상이 나타났지만, 자산이 많을수록 보수후보에 대한 지지가 뚜렷하게 나타났다.[216] 손낙구가 말한 소득이 아닌 자산에 따른 계급투표행위가 나타난 것이다.

2017년의 대선에 주목해야 할 또 하나의 현상은 보수의 분열이었다. 단순히 홍준표, 유승민, 안철수로 지지가 나누어진 것이 아니라 보수의 정체성을 구성하는 핵심 이념 축의 변화가 나타났다. 유승민 후보를 지지했던 보수층은 사드 배치 같은 안보문제, 적폐청산, 복지문제 등에서 홍준표 후보를 지지하는 전통적 보수층과 상이한 입장을 갖고 있었다. 북한문제에도 좀 더 유연한 태도를 보였다.[217] 소위 안보를 중시하지만 복지와 사회개혁 이슈에 대해서는 적극적인 보수층이 형성되고 있었다. 이들은 안보 이슈를 중심으로 한 전통적 보수이념으로부터 조

....

213 경향신문(2017). "서울에서 홍준표가 문재인보다 2배 많은 표를 얻은 동네는?" 2017년 5월 17일. http://news.khan.co.kr/kh_news/khan_art_view.html?art_id=201705100813001, 접근일 2018년 9월 11일.

214 중앙일보(2017). "1m²당 650만원 아파트값 따라 갈린 19대 대선." 2017년 5월 18일. https://news.joins.com/article/21582584, 접근일 2018년 9월 11일.

215 OhmyNews(2010). "뉴타운 정책에 편승한 민주당, 제 발등 찍었다." 2010년 2월 12일. http://www.ohmynews.com/NWS_Web/View/at_pg.aspx?CNTN_CD=A0001323250&CMPT_CD=TAG_PC, 접근일 2018년 9월 11일.

216 강원택. "2017년 대통령선거에서의 보수 정치: 몰락 혹은 분화?" p.22.

217 강원택. "2017년 대통령선거에서의 보수 정치: 몰락 혹은 분화?" p.20.

금 더 자유로웠다. 과거에 보수와 진보의 이념 대립이 외교안보 이슈를 중심으로 형성되었던 것에 반해 2017년 5월의 대선에서는 대립전선이 경제영역까지 확장되면서 60대 이상의 전통적 보수와 20~30대의 새로운 보수의 차이가 분명해졌다.[218] 또한 득표율을 진영별로 보면 범진보 진영의 승리라고 말하기는 어려웠다. 이전 선거에서 보수정당을 지지했던 유권자의 70~80%가 제19대 대선에서도 여전히 보수후보를 지지했기 때문이다.[219] 실제로 문재인 후보와 심상정 후보는 47.3%(41.1%, 6.2%)를 득표했지만, 안철수 후보를 범보수후보로 간주할 경우에 범보수 진영은 52.2%를 득표했다. 이처럼 2017년 5월의 대선을 거치면서 새로운 보수가 형성되는 것처럼 보였다.

4. 보수정부 시기의 진보정치: 좌절과 희망

복지정치의 관점에서 보수정부 시기에는 모순적인 두 가지 힘이 교차했다. 보수정당의 집권으로 자유주의 정당인 민주당이 진보적인 복지 의제에 적극적이었다는 점에서 긍정적이었지만, 이로 인해 진보정치세력의 독자적인 세력화가 쉽지 않았다는 점에서 부정적이었다. 또한 한국의 보수정당은 권위주의 정치세력에 기원을 두고 있었기 때문에, 보수정당의 집권이 일정 수준에서 민주주의의 퇴행을 동반하면서 민주주의가 중요한 이슈로 등장했다. 오랜 독재정권을 경험한 한국 사회에서 민주주의는 자유주의 정당인 민주당의 의제였다.[220] 이처럼 보수정부 시기에 민생이 어려워지고 민주주의가 퇴행하자 사람들은 제3의 정치세력을 갈망했다. 하지만 진보정당을 호명하지는 않았다. 대신 사람들은 민주당보다 더 오른쪽에 있던 '안철수'를 보수정치에 대항해 '중도'라는 이름으로 호명했다. 이렇듯 보수정부 9년 동안에 다양한 사회경제적 쟁점이 불거졌지만, 정치적 대립전선이 보수정부 대 자유주의 정당(2008년 통합민주당 →

....

218 강원택·성예진. "2017년 대통령 선거에서 이념과 세대: 보수 성향 유권자를 중심으로." p.222.
219 강원택. "2017년 대통령선거에서의 보수 정치: 몰락 혹은 분화?" p.15.
220 지병근(2017). "한국진보정당의 조직, 이념, 그리고 지지기반." 『현대정치연구』 7(1): 7-53. p.36.

2008년 민주당 → 2011년 민주통합당 → 2013년 민주당 → 2014년 새정치민주연합 → 2015년 더불어민주당, 이하 민주당)을 중심으로 구축되었다. 상식적으로 생각하면 보수의 집권은 보수정부와의 분명한 차별성을 가진 진보정치(정당)의 선명성을 드러낼 수 있는 기회처럼 보였다. 그러나 민주주의와 인권이 퇴행하자 사람들의 관심은 '진보정치'의 실현이 아니라 보수정부에 대항해 1987년의 민주화 항쟁으로 쟁취한 민주주의를 지키고 정권교체를 통해 다시 민주적인 정부를 수립하는 것으로 모아졌다. 2008년에 미국산 쇠고기 수입으로 촉발된 촛불항쟁과 2016년의 촛불항쟁은 보수정당의 집권으로 민주주의가 위협받자 이를 지키기 위해 일어난 일종의 시민저항이었다.[221] 더욱이 보수정부의 강경한 대북정책으로 한반도의 긴장이 최고조로 높아졌을 때 진보정치의 대중적 입지는 종북주의 논쟁과 정파갈등으로 더욱 축소되었다. 진보정치에 보수정부 시기는 그야말로 암흑기였다.

1) 보수정부 시기의 진보정치의 선택

진보정당이 보수정부의 집권 시기 동안에 자신의 정체성을 분명히 드러내고 자유주의 야당인 민주당과 차별화하는 것은 쉽지 않았다. 보수정부 9년 동안에 치러진 일곱 번의 선거(대통령 선거 2회, 국회의원 선거 3회, 지방선거 2회)에서 진보정당에 대한 시민사회의 요구는 민주당을 중심으로 연대해 보수정당(한나라당 → 새누리당 → 자유한국당과 바른정당)에 대항하라는 것이었다. 이러한 정치적 상황에서 진보정당은 보수세력과 자유주의 야당(민주당)에 맞서 진보정치의 독자성을 강화할 것인지 아니면 자유주의 야당의 하위 파트너로 반(反)보수 공동전선을 구축해 공동정부를 수립하고 부분적으로 진보 의제를 실현할 것인지 선택해야 했다.[222] 첫 번째 길은 실패했지만 2000년에 창당한 민주노동당이 걸으려고 했던 길이었고, 2008년의 민주노동당의 분당 과정에서 창당한 진보신당이 건고

....

221   김윤철은 이를 마지노선 민주주의라고 표현했다. 김윤철(2018). "진보정당 재도약의 길: 민주주의의 다층화와 다원화." 『노동사회』 198: 54-59. p.54.

222   장석준(2014). "한국 진보정당운동의 숙명과 도전." 『황해문화』 85: 67-85. pp.74-80.

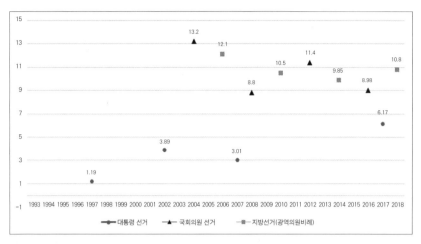

그림 15.20 진보정당의 득표율, 대통령 선거, 국회의원 선거, 지방선거

주: 대통령 선거: 1992년(백기완) 1.0%, 1997년 건설국민승리21(권영길) 1.19%, 2002년 민주노동당(권영길) 3.89%, 2007년 민주노동당(권영길) 3.01%. 2017년 정의당(심상정) 6.17%. 국회의원 선거: 2004년 민주노동당 13.0%, 사회당 0.2%, 2008년 민주노동당 5.7%, 진보신당 2.9%, 한국사회당 0.2%, 2012년 통합진보당 10.3%, 진보신당 1.1%, 2016년 정의당 7.23%, 노동당 0.38%, 녹색당 0.76%, 민중연합당 0.61%, 지방선거: 2006년 민주노동당 12.1%, 2010년 민주노동당 7.4%, 진보신당 3.1%, 2014년 통합진보당 4.3%, 정의당 3.6%, 노동당 1.2%, 녹색당 0.75%, 2018년 정의당 8.97%, 민중당 0.97%, 녹색당 0.7%, 노동당 0.24%. 출처: 중앙선거관리위원회. http://www.nec.go.kr/portal/main.do; 위키백과. https://ko.wikipedia.org

자 했던 길이었다. 진보신당은 진보의 정체성을 분명히 하면서 비정규직, 환경 등의 이슈를 전면화했지만, 정치전선이 민주 대 반민주 구도로 형성되고 민주당이 진보적 유권자를 선점한 상황에서[223] 반보수 전선을 벗어나 독자적인 정치운동을 전개하는 것은 쉽지 않았다. 더욱이 2010년의 지방선거를 계기로 보편적 복지로 대표되는 진보적 의제를 자유주의 정당인 민주당이 주도하는 상황에서 진보신당이 자유주의 정당은 물론이고 민주노동당과 차별적인 대중적 의제를 제기하는 것은 더욱 더 어려워 보였다. 〈그림 15.20〉에서 보는 것처럼 2008년의 국회의원 선거와 2010년의 지방선거에서 진보신당이 얻은 2.9%와 3.1%의 득표율은 이러한 현실이 반영된 결과였다.

반면 (자주파가 중심인 잔류) 민주노동당은 두 번째 길을 걸었다. 하지만 두

....

223 지병근. "한국진보정당의 조직, 이념, 그리고 지지기반." p.34.

번째 길을 가기 위해서는 먼저 민주당의 좌측에 통합된 진보 진영을 구축하는 것이 필요했다. 진보정치세력이 분열된 상황에서 민주당과의 연대는 무의미했기 때문이다. 실제로 진보정치세력이 분열된 상황에서 치러진 2008년의 국회의원 선거에서 민주노동당은 2004년의 선거에서 얻었던 13.0%의 득표율의 절반에도 미치지 못하는 5.7%를 얻는 데 그쳤다. 무상급식 논쟁으로 복지문제가 전면화되면서 진보정당에 유리할 것 같았던 2010년 6월의 지방선거에서도 민주노동당의 득표율은 7.4%에 그쳤다. 특히 2012년의 총선을 앞두고 민주당은 보편적 복지를 전면에 내걸었고, 진보정당에게는 반(反)이명박·한나라당 연합을 구축하라는 시민사회의 압박이 거세졌다.[224] 이러한 정치사회적 상황에서 민주노동당을 중심으로 통합에 동의하는 (진보신당에서 탈당한) 새진보통합연대(심상정, 노회찬, 조승수 등)와 '노무현의 삶과 참여정부의 계승'을 표방했던 국민참여당(유시민)이 대중적 진보정당의 깃발을 걸고 2011년 12월 5일에 통합진보당을 창당했다.[225]

사실 국민참여당은 민주당보다 더 보수적이었고 민주당의 보편적 복지정책을 포퓰리즘이라고 비난하고 있었기 때문에[226] 국민참여당이 통합진보당에 합류한 것은 진보정치의 입장에서 보면 이해하기 힘든 일이었다. 더 큰 문제는 2008년의 민주노동당 분당의 원인이 되었던 당내 민주주의와 종북주의 논란이 해소되지 않은 상태에서 민주당보다 더 우파적인 국민참여당이 결합하면서 통합진보당의 정체성이 더 모호해졌고 정파 간의 간극이 더 벌어졌다는 것이다. 선거를 위해 창당된 통합진보당은 어찌되었든 민주당과 연대한 2012년 4월의 총선에서 지역구 7석과 10.3%의 정당지지율을 기록하면서 13석의 의석을 확보했다. 2008년의 총선에 비해 의미 있는 진전이었다. 하지만 통합진보당은 선거 직후에 불거진 부정경선 문제로 또다시 2008년의 민주노동당의 분당과정을 반복했다. 결국 통합진보당은 김기춘 대통령 비서실장과 박한철 헌법재판소의 부적절한 관계

....

224 장석준. "한국 진보정당운동의 숙명과 도전." p.78.
225 조현연·김정훈(2012). "진보정치의 위기와 진보의 재구성: 2012년 통합진보당 사태를 중심으로." 『경제와 사회』 95: 94-127. pp.98-99.
226 손호철(2012). "통합진보당과 진보정당의 미래." 『진보평론』 52: 110-120. p.113.

가 의심되는 가운데 2014년에 강제해산이라는 초유의 사태를 맞이했다.[227] 선거 공학적 필요에 의해 만들어진 정체성이 모호했던 통합진보당의 해체로 자유주의 정당과의 선거연대를 통해 반보수 전선을 구축하고 진보 의제를 실현한다는 진보정치의 두 번째 길은 실현되지 못했다.

2) 진보정치의 위기: 민주주의, 종북주의, 정체성

2014년의 지방선거에서 진보정당은 2004년에 민주노동당이 원내에 진출한 이후에 치러진 세 번의 지방선거 중 가장 낮은 득표율을 기록했다(그림 15.20 참고). 자주파 중심의 통합진보당, 평등파 중심의 정의당, 노동당은 2014년의 지방선거에서 각각 4.3%, 3.6%, 1.2%의 득표율을 얻는 데 그쳤다. 기존의 진보정당과는 결이 다른 녹색당이 창당되었지만, 득표율은 0.75%에 그쳤다. 2014년에 통합진보당이 강제해산된 이후에 정의당은 노회찬과 심상정에 의존하는 명사정당의 길을 걷는 것 같았다. 뚜렷한 진보적 비전과 담론을 갖고 있지 않았던 정의당이 그나마 존속할 수 있었던 이유는 노회찬, 심상정같이 대통령 후보로 나설 수 있는 '명사'가 있었기 때문이었다. 실제로 메갈리아 사태에서 보듯이 정의당은 새롭게 제기되는 사회경제적 이슈에 대해 당 차원의 정리된 입장을 갖지 못하고 우왕좌왕했다.[228] 진보정치의 희망이 보이지 않자 보수정부에 반대하는 범진보 시민사회는 진보정당에 민주당을 중심으로 반한나라당(새누리당) 전선을 구축

....

227   한겨레(2018). "옛 통합진보당 인사들 김기춘 지시로 헌재가 해산." 2016년 12월 6일; 한겨레(2016). "[단독] 김기춘, '통진당 해산' 헌재 논의 속속들이 알고 있었다." 2016년 12월 5일; 손우정(2015). "한국 진보정당 내부 민주주의 제도 연구: 민주노동당, 노동당, 녹색당, 정의당, 통합진보당 사례를 중심으로." 『기억과 전망』 32: 247-292. p.274.
228   일명 메갈리아 사태는 2016년 7월 19일에 게임업체인 넥슨이 자사 게임물의 여성 성우가 '여성혐오에 대한 혐오'를 표방하는 메갈리아에서 공동 구매한 "Girls Do Not Need A Prince"라고 인쇄된 티셔츠를 입은 인증사진을 SNS에 올리자 자사의 게임물에서 해당 성우의 목소리를 삭제하겠다고 발표했고 이에 대해 정의당 문화예술위원회가 넥슨의 조치가 성우의 '노동의 결과물'을 삭제하는 것이어서 부당하다는 취지의 논평을 내면서 시작되었다. 논평이 나간 후에 정의당 내에서는 문화예술위원회가 메갈리아를 옹호하는 것 아니냐는 비판이 제기되었고, 이에 당 지도부가 절차상의 이유로 논평을 철회하는 결정을 했다. 이러한 일련의 과정에서 논평을 옹호하는 그룹과 반대하는 그룹의 갈등이 계속되면서 정의당이 입장을 정리하지 못하고 우왕좌왕하는 모습을 보였다.

여성혐오에 대한 혐오를 표방하는 인터넷 커뮤니티 메갈리아의 페이스북 페이지가 삭제된 것에 항의해
페이스북 운영진에 소송을 제기하기 위한 비용을 조달하기 위해 판매했던 티셔츠의 사진. "소녀에게는
왕자가 필요 없다"라는 문구가 인쇄되어 있다(출처: Redian).[229]

하라고 요구했다.

　왜 이런 일들이 벌어진 것일까? 다양한 주장들이 있지만, 보수정부 시기의
진보정당의 위기는 크게 종북주의, 민주주의, 정체성 문제와 관련이 있는 것처럼
보였다. 먼저 진보정치세력의 분열은 대외적으로 북한에 대한 입장을 둘러싸고
전개되었다. 이는 진보정당이 북한에 대해 어떤 입장을 가질지를 둘러싸고 벌어
졌다. 논쟁은 2000년의 민주노동당 창당 이후에 한반도 분단을 한국 사회의 주요
모순으로 생각하는 자주파(NL)가 민주노동당에 조직적으로 입당하면서부터 시
작되었다. 하지만 2008년의 민주노동당 분당의 원인 중 하나였던 이러한 북한에
대한 입장은 놀랍게도 2011년에 평등파와 자주파가 다시 통합진보당으로 합당
하는 과정에서는 전혀 문제가 되지 않았다. 합당과정에서 '2008년 분당의 중요
한 원인 중 하나였던' 북한에 대한 자주파와 평등파의 입장 차이가 진지하게 논
의되지 않았다는 것은 분당 이후에 통합진보당의 이정희 대표의 행보를 통해 확
인할 수 있다. 분당 이후 다시 자주파가 중심이 된 통합진보당의 이정희 대표는

....

229　http://www.redian.org/archive/101075

2012년 9월 25일에 이정희 통합진보당 대표가 성조기가 휘날리는 미국대사관 앞에서 대통령선거 출마 선언을 하고 있다. 미국과 북한에 대한 통합진보당의 인식을 확인할 수 있는 장면이다(사진출처: 연합뉴스).[230]

2012년 9월 25일에 성조기가 휘날리는 미국대사관 앞에서 2012년의 대통령 선거에 출마하겠다고 선언했다. 이정희 대표의 출마 선언은 종북 논란에 대한 통합진보당의 입장을 분명하게 보여주는 것이었다. 북한에 대한 입장은 한국 사회에서 진보정당의 정치적 영향력을 제약하는 역할을 했다.

어쩌면 '종북주의' 논란보다 더 심각하게 진보정치를 위기로 몰아넣었던 것은 진보정치를 추구했던 민주노동당, 통합진보당 등의 비민주적 당 운영이었는지 모른다. 민주노동당으로 대표되는 한국의 진보정당은 공식적으로는 다양한 당원 주도형 제도를 도입해 민주주의 가치와 원리를 당내에 실현하려고 했다.[231] 민주노동당, 진보신당, 통합진보당, 정의당, 녹색당 등 대부분의 진보정당은 당직자 및 공직 후보 선출과정은 물론 당 운영과 관련해서도 민주주의를 실현한다는

....

230   hellophoto.kr/YNA/Front/Pop/YIPW_ContentsDetailPop.aspx?cid=PYH20120925088700013

231   손우정. "한국 진보정당 내부 민주주의 제도 연구: 민주노동당, 노동당, 녹색당, 정의당, 통합진보당 사례를 중심으로." p.249.

원칙과 강령을 갖고 있었다. 하지만 선출과정의 민주성 이외에 당 운영과 관련해 민주주의를 실현한 적은 거의 없었다. 실제로 당원이 주도하는 내부 민주주의 제도가 당 운영과 결정에 미친 사례는 민주노동당 창당 이래 단 한 건도 없었다.[232] 통합진보당도 마찬가지였다. 통합진보당의 창당과정과 창당 이후의 당 운영에서 민주주의는 제대로 작동하지 않았다.[233] 통합진보당의 비례대표 선출과정에서 불거진 부정경선문제가 엄청난 폭풍이 된 이유도 완전하지는 않지만 그나마 작동한다고 생각했던 최소한의 민주주의, 즉 선출과정의 민주주의조차 당내에서 작동하지 않았다는 것이 밝혀졌기 때문이다. 물론 정당이 반드시 민주적일 필요는 없으며 민주주의가 필요한 것은 정당체계라는 주장도 있다.[234] 오히려 민주주의를 물신화하는 정당의 과도한 경향이 좋은 정당이 되기 위한 리더십, 이념, 조직규율을 약화시켰다는 비판도 있다. 문제를 이렇게 보면 진보정당의 분열(분당)은 갈등을 조정할 수 있는 운영체계가 부재한 것이 문제이지 민주주의 문제는 아니라는 것이다. 하지만 다양한 이해가 공존하는 조직에서 민주주의보다 더 나은 갈등조절기제를 생각하는 것은 쉽지 않다.

다양한 생각을 가진 사람들이 연대한 진보정당 안에 다양한 정파가 형성되고 이들 각자가 자신의 이념을 주장하고 논쟁하는 것은 문제가 되지 않는다. 설령 그 문제가 북한에 우호적인 주장이고 패권적 당 운영이라고 해도 민주적 정당이라면 문제를 민주적 방식으로 풀어가면 되는 것이다. 하지만 민주노동당과 통합진보당에서 정파갈등이 확산되고 당 운영의 비민주성이 드러났을 때 이를 중재하고 해결할 수 있는 당내 민주주의는 작동하지 않았다.[235] 어쩌면 반세기 가까운 권위주의 체제에 저항하며 생존해야 했던 작고 보잘것없는 약한 변혁운동 세력이 민주주의 원칙을 지킨다는 것은 로베르트 미헬스(Robert Michels)가 말한

....

232 손우정. "한국 진보정당 내부 민주주의 제도 연구: 민주노동당, 노동당, 녹색당, 정의당, 통합진보당 사례를 중심으로." p.267.

233 강인석 외. "4·11총선 결과와 진보정치의 갈길." p.17.

234 박상훈(2008). "한국은 진보정당 있는 민주주의로 갈 수 있을까." 『노동사회』 132: 10-38. p.30.

235 손우정. "한국 진보정당 내부 민주주의 제도 연구: 민주노동당, 노동당, 녹색당, 정의당, 통합진보당 사례를 중심으로."

것처럼 사치였는지도 모른다.[236] 그렇기 때문에 진보정당이 짧은 시간 내에 민주주의를 체화하고 실현한다는 것은 생각처럼 쉽지 않았을 것이다. 하지만 독재정권에 대항해 민주주의를 실현하기 위해 싸웠던 운동세력이 만든 진보정당이 기성 정당과 다를 바 없는 비민주적 방식으로 운영되었다는 것은 충격적이었다. 더욱이 통합진보당의 비민주성을 문제 삼은 것이 독재에 맞서 싸웠던 진보운동 세력이 아니라 민주당보다 더 우파적이라고 평가받았던 국민참여당 계열이었다는 것은[237] 진보정치와 민주주의 간의 역설을 보여주는 상징이었다.

마지막으로 정체성 위기는 진보정당을 위기로 몰아갔다. 보수정부 시기의 대립전선이 보수정권과 자유주의 정당인 민주당을 중심으로 형성되면서 진보정당은 정체성 위기에 빠졌다. 특히 보수정부 시기의 민주당(당시 민주통합당)은 이전까지 진보정치의 의제였던 복지의제를 자신의 의제로 가져온 것은 물론 2011년 12월에 '보편적 복지'를 당 강령에 포함시켰다.[238] 민주통합당의 전신인 열린우리당의 강령에서 '자유민주주의와 시장경제'를 근간으로 삼았고 열린우리당 의원의 다수가 '성장을 통한 분배의 실현'이 우선이라고 주장했던 것과 비교하면,[239] 적어도 사회정책의 측면에서 왼쪽으로 큰 걸음을 옮긴 것이었다. 민주당이 2012년 4월의 총선을 앞두고 내걸었던 3무1반(무상급식, 무상보육, 무상의료, 반값등록금) 공약도 사실상 2004년 총선에서 민주노동당이 내걸었던 무상의료, 무상교육, 부유세 공약을 따라한 것이었다. 2004년에 진보정당이 제시한 핵심적 복지공약이 보수집권 시기에 치러졌던 2012년의 총선에서 자유주의 정당의 핵심 공약으로 등장한 것이다.

더욱이 민주노동당은 2011년 6월에 당 강령을 개정해 "사회주의적 이상과 원칙을 계승 발전시킨다."라는 문구를 삭제하고, 이를 "진보적 민주주의"로,

....

236 May, J.(1965). "Democracy, Organization, Michels." *The American Political Science Review* 59(2): 417-429. p.422.
237 손호철. "통합진보당과 진보정당의 미래." p.115.
238 민주통합당(2011). "민주통합당 강령."
239 열린우리당(2005). "강령 및 기본정책 당헌·당규." 열린우리당; 강병익(2012). "민주화 이후 한국 정당의 복지정치: 담론, 선거, 입법과정을 중심으로." 성균관대학교 정치외교학과 박사학위논문. p.245.

"노동계급의 정치세력화"는 "노동존중"으로 대체했다.[240] 공식적인 강령 개정은 2010년 11월 3일에 이정희 민주노동당 대표가 국회 비교섭단체 대표연설에서 민주노동당이 수권정당의 면모를 갖추기 위해 당 강령을 개정하겠다고 공표하면서 시작되었지만, 실제로는 분당 직후인 2009년에 중앙위원회 직속으로 '강령개정위원회'를 구성했고 2011년까지 강령을 개정하겠다는 목표를 갖고 있었다. '사회주의'를 강령에서 삭제한 것에 대해 많은 반대가 있었지만, 민주노동당은 당 강령에서 사회주의와 노동계급의 정치세력화를 삭제해 계급정당에서 대중정당으로의 전환을 공식적으로 선언했다. 마치 1959년 11월에 독일 사민당이 고데스베르크 전당대회에서 마르크스주의를 삭제하고 사민당을 노동계급의 정당이 아닌 국민정당이라고 선언했던 것과 유사해 보였다.[241] 문제는 사회주의와 노동계급의 정치세력화를 당 강령에서 삭제하자 보편적 복지를 추구하는 민주당과 진보정당(민주노동당→통합진보당) 간에 큰 차이가 없는 것처럼 보였다는 점이다. 차이는 누가 조금 더 관대한지 정도에 불과했다. 민주당이 유사 사민당의 입장을 취하자 진보정당의 정체성이 모호해진 것이다.

이렇듯 진보정당은 사회주의와 노동자 정당이라는 정체성 대신 선거에서의 승리라는 실리를 선택했지만, 2000년 민주노동당의 창당 시기부터 내재되어 있던 평등파와 자주파의 갈등에 국민참여당이라는 자유주의 세력이 더해지면서 당내의 정파갈등은 더 심화되었다. 북한 문제를 해결하지 않은 채 남겨 두었고 당내 민주주의를 무력화시켰으며 정체성이 모호한 상태로 실리정치를 선택했던 통합진보당은 결국 자신들이 남겨놓은 문제와 박근혜 정부의 탄압으로 인해 창당한 지 1년이 되지 않아 분당되었고 강제해산되는 초유의 사태를 맞았다.

통합진보당이 종북주의 정당이라는 낙인과 함께 사라진 후에 정의당이 진보정당을 대표했지만, 정의당은 민주노동당의 첫 번째 길을 갈 것인지 아니면 통

....

240 매일노동뉴스(2011). "민주노동당 강령개정안 진통 끝 통과." 매일노동뉴스. 2011년 6월 20일. http://www.labortoday.co.kr/news/articleView.html?idxno=104802, 접근일 2018년 8월 20일.

241 Eley, G.(2008[2002]). 『The left 1848~2000: 미완의 기획, 유럽좌파의 역사』. 유강은 역. (*Forging democracy: The history of the left in Europe, 1850-2000*). 서울: 뿌리와 이파리. p.579.

합진보당의 두 번째 길을 갈 것인지 결정하지도 못하고 진보명사에 의존해 명맥을 이어가는 신세가 되었다. 고군분투하는 듯 보였지만, 정의당은 민주당식 보편적 복지담론을 뛰어넘는 새로운 사회비전을 제시하지 못했다. 정의당은 2016년 국회의원 선거에서 다시 민주당과의 선거연대를 추진했지만, 결과는 정당득표율 8.97%로 비례대표 4석과 지역구에서 2석을 얻는 데 그쳤다. 하지만 새로운 희망도 있었다. 청년, 여성, 환경 등의 새로운 이슈를 제기하면서 등장한 녹색당이었다. 1980년대의 운동세력과 다른 청년, 여성 등이 중심이 된 녹색당의 새로운 실험은 2016년의 총선에서 0.76%를 득표하는 데 그쳤지만 희망을 보여주었다. 민주노동당, 통합진보당, 정의당 등 1980년대의 운동세력이 중심이었던 진보정당에서 작동하지 않았던 정당 민주주의가 녹색당에서는 완벽하지는 않지만 작동하는 것처럼 보였기 때문이다.[242] 권위주의에 대항했던 몰락한 진보정치가 새로운 진보세력에 의해 인정과 분배를 중심으로 새로운 진보정치의 문을 열 것 같은 희망이 보였다.

제5절 신자유주의적 복지 확대: 역진적 선별주의의 지속과 확장성의 제약

보수정부 9년을 어떻게 평가해야 할까? 보수정부 9년 동안에도 GDP 대비 사회지출이 증가했고, 다소 논란이 있지만 적어도 2016년 이전까지는 빈곤과 소득 및 자산불평등도 감소했다. 또한 보수정부 집권 기간 동안에 역사상 처음으로 한국 사회에서는 보편주의와 선별주의를 둘러싸고 한국 복지국가가 어디로 나아가야 할지에 대해 대중적 논쟁이 전개되기도 했다. 대부분의 시민들은 누가 집권하든 한국 사회에서 복지가 확대되는 것은 막을 수 없는 대세라고 생각했다. 통

....

242 손우정. "한국 진보정당 내부 민주주의 제도 연구: 민주노동당, 노동당, 녹색당, 정의당, 통합진보당 사례를 중심으로." p.278.

상적으로 보수정부는 복지 확대에 부정적이라고 말하지만, 보수정부가 반드시 그런 것은 아니었다. 보수정부는 한국 최초로 인구학적 기준에 근거해 서비스를 제공하는 보편적 보육료 지원제도를 도입했고 자유주의 정부가 계획한 복지정책의 대부분 계승했다. 하지만 이러한 보수정부의 행위는 한국 복지체제의 역사에서 보수정부가 어떤 일을 했는지를 말해주지는 않는다. 한 걸음 더 깊이 들어가서 보수정부의 복지정책을 볼 때 우리는 비로소 보수정부 기간 동안에 벌어진 공적복지의 확대가 어떤 의미를 갖고 있는지를 이해할 수 있다. 보수정부 기간을 살펴보면서 우리는 "악마는 디테일에 있다."라는 말을 실감할 수 있을지 모른다. 여기서는 보수정부 9년 동안에 한국 복지체제에서 벌어진 일들을 자유주의 정부의 계승과 단절이라는 관점에서 정리했다.

1. 보수정부 9년, 시민의 삶

보수정부 9년 동안 시민의 삶은 어떻게 변화했을까? 여기서는 고용, 불평등과 빈곤, 자살률, 합계출산율 등을 통해 보수정부 9년 동안에 시민의 삶이 어떤 모습이었는지를 살펴보려고 한다. 이후에 검토할 공적 사회지출과 사적 자산축적 모두 사회위험에 대응하기 위한 제도라는 점을 고려하면 보수정부 9년 동안에 시민의 삶이 어떻게 변화했는지를 살펴보는 것은 의미 있는 시도라고 생각된다.

1) 일을 통한 복지, 개발국가적 신자유주의 현실[243]

경제성장을 통해 만들어지는 일자리는 보수정부가 꿈꾸었던 최상의 복지였다. 7% 성장, 국민소득 7만 달러, 세계 7위권 GDP를 꿈꾸었던 이명박 대통령, 아버지의 꿈이 복지국가였다며 세금을 줄이고 규제를 풀며 법질서를 세우겠다던 박근혜 대통령도 모두 경제성장을 통해 일자리를 만들고 그 일자리를 통해 국민의 복지를 높이겠다고 했다. 그러나 보수정부 9년 동안에 '성장과 일을 통한 복

....
243 1)의 내용의 일부는 다음 글의 일부를 수정한 것이다. 윤홍식. "역진적 선별성의 지속과 확장성의 제약."

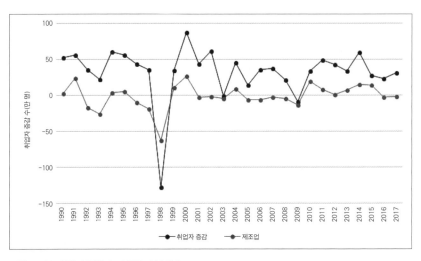

그림 15.21 취업자 증감 수, 1990~2017년

출처: 통계청(2018). "e-나라지표: 취업자수/실업률 추이." http://www.index.go.kr/potal/main/EachDtlPageDetail.do?idx_cd=1063, 접근일 2018년 6월 20일.

지'라는 개발국가 복지체제를 복원시키는 것은 불가능했다. 보수정부가 집권했는데도 자본수익률은 좀처럼 회복되지 않았고 취업자도 좀처럼 늘지 않았다. 〈그림 15.21〉에서 보는 것처럼 경제성장을 통해 일자리를 늘리겠다는 보수정부의 구호가 무색하게 이명박 정부 시기 동안에 연평균 취업자 증가 수는 27.8만 명에 그쳤고, 박근혜 정부 들어 조금 증가하는가 싶더니 2016년의 취업자 증가 수는 23.1만 명에 그쳤다. 보수정부 9년 동안의 연평균 신규 취업자 수는 31.6만 명으로, 외환위기 직후를 제외한 자유주의 정부 9년(1999~2007) 동안의 연평균 40.3만 명과 비교해 무려 10만 명이나 감소했다.

성장률이 낮아지고 성장의 성과 또한 재벌 대기업에 집중되면서 고용상황이 더 악화되었다. 재벌 대기업 중심의 경제체제가 소위 '고용 없는 성장'을 가속화시킨 것이다. 실제로 〈그림 15.22〉에서 보는 것처럼 '취업자 수'를 '실질 GDP 10억 원'으로 나눈 취업계수는 2000년에 25.8에서 계속 하락해 2016년에는 17.4로 낮아져서 실질 GDP 성장률이 둔화되는 것보다 더 급속하게 낮아졌다. 신규 일자리의 규모를 외환위기 이전 수준인 연 40만 개 이상으로 회복하기 위해서는 성장률

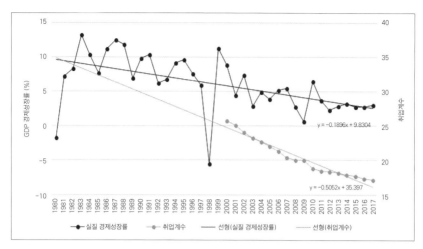

그림 15.22 실질 GDP 성장률과 취업계수의 변화, 1980~2017년
출처: 한국고용정보원, "통계로 보는 노동시장: 취업계수 및 고용탄성치."

이 연평균 5% 이상이 되어야 하지만,[244] 외환위기 이후에 성장률이 계속 낮아지고 있는 상황에서 이는 쉽지 않은 과제였다. 일부에서는 취업계수가 낮아지는 것이 서비스업과 건설업의 부진 때문이라고 말하지만,[245] 노동과 숙련을 배제한 재벌 대기업 중심의 수출주도형 성장체제를 해체하지 않는 한 문제를 근본적으로 해결하는 것은 어려워 보였다.

특히 고용형태의 변화로 인해 일자리의 질이 점점 더 나빠지면서 일을 해도 빈곤에서 벗어날 수 없는 새로운 사회위험이 확산되고 있었다. 개발국가 시대처럼 일자리를 구하지 못하는 것이 빈곤과 불평등을 유발하는 원인이 아니라 일을 하고 있는데도 적절한 임금을 보장받지 못해 경제적 어려움에 처하는 소위 '노동 빈곤'이 중요한 사회위험으로 등장한 것이다. 이렇게 노동빈곤층이 증가한 이유는 제3절에서 이미 검토했지만 기본적으로 자본의 이윤실현 방식이 변화하면서 직접고용을 전제한 자본과 노동의 관계가 변화했기 때문이다. 한시고용, 시간

....

244 김용현(2005). "고용없는 성장(Jobless Growth) 현실인가?" 『노동정책연구』 5(3): 35-62. p.46.
245 서울신문(2018). "취업계수 최악⋯고용 없는 성장 지속 우려." 2018년 4월 23일. http://www.seoul.co.kr/news/newsView.php?id=20180424020010, 접근일 2018년 6월 25일.

제고용, 파견, 용역 등 특수고용형태의 증가는 바로 노동빈곤층이 증가한 원인이었다. 구체적으로 보면 하청은 원청기업인 대기업이 담당해야 할 생산과정의 일부를 비용절감을 위해 회사 밖으로 밀어내 다른 기업(하청기업)이 담당하게 하고 품질관리를 위해 하청기업이 고용한 노동자의 임금과 노동조건은 물론 일정, 시한, 방식 등을 대기업이 직간접적으로 통제하는 외주화 방식이었다.[246] 이런 원-하청 관계로 인해 대기업(원청 기업)에서 하청 단계가 내려갈수록 임금은 낮아지고 노동조건은 더 열악해진다. 사실상 대기업이 비용절감을 위해 하청기업에 고용된 노동자의 임금을 낮은 수준에서 결정하도록 가이드라인을 정하고, 하청 단계가 낮아질수록 노동자는 일자리를 보존하기 위해 최저임금 수준 이상으로 임금을 요구할 수 없는 조건이 만들어진 것이다.[247] 2013년의 '고용형태별 근로실태조사'를 보면 원청기업의 임금총액(정액급여+초과+상여금) 기준 시간당 임금을 100(21,330원)이라고 했을 때 1차, 2차, 3차 협력업체 노동자의 임금은 각각 52.0%(15,147원), 49.9%(14,710원), 42.2%(12,468원)에 불과했다.[248] 완성차 업체(원청 대기업)에 부품 납품을 담당하는 하청업체 노동조합원의 증언은 이를 분명하게 확인해주고 있다.

"매년 단가인하가 이루어진다. 특히 계약이 종료되는 해에 임금인상이 어렵다. 신규 아이템을 받기 위해서는 임금인상을 자제할 수밖에 없다. 임금인상을 빌미로 원청이 부품수주를 해주지 않을 수 있다고 회사가 호소한다."[249]

현실이 이와 같다면 하청기업에 고용된 노동자는 실제로는 원청기업인 대기업과 하청기업에 이중으로 고용된 노동자로 보는 것이 적절해 보였다. 더욱이 이러한 관계가 확산되면서 본래 대기업이 부담해야 할 공적 사회보험 기여

----

246 Weil. *Fissured Workplace*. pp.107-108.
247 이상호(2011). "한국 자동차산업 불공정 하도급관계의 실태와 정책대안: 현대자동차의 사례를 중심으로." 『마르크스주의 연구』 8(2): 134-166. pp.146-147.
248 양동훈(2017). "원하청 및 지역간 임금격차." 『임금정보브리프』. 19: 14-17. p.15.
249 이상호. "한국 자동차산업 불공정 하도급관계의 실태와 정책대안." p.146.

금도 하청기업에 전가되고 한계수익률에 직면한 영세업체는 사회보험과 최저임금 적용을 회피하는 현상이 광범위하게 나타나고 있다. 2016년 8월 기준으로 최저임금을 받지 못하는 노동자의 비율은 1~4인 사업체의 경우 34.2%에 달하는 데 반해 300인 이상은 1.3%에 그쳤다.[250] 사회보험의 적용률도 유사한 경향을 보이는데, 예를 들어, 2016년 기준 고용보험과 상여금의 적용률을 보면 5인 미만 사업체의 경우에 각각 73.9%와 33.8%인 데 반해 300인 이상의 경우에는 96.6%와 84.3%에 달했다.[251] 대기업의 정리해고에 대기업 노동자들이 격렬하게 저항하는 이유도 대기업에서 해고된다는 것은 일을 해도 빈곤에서 벗어나기 어렵고 공적 사회보장제도로부터도 배제된다는 것을 의미하기 때문이다. 한국 노동시장에서 임시직 노동자가 1년과 3년 내에 상용직으로 이직할 가능성은 각각 11.1%와 22.4%에 불과했다.[252] 반면 동 기간 동안에 영국은 각각 51.9%와 63.4%, 덴마크는 35.2%와 61.3%를 기록했고, 그리스도 28.3%와 36.0%로 한국보다 높았다. 한진중공업 사태로 불리는 2010년 12월부터 2013년 2월까지 있었던 '정리해고 반대 및 노동조건 개선' 투쟁과 2009년에 쌍용자동차에서 정리해고된 노동자들이 죽음을 선택했던 이유도 이러한 맥락에서 이해할 수 있다. 대기업 노동자들에게 해고는 평생 동안 불안정 고용상태에서 살아야 한다는 것을 의미했기 때문이다.

결국 이러한 현실은 사회보장제도의 사각지대를 줄이는 문제가 단순히 영세 중소기업의 사업주와 노동자의 사회보험료를 지원하는 두루누리사업 같은 정책으로는 해결이 불가능하다는 것을 의미했다. 자본과 노동 간의 직접적 고용관계가 재구성되는 사회에서 자본과 노동의 직접적 고용관계를 전제한 사회보장제도는 노동자가 직면한 사회위험에 적절히 대응하기 어렵기 때문이다. 더욱이 산업

....

250   김유선(2016). "비정규직 규모와 실태: 통계청, '경제활동인구조 부가조사'(2016.8) 결과." p.24.

251   통계청(2018). "규모별 사회보험·상여금·퇴직(연)금 가입률." http://laborstat.molab.go.kr, 접근일 2018년 7월 15일.

252   OECD(2013). *Strengthening Social Cohesion in Korea*. DOI:http://dx.doi.org/10.1787/9789264188945-7-en (Accessed on 27 July 2018). p.125.

2011년 12월 7일 서울역 광장에서 개최된 쌍용자동차 위령 및 해고복직 투쟁승리를 위한 합동위령제에서 쌍용자동차 희생자들의 넋을 위로하는 진혼무를 추고 있는 이삼헌씨의 모습(사진출처: 연합뉴스)[253]

자본주의 시대에 만들어진 복지국가의 사회보장제도는 주로 노동시장에서 발생하는 실업, 질병, 노령 등으로 인해 노동하지 못해 발생하는 소득손실에 대한 대응을 중심으로 제도화되었는데, 현재 노동자들이 직면하는 사회위험은 노동을 해도 적절한 소득을 보장받지 못하는 문제로 확장되고 있었다. 고용여부만이 아니라 임금수준 자체가 사회위험이 된 것이다. 대안은 산업자본주의에 기초한 고용관계를 후기산업자본주의에 맞게 새롭게 정의하든지, 아니면 후기산업자본주의의 새로운 자본과 노동 간의 관계(플랫폼 노동과 프랜차이즈 같은 비전형적 고용관계)에 기초한 새로운 사회보장의 원칙을 제도화하는 것이다. 물론 우리가 기억해야 할 점은 이러한 현상이 보수정부 시기에 나타난 특별한 문제가 아니라 자유주의 정부 시기부터 누적된 문제라는 것이다.

....

253 https://www.hellophoto.kr/YNA/Front/Pop/YIPW_ContentsDetailPop.aspx?cid= PYH20111207094400343

2) 불평등과 빈곤

통상적으로 감세정책과 증세 없는 복지정책으로 상징되는 보수정부 9년은 반복지적이고 반민생적이었다는 평가를 받는다. 진보 진영에서는 보수정부가 잔여적 복지체제를 지향했고 부자와 재벌 대기업을 위한 정책을 펴왔다고 비판했다.[254] 이태수는 이명박 정부가 "보편적 복지보다는 기초생계보전 위주의 잔여적 성격의 복지를 추구하게 될 것"이라고 비판했고,[255] 오건호는 "실상 박근혜 정부의 '생애주기별 맞춤형 복지'는 무상급식을 원하는 어린이, 일자리를 잃은 실업자, 고액 병원비와 장기요양비용에 시달리는 환자, 공공임대주택이 절실한 서민을 외면하고 기초노령연금으로 어르신을 우롱하는 복지이다. 용어는 그럴듯하지만 내용상 '생애주기별 차별복지'에 가깝다."라고 질타했다. 또한 일부 학자들은 습관적으로 보수정부의 출범과 불평등의 심화를 동일시한다.[256] 그러나 불평등과 빈곤 지표를 통해 본 보수정부 9년은 통상적인 비판과는 사뭇 다른 모습을 보이고 있다. 다만 보수정부 9년과 제14장에서 검토했던 자유주의 정부 10년을 비교하면서 우리가 반드시 기억해야 할 사실은 1980년대 후반부터 2008년의 금융위기 전까지 30여 년은 '신자유주의 세계화의 절정기'였다는 점이다. 더욱이 2008년의 금융위기가 있기 전까지의 몇 년 간, 즉 한국에서 자유주의 정부가 집권한 10년은 '인류 역사상 세계화가 가장 활발하게 진행되었던' 시기였다.[257] 한국 자본주의가 자본주의 세계체계의 일부라는 점을 고려한다면, 한국 사회의 불평등과 빈곤 문제를 다루는 데 있어 국민국가의 역할은 제한적일 수밖에 없다. 일국 정부가 마음만 먹으면 빈곤과 불평등을 없애버릴 수 있다는 생각을 갖고 있다면

....

254 이태수(2010). "2010년 이명박정부의 복지정책 전망." 『노동저널』 2010(2): 9-20. p.18; 정세은, "박근혜 정부의 조세재정정책 평가와 대안의 모색."; 오건호(2013). "박근혜정부의 복지 전망과 복지국가운동의 과제." 『역사비평』 2013(2): 170-186. p.181.

255 이태수. "2010년 이명박정부의 복지정책 전망." p.19.

256 Yang, J.(2017). *The Political Economy of the Small Welfare State in South Korea*. New York, NY: Cambridge University Press. p.185.

257 Milanovic, B.(2017[2016]). 『왜 우리는 불평등해졌는가』. 서정아 역. (*Global Inequality: A New Approach for the Age of Globalization*). 서울: 21세기북스. pp.28-29.

이는 순진한 것이다. 여기서는 이러한 인식에 기초해 보수정부 9년 동안의 한국 복지체제의 불평등과 빈곤을 다양한 방식으로 살펴보았다.

지니계수로 본 계층 간 소득불평등

먼저 지니계수로 보수정부 9년간의 소득불평등의 변화를 살펴보면, 일반적 믿음과 달리 소득불평등 지표는 개선되었다. 반대로 분배를 중시하고 복지확대를 표방했던 자유주의 정부 10년 동안에 지니계수는 계속 높아졌다. 〈그림 15.23〉에서 보는 것처럼 가계동향조사와 농가경제조사를 이용한 전체 가구의 시장소득을 기준으로 한 지니계수는 김대중 정부 시기인 2000년에 0.279로 저점을 찍은 이후에 이명박 정부의 집권 이듬 해인 2009년에 0.320까지 계속 높아졌다.[258] 반면 2009년에 정점을 찍은 지니계수는 2015년에 0.295가 될 때까지 6년동안 계속 낮아졌다. 일반적으로 보수정부가 자유주의 정부에 비해 공적복지의 확대에 우호적이지 않다고 비판받는다는 점을 고려하면 이는 놀라운 결과이다.

물론 다른 평가도 가능하다. 지난 2017년 5월의 대통령 후보 TV토론에서 자유한국당의 홍준표 후보는 "지니계수가 DJ 때부터 노무현, 이명박, 박근혜 네 정권을 거치면서 최고로 나빴던 때가 노무현 대통령 때"라고 주장했고, 민주당 문재인 후보는 사실 확인이 필요하다고 응수했다.[259] 이러한 논란은 정권별로 불평등 수준을 보자는 것인데, 이렇게 보면 〈그림 15.23〉에서 보는 것처럼 시장소득기준으로 보면 이명박(0.315), 노무현(0.299), 박근혜(0.309), 김대중(0.291) 정부 순이 되고, 가처분소득을 기준으로 하면 이명박(0.290), 노무현(0.281), 김대중(0.279), 박근혜(0.276) 정부 순이 된다. 이를 다시 자유주의 정부 10년과 보수정부 9년으로 구분해보면 시장소득을 기준으로 하면 자유주의 정부 10년 평균

....

258 가처분소득을 기준으로 한 지니계수는 2000년에 0.266으로 저점을 찍은 후에 2009년에 0.295까지 높아졌고 그 이후에 시장소득을 기준으로 한 지니계수와 같이 2015년에 0.269로 낮아졌다.

259 오마이뉴스(2017). "홍준표 노무현 때 지니계수 가장 나빴다?" 오마이뉴스. 2017년 4월 28일. http://www.ohmynews.com/NWS_Web/View/at_pg.aspx?CNTN_CD=A0002321387&CMPT_CD=P0001, 접근일 2018년 6월 24일.

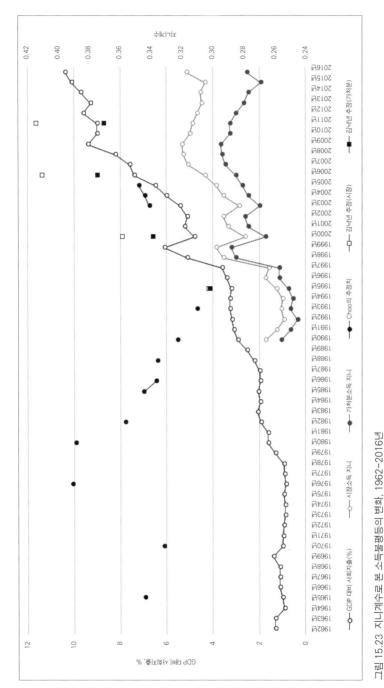

그림 15.23 지니계수로 본 소득불평등의 변화, 1962-2016년

출처: 김낙년·김종일. "한국 소득분배 지표의 재검토." p.37; 유경준. "우리나라 빈곤변화 추이와 요인 분석."; Choo. "Income Distribution and Distributive Equity in Korea"; Kwon. Korea: Income and Wealth Distribution and Government Initiatives to Reduce Disparities.; OECD. "Social Expenditure Database."; 통계청. "e-나라지표: 소득분배."

은 0.295이고 보수정부 9년은 0.313이다. 가처분소득을 기준으로 하면 자유주의 정부 평균은 0.280이고 보수정부는 0.284이다. 둘 간의 차이는 0.004포인트이다. 이렇게 보면 시장소득 기준으로 이명박 정부 시기에 지니계수의 평균이 가장 높았고 김대중 정부 시기에 가장 낮았다. 가처분소득을 기준으로 보면 이명박 정부 시기가 가장 높았던 것에는 변화가 없지만, 가장 낮았던 시기는 박근혜 정부 시기이다. 사실 자유주의 정부 대 보수정부 어느 시기에 불평등이 높았다고 말하기 어려운 상황이다. 물론 이러한 현상이 보수정부와 자유주의 정부의 정책 실패 또는 정책 성과였는지에 대해서는 보다 치밀한 분석이 필요해 보인다.

그러면 이런 현상을 어떻게 해석해야 할까? 몇 가지 가설과 추정이 가능해 보인다. 첫째, 자료의 신뢰성 문제이다. 가계동향조사가 신뢰할 만한 자료는 아니기 때문에 지난 2009년부터 2015년까지 소득불평등이 감소했다는 것을 믿기 어렵다는 지적이다. 이는 이미 오래전부터 제기되어왔던 문제로, 학계뿐만 아니라 국책연구기관과 기획재정부도 가계동향조사에 기초한 소득불평등 지표가 현실을 정확하게 반영하지 못하고 있다고 비판했다.[260] 가계동향조사에서는 대략 1만 가구를 대상으로 조사대상자가 직접 자신의 소득을 기재하기 때문에 축소 신고의 우려는 늘 있어왔다. 실제로 김낙년과 김종일이 국세청 자료를 이용해 추정한 2011년의 (가처분소득 기준) 지니계수는 0.375로, 통계청이 가계동향조사로 추정한 지니계수인 0.310보다 무려 0.065포인트나 높았다.[261] 가계동향조사에서 고소득자의 배당, 이자 등 금융소득을 정확하게 파악하기 어려워서 소득불평등이 과소 추정되었던 것이다. 2010년을 기준으로 국민계정을 통해 파악한 금융소득의 규모는 대략 50조 원에 달하는데, 가계동향조사에서 산출한 금융소득은 2.5조 원에 불과했다.[262]

또한 가계동향조사는 소득 상·하위의 극단에 위치한 계층을 과소 추정하는

....

260   한겨레(2015). "신뢰 못 받는 소득불평등 지표." 2015년 3월 5일.
261   김낙년·김종일(2013). "한국 소득분배 지표의 재검토." 『한국경제의 분석』 19(2): 1-50.
262   김낙년(2015). "한국의 소득불평등." 이정우·이창곤 편. 『불평등 한국, 복지국가를 꿈꾸다』. pp.137-148. 서울: 후마니타스. p.138.

문제가 있다. 가계동향조사에서는 거주지를 기초로 조사대상자를 무작위로 선정하기 때문에 노숙인같이 주소지가 불안정한 사람은 포함되지 않는다.[263] 상위계층의 경우에는 가구의 연소득이 6천만 원을 넘으면 누락되는 비율이 증가해서 2억 원을 넘으면 조사대상에서 완전히 빠지게 된다.[264] 이처럼 소득의 상·하위 양극단이 누락된 소득자료에 기초해 추정한 소득불평등 지표는 실제의 소득불평등보다 과소 추정될 수밖에 없다. 브랑코 밀라노비치(Branko Milanović)는 "추정치란 겉보기에는 정확하지만 실제로는 신뢰도가 떨어지는 것이 대부분이다."라고 평가했다.[265] 다만 가계동향조사의 문제가 소득불평등의 경향 자체를 부정하는 논거가 되기는 어려워 보인다. 가계동향조사로 측정된 지니계수는 과소 또는 과대 추정될 수 있지만 동일한 방식으로 조사된 자료라는 점에서 소득불평등의 경향을 보여주는 데는 큰 문제가 없기 때문이다. 국세청 자료를 사용하든 가계동향조사를 사용하든, 소득불평등 지표는 2000년대 후반부터 2015년까지 낮아지고 있었다.

자료의 신뢰성 여부가 불평등의 추세를 뒤집는 근거가 되지 못한다면 보수정부 집권 7년간 이어진 소득불평등의 감소를 어떻게 설명할 수 있을까? 국내 학계에서는 이 점에 대해 명확한 설명을 제시하지 못하고 있다. 『한겨레』는 이러한 현상에 대해 보수정부가 소득불평등이 악화되는 것은 막았지만 개선시키지는 못했다고 평가했다.[266] 하지만 왜 소득불평등이 더 악화되지 않았는지에 대해서는 설명하지 않았다. 어쩌면 원인은 국내가 아니라 세계 경제와 관련이 있을지도 모른다. 세계적 차원에서 소득불평등을 분석한 밀라노비치의 연구는 2008년부터 7년간 한국에서 소득불평등이 완화된 이유를 설명하는 실마리가 될 수 있다. 밀라노비치에 따르면 2008년의 금융위기가 주로 고소득 국가에만 영향을 미쳤는데, 이로 인해 2008년부터 2011년 사이에 고소득 국가의 고소득계층의 소득증가가

....

263 Milanovic. 『왜 우리는 불평등해졌는가』. p.41.
264 김낙년. "한국의 소득불평등." p.139.
265 Milanovic. 『왜 우리는 불평등해졌는가』. p.17.
266 한겨레(2016). "소득불평등 고착화될 판…악화 막았지만 개선 안돼." 『한겨레』. 2016년 3월 30일. http://www.hani.co.kr/arti/economy/economy_general/737556.html, 접근일 2018년 6월 23일.

둔화되었다는 것이다.[267] 한국을 북서유럽, 북미, 일본 같은 고소득 국가로 분류할 수는 없지만, 1인당 실질 소득기준으로 보면 한국은 1인당 국민소득이 3만 달러에서 5만 달러 사이의 서유럽, 일본, 북미 지역과 1만 달러에서 2만 달러 사이의 중국, 브라질, 멕시코, 러시아의 사이에 위치한다고 볼 수 있다. 즉, 금융위기로 한국의 고소득층도 일정한 타격을 받아 소득증가세가 둔화했을 수 있다. 또한 저임금 노동자의 비율도 2007년을 정점으로 감소했다. 2007년에 26.0%였던 저임금 노동자의 비율은 지속적으로 감소해 2016년에 23.5%로 2.5%포인트 낮아졌다.[268]

이러한 추정이 가능한 이유는 가구단위 임금소득의 지니계수가 2008년부터 개선되었기 때문이다. 전 가구를 대상으로 한 가계동향조사에 따르면, 가구단위 임금소득불평등 지수는 2008년에 0.34에서 2014년에 0.33으로 낮아졌다.[269] 월 단위로 측정한 개인별 임금불평등 지수도 2008년부터 낮아지기 시작했다. 지니계수만이 아니었다. 소득분위배율로 본 소득불평등 추이도 2009년을 정점으로 감소세로 돌아섰다.[270] 도시가구 2인 이상의 자료를 분석한 결과에 따르면, 하위 10% 대비 상위 10%의 소득액 비율은 1992년에 3.03배에서 2009년에 4.21로 최고치를 기록한 후에 감소세로 돌아섰다. 중위소득과 상위 10%의 차이도 동 기간 동안에 1.76배에서 2.26배로 증가한 후에 감소했다. 정확하게 확인하지는 못했지만, 보수정부 집권 이후에 감소한 소득불평등은 보수정부의 "어떤" 정책 행위 때문이 아니라 2008년의 금융위기, 즉 고소득층에 타격을 준 경제위기와 관련된 현상으로 이해할 수 있다.

노동소득분배율, 기능적 소득분배

지니계수가 계층 간의 소득불평등을 보여주는 지표라면 노동소득분배율은 자본과 노동 간의 소득이 어떻게 분배되는지를 보여주는 지표이다. 일반적으로

....

267 Milanovic. 『왜 우리는 불평등해졌는가』. p.54. p.59.
268 OECD(2018). "Decile Ratios of Gross Earnings: Incedence of Low Pay." https://stats.oecd.org/Index.aspx?QueryId=64193#, 접근일 2018년 8월 12일.
269 장지연(2017). "소득불평등." 전병유 외 편. 『2016 한국의 불평등』. pp.15-41. 서울: 페이퍼로드.
270 전병유. "소득불평등." pp.16-17.

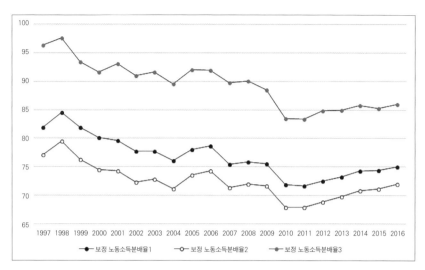

그림 15.24 보정된 노동소득분배율의 변화, 1997~2016년

보정노동소득분배율1, {(피용자보수+개인영업이익)/요소비용국민소득}, 보정노동소득분배율3, {[피용자보수+(피용자보수/임금노동자수×비임금노동자수)]/요소비용국민소득}, 보정노동소득분배율2, [피용자보수/(요소비용국민소득−개인영업이익)]. 김정훈·민병길·박원익(2017). "소득 주도 성장의 쟁점 및 정책적 시사점." 『이슈&진단』. No. 296.

기업소득이 가계소득보다 더 빨리 증가하면 노동소득분배율은 악화된다. 민주당 김두관 의원이 기획재정부로부터 받은 자료를 분석한 결과에 따르면, 지난 2010년부터 2016년까지 기업소득은 연평균 5.8% 증가한 데 반해 가계소득은 3.6% 증가했다.[271] 주목할 현상은 박근혜 정부가 출범한 이후에 기업소득의 증가율은 2013년에 0.9%에서 2014년에 2.0%, 2015년에 3.4%, 2016년에 3.2%로 높아졌다. 반면 가계소득 증가율은 동 기간 동안 2.1%에서 0.6%로 낮아졌다. 이러한 기업소득과 가계소득의 차이는 1997년의 외환위기 이후부터 본격화되었다.[272] 〈그

....

271 News1(2017). "기업은 선방 vs 가계는 궁핍…지난해 소득증가율 5배차." News1. 2017년 10월 19일. http://news1.kr/articles/?3128039, 접근일 2018년 6월 24일.

272 북서유럽 국가들은 이미 1970년대 초중반부터 노동소득분배율이 낮아지기 시작했다. ILO(2012). *Global wage report 2012/2013*. Geneva: ILO; 이병희·황덕순·홍민기·오상봉·전병유·이상헌 (2014). 『노동소득분배율과 경제적 불평등』. 서울: 한국노동연구원. 포스트케인주의자는 노동소득 분배율의 악화가 소비를 침체시켜 경제성장에 부정적 영향을 준다고 주장한다. 문재인 정부에서 소득 주도성장을 주장하는 주요한 논거가 되는 가정이다.

림 15.24〉를 보면 국민소득에서 임금노동자의 소득이 차지하지는 비중은 1998
년 이후에 낮아지기 시작했다. 보정한 노동소득분배율2(자영업자 소득의 일부를
자영업자 본인의 임금노동으로 간주해 영업이익의 일부를 임금으로 추산하는 방식)
는 1998년에 79.5%에서 2010년에 67.9%로 지난 20년간 최저점을 기록했고, 이
후 반등하기 시작해 2016년 현재 72.0%를 기록하고 있다.

이명박 정부 집권 이후에 2010년까지 하락했던 노동소득분배율은 2010년
을 기점으로 2016년까지 다시 상승하기 시작했다. 보수정부 9년 동안에 2008년
부터 2010년까지의 3년을 제외하고 노동소득분배율이 개선되었다. 2011년부터
2015년까지 기업소득은 연평균 0.7% 감소했는데 가계소득(자영업자 소득 포함)은
4.9% 증가했다.[273] 자유주의 정부 10년 중 6년 동안에 노동소득분배율이 악화된
것과는 비교가 된다. 이는 지니계수로 측정한 계층 간의 소득불평등 지표의 변화와
유사한 양상이다. 기능적 소득불평등이 계층 간의 소득불평등과 관련이 있다는 점
을 고려하면, 두 지표가 유사한 방향으로 움직인 것은 자연스러운 결과라고 할 수
있다. 이렇게 보면 앞서 언급한 지니계수로 본 계층 간의 소득불평등이 2009년부
터 개선되기 시작한 것도 노동소득분배율이 개선되었기 때문에 나타난 현상이라
고 할 수 있다. 물론 이 또한 정책의 결과라기보다는 2008년의 금융위기 이후에 나
타난 기업소득의 감소와 가계소득의 상대적 증가가 반영된 결과라고 할 수 있다.

하지만 노동소득분배율의 구성을 소득계층별로 보고 다시 임금소득자와
자영업자로 나누어보면 다른 그림이 보인다. 〈그림 15.25〉에서 보는 것처럼
1997년 이후에 노동소득분배율이 악화된 것은 사실이지만 임금소득자 상위
30% 이상 계층의 노동소득분배율은 오히려 높아졌다. 감소한 계층은 소득하위
70%와 자영업자였다. 자료가 1995년부터 2012년까지로 제한되어 있어서 보
수정부 9년의 변화를 모두 보여줄 수는 없지만, 2007년부터 2012년까지를 보
면 소득 상위 30%의 계층이 노동소득분배율에서 차지하는 비중이 하위 70%보
다 미세하지만 더 많이 감소했고, 자영업자의 노동소득분배율 감소비율이 자유

....

273 김창배(2017). "최근 우리나라 기업 및 가계소득 현황 및 시사점." 『KERI Brief』 17(11).

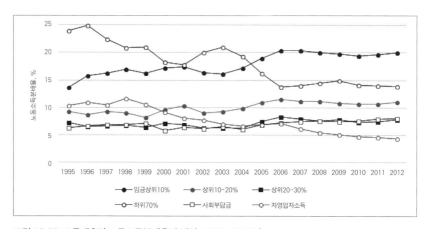

그림 15.25 소득계층별 노동소득분배율의 변화, 1995~2012년

출처: 이병희 외(2014). 『노동소득분배율과 경제적 불평등』. 서울: 한국노동연구원을 재구성한 것임.

주의 정부 10년에 비해 다소 낮아졌다. 반면 노동소득분배율에서 사회보험 기여금의 비중은 8% 증가했다. 이러한 현상은 노동소득분배율과 개선과 앞서 언급한 계층 간의 소득불평등이 미약하지만 완화된 결과 때문인 것으로 보인다. 다만 이러한 개선이 1997년부터 2010년까지의 경향을 역전시키지는 못했다. 1997년 이후의 20년간 노동소득분배율의 전반적 하락 경향은 기업경영 분석에서 인건비가 차지하는 비중이 1990년대 초를 정점으로 감소한 것과 관련이 있어 보인다.[274] 특히 제조업의 경우에 인건비의 비중은 1991년에 14.0%에서 이명박 정부 기간 동안 8.6%로 낮아졌다.

그러면 왜 노동소득분배율이 악화된 것일까? 가장 단순한 이유는 실질임금 증가율이 GDP 성장률보다 낮았기 때문이다. 보수정부 9년 동안에 연평균 실질 GDP 성장률은 3.1%였는 데 반해 실질임금 상승률은 1.3%에 불과했다.[275] 당연

....

274 김유선(2017). "한국의 임금 불평등." 이정우·이창곤 편. 『불평등 한국, 복지국가를 꿈꾸다』 pp 149-161. 서울: 후마니타스. p.153.

275 동향분석실(2018). "2017년 임금동향과 2018년 임금전망." 『노동리뷰』 2018년 4월호: 7-23, 강승복(2009). "2008년 임금동향과 2009년 임금전망." 『노동리뷰』 2009년 4월호: 60-67; 통계청(2018). "국내총생산 및 경제성장률." http://www.index.go.kr/potal/main/EachDtlPageDetail.do?idx_cd=2736, 접근일 2018년 6월 24일.

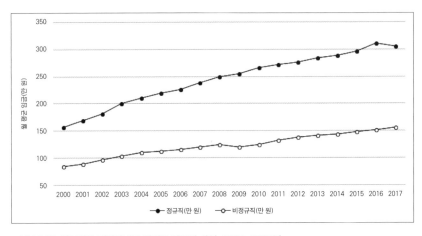

그림 15.26 정규직과 비정규직의 월평균 임금과 차이, 2000~2017년
출처: 김유선(2017). "비정규직 규모와 실태: 통계청, '경제활동인구조사 부가조사'(2017.8)결과." 『KLSI Issue Paper』 제14호. 2017.

히 노동소득분배율이 악화될 수밖에 없다. 하지만 이러한 설명은 1997년 이후에 지속된 노동소득분배율의 전반적인 악화 경향을 설명할 수 있지만, 왜 노동소득 분배율의 악화가 임금소득 하위 70%와 자영업자에게만 나타났는지를 설명할 수는 없다. 이러한 결과는 사업체 규모에 따라 상이한 노동자의 교섭력 때문인 것으로 보인다. 상대적으로 노동조합의 조직률이 높은 대기업과 정규직 노동자는 임금수준과 노동조건을 지킬 수 있는 교섭력을 확보했지만 조직화되지 못한 비정규직과 중소기업의 노동자는 교섭력을 확보하지 못했기 때문이다. 실제로 정규직과 비정규직의 월평균 임금격차는 〈그림 15.26〉에서 보는 것처럼 2000년에 73만 원에서 2016년이 되면 160만 원으로 두 배 이상 증가했다. 보수정부 9년 동안에 둘 간의 격차는 2008년에 125만 원에서 2016년에 160만 원으로 35만 원 증가했다. 중소기업의 시간당 임금의 연평균 증가율은 4.2%로 2008년 이후의 대기업의 3.9%보다 높았지만, 2014년 기준으로 중소기업(10~299인 사업체)의 임금은 여전히 대기업(300인 이상 사업체)의 51.6%에 불과했다.[276] 이는 1987년의 노

....

276   김원규(2017). "대·중소기업 간 임금격차 분석과 시사점." 경세사회노사정위원회 발표자료. 2017년 9

동자 대투쟁 이후에 노동자의 조직화가 전체 노동자로 확산되지 못하고 대기업과 정규직 노동자로 제한된 결과라고 할 수 있다. 또한 이러한 결과는 앞서 언급한 한국 제조업의 급격한 자동화(로봇밀도)와도 관련이 있다. 자동화 비율이 높아질수록 임금소득의 불평등은 증가하기 때문이다.[277] 상대적으로 임금이 높은 좋은 일자리는 자동화되고 저임금의 나쁜 일자리가 증가하면서 지난 20년간 노동소득분배율이 악화된 것으로 볼 수 있다.

노동소득분배율의 감소와 관련된 국제적 논쟁을 보면, IMF, OECD 등 신자유주의를 지지하는 기관은 숙련-편향적 기술변화(skill-biased technological change)와 (생산과 교역의) 세계화가 노동소득분배율이 악화된 원인이라고 진단한다.[278] 반면 ILO는 신자유주의화 이후에 노동자의 교섭력이 약화된 것을 노동소득분배율이 하락한 중요한 원인으로 보고 있다.[279] 실제로 자본은 생산시설을 국외로 이전하겠다는 위협만으로도 노동자와의 교섭에서 우위를 점할 수 있었다.[280] 자본의 금융화와 사회지출의 감소 등도 노동자의 교섭력을 약화시켜 노동소득분배율을 낮추는 원인으로 알려져 있다.[281] ILO의 분석에 따르면, 1990년대부터 2000년대 초반까지 금융화가 노동소득분배율 저하의 가장 큰 원인이었고, 정부소비와 노동조합의 약화, 세계화, 숙련-편향적 기술변화도 영향을 미친 것으로 나타났다.[282]

....

월 8일. p.1, 5.

277 정이환(2013). 『한국 고용체제론』. 서울: 후마니타스.

278 이 단락의 논의는 다음 글의 일부를 수정한 것이다. 윤홍식(2018). "소득주도성장과 한국 복지체제의 유산: 분배와 성장의 선순환을 만들 수 있을까?" 『한국사회정책』 25(2): 243-280; Stockhammer, E.(2013). "Why Have Wage Shares Fallen?" Lavoie, M. and Stockhammer, E. eds. *Wage-led Growth*. pp.40-70, New York: ILO. pp.43-44.

279 Rodrik, D. and Ypersele, T.(1999). "Capital Mobility, Distributive Conflict and International Tax Coordination." Unpublished Manuscript.

280 Burke, J. and Epstein, G.(2001). "Threat Effects and the Internationalization of Production." *Political Economy Research Institute, Working Paper Series*. Number 15. Univ. of Massachusetts, Amherst.

281 Stockhammer. "Why Have Wage Shares Fallen?" pp.47-49.

282 ILO. *Global Wage Report 2012/2013*. p.83.

이렇게 보면 2008년의 글로벌 금융위기 이후에 금융부문의 수익이 낮아지면서 미약하지만 노동소득분배율이 개선되고 계층 간의 불평등이 완화된 것으로 추정할 수 있다. 다만 기능적 소득분배와 계층 간 소득분배를 검토하면서 우리가 놓치지 말아야 할 점은 1997년의 외환위기 이후의 20년 동안 소득불평등을 측정하는 두 지표가 모두 악화되었고 보수정부 9년간 최악에 이른 소득불평등을 역전시키지는 못했다는 것이다. 『한겨레』의 표현대로 악화는 막았지만 경향을 역전시키는 못했고, 밀라노비치의 지적처럼 더 이상 악화되는 것을 막을 수 있었던 것도 보수정부의 정책 때문이 아니라 2008년의 금융위기가 고소득층의 소득상승에 제약을 걸었기 때문에 나타난 결과라고 추정해볼 수 있다.

자산불평등

토마 피케티(Thomas Piketty)는 "자본의 수익률이 생산과 소득의 성장률을 넘어설 때 자본주의는 자의적이고 견딜 수 없는 불평등을 자동적으로 양산하게 된다."고 했다.[283] 피케티는 시간이 지날수록 부가 소수에 집중되고 부의 불평등이 극심해지면서 소득불평등 또한 극심해질 것이라고 주장했다. 자본의 수익률이 경제성장률보다 높아지면서 자본 대비 소득비율인 β가 상승하고 이러한 경향이 자본에 대한 분배율 α를 높여 불평등이 확대된다는 것이다. 특히 2008년 이후에 세계 자본주의의 장기침체가 명확해지면서 피케티의 주장처럼 불평등한 자산분포가 소득불평등과 양극화를 확대하고 있다. 우리가 자산불평등을 살펴보는 이유는 바로 여기에 있다. 경제적 불평등과 관련해 자산불평등과 소득불평등을 함께 보아야 하기 때문이다.[284]

〈그림 15.27〉을 보면 자본 대비 소득비율 β는 2002년 이후에 계속 높아졌다. 국민소득에서 자본소득이 차지하는 비중 α는 1997년의 외환위기 이후부터 2010년까지 높아졌지만 2010년부터 2013년까지는 낮아지고 있다. 마지막

....

283 Piketty. 『21세기 자본』. p.8.
284 황규성·강병익 편(2017). 『다중격차 II』. 서울: 페이퍼로드.

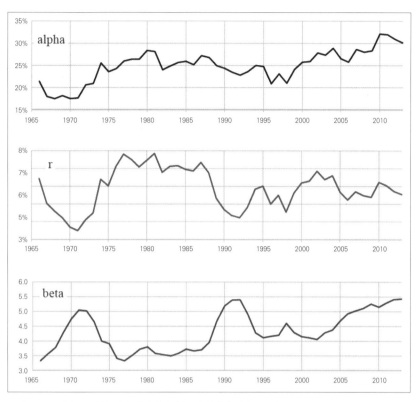

그림 15.27 자산소득비율, 사적 자산의 수익률, 사적 자산 대비 소득비율, 1965~2010년

출처: Lee, W. and Yoon, Y.(2015). "Capital in South Korea: 1966-2013." *Paper Presented at the Conference on Social Welfare, Justice, and Distribution: Celebrating John Roemer's Contributions to Economics, Political Philosophy and Political Science*. Queen Mary University of London, UK, June 19-20, 2015. p.24. 주: α(alpha): 국민소득에서 자본소득이 차지하는 몫, β(beta): 자본 대비 소득비율, r: 연평균 자본수익률.

으로, 자본의 연평균 수익률 r은 부침을 거듭했지만 2010년부터 낮아지기 시작했다. 2010년부터 국민소득에서 자본소득이 차지하는 비율과 자본수익률이 감소하고 있는 데 반해 자본 대비 소득비율은 계속 증가하는 모습을 보이고 있다. 앞서 노동소득분배율에서 2010년 이후의 노동소득분배율이 일부 개선된 것은 이러한 경향이 반영된 결과로 보인다. 이는 보수정부 기간 동안의 지니계수로 측정한 자산불평등의 변화를 통해서도 확인할 수 있다. 〈그림 15.28〉을 보면 2008년, 2011년, 2014년 세 시점에서 측정한 자산불평등 지수가 모든 영역

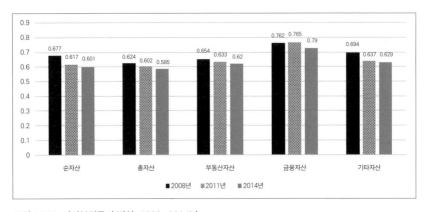

그림 15.28 자산불평등의 변화, 2008~2014년

출처: 이성재·이우진(2017). "샤를린값을 이용한 한국의 소득 및 자산불평등의 원천별 기여도 분석." 『한국경제의 분석』 23(1): 57-103. pp.76-77.

에서 감소했다. 예를 들어, 부채를 제외한 순자산의 불평등 지수를 보면 2008년에 0.677에서 2011년에 0.617, 2014년에 0.601로 자료가 있는 보수정부 6년 동안 11.2% 감소했다. 피케티와 다중격차 가설에서 주장하는 것처럼 자산불평등이 소득불평등에 영향을 미친다면 2009년 이후의 소득불평등의 감소는 자산불평등의 감소와 관련이 있고, 이러한 자산불평등의 감소를 2008년의 금융위기와 관련해서 설명할 수 있을 것이다. 다만 보수정부의 마지막 해인 2016년부터 소득불평등이 다시 증가하기 시작했고 2014년 이후의 자산불평등에 관한 분석이 아직 이루어지지 않아서, 2016년의 갑작스러운 소득불평등의 증가를 설명하기 위해서는 자료의 신뢰성과 함께 이에 대한 연구들이 진행될 때까지 조금 더 기다려야 할 것 같다.

그렇다면 자산불평등의 감소가 갖는 의미를 어떻게 해석해야 할까? 자산불평등이 감소한 것을 소득불평등을 포함해 경제적 불평등이 완화되는 긍정적 신호로 해석해야 할까? 흥미로운 사실은 상대적으로 복지제도의 보편성이 낮은 이탈리아, 스페인, 그리스 등 남유럽 복지체제에서 상위 10%가 전체 자산에서 차지하는 비중이 상대적으로 낮았다는 점이다. 2014년에 전체 자산에서 그리스의 상위 10%가 차지하는 비중은 42.4%였는 데 반해 노르웨이와 핀란드는 각각

51.5%와 45.2%(2013년)였고, 독일과 프랑스는 각각 59.8%와 50.6%였다.[285] 한국의 경우에 상위 10%의 소유자산 비중은 2013년 기준으로 66.4%였다.[286] 반면 하위계층의 자산소유 비중은 한국과 그리스가 노르웨이와 핀란드보다 높았다. 노르웨이와 핀란드의 하위 60%의 소유자산 비중은 각각 7.3%와 13.6%(2013)에 그쳤지만, 한국과 그리스는 각각 16.4%(2013)와 17.9%에 달했다.[287] 이는 한국처럼 공적복지가 취약한 사회에서 저소득계층도 사회위험에 대응하기 위해 사적자산을 축적할 수밖에 없는 현실이 반영된 결과라고 할 수 있다. 결국 자산불평등이 감소했다는 것에는 이중적 의미가 있고, 자산불평등의 감소가 취약한 공적복지의 결과인지 아니면 단순히 자산불평등의 감소인지에 대해서는 좀 더 검토할 필요가 있다. 다만 2006년부터 2016년까지 한국에서 모든 계층의 한계소비성향이 감소하고 가구소득 중 부채상환을 위해 사용한 비중이 증가했다는 것은[288] 모든 가구, 특히 저소득 가구조차 자산축적을 위해 소비를 줄였다는 것을 의미한다.

빈곤율의 변화

보수정부 기간 동안의 빈곤율의 변화는 사람들의 경제적 삶의 어려움을 살펴 볼 수 있는 또 하나의 지표이다. 〈그림 15.29〉는 다소 복잡해 보이지만 일관되게 2000년대 후반에 빈곤율이 정점에 달했다가 2015년까지 낮아지는 양상을 보인다. 먼저 전체 가구를 대상으로 한 절대빈곤율을 보면, 시장소득을 기준으로 측정한 '절대빈곤율3'은 이명박 정부의 집권 다음 해인 2009년에 10.9%로 최고점을 기록한 후에 2012년에 9.1%로 낮아졌고 박근혜 정부의 집권과 함께 다시 상승하기 시작해 2016년에는 10.8%로 최고점에 근접했다. 반면 가처분소득을 기

....

285   OECD (2018). *OECD.Stat: Wealth*, https://stats.oecd.org/Index.aspx?DataSetCode=WEALTH, 접근일 2018년 6월 25일.

286   김낙년(2015). "한국의 부의 불평등, 2000-2013: 상속세 자료에 의한 접근." 『NIER Working Paper』. 2015-2016. 낙성대경제연구소. p.27.

287   OECD. *OECD.Stat: Wealth*.

288   윤홍식·강병구·전병유·남찬섭·강신욱·김교성·정준호·이영수(2018). "복지, 성장, 고용의 선순환을 위한 복지정책 방향 연구." 보건복지부·인하대학교.

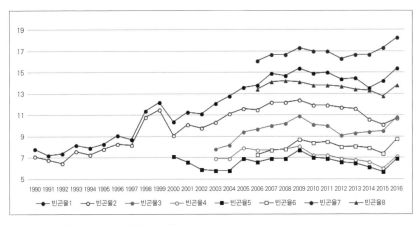

그림 15.29 외환위기 이후의 빈곤율의 변화, 1990~2016년

출처: 기초보장연구실(2016). 『2016년 빈곤통계연보』. 서울: 보건사회연구원. 주: 빈곤율1: 중위소득 50%, 시장소득 기준 빈곤율
(도시가구), 빈곤율2: 중위소득 50%, 가처분소득 기준 빈곤율(도시가구), 빈곤율3: 절대빈곤율(전 가구), 시장소득. 빈곤율4: 절대
빈곤율(전 가구), 가처분소득. 빈곤율5: 절대빈곤율(도시가구, 2인 이상 가구, 가처분소득 기준), 빈곤율6: 절대빈곤율(도시가구, 1인
가구 포함, 가처분소득 기준).

준으로 한 절대빈곤율은 2009년부터 2015년까지 낮아졌고 2016년에 다시 상승
했다. 시장소득을 기준으로 한 '상대빈곤율7'은 절대빈곤율같이 2009년에 정점
을 기록한 후에 낮아져서 2012년에 저점을 기록한 다음 박근혜 정부 집권 이후부
터 2016년까지 높아졌다. 가처분소득을 기준으로 한 '상대빈곤율8'은 2008년에
14.2%에서 2015년까지 낮아졌다가 절대빈곤율같이 2016년에 다시 높아지는 양
상을 보인다.

절대빈곤율과 상대빈곤율을 보면 표면적으로 소득불평등 지표와 유사한 경
향을 보이는 것 같지만, 조금 더 자세히 보면 다른 양상으로 전개되고 있는 것을
확인할 수 있다. 먼저 시장소득을 기준으로 측정한 빈곤율은 소득불평등 지표와
달리 2015년이 아니라 박근혜 정부의 집권 1년차인 2013년부터 나빠지기 시작
했다. 박근혜 정부의 친자본적 행보가 소득최하위계층에 부정적 영향을 끼친 것
으로 보인다. 반면 가처분소득을 기준으로 빈곤율을 측정하면 빈곤율이 높아진
시점은 2012년이 아니라 2015년으로 늦추어지는데, 이는 박근혜 정부의 복지 확
대가 절대빈곤율과 상대빈곤율을 낮추는 데 기여했다는 것을 의미한다. 복지공

약을 100% 이행하지는 않았지만 소득 하위 70%를 대상으로 기초연금을 도입한 것 등이 중요한 역할을 한 것으로 보인다. 실제로 시장소득을 기준으로 한 빈곤율과 가처분소득을 기준으로 한 빈곤율의 차이는 박근혜 정부의 집권 이후에 더 커졌다. 더불어 여기서 다룰 주제는 아니지만 소득불평등 지표와 함께 왜 2015년과 2016년 사이에 빈곤율이 높아졌는지에 대한 분석도 필요해 보인다. 전체 가구를 대상으로 한 시장소득 기준 2016년 절대빈곤율과 상대빈곤율은 1997년의 외환위기 이후 20년간 가장 높게 나타났다.

빈곤이 성별에 따라 차별적으로 나타난다는 사실을 감안하면 성별에 따른 빈곤율의 차이에도 주목할 필요가 있다. 전체 가구를 대상으로 2014년, 2015년, 2016년 시장소득 기준 상대빈곤율을 성별에 따라 구분했을 때 여성 빈곤율은 남성 빈곤율보다 일관되게 5%포인트가량 높게 나타났다. 세 시기의 남성 빈곤율은 각각 15.4%, 15.9%, 16.8%인 데 반해 여성 빈곤율은 20.0%, 21.1%, 21.8%로 나타났다.[289] 가처분소득을 기준으로 측정한 상대빈곤율도 남성보다 여성이 높게 나타났다. 2016년 기준으로 여성의 빈곤율은 16.8%인 데 반해 남성은 12.3%였다. 흥미로운 사실은 2016년 기준으로 공적 소득이전의 빈곤감소율이 남성보다는 여성에게서 조금 더 높게 나타났지만 사회보장제도가 성 간의 불평등을 해소하지는 못했다는 것이다.

절대적 생활수준의 정체

습관적으로 보수정부 기간 동안에 불평등과 빈곤이 증가했다고 말하지만,[290] 앞서 살펴보았던 것처럼 적어도 공식통계상으로 이러한 주장을 증명하기는 어렵다. 지니계수로 측정한 소득불평등, 가처분소득 기준 절대빈곤율과 가구소득 중위소득 50% 이하를 기준으로 측정한 상대빈곤율은 보수정부 출범 이후부터

....

289 통계청(2018). "소득분배지표(전체가구, 성별 및 연령구분별)." http://kosis.kr/statHtml/statHtml. do?orgId=101&tblId=DT_1L6E003, 접근일 2018년 7월 14일.

290 남기철(2012). "이명박 정부 소득보장 평가: 일하지 않는 자 먹지도 말라?" 『복지동향』 168: 13-16. p.15; Yang. *The Political Economy of the Small Welfare State in South Korea*. p.185.

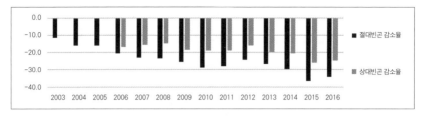

그림 15.30 공적 소득이전의 빈곤 감소 효과, 2003~2016년
주: 빈곤율은 전체가구를 대상으로 조사한 수치이다. 출처: 기초보장연구실(2016). 『2016년 빈곤통계연보』. 서울: 보건사회연구원.

2015년까지 낮아졌다. 1997년의 외환위기 이후의 자유주의 정부 10년 동안 증가했던 불평등과 빈곤이 감소한 것이다. 특히 시장소득 기준 빈곤율이 2012년부터 다시 증가하기 시작했지만 〈그림 15.30〉에서 보는 것처럼 가처분소득 기준 빈곤율은 반대로 감소했다는 사실은 공적복지가 빈곤율을 완화하는 데 일정한 역할을 했다는 것을 말해준다. 실제로 공적복지로 인한 절대·상대빈곤 감소 효과는 노무현 정부의 마지막 해인 2007년에 각각 −23.0%와 −15.6%에서 2015년에 −36.8%와 −26.0%로 증가했다. 빈곤율이 다시 상승하기 시작한 보수정부 집권 마지막 해인 2016년에도 빈곤 감소율은 각각 −34.3%와 −24.6%에 달했다. 불평등 감소효과도 〈그림 15.31〉에서 보는 것처럼 빈곤 감소 효과와 유사한 경향을 보여준다. 보수정권 9년간은 논란은 있겠지만 양적인 측면에서 보면 공적복지가 빈곤과 불평등을 감소시키는 중요한 역할을 했다.

그런데 왜 사람들은 보수정부 9년 동안 삶이 어려워졌다고 습관처럼 말하는 것일까? 지니계수와 빈곤율 통계는 현실에서 평범한 사람들이 느끼는 어려움과는 거리가 있었다. 어쩌면 답은 소득수준의 상대적 정체에서 찾을 수 있을 것 같다. 〈그림 15.32〉는 1970년부터 2017년까지 반세기 동안 미국의 1인당 GDP와 서유럽 주요 국가와 한국의 1인당 GDP의 격차를 보여준다. 주목해야 할 현상은 1970년부터 2010년까지 근 40년 동안 미국의 1인당 GDP 대비 한국의 1인당 GDP는 꾸준히 증가했다는 것이다. 그런데 2008년의 금융위기를 거친 후인 2010년부터 미국 대비 한국의 1인당 GDP 수준은 증가하지 않고 정체상태에 있었다. 2010년에 62.9%에서 2017년에 64.3%로 1.4%포인트 증가하는 데 그쳤

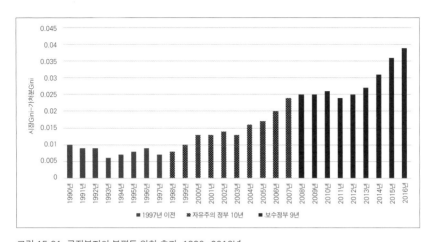

그림 15.31 공적복지의 불평등 완화 효과, 1990~2016년
출처: 기초보장연구실(2016). 『2016년 빈곤통계연보』; 통계청(2018). "e–나라지표: 지니계수." http://www.index.go.kr/potal/stts/idxMain/selectPoSttsIdxSearch.do?idx_cd=4012, 접근일 2018년 6월 17일.

다. 1980년과 1997년을 제외하고 일관되게 증가하던 1인당 GDP의 상대적 수준이 보수정부 시기 동안에 증가를 멈춘 것이다. 한국인에게 너무나 익숙해서 마치 DNA에 각인된 것 같은 착각을 일으켰던, 반세기 동안 지속되었던 생활수준의 향상이 보수정부가 집권했던 7년 동안에 멈추어 선 것이다. 보다 정치한 분석이 필요하겠지만, 보수정부 집권 시기 동안에 통계적으로 불평등과 빈곤이 감소했는데도 많은 사람들이 생활의 어려움을 호소하고 전문가들이 습관적으로 불평등과 양극화가 심화되었다고 표현했던 것은 바로 1960년대 이후에 반세기 동안 지속되었던 상대적 소득증가가 보수정부 시기에 멈추었기 때문일지도 모른다. 더욱이 이런 현상은 〈그림 15.32〉에서 보는 것처럼 한국만의 문제가 아닌 대부분의 서유럽 국가들이 직면하고 있는 문제라는 점에서 단기적 현상이기보다는 장기적이고 일국적이기보다는 자본주의의 구조적 문제일 가능성이 높아 보였다.

3) 성 불평등, 합계출산율, 자살률, 그리고 삶의 만족도

노동조건의 악화, 불평등과 빈곤의 심화 등과 함께 성 불평등, 초저출산율, 높은 자살률과 낮은 삶의 만족도는 보수정부 9년 동안에도 지속되었다. 먼저 보

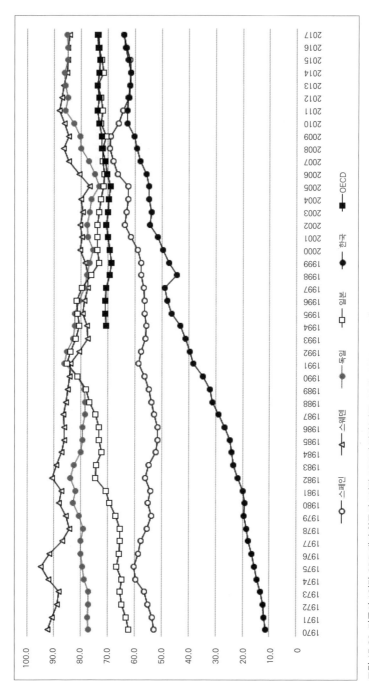

그림 15.32 미국의 1인당 GDP 대비 한국의 1인당 GDP의 변화(미국=100), 1970~2017년

자료: OECD. "OECD.Stat: Level of GDP per Capita and Productivity."

수정부 9년 동안의 성 평등 지수를 보면 어떤 지표를 사용했는지에 따라 상반된 결과를 보인다. 유엔개발계획(UNDP)이 발표한 2015년의 성 불평등 지수를 보면 한국은 188개 중 열 번째로 성 평등 국가로 나타났다.[291] 반면『이코노미스트』가 측정한 유리천장지수(Glass Ceiling Index)를[292] 보면 한국은 지난 5년 동안 OECD 29개 국가 중 최하위를 기록할 정도로 성 불평등한 사회로 평가되었다. 이러한 상반된 평가는 UNDP의 성 불평등 지수와『이코노미스트』의 유리천장지수를 구성하는 항목이 상이하기 때문인 것으로 보인다. UNDP의 평가기준은 여성의 건강(출생아 10만 명당 모의 사망자 수, 출산 여성 1천 명당 15~19세 여성의 출산율), 정치적 권한(국회의원 중 여성의 비율, 교육수준), 노동시장 참여율이다. 반면 유리천장지수는 고등교육을 받는 여성의 비율, 노동시장 참여율, 젠더임금격차, 관리직 중 여성의 비율, 경영대학원 입학시험(GMAT) 응시비율, 국회의원 중 여성의 비율, 순아동양육비용, 유급모성휴가, 유급부성휴가 같은 주로 여성의 노동환경과 관련된 지표를 중심으로 구성되어 있다.[293] 한국은 십대 출산율(1위) 같은 건강 지표에서 좋은 점수를 받았기 때문에 UNDP의 성 불평등 지수에서는 상대적으로 좋은 평가를 받았지만, 여성의 노동환경을 중심으로 평가하는『이코노미스트』의 유리천장지수에서는 낮은 평가를 받은 것으로 보인다.

이러한 결과는 한국 사회에서 여성의 건강지표와 교육수준 등과 관련해서는 상당한 개선이 있었지만 경제사회 영역에서의 성 불평등은 여전히 강고하게 남아 있다는 것을 의미한다. 하지만 우리가 기억해야 할 점은 경제사회 영역에서 성 불평등과 성차별은 보수정부만의 문제가 아니라 한국 사회의 고질적인 문제라는 것이다.[294] 2016년 5월 17일에 강남역 인근 화장실에서 여성을 의도적으로

....

291 UNDP(2016), *Human Development Report 2016*. New York, NY: UNDP. p.214.

292 미연방유리천장위원회(The United States Federal Glass Ceiling Commission)는 유리천장지수를 "소수 민족과 여성들이 그들의 능력이나 성취 수준과 관계없이 기업 사다리의 상층으로 올라가지 못하도록 하는, 보이지는 않지만 깨지지 않는 장벽"으로 정의했다.

293 The Economist(2018). "The glass-ceiling index." https://www.economist.com/graphic-detail/2018/02/15/the-glass-ceiling-index, 접근일 2018년 7월 15일.

294 다만 보수정부에서 치러진 세 번의 국회의원 선거를 거치면서 여성의원 비율은 13.7%(2008년)에서

선별해 무참히 살해한 사건은 한국 사회의 여성혐오와 여성이 겪고 있는 불합리한 차별을 상징적으로 보여주었다. 특히 '성장을 통한 복지'를 내걸었던 보수정부 9년 동안에 성장은 멈추어서고 생존을 위한 경쟁이 더 치열해지는 가운데 성평등에 대한 요구가 높아졌다는 점을 주목할 필요가 있다. 보수정부의 출범과 함께 심화된 신자유주의 경쟁에서 탈락한 남성이 여성을 희생양으로 지목하고 여성이라는 이유만으로 폭력을 가하고 차별하는 행위가 빈번하게 나타나기 시작한 것이다. 물론 이러한 현상은 한국만의 독특한 경험이 아니다. 역사적으로 여성에 대한 폭력과 혐오는 여성이 사회에서 자신의 존재감을 드러내기 시작할 때 극렬하게 나타났다.[295] 보수정부 9년 동안의 성 평등에 대한 사회적 요구의 확대와 함께 한국 사회에서 만연해지고 있는 여성혐오는 산업화와 민주화를 거치면서 남성중심주의를 당연시했던 사회의 재구성을 요구하고 있다. 성 평등 요구에 대항하는 남성중심주의의 반동(backlash)이 얼마나 강력할지 현재로서는 알 수 없지만, 분명한 것은 그 누구도 성 평등의 거대한 흐름을 막을 수 없다는 것이다.

저출산 현상은 평범한 사람들의 삶의 질과 밀접한 관련이 있지만, 산업화된 국가들에서는 아동 돌봄의 사회화와 성 평등한 양육분담의 실패를 저출산 현상의 가장 중요한 원인으로 거론하고 있다.[296] 여성의 교육수준과 노동시장 참여율이 높아졌는데도 불구하고 가족 내 아동 돌봄의 책임이 여전히 여성에게만 강요되는 사회에서 출산은 여성에게 비합리적인 행위이기 때문이다. 피터 맥도널드(Peter McDonald)는 이러한 현실을 상이한 사회제도들 간의 상이한 수준의 젠더 형평성 문제로 설명하고 있다.[297] 초저출산 국가를 보면 사람을 개인으로 간주하

....

15.7%(2012년), 17.0%(2016년)로 조금씩 높아졌다. 통계청(2017). "e-나라지표: IPU 여성 국회의원 비율 및 각국의 순위." http://www.index.go.kr/potal/stts/idxMain/selectPoSttsIdxSearch.do?idx_cd=1588, 접근일 2018년 7월 15일.

295 Federici, S.(2011[2004]).『캘리번과 마녀』. 황성원·김민정 역.(Caliban and the Witch). 서울: 갈무리.
296 Folbre, N.(1997). "The Future of the Elephant-bird." Population and Development Review 23(3): 647-654.
297 McDonald. p.(2000). "Gender Equity, Social Institutions and the Future of Fertility." Journal of Population Research 17(1):1-16. p.1.

는 사회경제적 제도에서는 상대적으로 높은 수준의 성 평등이 적용되는 반면 개인을 가족 구성원으로 다루는 제도에서는(예를 들어, 가족) 낮은 수준의 성 평등이 적용된다는 것이다. 실제로 여성의 전통적 역할(자녀양육, 가사 등)과 새로운 역할(생계부양) 간의 갈등이 큰 사회일수록 출산율이 낮게 나타나고 있다.[298]

OECD가 발표한 자료를 보면 한국 여성과 남성의 무급노동시간의 격차는 OECD 28개 국가 중 일본 다음으로 차이가 컸다. 하루 동안 무급노동에 투여된 시간을 보면 남성은 45분에 불과한 데 반해 여성은 227.3분으로 남성의 다섯 배에 달했다.[299] 여성이 혼자 육아를 담당하는 '독박육아' 현상을 추정할 수 있게 해주는 자료라고 할 수 있다. 여성의 독박육아와 추가출산 여부 간의 관계를 분석한 연구에 따르면, 첫 자녀의 출산 후 남성의 돌봄 참여 정도가 여성의 추가출산 의도와 유의한 상관관계에 있는 것으로 나타났다.[300] 〈그림 15.33〉에서 보는 것과 같이 한국 사회에서 초저출산 현상이 지속되고 있는 이유는 성 불평등 현상이 지속된 결과라고 할 수 있다. 다만 초저출산 현상과 관련해서 두 가지 사실을 반드시 말할 필요가 있다. 하나는 초저출산 현상이 성 불평등의 문제만으로 설명될 수 없는 총체적인 삶의 질과 관련된 문제라는 것이다. "헬조선의 고통을 자식에게 물려주고 싶지 않다", "안 낳아서 망하는 게 아니라, 망할 세상이니까 안 낳아", "힘든 세상에 태어나게 하는 것도 부모로서 죄짓는 것"이라는 청년의 절규는[301] 초저출산 현상과 마주한 한국 사회의 현실을 정확하게 대변하고 있다. 다른 하나는 초저출산 현상이 보수정부만의 책임이 아니라 2000년대에 들어서면서 지속되고 있는 현상이라는 점이다.

....

298 Brewster, K. L. & R. R. Rindfuss(2000). "Fertility and Women's Employment in Industrialized Nations." *Annual Review of Sociology* 26: 271-296.

299 OECD(2018). "OECD.stat, Employment: Time Spent in Paid and Unpaid Work, by sex." https://stats.oecd.org/index.aspx?queryid=54757, 접근일 2018년 7월 19일.

300 Yoon, H. S.(2014). "Factors That Affect Women's Intentions to Have Additional Children." *Korea Journal* 54(3): 103-125.

301 시사저널(2018). "저출산이 왜 문제냐…인구절벽 위기 공감 못하는 청년들." 『시사저널』. http://www.sisajournal.com/journal/article/174195, 접근일 2018년 7월 19일.

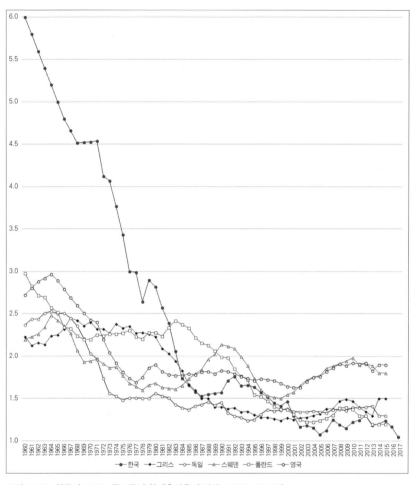

그림 15.33 한국과 OECD 주요국의 합계출산율의 변화, 1960~2017년
출처: 통계청(2018). "2017년 인구동향조사: 출생·사망통계 잠정 결과." 통계청; OECD(2018). "Fertility Rates (indicator)."
doi: 10.1787/8272fb01-en (Accessed on 18 September 2018).

자살률 또한 보수정부 9년 동안에 한국인의 삶의 질이 어떻게 변화해왔는지를 측정하는 중요한 지표라고 할 수 있다. 〈그림 15.34〉를 보면 인구 10만 명당 자살률은 (물론 소득불평등과 빈곤문제로 자살이라는 현상을 모두 설명할 수는 없지만) 정확하게 한국 사회에서 소득불평등이 증가하기 시작한 1992년부터 증가하기 시작해(그림 15.23 참고) 2000년부터 2011년까지 급증했다. 자살률은 2000년에

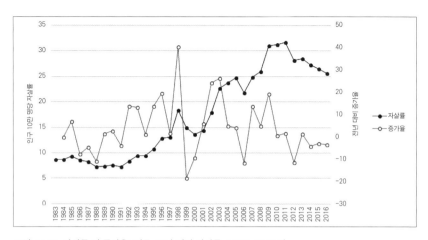

그림 15.34 자살률 및 증가율: 인구 10만 명당 자살률, 1983~2016년

출처: 통계청(2018). "e-나라지표: 사망원인별 사망률 추이." http://www.index.go.kr/potal/stts/idxMain/selectPoSttsIdx Search.do?idx_cd=1012, 접근일 2018년 5월 14일.

13.6명에서 2011년에 31.7명으로 자유주의 정부 집권 기간 동안에 거의 세 배 가까이 증가했다. 자살률 증가율이 둔화된 시기는 보수정부 집권 시기인 2009년부터였고, 2011년부터는 감소하기 시작했다. 2011년에 31.7명으로 정점을 찍었던 자살률은 보수정부의 집권 마지막 해인 2016년에 25.6명으로 감소했다. 이 또한 〈그림 15.23〉에서 보았던 것처럼 소득불평등과 빈곤율이 2009년부터 감소한 것과 무관해 보이지 않는다. 예를 들어, 70대 노인의 자살률은 기초연금이 지급되기 시작한 2013년부터 다른 연령대에 비해 급격히 낮아진 것을 관찰할 수 있다. 70대 노인의 자살률은 2012년에 10만 명당 73.1명에서 2013년에 66.9명으로 낮아졌고, 2016년이 되면 54.0명으로 낮아졌다. 이는 보수정부 기간 동안의 자살률 감소의 상당 부분이 노인 자살률 감소와 관련되어 있다는 것을 의미한다. 하지만 2015년 현재 한국(25.8)은 리투아니아(26.7)에 이어 OECD 국가 중 두 번째로 자살률이 높은 국가이며, 지난 20년간 자살률이 급증한 거의 유일한 국가이다.[302]

결국 빈곤과 불평등을 포함해 다양한 사회지표는 한국 사회가 평범한 사람

....

302 OECD(2018). "Suicide Rates(indicator)." doi: 10.1787/a82f3459-en (Accessed on 19 July 2018).

들이 살아가기에는 너무나 힘든 사회라는 것을 말해주고 있다. 이러한 현실을 반영하듯이 미국의 민간 여론조사기관인 갤럽(Gallup)과 헬스웨이스(Healthways)의 조사에 따르면, 145개국 중 한국인의 삶의 만족도는 내전을 치른 이라크(102위)보다 낮은 117위로 나타났다.[303] 한국인의 경제적 성취는 한국인의 삶의 만족도에 거의 영향을 주지 못했다. 한국인의 삶의 만족도는 1인당 국민소득이 561달러에 불과한 아프리카의 기니(Guinea)보다 낮았다. 도대체 한국 사회에서 무슨 일이 벌어지고 있는 것일까?

2. 보수정부 9년, 한국 복지체제의 특성: 확장성의 제약[304]

보수정부가 약속했던 성장을 통한 분배, 개발국가 복지체제는 복원되지 않았다. 그렇다고 보수정부가 자유주의 정부가 추진했던 복지정책을 후퇴시킨 것도 아니었다. 현상적으로 보면 보수정부의 복지정책은 자유주의 정부 10년을 계승했고 확장했다. 이명박 정부는 국정운영과 관련된 거의 모든 분야에서 '노무현 말고는 무엇이든(Anything But Roh)'을 실천했지만,[305] 신자유주의 정책과 복지정책만은 예외였다. 복지의 양적 확장이라는 측면에서 보아도 〈그림 15.23〉에서 보았던 것처럼 GDP 대비 사회지출 수준은 노무현 정부의 마지막 해인 2007년에 7.6%에서 2016년에 10.4%로 보수정부 9년 동안에 2.8%포인트(36.8%) 증가했다. 물론 보수정부 9년 동안의 GDP 대비 복지지출은 연평균 0.3%포인트 증가해 자유주의 정부 시기의 증가율 0.4%포인트에는 미치지 못했지만, 공적복지지출은 보수정부 9년 동안에도 지속적으로 증가했다. 하지만 보수정부는 두 가지 영역에서 한국 복지체제의 확장성을 제약하려는 시도를 했다. 하나는 노동시장의 유연화를 가속화

....

303 Gallup and Healthways(2014). *State of Global Well-being: 2014 Country Well-being Rankings.*
304 2와 3의 내용중 일부는 다음 글의 일부를 수정한 것이다. 윤홍식. "역진적 선별성의 지속과 확장성의 제약."
305 미국 클린턴 행정부에 이어 집권한 조지 부시 대통령이 클린턴 행정부의 정책과 정반대의 정책을 실행한다는 의미로 쓰였던 '클린턴을 제외하고 어떤 것이든(Anything But Clinton)'이라는 표현을 차용했다.

시켜 사회보험 중심의 사회보장제도로부터 배제되는 집단을 유지·확대하는 것이고, 다른 하나는 공적복지제도의 확장성 자체를 제한하는 것이었다.

1) 1987년 노동체제의 해체 시도, 신자유주의화의 전면화

현상적으로 보수정부 9년 동안에 노동체제는 자유주의 정부 시기와 큰 차이가 없는 것처럼 보였다. 1987년의 민주화 이후에 한국의 노동체제는 신자유주의 체제로의 이행기(1987~1997)를 거쳐 1998년의 외환위기 이후에 신자유주의 노동체제가 형성되었고 본질적으로 그 특성이 변화하지 않았기 때문이다.[306] 보수정부 시기의 노동체제의 특성은 1987년의 민주화운동 이후 7~9월 노동자 대투쟁을 거치면서 형성된 노동체제에 30년간 진행된 노동시장의 신자유주의화가 누적된 것이라고 할 수 있다. 보수정부가 들어서면서 나타난 주목할 만한 현상은 소위 안정적이라고 간주되었던 재벌 대기업의 정규직 일자리의 불안정성이 나타나기 시작했다는 점이다. 제4절에서 언급한 2009년 5월부터 시작된 쌍용자동차 노동자의 구조조정 반대투쟁, 2010년 12월부터 시작된 한진중공업의 구조조정 반대투쟁 등이 대표적 사례라고 할 수 있다. 이러한 일련의 투쟁은 그간 상대적으로 안정적이라고 여겨졌던 기업내부노동시장의 고용안정성이 약화되고 있다는 것을 보여주는 상징이었다. 하지만 여전히 대기업을 중심으로 기업내부노동시장은 강고하게 남아 있었고, 외부노동시장과 임금과 노동조건에서 현격한 차이를 보였다.

보수정부가 출범한 이후에 기업내부노동시장과 외부노동시장 간의 격차는 더 벌어졌다. 정규직 대비 비정규직의 월평균 임금 차이는 2010년 8월에 141만 원에서 2016년 8월에 155만 원으로 증가했다.[307] 사업체 규모별 차이를 300인 이상 사업체와 300인 이하 사업체로 구분해서 보면 월정액급여액의 차이는 2009

....

306 장홍근·김세움·김근주·정흥준·박준식(2016). 『대안적 노동체제의 탐색: 1987년 이후 30년, 한국 노동체제의 구조와 동학』. 서울: 한국노동연구원. p.186.

307 김유선(2017). "비정규직 규모와 실태: 통계청, 경제활동인구조사 부가조사(2017.8) 결과." 『KLSI Issue Paper』 제14호.

년에 160만 원에서 2015년이 되면 253만 원으로 크게 벌어졌다.[308] 전체 임금노동자 중 86.8%가 300인 이하의 사업체에 고용되어 있다는 점을 고려하면, 내부노동시장과 외부노동시장 간의 격차가 점점 더 심화되는 것은 한국 사회의 안정성을 위협하는 요인이었다. 이처럼 둘 간의 격차가 벌어지면서 노동시장의 분절화가 심화되었지만, 그렇다고 상대적으로 안정적 고용을 보장받고 높은 임금을 받는 내부노동시장에 고용된 노동자들의 숙련 수준이 높아진 것도 아니었다. 보수정부 시기에도 1987년에 만들어진 숙련과 무관한 내부노동시장의 임금체계가 지속되었다. 다만 그 내부노동시장이 축소되고 있었고, 그럴수록 노동시장의 분절이 심화되는 현상이 복합적으로 나타났다. 쌍용자동차와 한진중공업 노동자들이 구조조정에 격렬히 저항했던 이유도 노동자들이 내부노동시장에서 밀려나면 모든 것을 잃고 불안정하고 저임금이 일반화된 외부노동시장에서 치열한 생존경쟁을 벌여야 했기 때문이다. 이미 취업자의 80%가 넘는 절대 다수가 외부노동시장에서 치열한 생존경쟁을 하고 있었지만, 상대적으로 안정적인 노동시장에 있던 대기업 정규직 노동자에게 구조조정은 그야말로 '살인'이었다.

기업의 입장에서 보면 숙련이 수반되지 않은 임금보상체계와 그런 노동자의 고용을 지속해야 한다는 것은 부담이었다. 어떤 식으로든 1987년 노동체제에 균열을 낼 필요가 있었다. 균열의 계기는 사법부의 판단으로부터 시작되었다. 2013년 12월에 대법원은 갑을오토텍을 대상으로 노동자가 제기한 정기상여금의 통상임금 포함 여부에 대해 임금지급기준[309]을 폐기하고 임금지급기에 지급되지 않는 '정기상여금'도 통상임금에 포함된다는 판결을 내렸다(대법원 2013. 12. 18, 선고 2012다89399 판결). 휴일 노동시간의 연장노동 포함 여부에 대해서도 대구고법이 포함된다는 판결을 내리는 등(대구고등법원 2012. 5. 13, 선고 2011나4408 판결) 그간 노사 간에 첨예했던 쟁점에 대한 판결을 연이어 내리면서 1987년 노동체제의 개편을 위한 시도를 촉발시켰다.

....

308 김수현(2017). "사업체 규모별 임금격차 분석." 제3차 2017년 임금연구회 발표자료.
309 1임금지급기에 정기적으로 지급되는 임금의 총액을 의미한다. 주급인 경우에는 1주, 월급인 경우에는 한 달마다 지급된다.

박근혜 정부 시기인 2014년 9월에는 경제사회발전노동위원회의 특별기구로 설치된 '노동시장구조개선특별위원회'가 노동체제의 개혁을 위한 논의의 장이 되었다.[310] 노동시장의 이중구조 문제, 사회안전망 등 다양한 문제가 제기되었지만, 핵심은 1987년 노동체제의 틀을 변경하는 것이었다. 정부, 경총, 한국노총 등 주체들의 논의가 있었지만 중요 쟁점에 대한 합의에 이르지는 못했다. 그러자 정부가 노동계의 반대에도 불구하고 기업의 이해를 일방적으로 대변하는 통상해고지침과 취업규칙 변경을 추진하겠다고 발표했고, 이에 대해 2016년 1월에 한국노총이 노사정위의 불참을 선언하면서 1987년 노동체제를 해체하려는 보수정부의 시도는 좌초되었다. 또한 연공임금체계를 개편하기 위한 박근혜 정부의 시도도 성공하지 못했다. 2015년 1월에 국정개혁과제 중 하나로 공공기관에 성과연봉제 도입을 시도하자 철도노조가 74일간의 파업에 돌입했고, 2017년 2월에 대전지법에서 "코레일 등 5개 기관의 성과연봉제 효력 중지" 결정이 내려지면서[311] 공공부문을 시작으로 연공임금체계를 해체하려는 시도도 좌절되었다. 박근혜 정부는 이처럼 1987년 노동체제를 자본에 유리한 방향으로 해체하려는 시도를 했지만, 노동자들의 동의는 물론 국민의 지지를 받지 못하면서 정책이 성공하지 못했다. 그렇다고 대안이 있는 것도 아니었다. 누구도 1987년 노동체제가 지속 가능하지도 바람직하지도 않다는 것을 알고 있었지만, 결국 한국 노동체제는 성장체제와 복지체제와 부조화된 상태로 존속되었다. 이런 조건에서 보수정부 시기의 공적복지는 자유주의 정부 시기와 마찬가지로 정규직 노동자 중심의 사회보험을 중심으로 확대되고 있었다. 모순에 모순이 더해지는 상황이었다.

2) 공적복지제도의 확장성의 제약

이명박 정부는 근로장려세제(EITC), 노인장기요양보험, 사회서비스 바우처 사업 등은 물론 의료산업화 정책까지 노무현 정부가 계획했던 거의 대부분의 정

....
310 장홍근 외. 『대안적 노동체제의 탐색: 1987년 이후 30년, 한국 노동체제의 구조와 동학』. pp.170-179.
311 한국일보(2017). "박근혜표 성과급제 폐기 수순…대안 있을까." 2017년 6월 14일 19면.

책을 실행하려고 했고 보육료 지원 대상을 확대하고 아동양육수당을 새롭게 도입했다. 박근혜 정부는 대선 당시 약속했던 보편적 기초연금, 중증질환 100% 국가책임 등의 핵심공약을 파기했지만, 소득하위 70%의 노인에게 기초연금을 지급했고 보편적 보육료 지원과 보편적 아동양육수당 등을 제도화했다. 보수정부가 공적복지를 확장한 것이다. 복지 후퇴를 시도한 대표적 사례로 언급되는 보수정부의 의료민영화 정책도 사실 그 기원을 따져보면 (비록 그 세부적 내용이 다를지라도) 노무현 정부에서 기획한 '의료산업화 정책'을 계승한 것이었다.[312]

이와 같이 현상적으로 보면 보수정부는 공적복지를 확대했던 자유주의 정부의 복지정책을 계승한 것처럼 보인다. 그러나 자유주의 정부와 보수정부 간에는 공적복지의 양적 지출에는 보이지 않는 중요한 차이가 있었다. 한국의 공적복지는 경제성장 수준에 조응하지 못하고 지체된 상태에 있다는 것은 누구나 인지할 수 있는 사실이었고, 앞서 살펴보았던 것처럼 1997년의 외환위기 이후에 자살률, 출산율, 소득불평등과 빈곤 등 거의 모든 사회지표가 악화되고 있었기 때문에, 보수정부가 공적복지를 축소한다는 것은 정치적으로 불가능했을 것이다. 누가 집권하든 일정 수준까지 공적복지는 확대될 수밖에 없는 상황이었다. 특히 2010년 6월 4일의 지방선거에서 쟁점이 되었던 '보편적 무상급식' 논쟁을 계기로 보편적 복지가 국민적 관심의 대상이 되었다. 2011년 8월에 오세훈 서울시장은 보편적 무상급식의 찬반을 묻는 주민투표를 시행했지만 투표율 미달로 무산되면서 보편적 복지에 대한 지지여론이 확인되었다. 이런 정치적 상황에서 보수정부는 단기적으로 공적복지를 확대했지만, 중장기적으로는 공적복지가 일정 수준 이상으로 확대되는 것을 막는 전략을 구사한 것으로 보인다.

보수정부의 이러한 전략은 1980년대에 미국과 영국에서 보수정부가 취한 복지 축소 전략인 "체계적 축소"와 유사해 보였다.[313] 하지만 미국과 영국 보수정부의 전략과 한국 보수정부의 전략에는 큰 차이가 있었다. 서구 복지국가가 이미

....
312   송이은(2012). "노무현 정부 이후 진행된 한국 의료민영화의 성격." 『한국사회학』 46(4): 205-232.
313   Pierson. 『복지국가는 해체되는가』.

일정 수준의 공적복지가 제도화된 상태에서 공적복지의 장래 증가분을 억제·축소하는 전략을 구사한 것이라면(체계적 축소), 한국은 보수정부가 공적복지의 확대를 위해 새로운 복지정책을 도입하고 기존의 복지정책을 확대하면서 이러한 복지정책이 장래에 일정한 수준 이상으로 확대되지 않도록 하는 전략을 구사했다. 이러한 점에서 동일한 축소 전략이라고 말하기는 어렵다. 현재 시점에서 확대라는 전략을 구사하지만 미래 시점에서 보면 '더 이상의 확대'를 제한하는 전략을 취한 것이다. 이런 차이를 고려한다면 한국 보수정부의 전략은 서구 복지국가의 '체계적 축소'와 달리 '확장성의 제약'이라고 부르는 것이 더 타당해 보인다.

보수정부는 다양한 방식으로 '확장성의 제약'을 실행했다. 대표적 사례는 제3절에서 검토한 대규모 감세정책이었다. 감세정책은 세금을 낮추어 민간의 소비와 투자를 진작시켜서 경제성장을 이루겠다는 전략으로, '성장을 통한 분배'를 실현하는 개발국가 복지체제를 복원하기 위한 이명박 정부의 핵심 국정운영 기조였다. 문제는 감세정책이 소비와 투자를 활성화시키지 못했을 뿐만 아니라 공적복지의 확대를 위해 필요한 미래의 정부재원을 축소시켜 장기적으로 공적복지의 확대를 가로막는 역할을 수행할 것이라는 데 있었다. '확장성의 제약'과 관련해 주목해야 할 두 번째 경향은 보수정부 집권 이후에 재정수지가 악화되고 국가채무가 증가했다는 점이다.[314] 2008년의 금융위기와 낮아진 성장률, 상대적으로 높은 수준의 불평등과 빈곤율, 급속한 출산율 저하와 고령화, 높은 자살률 등 경제사회적 문제가 심각해지고 있었다는 점을 고려하면, 보수정부가 전두환 권위주의 정권이 시행했던 세입과 세출을 동시에 억제하는 정책(제13장 참고)을 실행하는 것은 정치적으로 불가능한 선택이었다.

보수정부가 세입을 늘리지 않는다는 원칙을 고수하려면 결국 남은 선택은 재정수지를 악화시키고 국가채무를 증대하는 것밖에는 없었을 것이다. 실제로 〈그림 15.35〉에서 보는 것처럼 GDP 대비 관리재정수지는[315] 김대중 정부와 노무

....

314 황성현(2014). "정권별 조세·재정정책기조의 평가와 시사점: 문민정부에서 박근혜 정부까지." 『재정학연구』 7(2): 117-157. p.133.
315 IMF는 국민연금, 건강보험 등의 사회보험기금을 포함한 '통합재정수지'를 통해 재정수지를 파악하지

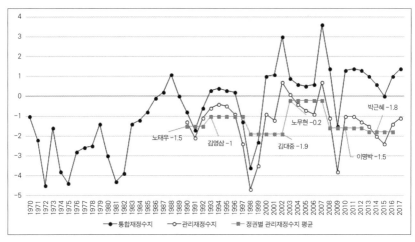

그림 15.35 통합재정수지와 관리재정수지의 변화, 1970~2017년
출처: 통계청. "e-나라지표: 통합재정수지."

현 정부 기간 동안에 각각 -1.9%, -0.2%였던 것이 이명박 정부와 박근혜 정부 기간 동안에 각각 -1.6%와 -1.8%로 증가했다. 관리수지 적자액은 노무현 정부 기간 동안에 연평균 2.2조 원(총 10.9조 원)에 그쳤지만, 이명박 정부 기간 동안에 연평균 19.8조 원(총 98.8조 원)이 증가했고 박근혜 정부 4년 동안에 연평균 27.8조 원(총 111.3조 원)이 증가했다.[316] 위기상황이었던 1998~1999년과 2009년을 제외해도 보수정부 집권 이후에 관리재정수지 적자가 급증한 것을 확인할 수 있다. 이렇게 보면 2008년의 금융위기에 대응해 이명박 정부가 취한 적극적 재정정책을 긍정적으로만 평가하는 것은[317] 나무를 보고 숲을 보지 못하는 우를 범하는 것일 수 있다. 왜냐하면 감세와 함께 이루어진 일시적 재정지출의 확대는

....

만, 한국같이 일시적으로 사회보험기금(국민연금기금)이 대규모로 축적되는 경우에는 '통합재정수지' 지표보다는 사회보험기금을 제외한 '관리재정수지'를 기준으로 재정수지를 파악하는 것이 적합하다. 황성현. "정권별 조세·재정정책기조의 평가와 시사점." p.138.

316 통계청(2018). "e-나라지표: 통합재정수지." http://www.index.go.kr/potal/main/EachDtlPageDetail.do?idx_cd=1104, 접근일 2018년 7월 29일.

317 서병수(2011). "한국의 사회복지 정책과 복지체제 성격의 변화."『사회법연구』16·17: 63-92. pp.1-23, p.3; Yang. *The Political Economy of the Small Welfare State in South Korea*. p.188.

경제위기에 대한 단기적 대응이 될 수 있을지는 몰라도 (이후 증세가 수반되지 않는 한) 장기적으로는 재정적자와 국가부채를 증가시켜 사회위험에 대응하는 국가의 대응 역량을 약화시킬 수 있기 때문이다.

국가채무를 보면 이명박 정부 5년 동안에 연평균 28.8조 원이 증가해 김대중 정부 기간 동안의 연평균 증가액 14.7조 원보다는 크지만 노무현 정부의 33.1조 원보다는 다소 낮았다.[318] 하지만 상위 12개 공기업의 부채가 이명박 정부 기간 동안에만 225.5조 원(연평균 45.1조 원)이 증가했다는 점을 고려하면, 이명박 정부 기간 동안에 국가가 책임져야 할 실질적인 채무는 자유주의 정부 시기보다 커졌다고 할 수 있다.[319] 실제로 이명박 정부는 4대강 사업에 들어가는 비용 중 8조 원을 수자원공사의 부채를 통해 조달했다. GDP 대비 국가채무 비중은 2007년에 28.7%에서 보수정부 9년을 거치면서 39.6%로 역대 최고치를 기록했다. 결국 이러한 보수정부의 감세와 국가부채의 증가는 지금 당장은 아니겠지만 미래에 한국 복지국가가 대응해야 할 사회위험에 대한 대응 역량을 제약하는 결과를 가져오는 '확장성의 제약'의 제도적 조건이 될 가능성이 높았다.

사회서비스를 민간 중심으로 확대한 것도 '확장성의 제약' 전략의 일환이라고 할 수 있다. 보수정부는 민간기관을 중심으로 제도화되어 있는 한국 사회서비스의 공급구조를 더욱 확장했다. 서구 복지국가에서 사회서비스의 민영화가 비용을 절감하는 정책의 일환으로 이루어졌다는 점을 고려하면, 민간 중심으로 사회서비스의 공급구조를 확대한 것은 장래 사회서비스의 제공과 관련된 공적 비용을 구조적으로 낮추는 조치였다고 할 수 있다. 이명박 정부 시기에 오세훈 서울시장이 시행한 민간 보육시설을 '서울형 어린이집'으로 전환해 민간기관의 서비스를 마치 공공이 제공하는 서비스와 유사한 것으로 인식하게 하는 정책과 노인요양서비스를 민간영리기관을 중심으로 확대한 것도 같은 맥락에서 이해할 수 있다. 실제로 요양시설 운영 종류별 증감 추이를 보면 개인이 운영하는 영리시설

....

318 통계청(2017). "e-나라지표: 국가채무추이." http://www.index.go.kr/potal/main/EachDtlPageDetail.do?idx_cd=1106, 접근일 2018년 7월 29일.

319 황성현. "정권별 조세·재정정책기조의 평가와 시사점." pp.145-146.

은 2010년에 11,113개소에서 2015년에 13,995개로 2,882개가 늘어난 반면 지방단체가 설립한 시설은 동 기간 동안 215개에서 220개로 5개 증가하는 데 그쳤다.[320] 건강보험과 관련해서도 민간보험의 확대를 지원하면서 중간계층이 건강보험 보장성을 높이라는 요구를 하지 않도록 하는 전략을 취했다. 실제로 건강보험의 보장률은 2007년에 65.0%에서 2015년에 63.4%로 감소했다.[321] 반면 생명보험사와 손해보험사의 수입보험료는 2011년에 87.8조 원과 59.9조 원에서 2015년에 117.2조 원과 77.8조 원으로 증가했다.[322]

박근혜 정부는 공무원연금을 더 많이 내고 덜 받게 바꾸고 기초연금의 수급을 국민연금과 연계시켜 장기적으로 재정절감을 도모했다. 지속적인 재정안정성 담론의 유포와 같은 정책 피드백을 통한 복지축소 정치의 또 하나의 사례였다. 보건복지부의 추계에 따르면 단기적으로는 기초연금을 국민연금과 연계시켜 하위 70%를 대상으로 지급할 경우에 기존의 기초노령연금보다 재원이 더 들어가지만 2028년 이후에는 기초연금이 기초노령연금제도를 유지했을 때보다 재정지출이 절감되는 것으로 추계되었다.[323] 예를 들어, 기초노령연금을 계속 시행할 경우 2060년에 소요되는 예산은 263.8조 원인 데 반해 기초연금은 228.8조 원으로 35조 원 정도의 예산이 절감되는 것으로 나타났다. 아동양육수당을 전면화한 것도 예산이 많이 들어가는 보육시설을 이용하는 가구의 비중을 줄이고 아동 돌봄을 여성에게 일임해 장기적으로 보육서비스에 투여될 공적 비용을 줄이는 전략이었다. 실제로 양육수당을 수급하는 아동 수는 2012년에 102,653명에서 2016년에 933,153명으로 거의 아홉 배 이상 증가했다.[324] 반면 어린이집을 이용하는 3

....

320   김연명(2017). "사회서비스 질 향상을 위한 사회서비스공단 설립 및 운영 방안."『복지동향』222: 34-44.

321   보건복지부·한국보건사회연구원(2017).『통계로 보는 사회보장, 2017』. 서울: 한국보건사회연구원. p.20.

322   최기춘·이현복(2017). "국민건강보험과 민간의료보험의 역할 정립을 위한 쟁점."『보건복지포럼』2016년 6월호: 30-42. p.36.

323   오미옥·이수경(2015). "박근혜 정부 기초연금제도의 정책쟁점에 대한 연구."『한국정책과학회보』19(3): 95-115.

324   통계청(2018). "e-나라지표: 자녀연령별 보육시설이용 및 가정양육 아동수." http://www.index.go.kr, 접근일 2018년 6월 11일.

세 미만 아동 수는 동 기간 동안 1,487,361명에서 1,451,215명으로 감소했다.

보육비용을 지방자치단체로 이전시키려는 시도도 지방자치단체에 재정적 제약을 가해 지방자치단체가 독자적으로 복지를 확대할 수 있는 가능성을 차단하려는 것이었다. 이로 인해 보수정부 9년 동안에 중앙정부와 지방자치단체 간의 갈등이 지속되었다. 박근혜 정부는 유사중복사업을 정비한다는 명목으로 9,997억 원 규모(전체 지방정부 복지예산의 15.4%)의 지방자치단체의 복지정책을 정비대상으로 선정해 지방자치단체의 독자적인 복지 확대에 재갈을 물리려는 적극적행동을 취하면서 지방자치단체와 시민사회로부터 강력한 반발에 부딪쳤다.[325] 정리하면, 보수정부는 양적으로 사회지출을 확대했지만 중장기적 관점에서 공적복지지출의 증가를 제약하는 다양한 장치를 제도화해 한국 복지국가에 구조적 제약을 제도화했다고 할 수 있다.

3. 보수정부와 역진적 선별주의 복지체제

1) 낮은 세금의 지속에서 감세와 증세로

한국은 1948년 정부수립 이래 상대적으로 왜소한 재정규모를 유지했기 때문에 감세정책이 보수정부만의 고유한 특성이라고 볼 수는 없다. 감세정책에 대해서는 이미 제3절에서 다루었고 앞서 '확장성의 제약'을 다루면서 언급했기 때문에 여기서 다시 논할 필요는 없을 것 같다. 여기서는 국민부담률의 변화와 계층 간 세금부담 등의 문제를 다루면서 보수정부의 세금정책에 대해 검토했다. 더불어 이명박 정부와 박근혜 정부의 조세정책의 차이를 살펴보았다. 먼저 국민부담률을 보면 〈그림 15.36〉에서 보는 것처럼 보수정부 집권 기간 동안에 OECD와의 격차가 더 벌어졌다.[326] 물론 2010년 이후에 국민부담률은 26.3%까지 높아졌

....

325 이찬진(2017). "박근혜 정부, 지방사회보장사업 정비하여 복지축소." 『월간 복지동향』 220: 40-47.
326 통계청(2017). "e-나라지표: 조세부담률." http://www.index.go.kr, 접근일 2017년 8월 11일; OECD(2018). "Revenue Statistics: OECD Countries: Comparative Tables." https://stats.oecd.org/Index.aspx?DataSetCode=REV#, 접근일 2018년 6월 11일; OECD(2018). "Social Expendi-

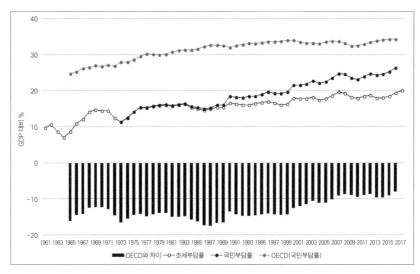

그림 15.36 조세부담률과 국민부담률의 변화, 1961~2017년

출처: OECD. "Revenue Statistics: OECD countries: Comparative tables." https://stats.oecd.org/Index.aspx?DataSet Code=REV#, 접근일 2017년 8월 11일; 통계청(2017). "e-나라지표: 조세부담률, OECD." http://www.index.go.kr, 접근일 2017년 8월 11일. 2017년 조세부담률 추정치, 한겨레(2018). "초과세수 60조는 박근혜 정부 덕분." 2018년 6월 20일. http:// www.hani.co.kr/arti/economy/economy_general/849803.html, 접근일 2018년 6월 20일.

지만, 국민부담률이 높아진 것은 GDP 대비 조세 비중이 증가한 것 때문이 아니라 사회보험료 비중이 높아졌기 때문이었다. GDP 대비 조세부담률은 노무현 정부의 마지막 해인 2007년에 19.6%에서 2016년에 19.4%로 0.2%포인트 낮아진 반면 사회보험료 비중은 5.2%에서 6.9%로 1.7%포인트 높아졌다. 일반조세는 늘어나지 않고 사회보험료 비중만 증가했다는 것은 복지체제의 관점에서 보면 보수정부 9년 동안에 복지체제가 사회보험을 중심으로 확장되었다는 것을 말해준다. 물론 GDP 대비 사회보험료 비중의 증가는 자유주의 정부 기간에도 나타난 현상이었다. 그러나 자유주의 정부 10년 동안에는 사회보험료의 증가분(2.5%포인트)보다 조세부담률의 증가분(3.0%포인트)이 더 컸다. 결국 조세를 낮추고 사

....

ture-AggreGated Data." https://stats.oecd.org/Index.aspx?DataSetCode=SOCX_AGG, 접근일 2018년 6월 17일.

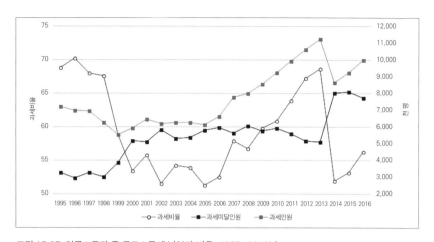

그림 15.37 임금소득자 중 근로소득세 납부자 비율, 1995~2016년
출처: 통계청(2017). "e-나라지표: 근로소득세 신고현황-근로소득세 납세인원." http://www.index.go.kr/potal/stts/idxMain/
selectPoSttsldxSearch.do?idx_cd=1126&stts_cd=112602&freq=Y, 접근일 2018년 7월 29일.

회보험 기여금을 늘리는 방식은 중장기적으로 공적복지가 보편적으로 확대될 수
있는 재정적 기반을 제도적으로 제약했다. 보수정부의 조세정책이 한국 복지체
제의 공·사적 영역에서 '역진적 선별주의'를 더 심화시켰다고 할 수 있다.

또 하나의 흥미로운 점은 〈그림 15.37〉에서 보는 것처럼 임금소득자 중 과세
비율은 노무현 정부 시기인 2005년에 51.3%에서 박근혜 정부 집권 첫해인 2013
년에 68.7%까지 높아졌다. 이명박 정부가 대규모 감세정책을 실행했지만, 감세
정책은 세율을 낮추는 방식이었지 대상을 축소하는 방식은 아니었다. 실제로 감
세 이후에도 과세대상 인원은 2008년에 798만 명에서 2009년에 854만 명으로,
2012년에는 1,061만 명으로 증가했다. 이명박 정부의 감세정책이 1974년 1월 14
일에 박정희 유신체제가 공포한 '국민생활의안정을위한대통령긴급조치'와 유
사하다고 주장하는 연구가 있지만,[327] 이는 정확한 비교가 아니다(제11장 참고).
1974년 1월의 박정희 유신정권의 감세정책은 세율을 낮추는 것이 아니라 과세
대상을 축소하는 것이었기 때문이다. 유신정권은 임금소득자의 면세점을 12만

....

327 Yang. *The Political Economy of the Small Welfare State in South Korea.* p.190.

원에서 66만 원으로 단번에 다섯 배 이상 높여서 임금소득자의 85%를 면세대상으로 만들었다.[328] 반면 이명박 정부의 감세정책에서는 대규모 감세 이후에도 과세대상이 감소하지 않고 증가했다. 감세정책에서 과세대상의 축소라는 박정희의 방식을 따른 것은 박정희의 딸인 박근혜 대통령이 집권한 이후이다. 임금소득자 중 과세대상의 비율은 2013년에 68.7%에서 2014년에 51.9%로 무려 16.8%포인트 급락하면서 2005년의 수준으로 되돌아갔다. 1974년의 수준은 아니었지만 김대중 정부에서 과세대상을 1998년에 67.6%에서 2002년에 51.5%까지 낮추었던 것과 비교된다고 할 수 있다.

하지만 2014년의 과세대상의 급격한 축소는 박근혜 정부가 의도했던 결과가 아니었다. 박근혜 정부는 공식적으로 '증세 없는 복지'의 확대가 가능하다고 주장했지만, 대통령 선거 당시에 약속한 복지공약을 이행하기 위해 필요한 134.8조 원을 세출구조 조정만으로 조달하는 것이 불가능하다는 것을 알고 있었다. 더욱이 이명박 정부의 대규모 감세로 재정여력이 악화된 상황에서 증세 없이 복지를 확대하는 것은 쉽지 않았다. 그렇다고 보수정부였던 박근혜 정부가 '증세 없는 복지'와 '재정건전성 유지'라는 기조를 폐기하는 것도 정치적으로 쉽지 않았다. 결국 박근혜 정부는 2013년 8월 8일에 현오석 부총리가 주재한 세제발전심의위원회에서 '2013년 세법개정안과 중장기 조세정책방향'을 확정하면서 공평성 강화라는 차원에서 임금소득에 대한 소득공제를 세액공제로 전환하고 근로소득공제율을 낮추겠다는 세제개편안을 발표한다. 이 밖에도 소득세 최고세율 구간을 3억 원에서 1.5억 원으로 낮추고, 2017년부터 임대소득에 대한 세금 부과를 본격화하며, 2016년부터는 파생상품에 대한 양도소득세를 부과하는 등 자본이득에 대한 과세안도 발표했다. 수혜대상자의 97%가 대기업인 'R&D 준비금 손금산입제도'를 폐지하고 기업 규모가 클수록 공제혜택을 더 많이 감축해 대기업의 최저세율을 16%에서 17%로 높였다.[329]

....
328 김미경. 『감세국가의 함정』. p.183.
329 정세은. "박근혜 정부의 조세재정정책 평가와 대안의 모색." pp.47-48.

문제는 소득공제를 세액공제로 전환하면서 연봉 3,450만 원 이상인 434만 명의 임금소득자의 세금부담이 늘어나자 임금소득자의 불만이 높아졌고 당시 조원동 경제수석이 "세금을 걷는 것은 거위가 고통을 느끼지 않도록 깃털을 살짝 빼는 것"이라고 발언한 것이 알려지면서 여론이 들끓었다는 것이다.[330] 절대왕정 시대에나 통용되던 비유를 민주주의 시대에 인용한 것도 부적절했지만, 임금소득자를 '거위'에 비유한 것도 정치적으로 부적절했다. 야당이었던 민주당은 '세금폭탄'이라는 노무현 정부 당시에 야당이었던 한나라당이 사용했던 프레임으로 정부여당의 세제개편안에 대해 맹공을 퍼부었다.[331]

부정적 여론이 확산되자 정부는 세금이 늘어나는 소득기준을 3,450만 원에서 5,500만 원으로 상향했고 야당이 소득세의 최고세율 적용 과세표준 구간을 3억 원에서 1.5억 원으로 낮추는 조건으로 개정안에 동의하면서 개정안은 국회를 통과했다. 그러나 문제는 2015년 초에 연말정산을 하는 과정에서 미혼 가구와 미취학 아동이 있는 가구의 세부담이 늘어나면서 연말정산이 세금폭탄이라는 여론이 다시 확산되었고, 급기야 최경환 부총리가 사과하고 세액공제를 늘리는 방향으로 세법을 개정하겠다고 발표했다. 또한 2016년의 총선을 의식해 더 적극적으로 세금부담이 늘어난 사람들을 구제하는 방향으로 세법을 개정했다.[332] 결국 '연말정산 대란'이라는 논란을 거치면서 2013년의 세법개정안에서는 근소득공제와 자녀세액공제를 확대했고, 〈그림 15.37〉에서 보는 것처럼 2014년의 임금소득자 중 과세대상 비율이 급감했다.

보편적 복지를 주장하면서 '증세 없는 복지'의 허구성을 비판했던 민주당은 정작 정부여당이 중상위계층과 대기업에 대한 사실상의 부자증세 정책을 발표하자 여론을 등에 업고 '세금폭탄' 운운하며 정부여당을 맹렬히 비판하는 전형적인

....

330 경향신문(2013). "고통 없이 깃털 뽑겠다는 청와대… 조원동 수석, 증세론 등 주목주목 반박." http://news.khan.co.kr/kh_news/khan_art_view.html?artid=201308092208155, 접근일 2018년 7월 30일.

331 경향신문(2013). "민주당의 세금폭탄론, 보편복지 정당 맞나?" 2013년 8월 11일. http://news.khan.co.kr/kh_news/khan_art_view.html?art_id=201308111659011, 접근일 2018년 7월 30일.

332 조선비즈(2015). "연말정산 대란 사태의 재구성." 『조선비즈』. 2015년 1월 25일. http://biz.chosun.com/site/data/html_dir/2015/01/25/2015012501276.html, 접근일 2018년 7월 30일.

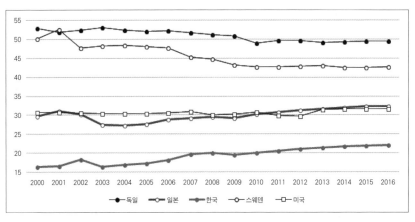

그림 15.38 한국과 OECD 주요국의 평균 임금소득자의 세금부담률
출처: OECD. "Revenue Statistics: OECD Countries: Comparative Tables."

대중추수주의(포퓰리즘, Populism) 행보를 취했다. 노무현 정부 시기에 종합부동
산세 문제로 한나라당의 세금폭탄 프레임에 크게 당했던 것을 되갚아주고 싶었
을 것이라는 마음에는 이해가 가지만, 보편적 복지를 추구한다는 정당의 행보로
는 자가당착적인 행동이었다. 사실 정부여당의 세제개편안은 중산층 이상의 세
부담을 늘리고 저소득층의 세부담을 근로장려세제(EITC)와 자녀세액공제(CTC)
를 통해 줄이는 정책으로 세금부과의 공평성을 높이는 차원에서 긍정적인 측면
이 있었다. 실제로 소득공제는 소득이 높을수록 더 많이 공제받는 역진적 공제제
도로, 이를 정액의 세액공제로 전환하면 임금소득이 높을수록 세부담이 증가한
다. 소득공제를 세액공제로 전환하면 연봉 5천만 원인 임금소득자는 16만 원, 1
억 원은 113만 원, 3억 원 이상은 865만 원의 세금이 늘어 중상위 소득자의 세금
이 대략 1조 3000억 원 정도 늘어난다. 반면 EITC를 확대하고 CTC를 신설하면
주로 저임금 노동자와 미취학 자녀가 있는 젊은 세대의 가처분소득이 연간 1조
7000억 원 정도 증가한다. 특히 〈그림 15.38〉에서 보는 것처럼 임금소득자의 세
부담이 OECD 국가들에 비해 지나치게 낮다는 점을 고려하면, 임금소득자의 증
세는 불가피했고 공평성의 차원에서도 중상위소득자의 세금을 늘리는 것이 필요
했다.

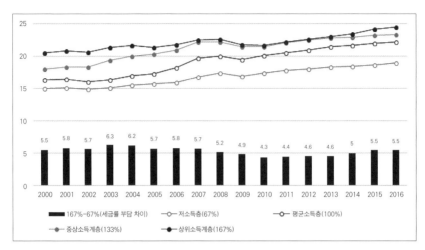

그림 15.39 임금소득자의 계층별 세금부담률의 변화, 2000~2016년

출처: 통계청. "e-나라지표: 조세부담률."

　　사실 박근혜 정부의 세제개편안은 시민단체와 학계에서도 공평성을 강화하는 것이라는 긍정적 평가를 받았기 때문에 민주당의 행보는 이해할 수 없는 것이었다. 이처럼 예기치 못한 '세금폭탄' 논란을 거치면서 박근혜 정부의 세제개편은 원안대로 실행되지 못했다. 하지만 부자와 대기업에 대한 조세감면 축소, 담배세 인상 등을 통해 박근혜 정부는 GDP 대비 조세부담률을 1.5%포인트 높여 2016년(19.4%) 기준으로 2013년(17.9%)과 비교해 연간 20조 원이 넘는 추가재원을 확보했다. 〈그림 15.39〉에서 보는 것처럼 저소득층과 상위소득층이 부담하는 세율의 차이도 늘어서 세금부과의 공평성이 다소 개선되었다. 문재인 정부 출범 이후에 두 차례 편성된 추경이 국가채무의 증가 없이 가능했던 것도 사실상 박근혜 정부가 만들어놓은 세제개편의 결과였다.[333]

　　이처럼 이명박 정부와 박근혜 정부의 조세재정정책은 일반적인 평가와 달리 이명박 정부는 감세, 박근혜 정부는 증세라는 기조에서 다시 평가될 필요가 있어 보인다. 물론 박근혜 정부의 조원동 경제수석은 "증세는 새로운 세목을 신

....

333　한겨레. "초과세수 60조는 박근혜 정부 덕분."

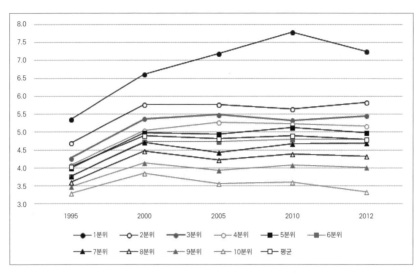

그림 15.40 소득분위별 부가가치세의 유효 세부담 비율의 변화(소득 기준)

출처: 박명호·정재호(2014). 『부가가치세 유효 세부담 변화 분석과 정책방향』. 서울: 한국조세연구원. pp.72-77을 이용해 재구성.

설하거나 세율을 인상하는 것을 의미한다."고 주장하면서 조세감면을 축소하는 것은 증세가 아니라고 강변했지만 실질적인 증세가 이루어졌다. 더욱이 GDP 대비 조세부담률을 1.5%포인트 높인 것은 보수정부의 특성상 이례적이라고 평가할 수 있다. 하지만 박근혜 정부의 조세정책이 1948년의 정부수립 이래 지속된 '낮은 세금'이라는 프레임에서 벗어난 것이라고 보기는 어렵다. 조세부담률로만 보면 2016년의 조세부담률 19.4%는 노무현 정부의 집권 마지막 해인 2007년의 19.5% 수준으로 되돌아간 것에 불과했다. 박근혜 정부의 조세정책이 '낮은 세금'이라는 한국 복지체제의 역사적 유산에 균열을 내는 출발점이었는지의 여부는 박근혜 정부로부터 시작된 증세 기조가 이후에도 지속되는지의 여부에 달려 있다고 할 수 있다. 확정된 것은 아니지만 2017년의 조세부담률은 2016년과 비교해 0.6%포인트 높아진 20.0%로 추정되어 박근혜 정부 기간 동안 사실상 2%포인트(2017년 GDP 기준으로 대략 34조 원)의 증세가 이루어진 것으로 보인다.

보수정부 기간 동안에 세금부담의 공평성과 관련된 또 다른 특성 중 하나는 부가가치세의 유효 세부담의 역진성이 강화되었다는 점이다. 〈그림 15.40〉에서 보는 것처럼 소득 대비 부가가치세의 유효 세부담 비율의 역진성은 1997년의 외환위기 이래 지속되었지만, 특히 2008년의 금융위기 이후에 더욱 심각해졌다. 소득상위 10%의 부가가치세의 유효 세부담률은 보수정부 기간 동안에 낮아진 반면 하위 10%는 2005년에 7.2%에서 2010년에 7.8%, 2012년에 7.3%로 높아졌다. 소득 대비 부가가치세의 부담 비율로 보았을 때 저소득층이 고소득층보다 더 높은 부담을 한 것으로 나타났다. 보수정부 9년 동안에 조세부담은 중·하위 소득계층보다는 고소득층에 유리한 방향으로 변화했다.

2) 사적 자산축적의 역진적 선별성

상대적으로 낮은 세금부담은 가구의 가처분소득을 증가시켜 사적 자산을 축적할 수 있는 경제적 토대를 제공한다. 특히 앞서 검토했던 것처럼 보수정부하에서 세금부담이 공평하게 이루어지지 않고 상대적으로 고소득층에 유리하게 부과되었다면, 사적 자산축적의 양상 또한 이러한 조세정책의 영향으로 고소득층에 편향적이었을 것이다. 이러한 현상은 중장기적 관점에서 공적복지의 보편적 확대를 가로막는 중요한 제도적 제약이 될 것이다. 사적 자산축적을 장려해 공적복지의 필요성을 낮추는 '확장성의 제약'이라는 전략이 실행된 것이라고 볼 수 있다.

부동산

이미 이전 장에서 검토했듯이 부동산(주택)은 한국 복지체제에서 독특한 의미를 갖는다. 공적복지가 취약한 상황에서 부동산으로 대표되는 자산은 중·상층이 사회위험에 대응하는 사적 안전망 같은 역할을 했다. 물론 부동산의 이러한 역할이 한국만의 고유한 특성은 아니다. 북서유럽의 복지국가 중 상대적으로 사회보장제도의 보편성이 낮은 남부유럽 복지체제에서 주택으로 대표되는 부동산은 사회위험에 대응하는 사적 보장제도로기능한다. 실제로 일부 연구에 따르면 주택소유는 개인이 실업, 노령 등 사회위험으로 인해 소득을 상실했을 때 일종의 유사 사회보험의 기능을 수행하는 것으로 알려져 있다.[334] 주택 소유가 이처럼 사회보험과 유사한 기능을 수행한다면 주택소유율이 높은 국가일수록 공적 사회보장의 수준이 낮은 것은 자연스러운 결과처럼 보인다. OECD 20개국을 분석한 연구에 따르면, 주택소유율과 사회지출 수준은 부적 관계에 있는 것으로 나타났다.[335] 물론 낮은 사회보장 수준이 사적 보장제도로서의 부동산의 지위를 강화한 것인지 아니면 그 반대인지는 분명하지 않다. 더불어 주택소유 여부와 사회지출 간의 관계도 국가별로 상이하게 나타나고 있다. 예를 들어, 일본과 포르투갈의 경우를 보면 주택소유율은 연금수준과 부적 관계에 있는 것으로 나타난 반면그리스, 이탈리아, 영국 등은 주택소유율도 높고 연금수준도 높은 것으로 나타났다.[336] 더욱이 복지제도의 보편성이 가장 높다고 알려진 사민주의 복지체제의 주택소유율은 상당히 높은 수준이었다. 2016년 기준으로 노르웨이의 주택소유율은 82.7%로 동유럽 국가를 제외하고 유럽에서 가장 높았다.[337] 다만 지난 역사를검토해보면 적어도 한국에서는 낮은 세금과 취약한 공적 사회보장제도가 사적보장제도로서의 부동산의 지위를 강화했던 것은 분명해 보인다.

논란은 있지만 보수정부 9년 동안에도 세금과 공적 사회보장은 여전히 낮은 수준이었고 부동산은 매력적인 사적 보장기제로 남아 있었다. 주택가격은 1998년 이래 줄곧 상승했기 때문에 주택(부동산)에 대한 투자는 경제적으로 보면 가장 합리적인 행위였다. 〈그림 15.41〉에서 보는 것처럼 보수정부 집권 시기에도 주택 매매가격은 상승했다. 홍미로운 사실은 "부동산시장의 투명성 제고, 보유세 강화, 개발이익 환수, 주거복지정책 추진 등 장기 정책과제를 일관성 있게

....

334 Conley, D. and Gifford, B.(2006). "Home-ownership, Social Insurance, and the Welfare State. *Sociological Forum* 21(1), 55-82; Doling, J. and Ronald, R.(2010). "Property-based Welfare and European Homeowners: how Would Housing Perform As A Pension?" *Journal of Housing and the Built Environment* 25(2): 227-241; Saunders. P.(1992). "Domestic Property and Social Class." *International Journal of Urban and Regional Research* 2: 233-251; Sherradan, M.(1991). *Assets and the Poor: A New American Welfare Policy.* Armonk, NY: Sharpe.

335 Castles, F. G.(1998). "The really Big Trade-Off : Home-ownership and the Welfare State in the New World and the Old." *Acta Politica* 33(1): 5-19.

336 Castles, F. and Ferrera, M.(1996). "Home ownership and the welfare state: Is Southern Europe different?" *European Society and Politics* 1(2): 163-185.

337 Statista(2018). "Homeownership rate in selected European countries in 2016." https://www.statista.com/statistics/246355/home-ownership-rate-in-europe/, 접근일 2018년 7월 31일.

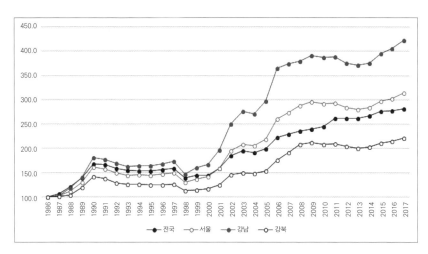

그림 15.41 주택 매매가격 증감률, 1986~2017년(1986=100).
출처: 통계청(2017). "e-나라지표: 주택매매가격 동향." http://www.index.go.kr, 접근일 2017년 8월 11일.

추구했고 부동산시장을 경기부양수단으로 활용하지 않았다."는[338] 노무현 정부 시기의 주택 매매가격은 1986년 이래 가장 큰 폭으로 상승했다. 반면 부동산을 경기부양책으로 활용했던 보수정부 9년 동안의 주택가격 상승률은 자유주의 정부 10년에 미치지 못했다. 전국의 주택가격은 자유주의 정부 10년 동안에 44.0% 상승했지만, 보수정부 9년 동안에는 절반에도 미치지 못하는 21.2% 상승하는 데 그쳤다. 강남의 주택가격도 자유주의 정부 기간 동안에 116.2% 상승한 데 반해 보수정부 기간 동안에는 8.3% 상승하는 데 그쳤다. 더욱이 보수정부 시기에 부동산 가격이 상승한 시점은 박근혜 정부가 부동산 정책을 경기부양 정책으로 사용한 이후였다.

　역설적인 사실은 이명박 정부가 집권 첫해에 노무현 정부가 주택가격 안정화를 위해 시행했던 보유세 강화, 도심 내 재개발 억제, 부동산 규제강화 조치를 무력화시키는 일련의 조치를 취했다는 것이다. 2008년 7월 23일에 2017년까지 단계적으로 100%까지 높이기로 계획된 재산세 과표 적용률을 50%로 고정했

....

338　전강수(2009). "이명박 정부의 시장만능주의 부동산 정책." 『사회경제평론』 32: 195-228. p.196.

고, 공시가격 6억 이상 주택의 재산세 인상률도 50%에서 25%로 인하했다. 또한 8월 21일 대책을 통해 다주택자에 대한 양도세 중과세를 완화하고, 9월 1일의 세제개편을 통해 고가주택의 기준을 6억 원에서 9억 원으로 상향 조정했으며, 1주택 소유자에 대한 양도세율도 완화했다.[339] 결정적으로 9월 23일에는 노무현 정부가 부동산 투기를 근절하기 위해 도입했던 종합부동산세를 무력화시켰다. 헌법재판소는 2008년 11월 13일에 '세대별 합산과 주거목적 1주택 장기보유자 부과 규정에 대해 각각 위헌과 헌법불합치 결정'을 내려서 이명박 정부의 조치를 정당화했다.[340] 토지공개념을 위헌이라고 판결했던 헌법재판소가 다시 종합부동산세에 대해서도 위헌과 헌법불합치 결정을 내렸던 것이다. 또한 이명박 정부는 도심 내 재개발을 억제했던 노무현 정부와 달리 재건축과 재개발을 완화해 도심 내 주택공급을 촉진하는 조치를 취했다.[341] 이명박 정부는 전매 제한, 대출 규제(LTV 담보인정비율, DIT 총부채상환비율 등), 분양가 상한제, 재건축 규제 등을 완화해 노무현 정부의 부동산 규제 정책을 전면적으로 무력화시키는 조치를 취했다.

박근혜 정부의 정책 기조도 이명박 정부와 다르지 않았다. 박근혜 정부는 집권 기간 동안에 열세 차례에 걸쳐 부동산 규제를 완화하고 주택 거래를 활성화시켜 침체된 내수를 부양하는 정책을 실행했다.[342] 박근혜 정부는 이명박 정부에서 완화되었던 전매 제한을 더 완화했고, 특히 2014년 7월 24일에 담보인정비율(LTV)과 총부채상환비율(DIT)을 70%로 완화했으며, 9월 1일에 재건축 연한과 청약 1순위 자격요건도 완화해 부동산 거래를 활성화시켜 경기를 부

....

339 전강수. "이명박 정부의 시장만능주의 부동산 정책." pp.205-207.

340 한겨레(2008). "헌재 종부세 세대별 합산 과세는 위헌."『한겨레』. 2008년 11월 13일. http://www.hani.co.kr/arti/society/society_general/321595.html, 접근일 2018년 7월 31일.

341 변창흠(2008). "이명박 정부 부동산 정책: 부동산정책의 메타오류를 걱정한다."『월간말』. 2008년 10월호: 55-61. p.57.

342 조명래(2017). "박근혜정부의 주택부동산정책 평가와 향후 과제."『부동산 포커스』108: 83-92. p.83; 이강훈(2016). "부동사 투기 억제, 11 · 3 대책으로 충분한가?" 박근혜 정부 부동산 정책 평가 토론회. 2016년 11월 10일. 국회의원회관 제1세미나실. 주최: 더불어민주당 이원욱 의원 · 임종성 의원, 참여연대 민생희망본부.

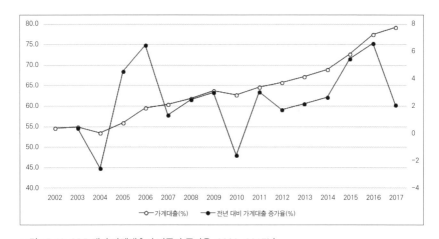

그림 15.42 GDP 대비 가계대출의 비중과 증가율, 2002~2017년

출처: 통계청(2018). "e-나라지표: 가계신용 동향." http://www.index.go.kr/potal/main/EachDtlPageDetail.do?idx_cd=1076, 접근일 2018년 4월 27일.

양하겠다는 분명한 의지를 피력했다.[343] 하지만 2012년부터 시작된 세계 경기의 둔화와 국제교역 증가율의 하락과 함께 내수가 부진한 상황에서 대출 규제를 완화하는 조치는 '빚내서 집 사라'는 정책이었고 가계부채가 급증하는 부작용을 낳았다.[344] 실제로 〈그림 15.42〉에서 보는 것처럼 가계부채 증가율은 2014년에 박근혜 정부가 부동산 규제완화 정책을 시행하면서 급등했다. 2014년에 2.64%에 그쳤던 가계부채 증가율은 2015년에 5.47%, 2016년 6.61%로 지난 20년간 최고치를 경신했다. 더불어 GDP 대비 가계부채 규모도 2007년에 60.4%에서 이명박 정부 집권 마지막 해인 2012년에 65.8%로 높아졌고, 2016년에는 다시 77.6%로 역대 최고치를 경신했다.

이는 역설적이라고 할 수 있다. 부동산 규제를 강화했던 정권에서는 주택가격이 상승하고 규제를 완화했던 정권에서는 상대적으로 주택가격이 안정적이었다. 물론 보수정부 9년 동안에 상대적으로 안정적인 주택가격은 노무현 정부의

....

343 조명래. "박근혜정부의 주택부동산정책 평가와 향후 과제." p.83.
344 노컷뉴스(2018). "빚내서 집사라던 박정부…가계부채 폭탄 불렀다." 노컷뉴스. 2018년 3월 29일.
      http://www.nocutnews.co.kr/news/4946027, 접근일 2018년 7월 31일.

부동산 안정화 정책의 결과일 수 있다.[345] 그러나 노무현 정부의 부동산 정책 대부분이 이명박 정부에서 폐기되었다는 점을 고려하면 보수정부 9년에 동안 안정화된 주택가격이 노무현 정부의 후광이라고 보기는 어려워 보인다. 대신 검증이 필요하지만 이러한 역설적인 현상을 설명하기 위한 흥미로운 가설을 제시해볼 수 있다. 주택가격과 공적복지지출이 상호 밀접한 관련이 있다는 가정을 전제로[346] 왜 이러한 역설적인 결과가 나타났는지를 설명해보자. 상대적으로 주택가격이 안정적인 국면에서는 세금 부담이 수반되는 공적복지지출을 확대할 가능성이 있는 진보성향 정당을 지지할 가능성이 높아지는 반면 주택가격이 상승하는 국면에서 유권자들은 세금 부담이 증가할 수 있는 공적복지의 확대에 우호적인 정당의 집권보다는 공적복지의 확대에 반대하는 보수정당의 집권을 선호할 수 있다. 왜냐하면 주택가격이 상승하는 국면에서는 일반적으로 가계의 부채도 함께 증가하기 때문에 가계는 세금을 증가시킬 수 있는 공적복지에 부정적 태도를 갖게 되는 것이다. 실제로 노태우·김영삼 보수정부 기간 동안에 안정적이었던 주택가격은 김대중·노무현 정부로 이어지는 자유주의 정권의 탄생으로 이어졌고, 자유주의 정부 10년 동안 높아진 주택가격과 부채는 상대적으로 공적복지의 확대와 증세에 소극적인 보수정권의 탄생으로 이어졌다. 자유주의 복지체제로 분류되는 미국과 영국의 사례를 분석한 연구에서도 주택가격의 상승과 이에 수반되는 부채 상승이 우파정당의 집권에 유리한 정치적 환경을 제공했다는 결과를 제시했다.[347] 이는 1987년 이후의 30년간 한국에서 왜 자유주의 정부에서 주택가격이 상승하고 보수정부에서 주택가격이 안정적이었으며, 왜 보수정부(노태우·김영삼 정부)에서 자유주의 정부(김대중·노무현 정부)로, 다시 보수정부(이명박·박근혜 정부)에서 자유주의 정부(문재인 정부)로 정권교체가 이루어졌는지를 설명하

....

345 전강수. "이명박 정부의 시장만능주의 부동산 정책."

346 Ansell, B.(2012). "Assets in Crisis: Housing, Preferences and Policy in the Credit Crisis." *Swiss Political Science Review* 108(2): 383-402. p.534.

347 Ansell, B.(2014). "The Political Economy of Ownership: Housing Markets and the Welfare State." *American Political Science Review* 108(2): 383-402. p.391.

는 하나의 가설이 될 수 있을 것 같다.

다만 『기원과 궤적』에서 주목해야 할 현실은 강남과 강북으로 대표되는 지역 간 격차가 〈그림 15.41〉에서 보았던 것처럼 2008년의 보수정부의 집권과 함께 더 확대되었고 2016년에 역대 최고치를 기록했다는 점이다. 주택가격 지수로 본 강남과 강북의 주택가격의 차이(강남 주택가격 지수−강북 주택가격 지수)는 2008년에 171.2에서 2016년에 190.2로 커졌다. 이러한 현실은 사회위험에 대응하는 사적 보장기제로서의 주택(부동산)의 역할이 보편적이기보다는 중·상위계층에 더 편향적임을 보여준다. 기획재정부가 발표한 자료에 따르면, 2016년 기준으로 적금의 수익률은 1.67%에 그쳤지만 오피스텔, 중대형 상가, 소형 상가의 수익률은 5.8~6.3%에 이르렀다.[348] 공적복지의 확대와 관련해 주목해야 할 현실은 부동산 가격의 상승은 공적복지 확대 → 소비 증가 → 경제성장 → 공적복지 확대라는 선순환 고리를 약화시켜 복지국가의 지속 가능성을 위협할 수 있다는 점이다. 부동산 규제를 완화하는 정책을 폈던 보수정부 기간 동안에 가구소득이 증가했는데도 모든 계층의 한계소비성향은 낮아졌고, 소득 중 부채를 상환하기 위한 비율은 더 높아졌다.[349] 더욱이 복지국가의 확대와 관련해 『기원과 궤적』에서는 부동산 가격의 상승이 사적 자산의 규모를 증가시켜 복지국가의 확대에 비우호적인 집단의 규모를 증가시킬 수 있는 가능성에 주목할 필요가 있다. 『한겨레』의 조사에 따르면 자산 규모가 클수록 공적복지의 확대에 우호적인 비율이 감소하는 것으로 나타났다.[350]

민간보험과 사적 소득이전

취약한 공적 사회보장 수준은 필연적으로 민간보험의 역할을 강화한다. 민간생명보험 가입건수는 〈그림 15.43〉에서 보는 것처럼 1997년의 외환위기 이후에 계속 증가했다. 다만 GDP 대비 민간생명보험의 보험료수입률은 외환위기

....

348   관계기관합동(2017). "가계부채 종합대책." p.4.
349   윤홍식 외. 『복지, 성장, 고용의 선순환을 위한 복지정책 방향 연구』.
350   한겨레(2018). "소득 늘수록 복지 지지하지만…자산 상위 20%부터 뒷걸음." 2018년 10월 19일 9면.

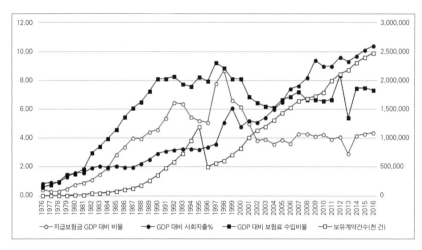

그림 15.43 민간생명보험의 수입, 지급보험료, 계약건수와 GDP 대비 사회지출
출처: 생명보험협회. "생명보험통계: 연도별 생명보험 사업개황. 50년 통계."

를 거치면서 감소했다가 2004년부터 다시 상승하기 시작해 2016년 현재 7.32%이다. 반면 GDP 대비 민간생명보험의 지급액은 2004년에 4.30%에서 2016년에 4.38%로 0.08%포인트 높아지는 데 그쳤다. 특히 보수정부 9년 동안에 보험료 수입액과 지급액의 차이가 더 벌어졌다. 개인 가입자가 낸 보험료에 비해 급여로 돌려받는 비중이 더 낮아진 것이다. 이러한 현상은 1997년 이후에 민간보험의 성격이 보장 중심에서 투자 중심으로 전환되면서 사적 보장기제로서의 민간보험의 역할이 약화된 현상과 관련이 있다. 민간보험의 또 다른 문제는 민간보험이 부동산과 마찬가지로 보편적 사적 보장제도가 아니라 상대적으로 중·상위계층에 편향된 사적 보장기제라는 점이다. 실제로 민간의료보험의 가입자를 소득계층별로 구분해보면 2013년 기준으로 5분위 소득계층의 85.7%가 민간의료보험에 가입한 반면 1분위 소득계층의 가입 비율은 37.0%에 불과했다.[351] 더욱이 민간보험의 보험급여가 가입자의 납부액에 따라 차등적으로 지급된다는 점을 고려하면, 민간보험의 역할 또한 소득계층에 따라 역진적으로 나타날 것이다.

....

351   최기춘·이현복. "국민건강보험과 민간의료보험의 역할 정립을 위한 쟁점." p.39.

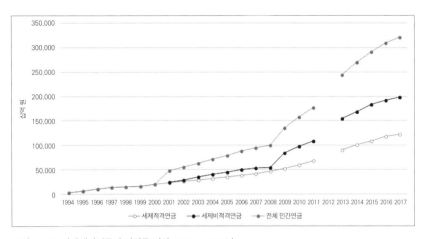

그림 15.44 민간개인연금의 적립금 변화, 1994~2017년

출처: 오진호(2013). "사적연금 적립금 추이전망." 통계개발원 편. 『2013년 하반기 연구보고서 제II권』. 통계개발원. p.252; 김병덕 (2018). "사적연금의 현황 및 보수체계 개편의 필요성." 『금융포커스』 27(5): 8-9.

　　노령이라는 사회위험에 사적으로 대응하는 개인연금의 경우에도 보수정부 시기에 비약적인 성장을 했다. 〈그림 15.44〉에서 보는 것처럼 2008년의 보수정 부의 출범과 함께 개인연금의 적립금은 급격히 증가했다. 세제적격 개인연금(신 탁, 보험, 펀드)의 경우에 납입 시 세액공제를 해주고 세제비적격 개인연금(즉시 연금, 장기저축성보험, 종신연금 등)은 납입금에 대한 세액공제를 제공하지 않지 만, 연금 수령 시에 비과세혜택을 제공한다는 점에서[352] 개인연금의 급격한 성장 은 시장 수요에 의한 자연스러운 현상이 아니라 보수정부가 민간연금을 활성화 시키기 위해 취한 정책의 결과라고 할 수 있다. 실제로 이명박 정부는 개인연금 에 대한 연간 소득공제 규모를 300만 원에서 400만 원으로 높였고, 박근혜 정부 는 2015년부터 퇴직연금 납부액 300만 원까지 세제혜택을 제공해 민간개인연금 에 대한 소득공제액을 700만 원으로 대폭 높였다. 이로 인해 2007년에 41.7조 원 에 불과했던 세제적격 개인연금의 적립금은 2011년에 68.2조로 증가했고, 2016 년이 되면 123조 원으로 불과 9년 만에 세 배 이상 증가했다. 동 기간 동안 전체

....

352　김병덕(2018). "사적연금의 현황 및 보수체계 개편의 필요성." 『금융포커스』 27(5): 8-9.

개인연금의 누적 적립액은 94.8조 원에서 322조 원으로 증가했다. 문제는 개인연금 또한 소득계층에 따라 역진적이라는 것이다. 개인연금 가입자의 연평균 보험료 납부액을 보면 1분위는 170.8만 원인 데 반해 고소득층인 10분위는 311.4만 원이었다.[353] 노후에 개인연금을 수령할 때는 물론이고 납부액에 대한 세금공제까지 고려하면 개인연금은 고소득층이 더 많은 공적 지원을 받는 역진성이 강한 사적 보장제도라고 할 수 있다.

또한 민간보험은 공적 사회보험의 기능을 약화시키기도 한다. 예를 들어, 민간건강보험의 확대는 의료서비스를 과다 이용하는 동인을 제공해 건강보험의 재정에 부정적 영향을 주고 있다. 실제로 민간건강보험에 가입한 환자의 입원일 수는 비가입자에 비해 두세 배 길고 입원하는 비율도 22.9% 높은 것으로 나타났다.[354] 또한 건강보험의 보장성이 확대되면 민간보험회사가 지급해야 할 보험급여가 감소해 민간보험회사가 반사이익을 얻는 것으로 나타났다.[355] 이처럼 보수정부의 집권과 함께 민간보험의 성장이 가속화되면서 사적 보장기제의 역진적 선별성이 더욱 강화되었다. 더욱이 사적 보험의 확대는 중·상위계층이 증세가 수반되는 공적 사회보장제도의 확대를 반대할 동인을 높인다는 점에서 저소득층과 중·상위계층의 사회적 연대를 저해하는 장애물이라고 할 수 있다. 실제로 정책기획위원회에서 발표한 자료에 따르면 가계가 공적연금에 내는 보험료보다 사적연금에 내는 보험료가 더 많은 것으로 나타났다.

취약한 공적 사회보험이 만들어낸 과도한 민간보험의 규모는 2018년 9월 6일에 문재인 대통령이 주재한 포용국가전략회의에서 김연명 교수가 발표한 자료를 보면 분명하게 드러난다. 〈그림 15.45〉를 보면 노후소득보장과 관련해 가계가 국민연금에 납부한 보험료는 2016년 기준으로 21.7조 원인 데 반해 민간

....

353 장원석·강성호·이상우(2014). 『소득수준을 고려한 개인연금 세제 효율화 방안: 보험료 납입단계의 세제방식을 중심으로』. 서울: 보험연구원. p.79.

354 신기철·김윤·권혁성·최윤정·김윤식·조수진·이태열·이창우·김동겸(2014). 『정액형 개인의료보험 개선방안』. 서울: 숭실대학교 산학협력단. p.23.

355 신현웅(2016). 『국민건강보험과 민간의료보험의 합리적 역할 설정』. 국민건강보험공단. p.106; 최기춘·이현복. "국민건강보험과 민간의료보험의 역할 정립을 위한 쟁점." p.40. 재인용.

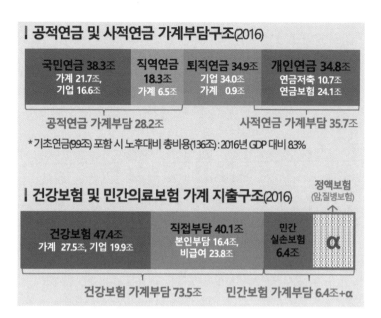

그림 15.45 가계의 사회보험과 민간보험의 부담구조: 노후소득보장과 의료보장

출처: 대통령직속 정책기획위원회(2018). "문재인정부 '포용국가' 비전과 전략: 국민의 삶을 바꾸는 포용과 혁신의 사회정책." 청와
대 영빈관. 2018년 9월 6일.

보험회사가 운영하는 개인연금에 낸 보험료는 국민연금 기여금보다 13.1조 원
이 더 많은 34.8조 원에 이르고 있다. 건강보험의 경우에 상황이 조금 나은 것
같지만, 가입자의 본인부담금, 비급여, 실손보험 등을 고려하면 가계 부담이 과
중한 것은 노후소득보장과 유사하다. 결국 저부담·저급여라는 한국 사회보험
의 급여구조가 민간보험이라는 사적 보장체계의 과도한 성장을 불러왔고, 이는
개별 시민과 가구가 재생산 비용을 과도하게 부담하는 '지속 가능하지 않은' 구
조를 만들었다. 앞서 언급한 것처럼 민간보험의 가입률과 급여수준이 소득수준
과 비례한다는 것은 사적 보장제도의 역진적 선별성을 분명하게 보여주는 근거
라고 할 수 있다.

민간보험회사는 사회위험에 대응하는
안전망이 될 수 있을까?
사회공헌 약속을 저버린 민간생명보험

　　2016년 기준으로 민간생명보험사의 보험료 수입액은 120조 원으로 GDP의 7.3%에 달한다. 모든 민간보험을 합산할 경우에 그 규모는 200조 원(2017년)에 달해 GDP의 11.6%에 이르는 것으로 알려져 있다. 2017년 기준으로 세계 7위에 이르는 규모이다. 구매력 기준으로 한국의 GDP 규모가 14위라는 점을 고려하면 경제력에 비해 민간보험시장이 비대한 규모로 성장했다고 할 수 있다. 이렇게 민간보험이 성장할 수 있게 된 배경에는 정부의 제도적 지원이 있었다. 앞서 검토한 것처럼 민간보험료에 대한 세제혜택은 물론 정부가 제도적으로 민간보험회사가 성장할 수 있는 여건을 마련해주었기 때문이다. 사실 2007년 이전까지 생명보험회사는 주식시장에 상장할 수 없었다. 생명보험회사는 주식회사와 달리 가입자로부터 보험료를 받아 운영하고 남은 돈을 계약자들에게 돌려주는 상호회사적 성격이 강했기 때문에 주식회사와는 성격이 달랐고, 보험회사가 상장을 위해 자본금화하려는 돈도 가입자가 낸 보험료를 내부유보금으로 적립한 것이기 때문에 이 중 얼마가 가입자의 몫인지 논란이 되었다. 시민단체와 소비자단체는 적어도 50%는 가입자 몫으로 배분해야 한다는 주장을 했고, 민간보험회사들은 그렇다면 상장을 하지 않는 것이 낫다고 대립했다.

　　하지만 노무현 정부의 마지막 해인 2007년에 증권선물거래소 생보사 상장자문위가 가입자 몫을 배분할 필요가 없다는 의견을 제시했고, 당시 윤증현 금융감독원장이 생보사 상장을 위해 국민에게 성의를 보이라고 요구했다. 이에 생보사들은 향후 20년 동안 1조 5천억 원을 공익기금으로 출현하겠다고 '성의'를 보였다. 이는 2007년 당시 가치로 GDP 1,043조 원의

0.14%에 해당하는 금액이었다. 하지만 기대했던 대로(?) 약속은 지켜지지 않았다. 2016년까지 생보사가 출현한 공익기금은 3,692억 원으로 11년차 예상 누적적립금 8,250억 원의 절반에도 미치지 못했다. 2009년에 동양생명, 2010년에 삼성생명과 한화생명, 2015년에 미래에셋생명 등 생명보험회사 등이 차례로 상장하면서 생보사는 엄청난 이익을 얻었다. 국내 보험사들의 총자산은 2017년 기준으로 1,100조 원을 넘어서 외환위기 이후 20년 동안 무려 열 배나 증가했다. 하지만 국민과 했던 최소한의 약속은 지켜지지 않았다. 화장실에 들어갈 때와 나올 때의 마음이 달랐던 것이다.

출처: 한겨레(2018). "생보사들, 사회공헌 약관은 헌신짝." 『한겨레』. 2018년 8월 13일자 16면; 생명보험협회, "생명보험통계: 연도별 생명보험 사업개황. 50년 통계".

가족 간의 사적 이전도 사회위험에 대응하는 중요한 사적 보장기제라고 할 수 있다. 특히 사적 소득이전은 〈그림 15.46〉에서 보는 것처럼 2008년의 금융위기를 거치면서 사적 이전소득 수급가구의 비중이 급감했고 평균 이전소득은 증가하는 양상을 보였다. 전체 가구 중 사적 이전소득을 받는 가구의 비율은 2008년에 47%에서 2010년에 20.0%로 감소했다. 흥미로운 현상은 모든 소득계층에서 이전소득을 수급하는 가구의 비중이 감소했지만 저소득층 가구보다 고소득층 가구의 감소율이 더 컸다는 점이다. 1분위 가구 중 수급가구의 비율은 동 기간 동안에 64.3%에서 42.2%로 34.4% 감소했지만 소득상위 10분위 가구 중 수급가구의 비율은 32.1%에서 11.2%로 65.1%나 감소했다.[356] 이러한 현상에 대해서는 두 가지로 해석할 수 있는데, 먼저 수급가구의 비율이 감소했다는 것은 사적 보장기제로서 사적 소득이전의 보편성이 약화되었다는 것을 의미하며, 다

....

356 전승훈·박승준(2011). "공적이전소득이 사적이전소득에 미치는 영향 분석." 『한국경제연구』 29(4): 171-205. p.196.

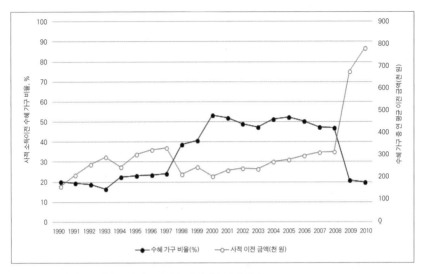

그림 15.46 사적 소득이전 수혜 가구의 비율 및 연평균 이전 금액
출처: 전승훈·박승준(2011). "공적이전소득이 사적이전소득에 미치는 영향 분석." 『한국경제연구』 29(4): 171-205. p.196.

른 하나는 이전소득을 받는 가구의 경우에 사적 이전소득의 중요성이 2008년 이전보다 더 커졌다는 것을 의미한다. 실제로 1분위 가구의 경우에 시장소득 대비 이전소득의 비율이 2008년에 92%에서 2010년에 158%로 증가했고, 10분위 가구의 경우에는 8%에서 46.2%로 높아졌다.[357] 정리하면, 보수정부 9년 동안에 사적 보장기제로서의 부동산과 금융자산에서는 2008년 이전보다 중상위계층에 편향적인 역진적 선별성이 강화되었고, 사적 이전소득의 경우에는 대상자의 비율이 급감했다.

....
357 전승훈·박승준. "공적이전소득이 사적이전소득에 미치는 영향 분석." p.198.

4. 공적 사회보장제도: 보편성의 확장과 확장성의 제약

1) 보수정부 시기의 복지정책 관련 주요 쟁점

무상급식과 보편주의 복지논쟁[358]

보수정부 집권 시기였던 2010년 6월 2일에 치러진 지방선거에서 제기된 '보편적 무상급식' 논쟁은 한국 복지국가의 논의 지형을 단번에 바꾸어놓았다. 지엽적인 프로그램인 학교급식이 한국 복지체제의 미래와 관련된 논쟁을 촉발시킨 것은 물론이고 공적복지의 보편성을 확대하는 중요한 정치적 동력이 되었다. 무상급식 논쟁 이전에도 개별 정책의 보편성 강화나 한국 사회가 보편적 복지국가로 나아가야 한다는 주장은 있었다. 그러나 정책 대상의 보편성 문제가 전국적 선거의 핵심 쟁점으로 부상한 경우는 없었다. 더욱이 보편적 무상급식이 2010년 6·2지방선거에서 쟁점이 된 이후에 서울시의 2011년 8·24 무상급식반대 주민투표가 무산되고 10·26 서울시장 보궐선거에서 무상급식과 보편적 복지국가를 지지하는 박원순 후보가 승리하자 복지는 모든 제도권 정당의 핵심 의제로 부상했다.

복지가 경쟁적 개념이 된 것이다.[359] 사실 복지가 경쟁적 개념이 될 수 있었던 데는 무상급식 논쟁에 이어 당시 보수를 대표하던 새누리당 박근혜 후보의 역할이 컸다. 박근혜 후보는 2009년 10월 26일에 부친(박정희)의 추도식에서 "복지국가는 아버지의 꿈이었다."고 말한 것을 시작으로 2010년 8월 15일의 모친(육영수)의 추도식을 거쳐 2011년 2월 11일에 사회보장기본법 전부개정안을 발의하면서 지속적으로 복지확대를 공언했다. 그가 복지를 말할 때마다 복지가 정치권의 핵심 쟁점으로 부상했다.

....

358 '무상급식과 보편주의 복지논쟁'은 다음 글의 일부를 수정·보완한 것이다. 유홍식(2012). "보편주의 복지를 둘러싼 논쟁의 한계, 성과, 전망: 무상급식에서 4·11 총선까지."『사회보장연구』28(4): 75-104.
359 "경쟁적인 개념은 서로 다른 일련의 가치나 원리를 지닌 집단들이 자신들의 정체성을 보여주거나 사회적 주도권을 잡는 데 이용하기 위해 서로 차지하려고 경쟁하는 대상이 된 개념을 의미한다." Lakoff, G.(2007).『프레임 전쟁: 보수에 맞서는 진보의 성공전략』. 나익주 역. (*Thinking Points: Communicating our American Values and vision*). 서울: 창비. p.130.

복지가 경쟁적 개념이 되면서 복지는 더 이상 진보의 정체성을 대표하는 의제가 아니게 되었다. 복지 확장은 누구도 거스를 수 없는 대세가 되어가는 듯했다. 하지만 한계도 명백했다. 무상급식을 지지하는 것이 한국 사회가 보편적 복지국가로 나아가야 한다는 대중적 동의로 이어지는 것은 아니었기 때문이다. 무상급식 논쟁 이후에 복지논쟁은 한국이 보편적 복지국가로 이행하는 데 필요한 제반 필요조건을 중심으로 전개되기보다는 무상급식 같은 개별 프로그램과 이 프로그램에 소요되는 재원을 중심으로 전개되었다. 정작 중요한 보편적 복지국가의 조건이 무엇인지는 주목받지 못했고, 자극적인 논쟁들이 그 뒤를 따랐다. 복지확대가 국가 위기를 초래할 것이라는 극단적인 주장에서부터[360] 증세 없이 보편적 복지가 가능하다는 주장까지 다양한 주장들이 난무했다. 더욱이 2012년의 총선과 대선에서 보편적 복지를 지지하는 진영이 승리하면 한국 사회가 단번에 보편적 복지국가로 전환될 수 있다는 근거 없는 낙관론까지 등장했다.

돌이켜보면 무상급식을 계기로 대중적으로 확산되었던 복지논쟁의 본질은 역설적이게도 해방 이후에 한국 사회를 지배했던 성장담론과 다르지 않았다. 성장을 통해 잘살아보자는 국민적 욕망이 보편적 복지로 이름만 바뀌었을 뿐 어떻게든 잘살아보자는 물질적 욕망은 그대로였기 때문이다. 국민은 보편적 무상급식을 지지했지만 여전히 경제성장 제일주의와 작은 정부를 선호했고, 박근혜 후보는 '증세 없는 복지'라는 공약을 내걸고 대통령에 당선되었다. 다만 분명한 것은 무상급식을 계기로 촉발된 보편주의 복지에 대한 논쟁이 없었다면 이명박·박근혜 정부로 이어지는 보수정부 9년 동안 공적복지는 지금과는 상당히 다른 방향으로 나아갔을 수 있다는 것이다. 공적복지는 보수정부의 기본 철학이었던 가난한 사람들에게만 복지를 제공한다는 원칙에 입각해 선별적 복지제도를 중심으로 확장되었을 수도 있다. 특히 한국 사회처럼 부자와 가난한 사람 간에 복지 확

....

360   현진권(2011). 『복지논쟁: 무엇이 문제이고 어디로 가야 하나』. 서울: 자유기업원; 전용덕(2011). 『자
      발적 복지와 복지국가의 함정』. 서울: 자유기업원; 김상겸(2011). "유턴하는 대한민국: 빈곤으로의 예
      정된 길." 권혁철·김상겸·우석진·조동근·최승노·최창규·현진권. 『포퓰리즘의 덫: 세상에 공짜는
      없다』. 서울: 나남. pp.99-134.

2011년 6월 16일에 오세훈 전 서울시장이 서울시 서소문 청사에서 '무상급식반대 주민투표'를 실시하겠다는 기자회견을 하고 있다. 오세훈 시장은 주민투표가 한국 복지체제에 어떤 영향을 줄 것인지 예상하지 못했을 것이다(사진출처: 연합뉴스).[361]

2011년 10월 26일에 주민투표의 실패로 물러난 오세훈 시장을 대신해 오랫동안 시민운동에 몸담았던 박원순이 서울시장에 당선되었다. 『한겨레』는 "시민이 권력을 이겼다"라는 제목으로 박원순의 승리를 보도했다(사진출처: 연합뉴스).[362]

....

361 http://h21.hani.co.kr/arti/politics/politics_general/29874.html
362 http://www.hani.co.kr/arti/PRINT/502658.html

대에 대한 일관된 지지와 반대가 나타나지 않는 사회에서 2010년의 6·2 지방선거와 보편적 무상급식 논쟁이라는 '사례'는 주체의 노력에 따라 '선거'를 매개로 복지국가의 확장이 가능하다는 것을 실증적으로 보여주었다.

보편적 무상급식 논쟁과 주체로서의 시민[363]

무상급식을 계기로 확산된 보편주의 복지논쟁은 매우 이례적이었다. 보편적 복지 확대를 가능하게 하는 주체로서의 좌파적 전통과 정치세력은 단절되었고 현실 정치세력으로서의 좌파 또한 무기력했던, 지난 반세기 넘게 경제성장 제일주의에 매몰되어 있던 사회에서 '놀랍게도' 보편적 복지가 중요한 정치적 쟁점이 되었기 때문이다. 특히 서울시민이 2011년 8·24 무상급식반대 주민투표를 무효화시키고 10·26 서울시장 보궐선거에서 보편적 복지를 지지하는 박원순을 서울시장으로 당선시킨 것은 서구의 역사적 경험으로는 설명하기 어려운 사건이었다. 이처럼 누구도 예상하지 못한 상황에서 급격히 확산된 보편적주의 복지논쟁은 누가 한국 사회에서 보편적 복지를 실현할 수 있는 주체가 될 수 있는지 또는 되어야 하는지에 대한 논란을 야기했다.

주체를 둘러싼 논란은 서구 복지국가의 역사적 경험을 한국 사회에 이식하는 것이 아닌 한국 복지국가 발전의 특수성에 대한 실천적 답을 요구했다. 소위 보편적 복지국가를 추동할 한국 사회의 권력자원과 계급동원을 되돌아보게 된 것이다. 그러나 대부분의 논자들은 서구 사회에서 보편적 복지국가 실현의 주체였던 조직화된 노동계급이라는 권력자원을 한국 사회에서는 찾기 어렵다는 현실에 직면했다. 민주노총을 중심으로 한 조직노동이 지속적으로 "노동 없는 보편적 복지"에 대한 비판을 제기했지만,[364] 민주노총의 조직률은 낮았고 노동계급을 대

....

363 '보편적 무상급식 논쟁과 주체로서의 시민'은 다음 글을 수정·보완한 것이다. 윤홍식(2012). "보편주의 복지를 둘러싼 논쟁의 한계, 성과, 전망: 무상급식에서 4·11 총선까지." 『사회보장연구』 28(4): 75-104.

364 김태현(2011). "시민정치와 복지국가의 길 토론문." 시민정치와 복지국가의 길 토론회 자료집. 주최: 참여사회연구소. 2011년 5월 19일. 참여연대 느티나무홀; 이상호(2011). "보편적 복지국가의 실현, 민주노운동의 사회연대전략이 필요하다." 금속노동 정책연구원 창립3주년 기념 심포지엄 자료집. 주최:

표하지도 못했으며 다른 계급과 연대하지도 못했다. 이러한 조건에서 한국 사회는 복지국가를 실현할 주체로 시민에 주목했다. 하지만 시민으로 노동자를 대신한다고 해도 개별 시민은 여전히 자영업자, 비정규직 노동자, 중간계급 등과 같은 계급적 이해를 갖는 구체적 실체를 벗어난 사람들이 아니었다. 다시 말해 노동을 시민으로 치환하는 방식으로는 주체 문제에 대한 답을 내오기 어려웠다. 서구 복지국가의 역사적 경험이 한국 사회에 전달하는 함의는 한국 사회가 보편적 복지국가를 지향한다면 보편적 복지국가를 실현할 강력한 주체가 형성되어야 하고 그 주체가 다른 계급과의 연대를 형성·주도할 수 있어야 한다는 것이다.

또한 보편적 복지국가의 실현 주체로서 노동자의 중요성을 공식적으로 부정하지는 않았지만 노동자를 대신하는 주체로 '시민'을 주목했다는 것은 단순한 상황적 선택만은 아니었다. 이는 한국 사회의 생산체제가 서구 사회가 보편적 복지국가로 발전했던 당시의 생산체제와는 상이한 성격을 갖고 있다는 것을 의미했다. 서구에서 (제조업) 노동계급이 보편적 복지국가 실현의 주체가 될 수 있었던 것은 전후에 서구의 산업구조가 제조업 중심이었다는 것과 밀접한 관련이 있었다.[365] 반면 한국에서 보편적 복지를 둘러싼 논쟁이 시작된 보수정부 시기에는 제조업을 대신해 서비스업이 확대되었고 비정규직 노동자가 대규모로 존재했으며 자영업자의 규모 또한 비대했다. 특히 비정규직과 정규직, 대기업 노동자와 중소기업 노동자로 대표되는 노동계급 내부의 분화가 심각했다.

이러한 생산체제의 변화는 복지국가가 대응해야 할 사회위험이 남성 정규직 노동자가 노동시장에서 직면하는 노령, 질병, 실업이라는 사회위험을 넘어 확대되고 있다는 것을 의미했다. 사회위험은 노동시장의 유연화, 일과 생활의 위기, 사회서비스의 시장화 등 새로운 형태로 나타나고 있었다. 하지만 논쟁은 변화된 조건에 조응하는 새로운 복지국가의 상이 무엇이고 이러한 새로운 복지국가를 실현할 주체가 누구인지를 중심으로 전개되지 않았다. 개별 제도의 타당성과 이

....

금속노조. 2011년 4월 13일. 금속노조 4층 대회의실.

365 Mishra, R.(1981), *Society and Social Policy: Theories and Practice of Welfare*. NY: The Macmillan Press LTD.

에 수반되는 재원 마련 문제로 논쟁의 영역은 축소되었다. 기본소득 같은 새로운 주장이 있었지만 핵심 이슈로 부상하지 못했고, 대중적 논쟁 또한 반값등록금, 무상의료 등과 같은 특정 정책 이슈에 집중되었다. 재원문제가 점점 다른 논쟁을 대체해나갔다. 물론 성과가 없었던 것은 아니었다. 재원문제를 단순히 보편적 복지제도를 위한 도구적 측면에서 이해하는 수준을 넘어 지속 가능한 복지국가를 위한 조세체제를 만들어야 한다는 주장도 있었다.[366] 그러나 논란의 중심은 조성 가능한 재원 규모에 집중되었다.[367] 결국 보편적 복지국가의 주체라는 관점에서 무상급식을 계기로 제기된 복지국가 논쟁을 평가해보면, 논쟁은 주체에 대한 심화된 논쟁으로 발전되지 못했고 주로 민주당의 3무(無)1반(半)(무상급식, 무상의료, 무상보육+반값등록금)에 소요되는 재원의 규모와 이를 비판하는 지루한 정치적 공방으로 이어졌다.

공적 사회지출의 구성: 사회보험과 비사회보험

사회지출 구성에서 사회보험과 비사회보험 지출의 구성비를 정확하게 구분하는 자료를 찾는 것은 쉽지 않다. 제14장에서 이미 설명한 것과 같이 여기서는 GDP 대비 사회보험지출을 사회보장세에서 국민연금 적립금을 제외한 사회보장세 세입으로 측정했다. 국민연금을 제외하면 사회보험료 수입은 부과방식처럼 대부분 급여로 지출되기 때문이다. 국민연금 다음으로 적립금의 규모가 큰 건강보험의 경우를 보면 2016년 기준으로 GDP의 0.025%(4,173억 원)가 적립되었을 뿐이다. 이러한 방식으로는 정확한 수치를 계산할 수 없지만, GDP 대비 사회보험지출의 대략적인 수준을 보여줄 수 있을 것으로 기대한다.

보수정부 9년 동안의 GDP 대비 사회보험과 비사회보험 지출 구성의 특성은

....

366 윤홍식(2011). "복지국가의 조세체계의 함의: 보편적 복지국가 친화적인 조세구조는 있는 것일까." 『한국사회복지학』63(4): 277-299; 윤홍식(2012). "복지국가 조세체제의 변화: 복지국가는 어떻게 조세규모를 확대했을까?" 『한국사회복지행정』14(1): 195-226.

367 오건호(2010). 『대한민국 금고를 열다: 진보진영의 눈으로 국가재정 들여다보기』. 서울: 레디앙; 홍원호(2011). "보편적 복지 확대를 위한 복지재원 조달방안." 참여연대 내부간담회 자료. 2011년 6월 15일. 참여연대.

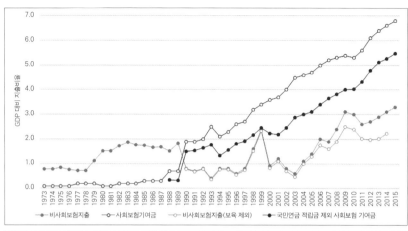

그림 15.47 GDP 대비 사회지출 구성의 변화: 사회보험 대 비사회보험

출처: OECD. "Social expenditure database."; 통계청(2018). "e-나라지표: 국민연금 재정현황." http://www.index.go.kr/
potal/main/EachDtlPageDetail.do?idx_cd=2764, 접근일 2018년 8월 7일; 통계청(2018). "e-나라지표: 국내총생산 및 경제성
장률(GDP)." http://www.index.go.kr/potal/main/EachDtlPageDetail.do?idx_cd=2736, 접근일 2018년 8월 7일.

자유주의 정부 10년에 비해 그 차이가 증가했다는 것이다. 〈그림 15.47〉에서 보
는 것처럼 노무현 정부의 마지막 해인 2007년에 둘 간의 차이는 GDP의 1.76%
포인트였다. 보수정부가 2008년의 금융위기에 대응하면서 일시적으로 취약계층
에 대한 지원을 확대했을 때 둘 간의 차이가 0.91%포인트까지 감소했지만, 이후
다시 증가하기 시작해 2013년에 2.22%포인트로 증가한 이후에 이 격차를 유지
하고 있다. 물론 이러한 경향이 보수정부 때문이라고 보기는 어렵다. 이는 1987
년의 민주화 이후에 사회보험의 대상이 확대되는 과정에서 나타난 자연스러운
결과라고 할 수 있다. 또 하나의 주목할 만한 특성은 박근혜 정부 출범 이후에 둘

간의 차이가 더 이상 확대되지 않고 소폭 감소했다는 것이다. 박근혜 정부의 보편적 보육료 지원, 보편적 아동양육수당 지급, 기초연금 정책이 둘 간의 차이를 줄이는 데 중요한 역할을 했다. 그럼에도 둘 간의 차이는 보수정부 하에서 역대 최고치를 기록했고, 자유주의 정부에 이어 보수정부 집권기에도 사회보험 중심의 한국 복지체제의 특성은 변하지 않았다. 공적 사회보장제도의 역진적 선별성이 지속된 것이다.[368]

공적복지의 확장과 관련해 현물을 중심으로 할 것인지 아니면 현금을 중심으로 할 것인지도 중요한 논쟁 중 하나였다. 논쟁은 박근혜 정부가 생애 맞춤형 복지라는 '한국형 복지국가'의 핵심 전략으로 복지지출의 사회투자적 성격을 강조하는 정치적 수사를 구사하면서부터 시작되었다. 박근혜 정부의 정책은 큰 틀에서 보면 김대중 정부의 생산적 복지와 노무현 정부의 사회투자정책과 유사한 맥락이었다. 사회투자정책의 핵심은 소득보장 대신 인적자원과 노동 동기를 강화할 수 있는 방향으로 사회지출을 확대하는 것이었다. 2014년에 개최된 한국 사회복지학회에서도 복지가 소득보장과 사회서비스 중 어떤 방향으로 확대되어야 하는지를 두고 논쟁이 벌어졌다. 상대적으로 소득보장을 강조하는 측에서는 현재 한국 사회에서 가장 큰 사회위험은 '시장의 실패'이기 때문에 소득보장제도를 확대하고 그 기초 위에 사회서비스를 확대할 필요가 있다고 주장했다.[369] 또한 소득보장과 사회서비스는 대체관계가 아니라는 입장에서 소득보장제도의 역할을 이해해야 한다고 주장했다. 반면 사회서비스의 확대를 주장하는 입장에서는 복지 확대를 위한 증세가 어려운 현실에서 소득보장과 사회서비스는 대체관계에 있을 수밖에 없기 때문에 둘 중 하나를 선택해야 하고 그래야 한다면 생산적 복

....

368 다만 고용보험과 국민연금으로 대표되는 사회보험의 실질적 사각지대(임금노동자 중 배제되어 있는 경우)의 규모는 점차 축소되고 있는 추세여서, 장기적으로 한국 복지체제의 역진적 선별성은 사회보험 가입 여부의 문제보다는 사회보험의 급여 지급수준과 부동산, 민간보험 등 사적 자산의 보유 여부와 규모의 문제로 전환될 것으로 보인다.

369 문진영(2014). "소득보장 or 사회서비스." 2014년 한국사회복지학회 춘계학술대회 자료집. 2014년 4월 25~26일. 부산광역시 벡스코; 윤홍식(2014). "소득보장 대 사회서비스." 2014년 한국사회복지학회 춘계학술대회 기획주제 토론문. 2014년 4월 25~26일. 부산광역시 벡스코.

지 전략을 구현하기 위해서 현금 위주의 정책보다는 사회서비스를 확대하는 것이 한국형 복지국가의 기본 방향이 되어야 한다고 주장했다.[370] 또한 가장 효율적인 복지국가로 알려진 스웨덴 복지국가의 특성 또한 소득보장보다는 사회서비스 중심이라는 점을 고려하면, 박근혜 정부에서 사회서비스를 중심으로 복지를 확대하는 것은 스웨덴 복지국가의 경험을 한국적 현실에 맞게 적용하는 것이라는 주장을 덧붙였다.

하지만 소득보장과 사회서비스는 선택의 문제가 아니기 때문에 둘 중 하나를 선택하는 것은 적절한 복지 확대 전략이 아니었다. 특히 국민의 기본생활도 보장하지 못하고 있는 복지체제에서 복지지출을 소득보장에서 사회지출로 전환해야 한다는 주장에는 문제가 있었다. 논쟁이 진행되었던 2014년 보건복지부의 자료에 따르면 비수급 빈곤층이 118만 명에 달하고[371] 2015년 기준으로 66세 이상 노인의 빈곤율이 45.7%에 이르는 상황에서 복지지출의 중심을 소득보장에서 사회서비스로 이동시키는 것은 적절하지 않았다. 더욱이 사회서비스 지출이 큰 것이 스웨덴의 특징이지만, 스웨덴은 소득보장도 매우 잘 갖추어진 복지국가였다. 1990년(16.1%) 이래 감소하기는 했지만 2013년 현재 스웨덴은 소득보장에 GDP 대비 12.0%를 지출했다.[372] 반면 한국은 〈그림 15.48〉에서 보는 것처럼 2014년 기준으로 단지 3.6%만을 소득보장에 지출했다.

소득보장과 사회서비스 지출 비중으로 보면 2014년 기준으로 전체 사회지출에서 사회서비스가 차지하는 비중은 한국이 55.6%이고 스웨덴은 52.7%로 한국이 더 컸다. 한국은 사회지출에서 사회서비스가 차지하는 비중이 OECD 국가 중 가장 높은 국가였다. 더욱이 OECD 자료가 제공된 1990년과 2014년 간의 변화를 보면 한국에서 현금지출은 254.5%, 현물지출은 260.0% 증가했다. 낮은 수

....

370 안상훈(2014). "한국형 복지국가를 위한 현실적 대안으로서 사회서비스 중심전략." 2014년 한국사회복지학회 춘계학술대회 자료집. 2014년 4월 25~26일. 부산광역시 벡스코.

371 중앙일보(2017). "복지사각지대 비수급 빈곤층 93만명서 20만명으로 줄인다."『중앙일보』. 2017년 8월 10일자. https://news.joins.com/article/21833979, 접근일 2018년 8월 7일.

372 OECD. Social Expenditure-Aggregated Data.

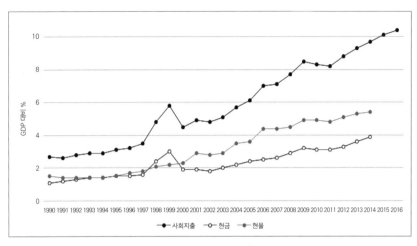

그림 15.48 GDP 대비 사회지출 구성의 변화: 현물과 현금
출처: OECD(2018). "Social Expenditure Database."

준이었지만 소득보장과 사회지출이 상대적으로 균형 있게 증가했다고 볼 수 있다. 한국 복지체제의 과제는 사회지출을 소득보장에서 사회서비스로 바꾸는 것이 아니라 소득보장과 사회서비스 둘 다를 늘리는 것이었다. 소득보장에서 사회서비스로 지출항목을 전환하는 문제는 스웨덴같이 전체 사회지출 수준이 높은 국가에서나 검토할 수 있는 전략이었다. 실제로 스웨덴을 보면 1990년과 2013년의 사회지출 수준은 27%대로 유사하지만, 사회지출의 구성은 현금 우위에서 현물 우위로 바뀌었다.

더욱이 사회서비스를 확대해 인적자본의 수준을 높이면 경제가 성장한다는 주장은 매우 단순한 사고이다. 제조업이 중심이던 시대와 달리 1980년대 이후의 상황은 그렇게 단순하지 않았다. 스웨덴에서조차 대표적 사회서비스 정책이라고 할 수 있는 적극적 노동시장 정책은 더 이상 실업률을 낮추고 고용을 높이는 역할을 하지 못하고 있다.[373] 왜냐하면 1970년대와 달리 1980년대 이후의 고성

....

373 Forslund, A. and Krueger, A.(2008). "Did Active Labour Market Policies Help Sweden Rebound from the Depression of the Early 1990s?" *CEPS Working Paper* No. 158.

장 부문은 전통적인 적극적 노동시장 정책 같은 재교육과 훈련을 통해 진입할 수 있는 영역이 아니기 때문이다. 그래서 최근의 스웨덴 자료를 보면 대학진학률이 높아지고 있고, 특히 박사학위 취득자가 급격히 늘어나고 있는 것이다.[374] 인적자본에 대한 투자가 1970년대 이전에는 영유아 보육, 초중등교육, 적극적 노동시장 정책을 의미했다면 1980년대 이후, 특히 1990년대 이후에는 상대적으로 고등교육의 중요성이 강조되고 있다. 또한 박근혜 정부에서 공적 인프라의 확대 없이 이루어지는 사회서비스의 확대는 저질의 서비스를 제공하는 저임금 일자리를 늘리자는 것으로, 이러한 저임금 일자리가 한국 사회의 지속 가능한 성장에 어떻게 기여할지에 대해서는 신중하게 검토할 필요가 있었다. 결국 공적 인프라의 확대 없는 사회서비스의 확대는 노동 빈곤층을 양산하고 불평등을 확대해 후기산업사회가 요구하는 높은 수준의 상품을 소비하는 광범위한 대중을 만드는 데 실패할 것이기 때문이다.

흥미로운 사실은 박근혜 정부가 한국형 복지국가를 주장하면서 소득보장 대신 사회서비스를 확대하겠다고 주장했지만, 〈그림 15.48〉에서 보는 것처럼 박근혜 정부 출범 이후의 GDP 대비 소득보장 지출의 증가율은 사회서비스 지출의 증가율 보다 더 높았다. 2012년과 2014년을 비교했을 때 GDP 대비 사회서비스 지출은 5.9%(0.3%포인트) 증가하는 데 그쳤지만, 소득보장 지출은 18.2%(0.6% 포인트) 증가했다. 사회서비스를 중심으로 복지지출을 전환하겠다는 것은 정치적 수사에 불과했고, 실제로는 기초연금의 도입과 아동양육수당의 보편적 확대를 통해 현금 지원을 강화한 것이다.

지방분권: 누리과정을 둘러싼 중앙정부와 지방자치단체의 갈등

누리과정을 둘러싼 논란은 김영삼 정부 시기로 거슬러 올라간다.[375] 1997년

....

374 Freeman, R. Swedenborg, B., and Topel, R.(2010). "Introduction." Freeman, R. Swedenborg, B., and Topel, R. eds. *Reforming the Welfare State: Recovery and Beyond in Sweden*. National Bureau of Economic Research. p.6.
375 누리과정은 유치원과 어린이집에 다니는 3~5세 아동에게 공통으로 적용되는 국가교육과정이다.

에 대통령 직속 교육개혁위원회에서 3~5세 유아가 이용하는 어린이집과 유치원을 (통합과정인) '유아학교'로 통합하려는 논의를 시작한 것이 누리과정의 시작이라고 할 수 있다. 그러나 김영삼 정부 당시에 '유아학교'는 보건사회부(현재 보건복지부)와 교육부, 어린이집과 유치원 간의 갈등으로 시행되지 못했다.[376] 김대중 정부에서도 유아학교를 검토했지만 실행하지는 못했다. 그러다가 2010년에 이명박 정부에서 저출산 대응책의 일환으로 유아에 대한 통합보육과 무상보육정책을 검토하면서 통합교육이 다시 수면 위로 부상했다. 2011년 5월에 교육과학기술부와 보건복지부가 '만 5세 공통과정(누리과정) 도입 추진계획'을 발표하면서 누리과정 추진이 본격화되었다. 하지만 이때까지도 미취학아동에 대한 전면적인 무상보육은 검토되지 않았다.

보수정부가 무상보육을 정책화한 것은 2010년 6월의 지방선거에서 김상곤 경기도교육감후보의 무상급식 공약이 선거 쟁점이 되면서 야당에 유리한 정치지형이 만들어진 것이 계기가 된 것으로 보인다. 그러나 이때까지만 해도 미취학 아동에 대한 전면적인 무상보육이 이명박 정부와 한나라당의 공식 입장은 아니었다. 이명박 정부와 한나라당이 미취학아동에 대한 전면적인 무상보육을 공식화한 것은 오세훈 서울시장이 추진한 무상급식반대 주민투표가 무산되고 서울시장 보궐선거에서 한나라당이 민주당에 큰 차이로 패배한 이후였다. 2010년의 지방선거 이전은 물론이고 그 이후에도 이명박 정부와 여당(당시 한나라당)은 야당(당시 민주통합당)의 무상급식 정책을 포퓰리즘이라고 비판했기 때문이다. 더욱이 "(무상급식은) 대국민 사기극", "재벌집 손자녀에게도 무상급식을 줘야 하느냐" 등 당시 이명박 정부와 한나라당의 프레임은 국민으로부터 상당한 지지를 받았던 것으로 보였다. 실제로 당시의 여론을 보면 조사기관에 따라 차이를 보이지만 무상급식에 반대하는 여론도 상당수 있었다. 2011년 1월에 리얼미터에서 실시한 여론조사에 따르면, 국민의 절반이 넘는 62.3%가 선별적 무상급식을 지지했고 보편적 무상급식을 지지한 비율은 34.5%에 그쳤

....

376   남은주(2013). "3살부터 의무교육?"『한겨레21』제946호.

다.[377] 2011년 2월 28일에 실시된 데일리리서치의 조사도 유사했다. 서울시민의 54.8%가 무상급식은 포퓰리즘 정책이라고 응답했다.[378]

이런 여론의 흐름은 오세훈 서울시장이 시장직을 걸고 보편적 무상급식 폐기를 위한 주민투표를 제안한 이유 중 하나였다. 당시 『조선일보』[379]의 기사는 오세훈 시장이 왜 (지금 생각해보면 무모한 정치적 행보인) 자신의 정치생명을 걸고 무상급식반대 주민투표를 추진했는지 이해할 수 있게 해준다. 『조선일보』의 보도에 따르면, 2011년 1월만 해도 무상급식이 야당의 선거용 복지 포퓰리즘이라는 의견이 다수였다. 서울시가 실시한 여론조사에서도 무상급식을 전면적으로 실시해야 한다는 의견이 36.2%에 불과했고 무상급식이 포퓰리즘 정책이라고 응답한 비율(54.3%)이 아니라고 응답한 비율(45.7%)보다 높게 나타났다. 더욱이 보편적 무상급식과 선별적 무상급식에 대한 서울시민의 의견을 묻는 주민투표에 찬성한다는 비율이 63.3%로, 반대한다는 비율인 36.2%보다 두 배 가까이 높았다. 그러나 2011년 8월 24일에 주민투표의 투표율이 25.7%에 그치면서 개표를 위한 투표율 33.3%를 충족시키지 못했고, 주민투표를 통해 무상급식 정국을 돌파하겠다는 오세훈 시장은 '눈물을 흘리며' 시장직을 사임했다.

오세훈 시장의 사임으로 치러진 10월 26일의 서울시장 재보궐선거 역시 보편적 무상급식과 선별적 무상급식 간의 대결의 장이 되었고, 민주통합당 박원순 후보가 53.4%를 득표하면서 46.2%를 얻은 한나라당의 나경원 후보를 물리치고 새로운 시장이 되었다. 서울시장 보궐선거 결과는 보편적 무상급식이 누구도 거스를 수 없는 대세라는 것을 확인해주는 듯했다. 대표적 보수신문인 『조선일보』

....

377 뉴데일리(2011). "국민 62.3%가 '선별적으로 무상급식해야': '모든 학생에게 무상급식' 응답은 34.5%에 그쳐." 『뉴데일리』. 2011년 1월 17일. http://www.newdaily.co.kr/news/article.html?no=68294, 접근일 2014년 12월 9일.

378 헤럴드경제(2011). "〈여론조사〉 '무상급식은 포퓰리즘' 우세…젊을수록 필요한 정책 의견." 『헤럴드경제』. 2011년 2월 28일. http://biz.heraldcorp.com/view.php?ud=20110228000069, 접근일 2014년 12월 9일.

379 조선일보(2011). "[복지 백년대계 오늘 잘못 선택하면 100년을 망친다] 표 겨냥한 정치권 복지전쟁 막기 어려운 상황 됐다." 2011년 3월 8일자.

조차도 여야를 불문하고 보편적 복지정책 공약을 막을 수 없는 상황이 되었다고 한탄했을 정도였다.[380] 무상급식에 법적 근거가 없다는 박근혜 정부의 공세에 대해 야당과 지방교육청이 무상급식은 이미 사회적으로 합의된 사안이라고 주장했던 근거도 바로 무상급식을 전면에 내걸고 치른 두 차례의 선거 결과(2010년 6월 지방선거에서의 야권의 승리와 2011년 10월 서울시장 보궐선거에서의 박원순 후보의 승리)에 근거한 것이었다.

지방선거와 서울시장 보궐선거의 결과는 당시 이명박 정부와 한나라당으로 하여금 다가오는 2012년의 총선과 대선의 승리를 위해 무상급식으로 대표되는 야당의 보편적 복지정책에 대한 대항마를 고려하지 않을 수 없게 만들었다. 이러한 상황에서 영유아에 대한 전면 무상보육이 야당의 무상급식에 대한 보수의 대항마로 2012년의 총선과 대선에 등장하게 된 것이다. 이명박 정부는 2012년 1월에 2013년부터 누리과정에 대한 지원을 만 3세에서 만 5세까지 확대하겠다는 정책을 발표했고, 같은 해 9월에 박근혜 새누리당 대선후보는 이명박 대통령에게 소득상위 30% 계층도 평범한 맞벌이가구라는 점을 강조하면서 국가가 보육을 책임지라고 요구했다.

새누리당 박근혜 후보는 전통적으로 진보 진영의 복지공약이었던 보편적 무상보육, 4대 중증질환에 대한 의료비 부담, 보편적 기초연금, 고교무상교육, 반값 등록금 등을 전면에 내걸어 민주당 문재인 후보의 보편적 복지공약을 무력화시켰다. 당시 박근혜 후보는 "무상보육 문제는 꼭 필요하고 반드시 이루어져야 한다."고 주장했다. 박근혜 후보는 '보수'라는 자기 영역을 벗어난 보편적 복지공약을 전면에 내세움으로써 대선에서 '복지' 쟁점을 무력화시켰다. 대선은 박근혜 후보의 승리로 결말이 났다. 그러나 복지공약에 대한 대통령과 새누리당의 태도는 선거 이후에 180도 달라졌다. 증세 없는 복지 확대는 지켜지지 않았다. 아니, 지킬 수 없는 공약이었다. 고교무상교육은 시작도 하지 못했고, 4대 중증질환에 대한 의료비 부담은 없던 일이 되었다. 기초연금을 둘러싼 갈등은 2014년까지

....
380 조선일보. "[복지 백년대계 오늘 잘못 선택하면 100년을 망친다]."

이어지면서 결국 선별적(준보편적) 제도가 되었고, 2013년에는 보육재정 문제로 광역자치단체와 중앙정부 간의 갈등이 불거졌다. 그리고 박근혜 정부가 2015년의 예산에서 '누리과정' 예산을 제외시키면서 누리과정을 둘러싼 정부·여당과 지방교육청·야당 간의 갈등이 전면화되었다.

교육감의 이념적 지향과는 관계없이 중앙정부의 결정에 대한 지방교육청의 반발은 거셌다. 2014년 10월 7일에 전국시도교육감협의회는 성명을 내고 2015년의 누리과정 예산 편성을 거부했다. 누리과정 예산 문제는 다음날인 10월 8일에 열린 국회 교육문화체육관광위원회(이하 교문위) 국정감사에서 당시 황우여 교육부 장관과 새정치민주연합 의원들 간의 설전으로 이어졌다. 새정치민주연합 의원들의 요지는 대통령이 약속한 누리과정을 중앙정부가 책임져야 한다는 것이었고, 황장관은 국가가 최종적으로 책임져야 한다는 식의 답변을 했다.[381]

안민석 의원: 대통령께서 당선자 시절에 전국 시장·도지사를 모아놓고서 보편적 복지는 중앙정부가 맡겠다고 약속을 하셨어요. 광은 대통령 혼자 다 파시고 부담은 지자체와 교육청에 고스란히 떠넘기고 있습니다. 누리과정은 중앙정부가 약속한 대로 짊어져야 되는 것 아니겠습니까?

황우여 장관: 말씀하신 대로 최종적인 책임은 국가가 지고 특별히 이번에 누리과정이 확대되는 부분, 특히….

안민석 의원: 중앙정부가 보편적 복지를 책임지겠다고 한 약속을 대통령이 지키는 것이 도리이지 않겠냐 그 말씀입니다. (…) 대통령이 지금 약속을 지키고 있는 겁니까?

황우여 장관: 전반적으로 국가가 최종적인 책임을 진다는 것에 대해서는 다름이 없습니다.

안민석 의원: 대통령이 약속을 지키고 있다고 그러셨으니까 이 누리과정 예산도 중앙정부가 편성하는 게 맞는 것 아니겠어요?

....

381 시사IN(2014). "내 보육 공약, 네 탓이오." 『시사IN』 제375호. pp.16-17.

유기홍 의원: 그때(시행령 개정) 교육부하고 기재부만 협의를 했던 것이지요? 당사자인 교육감들은 그 당시 협의에서 빠져 있었지요?

황우여 장관: 예, 그런 것으로 알고 있습니다.

유기홍 의원: 그때 이미 합의됐는데 지금 와서 다른 말을 한다고 최경환 부총리가 애기한 것은 잘못된 것이지요? 그런데 누리과정 예산은 결국 교육감들이 다 떠안게 되는 것 아닙니까?

황우여 장관: 최종적으로 다시 점검해서 국가가 잘 정리하리라고 생각합니다.

그러나 국회 교문위에서 국가가 최종적으로 책임지겠다고 한 황우여 교육부 장관의 답변은 불과 1주일 만에 번복되었다. 10월 15일에 최경환 기획재정부 장관과 황우여 교육부 장관은 합동 기자회견에서 중앙정부는 누리과정 예산을 편성할 수 없다고 천명했다. 재원이 부족하다면 법적 근거가 없는 무상급식에 대한 지방교육청의 지원을 중단하라고 요구했다.[382] 더욱이 11월 3일에 홍준표 경남지사가 경남교육청이 무상급식 예산에 대한 감사를 받지 않는다는 이유로 경남교육청에 대한 보조금 지원을 거부하면서 누리과정을 둘러싼 문제는 보편적 무상급식의 존폐 여부로 확대되었다. 대통령의 대선 공약인 보편적 무상보육과 야당의 주요 정책인 보편적 무상급식이 대립되는 양상이 전개되었다. 보수는 보편적 무상급식을 부자들에게도 복지를 지원하는 퍼주기식 복지, 국가재정을 파탄 내는 복지라는 프레임을 설정하고 무상급식에 대한 비판의 강도를 높였다.

갈등이 심화되는 과정에서 11월 5일에 일부 시도교육청이 2015년도 누리과정에 일부 예산을 편성하고 나머지는 정부가 추경을 편성해 국고로 지원한다는 조건으로 정부·여당과 타협하는 듯했다.[383] 그러나 여야 합의는 여당이 두 차례 합의를 번복하면서 다시 원점으로 돌아갔다. 교육문화관광체육위원회 위원장인 새정치연합의 설훈 의원에 따르면, 11월 19일에 여야 간사와 교육부 장관이

....

382 송채경화(2014). "이게 '화장실 갔다온 사람' 마음?" 『한겨레 21』 제1036호. http://h21.hani.co.kr/arti/politics/politics_general/38300.html, 접근일 2018년 8월 13일.

383 송채경화. "이게 '화장실 갔다온 사람' 마음?"

2015년의 누리과정 순증분인 대략 5천6백억 원을 지원하고 나머지는 지방채 발행과 이에 따른 이자를 중앙정부가 부담하는 방식으로 합의했다는 것이다.[384] 그러나 합의 당일에 새누리당의 김재원 원내수석부대표는 지도부와 상의하지 않았다는 이유로 합의를 번복했다. 그리고 일주일 후인 25일에 여야 원내대표와 수석부대표, 정책의장이 참여하는 '3+3' 회동을 통해 다시 합의를 이루었다. 그러나 이 역시 새누리당이 지원 규모를 합의하지 않았다고 주장하면서 문제는 다시 원점으로 돌아갔다.[385]

결국 논란은 2015년 11월 28일에 여야가 2015년도 예산안과 부수법안에 합의하면서 마무리되었다.[386] 중앙정부가 2015년부터 누리과정의 지방교육청 이관으로 인해 지방교육청이 추가적으로 부담해야 하는 예산의 상당 부분을 우회적인 수단을 통해 부담하는 방식이었다. 중앙정부가 누리과정 예산 5,064억 원을 지원하고, 지방교육청이 누리과정을 위해 지방채권을 발행할 수 있도록 하며, 채권 발행으로 발생하는 이자에 비용(대략 333억 원)을 지원하고, 대체사업 지원용으로 4,731억 원을 예비비로 편성한다는 것이었다. 하지만 이러한 타결은 임시방편에 불과했다. 지방자치단체 및 지방교육청의 국비보조금 비율을 조정하거나 세수구조를 변화시키는 근본적 대안은 마련되지 않았다.

논란은 2016년의 예산을 편성하는 과정에서 또다시 불거졌다. 중앙정부는 지방교육청에 누리과정 예산을 편성해 내려보냈고 지방교육청의 재정 여력이 충분하다고 주장했다. 하지만 중앙정부가 지방교육청에 내려보낸 예산 중 누리과정이라는 항목의 예산은 없었고, 지방교육청은 누리과정 예산을 중앙정부가 부담하

....

384 YTN(2014). "與 누리과정 예산문제 합의 번복, 野가 요구하는 법인세와 딜하려고 수쓰는 것: 새정치민주연합 설훈 의원[강지원의 뉴스! 정면승부]." 2014년 11월 27일. http://radio.ytn.co.kr/program/?f=2&id=33059&s_mcd=0263&s_hcd=01, 접근일 2018년 8월 13일.

385 당시 새누리당은 중앙정부의 지원 규모를 2천억 원 정도로 제시한 것으로 알려져 있다.

386 새정치민주연합의 박용진 전 대변인에 따르면, 잘 알려져 있지는 않지만 이 과정에서 새정치연합과 새누리당은 대략 5천억 원에 이르는 기업에 대한 조세감면을 폐지하기로 하는 사실상 증세에 합의했다. 중앙정부가 지방교육청에 지원하는 현금지원액이 대략 5천억 원 규모라는 점을 고려하면 조세감면 폐지를 통한 세수 증대가 누리과정 예산에 여야가 타협할 수 있는 근거가 되었을 개연성도 있어 보인다.

겠다는 것은 박근혜 대통령의 공약이었기 때문에 공약을 이행하라고 요구했다. 더욱이 정부의 주장과 달리 지방교육청의 재정 상황으로는 누리과정 예산을 감당할 수 없었다. 2015년부터 지방교육청은 예산 부족으로 학교 기본경비를 삭감했고, 일부 교육청은 교육환경개선사업, 방과후학교, 초등돌봄교실 지원, 저소득 자녀학비 지원 등에 대한 2,850억 원의 예산을 편성하지 못했다.[387] 더욱이 시도교육청의 부채는 2012년에 9조 원에서 2015년에 17조 원으로 급증했다.[388] 논란은 2016년 12월 3일에 중앙정부의 재정책임을 강화한 3년 한시법의 형태로 '유아교육지원 특별회계'가 국회를 통과하면서 일단락되었다. 그러나 한시법 형태의 '유아교육지원 특별회계'는 갈등을 해결하는 임시방편에 불과했다. 결국 2017년 5월에 문재인 정부가 출범하면서 교육부가 국정자문기획위원회에 "내년부터 누리과정 예산을 중앙정부가 부담하겠다."고 보고하면서 2012년부터 시작된 '보육대란'에 마침표를 찍었다. 하지만 불씨는 여전히 남아 있다. 중앙정부와 지방자치단체 간의 행정적·재정적 분권이 명확하게 이루어지지 않는 상황에서 중앙정부가 비용을 부담하는 것은 문제에 대한 근본적 해결책이 아니기 때문이다.

2) 사회보험, 역진적 선별성의 지속

보수정부의 사회보험 정책은 자유주의 정부의 정책의 틀을 벗어나지 않았다. 노무현 정부에서 제도화한 장기요양보험의 시행과 특수직 연금인 공무원연금을 개혁한 것을 제외하면 사회보험과 관련된 중요한 변화는 없었다. 하지만 보수정부는 대상과 급여 측면에서 사회보험의 확대를 제약하는 드러나지 않는 제도적 장치를 만들어놓으려 했던 것으로 보인다. 재정의 지속 가능성을 명분으로 사회보험의 확장을 제약하고 앞서 사적 보장기제에서 살펴보았듯이 민간부문을 확대해 공적 사회보험의 역할을 제한하는 조치를 취했다. 여기서는 주로 사회보

....

387 경향신문(2016). "보육대란 막은 곳 학교대란 위기." 『경향신문』. 2016년 1월 27일. http://news.khan. co.kr/kh_news/khan_art_view.html?artid=201601272256545&code=940100, 접근일 2018년 8월 13일.

388 시도교육감협의회(2016). "누리과정 예산 관련 위기상황에 대한 시도교육감협의회 입장."

험의 역진적 선별성을 중심으로 검토했지만, 사회보험 재원으로 제공되는 사회 서비스의 거의 대부분을 민간(영리)기관이 제공하고 있다는 것은 서비스의 질은 물론 재정적 지속 가능성에도 치명적 위협이 될 가능성이 높다. 실제로 노인장기 요양보험 서비스를 전적으로 민간기관에 의존하는 방식으로 제도화하면서, 2014년 기준으로 전국 노인 입소시설 중 지방자치단체가 설립한 시설은 5.2%에 불과했다.[389]

건강보장: 건강보험과 의료민영화

건강보험과 관련된 특성을 살펴보면 〈그림 15.49〉에서와 같이 2005년 이후에 조금씩이지만 높아지고 있던 건강보험 보장률이 2007년에 65.0%에서 이명박 정부 출범 첫해에 62.6%로 낮아졌고 이후 2015년까지 2007년 수준을 회복하지 못했다. 반면 이 기간 동안에 건강보험은 흑자를 기록했다. 건강보험 기금은 2008년에 1,300억 원의 흑자를 기록한 이후에 이명박 정부의 마지막 해인 2012년까지 4.6조 원을 적립했고, 박근혜 정부의 마지막 해인 2016년에는 적립금 규모가 17조 원으로 늘어났다. 건강보험료로 걷은 돈을 보장성을 높이는 데 사용하지 않았고, 보험료를 낮춘 것도 아니었다. 정부가 의도적으로 돈을 남겨 적립해둔 것이라고밖에 볼 수 없는 상황이었다.

박근혜 정부의 의도는 2016년 3월 29일에 기획재정부가 처음으로 주재한 '사회보장 재정건전화 정책협의회'에서 드러났다. 기획재정부는 7대 사회보험의 적립금을 금융상품에 투자해 적극적으로 수익을 창출하겠다고 밝혔다. 다른 기금은 대부분 연기금에 위탁해 운영하고 있다는 점을 고려하면, 기획재정부의 의도는 건강보험 적립금을 투자하겠다는 것이었다. 명분은 고령화로 인해 늘어나는 보건의료 수요에 대비하겠다는 것이었다.[390] 하지만 건강보험 재정은 국민연

....
389   연합뉴스(2016). "정부·지자체·사회 돌봄 공동체 구축, 공공성 높여야." 『연합뉴스』. 2016년 3월 13일. http://www.yonhapnews.co.kr, 접근일 2018년 8월 13일.
390   경향신문(2016). "정부, 건강보험 적립금 덩치 불리기 나선다." 『경향신문』. 2016년 3월 29일. http://news.khan.co.kr/kh_news/khan_art_view.html?art_id=201603292202355, 접근일 2018년 8월 7일.

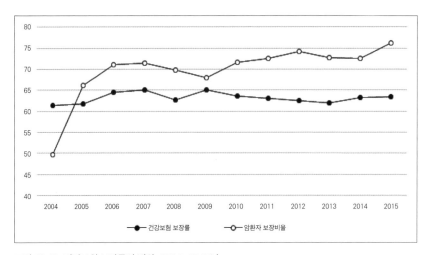

그림 15.49 건강보험 보장률의 변화, 2004~2015년

출처: 보건복지부·한국보건사회연구원(2018). "통계로 보는 사회보장 2017." p.20.

금과 달리 다음해에 예상되는 보건의료 서비스 수요를 추정해 보험료를 걷고 부족할 경우에 국고로 보존하게 되어 있었다. 다시 말해 건강보험은 국민연금처럼 적립금을 쌓아두고 미래 수요에 대비해 기금을 운영하는 사회보험이 아니었다. 더불어 정부는 매년 예상 건강보험 수입의 20%를 국고로 지원하게 되어 있는데, 2007년부터 2016년까지 정부는 예상 보험료 수입의 평균 16.2%만 지원했다. 지난 10년 동안에 정부가 지원하지 않은 금액만 12.3조 원에 달했다. 보수정부의 의도는 명확했다. 적립금의 증가는 그만큼 건강보험 재정에 대한 국고 지원의 필요성을 감소시킬 수 있기 때문에 건강보험의 보장률이 낮아지는 것을 방치했던 것이다.[391] 또한 건강보험의 보장성이 낮아질수록 민간보험의 수요는 높아졌다. 실제로 금융감독원의 자료에 따르면, 실손의료보험 보유계약건수는 2007년에 1,066만 건에서 2017년에 3,359만 건으로 급증했다.[392]

....

391 한국일보(2016). "건보 적립금, 공격적 투자 커지는 논란."『한국일보』. 2016년 4월 12일. http://hankookilbo.com/v/809464390e024f68a2a24f09abc81679, 접근일 2018년 8월 7일.

392 보험감리국(2018). "2017년 보험회사의 실손의료보험 손해율 등 현황." 금융감독원; 오승연(2015). "실손의료보험의 현황과 평가." KiRi 보험연구원.

한편 의료민영화는 보건의료의 공적 책임을 약화시키고 시장의 역할을 확대하려는 보수정부의 정책을 실현할 가장 강력한 수단이었다. 사실 의료민영화는 노무현 정부에서 시작되었다. 노무현 정부는 2003년 12월에 '경제자유구역의 지정 및 운영에 관한 특별법(경제자유구역법)'을 제정해 외국인 전용 의료기관과 약국 개설을 허용해 사실상 영리병원의 설립을 허용했고 건강보험 당연 지정제 폐지의 가능성을 열었다. 이명박 정부는 노무현 정부의 정책을 계승해 재정 측면에서는 건강보험 당연 지정제를 폐지하고 민간의료보험을 활성화하며 공급 측면에서는 영리병원의 설립으로 의료민영화를 추진했다. 그러나 2008년에 발생한 촛불항쟁으로 인해 이명박 정부는 의료민영화를 더 이상 적극적으로 추진하지 못했고, 제주도의 영리병원 설립도 도민의 반대에 막혀 좌절되었다. 그러나 이명박 정부는 2009년에 외국인 환자 유인알선을 허용하는 법률, 의료기관 평가를 위한 국가인증제도 등 관련 법률의 개정안들을 통과시켰고,[393] 집권 마지막 해인 2012년 4월에 인천경제자유구역청의 요구를 받아들이는 형식으로 '경제자유구역법' 시행령을 개정해 경제자유구역 내의 영리병원 설립을 허용했다.[394]

이명박 정부가 촛불항쟁과 제주도 영리병원 설립에 실패하면서 조심스럽게 의료민영화를 추진했다면 박근혜 정부는 노골적으로 의료민영화를 추진했다. 의료관광을 위해 병원이 경영하는 숙박호텔을 허용했고, 보험회사가 외국인 환자를 유치 알선할 수 있도록 했으며, 원격의료를 허용하는 법률을 입안했다. 더 나아가 박근혜 정부는 비영리법인인 의료법인이 부동산, 건강증진식품, 의료기, 화장품 등의 영리자회사를 설립할 수 있도록 했고 영리법인의 약국 도입도 추진했다.[395] 특히 2016년 5월에는 의료법인의 인수합병을 허용하는 개정안을 추진했지만 야당의 반대로 법사위를 통과하지 못하고 자동 폐기되었다.[396] 건강보험제도를 폐지하는 것만 제외하고 가능한 모든 방식으로 의료민영화를 추진했던 것이다.

....

393 송이은. "노무현 정부 이후 진행된 한국 의료민영화의 성격." p.218.
394 김동근(2012). "경제자유구역 내 영리병원 설립 허용의 의미와 쟁점." 사회진보연대 정책위원회.
395 정형준(2014). "박근혜정부의 의료민영화 정책." 『복지동향』 183: 9-13.
396 매일노동뉴스(2016). "의료법인 인수합병 허용 의료법 개정안 폐기 수순." 매일노동뉴스. 2016년 5월 18일. http://www.labortoday.co.kr/news/articleView.html?idxno=138160. 접근일 2018년 8월 7일.

마지막으로 우리가 반드시 짚고 넘어가야 할 사실은 의료민영화를 단지 사회보장의 측면에서 바라보면 보수정부가 추진한 의료민영화의 의미를 제대로 이해할 수 없다는 것이다. 보수정부가 추진한 의료민영화는 삼성 같은 재벌 대기업이 이윤을 얻을 수 있는 새로운 산업정책으로 추진되었다.[397] 과거의 권위주의 개발국가가 중화학공업화라는 산업정책을 통해 재벌 대기업 중심의 성장 동력을 확보하려고 했다면, 보수정부는 의료산업화라는 산업정책을 통해 재벌 대기업 중심의 새로운 성장 동력을 창출하려고 했다. 실제로 삼성은 이재용의 후계 구도를 본격화한 2009년부터 보건의료 관련 사업을 차세대 주력사업으로 설정하고 공격적으로 사업을 확장하고 있었다.[398] 2011년에 설립된 삼성바이오로직스는 설립 7년 만에 시가총액이 28조 원에 달하는 거대기업으로 성장했다. 이처럼 의료민영화를 재벌 대기업을 위한 새로운 산업정책의 일환으로 접근할 때 왜 노무현 정부와 보수정부 9년을 거치면서 정부의 이념과 관계없이 의료민영화가 끊임없이 시도되었는지를 이해할 수 있다. 다만 보수정부가 추진한 의료민영화는 권위주의 개발국가의 산업정책과 반대로 중장기적으로 정부의 역량을 축소시키는 신자유주의화라는 속성을 갖고 있었다는 점에서 차이가 있다.[399]

노후소득보장

노후소득보장 정책은 보수정부 9년 동안에 크게 변화했다. 〈그림 15.50〉에서 보는 것처럼 국민연금 수급자는 계속 증가했다. 다만 이명박 정부가 출범한 2008년은 국민연금이 시행된 지 만 20년이 되는 해로 완전 노령연금 수급자가 본격적으로 발생하는 해라는 점에서 공적 노후소득보장 역사에서 중요한 의미를 갖는다. 2008년에 노령연금 수급자는 195만 명이었고, 이후 점점 더 증가해 2016년에 341만 명이 노령연금을 수급했으며, 장애연금, 유족연금, 일시금을 수급한

....

397　송이은. "노무현 정부 이후 진행된 한국 의료민영화의 성격." p.227.
398　한겨레(2018). "이재용표 차세대사업 홍보…회계 논란 삼바 정당성 회복 의도도." 『한겨레』. 2018년 8월 8일자 4면.
399　송이은. "노무현 정부 이후 진행된 한국 의료민영화의 성격." p.207.

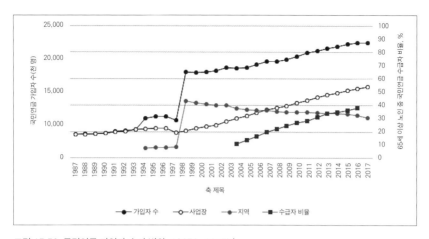

그림 15.50 국민연금 가입자 수의 변화, 19878~2017년

출처: 국민연금공단(2017). "2017년 제30호 국민연금통계연보."; 보건복지부(2011). 『보건복지백서』; 보건복지부·한국보건사회연구원(2017). 『통계로 보는 사회보장, 2017』. 서울: 한국보건사회연구원.

인원까지 더하면 대략 438만 명이 국면연금 수급자가 되었다. 하지만 2008년에 65세 이상 노인 중 국민연금을 수급하는 비율은 22.0%에 불과했고, 다른 특수직 연금을 더해도 25.0%를 넘지 않았다. 물론 국민연금의 수급자는 계속 증가했지만 2016년에도 65세 이상 노인의 38.2%만이 국민연금을 수급하고 있다.

연금의 지급수준도 문제였다. 국민연금의 월평균 급여액은 2008년에 20만 원에 불과했고 2016년에도 32만 원으로 1인 가구의 국민기초생활보장제도 생계급여 수급 자격인 기준중위가구소득의 30%인 47.1만원에도 미치지 못했다.[400] 더욱이 자유주의 정부 시기에 이루어진 두 차례의 연금개혁으로 국민연금의 명목 소득대체율이 70%에서 60%로 낮아졌고 2028년까지 다시 40%로 낮아질 예정이었다. 가입기간을 고려하면 국민연금의 실질 소득대체율은 21%에 불과했다. 그야말로 용돈에 불과해 국민연금만으로는 생존이 불가능했다. 국민연금의 낮은 급여수준은 월평균 급여액이 228만 원에 이르는 공무원연금과 큰 차이가 있었다. 이렇게 보면 2016년 현재 한국의 노후소득보장제도는 풍족한 특수직연

....

400 보건복지부·한국보건사회연구원. 『통계로 보는 사회보장, 2017』. p.334.

금을 받는 4.0%, 최저생계수준에도 미치지 못하는 국민연금을 받는 38.2%, 공적 연금으로부터 배제된 57.8%로 나누어진 체계였다.[401]

2012년의 대선에서 박근혜 후보와 문재인 후보가 모두 기초(노령)연금을 공약했던 이유도 바로 이러한 현실을 반영한 것이었다. 대선 당시에 박근혜 후보는 "기초연금과 국민연금을 통합하고 모든 노인에게 A값[402]의 10%(20만 원)를 지급하겠다."고 공약했다. 이는 보수정당의 후보가 보편적 기초연금을 도입하겠다는 것으로, 매우 전향적이었다. 민주당의 문재인 후보의 공약이 소득하위 70% 노인에게 기초노령연금을 월 20만 원씩 지급하는 것이었다는 점을 고려하면, 박근혜 후보의 기초연금 공약은 그야말로 보수가 보편적 복지정책을 제도화하는 역사적 사건이 될 수 있었다. 하지만 대통령직인수위원회는 기초연금을 국민연금 가입기간에 연동해서 차등적으로 지급하겠다는 안을 제안했고, 2013년 9월에 결국 소득하위 70%에 대해 국민연금 가입기간과 연계해 기초연금을 지급하는 것으로 결정되었다. 취임 7개월 만에 공약을 폐기한 것이다.

공약 폐기에 대한 반발이 거세었지만 결정을 뒤집지는 못했다. 무엇보다도 국민연금과 기초연금은 대체관계가 아니라 보완관계인 제도인데, 기초연금을 국민연금 가입기간과 연계시키는 박근혜 정부의 정책은 이 두 제도를 대체관계인 제도로 바꾸어놓았다.[403] 더욱이 국민연금의 급여액이 충분하지 않은 상황에서 기초연금을 국민연금에 연계시키는 조치는 적절하지 못했다는 비판이 이어졌다. 실제로 2013년 당시에 국민연금의 월평균 급여액은 298,000원에 불과했다.[404] 더욱이 국민연금과 기초연금을 연계하는 것은 2007년 4월에 여야 합의로 통과

....

401 다만 제4차 재정계산에 따르면, 65세 이상 노인 중 국민연금 수급자의 비율은 2018년에 41.6%에서 2030년에 55.7%로, 2060년에는 88.9%로 높아질 것으로 예상된다. 주은선(2018). "공적연금과 노후 소득 보장 역할." 경제사회노동위원회. 2018년 11월 9일. 만약 이러한 예상이 현실화된다면 장기적으로 한국 사회보장제도의 역진적 선별성은 공적 사회보험의 급여수준의 차이와 민간보험 등 사적 자산의 보유 여부 등을 중심으로 나타날 것으로 예상된다.
402 최근 3년간 국민연금 전체가입자의 평균소득 월액의 평균액.
403 김연명(2013). "국민연금과의 관계에서 본 인수위원회 기초연금 도입(안) 평가." 『사회복지정책』 40(3): 375-403. pp.389-390.
404 보건복지부·한국보건사회연구원. 『통계로 보는 사회보장, 2017』. p.336.

된 제2차 국민연금 개혁의 합의사항을 폐기하는 것이었다. 당시 제2차 연금개혁의 핵심은 소득대체율을 2028년까지 40%로 낮추는 대신 소득하위 70%에 대해 가입자 평균 임금(평균소득 월액의 평균액)의 5%에서 시작해 2028년까지 10%의 기초노령연금을 지급하겠다는 것이었다(제14장 참고). 노동자 평균 임금의 10%를 2028년이 아닌 2013년부터 앞당겨 지급한 것은 긍정적으로 평가할 수 있지만, 기초연금을 국민연금과 연계시킨 것은 명백한 합의 위반이었다.

실제로 국민연금 가입기간이 길수록 기초연금 수령액이 낮아지는 문제는 국민연금 가입자에게 불리한 조치였다.[405] 더욱이 박근혜 정부는 2014년에 기초연금액을 노동자 평균 임금(A값)에 연동시키는 대신 물가에 연동하는 방식으로 변경해 기초연금의 실질가치를 장기적으로 낮추는 조치를 취했다. 실제로 기초연금액이 A값에서 물가로 변동된 2015년부터 2017년까지 3년간 1인당 기초연금 수급액이 연간 24만 원 줄어들었다.[406] 결국 박근혜 정부의 기초연금 정책은 기초연금을 국민연금과 연계시켜 장기적으로 공적 노후소득보장제도의 기능을 약화시키는 조치였다. 한국 복지국가의 확장 가능성을 제약하는 보수정부의 또 하나의 제도적 제약이었던 것이다.

하지만 예상과 달리 기초연금의 대상인 노인들의 반응은 무덤덤했다. 복지 전문가와 일부 시민운동단체를 제외하면 반발은 거의 없었다. 박근혜 대통령은 "정말 죄송합니다."라고 노인에게 고개를 숙였고 노인들은 "대통령의 고민을 충분히 이해한다."고 응답했다. 『한겨레』가 인터뷰한 한 노인은 대통령의 공약 파기에 대해 "아무리 공약을 했어도 나라가 파탄 나면 안 되잖아. 대통령이 실수를 했더라도 국가가 먼저지. 나 같은 사람에도 20만 원을 주면 좋지만, 어려운 사람을 돕는 게 먼저잖아."라고 말했다.[407] 당사자인 노인들이 대통령의 결정을 수용

....

405 김원섭(2013). "박근혜정부의 기초연금 대안과 개선방향." 『복지동향』 180: 9-12.
406 연합뉴스(2018). "기초연금 물가연동으로 바꿨더니 3년간 24만원 줄어." http://www.yonhapnews. co.kr/bulletin/2018/05/06/0200000000AKR20180506036000017.HTML, 접근일 2018년 8월 8일.
407 한겨레(2013). "20만원 때문에 찍었지만…언제 공약 지켜진 적 있나?" 『한겨레』. 2013년 10월 4일. http://www.hani.co.kr/arti/PRINT/605840.html, 접근일 2018년 8월 8일.

하면서 기초연금은 수정안대로 집행되었다. 그나마 긍정적인 결과는 기초연금의 시행 이후에 중위소득 50% 기준으로 측정한 노인빈곤율이 2012년에 48.5%에서 2015년에 45.7%로 낮아졌다는 점이다.[408]

물론 예상하지 못한 반발이 제기되기도 했다. '내가 만드는 복지국가(내만복)'라는 시민단체가 기초연금을 공공부조(국민기초생활보장제)와 연계하는 것은 국민기초생활수급자에게 기초연금을 "줬다 뺏는" 것이라고 비판하고 나섰기 때문이다. 국민기초생활보장제도에서는 보충성의 원리에 따라 모든 소득을 합산한 이후에 국민기초생활보장제도가 정하는 생계급여 수준에 미치는 못하는 차액을 지급하는 것이 원칙이기 때문에 기초연금이 생계급여 산정 시에 소득으로 포함되는 것은 정책원리상 당연했다. 그런데 내만복과 일부 시민단체들은 이러한 정책원리를 공공부조 수급자들에게서 기초연금의 수급 권리를 빼앗는 것이라고 비판한 것이다.[409] 당황스럽고 정책원리에 맞지 않는 비판이었지만, 공공부조의 생계급여 수준이 낮고 노인 빈곤 문제가 심각한 현실을 고려하면 이들의 주장이 심정적으로 이해가 가지 않는 것은 아니었다. 하지만 복지국가의 여러 정책들의 정합성을 훼손하면서 기초연금을 공공부조 수급자에게 지급하자는 것은 논란의 여지가 큰 주장이었다.[410] 빈곤 노인의 문제는 공공부조의 보충성 원칙을 무력화시키는 것이 아니라 공공부조의 생계급여 수준을 높이고 대상을 확대하는 것으로 대응해야 할 문제였다. 방향을 잘못 잡은 것이다.

기초연금과 국민연금은 박근혜 정부가 공무원연금 개혁을 추진하면서 다시 논란이 되었다. 박근혜 대통령은 2014년 2월에 '경제혁신 3개년 계획 담화문'을 발표했다. 핵심 내용은 경제성장 여건의 조성을 위한 우선과제로 공공부문을 개혁하고 이를 위해 공무원연금, 군인연금, 사학연금을 개혁하겠다는 것

....

408 OECD(2018), "OECD.Stat: Income Distribution and Poverty." https://stats.oecd.org/Index.aspx?DataSetCode=IDD (Accessed on 08 August 2018).

409 강경임 외(2014). "줬다 뺏는 기초연금 시정을 요구하는 388명 사회복지사의 성명." http://mywelfare.or.kr/652?category=378853, 접근일 2018년 8월 8일.

410 다만 사회보장제도의 보편성과 급여수준이 적절한 수준으로 확대되고 높아질 때까지 '한시적'으로 공공부조 수급자에게 기초연금의 일부(예를 들어, 50%)를 소득산정에서 제외할 수는 있을 것 같다.

이었다.[411] 공무원연금은 이명박 정부 시기인 2009년에도 한 차례 변화가 있었다. 2009년의 개혁으로 공무원연금의 지급률은[412] 2.1%에서 1.9%로 0.2%포인트 낮아졌고 재직기간이 30년인 공무원의 보험료 총액은 26% 늘어난 반면 급여액은 25% 감소했다.[413] 하지만 15년 이상 공무원연금에 가입해 있던 공무원의 연금 수급액에는 변화가 없었고 국민연금 급여와의 격차도 여전히 컸기 때문에 형평성 논란이 잠재되어 있었다. 지급률을 1.7%로 더 낮추어야 한다는 주장이 제기되기도 했지만, 시간이 지나면서 논란은 수면 아래로 가라앉았다.

수면 아래에 있던 공무원연금 개혁은 2014년의 박근혜 대통령의 담화문 발표로 다시 수면 위로 부상했다. 개혁 방향은 2009년의 개혁과 같이 더 내고 덜 받는 방식으로 바꾸는 것이었다. 하지만 공무원연금 개혁을 둘러싼 복지정치는 2009년과는 다르게 전개되었다. 청와대와 정부는 공무원연금 개혁을 강력하게 밀어붙였다. 머뭇거리던 새누리당도 헌법재판소의 통합진보당 해산 판결로 2015년 4월 29일에 치러진 재보궐선거에서 압승하자 공무원연금 개혁에 적극적으로 나섰다. 반면 야당인 새정치민주연합과 공무원노조는 거세게 반발했다. 반발이 거세지자 2015년 5월 1일에 여야는 실무기구에서 국민연금 소득대체율을 50%로 높이는 조건으로 공무원연금 개혁안에 합의했고, 다음날 김무성(새누리당) 대표와 문재인(새정치민주연합) 대표가 합의문에 서명하면서 논란이 정리되는 듯했다.[414] 공무원연금 개혁을 국민연금 개혁과 연동해 타협이 이루어진 것이었다.

하지만 여야 합의안에 대해 청와대와 정부는 강하게 반발했다. 청와대와 친박계 의원들은 즉각 "국민연금과의 연계는 명백한 월권"이라고 비판했고, 문형

....

411 박근혜(2014). "경제혁신 3개년계획 담화문."
412 지급률은 공무원연금의 월 수령액을 결정하는 기준으로, 지급률이 높아지면 연금수령액이 증가하고 지급률이 낮아지면 감소한다. 월 급여액=공무원의 월평균 소득×재직기간×지급률. 예를 들어 평균소득이 200만 원, 재직기간이 30년, 지급률이 1.7%면 공무원연금의 월 급여액은 102만 원이 된다(2,000,000원×30년×0.017=1,020,000원).
413 매일노동뉴스(2015). "2009년 공무원연금 개혁, 적절했다 vs. 부족했다." 매일노동뉴스. 2015년 2월 27일. http://www.labortoday.co.kr/news/articleView.html?idxno=130521, 접근일 2018년 8월 9일.
414 한겨레(2015). "7개월의 롤러코스터 공무원연금 개정 발의부터 타결까지." 『한겨레』. 2015년 5월 29일. http://www.hani.co.kr/arti/PRINT/693418.html, 접근일 2018년 8월 9일; 조현연·김정식(2016). "박근혜 정부의 다원적 두 국민 전략과 세대갈등." 『경제와 사회』 110: 270-299. p.280.

표 보건복지부 장관은 여야 합의를 "세대 간 도적질"이라고 비판했다.[415] 청와대, 정부, 친박계 의원은 재정 고갈과 세금폭탄 프레임을 동원해 국민연금 소득대체율을 높이는 여야 합의안을 무차별적으로 비판했다. 한편 진보 진영은 세 갈래로 나누어졌다. 참여연대같이 여야 합의를 지지하는 그룹이 있었고, 개혁에 반대하는 전교조, 노동자연대 등과 함께 기초연금의 강화를 주장하는 그룹이 있었다. 전교조와 노동자연대는 국민연금 소득대체율을 50%로 높이는 것은 공무원연금 개악을 정당화하려는 수단이라고 비판했다.[416] 또한 일부 전문가는 국민연금 소득대체율을 높이는 것보다 기초연금을 인상하는 것이 더 필요하다는 논리로 여야 합의안에 반대했다. 여기에 새정치연합의 신임 원내대표로 선출된 이종걸 의원이 기초연금의 강화를 대안으로 들고 나오면서 논의 지형은 더 복잡해졌다.[417]

결국 사회적 기구에서 국민연금 소득대체율 50%에 대한 타당성을 검토하는 것으로 여야 합의가 이루어지는 듯했지만, 세월호특별법 시행령 수정문제로 합의가 무산되었다. 여야가 5월 29일에 세월호특별법 시행령 수정안에 합의하면서 공무원연금 개혁안도 국회 본회의를 통과했다. 그러나 국민연금 소득대체율을 50%로 올리는 안을 사회적 대화기구에서 검토하겠다는 합의는 이행되지 않았다. 결국 공무원연금 개혁을 받아들이는 대신 국민연금 소득대체율을 높이겠다고 주장했던 진영은 아무것도 얻지 못했고, 박근혜 정부의 의도대로 '더 내고 덜 받는' 방식으로 개혁이 이루어졌다. 하지만 의미가 전혀 없는 것은 아니었다. 공무원연금 개혁을 계기로 한국 사회에서는 공적복지를 정규직이 주 대상인 사회보험 중심으로 확대할 것인지 아니면 기여 여부와 관계없는 보편적 수당 제도인 기초연금 같은 방식으로 확대할 것인지를 둘러싸고 논쟁이 시작되었다.

....

415 한겨레. "7개월의 롤러코스터 공무원연금 개정 발의부터 타결까지."; 『한겨레』(2015). "세대 간 도적질 발언 비판에 문형표 내가 뭘 잘못했나 뻔뻔." 『한겨레』. 2015년 5월 27일. http://www.hani.co.kr/arti/PRINT/693418.html, 접근일 2018년 8월 9일.
416 최영준(2015). "2015년 공무원연금 개악 저지 투쟁을 돌아보며: 사회연대전략의 문제점 톺아보기." 『경제와 사회』 107: 395-405; 구창우(2016). "2015년 공무원연금 대응평가와 과제." 『경제와 사회』 109: 289-296. p.295.
417 한겨레, "7개월의 롤러코스터 공무원연금 개정 발의부터 타결까지."

사회보험의 역진적 선별성

보수정부 9년 동안에는 사회보험의 역진적 선별성이 고착화되었다. 〈그림 15.51〉에서 보듯이 정규직과 비정규직의 사회보험 가입률은 여전히 큰 차이를 보이고 있었다. 2016년 현재 정규직의 국민연금 가입률은 96.4%에 이르고 있는 데 반해 비정규직은 31.7%로, 둘 간의 차이가 무려 64.7%포인트에 달했다. 고용보험의 경우에 상황은 조금 나은 것 같지만 정규직과 비정규직의 가입률은 각각 84.7%와 38.9%로 여전히 큰 차이가 있었다. 특히 노무현 정부 기간 동안에 높아지고 있었던 비정규직 노동자의 사회보험 가입률은 보수정부가 출범한 이후에 정체상태에 있었다. 비정규직의 국민연금 가입률은 2002년에 21.6%에서 노무현 정부의 마지막 해인 2007년에는 33.9%로 12.3%포인트 높아진 데 반해 보수정부 출범 이후에 31.7%(2016년)로 오히려 2.2%포인트 감소했다. 고용보험 가입률 역시 2007년에 33.3%에서 2016년에 38.9%로 5.6%포인트 증가하는 데 그쳐 노무현 정부 5년 동안의 증가율 10.1%포인트에 미치지 못했다.

보수정부가 소규모 사업장에 고용된 노동자의 사회보험 가입을 촉진하기 위해 '두루누리'라는 지원사업을 시행했지만, 고용형태에 따른 가입률의 격차는 좀처럼 감소하지 않았다. 이명박 정부는 집권 마지막 해인 2012년 2월에 두루누리 시범사업을 시행했고, 7월부터 10인 미만인 사업장에 고용된 노동자 중 월평균 보수가 125만 원 미만인 노동자와 사업주에 대해 사회보험료를 최대 50%까지 차등 지원하는 정책을 시행했다.[418] 두루누리 사업은 이후 박근혜 정부에서도 지원대상과 수준을 확대해 2016년 1월부터 월평균 보수가 140만 원 미만인 노동자와 사업주에게 신규 가입할 경우에 최대 60%의 보험료를 지원했다. 두루누리 사업은 2013년 7월 당시에 전국의 401,003개소에 고용된 1,139,980명과 515,898개소에 고용된 1,350,599명의 노동자에게 각각 고용보험료와 국민연금 보험료를 지원했다.[419] 하지만 지원대상의 규모에 비해 국민연금과 고용보험 미가입 임금

....

418 근로복지공단(2018). "두루누리 연혁." http://insurancesupport.or.kr/durunuri/history.asp, 접근일 2018년 8월 8일.

419 유경준·강창희·최바울(2013).『사회보험료 지원사업(두루누리사업)의 성과 평가』. 서울: KDI.

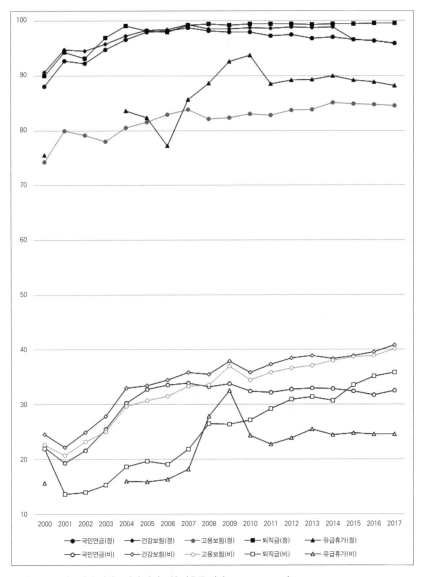

그림 15.51 정규직과 비정규직의 사회보험 적용률 변화, 2000~2017년

출처: 김유선(2001). "노동동향: 비정규직 노동자 규모와 실태." 『노동사회』 54: 98-102; 김유선(2010). "비정규직 규모와 실태: 통계청, 경제활동인구조사 부가조사(2010.3) 결과." 『KLSI Issue Paper』 제7호; 김유선(2017). "비정규직 규모와 실태: 통계청, 경제활동인구조사 부가조사(2017.8) 결과." 『KLSI Issue Paper』 제14호.

노동자의 규모는 크게 감소하지 않았다. 2013년 7월 기준으로 두루누리 사업이 국민연금 보험료를 지원한 노동자는 1,135,599명이었지만, 국민연금에 미가입된 임금노동자 수는 2010년에 257.2만 명에서 2013년에도 221.5만 명으로 35.7만 명이 감소하는 데 그쳤다. 실제로 두리누리 사업을 통해 국민연금과 고용보험에 신규 가입한 노동자가 증가했지만 통계적으로 유의한 수준은 아니었다.[420]

문제는 두루누리 사업이 사회보험에 가입되어 있지 않은 소규모 사업장에 고용된 저임금 노동자의 사회보험 가입을 지원하는 역할을 하기보다는 기존에 사회보험에 가입되어 있던 또는 두루누리 사업이 아니더라도 사회보험에 가입했을 노동자와 이들을 고용한 사업주의 사회보험료 부담을 덜어주는 역할을 했다는 점이다. 물론 두루누리 사업이 저임금 노동자와 영세사업주가 사회보험 자격을 유지하는 데 도움을 주었을 수도 있지만 사회보험의 사각지대를 줄이지는 못했다. 두루누리 사업의 사회보험 사각지대 감소 효과를 분석한 연구에 따르면, 두루누리 사업의 지원을 받지 않았더라도 고용보험에 가입했을 신규 가입자를 제외하고 두루누리 사업으로 고용보험에 신규로 가입한 규모는 두루누리 사업 전체 지원자의 18.3%에 불과한 것으로 추정되었다.[421] 국민연금의 양상도 고용보험과 유사했다. 2015년 기준으로 두루누리 사업에 의해 연금보험료를 지원받는 160만 명 중 가입 이력이 없는 신규 가입자는 13.9%에 불과했다.[422] 두리누리 사업이 국민연금의 사각지대를 줄이는 역할을 하지 못한 것이다.

더욱이 두루누리 사업은 임금노동자와 영세사업주를 지원하는 정책으로, 사회보험의 사각지대에 놓여 있는 자영업자와는 관련이 없었다. 자영업자의 국민연금 미가입률은 비정규직보다 높고, 고용보험은 아예 정책 대상이 아니었다. 특히 사회보험료 전액을 본인이 부담해야 한다는 점에서 자영업자의 부담이 상대

....

420 유경준·강창희·최바울. 『사회보험료 지원사업(두루누리사업)의 성과 평가』. p.95.

421 신규 가입 인원은 노동시장에 처음 진입한 노동자나 고용보험 미가입 노동자가 두루누리 사업으로 고용보험에 가입한 규모를 추정한 것으로, "최근 3년 내 고용·보험 가입 이력이 없는" 경우로 추정했다. 이병희(2016). "두루누리 사회보험료 지원사업의 현황과 정책과제." 『연금포럼』 61: 3-10. p.7.

422 한겨레(2016). "고용보험·국민연금 지원 두리누리사업 신규가입 효과 적어 사각지대 못 줄여." 『한겨레』. 2016년 5월 9일. http://www.hani.co.kr/arti/society/labor/743074.html. 접근일 2018년 8월 8일.

적으로 컸다. 이러한 이유로 이명박 정부는 2012년 1월부터 자영업자도 임의가입 형식으로 고용보험에 가입해 실업급여를 받을 수 있도록 제도를 개선했지만, 제도가 시행된 지 2년이 지난 2014년 4월 말 기준으로 50인 미만 자영업자(3,757천 명) 중 고용보험 가입자 수는 17,209명으로 전체 자영업자의 0.46%에 불과했다.[423] 박근혜 정부는 2014년 5월부터 월평균 소득이 135만 원 미만인 1인 자영업자에 대해 고용보험료를 50% 지원해주고 폐업 시에 기존 소득의 50%를 지원하는 방안을 발표했지만[424] 성과는 미흡했다. 근로복지공단이 국회 국정감사에 제출한 자료에 따르면, 자영업자의 고용보험 신규 가입자 수는 2014년에 4,918명에서 정부가 대책을 발표한 후 1년이 지난 2015년 7월 현재 2,716명에 불과했다. 전체 자영업자 중 고용보험에 가입한 비율은 0.4%에 그쳤다.[425] 보수정부가 자영업자의 고용보험 가입을 위해 내놓은 정책은 모두 실효성이 없었다. 지난 보수정부 9년을 돌아보면 한국 사회보험의 역진적 선별성은 미가입자의 사회보험료를 지원하는 방식으로 해결할 수 없다는 것을 확인해주었다. 산업구조의 개편과 고용관계의 근본적 개혁 없이는 역진적 선별성이라는 문제를 해결할 수 있는 대안은 없어 보였다.

3) 저소득층 지원정책

공공부조

보수정부 출범 이후에 빈곤층과 노동빈곤층을 주 대상으로 하는 공적 사회보장제도와 관련해 중요한 변화가 있었다. 먼저 빈곤층이 주 대상인 국민기초생활보장제도에 대해서는 2000년의 제도 시행 이후에 제도의 사각지대 문제와 급여의 적절성을 둘러싼 논란이 계속되었다. 특히 2004년 7월에 참여연대 사회복

....
423 이철수·안상훈·성주호·김수완·김홍영·장우찬(2014). 『자영업자 고용보험 활성화 방안』. 서울: 국제노동법연구원. p.8.
424 소상공인신문(2014). "1인 자영업자, 고용보험료 50% 지원." 『소상공인신문』. 2014년 5월 27일. http://www.sbnews.or.kr/news/articleView.html?idxno=680, 접근일 2018년 8월 8일.
425 아주경제(2015). "자영업자 고용보험 가입률 0.4% 불과…폐업·체납으로 가입자의 57% 소멸." 『아주경제』. 2015년 9월 15일. http://www.ajunews.com/view/20150915105716125, 접근일 2018년 8월 8일.

지위원회가 최저생계비 체험 캠페인을 실시한 이후부터 생계급여의 상대적 수준이 낮아지는 문제와 수급기준을 충족하면 모든 급여를 받고 탈락하면 모든 수급권을 잃는 문제점이 지속적으로 제기되었다.[426] 하지만 국민기초생활보장제도는 2004년 10월의 개정을 통해 일부 수급조건이 완화된 것을 제외하면 2014년 12월에 박근혜 정부가 소위 '맞춤형 개별급여'로 전환할 때까지 수급자 선정 및 급여수준과 관련된 중요한 변화가 없었다. 사실 국민기초생활보장제도의 급여체계 개편은 대통령 선거 당시 박근혜 후보의 공약 중 하나였기 때문에 박근혜 정부 출범 이후에 급여체계 개편과 관련된 논란이 계속되었다. 이런 와중에 2014년 2월 26일에 송파구에 살던 세 모녀가 생활고를 비관해 자살하는 참극이 벌어졌다. 국민기초생활보장제도가 부양의무자 기준, 노동능력 기준 등 엄격한 기준을 적용하면서 국민의 최후의 안전망으로서의 역할을 하지 못했던 것이다.

국민기초생활보장제도의 급여체계 개편은 이러한 참극을 계기로 이루어졌다. 박근혜 정부가 추진한 제9차 개정의 핵심은 1999년에 제정된 국민기초생활보장제의 큰 틀을 변화시키는 것으로, 생계급여, 의료급여, 주거급여, 교육급여 등 모든 급여의 수급자격을 함께 부여하는 통합급여방식에서 가구의 특성에 따라 급여자격을 달리 부여하는 개별급여방식으로 전환하는 것이었다. 수급자 선정도 과거에 최저생계비에 기초해 선정하던 방식에서 기준가구중위소득을 기준으로 개별 급여의 자격요건을 달리하는 방식으로 전환했다. 생계급여의 수급자격은 기준중위소득의 30% 이하, 의료급여는 40% 이하, 주거급여는 43% 이하, 교육급여는 50% 이하로 차등적으로 자격을 부여해 수급자가 되면 모든 급여를 제공받고 탈락하면 모든 급여자격을 상실하는 문제를 개선하려고 했다. 개별급여별로 독립적 수급권을 보장한 것이다.

박근혜 정부의 이러한 시도에 대해 다양한 비판이 제기되었다. 비판 중 하나는 상대적 빈곤 기준(중위소득의 30% 이하 등)을 국민의 최서생활을 보상하는 국

....

426 허선(2009). "한국 최저생계비 결정의 쟁점과 과제."『한국사회정책』15(2): 329-360; 남찬섭(2004).
     "근로복지의 개념, 등장배경과 성격, 그리고 변화."『사회복지연구』23: 77-111.

민기초생활보장제도의 선정 기준으로 사용하는 것이 적절하지 않다는 비판이었다.[427] 선정 기준을 중위소득에 연동시켜 국민기초생활보장제도의 "권리성의 중핵인 최저생계비 제도가 무력화되었다."는 것이었다. 더욱이 통합급여를 개별급여로 전환하면서 "해당 부처의 장이 임의적으로 결정하는 최저보장수준으로 대체되었다."고 비판했다.[428] 하지만 문제의 핵심은 수급자격의 기준을 기준중위소득으로 변경한 것이 아니라 기준중위소득의 30% 수준에서 결정되는 생계급여수준이 국민의 인간답고 문화적인 최소 생활을 보장하기에 충분하지 않았다는 점이다. 더불어 현재 수급기준으로 사용하고 있는 기준중위소득은 중앙생활보장위원회에서 "국민기초생활보장제도에서 급여의 기준으로 활용하기 위해" 심의·의결하는 기준으로 정부의 의도에 따라 조정이 가능하다는 것도 문제였다.

실제로 최저생계비 기준이 기준중위소득으로 변경되면서 생계급여의 수급자격은 더 엄격해졌다. 국민기초생활보장법의 개정이 늦어지자 복지부는 2014년 8월에 2015년 최저생계비를 발표했다. 이를 변경된 기준과 비교해보면, 3인 가구 기준으로 변경 전 수급을 위한 소득기준(최저생계비 기준 1,359,688원)은 중위가구소득의 39.5%였는데 변경 후에는 가구소득이 중위가구소득(3,441,364원)의 29.0%(997,996원) 이하일 때 (다른 자격을 충족했을 경우) 수급자격이 주어졌다.[429] 최저생계비 인상률과 기준중위소득 인상률을 비교해보면, 2001년부터 2015년까지 최저생계비는 연평균 4.00% 증가한 데 반해 법 개정 이후인 2016년부터 2019년 기준까지 기준중위소득의 연평균 증가율은 2.24%에 그쳤다.[430] 참여연대 사회복지위원회가 수급 기준을 최저생계비가 아닌 중위소득 기준으로 변경해야 한다고 주장한 이유는 최저생계비에 기초한 최저생활보장의 상대적 수준

....

427   문진영(2015). "빈곤선 측정방식에 대한 비교 연구." 『비판사회정책』 46: 202-236. p.221.

428   문진영(2016). "맞춤형 개별급여 1년, 국민기초생활보장제도 평가와 개선과제 토론문." 맞춤형 개별급여 1년, 국민기초생활보장제도 평가와 개선과제. 2016년 8월 19일 국회의원회관 제8간담회실. 기초법바로세우기공동행동.

429   기초생활보장과(2015). "보도자료: 2015년 최저생계비 2.3% 인상." 2015년 8월 29일. 보건복지부.

430   기초생활보장과. "보도자료: 2015년 최저생계비 2.3% 인상."; 통계청(2018). "e-나라지표: 기준 중위소득 추이." http://www.index.go.kr/potal/main/EachDtlPageDetail.do?idx_cd=2762, 접근일 2018년 8월 12일. 2016년과 2017년의 인상률만 고려해도 2.87%에 그쳤다.

이 시간이 지날수록 낮아지는 문제에 대응하기 위해서였는데, 기준중위소득으로 기준이 변경된 이후에 소득기준이 더 낮아지고 증가율도 최저생계비를 측정할 당시보다 더 낮아졌다.

소득기준 변경과 개별급여로의 전환은 국민기초생활보장제도로부터 배제된 '송파 세 모녀' 같은 비수급문제를 해결하지 못했다. 부양의무자 기준을 부분적으로 완화하고 개별급여의 선정 기준을 달리해 수급자에서 배제되는 문제를 최소화한다고 했지만, 국민기초생활보장제도의 사각지대는 여전히 광범위하게 존재했기 때문에 송파 세 모녀의 참극은 언제든지 재발할 수 있었다. 한국보건사회연구원에 따르면, 생계의 어려움 때문에 국민기초생활보장제도 수급 신청을 하지만 신청자의 67.6%가 부양의무자와 소득·재산 기준으로 인해 수급자격을 얻지 못했다. 더욱이 탈락한 신청자 중 24.4%만이 친척과 주변으로부터 도움을 받고 있었다.[431] 부양의무자 기준을 전면 폐지하고 자산을 소득으로 전환하는 등과 같은 불합리한 제도를 개선하지 않는 한 사각지대 문제를 해결하기는 어려워 보였다.

이런 상황에서 보수정부는 부정수급자를 색출하겠다는 의지를 집권 초부터 표명했다. 이명박 정부는 '사회복지통합전산망'을 통해 수급자의 자격요건을 철저히 감시했고, 박근혜 정부는 2013년 10월부터 '부정수급 신고 콜센터'를 설립했다.[432] 부정수급자를 가려내고 필요한 사람에게 급여를 제공하는 것은 제도의 지속 가능성이라는 차원에서 필요한 일이지만, 국민기초생활보장제도의 주 목적이 국민의 인간답고 문화적인 최저생활을 보장하는 것이라는 점에서 제도 운영의 초점이 부정수급자 적발로 모아지는 것은 적절하지 않았다. 더욱이 부정수급을 강조하는 것은 복지수급자를 잠재적 범죄자로 낙인찍는 행위로 공적복지에 대한 부정적 여론을 확산시키는 역할을 할 수 있다.

....

431 노대명·김문길·오미애·전지현 외(2015). 『2015년 한국복지패널 기초분석 보고서』. 서울: 한국보건사회연구원. p.159.

432 김윤영(2016). "개정 국민기초생활보장제도(맞춤형 개별급여) 1년 평가 및 개선요구안." 맞춤형 개별급여 1년, 국민기초생활보장제도 평가와 개선과제. 2016년 8월 19일 국회의원회관 제8간담회실. 기초법바로세우기공동행동.

국민기초생활보장제도 선정 기준의 변화, 절대빈곤선에서 상대빈곤선으로

국민기초생활보장제도의 수급자격을 절대빈곤선(최저생계비)에서 상대빈곤선(중위소득 기준)로 전환해야 한다는 요구가 제기된 시점은 2004년으로 거슬러 올라간다. 당시 참여연대 사회복지위원회(위원장 김연명)는 시민권에 기초해 국민의 인간답고 문화적인 생활을 보장한다는 국민기초생활보장제도의 생계급여가 실제로는 최저생활도 할 수 없는 수준이라는 점을 알리기 위해 서울시 성북구 하월곡동 재개발 지구에서 "최저생계비로 한 달 나기" 캠페인을 시작했다. 당시 이 캠페인을 기획하고 참여했던 사회복지위원회 위원 중 윤홍식(당시 전북대)이 생계급여를 최저생계비로 계측해 물가에 연동하는 방식은 중장기적으로 생계급여의 상대적 수준을 낮출 우려가 있다는 주장을 미국의 빈곤선 예를 들어 발제했고, 당시 캠페인에 참여했던 남기철(동덕여대), 남찬섭(당시 서울신학대), 허선(순천향대, 캠페인 제안자), 문혜진(참여연대 사회복지위원회 팀장, 현 서울시복지재단), 전은경(참여연대) 등과 함께 생계급여가 평균적인 소득상승 경향을 반영해야 한다는 의견을 개진했다. 이후 국민기초생활보장제도의 수급 기준을 반물량 방식의 최저생계비에서 중위소득 기준으로 바꾸어야 한다고 요구했다. 흥미롭게도 이러한 요구는 국민기초생활보장제도의 급여를 개별급여로 전환하려는 박근혜 정부의 이해와 맞물리면서 현실화되었다.

여하튼 당시 참여연대 사회복지위원회는 1~4인 가구 모두 적자를 기록해 최저생계비로는 최저생활을 유지하는 것이 불가능하다는 결과를 발표했다. 최저생계비보다 실제로 지급되는 생계급여가 적기 때문에 실제 수급가구라면 적자 폭은 더 컸을 것이다. 이후 부양의무자 기준이 1촌 이내의 혈족으로 완화되고 수급자의 가구 유형이 반영되었으며 최저생계비의 계측 기간이 5년에서 3년으로 바뀌었지만, 생계급여는 여전히 낮은 수준을 벗어나지 못했다. 아래의 표는 당시 최저생계비 체험을 한 참여자들이 작성한 가계부를 기준으로 생계급여와 실제 지출을 비교해본 것이다.

최저생계비 체험을 마치고 하월곡동에서 찍은 기념사진이다. 모두 반가운 얼굴들이다.

	1인 가구(A)	1인 가구(B)	2인 가구	3인 가구	4인 가구
최저생계비	368,226	368,226	609,842	838,797	1,055,090
실제 생활비	535,630	391,118	716,654	883,364	1,533,559
차이	-167,404	-22,892	-106,812	-44,567	-478,469

출처: 참여연대 사회복지위원회(2004). "최저생계비 체험가족의 가계부." http://www.peoplepower21.org/Welfare/655495

법 개정 이후에 일부 개선된 측면도 있었다. 생계급여를 수급받을 경우에 급여수준은 기준중위소득의 25%에서 28%로 다소 높아졌다.[433] 또한 〈그림 15.52〉

....

433 이승윤·김윤영(2016). "박근혜정부의 국민기초생활보장법 급여체계 개편 논쟁에 대한 비판적 고찰." 『비판사회정책』 51: 92-132. p.115.

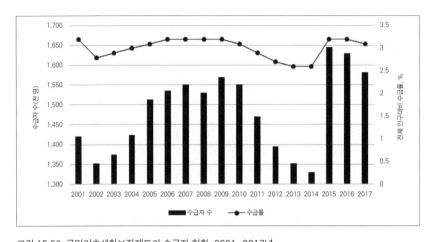

그림 15.52 국민기초생활보장제도의 수급자 현황, 2001~2017년

출처: 통계청(2018). "e-나라지표: 국민기초생활보장제도 수급 현황." http://www.index.go.kr/potal/main/EachDtlPage
Detail.do?idx_cd=2760, 접근일 2018년 8월 12일.

에서 보는 것처럼 급여별로 수급자격을 달리한 이후에 전체 수급자 수와 수급률
도 높아졌다. 특히 수급자의 가구 형태 중 여성 한부모 가구의 수급자가 2014년
에 74,925가구에서 2015년에 123,497가구로 64.8% 증가했다. 동 기간 동안에
수급가구 수가 24.6% 증가한 것과 비교하면 큰 폭의 증가라고 할 수 있다. 자료
를 확인할 수가 없지만 교육급여의 수급 조건이 기준중위소득의 50%로 완화되
면서 미성년 자녀가 있는 가구의 교육급여 수급이 증가한 결과로 보인다. 실제로
여성 한부모 가구와 함께 남성 한부모 수급가구 수도 큰 폭으로 증가했다.[434] 비
수급 빈곤층의 규모도 2014년에 118만 명에서 제도 변경 이후에 93만 명으로 감
소했다.[435] 하지만 2000년의 제도 시행 이후부터 제기되었던 꼭 필요한 국민이 수
급자에서 배제되는 사각지대 문제는 해결되지 않았다. 특히 부정수급자를 적발
하려는 보수정부의 범정부적 '열정'은 공적복지에 대한 신뢰를 심각하게 훼손시

....

434 대략 105.6% 증가한 것으로 나타났다. 통계청(2018). "e-나라지표: 국민기초생활보장 수급 현황."
     http://www.index.go.kr/potal/main/EachDtlPageDetail.do?idx_cd=2760, 접근일 2018년 8월 12일.
435 김태완 · 김문길 · 김미곤 · 여유진 외(2017). 『2017년 기초생활보장 실태조사 및 평가연구』. 서울: 보건
     복지부 · 한국보건사회연구원. p.489.

커 공적복지의 확대를 위한 중산층과 저소득층의 사회적 연대를 어렵게 했다는 점에서 중장기적으로 공적복지의 확장을 가로막는 또 하나의 '확정성의 제약'의 사례였다.

근로장려세제(EITC)

근로장려세제(Earned Income Tax Credit, EITC)는 노동빈곤층의 소득지원을 위해 도입된 제도로, 노무현 정부에서 제도화하고 이명박 정부의 출범과 함께 시행되었다. 한국은 자료가 수집된 2000년 이래 〈그림 15.53〉에서 보는 것처럼 OECD 국가 중 저임금 노동자의 비중이 가장 높은 국가 중 하나였다. 저임금 노동자의 비율은 2007년에 26.0%를 정점으로 감소했지만 보수정부 집권 마지막 해인 2016년에도 23.5%로 여전히 높은 수준이었다. 이러한 조건에서 저임금 노동자의 소득지원을 위해 근로장려세제의 도입이 필요했을 것이다. 더욱이 근로장려세제는 복지 확대가 노동동기를 해친다는 전통적인 반복지 논리가 팽배한 미국 복지체제에서 보수세력과 자유주의 세력 간의 타협의 결과였다는 점을 생각하면, 근로장려세제는 보수세력과 자유주의 세력이 중심인 한국의 정치지형에 적합한 사회보장제도였는지도 모른다. 하지만 근로장려세제는 저임금 노동자의 소득을 지원하는 역할을 할 수는 있지만 저임금 일자리 문제를 근본적으로 해결하는 대안이 될 수 없었다. 왜냐하면 EITC는 노동시장에서 저임금 일자리의 임금상승 압력을 완화해 저임금 일자리가 지속되는 환경을 제공하기 때문이다. 고용주의 입장에서 보면 최저임금이 높아질 경우에 고용주의 부담이 증가하지만 EITC는 고용주가 아닌 정부가 그 비용을 부담하기 때문이다.[436] 미국은 1975년에 처음으로 EITC를 도입했고 클린턴 민주당 행정부를 거치면서 대상과 급여를 대폭 확대했지만, 저임금 노동자의 비율은 여전히 OECD 국가 중 가장 높다. 더불어 저임금 노동자의 생계는 일상의 문제인 데 반해 EITC는 통상적으로 1년에

....

436 Quinn, J. and Cahill, K.(2017). "The Relative Effectiveness of the Minimum Wage and the Earned Income Tax Credit As Anti-poverty Tools." *Religions* 8(4). https://doi.org/10.3390/rel8040069 (Accessed on 12 August 2018).

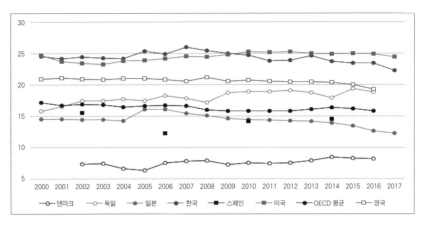

그림 15.53 한국과 OECD 주요국의 저임금 노동자 비율, 2000~2017년

출처: OECD. "Decile ratios of gross earnings: Incedence of low pay."

한 번(또는 반기별, 분기별) 목돈으로 지급되기 때문에 저임금 노동자가 일상에서 직면하는 빈곤 위험을 완화하는 데 효과적이지 않다는 비판도 있다.

근로장려세제는 자유주의 정당의 입장에서는 저임금 노동자의 소득을 보존해줄 수 있다는 점에서, 보수정당의 입장에서는 노동동기를 강화시킬 수 있다는 점에서 환영받았다. 이것이 노무현 정부에서 기획한 근로장려세제가 이명박 정부에서 실행되고 박근혜 정부를 거치면서 대폭 확대된 이유였다. 〈그림 15.54〉를 보면 근로장려세제의 수급자는 2008년에 591,000가구에서 2012년에 783,000가구로 늘어났고, 박근혜 정부의 마지막 해인 2016년이 되면 1,570,000가구로 제도 시행 9년 만에 세 배 가까이 늘었다. 급여수준도 동 기간 동안 4,537억 원에서 1조 1,416억 원으로 두 배 이상 늘었다. 하지만 수급가구당 평균 급여액은 2008년에 768,000원에서 2016년에 727,000원으로 거의 변화가 없었다. 월평균 6만 원을 조금 넘는 수준이었다.

보수정부 기간 동안에 이루어진 중요한 제도 변화를 보면 2015년부터(2014년분) 근로장려세제의 대상이 임금노동자에서 전문직을 제외한 자영업자로 확대되었다.[437] 2014년에 수급자 규모가 큰 폭으로 증가한 것은 바로 이러한 변화가 반영되었기 때문이다. 또 다른 변화는 18세 미만의 부양자녀가 있는 가구에 지급

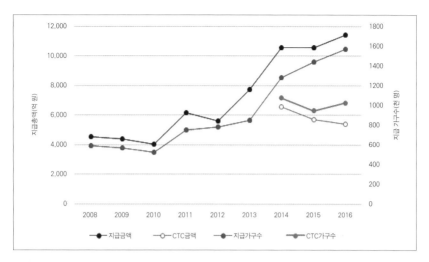

그림 15.54 근로장려금(EITC) 지급자 수와 지급액, 2008~2016년

출처: 통계청(2018). "e-나라지표: 근로장려금 신청 및 지급현황." http://www.index.go.kr/potal/main/EachDtlPageDetail.do?idx_cd=2826, 접근일 2018년 8월 12일.

하는 자녀장려금(Child Tax Credit, CTC)을 근로장려세제에서 분리해서 제도화하고 근로장려세제에서는 피부양자 기준 대신 단독가구, 홑벌이가구, 맞벌이가구에 대해 차등적으로 지원하는 형태로 변경한 것이다. 하지만 이로 인해 근로장려세제는 피부양자 규모를 반영하지 않게 되어 3인의 피부양자가 있는 일인생계부양자 가구가 피부양자가 없는 2인 맞벌이가구보다 근로장려세제 지원액이 적다는 비판을 받았다.

정리하면, 보수정부에서 시행하고 확대한 근로장려세제는 공적복지의 확대가 노동동기를 약화시킬 수 있다는 보수의 우려가 잘 반영된 정책이었다. 근로장려세제는 노동시장에서 저임금 일자리 문제를 구조적으로 해결하지 않고 고용주의 부담 없이 재정지원을 통해 '노동시장에 참여하는 사람들에게만' 급여를 제공하는 전형적인 자유주의 복지정책이었다. 미국의 사례를 보면 EITC의 확대는

....

437 단독가구의 수급 연령은 점차적으로 낮아졌는데, 2016년에 50세, 2017년에 40세, 2018년부터는 30세로 하향 조정되었다. 통계청. "e-나라지표: 근로장려금 신청 및 지급현황."

공공부조의 축소와 저임금 일자리의 양산이라는 문제와 밀접히 관련되어 있었다. 한국 노동시장에 근로장려세제가 어떤 영향을 줄지를 종합적으로 판단할 수 있는 연구는 없지만 그 영향이 미국의 경로를 벗어나기는 어려워 보인다. 결국 EITC의 확대 또한 향후 한국 사회에서 노동동기와 관련이 없는 공적복지의 확대를 어렵게 하는 보수정부가 만들어놓은 또 하나의 '확정성의 제약'이 될 가능성이 높았다.

4) 사회서비스

보수정부 출범 이후에도 정부가 재정적 지원을 하고 민간기관이 서비스를 제공하는 일제강점기 이래 지속된 한국 사회서비스의 특성은 변화하지 않았다. 저출산 현상에 대한 대응을 출산장려 정책으로 전환한 것은 자유주의 정부에서 보수정부로 정권이 교체되면서 사회서비스와 관련해 나타난 퇴행적 현상이었다. 특히 2009년 11월 25일에 대통령 직속 미래기획위원회가 주최한 '제1차 저출산 대응 전략회의'에서는 이명박 대통령에게 저출산 대응정책 과제 중 하나로 '생명 존중(낙태 방지)'에 관해 보고했고, 전재희 복지부 장관은 낙태를 단속하겠다는 충격적인 발언을 했다.[438] 국가가 개인의 출산 여부에 직접 개입하겠다는 충격적 사건이었다. 여성의 돌봄 책임을 강화하는 아동양육수당 정책을 형평성의 논리로 제도화하고 확대한 것도 성별분업을 강화하는 퇴행적 행위였다. 이처럼 보수정부 9년 동안에 돌봄과 관련된 사회서비스 영역에서는 퇴행적 일들이 벌어졌다. 다만 보수정부 기간 동안 사회서비스와 관련한 몇 가지 중요한 변화도 있었다. 특히 자산과 소득조사 없이 보육료를 보편적으로 지원한 '무상보육' 정책은 해방 이후 한국 복지체제의 역사에서 인구학적 특성만을 기준으로 급여자격을 부여한 최초의 보편적 복지정책이었다. 역설적이게도 한국 복지국가의 역사에서 보수정부가 최초의 보편주의 복지를 제도화한 것이다. 여기서는 아동 돌봄 정책을 중심으로 보수정부 기간 동안에 변화된 사회서비스 정책을 정리했다.

....

438　임지선(2009). "낙태 근절이 저출산 대책? 성폭행범이 웃는다." 『한겨레21』 제789호.

보육서비스의 공공성 훼손

보육서비스와 관련해 자유주의 정부와 보수정부는 모두 민간보육시설을 중심으로 서비스를 확대했다는 점에서 차이가 없었다. 참여정부는 2005년에 사회협약을 통해 국공립보육시설의 비율을 30%까지 확대하겠다고 약속했지만, 참여정부의 마지막 해인 2007년의 국공립시설 비율은 5.7%에 불과했다. 이명박 정부의 마지막 해인 2012년의 국공립보육시설 비율은 5.2%였다. 박근혜 정부가 들어서면서 국공립보육시설의 비율은 증가했지만, 이는 박원순 서울시정의 출범과 관련이 있어 보인다. 2011년 10월 26일에 치러진 서울시장 보궐선거에서 박원순이 시장으로 당선된 후에 서울시는 공립보육시설의 확충을 서울시의 핵심 정책 과제로 설정하고 추진했다. 실제로 2011년과 2016년을 비교해보면, 서울시를 제외한 전국의 국공립보육시설 비율은 오히려 감소했다.[439]

보육정책 영역에서 보수정부의 공공성 훼손은 크게 공적보육시설 신설과 관련된 예산 삭감, 보육료 지원 방식의 전환(전자바우처의 전면적 도입을 통한 시설별 지원에서 개별 이용자에 대한 지원), (보육시설을 이용하지 않는 조건으로 지급되는) 아동양육수당의 확대라는 세 가지 수단을 통해 이루어졌다. 먼저 국공립보육시설 예산은 2008년부터 감소하기 시작했다. 대신 아동양육수당(2011년까지는 취약계층을 위한 시설 미이용 아동양육 지원을 위한 예산으로 적시됨)은 2010년에 657억 원에서 2016년에 1조 2,192억 원으로 18.6배 증가했다.[440] 또한 국공립보육시설을 확대하는 대신 민간어린이집을 대상으로 하는 공공형 어린이집 예산도 2011년에 80억 원 규모에서 2014년에 385억 원 규모로 증가했다. 보수정부의 보육정책은 국공립보육시설을 대신하는 공공형 어린이집을 지원하고 가정에서의 모의 직접 양육을 지원하는 형태로 전개되었다.

....

439 2014년에 제2기 박원순 시정을 출범시킨 서울시는 2018년까지 국공립보육시설 1천 개를 확충한다는 계획을 세웠다. 실제로 서울시의 국공립보육시설 비율은 2013년 11.12%에서 2017년 아동 수 대비 31.6%로 높아졌다.

440 보건복지부(2011). 『2010년 보육통계』. 서울: 보건복지부. p.189; 보건복지부(2016). 『보육통계: 2016년 12월 말 기준』. 서울: 보건복지부. p.277.

다만 박근혜 정부가 출범하면서 이명박 정부와 달리 국공립보육시설 신축 예산을 (이명박 정부와 비교해서) 증액했다. 그러나 150개의 국공립보육시설을 신설하는 예산으로 민간보육시설이 중심인 구조를 바꿀 수는 없었다. 더욱이 국공립보육시설로 대표되는 보육의 공공성을 약화시키는 아동양육수당을 대규모로 확대하고 국공립보육시설을 대신할 목적으로 제도화된 공공형 어린이집에 대한 지원을 계속했다는 점에서 박근혜 정부가 보육의 공공성을 높이기 위한 정책을 시행했다고 평가하기는 어렵다. 아동양육수당의 확대는 가족의 돌봄 책임을 사회가 분담하기보다는 가족 내에서의 여성의 책임으로 제도화하는 것이기 때문이다. 아동양육수당의 확대는 지난 10년 동안 자유주의 정부가 아동 돌봄의 사회적 책임을 강화하려 했던 노력을 중단시키고 돌봄 비용을 일부 지원하는 방식으로 가족, 실질적으로 여성의 돌봄 책임을 강화시키는 정책이었다.[441] 보수정부는 9년 동안 보육정책을 통해 돌봄의 공공성을 약화시키고 돌봄을 다시 사적인 문제로 전환시키려고 시도했다. 결국 보수정부의 이러한 정책 선회는 성 간, 계층 간 불평등을 확대시켜 '평등'이라는 공공성의 핵심 가치를 훼손하는 것이었다.

전자바우처를 사용해 이용자 중심으로 보육료를 지원하겠다는 것도 보육서비스를 민간기관을 중심으로 제공한다는 원칙을 재확인한 것으로 공공성의 강화와는 거리가 멀었다. 더욱이 2014년 6월 12일의 대법원 판결로 전자바우처를 통한 보육료 지원 방식으로는 민간시설에 대한 공적 관리감독이 어려워졌는데도 전자바우처 사업을 계속하겠다고 한 것은 매우 우려할 만한 상황이었다. 왜냐하면 이명박 정부가 2008년 당시 보육 전자바우처를 도입하면서 역설했던 "보육시설 이용자의 선택권 강화", "경쟁을 통한 서비스 질의 개선" 등은 대부분 근거 없는 주장이었다는 것이 확인되었기 때문이다. 예를 들어, 보육 전자바우처를 통해 보육시설에 대한 선택권을 확대하겠다는 이명박 정부의 주장은 보육시설 이용의 최우선 고려사항 중 하나가 근접성이라는 점을 고려하면 애초부터 설득력이 없

....

441 윤홍식(2014). "박근혜 정부의 가족정책과 성, 계층 불평등의 확대: 보수정부 6년의 가족정책을 중심으로."『경제와 사회』101: 87-116.

는 주장이었다. 다시 말해 아동이 거주하는 근접지역에 다수의 보육시설이 있어야 부·모가 보육시설을 선택할 여지가 있기 때문이다.[442] 현실에서 아동이 거주하는 인근지역에 다수의 보육시설이 운영되는 경우는 거의 없었다. 전자바우처의 도입으로 이용자의 선택권은 물론 민간어린이집의 서비스 질이 개선되었다는 경험적 근거 역시 찾기 어려웠다.

　사실 바우처는 그 자체가 목적이 아니라 (비록 전자바우처로 인해 행정의 편이성이 부분적으로 담보된다고 할지라도) 특정 정책이 지향하는 목적을 달성하기 위한 하나의 정책수단이다. 일반적으로 서구 복지국가에서 바우처는 사회서비스를 시장화 또는 민영화하기 위한 수단으로 사용되었다. 스웨덴에서 학교 바우처는 초중등학교의 민영화를 위한 수단으로 도입되었다.[443] 그래서 서구에서 바우처의 도입 이후에 사회서비스 제공기관 중 민간기관의 비중이 증가하는 현상이 나타난 것이다. 한국에서도 바우처의 제도화 이후에 민간보육시설 수가 상대적으로 빠르게 증가했다.[444] 2008년의 전자바우처 제도 도입 이후에 국공립보육시설 대비 민간시설의 증가율이 2008년 이전보다 빠르게 높아진 것을 확인할 수 있다. 민간어린이집 수는 전자바우처 도입 전(2003-2008)과 비교해 도입 후(2008-2013)에 1.34배 증가했고, 가정어린이집은 1.23배 증가했다. 보육 전자바우처를 통한 부모의 체감도 향상, 각종 규제 생산 및 관리 업무의 효율화, 부모와 시설 간 의사소통의 활성화, 부모의 보육시설 선택권의 강화 등 바우처 제도를 실시하면서 정부가 공언했던 목표 중 어느 하나 달성된 것이 없었다. '참보육을 위한 부모연대'의 장미순 운영위원장은 보육 전자바우처 제도 시행 이후에 "어린이집 원장이 갑이 되어 횡포를 부리는 상황과 보육서비스를 이용하는 부모를 시혜의 대상으로 간주하는 경향이 나타나고 있다."고 주장했다. 정부가 약속했던 부모의 선택권 강

....

442　김일영(2009). "사회서비스 바우처 관리법(안)의 문제점 및 대안." 새로운 사회를 여는 연구원.

443　Klitgaard, M(2007). "Do welfare state regimes determine public sector reforms? Choice reforms in American, Swedish and German Schools." *Journal Compilation* 30, No. 4, 144-155. p.463.

444　물론 이것을 전적으로 바우처 도입 때문이라고 할 수는 없다. 노무현 정부 때부터 본격적으로 시작된 보육료 지원 대상의 확대로 인해 보육서비스의 이용자가 증가한 것 또한 명백한 사실이다.

화는 이루어지지 않았고 보육바우처 제도에 대한 부모들의 불만만 높아졌다.

아동양육수당과 보육서비스[445]

자유주의 정부 시기에는 돌봄 정책을 통해 꾸준히 가족의 돌봄 책임을 완화하는 탈가족화 정책을 확대했다. 예를 들어, 보육시설을 이용하는 3세 미만의 아동 비율은 지속적으로 높아지고 있었다. 2001년에 9.2%에 불과하던 보육비율은 2008년에 41%로 OECD 평균인 30.1%보다 높았다.[446] 그러나 이러한 상황은 보수정부인 이명박 정부가 들어서면서 변화했다. 이명박 정부는 인수위시절 작은 정부를 지향한다는 명분으로 중앙부처들의 통폐합을 추진하면서 여성가족부의 폐지를 추진했다.[447] 그러나 시민사회와 당시 여당의 반대로 여성가족부를 폐지하지 못하자, 이명박 정부는 여성가족부를 여성부로 축소하고 보육업무를 보건복지가족부(현재 보건복지부)로 이관시켰다. 보육업무를 이관받은 보건복지가족부는 보육정책을 수요자 중심의 정책으로 전환한다는 명목하에 노무현 정부에서 기획한 학부모가 직접 결제하는 바우처 방식의 아이사랑 카드를 도입하는 동시에 보육시설 이용 아동과 미이용 아동 간의 정부지원의 형평성 문제를 제기하면서 24개월 미만의 아동이 있는 저소득 가구에 대해 (정부 지원) 보육시설을 이용하지 않는 조건으로 월 10만 원의 양육수당을 지급하는 정책을 2009년 7월 1일에 전격적으로 도입했다. 아동양육수당의 도입은 돌봄의 사회화를 보완하기 위한 것이 아니라 여성의 돌봄 책임을 강화하는 정책으로, 아동돌봄 정책의 방향을

....

445 '아동양육수당과 보육서비스'는 다음의 글에서 발췌한 것이다. 윤홍식(2014). "박근혜 정부의 가족정책과 성, 계층 불평등의 확대: 보수정부 6년의 가족정책을 중심으로." 『경제와 사회』 101: 87-116.

446 한국의 만 3세 미만 아동의 보육시설 이용 비율은 가족(또는 여성) 친화적인 복지국가인 사민주의 복지국가들 중 덴마크를 제외하고 스웨덴, 핀란드, 노르웨이보다도 높은 수치이다. 그러나 이러한 현상은 육아휴직을 일부 정규직 노동자만 이용할 수 있는 제약과 관련된다. 실제로 2013년 현재 육아휴직을 이용한 부모(여성 96.7%, 남성 3.3%)는 69,616명으로(관계부처합동, 2014) 2013년 출생아 수 438,000명의 15.9%에 불과하다. OECD(2012). "OECD Family Database." OECD. Paris(www.oecd.org/social/family/database).

447 여성가족부의 폐지와 관련된 논란은 윤홍식이 발표한 2008년 1월 29일 『정부조직법 전부개정법률안』에 관한 국회 공청회 자료를 참고하라.

바꾸어 놓는 계기가 되었다.

박근혜 정부도 큰 틀에서 이명박 정부의 돌봄 정책을 계승했다. 박근혜 정부는 2013년 3월부터 3세 미만의 아동이 있는 저소득 가구에 지급했던 아동양육수당을 소득계층과 관계없이 취학 전 모든 아동으로 확대했다.[448] 양육수당을 받은 아동 수는 2010년에 51,838명에서 박근혜 정부의 마지막 해인 2016년이 되면 933,153명으로 불과 6년 만에 19배나 증가했다.[449] 아동양육수당 예산도 동 기간 동안 657억 원에서 1조 2,192억 원으로 18.6배 증가했다.[450] 이러한 보수정부의 아동양육수당의 도입과 확대는 많은 논쟁을 유발했다. 국내는 물론이고 북유럽 복지국가들에서도 보수(우파)정당의 돌봄 정책의 핵심 방향은 가족의 돌봄 책임을 강화하는 것이었다. 반면 여성운동과 좌파정당[451]은 돌봄의 가족화 정책에 반대했고, 시설보육의 확대 같은 탈가족화 정책을 선호했다. 핀란드에서도 좌파는 공적 보육서비스의 확대를 지지하는 데 반해 중도(농민당)와 우파는 보육서비스를 이용하지 않는 가족에 대한 보상으로 '가정양육수당'의 제도화를 선호했다.[452] 2009년에 독일에서도 기민당 등 보수정당들이 주도한 연정은 2013년까지 양육수당을 도입하겠다고 천명했다.[453]

반면 한국의 지형은 유럽의 지형과는 다소 차이가 있었다. 진보적 시민단체와 일부 여성주의 학자들은 양육수당의 제도화에 일관되게 반대했지만,[454] 야당

....

448 아동의 연령에 따라 다음과 같이 급여액이 지급된다. 12개월 미만 20만 원, 12~24개월 15만 원, 24개월 이상 10만 원.

449 통계청(2017). "e-나라지표: 자녀연령별 보육시설이용 및 가정양육 아동수." http://www.index.go.kr/potal/main/EachDtlPageDetail.do?idx_cd=3023, 접근일 2018년 8월 12일.

450 보건복지부. 『2010년 보육통계』. p.189; 보건복지부. 『보육통계: 2016년 12월 말 기준』. p.277.

451 그러나 좌파정당이 일관되게 아동양육수당에 반대한 것은 아니다. 1960년대에 스웨덴 사민당은 공적 보육보다는 양육수당을 선호한 것으로 알려져 있다.

452 Haataja, A. and Valaste, M.(2012). "Cutting Child Home Care Allowance in Finland?" Paper prepared for the ESPAnet anniversary conference in Edinburgh 6-8 September 2012.

453 Seeleib-Kaiser, M.(2010). "Socio-Economic Change, Party Competition and Intra-party Conflict: The Family Policy of the Grand Coalition." *German Politics* 19(3/4). pp.416-428.

454 송다영(2013). "여성주의 관점에서 본 생애주기별 복지와 돌봄 패러다임." 『페미니즘 연구』 13(1): 93-129; 윤홍식·송다영·김인숙(2011). 『가족정책: 복지국가의 새로운 전망』(개정판), 서울: 공동체; 최은영(2010). "한국 아동양육의 난맥상: 양육수당의 문제점." 『월간 복지동향』 143: 4-7; 홍승아(2011).

인 민주당의 입장은 모호했다. 2012년의 총선과 대선에서 민주당은 양육수당에 반대하지 않았다.[455] 민주당으로서는 유권자들이 선호하는 정책에 반대할 수 없었기 때문이었다. 서유럽에서도 양육수당에 반대하는 것은 이념 여부를 떠나 정치적 자살행위로 간주되었다.[456]

이처럼 아동양육수당이 돌봄 정책을 둘러싼 보수와 진보 간의 논쟁의 한복판에 있었던 이유는 아동양육수당이 성별분업을 고착화해 저소득층 여성의 노동시장 참여를 제약했기 때문이다. 실제로 프랑스와 핀란드의 사례를 보면, 보육시설을 이용하지 않는 조건으로 지급되는 양육수당은 보육시설을 이용하는 비율을 낮추는 것은 물론이고 저소득층 여성의 노동시장 참여율도 낮추었다.[457] 핀란드에서 양육수당은 저소득층 여성에게 어린 자녀를 직접 양육할 수 있는 조건을 제공해 이들의 노동시장 참여를 낮추었다.[458] 더욱이 양육수당으로 인해 시설보육을 이용하지 않는 저소득층 아동은 공식적 보육서비스로부터 배제되어 인적자본을 축적할 기회를 잃게 될 가능성이 높았다. 프랑스와 핀란드에서의 양육수당의 도입은 성 간, 소득계층 간의 불평등을 확대했다. 노동동기와 관련해 양육수당의 확대(대상 연령과 급여)는 여성이 노동시장 참여를 통해 얻을 수 있는 임금의 상대적 가치를 낮추어 현재 노동시장에서 낮은 임금을 받고 있는 저소득층 여성이 저임금 노동을 중단할 가능성을 높인다. 또한 양육수당의 확대는 현재 노동시장에 참여하지 않는 저소득층 여성에게도 저임금 노동시장에 (다시) 참여할 동기도 낮추었다.

그러나 한국에서도 양육수당의 확대가 프랑스와 핀란드에서처럼 저소득층

....

"양육수당제도의 젠더효과에 관한 연구: 핀란드 가정양육수당제도를 중심으로." 『비판사회정책』 31: 85-119.

455 민주통합당(2012). 『사람이 먼저인 대한민국: 국민과의 약속 119』. 서울: 민주통합당.

456 Hiilamo, H. and Kangas, O.(2009). "Trap for Women or Freedom to Choose? The Struggle Over Cash for Child Care Schemes in Finland and Sweden." *Journal of Social Policy* 38(3): 457-475.

457 Fagnani, J.(1998). "Recent Changes in Family Policy in France: Political Trade-offs and Economic Constraints." Drew, E, Emerek, R. and Mahonin, E. eds. *Women, Work and the Family in Europe.* New York: Routledge. pp.58-65; Haataja and Valaste. "Cutting Child Home Care Allowance in Finland?"

458 Haataja and Valaste. "Cutting Child Home Care Allowance in Finland?"

여성의 노동공급을 감소시킬 정도로 (소득효과가 대체효과보다 클 정도로)[459] 충분한지에 대해 검증할 필요가 있었다. 2012년에 여성 노동자의 월평균 임금은 1,654,000원인 데[460] 반해 양육수당은 10~20만 원 수준으로 여성 노동자의 월평균 임금의 6~12%에 불과했다. 핀란드의 양육수당은 여성 노동자의 월평균 (순) 임금의 대략 20% 수준이었다. 한국에서는 아직 양육수당의 영향을 확인할 수 없지만, 2011년에 육아정책연구소에서 발간한 보고서에 따르면, 양육수당 수급자의 91.3%가 비취업 모인 것으로 나타났다.[461] 소득계층에 따른 차이를 보면, 양육수당 비수급자가구 중 월평균 가구소득이 100만 원 이하인 비율이 11.2%인 데 반해 수급자가구는 33.0%에 달했다.[462] 더욱이 양육수당을 수급받기 위해 아동을 보육시설에 보내지 않은 비취업 여성의 50%가 아동양육수당을 받지 못한다면 (다시) 노동시장에 참여할 의사가 있다고 응답했다. 이러한 결과는 양육수당의 확대가 유자녀 여성, 특히 저소득 유자녀 여성의 노동동기를 낮출 수 있다는 것을 의미했다.

아동양육수당의 확대는 저소득층 아동의 보육시설 이용을 낮출 개연성도 높였다. 2011년 당시 양육수당(2011년 기준 10만 원)이 증액될 경우에 보육시설 이용을 중단하겠다고 응답한 비율을 보면, 가구소득이 100만 원 이하인 가구 중 37.8%가 양육수당의 수급을 위해 보육시설 이용을 중단하겠다고 응답한 반면 가구소득이 201만 원[463] 이상인 가구는 25.8%에 그쳤다.[464] 아동양육수당의 대상

....

459 임금률의 상승으로 인해 이전보다 일을 적게 해도 동일한 소득을 얻게 되기 때문에 노동공급을 줄이는 효과를 말한다. 소득효과에 반대되는 개념으로 대체효과가 있는데, 이는 임금률의 상승으로 이전 보다 여가의 가격이 비싸져서 노동공급을 증대시키는 효과를 말한다. 임금률이 상승하면 소득효과와 대체 효과가 모두 발생한다고 보는데, 소득효과가 대체효과보다 클 경우에 노동공급이 감소하고 소득효과 보다 대체효과가 클 경우에 노동공급이 증가하는 것으로 알려져 있다.

460 통계청(2014). "e-나라지표: 남성 대비 여성임금 비율." http://index.go.kr/potal/main/EachDtlPageDetail.do?idx_cd=2714, 접근일 2014년 10월 9일.

461 유해미·서문희·한유미·김문정(2011). 『영아 양육비용 지원정책의 효과와 개선방안: 양육수당을 중심으로』. 육아정책연구소, p.69.

462 유해미 외. 『영아 양육비용 지원정책의 효과와 개선방안: 양육수당을 중심으로』. pp.9-10.

463 201만 원은 고소득층을 구별하는 기준으로 적절하지 않다. 왜냐하면 2011년 가구의 월 중위소득은 259만 원, 평균소득은 472만 원이기 때문이다. 201만 원은 당시 중위소득의 77.6%, 평균소득의 42.6% 에 불과하다.

464 유해미 외. 『영아 양육비용 지원정책의 효과와 개선방안: 양육수당을 중심으로』. 실제로 박근혜 정부

만이 아닌 3~5세 아동의 보육비율도 감소했다. 3~5세 아동은 2009년 당시에 양육수당의 급여대상자가 아니었지만, 양육수당을 수급받는 가구에서 보육시설을 이용하던 3~5세 아동을 3세 미만 아동과 함께 가정에서 양육했을 가능성이 있었다. 핀란드의 경우를 보면 2000년대 초반에 양육수당을 받는 가구의 10%만이 양육수당을 받는 자녀의 바로 위의 형제 또는 자매를 보육시설에 보낸 것으로 알려져 있다.[465] 결국 양육수당의 확대는 저소득층 여성의 노동시장 참여 동기를 약화시키고 저소득층 아동이 보육시설을 이용할 가능성도 낮추었다.

육아휴직제도

육아휴직과 관련해서도 몇 가지 변화가 있었다. 2008년 6월 22일부터(법 개정은 2007년 12월 21일) 육아휴직을 1회 분할해서 사용할 수 있도록 한 것과 2010년 2월 4일부터 육아휴직 대상자를 만 3세 미만에서 6세 미만으로 확대한 조치를 들 수 있다.[466] 더불어 육아휴직급여가 정액에서 정률로 바뀌었다. 육아휴직급여는 2012년까지 50만 원의 정액에서 2013년부터 휴직 전 소득의 40%(50~100만 원)를 보장해주는 정률급여방식으로 전환되었다. 2014년부터는 육아휴직을 이용할 수 있는 자녀의 연령이 6세에서 8세로 확대되었고, 2014년 2월 4일에 육아휴직 기간 중 단축근무를 할 경우에 통상임금의 60%(기존 40%)를 지급하고 배우자가 육아휴직을 사용한 이후에 다른 배우자가 이어서 육아휴직을 이용할 경우에 첫 달에 한해 임금의 100%(상한 150만 원)를 지급하겠다고 발표했다.[467] 모의 이용 여부에 따라 부에게 "아버지의 달"을 부여했다.[468] 하지만 육아휴직 정책

....

이후에 높아진 양육수당급여가 2011년의 조사결과를 뒷받침하고 있는지에 대한 연구가 필요해 보인다.

465 핀란드의 양육수당의 비공식적인 목적은 모가 급여대상 아동만이 아닌 급여대상이 아닌 형제 또는 자매를 집에서 함께 돌보는 것이다. Haataja and Valaste. "Cutting Child Home Care Allowance in Finland?"

466 고용노동부(2013). 『2013년판 고용노동백서』. 고용노동부.

467 관계부처합동(2014). "일하는 여성의 생애주기별 경력유지 지원 방안." 관계부처합동.

468 하지만 첫 한 달의 급여 상한인 150만 원은 2012년 상용직 임금노동자의 평균임금 2,995,000원의 50%에 불과해 정책의 실효성이 의문시된다.

은 전통적 성별분업을 강화한다는 비판을 받았다.[469] 실제로 2016년 현재 이용자의 91.5%가 여성이라는 사실은 육아휴직제도가 전통적 성별분업을 강화한다는 비판을 받는 이유였다.[470] 물론 육아휴직급여를 정률로 전환한 것은 남성의 참여를 높여 성별분업을 약화시킨다는 점에서 바람직했다. 그러나 40%의 소득대체율은 충분한 경제적 동기를 제공하지 않았고, 상한선이 100만 원인 급여로는 남성의 육아휴직 이용을 획기적으로 증가시킬 수 없었다. 또한 부모 중 두 번째로 육아휴직을 이용할 경우에 육아휴직 기간의 첫 달에 100%의 급여를 제공하겠다는 것도, 급여의 상한선이 남성 노동자의 월평균 임금의 (제도 시행 시점인 2012년 기준 340만 원)[471] 44.1%에 불과한 150만 원이었기 때문에 정책효과를 기대하기 어려웠다. 더욱이 육아휴직의 확대는 제도를 이용할 수 있는 고용보험에 가입한 정규직과 미가입자인 비정규직 및 영세자영업자 간의 불평등을 확대하는 결과를 야기했다. 육아휴직은 사회보장제도의 역진적 선별성을 강화하는 또 하나의 사례였다.

제6절 정리와 함의[472]

자유주의 정부 시기에 악화된 민생은 보수정부 탄생의 일등 공신이었다. 보수정부는 자유주의 정부의 반시장 정책과 복지 확대가 경제를 악화시키고 민생을 어렵게 만들었다고 비판하면서 성장을 통한 분배를 이루겠다고 호언장담했

....

469 물론 육아휴직은 노동시장 참여를 전제로 급여를 제공한다는 점에서 노동시장 참여를 중단하고 모가 직접 집에서 아동을 양육할 것을 가정하는 양육수당과는 큰 차이가 있다. 그럼에도 불구하고 이용자의 대부분이 여성이라는 점에서 육아휴직의 확대 또한 성별분업을 강화한다고 비판받는디.

470 보건복지부·한국보건사회연구원.『통계로 보는 사회보장, 2017』. p.56.

471 통계청(2018). "e-나라지표: 남성 대비 여성임금 비율." http://index.go.kr/potal/main/EachDtl-PageDetail.do?idx_cd=2714, 접근일 2018년 8월 13일.

472 제6절의 내용의 일부는 다음 글의 일부를 수정한 것이다. 윤홍식. "역진적 선별성의 지속과 확장성의 제약."

다. 이렇게 박정희식 개발국가는 보수정부 9년 동안 다시 역사의 전면에 등장했다. 하지만 역설적이게도 박정희식 개발국가는 박정희의 계승자로 자처하는 정권에 의해 다시 무덤 속으로 들어가야 했다. 보수정부의 권위주의적이고 친시장적인 정책은 경제를 살리지도, 민생을 살리지도 못했다. 시민들에게 보다 더 나은 삶을 제공하기 위해서는 한국 경제의 고질적인 문제인 재벌 대기업이 주도하는 수출주도형 성장체제를 해체하고 노동자의 숙련에 기초해 내수와 수출이 균형적인 성장체제로 전환해야 했다. 하지만 보수정부 9년 동안에 재벌 대기업이 노동과 숙련을 배제하고 구축한 자동화에 의존한 수출주도형 성장체제가 강화되면서 한국 경제의 구조적 문제는 더 심화되었다. 재벌 대기업과 중소기업의 격차도 더 커져갔다. 게다가 기업의 이윤실현 방식이 생산과 거래 비용을 내부화하는 것에서 핵심영역을 제외한 나머지를 외부화하는 것으로 바뀌면서 노동시장에서는 하청, 프랜차이즈, 플랫폼 노동 등과 같은 불안정 노동자들이 증가했다.

복지지출은 증가했지만 이렇게 시장에서 만들어지는 구조적 불평등을 완화하지는 못했다. 보수정부 집권 기간 동안에 한국 복지체제는 양적으로 성장했지만, '역진적 선별성'이라는 정규직 중심의 사회보장제도라는 구조적 문제를 해소하지 못했다. 오히려 한국 경제는 보수정부 기간 동안에 세계 최고수준의 자동화율(로봇밀도)을 기록하면서 노동과 숙련을 배제하는 특성을 강화했고 사회보장제도의 역진적 선별성도 고착화되었다. 사회보험의 포괄 대상은 넓어졌지만 그만큼 사회보험으로부터 배제되는 사람들과의 격차도 더 커져갔기 때문이다. 더욱이 보수정부가 국가의 힘으로 강제한 신자유주의 정책인 감세, 민간보험의 활성화, 시장 중심의 사회서비스 확대, 돌봄의 책임을 가족에 전가하는 정책 등은 장기적으로 한국 복지체제의 확장성을 제약하는 중요한 제도적 장치가 되어갔다.

하지만 이러한 한국 복지체제의 특성을 경제성장을 따라가지 못하는 사회부문의 뒤처짐으로 해석하는 것은 적절하지 않다.[473] 한국 복지체제는 낙후한 것이 아니라 한국의 성장체제에 최적화된 모습으로 제도화된 것이다. 한국 경제의 성

....
473 정책기획위원회·관계부처 합동. "문재인정부 '포용국가' 비전과 전략." p.8.

장을 재벌 대기업의 자동화에 기초한 수출경쟁력에 의존하는 한 한국 사회가 보호하고 재생산해야 할 노동자는 재벌 대기업의 자동화된 생산설비를 운영하고 관리하는 노동자이기 때문이다. 한국 사회는 낮은 세금으로 이들의 가처분소득을 늘렸고, 늘어난 가처분소득으로 시장에서 금융과 부동산을 구매해 사적 안전망을 구축할 수 있게 했으며, 공적 사회보장제도는 사적 안전망을 보완하는 최소주의 원칙에 따라 제도화되었다. 대기업의 자동화 설비를 관리하고 운영하는 노동자를 제외한 나머지 노동자에게는 제품의 가격경쟁력을 높이기 위해 가능하면 낮은 임금과 열악한 노동조건을 제공했고, 여기에서도 탈락한 사람들이 영세자영업에 종사하면서 질 낮은 저렴한 서비스를 제공하는 구조가 만들어진 것이다. 한국의 낮은 사회지출은 경제수준에 비해 단순히 낮은 것이 아니라 정규직을 중심으로 제도화되어 있고 공적 사회보장제도가 사적 안전망을 보완하는 구조로 만들어진 복지체제에 조응한 결과인 것이다.

이처럼 한국 사회는 상이한 사회보장체제에서 살고 있는 세 집단으로 분리되어갔다. 첫 번째 집단은 안정적 일자리와 소득을 바탕으로 사적 자산을 축적해 사적으로 사회위험에 대응하는 체계를 구축하고 공적 사회보험이 이를 보완하는 계층이다. 이들은 주로 대기업 정규직 노동자와 전문직에 종사하는 중간계급이다. 두 번째 집단은 중소기업의 정규직 노동자로 사회위험의 대부분을 공적 사회보장제도에 의존하는 계층이다. 이들에게 사회위험에 대응할 수 있는 사적 자산을 축적할 여유는 많지 않다. 마지막으로 세 번째 집단은 불안정한 일자리와 낮은 임금과 소득으로 사적 자산을 축적할 수 없고 공적 사회보험의 대상에서도 배제된 비정규직과 영세자영업자 등 불안정한 고용상태에 있는 사람들이다. 이들에게 유일한 안전망은 엄격한 수급조건이 적용되는 공공부조뿐이다. 외환위기 이후에 자유주의 정부와 보수정부를 거치면서 한국의 복지체제는 이렇게 삼중구조화되었고, 각 집단 간의 단장은 점점 더 높아져갔다.

결국 한국 복지체제가 지금보다 더 보편적이고 실질적으로 시민의 안정적인 삶을 보장하는 큰 복지국가가 되기 위해서는 단순히 사회지출을 늘리는 문제를 넘어 역진적 선별성을 갖는 한국 복지체제의 토대인 경제구조를 개혁하지 않고는 불가능하다는 것이 확인되었다. 하지만 보수정부 시기의 권력관계를 검토하면서 정리한 것처럼, 한국 사회의 가장 큰 난관은 이러한 경제개혁과 사회정책의 확대를 지지할 안정적이고 조직된 주체가 없다는 것이었다.

희망이 있다면, 보수정부 9년 동안에 발생한 두 차례의 촛불항쟁이 새로운 가능성을 보여주었다는 것이다. 두 차례의 촛불항쟁은 복지국가를 만들어가는 주체로서 시민과 노동이 상호 배제적이거나 대체적인 존재가 아니라는 사실을 확인해주었다. 통상적으로 '시민'으로 간주되는 시민운동은 시민을 대변하고 있었지만 시민 없는 운동가들의 단체였고, 조직노동은 조직된 주체였지만 고립되어 있고 시민사회를 대표할 수도 없었다. 또한 시민은 2008년의 미국산 광우병 쇠고기 수입반대, 2016년의 박근혜 퇴진 등과 같은 특정하고 단일한 이슈와 관련해 엄청난 결집력을 보여주었지만 조직된 주체로 남지 못했고, 그 엄청난 항쟁의 힘이 정치·경제·사회적 민주주의의 심화로 나아가지도 못했다. 모두가 함께하는 '대동단결'은 그 규모만큼 한계 또한 명백했기 때문이다. 2016년의 촛불항쟁이 대안 정치세력의 형성 없이 단지 박근혜 정부의 퇴진과 '87년 체제'의 복귀로 마무리된 것도 그 때문이었다. 결국 두 차례의 촛불항쟁은 한국 사회에서 복지국가를 만들어가는 주체가 복지국가의 전망을 공유하는 진영을 중심으로 형성될 수밖에 없다는 것을 확인해주었다. 조직노동, 진보적 시민운동단체, 복지국가의 건설과 확대에 동의하는 시민이 연대하고, 이 연대를 기초로 제도권에서 복지국가를 만들어갈 수 있는 강력한 정당을 만들어야 한다는 것이다.

한국 사회의 현실에 기초했을 때 이러한 과제는 '유일한' 조직된 주체인 조직노동을 시작으로 조직되지 못한 비정규직 노동자, 영세자영업자, 특수고용형태 노동자 등 일하는 시민으로 확대될 때 실현 가능해 보였다. 조직노동의 관점에서 보면 이러한 길은 쉐보르스키가 말한 것처럼 노동계급이 다른 계급과의 투쟁에 앞서 노동자계급의 형성을 위한 투쟁을 먼저 할 필요가 있다는 것을 의미했다. 진보적 시민운동단체의 역할은 조직노동과 조직되지 않은 시민의 연대를 매개하는 것이다. 그리고 이러한 연대를 바탕으로 복지국가에 동의하는 정당이 제도적 힘을 가질 때 민주주의의 심화의 결과로 복지국가가 실현되고 확대될 수 있는 것이다. 특히 2016년의 촛불항쟁 기간 동안에 조직노동이 보였던 (자신의 당면 이슈를 전면화하지 않았던) 인내심과 유연한 대응은 노동과 시민의 연대 가능성을 높였다는 점에서 중요한 역사적 경험이었다. 하지만 이러한 기대는 한국 사회의 균열이 분배를 중심으로 형성될 것이라는 가정에 근거한 것이다. 섹슈얼리티, 가족 가치, 이주자 문제 등과 같은 새로운 도덕적 이슈가 분배 이슈를 둘러싼 계급과 계층의 갈등보다 더 중요한 사회적 균열로 등장할지도 모르기 때문이다. 다만 분명한 것은 박근혜 정부의 퇴진 이후에 반공주의와 지역주의가 사라진 정치공간에서 분배 이슈는 한국 사회의 중요한 쟁점으로 등장할 것이라는 점이다.

참고문헌

강경식. (2010).『국가가 해야 할일, 하지 말아야 할 일』. 서울: 김영사.

강경임 외. (2014). "줬다 뺏는 기초연금 시정을 요구하는 388명 사회복지사의 성명." http://mywel-fare.or.kr/652?category=378853, 접근일 2018년 8월 8일.

강내희·최영화·고병권·김세균·박영균·원용진. (2008). "특집좌담: 좌파, 2008년 촛불집회를 말하다."『문화과학』 55: 15-65.

강명세. (2006). "한국 복지국가의 기원: 의료보험제도의 기원과 변화."『사회과학연구』 14(1): 6-33.

강병익. (2012). "민주화 이후 한국 정당의 복지정치: 담론, 선거, 입법과정을 중심으로." 성균관대학교 정치외교학과 박사학위논문. p. 245.

_____. (2017). "한국 정당의 복지정치 유형-'정책역량'과 '동원전략'을 중심으로."『정치·정보연구』 20(2): 27-60.

강상구. (2000).『신자유주의의 역사와 진실』. 서울: 문학과학사.

강승복. (2009). "2008년 임금동향과 2009년 임금전망."『노동리뷰』. 2009년 4월호: 60-7.

강신욱. "김대중·노무현 정부 시기 소득불평등의 변화." 이병천·신진욱 편.『민주정부 10년, 무엇을 남겼나』. pp.511-534. 서울: 후마니타스.

강원택. (2003).『한국의 선거정치: 이념, 지역, 세대와 미디어』. 서울: 푸른길.

_____. (2007). "영국 선거와 세금: 합의 정칙 혹은 무책임?" 강원택 편.『세금과 선거: 각국의 경험과 한국의 선택』. 서울: 푸른길. pp.47-70.

_____. (2010).『한국 선거정치의 변화와 지속』. 서울: 나남.

_____. (2013). "사회계층과 투표선택." 박찬욱·강원택 편.『2012년 대통령선거 분석』. pp.111-137. 서울: 나남.

_____. (2016). "쟁점 부재의 선거에서 투표 선택: 2016년 국회의원 선거를 중심으로."『한국정치연구』 25(3): 109-133.

_____. (2017). "2017년 대통령선거에서의 보수 정치: 몰락 혹은 분화?"『한국정당학회보』 16(2): 5-33.

강원택·성예진. (2018). "2017년 대통령 선거에서 이념과 세대: 보수 성향 유권자를 중심으로."『한국정치연구』 27(1): 205-240.

강인석·이주호·김윤철·김승호. (2012). "4·11총선 결과와 진보정치의 갈길."『노동사회』 164: 10-29.

경실련. (1989). "취지선언문: 우리는 왜, 경제정의실천시민연합을 발기하는가?" 1989년 7월 8일. http://ccej.or.kr/intro/history/, 접근일 2017년 8월 24일.

경쟁정책국 기업집단과. (2016). "대기업집단 내부거래현황 분석결과."

경제개혁연대. (2016). [논평] "현실과 괴리된 대통령의 상황 인식이 경제민주화 실종의 핵심원인."

경제사회발전노사정위원회. (2016).『한국의 사회적 합의』. 서울: 경제사회발전노사정위원회.

경향신문. (1989). "근소세 10%는 내릴수 있다." 1989년 9월 23일자 1면.

_____. (1989). "봉급자는 세정의 봉인가." 1989년 9월 23일자 3면.

_____. (2013). "고통 없이 깃털 뽑겠다는 청와대… 조원동 수석, 증세론 등 조목조목 반박." http://news.khan.co.kr/kh_news/khan_art_view.html?artid=201308092208155, 접근일 2018년 7월 30일.

_____. (2013). "민주당의 세금폭탄론, 보편복지 정당 맞나?" 2013년 8월 11일. http://news.khan.co.kr/kh_news/khan_art_view.html?art_id=201308111659011, 접근일 2018년 7월 30일.

_____. (2014). "박 대통령, 규제개혁 소도전 강력 피력." http://news.khan.co.kr/kh_news/khan_art_view.html?artid=201409031500001&code=910203, 접근일 2018년 5월 12일.

_____. (2016). "보육대란 막은 곳 학교대란 위기." 2016년 1월 27일. http://news.khan.co.kr/kh_news/khan_art_view.html?artid=201601272256545&code=940100, 접근일 2018년 8월 13일.

_____. (2016). "정부, 건강보험 적립금 덩치 불리기 나선다." 2016년 3월 29일. http://news.khan.co.kr/kh_news/khan_art_view.html?art_id=201603292202355, 접근일 2018년 8월 7일.

_____. (2016). "청와대 "역대 어느 정부도 하지 못한 경제민주화 달성"…새해부터 자화자찬." 2016년 1월 3일. http://news.khan.co.kr/kh_news/khan_art_view.html?artid=201601031835321, 접근일 2018년 5월 9일.

_____. (2017). "서울에서 홍준표가 문재인 보다 2배 많은 표를 얻은 동네는?" 2017년 5월 17일. http://news.khan.co.kr/kh_news/khan_art_view.html?art_id=201705100813001, 접근일 2018년 9월 11일.

고세훈. (2011). 『영국정치와 국가복지: 신(New)자유주의에서 신(Neo)자유주의로』. 서울: 집문당.

고수현. (2001). "문민정부시기의 공공부조 정책에 관한 연구." 『사회복지개발연구』 7(1): 1-28.

고용노동부. (2008). "08. 2월말 기준 퇴직연금제도 도입 현황."

_____. (2013). "2013년판 고용노동백서." 고용노동부.

_____. (2016). 『2016년 전국 노동조합 조직현황 통계자료』.

공정거래위원회. (2006). "상호출자제한기업집단 소속회사 수 및 자산총액."

_____. (2007). "상호출자제한기업집단 소속회사 수 및 자산총액."

_____. (2008). "상호출자제한기업집단 소속회사 수 및 자산총액."

_____. (2014). "보도자료: 공정위, 자산 5조원 이상 '상호출자제한 기업집단' 63개 지정."

_____. (2017). "보도자료: 공정위, 2017년 상호출자제한 기업집단 내부거래 현황 공개."

_____. (2018). "2018년 공정거래법상 지주회사 현황 분석 결과." 기업집단국 지주회사과.

_____. (2018). 〈별첨〉 2017년 상호출자 · 채무보증제한 기업집단 지정 현황.

곽채기. (2000). "김대중 정부 공기업 민영화 정책에 대한 평가." 『광주 · 전남행정학회보』 7: 147-167.

관계부처합동. (2014). "일하는 여성의 생애주기별 경력유지 지원 방안." 관계부처합동.

구인회 · 양난주 · 이원진. (2008). "참여정부 복지분권화에 대한 비판적 고찰." 『한국사회복지학』 61(2): 61-84.

구창우. (2016). "2015년 공무원연금 대응평가와 과제." 『경제와 사회』 109: 289-296.

국가기록원. (2006). 경로연금제. http://www.archives.go.kr/next/search/listSubjectDescription.do?id=000339, 접근일 2017년 9월 17일.

_____. (2007). "통상: 단일변동환율제도." http://www.archives.go.kr/next/search/listSubjectDescription.do?id=006716, 접근일 2018년 5월 18일.

국민연금공단. (2008).『국민연금 20년사: 함께 나누고 함께 누려요』. 서울: 국민연금공단.

_____. (2017).『2017년 제30호 국민연금통계연보』.

국민연금연구원. (2015). "국민연금 적용 현황(2014. 6월)." 내부자료.

국민일보. (2007). "[이명박 후보 경제정책 검증-(1) 거시정책] '대한민국 747' 공약인가 공약인가." 2007년 8월 21일자. http://v.media.daum.net/v/20070821214108262?f=o, 접근일 2018년 5월 1일.

국민호. (1988). "정부와 기업: 1980년대초 경제자율화조치후의 변화와 그 한계."『한국사회학』22(여름호): 155-181

국세청. (2016). "원천징수(연말정산)안내: 그 밖의 소득공제." https://www.nts.go.kr

국정기획위원회·관계부처합동. (2018). "문재인정부 '포용국가' 비전과 전략." 2018년 9월 6일 포용국가 전략회의. 청와대 영빈관.

국정홍보처. (2008).『참여정부 국정운영백서 4: 사회』. 국정홍보처.

국회예산정책처. (2017).『2017 조세의 이해와 쟁점: ③ 법인세』. 서울: 국회예산정책처.

_____. (2017).『2017 조세의 이해와 쟁점: ⑨ 통계』. 서울: 국회예산정책처.

권기환. (2009). "지역아동센터 여성 일자리 현황과 일자리 창출방안 토론 자료."「지역아동센터 여성 고용 현황과 여성일자리 창출」토론회 자료집.

권순철. (2008). "[정치] 거대여당 등장 1.5정당체제 올까."『주간경향』1293호.

권영숙. (2018). "촛불의 운동정치와 87년 체제의 이중 전환."『경제와사회』117: 63-103.

근로복지공단. (2018). "두루누리 연혁." http://insurancesupport.or.kr/durunuri/history.asp, 접근일 2018년 8월 8일.

금융감독원. (2007). "외국인 주식투자 현황 및 주가 영향."

금재호·조준모(2005). "고용 안정성의 동태적 변화에 관한 연구."『국제경제연구』11(3): 79-114.

기초보장연구실. (2016).『2016년 빈곤통계연보』. 서울: 보건사회연구원.

_____. (2017).『2017년 빈곤통계연보』. 서울: 보건사회연구원.

기초생활보장과. (2015). "보도자료: 2015년 최저생계비 2.3% 인상." 2015년 8월 29일. 보건복지부.

기획재정부. (2010).『이명박 정부 2년의 경제적 성과』. 기획재정부.

기획재정부·문화체육관광부·지식경제부·보건복지가족부·노동부·국토해양부·금융위원회·방송통신위원회. (2008).『공기업 선진화 추진계획안 [1차]』.

김관옥. (2011). "신자유주의와 참여정부의 경제정책 결정요인 연구."『국제정치연구』14(1): 275-300.

김금수. (2004).『한국노동운동사 6: 민주화 이행기의 노동운동, 1987~1997』. 서울: 지식마당

김기원. (2002).『재벌개혁은 끝났는가』. 서울: 한울.

김기태·이재은·김재훈·김성기 외.『한국경제』. pp.271-300. 서울: 한울출판사.

김낙년. (2015). "한국의 부의 불평등, 2000-2013: 상속세 자료에 의한 접근." NIER Working Paper 2015-16. 낙성대경제연구소.

_____. (2015). "한국의 소득 불평등." 이정우·이창곤 편.『불평등 한국, 복지국가를 꿈꾸다』. pp.137-148. 서울: 후마니타스.

김낙년·김종일. (2013). "한국 소득분배 지표의 재검토."『한국경제의 분석』19(2): 1-50.

김동근. (2012). "경제자유구역 내 영리병원 설립 허용의 의미와 쟁점." 사회진보연대 정책위원회.

김동노. (2013). "시민운동의 정치 참여를 통해 본 시민운동의 성장과 한계."『현상과 인식』37(3): 59-85.

김동배. (2008). "우리나라의 임금체계 현황과 과제: 한일 성과주의 비교."『임금연구』2008년 봄호: 58-69.

김동춘. (2017). "촛불항쟁, 대통령 탄핵과 한국 정치의 새 국면."『황해문화』2017년 봄: 202-220.

김명섭. (1999). "1970년대 후반기와 국제환경변화와 한미관계." 김명섭·이재호·김호기·김용호·마인섭 공저.『1970년대 후반기의 정치사회변동』. pp.11-92. 서울: 백산서당

김미경. (2018).『감세국가의 함정』. 서울: 후마니타스.

김민호. (2018). "제조업 신생기업의 성장동력 역할 감소와 시사점." *KDI Focus* 92.

김병덕. (2018). "사적연금의 현황 및 보수체계 개편의 필요성."『금융포커스』27(5): 8-9.

김상겸. (2011). "유턴하는 대한민국: 빈곤으로의 예정된 길." 권혁철·김상겸·우석진·조동근·최승노·최창규·현진권.『포퓰리즘의 덫: 세상에 공짜는 없다』. 서울: 나남.

김상조. (2010). "재벌 중심 체제의 한계: 경제력 집중 심화 및 폐쇄적 지배구조의 폐해와 극복 방안." 안현효 편.『신자유주의 시대 한국경제와 민주주의』. pp.131-180. 서울: 선인.

_____. (2012).『종횡무진 한국경제』. 서울: 오마이북.

_____. (2014). "기업집단 규율체계의 새로운 패러다임 모색: 재벌의 양극화 현황 및 기업집단법적 대안." 한국경제발전학회 2014년 정책토론회 자료집.

김상철. (2012). "'성장지상주의' 깨고 '복지투자' 새길 열다: 참여정부 복지사회정책…한 세대 앞 내다보며 골고루 잘 사는 국가발전전략 제시." 노무현사료관: 사료이야기. http://archives.knowhow.or.kr/president/story/view/918, 접근일 2017년 8월 15일.

김성수·유신희. (2014). "김영삼 정권의 신자유주의 경제개혁: 기술관료와 정당엘리트의 상호관계를 중심으로."『사회과학연구』25(4): 131-157

김성태. (2012).『구조적 재정수지를 이용한 재정정책 평가』. 서울: 한국개발원.

김성희. (2008). "한국 비정규직노동자의 현실과 대안." 고려대학교 노동문제연구소 편.『2008 한국 사회와 비정규직』. pp.17-40.

김수성. (2010). "퇴직연금제도의 활성화를 위한 연금소득 과세 개선방안."『조세연구』10(1): 378-422. p. 379.

김수영. (1992). "한일 연금제도의 비교연구." 부산대학교 박사학위논문.

김수행·정병기·홍태영. (2006).『제3의 길과 신자유주의』. 서울: 서울대학교 출판부.

김수현. (2017). "사업체 규모별 임금격차 분석." 제3차 2017년 임금연구회 발표자료.

김수현·이창곤. (2013). "정책, 무엇이 문제였고, 어떻게 해야 하나?" 이창곤·한귀영 편.『18 그리고 19』. pp.316-329. 서울: 도서출판 밈.

김승래. (2012). "이명박 정부의 조세정책 평가와 차기 정부의 조세개혁 과제." 한국재정학회 학술대회 논문집.

김승래·김형준·이철인. (2008).『적정 조세체제에 관한 연구』. 서울: 한국조세연구원.

김양희. (2016). "한국의 대외경제정책과 미래 진로." 이병천·유철규·전창환·정준호 편.『한국의 민

주주의와 자본주의: 불화와 공존』. pp.468-501. 서울: 돌베개.

김엘름. (1999). 『남녀고용평등법 시행 10년의 성과와 과제』. 서울: 한국여성개발원.

김연명 편. (2002). 『한국 복지국가 성격논쟁 I』. 서울: 인간과 복지.

김연명. (1989). "한국 의료보험제도의 발달 및 행태 규정 요인에 대한 연구." 보건사회연구회 편. 『한국의료보장연구』. pp.99-120. 서울: 청년세대.

_____. (1996). "의료보험 관리운영체계와 관련집단의 이해관계: 의료보험 통합에 대한 찬반집단의 이해관계 분석." 『사회복지정책연구』 3: 195-207.

_____. (1999). "국민연금 99년 전망: 혁신과 구조적응의 시기." 『월간 복지동향』 4: 21-3.

_____. (2000). "의료보험 통합의 이해관계·의의와 향후과제." 이종찬·이규식·김연명 외 공저. 『한국 의료보험 대논쟁』. 서울: 소나무.

_____. (2002). "김대중 정부의 사회복지 개혁과 불확실한 미래: 국민연금·의료보험 개혁을 둘러싼 이해집단간 갈등을 중심으로." 『경제와 사회』 55: 35-60.

_____. (2010). "통합의료보험의 사회보장적 의의." 『복지동향』 14: 9-12.

_____. (2013). "국민연금과의 관계에서 본 인수위원회 기초연금 도입(안) 평가." 『사회복지정책』 40(3): 375-403.

_____. (2017). "사회서비스 질 향상을 위한 사회서비스공단 설립 및 운영 방안." 『복지동향』 222: 34-44.

_____. (1993). "권위주의 정권의 변화유형에 관한 일 연구: 1987년 한국을 중심으로." 연세대학교 사회학과 석사학위논문.

김영순. (2011). "한국의 복지정치는 변화하고 있는가? 1, 2차 국민연금 개혁을 통해 본 한국의 복지정치." 『한국정치학회보』 45(1): 141-163.

_____. (2012). "보편적 복지국가를 위한 복지동맹: 한국 사회의 조건과 전망." 윤홍식 편. 『우리는 한배를 타고 있다』. pp.60-80. 서울: 이매진.

_____. (2014). 『코끼리 쉽게 옮기기: 영국 연금개혁의 정치』. 서울: 후마니타스.

김영옥. (1991). "기획: 제6공화국의 여성노동정책." 『사무직여성』 통권4호. http://www.women-link.or.kr.

김용철. (2012). "사회연합정치의 관점에서 본 전두환·노태우 정권하의 노동정치." 『OUGHTOPIA』 27(2): 157-197.

김용현. (2005). "고용없는 성장(Jobless Growth) 현실인가?" 『노동정책연구』 5(3): 35-62.

김용호. (2001). "인터넷 커뮤니티와 정치: 「노사모」 사례 연구." 2003년 12월 한국사회학회 사회학대회 논문집.

김욱. (2007). "스웨덴의 과세정치: 타협과 협의에 바탕한 안정성과 효율성." 강원택 편. 『세금과 선거: 각국의 경험과 한국의 선택』. pp.121-146. 서울: 푸른길.

_____. (2016). 『노태우, 김영삼 정부의 선거: 민주화 과정의 출발과 지역주의의 폭발』. 서울: 마인드탭.

김원규. (2017). "대·중소기업 간 임금격차 분석과 시사점." 경제사회노사정위원회 발표자료. 2017년 9월 8일.

김원섭. (2013). "박근혜정부의 기초연금 대안과 개선방향." 『복지동향』 180: 9-12.

김유선. (2001). "노동동향: 비정규직 노동자 규모와 실태." 『노동사회』 54: 98-102.

_____. (2003). "1980년대 이래 비정규직 증가원인." 『노동사회』 78.

_____. (2007). "2007 비정규직 규모와 실태." 한국노동사회연구소.

_____. (2008). 『한국의 노동조합 조직연구: 조합원수(조직률) 분석을 중심으로』. 서울: 한국노동연구원.

_____. (2010). "비정규직 규모와 실태: 통계청, 경제활동인구조사 부가조사(2010.3) 결과." KLSI Issue Paper 제7호.

_____. (2014). "민주 정부 10년, 비정규직 규모와 실태." 이병천·신진욱 편. 『민주정부 10년, 무엇을 남겼나』. pp.481-510. 서울: 후마니타스.

_____. (2016). "비정규직 규모와 실태: 통계청, 경제활동인구조사 부가조사(2016.8) 결과." KLSI Issue Paper 제9호.

_____. (2017). "비정규직 규모와 실태: 통계청, 경제활동인구조사 부가조사(2017.8) 결과." KLSI Issue Paper 제14호.

_____. (2017). "한국의 임금 불평등." 이정우·이창곤 편. 『불평등 한국, 복지국가를 꿈꾸다』. pp.149-161. 서울: 후마니타스.

김윤영. (2016). "개정 국민기초생활보장제도(맞춤형 개별급여) 1년 평가 및 개선요구안." 맞춤형 개별급여 1년, 국민기초생활보장제도 평가와 개선과제. 2016년 8월 19일 국회의원회관 제8간담회실. 기초법바로세우기공동행동.

김윤자. (2010). "외환위기 이후 한국의 민영화." 안현효 편. 『신자유주의 시대 한국경제와 민주주의』. pp.19-50. 서울: 선인.

김윤철. (2011). "민주노동당의 분당: 연대 유인의 '다층적' 약화와 '대안'으로서의 분당." 『한국정당학회보』 10(1): 101-136.

_____. (2018). "진보정당 재도약의 길: 민주주의의 다층화와 다원화." 『노동사회』 198: 54-59.

김일영. (2009). "노태우 정부에서의 정치사회적 갈등양상과 해결경험." 『분쟁해결연구』 7(2): 5-26.

_____. (2009). "사회서비스 바우처 관리법(안)의 문제점 및 대안." 새로운 사회를 여는 연구원.

김재훈. (2003). "노동력 재생산구조의 변화: 소득 및 소비구조를 중심으로." 『신자유주의적 구조조정과 노동문제, 1997-2001』. 서울: 한울.

김재훈·오정책. (2016). 『구조조정에 관한 국내외 사례연구』. 국회예산정책처.

김정환. (2010). "사회복지시설에 관한 공법적 고찰." 연세대학교 대학원 법학과 박사학위논문.

김정훈·민병길·박원익. (2017). "소득 주도 성장의 쟁점 및 정책적 시사점." 『이슈&진단』 No. 296.

김종건. (2007). "국민연금 개혁과 노후 소득보장의 대안 모색." 『비판사회정책』 23: 7-35.

김종걸·정하용. (2007). "한미FTA와 동아시아 경제협력." 최태욱 편. 『한국형 개방전략』. pp.57-97. 서울: 창비.

김종대. (2011). "경제발전과 함께 발전한 복지정책." 『월간조선』 2011년 1월호.

김중미·이싱로. (2001). "경제력집중에 대한 규제정책의 성과요인." 『중앙행정논집』 15(1): 175-189.

김종일. 2006. 『서구의 근로연계복지: 이론과 현실』. 서울: 집문당.

김종해. (2008). "보육정책." 『월간 복지동향』 111: 41-47.

김주호. (2016). "자본주의 비판과 민주주의 요구의 결합: 1980년대 학생운동과 노동운동을 중심으로." 『경제와사회』 111: 205-236.

김진수. (2001). "공공부조의 제도적 변화와 재정." 한국사회보장학회 2001년도 학술대회 자료집. pp.53-76.

김창배. (2017). "최근 우리나라 기업 및 가계소득 현황 및 시사점." *KERI Brief* 17(11).

김태동. (2017). "경제 권력도 국민으로부터 나온다." 김유선·김태동·윤원배·이동걸·이정우·최정표·허성관. 『한국경제특강』. pp.249-281. 서울: 레디앙.

김태완·김문길·김미곤·여유진 외. (2017). 『2017년 기초생활보장 실태조사 및 평가연구』. 서울: 보건복지부·한국보건사회연구원.

김태현. (1996). "무노도무임금원칙으로 회귀한 대법원 판결에 부쳐." 사법감시센터 제3호. http://www.peoplepower21.org/Judiciary/511232, 접근일 2017년 2월 6일.

_____. (2011). "시민정치와 복지국가의 길 토론문." 시민정치와 복지국가의 길 토론회 자료집. 주최: 참여사회연구소. 2011년 5월 19일. 참여연대 느티나무 홀.

김항기·권혁용. (2017). "부동산과 복지국가: 자산, 부채, 그리고 복지태도." 『한국정치학보』 51(1): 261-285.

김행열. (2006). "국민건강보험정책 결정요인 분석." 『한국거버넌스학회보』 13(2): 191-216.

김형기. (1996). "1980년대 한국자본주의: 구조전환의 10년." 『동향과 전망』 4: 79-105.

김호기. (1995). 『현대 자본주의와 한국사회: 국가·시민사회·민주주의』. 서울: 사회비평사.

김홍두. (2008). "노무현 정부 5년 구속노동자 1,052명." 『울산매일』. 2003년 3월 29일자. http://iusm.co.kr/news/articleView.html?idxno=419014, 접근일 2017년 8월 23일.

남기곤. (1994). "독점, 비독점부문간 노동시장 구조의 차이에 관한 세 논문: 노동이동, 숙련수준, 임금구조에 대한 분석을 중심으로." 서울대학교 대학원 경제학과 박사학위논문.

남기철. (2012). "이명박 정부 소득보장 평가: 일하지 않는 자 먹지도 말라?" 『복지동향』 168: 13-16.

남은주. (2013). "3살부터 의무교육?" 『한겨레21』 제946호.

남찬섭. (2004). "근로복지의 개념, 등장배경과 성격, 그리고 변화." 『사회복지연구』 23: 77-111.

_____. (2006). "1980년대의 사회복지-1." 『복지동향』 8: 52-54.

_____. (2008). "한국 복지정치의 딜레마: 낮은 조세능력과 자가복지로 인한 한계에 중점을 두어." 『사회복지연구』 38: 33-59.

남춘호. (2005). "1960-70년대 태백지역 탄광산업의 이중구조와 노동자 상태." 『지역사회연구』 13(3): 1-33.

노광표·홍주환. (2008). 『공무원노동조합 조직 연구』. 서울: 한국노동연구원.

노대명·김문길·오미애·전지현 외. (2015). 『2015년 한국복지패널 기초분석 보고서』. 서울: 한국보건사회연구원.

노중기. (1995). "국가의 노동통제전략에 관한 연구." 서울대학교 사회학과 박사학위논문.

_____. (1996). "노사관계 개혁과 한국의 노동정치." 『경제와 사회』 31: 8-33.

_____. (1999). "논평-계급정치와 노동체제의 전환." 『동향과 전망』 43: 69-76.

_____. (2008). 『한국의 노동체제와 사회적 합의』. 서울: 후마니타스.

노컷뉴스. (2018). "빚내서 집사라던 박정부…가계부채 폭탄 불렀다." 2018년 3월 29일. http://www.nocutnews.co.kr/news/4946027, 접근일 2018년 7월 31일.

뉴데일리. (2011). "국민 62.3%가 "선별적으로 무상급식 해야": '모든 학생에게 무상급식' 응답은

34.5%에 그쳐." 2011년 1월 17일. http://www.newdaily.co.kr/news/article.html?no=68294, 접근일 2014년 12월 9일.

대통령기록관. (1998). "제15대 대통령 취임사(국난극복과 재도약의 새 시대를 엽시다)." http://www.pa.go.kr/research/contents/speech/index.jsp?spMode=view&catid=c_pa02062&artid=1308525, 접근일 2017년 7월 6일.

대통령실. (2013). "이명박 정부 국정 성과." 『청와대 정책소식지』 141.

동아일보. (1991). "복지차원 託兒 意志 약해." 12월 19일자 9면.

_____. (2003). "[사회 포토] 유림, 호주제 폐지 반대 시위." 2003년 6월 10일. http://news.donga.com/3/all/20030610/7952853/1, 접근일 2017년 9월 17일.

_____. (2005). "투기-투자 명확한 구분 가능한가." 2005년 8월 1일. http://news.donga.com/View?gid=8215026&date=20050801, 접근일 2017년 9월 6일.

동향분석실. (2018). "2017년 임금동향과 2018년 임금전망." 『노동리뷰』 2018년 4월호: 7-23.

류임량. (2003). "모성보호정책의 변화에 관한 연구." 숙명여자대학교 석사학위논문.

류장수. (1993). "한국노동시장의 숙련별 분단구조." 서울대학교 대학원 경제학과 박사학위논문.

류정순. (2002). "2002년 기초생활보장제도의 평가와 개선 방안." 한국빈곤문제연구소 창립1주년 기념 논문집. pp.28-54. 한국빈곤문제연구소.

리서치앤리서치. (2015). 『2015년도 국민통합에 관한 국민의식조사』. 국민대통합위원회.

리얼미터. (2015). "박정부의 노동개혁 방향, 찬성 45.8% vs. 반대 33.0%." 2015년 8월 20일. http://www.realmeter.net, 접근일 2018년 8월 30일.

_____. (2015). "정부의 노동개혁, "청년고용 촉진에 효과 있을 것" 29.9% vs "별 효과 없을 것" 55.0%." http://www.realmeter.net, 접근일 2018년 8월 30일.

매일경제. (2008). "성탄선물 받은 GM...GMAC 은행지수사 전환 승인." 2008년 12월 25일. http://news.mk.co.kr/newsRead.php?year=2008&no=780845, 접근일 2017년 6월 23일.

_____. (2016). "삼성전자, 11조3000억원 규모 자사주 소각 완료…주가 20%↑." 2016년 9월 28일. http://news.mk.co.kr/newsRead.php?no=681416&year=2016, 접근일 2016년 5월 1일.

매일노동뉴스. (2011). "민주노동당 강령개정안 진통 끝 통과." 2011년 6월 20일. http://www.labor-today.co.kr/news/articleView.html?idxno=104802, 접근일 2018년 8월 20일.

_____. (2015). "2009년 공무원연금 개혁, 적절했다 vs. 부족했다." 2015년 2월 27일. http://www.labortoday.co.kr/news/articleView.html?idxno=130521, 접근일 2018년 8월 9일.

_____. (2016). "의료법인 인수합병 허용 의료법 개정안 폐기 수순." 2016년 5월 18일. http://www.labortoday.co.kr/news/articleView.html?idxno=138160, 접근일 2018년 8월 7일.

문우진. (2009). "지역주의와 이념성향: 17대 총선 분석." 『한국정당학회보』 8(1): 87-113.

_____. (2017). "20대 총선에서 투표결정 변경자의 지역별·계층별·이념적 특징 분석." 한국선거학회 편. 『한국의 선거 VII: 2016년 제20대 국회의원선거 분석』. pp.207-238. 서울: 오름.

문진영. (2001). "DJ 정부의 사회복지제도의 발전과 NGO의 역할: 국민기초생활보장법을 중심으로." 한국NGO학회 춘계학술심포지엄. 2001년 5월 18일.

_____. (2014). "소득보장 or 사회서비스." 2014년 한국사회복지학회 춘계학술대회 자료집. 2014년 4월 25일~26일. 부산광역시 벡스코.

_____. (2015). "빈곤선 측정방식에 대한 비교 연구." 『비판사회정책』 46: 202-236.

_____. (2016). "맞춤형 개별급여 1년, 국민기초생활보장제도 평가와 개선과제 토론문." 맞춤형 개별급여 1년, 국민기초생활보장제도 평가와 개선과제. 2016년 8월 19일 국회의원회관 제8간담회실.

미디어스. (2013). "새누리당, 종부세 결국 폐지하나." http://www.mediaus.co.kr/news/articleView.html?idxno=35990, 접근일 2018년 5월 9일.

미디어오늘. (2015). "괴벨스 뺨쳤던 이명박근혜 언론장악 8년." 2015년 11월 16일.

민주노동당. (2003). "민주노동당 당헌." http://www.nec.go.kr, 접근일 2017년 8월 27일.

_____. (2004). "민주노동당 17대 총선 정책·공약: 40대 핵심 공약 및 분야별 공약." 민주노동당 내부문건.

민주통합당. (2011). "민주통합당 강령."

_____. (2012). 『사람이 먼저인 대한민국: 국민과의 약속 119』. 서울: 민주통합당.

민주화운동기념사업회. (2018). "1980년대: 원풍모방 노조 사수 투쟁." Open Archives. http://db.kdemocracy.or.kr/collections/view/10000052, 접근일 2018년 5월 20일.

박경일. (1995). "문민정부의 사회복지정책 추진방향 분석과 발전과제." 『사회복지개발연구』 1(2): 94-113.

박권일. (2004). "노무현 대통령과 '386'의원 이미 재벌과 유착." 『월간말』 222: 134-9.

박근혜정권퇴진비상국민행동 기록기념위원회 백서팀. (2018). 『촛불의 기록 1』. 서울: 박근혜정권퇴진비상국민행동 기록기념위원회.

박노영. (2001). "김대중 정부하에서의 공기업 민영화에 대한 비판적 고찰." 『동향과 전망』 50:60-83.

박노자. (2014). "박근혜 스타일: 사회적 파시즘과 정치제도적 자유민주주의." 『경제와사회』 101: 12-26.

박능후. (2002). "국민기초생활보장제도의 시행과정과 발전과제." 『보건복지포럼』 74: 53-65.

박명준(1997). "자동차 산업 생산합리화에 대한 노동조합의 대응 연구: H사와 D사에 대한 비교 연구." 서울대학교 사회학과 석사학위논문.

박명호·정재호. (2014). 『부가가치세 유효 세부담 변화 분석과 정책방향』. 서울: 한국조세연구원.

박병규. (1991). "3저호황 이후 한국경제의 동향과 전망." 『동향과 전망』 14: 149-167.

박병영. (2003). "1980년대 한국 개발국가의 변화와 지속: 산업정책 전략과 조직을 중심으로." 『동서연구』 15(1): 31-61.

박병현. (2005). 『복지국가의 비교』. 파주: 공동체.

박병현·박상미·최은미·고재수. (2018). "노무현 정부의 사회복지 재정분권: 옳은 정책이었는가 아니면 잘못된 정책이었는가?" 『사회복지정책』 42(3): 347-376.

박상인. (2017). 『왜 지금 재벌개혁인가』. 서울: 미래를 소유한 사람들.

박상현. (2012). 『신자유주의와 현대 자본주의 국가의 변화: 세계헤게모니 국가 미국을 중심으로』. 서울: 백산서당.

박상훈. (2008). "한국은 진보정당 있는 민주주의로 갈 수 있을까." 『노동사회』 132: 10-38.

박세길. (1992). 『다시쓰는 한국현대사 3: 1980년에서 90년대초까지』. 서울: 돌베개.

박영선. (2014). "한국 복지국가운동 논쟁에 대한 비판적 연구: 복지국가실현연석회의 사례를 중심으로." 『한국정치연구』 12(2): 263-287.

박우성·노용진. (2001). 『경제위기 이후 인적자원관리 및 노사관계 변화』. 서울: 한국노동연구원.

박윤영. (2002). "국민기초생활보장법 제정과정에 관한 연구." 『한국사회복지학』 49: 264-295.

박정호. (1997). "국민연금 제도 형성에서의 정부의 역할에 관한 연구." 『사회복지정책』 5: 34-53.

박종관. (2013). "PD 무력화시킨 NL '군자산 약속' 뭐길래…." CBS노컷뉴스. 2013년 9월 2일. http://www.nocutnews.co.kr/news/1093320, 접근일 2017년 8월 30일.

박태주. (2007). "노동시장에서 본 사회해체, 그 단면과 해법." 이병천 편. 『세계화 시대 한국 자본주의: 진단과 대안』. pp.265-285. 서울: 한울.

박현채. (1994). "1980년대의 정치사." 강만길·김남식·김영하·김태영·박종기·박현채·안병직·정석종·정창렬·조광·최광식·최장집 편. 『한국사 19: 자주·민주·통일을 향하여-1』. pp.129-187. 서울: 한길사.

백경남. (1980). "독일 사회민주당의 마르크스주의로부터의 결별." 『법정논총』 5: 199-233.

백승기. (2010). "옹호연합모형(AFC: Advocacy Coalition Framework)에 의한 의료보험 통합정책에 관한 비교연구: 한국과 대만의 사례를 중심으로." 『한국행정학보』 44(4): 233-259.

백승욱. (2005[2004]). "미국 신보수파 주도 아래의 새로운 세계질서." 백승욱 편. 『'미국의 세기'는 끝났는가?』. pp.117-152. 서울: 그린비.

벼리 편집부 편. (1988). 『신식민지 국가독점자본주의 논쟁 I』. 서울: 새길.

변창흠. (2008). "이명박 정부 부동산 정책: 부동산정책의 메타오류를 걱정한다." 『월간말』 2008년 10월호: 55-61. http://www.hani.co.kr/arti/society/society_general/321595.html, 접근일 2018년 7월 31일.

_____. (2014). "민주 정부 10년의 부동산 정책: 평가와 남겨진 과제." 이병천·신진욱 편. 『민주정부 10년, 무엇을 남겼나』. pp.381-412. 서울: 후마니타스.

보건복지부. (2001). 『2000-2001년 국민기초생활보장 수급자 현황』. 서울: 보건복지부.

_____. (2001). 『기초생활보장통계자료』. 보건복지부.

_____. (2002). 『2002년 국민기초생활보장 예산 현황』. 서울: 보건복지부.

_____. (2003). "국민기초생활보장제도 성과 및 '03년 정책방향." 서울: 보건복지부.

_____. (2003). 『2003년도 국민기초생활보장사업 안내(I)-조사, 선정, 급여, 관리』. 서울: 보건복지부.

_____. (2005). 『보건복지백서』. 서울: 보건복지부.

_____. (2006). 2005년 국민기초생활보장 수급자 현황. 서울: 보건복지부.

_____. (2011). 『2010년 보육통계』. 서울: 보건복지부.

_____. (2016). 『보육통계: 2016년 12월 말 기준』. 서울: 보건복지부.

보건복지부·한국보건사회연구원. (2017). 『통계로 보는 사회보장, 2017』. 서울: 한국보건사회연구원.

北岡孝義. (2012[2010]). 『복지국가 스웨덴, 경쟁력의 비밀』. 고양: 위즈덤하우스.

새로운사회를여는연구원. (2009). 『신자유주의 이후의 한국경제』. 서울: 시대의 창.

생명보험협회. (2016). "생명보험통계: 연도별 생명보험 사업개황. 50년 통계." http://www.klia.or.kr/consumer/consumer_0502.do, 접근일 2017년 8월 11일.

서병수. (2011). "한국의 사회복지 정책과 복지체제 성격의 변화." 『사회법연구』 16·17: 63-92.

서복경. (2013). "정치개혁 의제에 의해 지배당한 18대 대선." 이창곤·한귀영 편. 『18 그리고 19』. pp.294-313. 서울: 도서출판 밈.

서울신문. (2008). "2000~2001년 미 닷컴붕괴때는." 2008년 1월 23일. http://www.seoul.co.kr/news/newsView.php?id=20080123016009, 접근일 2017년 6월 23일.

_____. (2018). "취업계수 최악…고용 없는 성장 지속 우려." 2018년 4월 23일. http://www.seoul.co.kr/news/newsView.php?id=20180424020010, 접근일 2018년 6월 25일.

서중석. (2008). 『대한민국 선거이야기』. 서울: 역사비평사.

선대인경제연구소. (2012). "이명박정부 10대 경제실정 완벽 정리." http://www.sdinomics.com/data/blog/552, 접근일 2018년 5월 12일.

성경륭. (1993). "한국 정치민주화의 사회적 기원." 경남대학교 극동문제연구소 편. 『한국 정치·사회의 새 흐름』. pp.85-132. 서울: 나남.

_____. (2001). "민주주의의 공고화와 복지국가의 발전." 『한국사회복지학』. 46: 145-177.

성두현. (2016). "진보정치, 진보운동 전반이 몰락한 이유." 『황해문화』. 85: 67-85.

성명재. (2011). "1990년대 이후 정부별 소득세 개편이 세부담 및 소득재분배에 미친 효과 분석." 『재정학연구』 4(1): 111-152.

성재민. (2006). "한국노동패널조사에서 나타난 사적이전." 『노동리뷰』 15: 75-83.

성지훈·진영재. (2016). "한국정당의 국민참여경제제 도입 적실성과 보완점: '제도'와 '유권자문화'를 중심으로." 『의정연구』 22(3): 84-115.

소상공인신문. (2014). "1인 자영업자, 고용보험료 50% 지원." 2014년 5월 27일. http://www.sb-news.or.kr/news/articleView.html?idxno=680, 접근일 2018년 8월 8일.

손우정. (2015). "한국 진보정당 내부 민주주의 제도 연구: 민주노동당, 노동당, 녹색당, 정의당, 통합진보당 사례를 중심으로." 『기억과 전망』 32: 247-292.

손호철. (1999). 『신자유주의 시대의 한국정치』. 서울: 푸른숲.

_____. (2012). "통합진보당과 진보정당의 미래." 『진보평론』 52: 110-120.

송근원. (2006). "유권자들의 정책성향과 배경 변수의 관계: 16대 대선을 중심으로." 한국지방정부학회 학술대회자료집. pp.37-63.

송다영. (2013). "여성주의 관점에서 본 생애주기별 복지와 돌봄 패러다임." 『페미니즘 연구』 13(1): 93-129.

송영관. (2015). 『국제무역이 한국 제조업 구조와 생산성에 미치는 영향』. 서울: KDI.

송원근. (2007). "퇴직연금제 도입 현황과 문제점." 『경제와 사회』 73: 99-128.

_____. (2016). "외환위기 이후 재벌정책 변화와 경제민주화 전망." 이병천·유철규·전창환·정준호 편. 『한국의 민주주의와 자본주의: 불화와 공존』. pp.155-192. 서울: 돌베개.

송이은. (2012). "노무현 정부 이후 진행된 한국 의료민영화의 성격." 『한국사회학』 46(4): 205-232.

송재경. (2009). "네트워크 시대의 시민운동 연구: 2008 촛불집회를 중심으로." 『현대정치연구』 2(1): 55-83.

송채경화. (2014). "이게 '화장실 갔다온 사람' 마음?" 『한겨레21』 제1036호. http://h21.hani.co.kr/arti/politics/politics_general/38300.html, 접근일 2018년 8월 13일.

송치영. (2012). "노태우 정부의 주요 경제정책 평가: 성장, 금융자유화 및 개방, 물가안정화 정책을 중심으로." 강원택 편. 『노태우 시대의 재인식』. pp.295-324. 서울: 나남.

송호근. (1999). 『정치없는 정치시대: 한국의 민주화와 이해충돌』. 서울: 나남.

시도교육감협의회. (2016). "누리과정 예산 관련 위기상황에 대한 시도교육감협의회 입장."

시사N. (2014). "내 보육 공약, 네 탓이오."『시사IN』제375호. pp.16-17.

시사저널. (2018). "저출산이 왜 문제냐…인구절벽 위기 공감 못하는 청년들."『시사저널』. http://www.sisajournal.com/journal/article/174195, 접근일 2018년 7월 19일.

신기철·김윤·권혁성·최윤정·김윤식·조수진·이태열·이창우·김동겸. (2014).『정액형 개인의료보험 개선방안』. 서울: 숭실대학교 산학협력단.

신석하·임경묵. (2009).『외국인 투자자 주식매매 분석』. 서울: 한국개발연구원.

신언항. (2006).「의료보험발전 단계별 정책형성에 관한 연구」. 연세대학교 의료법윤리협동과정 박사학위논문.

신진욱. (2016). "한국에서 결손민주주의의 심화와 촛불의 시민정치."『시민과 세계』29: 1-26.

신현웅. (2016). "국민건강보험과 민간의료보험의 합리적 역할 설정." 국민건강보험공단.

아주경제. (2015). "자영업자 고용보험 가입률 0.4% 불과…폐업·체납으로 가입자의 57% 소멸." 2015년 9월 15일. http://www.ajunews.com/view/20150915105716125, 접근일 2018년 8월 8일.

안병영. (2000). "국민기초생활보장법의 제정과정에 관한 연구."『행정논총』38(1): 1-50.

안상훈. (2010). "한국형 복지국가의 비전과 전략." 사회보장기본법 전부개정을 위한 공청회: 한국형 복지국가 건설. 2010년 12월 20일. 주최: 국회의원 박근혜.

_____. (2014). "한국형 복지국가를 위한 현실적 대안으로서 사회서비스 중심전략." 2014년 한국사회복지학회 춘계학술대회 자료집. 2014년 4월 25일~26일. 부산광역시 벡스코.

안상훈·김수완·박종연. (2010).『한국형 복지국가의 미래 전망』. 기획재정부.

안재홍. (2013).『복지 자본주의 정치경제의 형성과 재편』. 서울: 후마니타스.

안주협. (2015). "원하청구조와 근로조건 격차."『월간 노동리뷰』2015년 6월호: 67-83.

양동훈. (2017). "원하청 및 지역간 임금격차."『임금정보브리프』19: 14-17.

양승엽. (2011). "프랑스의 2010년 연금개혁의 원인과 사후 경과."『국제노동브리프』2011년 2월호: 93-100.

양재진. (2008). "국민연금제도." 양재진·김영순·조영재·권순미·우명숙·정홍모 공저.『한국의 복지정책 결정과정: 역사와 자료』. pp.103-159. 서울: 나남.

_____. (2014). "박정희 시해, 새로운 기회의 창, 그리고 경제정책의 대전환: 정치리더십 변동과 정책패러다임의 변화."『현대사회와 행정』24(1): 169-188.

_____. (2015). "현대 스웨덴 복지정책과 제3섹터의 역할." 고명현 편.『스웨덴 복지 모델의 이해』. pp.146-161. 서울: 아산정책연구원.

여성신문. (2006). "아버지 출산휴가제 논쟁 가열." 2006년 5월 12일. http://www.womennews.co.kr/news/view.asp?num=29058, 접근일 2017년 9월 19일.

여유진·김미곤·강혜규·장수명·강병구·김수정·전병유·정준호·최준영. (2014).『한국형 복지모형 구축: 한국의 특수성과 한국형 복지국가』. 서울: 한국보건사회연구원.

연합뉴스. (2016). "정부·지자체·사회 돌봄 공동체 구축, 공공성 높여야." 2016년 3월 13일. http://www.yonhapnews.co.kr, 접근일 2018년 8월 13일.

_____. (2018). "기초연금 물가연동으로 바꿨더니 3년간 24만원 줄어." http://www.yonhapnews.

co.kr/bulletin/2018/05/06/0200000000AKR20180506036000017.HTML, 접근일 2018년 8월 8일.

열린우리당. (2005). "강령 및 기본정책 당헌·당규." 열린우리당.

오건호. (2010). 『대한민국 금고를 열다: 진보진영의 눈으로 국가재정 들여다 보기』. 서울: 레디앙.

_____. (2013). "박근혜정부의 복지 전망과 복지국가운동의 과제." 『역사비평』 2013(2): 170-186.

오마이뉴스. (2017). "홍준표 노무현 때 지니계수 가장 나빴다?" 2017년 4월 28일. http://www.ohmynews.com/NWS_Web/View/at_pg.aspx?CNTN_CD=A0002321387&CMPT_CD=P0001, 접근일 2018년 6월 24일.

오미옥·이수경. (2015). "박근혜 정부 기초연금제도의 정책쟁점에 대한 연구." 『한국정책과학학회보』 19(3): 95-115.

오승용. (2004). "한국 분점정부의 입법과정 분석: 13대-16대 국회를 중심으로." 『한국정치학회보』 38(1): 167-192.

오연호. (1989) "노정권의 중간층 포섭전술." 『월간 말』 1989. 07: 15-23.

오영수. (1998). "금융산업 구조조정."

오은진. (2009). "사회서비스의 일자리와 발전방향: 돌봄노동을 중심으로." 경제위기속 사회서비스 일자리의 발전 방향 모색을 위한 토론회. 2009년 4월 1일. 국회도서관 소회의실. 주최: 신낙균의원실, 대한YWCA연합회, 전국실업극복단체연대, 한국여성노동자회, 한국여성인력개발센터연합, 한국YMCA전국연맹, 한국지역자활센터협회.

오진호. (2013). "사적연금 적립금 추이전망." 통계개발원 편. 『2013년 하반기 연구보고서 제II권』. 통계개발원.

우명동. (2007). 『조세론(개정판)』. 서울: 도서출판 해남.

우천식. (2018). "한국경제의 중장기전략 작업: 의의와 작업 구상." 사회비전포럼 발표문. 2018년 4월 24일.

위키문헌. (2014). "민주노동당 강령." https://ko.wikisource.org, 접근일 2017년 8월 27일.

위평량. (2017). "박근혜정부 4년의 경제민주화 정책 평가와 차기정부의 전략 및 과제에 주는 시사점." 『ERRI 경제개혁리포트』 2017-05호.

_____. (2018). "한국 500대기업의 동태적변화 분석과 시사점(1998~2017)." 『ERRI 경제개혁리포트』 2018-8호.

유경준. (2009). "우리나라 빈곤변화 추이와 요인 분석." 『KDI정책포럼』 215.

유경준·강창희·최바울. (2013). 『사회보험료 지원사업(두루누리사업)의 성과 평가』. 서울: KDI.

유열. (1986). "서론: 국가독점자본주의론의 한국적 수용에 관해." 島恭彦 외 지음. 『국가독점자본주의론』. 유열 역. pp.5-20. 서울: 새길.

유종일. (2018). "한국경제 양극화의 역사적 기원, 구조적 원인, 해소 전략: 외환위기 기원론과 성장체제전환 지체론." 『경제발전연구』 24(1): 1-31.

유진숙. (2014). "독일 사민당과 제3의 길: 합리적 선택 제도주의적 설명." 『미래정치연구』 4(1): 5-30.

유철규. (2016). "한국금융의 진단과 금융시스템 개혁의 과제." 이병천·유철규·전창환·정준호 편. 『한국의 민주주의와 자본주의: 불화와 공존』. pp.228-254. 서울: 돌베개.

유해미·서문희·한유미·김문정. (2011). 『영아 양육비용 지원정책의 효과와 개선방안: 양육수당을 중심으로』. 육아정책연구소.

유형근. (2012). "한국 노동계급의 형성과 변형: 울산지역 대기업 노동자를 중심으로, 1987-2010." 서울대학교 사회학과 박사학위논문.

윤소영. (2010). "2007-09 금융위기: 마르크스주의적 분석과 대안." 윤소영 · 윤종희 · 박상현 지음. 『2007-09년 금융위기 논쟁』. pp.9-106. 서울: 공감.

윤인진. (2013). 『동북아시아의 국제이주와 다문화주의』. 서울: 한울 아카데미.

윤조덕 · 김상호 · 박정란. (2008). 『사회보험과 노동조합의 역할: 한국독일일본 비교』. 서울: 한국노동연구원.

윤종빈 · 정회옥 · 김윤실. (2014). "한국 정당의 유권자 연계 수준과 정당정치 만족도." 『한국정당학회보』 13(2): 31-62.

윤진호(1996). "고용조정과 노동조합의 대응." 『산업노동연구』 2(1): 25-74.

윤홍식. (2003). "국민기초생활보장제도의 수급결정 요인: 부양의무자 기준을 중심으로." 『사회복지정책』 17: 5-31.

_____. (2007). "신사회위험과 가족 · 여성정책의 과제." 참여연대 사회복지위원회 편. 『한국사회복지의 현실과 선택』. pp. 161-196. 서울: 나눔의 집.

_____. (2007). "아동양육 관련 휴가 및 휴직제도의 쟁점: 산전후휴가 · 육아휴직 · 남성양육참여." 참여연대 사회복지위원회 편. 『한국 사회복지의 현실과 선택』. pp.241-274. 서울: 나눔의 집

_____. (2009). "가족 · 여성정책의 사회투자와 한국의 복지국가." 김연명 편. 『사회투자와 한국 사회정책의 미래』. 서울: 나눔의 집.

_____. (2010). "저출산 대응정책 예산의 현실과 재원확대의 과제. 제2차 저출산고령사회 기본계획, 무엇을 담아야하나? 성공적인 저출산고령사회 대응을 위한 재원확보 방안." 제9차 토론회. 2010년 6월 29일. 서울 롯데호텔 에메랄드룸. 주최: 한국보건사회연구원.

_____. (2011). "복지국가의 조세체계의 함의: 보편적 복지국가 친화적인 조세구조는 있는 것일까?" 『한국사회복지학』 63(4): 277-299.

_____. (2012). "보편주의 복지를 둘러싼 논쟁의 한계, 성과, 전망: 무상급식에서 4 · 11 총선까지." 『사회보장연구』 28(4): 75-104.

_____. (2012). "복지국가 조세체제의 변화: 복지국가는 어떻게 조세규모를 확대했을까?" 『한국사회복지행정학』 14(1):195-226.

_____. (2012). "한미FTA, 박근혜식 복직구가의 미래." 『프레시안』 2018년 5월 12일. http://www.pressian.com/news/article.html?no=20186

_____. (2014). "박근혜 정부의 가족정책과 성, 계층 불평등의 확대: 보수정부 6년의 가족정책을 중심으로." 『경제와 사회』 101: 87-116.

_____. (2014). "소득보장 대 사회서비스." 2014년 한국사회복지학회 춘계학술대회 기획주제 토론문. 2014년 4월 25일~26일. 부산광역시 벡스코.

_____. (2014). "한국 복지국가 재원은 어떻게 마련되어야 하나? 누진적 보편증세가 답이다." 김균 편. 『반성된 미래』. pp.373-392. 서울: 후마니타스.

_____. (2016). "우리는 어떤 복지체제에 살고 있을까? 비교시작을 통해 본 한국 복지체제." 이병천 · 유철규 · 전창환 · 정준호 편. 『한국의 민주주의와 자본주의: 불화와 공존』. pp.320-347. 서울: 돌

베개.

_____. (2018). "민주주의 이행기 한국 복지체제, 1980-1997: 주변부 포드주의 생산체제의 복지체제." 『한국사회복지학』70(4): 37-68.

_____. (2018). "소득주도성장과 한국 복지체제의 유산: 분배와 성장의 선순환을 만들 수 있을까?" 『한국사회정책』25(2): 243-80.

_____. (2018). "역진적 선별성의 지속과 확장성의 제약, 2008~2016: 이명박·박근혜 정부시기 한국 복지체제의 특성." 『한국사회정책』25(4): 163-198.

_____. (2018). "자유주의 정부시기 한국 복지체제, 1998-2007: 복지체제의 삼중구조화." 『한국사회 복지교육』44: 27-50.

윤홍식·강병구·전병유·남찬섭·강신욱·김교성·정준호·이영수. (2018). 『복지, 성장, 고용의 선순환을 위한 복지정책 방향 연구』. 보건복지부.

윤홍식·송다영·김인숙. (2011). 『가족정책: 복지국가의 새로운 전망』. 파주: 공동체.

윤홍식·조막래. (2007). "남성일인생계부양자가구와 이인생계부양자가구의 소득특성과 빈곤실태." 『가족과 문화』19(4): 131-162.

윤희숙·김도형·김종훈. (2015). "국민연금 재정목표와 기금운용 지배구조 개선의 필요성." 『KDI Focus』55.

이강훈. (2016). "부동산 투기 억제, 11·3 대책으로 충분한가?" 박근혜 정부 부동산 정책 평가 토론회. 2016년 11월 10일. 국회의원회관 제1세미나실. 주최: 더불어민주당 이원욱 의원·임종성 의원, 참여연대 민생희망본부.

이규용·남재량·박현·김은지. (2004). 『육아휴직 활용실태와 정책과제』. 서울: 한국노동연구원.

이병천. (2012). 『한국경제론의 충돌』. 서울: 후마니타스.

_____. (2012). 『한국 자본주의 모델』. 서울: 책세상.

_____. (2013). "김대중 모델과 한국경제 97년 체제." 『기억과 전망』28: 144-182.

_____. (2014). "외환위기 이후 한국의 축적 체제." 이병천·신진욱 편. 『민주 정부 10년, 무엇을 남겼나』. pp.29-90. 서울: 후마니타스.

_____. (2016). "현대 한국에 민주적 자본주의의 준거모델은 있는가?" 이병천·유철규·전창환·정준호 편. 『한국의 민주주의와 자본주의: 불화와 공존』. pp.33-69. 서울: 돌베개.

_____. (2016). "노동개혁국면에 있어 노조운동의 대응전략에 관한 평가: 박근혜정부의 노동시장 구조개혁에 대한 양노총의 대응을 중심으로." 『한국사회정책』23(1): 1-23.

이병희. (2015). "노동소득분배율 측정 쟁점과 추이." 『월간 노동리뷰』205(1): 25-42.

_____. (2016). "두루누리 사회보험료 지원사업의 현황과 정책과제." 『연금포럼』61: 3-10.

이병희·황덕순·홍민기·오상봉·전병유·이상헌. (2014). 『노동소득분배율과 경제적 불평등』. 서울: 한국노동연구원.

이삼식·윤홍식·최효진·이지혜. (2009). 『2009년 지자체 저출산 컨설팅 보고서』. 한국보건사회연구원.

이상철. (2003). "박정희시대의 산업정책: 역사와 성격." 이병천 편. 『개발독재와 박정희시대』. 서울: 창비.

이상호. (2011). "보편적 복지국가의 실현, 민주노동운동의 사회연대전략이 필요하다." 금속노동 정책

연구원 창립3주년 기념 심포지엄 자료집. 주최: 금속노조. 2011년 4월 13일. 금속노조 4층 대회의실.

_____. (2011). "한국 자동차산업 불공정 하도급관계의 실태와 정책대안: 현대자동차의 사례를 중심으로."『마르크스주의 연구』8(2): 134-166.

_____. (2016). "독일 고용체계의 전환과 동서독 노동시장의 통합." 이병천·윤홍식·구갑우 편.『안보개발국가를 넘어 평화복지국가로: 독일의 경험과 한국의 과제』. 서울: 사회평론아카데미.

이성재·이우진. (2017). "샤를린값을 이용한 한국의 소득 및 자산 불평등의 원천별 기여도 분석."『한국경제의 분석』23(1): 57-103.

이숙이. (2002). "이회창·이인제, 격차 줄었다: 지지율 6.7% 포인트 차이."『시사저널』642호. 2002년 2월 14일. http://www.sisapress.com/journal/article/83974, 접근일 2017년 8월 31일.

이승윤·김윤영. (2016). "박근혜정부의 국민기초생활보장법 급여체계 개편 논쟁에 대한 비판적 고찰."『비판사회정책』51: 92-132.

이승윤·백승호·김윤영. (2017).『한국의 불안정 노동자』. 서울: 후마니타스.

이영찬. (2000).『영국의 복지정책: 구빈법 개혁부터 제3의 길까지』. 서울: 나남출판.

이영환. (1995). "영구임대주택정책 형성과정 연구."『사회복지연구』5: 168-200.

이영환·김영순. (2001). "한국 사회복지 발달에 대한 계급정치적 고찰."『비판사회정책』9: 249-302.

이영환·신영임. (2009). "2008년 이후 세제개편의 세수효과." 국회예산정책처.

이옥지. (2001).『한국여성노동 운동사』. 서울: 한울.

이원덕·이성희·문무기·배규식·조성재·유범상·김원배·김동배·안주엽·황수경·장지연·허재준·이승렬·정진호·김승백. (2003).『한국의 노동, 1987-2002』. 서울: 노동연구원.

이원보. (2004).『한국노동운동사 5: 경제개발기의 노동운동, 1961~1987』. 서울: 지식마당.

이원보·인수범·김종진·이명규·이정봉·김승호·이상훈. (2012).『한국 산별노조의 문제진단과 발전방안』. 서울: 한국노동사회연구소·프리드리히 에버트재단.

이재영. (2013).『한국 진보정당의 역사』. 서울: 레디앙, 해피스토리.

이재희. (1990). "1980년대 한국자본주의의 성격."『경제와사회』7: 235-262.

_____. (1999). "1970년대 후반기의 경제정책과 산업구조의 변화: 중화학공업화를 중심으로." 김명섭·이재회·김호기·김용호·마인섭 공저.『1970년대 후반기의 정치사회변동』. pp.93-154. 서울: 백산서당.

이재희. (2001). "한국의료보험정책의 변화의 과정에 관한 연구." 고려대학교 박사학위논문.

이정동. (2015). "창조적 축적 지향의 패러다임으로 바꾸어야 한다." 서울대학교 공과대학 편.『축적의 시간』. pp.21-56. 서울: 지식노마드.

이정우. (1991). "한국의 부, 자본이득과 소득불평등."『경제논집』30(3): 327-364.

이정환. (2014).『한국의 경제학자들』. 서울: 생각정원.

이종보. (2014). "재벌과 자유주의 정부: 삼성그룹을 중심으로." 이병천·신진욱 편.『민주 정부 10년, 무엇을 남겼나』. pp.91-128. 서울: 후마니타스.

이종대. (2010). "한국은행 독립은 불멸의 진리인가."『시사IN』제135호. http://www.sisain.co.kr/?mod=news&act=articleView&idxno=7033, 접근일 2018년 5월 9일.

이준구. (2012). "이명박 정부의 경제정책: '747공약'에 발목이 잡혀 보낸 5년."『한국경제포럼』5(4):

59-75.

이준표. (2017).『2017 제조업 업종별 기업규모별 노동생산성』. 서울: 한국생산성본부.

이중섭. (2008). "복지재정분권화에 따른 지방정부의 사회복지예산 변화에 관한 연구."『사회연구』 15(1): 95-128.

이지원·백승욱. (2012). "한국에서 생명보험의 신자유주의적 전환."『한국사회학』 46(2): 88-122.

이지호. (2009). "정당 위치와 유권자 경향: 2007년 대선과 2008년 총선을 중심으로."『현대정치연구』 2(1): 123-149.

이진숙·이슬기. (2013). "젠더관점에서 본 보육정책의 패러다임 변화 연구."『젠더와 문화』 6(2): 85-123.

이진형. (2018). "2018년 수출기업 해외시장 경기 전망 설문조사 결과." Trade Brief 9.

이찬진. (2002). "민법상의 부양의무의 범위와 한계에서 본 국민기초생활보장법상의 부양의무자 관련 규정의 검토." 기초생활보장제도 부양의무자기준 개선방향 모색을 위한 토론회 자료집. 2002년 4월 16일 참여연대 2층 강당.

_____. (2017). "박근혜 정부, 지방사회보장사업 정비하여 복지축소."『월간 복지동향』 220: 40-47.

이창민·조재민. (2015) "공정거래법상 경제력 집중 억제시책의 정권별 변화와 일반집중, 시장집중, 소유집중과의 연관성."『법경제학연구』 12(3): 389-425.

이창용·이종화. (2007). "한국경제의 변화와 과제." 정운찬·조흥식 편.『외환위기 10년, 한국사회 얼마나 달라졌나』. 서울: 서울대학교.

이철수·안상훈·성주호·김수완·김홍영·장우찬. (2014).『자영업자 고용보험 활성화 방안』. 서울: 국제노동법연구원.

이태수. (2010). "2010년 이명박정부의 복지정책 전망."『노동저널』 2010(2): 9-20.

_____. (2014). "보편적 복지국가로 가는 길에서 민주 정부 10년의 복지정책." 이병천·신진욱 편.『민주 정부 10년, 무엇을 남겼나』. pp.535-570. 서울: 후마니타스.

이항우. (2012). "네트워크 사회운동과 하향적 집합행동."『경제와사회』 93: 244-274.

이현주·백화종·신영석·김안나·박능후·이선우·홍경준·황덕순·유진영·김계연·이승경·황정하·임완섭·전혜숙·정순영·박신영. (2005).『차상위계층 실태분석 및 정책제안』. 한국보건사회연구원.

이혜경. (1993). "권위주의적 자본주의 사회에서의 복지국가의 발달: 한국의 경험."『한국사회복지학』 21:162-191.

_____. (1993). "한국의 소득보장제도: 압축성장의 한계와 탈도구화의 과제."『연세사회복지』 1: 63-92.

이혜경·김진욱. (2001). "한국의 소득분배와 빈곤: 1992-1998년."『연세사회복지연구』 6-7: 213-246.

이효수(1984).『노동시장구조론』. 서울: 법문사.

인구정책50년사 편찬위원회. (2016).『한국 인구정책 50년: 출산억제에서 출산장려로』. 서울: 보건복지부·한국보건사회연구원.

임경석. (2012). "이명박 정부의 747 공약과 그 결과."『역사와 현실』 85: 3-12.

임영재. (2015). "재벌의 경제력 남용과 상생경제, 어떻게 보아야 할 것인가?" [보수-진보 토론회] 재벌의 경제력 남용과 상생경제, 어떻게 보아야 할 것인가? 국가미래연구원·경제개혁연구소·경제개혁연대 합동토론회 시리즈 제4차 토론. 2015년 10월 27일. 서울 여의도 중소기업중앙회 2층 릴리홀.

임지선(2009). "낙태 근절이 저출산 대책? 성폭행범이 웃는다."『한겨레21』제789호.

임현진·권태환. (1984). "국가와 국제정치·경제체제: 한국에서의 종속적 발전의 경험."『한국사회학연구』7: 53-80

임휘철. (2001). "축적체제의 위기와 재편: 1980년대." 김진업 편.『한국자본주의 발전모델의 형성과 해체』. 서울: 나눔의 집.

장귀연. (2013). "신자유주의 시대 한국의 계급구조."『마르크스주의 연구』10(3): 12-40.

장명국. (1985). "해방후 한국노동운동의 발자취." 김금수 외.『한국노동운동론 1』. 서울: 미래사.

장상환. (2006). "1990년대 자본축적과 국가의 역할." 경상대학교 사회과학연구원 편.『한국 자본주의 축적체제 변화: 1987-2003』. pp.58-114. 서울: 한울.

_____. (2014). "1997년 외환·금융 위기 이후 구조조정과 증권화." 이병천·신진욱 편.『민주정부 10년, 무엇을 남겼나』. pp.237-274. 서울: 후마니타스.

장석준. (2014). "한국 진보정당운동의 숙명과 도전."『황해문화』85: 67-85.

장원석·강성호·이상우. (2014).『소득수준을 고려한 개인연금 세제 효율화 방안: 보험료 납입단계의 세제방식을 중심으로』. 서울: 보험연구원.

장지연. (2017). "소득불평등." 전병유 외 편.『2016 한국의 불평등』. pp.15-41. 서울: 페이퍼로드.

장진호. (2014). "1997년 외환위기 이후 일상생활의 금융화." 이병천·신진욱 편.『민주정부 10년, 무엇을 남겼나』. pp.345-380. 서울: 후마니타스.

장하준. (2018). "세계경제 대전환과 한국경제: 복지국가와 산업정책, 경제민주화." 2018 장하준 교수 초청포럼. 새경제규칙포럼(준)·전국사회연대경제지방정부협의회·한겨레경제사회연구원.

장하준·정승일. (2005).『쾌도난마 한국경제』. 이종태 편. 서울: 부키. 장하준·정승일·이종태. (2012).『무엇을 선택할 것인가』. 서울: 부키.

장홍근(2018). "노동존중사회와 새로운 사회적 대화 모색." 포용적 노도에제의 비전과 새로운 사회적 대화. 주최: 경제사회발전노사정위원회, 2018년 2월 22일. 프레지던트 호텔 19층 브람스홀.

장홍근·김세움·김근주·정흥준·박준식. (2016).『대안적 노동체제의 탐색: 1987년 이후 30년, 한국 노동체제의 구조와 동학』. 서울: 한국노동연구원.

재정경제부. (2006). "서비스산업 경쟁력강화 종합대책." 재정경제부.

재정경제원 기획예산처. (1999). "中産層 및 庶民生活 安定對策."

전강수. (2009). "이명박 정부의 시장만능주의 부동산 정책."『사회경제평론』32: 195-228.

전국민주노동조합총연맹. (2015). "[보도자료] 민주노총 9.23 총파업대회 개최." http://nodong. org/statement/7041080, 접근일 2018년 8월 30일.

전국보건의료산업노동조합. (2018).『돈보다 생명을: 보건의료노조 20년 20대 사건의 기록』. 서울: 매일노동뉴스.

전병유. (1994). "한국 제조업 생산직 노동자의 숙련 구조에 관한 연구." 서울대학교 대학원 경제학과 박사학위논문.

_____. (2007). "한국 노동시장의 양극화에 관한 연구: 중간일자리 및 중간임금계층을 중심으로."『한국경제의 분석』13(2): 171-230.

_____. (2014). "민주 정부 고용정책의 성과와 한계 그리고 대안." 이병천·신진욱 편.『민주정부 10년, 무엇을 남겼나』. pp.453-479. 서울: 후마니타스.

_____. (2016). "노동시장의 구조변화와 정책대응." 이병천·유철규·전창환·정준호 편.『한국의 민주주의와 자본주의: 불화와 공존』. pp.195-227. 서울: 돌베개.

_____. (2017). "소득불평등." 전병유 편.『한국의 불평등 2016』. pp.15-42. 서울: 페이퍼월드.

전병유·정준호. (2016). "자산과 소득불평등의 총수요효과와 성장체제."『사회과학연구』55(1): 263-303.

전병유·정준호·장지연·정세은. (2017).『한국경제의 새로운 규칙 만들기』. 서울: 책과공간.

전승훈·박승준. (2011). "공적이전소득이 사적이전소득에 미치는 영향 분석."『한국경제연구』29(4): 171-205.

전용덕. (2011).『자발적 복지와 복지국가의 함정』. 서울: 자유기업원.

전재경. (1992).『生活保護法制의 運用實態와 改善方向』. 서울: 한국법제연구원.

전창환. (2014). "1997년 외환·금융위기 이후 구조조정과 증권화." 이병천·신진욱 편.『민주 정부 10년, 무엇을 남겼나』. pp.237-374. 서울: 후마니타스.

정건화. (1988). "개방국면하의 한국경제의 동향."『동양과 전망』3: 11-34.

_____. (2003). "노동시장의 구조변화에 대한 제도경제학적 해석." 정이환·이병훈·김연명·정건화 편.『노동시장 유연화와 노동복지』. pp.105-139. 서울: 인간과복지.

정국현. (2004). "독일 사회민주당의 이완의 프로젝트: '신중도' 노선의 사회경제적 배경과 문제점."『한독사회과학논총』14(2): 223-241

정성진. (2006). "한국 자본주의 축적의 장기 추세와 위기: 1970~2003." 경상대학교 사회과학연구원 편.『한국 자본주의 축적체제 변화: 1987-2003』. pp.17-57. 서울: 한울.

정세은. (2012). "이명박 정부의 재정·조세정책 평가와 세제개혁 방향." 서울사회경제연구소 편.『이명박 정부 경제정책의 기조와 평가』. pp.39-73. 서울: 한울아카데미.

_____. (2015). "박근혜 정부의 조세재정정책 평가와 대안의 모색."『민주사회와 정책연구』28: 45-81.

정이환. (1992). "제조업 내부노동시장의 변화와 노사관계." 서울대학교 사회학과 박사학위논문.

_____. (2013).『한국 고용체제론』. 서울: 후마니타스.

정종주. (1995). "왜 보건복지부에는 조합주의자만 있는가: 의료보험 통합일원화를 가로막는 보사부 마피아."『사회평론』95(3): 120-127.

정준호. (2016). "한국 산업화의 특성과 글로벌 가치사슬." 이병천·유철규·전창환·정준호 편.『한국의 민주주의와 자본주의: 불화와 공존』. pp.70-111. 서울: 돌베개.

정준호·이병천. (2007). "한국의 탈추격 시스템, 어디로 가능가: 생산-복지 체제의 성격에 대한 시론." 제4회 사회경제학계 공동학술대회. 2007년 11월 30일.

정진상. (2006). "노동계급 형성의 구조적 조건의 변화." 경상대학교 사회과학연구원 편.『한국 노동계급의 형성, 1987-2003』. pp.23-57. 서울: 한울 아카데미.

정책기획위원회. (2007).『대한민국의 미래 비전과 전략』. 정책기획위원회.

정태완. (2008). "김대중 정권의 성립과 위기: 지역주의 정치 동학을 중심으로."『사회와 이론』12: 261-291.

정태인. (2009). "세계금융위기와 이명박 정부의 정책."『노동저널』2009(8): 46-62.

정태환. (2006). "김영삼 정권 하의 정치사회적 갈등."『한국학연구』25: 445-472.

_____. (2009). "김대중 정권의 성격과 개혁정치: 모순과 한계."『한국학연구』31: 387-416.

정해구. (2011).『전두환과 80년대 민주화운동』. 서울: 역사비평사. pp.194-195.

정형준. (2014). "박근혜정부의 의료민영화 정책."『복지동향』183: 9-13.

제18대 대통령직인수위원회. (2013). "제18대 대통령직인수위원회 제안: 박근혜정부 국정과제."

조경애. (2012). "보험료는 꼬박꼬박 냈는데 건강보험 보장성은 왜 떨어졌나?"『프레시안』. 2012년 2월 20일. http://www.pressian.com/news/article.html?no=38165, 접근일 2017년 9월 13일.

조돈문. (2016).『노동시장의 유연성–안정성 균형을 위한 실험: 유럽연합의 유연안정성 모델과 비정규직 지침』. 서울: 후마니타스.

조명래. (2017). "박근혜정부의 주택부동산정책 평가와 향후 과제."『부동산 포커스』108: 83-92.

조복현. (2011). "경제성장과 고용증대, 복지증진: 이명박 정부의 경제정책 평가와 경제성장의 새로운 과제."『황해문화』73: 94-124.

조상기. (2007). "국민파·중앙파·현장파 민주노총 선거 3파전."『주간경향』709호. 2007년 1월 23일. http://weekly.khan.co.kr

조선비즈. (2015). "연말정산 대란 사태의 재구성." 2015년 1월 25일. http://biz.chosun.com/site/data/html_dir/2015/01/25/2015012501276.html, 접근일 2018년 7월 30일.

조선일보. (2011). "[복지 백년대계 오늘 잘못 선택하면 100년을 망친다] 표 겨냥한 정치권 복지전쟁 막기 어려운 상황 됐다." 2011년 3월 8일자.

_____. (2011). "히드로·시드니 공항 민영화 후 이용료 대폭 올려." 2011년 8월 3일. http://news.chosun.com/site/data/html_dir/2011/08/03/2011080300123.html?Dep0=twitter&d=2011080300123, 접근일 2018년 5월 12일.

조성렬. (1996). "노태우 정권의 경제개혁과 국가전략의 변화."『한국정치학회보』30(2): 187-208.

조성봉. (2011). "이명박 정부 공기업 선진화 정책의 평가와 향후 과제."『규제연구』20(2): 33-67.

조영재. (2008). "건강(의료)보험제도." 양재진·김영순·조영재·권순미·우명숙·정홍모 공저.『한국의 복지정책 결정과정: 역사와 자료』. 서울: 나남.

조용범·유원동·조기준 외. (1988).『한국자본주의의 성격논쟁』. 서울: 대왕사.

조태근. (2007). "시장 지배를 향한 노무현 정부와 재벌의 동거."『월간말』252: 130-135.

조현연. (2009).『한국 진보 정당 운동사』. 서울: 후마니타스.

조현연·김정식. (2016). "박근혜 정부의 다원적 두 국민 전략과 세대갈등."『경제와 사회』110: 270-299.

조현연·김정훈. (2012). "진보정치의 위기와 진보의 재구성: 2012년 통합진보당 사태를 중심으로."『경제와 사회』95: 94-127.

조효래. (2013). "이명박 정부의 노동정책: 변화와 연속성?"『동향과 전망』87: 224-263.

조희연. (1993). "민중운동과 시민사회, 시민운동."『실천문학』32: 232-270.

_____. (2014). "민주주의 2.0의 실현을 위한 2단계 시민운동의 혁신 과제들: 참여연대를 중심으로." 조대엽·박영선 편.『감시자를 감시한다: 고장 난 나라의 감시자 참여연대를 말하다』. 서울: 이매진.

좌승희. (1995).『한국의 시장개방정책』. 서울: 한국개발연구원.

좌혜경. (2009). "서울시 사회서비스 현황과 문제점." 서울시 사회공공성연대회의 포럼 발제문. 2009년 7월 9일.

주상영. (2013). "노동소득분배율 변동이 내수에 미치는 영향."『경제발전연구』19(2): 151-182.

주은선. (2005). "연금개혁 정치의 특성: 스웨덴에서 자유주의 연금개혁은 어떻게 가능했는가?"『사회복지연구』26: 201-228.

_____. (2009). "신자유주의 시대의 연금개혁."『경제와 사회』84: 70-107.

중앙선거관리위원회. (2012). "제19대 국회의원선거 10대 정책 [정당명: 민주통합당]."

_____. (2012). "제19대 국회의원선거 10대 정책 [정당명: 새누리당]."

_____. (2017). "선거통계시스템: 당선인통계." http://info.nec.go.kr/main/showDocument. xhtml?electionId=0000000000&topMenuId=EP&secondMenuId=EPEI03, 접근일 2017년 8월 17일.

중앙일보. (2017). "1m²당 650만원 아파트값 따라 갈린 19대 대선." 2017년 5월 18일. https://news. joins.com/article/21582584, 접근일 2018년 9월 11일.

_____. (2017). "복지사각지대 비수급 빈곤층 93만명서 20만명으로 줄인다." 2017년 8월 10일자. https://news.joins.com/article/21833979, 접근일 2018년 8월 7일.

_____. (2018). "세계 점유율 10%에 불과…흔들리는 반도체 후방산업." 2018년 5월 3일자. http:// news.joins.com/article/22593348?cloc=joongang|home|newslist2, 접근일 2018년 5월 3일.

지병근. (2014). "한국진보정당의 조직, 이념, 그리고 지지기반."『현대정치연구』7(1): 7-53.

_____. (2014). "호남 유권자들의 이슈에 대한 태도 및 이념적 특성."『21세기정치학』24(1): 33-56.

_____. (2016).『김대중·노무현 정부 시기의 선거』. 파주: 마인드맵.

_____. (2017). "한국진보정당의 조직, 이념, 그리고 지지기반."『현대정치연구』7(1): 7-53.

지주형. (2015). "신자유주의 국가: 전략관계론적 형태 분석."『경제와 사회』106: 360-406.

陳雨露. (2014[2011]).『금융으로 본 세계사』. 하진이 역. 서울: 시그마북스.

진중권. (2003). "죽은 독재자의 사회: 박정희 신드롬의 정신분석학." 이병천 편.『개발독재와 박정희 시대: 우리 시대의 정치경제적 기원』. pp.339-364. 서울: 창비.

차홍봉. (1996). "의료보험의 정책결정과정: 제1차 의료보험통합 논의과정을 중심으로."『사회복지정책연구』3: 179-189.

참여연대 사회보험팀. (2005). "참여정부 국민연금에 대한 평가."『월간 복지동향』77: 8-11.

참여연대 사회복지위원회. (2004). "최저생계비 체험가족의 가계부." http://www.peoplepower21. org/Welfare/655495

참여연대 조세재정개혁센터. (2003). "[성명] 노무현 정부의 법인세 인하 방침에 대한 논평 발표." http://www.peoplepower21.org/Tax/698274, 접근일 2018년 5월 8일.

참여연대. (1994). "창립선언문." 1994년 9월 10일. http://www.peoplepower21.org/about_ PSPD/1254880, 접근일 2017년 8월 25일.

_____. (2003). "노사문제 힘으로 해결할 수 없다." 참여연대 논평, 2003년 8월 28일.

_____. (2005). "삼성의 인적 네트워크를 해부한다."『삼성보고서』1. 참여연대.

_____. (2014). "박근혜 정부에 묻는다. 모든 규제가 '암' 인가?"『참여연대 이슈리포트』. 2014. 4. 9.

_____. (2014). "참여연대 빛나는 활동 100: [054] 국민기초생활보장법 제정운동." http://www.peoplepower21.org/pspd100/1338938, 접근일 2017년 9월 17일.

참여정부 국정브리핑 특별기획팀. (2008). 『노무현과 참여정부 경제5년』. 서울: 한스미디어.

채혜영. (2009). "바우처 돌봄일자리의 현황과 개선방안." 경제위기속 사회서비스 일자리의 발전 방향 모색을 위한 토론회. 2009년 4월 1일. 국회도서관 소회의실. 주최: 신낙균의원실, 대한YWCA 연합회, 전국실업극복단체연대, 한국여성노동자회, 한국여성인력개발센터연합, 한국YMCA전국연맹, 한국지역자활센터협회.

최기춘·이현복. (2017). "국민건강보험과 민간의료보험의 역할 정립을 위한 쟁점." 『보건복지포럼』 2016년 6월호: pp.30-42.

최미정. (1989). "남녀고용평등법에 관한 연구." 이화여자대학교 석사학위논문.

최성진. (2009). "[특집] 김재규가 쏘지 않았다면." 『한겨레21』 782호. http://h21.hani.co.kr

최영기·김준·조효래·유범상. (2001). 『1987년 이후 한국의 노동운동』. 서울: 한국노동연구원.

최영준. (2015). "2015년 공무원연금 개악 저지 투쟁을 돌아보며: 사회연대전략의 문제점 톺아보기." 『경제와 사회』 107: 395-405.

최영준·조진만. (2005). "지역균열의 변화 가능성에 대한 경험적 고찰." 『한국정치학회보』 39(3): 375-394.

최영진·박진. (2016). 『산업별 한계기업 현황분석과 시사점』. 산업연구원.

최유정. (2010). 『가족정책을 통해 본 한국의 가족과 근대성』. 서울: 박문사.

최은영. (2010). "한국 아동양육의 난맥상: 양육수당의 문제점." 『월간 복지동향』 143: 4-7.

최일섭·김대환·박순일·이혜경·김연명·김수현·허선. (2001). 『국민기초생활보장제도의 개선방안』. 국민기초생활보장제도 평가단.

최장집. (2005). 『민주화 이후의 민주주의』. 서울: 후마니타스.

최장집·박찬표·박상훈. (2013). 『어떤 민주주의인가: 한국 민주주의를 보는 하나의 시각(개정판)』. 서울: 후마니타스.

최장집·이창곤. (2013). "대담: 사회세력과 연계 없는 정당, 미래 없다." 이창곤·한귀영 편. 『18 그리고 19』. pp.352-387. 서울: 도서출판. 밈.

_____. (2013). "사회세력과 연계 없는 정당, 미래 없다." 이창곤·한귀영 편. 『18 그리고 19』. pp.352-387. 서울: 도서출판 밈.

최태욱. (2007). "미국 자본주의의 세계화전략과 한미FTA." 최태욱 편. 『한국형 개방전략』. pp.98-128. 서울: 창비.

통계청. "e-나라지표: 조세부담률." http://www.index.go.kr, 접근일 2018년 7월 29일.

_____. (2006). "연령·성별 실업률 〈경제활동인구조사 메타DB〉."

_____. (2014). "e-나라지표: 남성 대비 여성임금 비율." http://index.go.kr/potal/main/EachDtlPageDetail.do?idx_cd=?714, 접근일 2014년 10월 9일.

_____. (2017). "e-나라지표: 1인당 국내총생산." http://www.index.go.kr/potal/main/PotalMain.do, 접근일 2017년 1월 30일.

_____. (2017). "e-나라지표: 자녀연령별 보육시설이용 및 가정양육 아동수." http://www.index.go.kr/potal/main/EachDtlPageDetail.do?idx_cd=3023, 접근일 2018년 8월 12일.

_____. (2017). "e-나라지표: IPU 여성 국회의원 비율 및 각국의 순위." http://www.index.go.kr/ potal/stts/idxMain/selectPoSttsIdxSearch.do?idx_cd=1588, 접근일 2018년 7월 15일.

_____. (2017). "e-나라지표: 공무원 노동조합 조직현황." http://www.index.go.kr/potal/main/ EachDtlPageDetail.do?idx_cd=2836, 접근일 2017년 10월 9일.

_____. (2017). "e-나라지표: 국가채무추이." http://www.index.go.kr/potal/main/EachDtlPage-Detail.do?idx_cd=1106, 접근일 2018년 7월 29일.

_____. (2017). "e-나라지표: 국내총생산 및 경제성장률." http://www.index.go.kr

_____. (2017). "e-나라지표: 근로소득세 신고(지급조서 제출) 현황." http://www.index.go.kr, 접근일 2017년 7월 1일.

_____. (2017). "e-나라지표: 근로소득세 신고현황–근로소득세 납세인원." http://www.index.go.kr/potal/stts/idxMain/selectPoSttsIdxSearch.do?idx_cd=1126&stts_cd=112602&freq=Y, 접근일 2018년 7월 29일.

_____. (2017). "e-나라지표: 외국인 증권투자 현황." http://www.index.go.kr/potal/main/Each-DtlPageDetail.do?idx_cd=1086, 접근일 2017년 8월 24일.

_____. (2017). "e-나라지표: 조세부담률." http://www.index.go.kr, 접근일 2017년 8월 11일.

_____. (2017). "e-나라지표: 주택매매가격 동향." http://www.index.go.kr, 접근일 2017년 8월 11일.

_____. (2017). "국가주요지표: 건강보험보장률." http://www.index.go.kr/potal/main/EachDtl-PageDetail.do?idx_cd=4073 접근일 2017년 9월 13일.

_____. (2017). "국민총소득." http://www.index.go.kr, 접근일 2017년 9월 6일.

_____. (2018). "2017년 인구동향조사: 출생·사망통계 잠정 결과." 통계청.

_____. (2018). "e-나라지표: 국민기초생활보장제도 수급 현황." http://www.index.go.kr/potal/ main/EachDtlPageDetail.do?idx_cd=2760, 접근일 2018년 8월 12일.

_____. (2018). "e-나라지표: 근로장려금 신청 및 지급현황" http://www.index.go.kr/potal/main/ EachDtlPageDetail.do?idx_cd=2826, 접근일 2018년 8월 12일.

_____. (2018). "e-나라지표: 남성 대비 여성임금 비율." http://index.go.kr/potal/main/EachDtl-PageDetail.do?idx_cd=2714, 접근일 2018년 8월 13일.

_____. (2018). "규모별 사회보험·상여금·퇴직(연)금 가입률." http://laborstat.molab.go.kr, 접근일 2018년 7월 15일.

_____. (2018). "e-나라지표: 가계신용 동향." http://www.index.go.kr/potal/main/EachDtlPage-Detail.do?idx_cd=1076, 접근일 2018년 4월 27일.

_____. (2018). "e-나라지표: 국내총생산 및 경제성장률(GDP)." http://www.index.go.kr/potal/ main/EachDtlPageDetail.do?idx_cd=2736, 접근일 2018년 8월 7일.

_____. (2018). "e-나라지표: 기준 중위소득 추이." http://www.index.go.kr/potal/main/EachDtl-PageDetail.do?idx_cd=2762, 접근일 2018년 8월 12일.

_____. (2018). "e-나라지표: 국민연금 재정현황." http://www.index.go.kr/potal/main/EachDtl-PageDetail.do?idx_cd=2764, 접근일 2018년 8월 7일.

_____. (2018). "e-나라지표: 사망원인별 사망률 추이." http://www.index.go.kr/potal/stts/idx-Main/selectPoSttsIdxSearch.do?idx_cd=1012, 접근일 2018년 5월 14일.

_____. (2018). "e-나라지표: 수출입동향(전년동원대비 수출 증가율), 1995-2017." http://www.index.go.kr/potal/main/EachDtlPageDetail.do?idx_cd=1066, 접근일 2018년 5월 4일.

_____. (2018). "e-나라지표: 자녀연령별 보육시설이용 및 가정양육 아동수." http://www.index.go.kr, 접근일 2018년 6월 11일.

_____. (2018). "e-나라지표: 지니계수." http://www.index.go.kr/potal/stts/idxMain/selectPoSttsIdxSearch.do?idx_cd=4012, 접근일 2018년 6월 17일.

_____. (2018). "e-나라지표: 취업자수/실업률 추이." http://www.index.go.kr/potal/main/EachDtlPageDetail.do?idx_cd=1063, 접근일 2018년 6년 20일.

_____. (2018). "e-나라지표: 통합재정수지." http://www.index.go.kr/potal/main/EachDtlPageDetail.do?idx_cd=1104 , 접근일 2018년 7년 29일.

_____. (2018). "대규모기업집단 지정 현황." http://www.index.go.kr/potal/main/EachDtlPageDetail.do?idx_cd=1175, 접근일 2018년 5년 9일.

_____. (2018). "소득분배지표(전체가구, 성별 및 연령구분별)." http://kosis.kr/statHtml/statHtml.do?orgId=101&tblId=DT_1L6E003, 접근일 2018년 7년 14일.

프레시안. (2006). "민노동당 새대표에 문성현…지도부 '자주파' 싹쓸이." 2006년 2월 10일. http://www.pressian.com/news/article.html?no=78708#09T0, 접근일 2018년 9년 26일.

하성규·배문호. (2004). "한국의 공공임대 주택정책과 주택정치: 3개 정부(노태우정부·김영삼정부·김대중정부)를 중심으로."『한국지역개발학회지』16(4): 95-120.

하세현. (2007). "일본 세제 개혁의 정치 과정과 선거." 강원택 편.『세금과 선거: 각국의 경험과 한국의 선택』. pp.147-180. 서울: 푸른길.

한겨레. (1997). "한보철강 부도처리." 1997년 1월 12일자 1면.

_____. (2008). "[이준구칼럼] 사이비 이론의 화려한 부활." 2008년 9월 25일.

_____. (2008). "2006년 일심회 사건이란?" 2008년 2월 4일.

_____. (2008). "투표율 역대 최저…'민주주의 위기'지적." 2008년 4월 10일.

_____. (2008). "헌재 종부세 세대별 합산 과세는 위헌." 2008년 11월 13일.

_____. (2010). MB "한국은 복지국가, 과언이 아니다." 2010년 12월 22일 http://www.hani.co.kr/arti/politics/bluehouse/455244.html, 접근일 2018년 5월 22일.

_____. (2013). "[길을 찾아서] 첫 공개 노동운동단체 한국노협 출범/이총각." 2013년 9월 24일. http://www.hani.co.kr/arti/society/labor/604241.html

_____. (2013). "20만원 때문에 찍었지만…언제 공약 지켜진 적 있나?" 2013년 10월 4일. http://www.hani.co.kr/arti/PRINT/605840.html, 접근일 2018년 8월 8일.

_____. (2015). "7개월의 롤러코스터 공무원연금 개정 발의부터 타결까지." 2015년 5월 29일. http://www.hani.co.kr/arti/PRINT/693418.html, 접근일 2018년 8월 9일.

_____. (2015). "세대 간 두적질 밭언 비뀐에 문잉표 내가 뭘 잘못했나 뻔뻔." 2015년 5월 27일, http://www.hani.co.kr/arti/PRINT/693418.html, 접근일 2018년 8월 9일.

_____. (2015). "신뢰 못받는 소득불평등 지표." 2015년 3월 5일. http://www.hani.co.kr/arti/economy/economy_general/681009.html, 접근일 2018년 6월 21일.

_____. (2015). "재정지출 늘리는 법안 말들 때 재원대책 의무화…'페이고'법제화 논란 시끌." 2015

년 5월 19일. http://www.hani.co.kr/arti/economy/economy_general/691762.html, 접근일 2018년 5월9일.

_____. (2016). "[단독] 김기춘, '통진당 해산' 헌재 논의 속속들이 알고 있었다." 2016년 12월 5일.

_____. (2016). "고용보험·국민연금 지원 두리누리사업 신규가입 효과 적어 사각지대 못 줄여." 2016년 5월 9일. http://www.hani.co.kr/arti/society/labor/743074.html, 접근일 2018년 8월 8일.

_____. (2016). "소득 불평등 고착화될 판…악화 막았지만 개선 안돼." 2016년 3월 30일. http://www.hani.co.kr/arti/economy/economy_general/737556.html, 접근일 2018년 6월 23일.

_____. (2017). "법개정만으론 재벌개혁 어려워, 4대·10대 그룹 집중해 법 집행." 2017년 4월 24일.

_____. (2018). "초과세수 60조는 박근혜 정부 덕분." 2018년 6월 20일.

_____. (2018). "강제징용 재판 파기하려…대법원규칙 '한달새 3차례' 바꿔." 2018년 9월 4일.

_____. (2018). "기무사, 박근혜 탄핵 심판 때 탱크 200대·특전사 동원 계획." 2018년 7월 7일.

_____. (2018). "노동자 24만·임금 23조…한계기업 구조조정 왜 더딜까." 2018년 5월 3일자 16면.

_____. (2018). "댓글공작 지시 'MB 육성파일' 나왔다." 2018년 9월 17일.

_____. (2018). "박근혜 징용배상 판결 확정되면 나라 망신 파기 종용." 2018년 9월 3일.

_____. (2018). "삼성 노조파괴 문건 6천건 나왔다." 2018년 4월 3일.

_____. (2018). "생보사들, 사회공헌 약관은 헌신짝." 2018년 8월 13일자 16면.

_____. (2018). "소득 늘수록 복지 지지하지만…자산 상위 20%부터 뒷걸음." 2018년 10월 19일자 9면.

_____. (2018). "옛 통합진보당 인사들 김기춘 지시로 헌재가 해산." 2016년 12월 6일.

_____. (2018). "이명박이 죽었다…쌍용차 해고자들 폭우 가른 절규." 2018년 8월 29일.

_____. (2018). "이재용표 차세대사업 홍보…회계 논란 삼바 정당성 회복 의도도." 2018년 8월 8일자 4면.

한겨레신문. (1993). "올 임금인상, 4.7~8.9% 타결." 1994년 4월 2일자 1면.

한국갤럽. (2017). "역대 대통령 직무 수행 평가 1988-2016." 한국갤럽 데일리 오피니언 193~240호. http://www.gallup.co.kr/gallupdb/reportDownload.asp?seqNo=802, 접근일 2017년 8월 23일.

한국고용정보원. (2017). "통계로 보는 노동시장: 취업계수 및 고용 탄성치." https://statistics.keis.or.kr/stats/index.do, 접근일 2017년 8월 11일.

_____. (2018). "통계로 보는 노동시장: 취업계수 및 고용탄성치." https://statistics.keis.or.kr, 접근일 2018년 5월 1일.

한국노동연구원(KLI). (2016). "2016년 노동통계 Archive." https://www.kli.re.kr

_____. (1991). 『한국의 여성노동시장』. 서울: 한국노동연구원.

한국은행. (2010). "2008년 산업연관표 작성 결과."

_____. (2012). "2010년 산업연관표(연장표) 작성 결과." 2012년 5월 31일 공보 2012-5-28호.

_____. (2014). "2011년 산업연관표(연장표)를 이용한 우리나라의 경제구조 분석."

_____. (2017). "'산업연관표' 통계정보보고서."

_____. (2018). "2017년 국민계정."

_____. (2018). "경제통계시스템 ECOS." https://ecos.bok.or.kr/jsp/vis/GDP/#/spending, 접근

일 2018년 4월 25일.

한국일보. (2017). "박근혜표 성과급제 폐기 수순…대안 있을까." 2017년 6월 14일 19면.

_____. (2011). "[이슈논쟁] 버퍼세 도입 논란." 2011년 11월 16일자. http://hankookilbo.com/v/36f7a90fd053459c9883df0ee5a7217b, 접근일 2018년 5월 12일.

_____. (2016). "건보 적립금, 공격적 투자 커지는 논란." 2016년 4월 12일. http://hankookilbo.com/v/809464390e024f68a2a24f09abc81679, 접근일 2018년 8월 7일.

한귀영. (2013). "왜 가난한 이들은 보수정당을 지지했는가?" 이창곤·한귀영 편. 『18 그리고 19』. pp.24-41. 서울: 도서출판 밈.

한나라당. (2003). "당강령·당헌·당규집." 한나라당. http://www.nec.go.kr/search/search.jsp, 접근일 2017년 8월 27일

한석호. (2008). "중앙파–국민파–현장파의 기원." 『레디앙』. 2008년 11월 19일. http://www.redian.org/archive/22550

허선. (2000). "빈곤가구에 대한 정부의 대응." 김동춘·노대명·장세훈·정건화·류정순·손병돈·허선 공저. 『IMF 이후 한국의 빈곤』. pp.225-261. 서울: 나남출판.

_____. (2002). "국민기초생활보장제도와 부양의무자기준: 왜 부양의무자기준이 문제인가?" 기초생활보장제도 부양의무자기준 개선방향 모색을 위한 토론회 자료집. 2002년 4월 16일 참여연대 2층 강당.

_____. (2009). "한국 최저생계비 결정의 쟁점과 과제." 『한국사회정책』 15(2): 329-360.

헤럴드경제. (2011). "〈여론조사〉 '무상급식은 포퓰리즘' 우세…젊을수록 필요한 정책 의견." 2011년 2월 28일. http://biz.heraldcorp.com/view.php?ud=20110228000069, 접근일 2014년 12월 9일.

현대경제연구원. (2015). "IMF 재정충격지수로 본 국내 재정정책의 기조 분석: 확장적 재정정책이 필요하다." 『경제주평』 63.

현대사연구반. (1991). 『한국현대사 4: 1980년대 한국사회와 민족민주운동』. 서울: 풀빛.

현대자동차. (1992). 『현대자동차사』.

현진권. (2011). 『복지논쟁: 무엇이 문제이고 어디로 가야 하나』. 서울: 자유기업원.

홍경준. (2017). "문재인 정부의 소득주도성장 전략과 복지정책 방향, 어떻게 볼 것인가?" 2017년 사회정책연합학술대회 발표문.

홍경준·송호근. (2003). "한국 사회복지정책의 변화와 지속: 1990년 이후를 중심으로." 『한국사회복지학』 55: 205-230.

홍두승. (2005). 『한국의 중산층』. 서울: 서울대학교 출판부.

홍성담. (2018). 『오월』. 서울: 단비.

홍승아. (2011). "양육수당제도의 젠더효과에 관한 연구: 핀란드 가정양육수당제도를 중심으로." 『비판사회정책』 31: 85-119.

홍원호. (2011). "보편적 복지 확대를 위한 복지재원 조달방안." 참여연대 내부간담회 자료. 2011년 6월 15일 참여연대.

홍장표. (1994). "자동차산업의 합리화전략과 임노동관계의 변화." 『동향과 전망』 21: 29-51.

_____. (2014). "한국의 노동소득분배율 변동이 총수요에 미치는 영향." 『사회경제평론』 43: 101-

138.

_____. (2016). "소득주도 성장과 산업생태계 혁신." 이병천·유철규·전창환·정준호 편. 『한국의 민주주의와 자본주의』. pp.112-154. 서울: 돌베개.

황규성. (2011). 『통일 독일의 사회정책과 복지국가』. 서울: 후마니타스.

황규성·강병익 편. (2017). 『다중격차 II』. 서울: 페이퍼로드.

황성현. (2014). "정권별 조세·재정정책기조의 평가와 시사점: 문민정부에서 박근혜 정부까지." 『재정학연구』 7(2): 117-157.

_____. (2015). "한국의 1980년대 긴축 재정정책 연구." 『예산정책연구』 4(2): 82-112.

황수경. (1993). "독점-비독점 부문간 숙련형성메카니즘에 관한 비교 연구." 숭실대학교 노사관계대학원 석사학위논문.

황인학. (1999). 『재벌의 다각화와 경제력집중』. 서울: 한국경제연구원.

황인학·이인권·서정환·이병기·한현옥. (2000). 『재벌구조와 재벌정책: 평가와 과제』. 서울: 한국경제연구원.

Economy Chosun. (2016). "삼성전자 13.5% 이익낼 때 협력사 이익률은 평균 3.6%." 2016년 1월 135호. http://economyplus.chosun.com/special/special_view.php?t_num=9055, 접근일 2018년 5월 4일.

News1. (2017). "기업은 선방 vs 가계는 궁핍…지난해 소득증가율 5배차." *News1*. 2017년 10월 19일. http://news1.kr/articles/?3128039, 접근일 2018년 6월 24일.

OhmyNews. (2010). "뉴타운 정책에 편승한 민주당, 제 발등 찍었다." 2010년 2월 12일. http://www.ohmynews.com/NWS_Web/View/at_pg.aspx?CNTN_CD=A0001323250&CMPT_CD=TAG_PC, 접근일 2018년 9월 11일.

_____. (2013). "먹튀가 된 기초연금…선거 땐 왜 예측 못했나." 2013년 9월 23일. http://www.ohmynews.com/NWS_Web/View/at_pg.aspx?CNTN_CD=A0001908730, 접근일 2018년 9월 11일.

_____. (2018). "박근혜 정부-양승태 대법원 사이 재판거래 단서 나왔다." 2018년 8월 4일.

SBS. (2018). "'[끝까지판다①] 美 비밀문서에 드러난 신군부 정권 장악' 용인." 2018년 5월 17일. http://www.hani.co.kr/arti/PRINT/845134.html, 접근일 2018년 5월 18일.

YTN. (2014). "與 누리과정 예산문제 합의 번복, 野가 요구하는 법인세와 딜하려고 수쓰는 것: 새정치민주연합 설훈 의원[강지원의 뉴스! 정면승부]." 2014년 11월 27일. http://radio.ytn.co.kr/program/?f=2&id=33059&s_mcd=0263&s_hcd=01, 접근일 2018년 8월 13일.

Ali, T. (2017[2015]). 『극단적 중도파』. 장석준 역. (*The extreme centre*). 서울: 오월의 봄

Amstrong, P, Glyn, A. and Harrison, J. (1993[1991]). 『1945년 이후의 자본주의』. 김수행 역. (*Capitalism since 1945*). 서울: 동아출판사.

Ansell, B. (2012). "Assets in crisis: Housing, preferences and policy in the credit crisis." *Swiss Political Science Review* 108(2): 383-402.

Ansell, B. (2014). "The Political Economy of Ownership: Housing Markets and the Welfare

State." *American Political Science Review* 108(2): 383-402.

Anttonen, A. and Sipilä, J. (2008). *Universalism and idea and principle in social policy.* http://www.hioa.no/asset/3723/1/3723_1.pdf, 접근일 2017년 9월 17일.

Appleby, J. (2012[2010]). 『가차없는 자본주의: 파괴와 혁신의 역사』. 주경철 · 안민석 역. (*The relentless revolution: A history of capitalism*). 서울: 까치글방.

Arendt, H. (2006[1951]). 『전체주의의 기원』. 이진우 · 박미애 역. (*The origins of totalitarianism*). 서울: 한길사.

Aronsson, T. and Walker, J. (2010). "Labor supply, tax base, and public policy in Sweden." In R. B. Freeman, B. Swedenborg, and R. Topel Eds. *Reforming the welfare state recovery and beyond in Sweden.* pp.127-158. Chicago, IL: The University of Chicago.

Arrighi, G. (2008[1994]). 『장기20세기: 화폐, 권력, 그리고 우리 시대의 기원』. 백승욱 역. (*The long twentieth century: Money, power, and the origins of our times*). 서울: 그린비.

_____. (2009[2007]). 『베이징의 애덤 스미스: 21세기의 계보』. 강진아 역. (*Adam Smith in Beijing: Lineages of the Twenty-First Century*). 서울: 도서출판 길.

Arthur, D. (2009). Pedantic fact checking-Did Nixon really say "we are all Keynesians now"? http://clubtroppo.com.au/2009/02/15/pedantic-fact-checking-did-nixon-really-say-we-are-keynesians-now/, 접근일 2016년 2월 12일.

Aust, A. and Bönker, F. (2004). "New social risks in a Conservative welfare state: the Case of Germany." in Taylor-Gooby. P. ed. *New Risks, New Welfare.* pp.29-53. New York: Oxford University Press.

Baloyra, E. (1987). "Democratic transition in comparative perspective." in Baloyra, E. ed. *Comparing New Democracies: Transition and consolidation in Mediterranean Europe and the Southern Cone.* pp.9-52. Boulder: Westveiw Press.

Bauman, Z. (2010[2004]). 『새로운 빈곤: 노동, 소비주의 그리고 뉴푸어』. 이수영 역. (*Work, consumerism and the new poor*). 서울: 천지인.

Beaud, M. (2015[2010]). 『미셸 보의 자본주의의 역사 1500~2010』. 김윤자 역. (*Hstoire de capitalisme 1500-2010*). 서울: 뿌리와 이파리.

Bergqvist, C. & Nyberg, A. (2002) "Welfare state restructuring and child care in Sweden." in S. Miche and R. Mahon, eds. *Child care policy at the crossroads: Gender and welfare state restructuring.* New York: Routledge. pp.287-307.

Bettendorf, L., Gorter, J., and van der Horst, A. (2006). "Who benefits from tax competition in the European Union?" *CPB Document* No. 125. p. 13.

Blackbur, R. (2006). "Finance and the foruth dimension." *New Left Review* 39: 39-70.

Board of Governors of the Federal Reserve System (US), Effective Federal Funds Rate [FEDFUNDS], retrieved from FRED, Federal Reserve Bank of St. Louis; https://fred.stlouisfed.org/series/FEDFUNDS (Accessed on June 23, 2017).

Bonoli, G., George, V., and Taylor-Gooby. P. (2005[2000]). 『유럽 복지국가의 미래』. 최종균 역. (*European welfare futures*). 서울: 인간과 복지.

Borchorst, A. (2002). "Danish child care policy: Continuity rather than radical change." in S. Michel & R. Mahon. eds. *Child care policy at the crossroads: Gender and welfare state restructuring*. pp.267-286. New York: Routledge.

Boyer, R. (2013[2004]). 『조절이론 1. 기초』. 서익진·서환주·정세은·김태황·이지용 역. (*Théorie de la régulation 1. Les Fondamentaux*). 서울: 뿌리와 이파리.

Bradshaw, J. and Finch, N. (2002). A comparison of child benefit packages in 22 countries. Department for Work and Pensions Reseach Report No 174. Department for Work and Pensions: UK.

Brenner, R. (2002). 『붐 앤 버블: 호황 그 이후, 세계 경제의 그늘과 미래』. 정성진 역. (*The boom and the bubble*). 서울: 아침이슬.

_____. (2006). *The economics of global turbulence: The advanced capitalist economies from long boom to long downturn, 1945-2005*. New York: Verso.

Brewster, K. L. & R. R. Rindfuss. (2000). "Fertility and women's employment in industrialized nations." *Annual Review of Sociology* 26: 271-296.

Briggs, A. (1961). "The welfare state in historical perspective." *European Journal of Sociology* 2(2): 221-258.

Brooks, C. and Manza, J. (2007). *Why welfare state persist: The importance of public opinion in democracies*. Chicago, IL: The University of Chicago Press.

Burke, J. and Epstein, G. (2001). "Threat effects and the internationalization of production." Political Economy Research Institute, Working Paper Series, Number 15. Univ. of Massachusetts, Amherst.

Calleo, D. (1982). *The Imperious Economy*. Cambridge, MA: Harvard University Press

Carlin, W. and Soskice, D. (2009). "German economic performance: Disentangling the role of supply-side reforms, macroeconomic policy and coordinated economy institutions." *Socio-Economic Review* 7(1): 67-99.

Castles, F. (2006). "The welfare state and democracy: On the development of social security in Southern Europe, 1960-90." In Gunther, R., Diamandouros. P., and Sotiropoulos, D. eds. *Democracy and the state in the New Southern Europe*. pp.42-86. NY: Oxford University Press.

Castles, F. and Ferrera, M. (1996). "Home ownership and the welfare state: Is Southern Europe different?" *European Society and Politics* 1(2): 163-185.

Castles, F. G. (1998). "The really Big Trade-Off : Home-ownership and the Welfare State in the New World and the Old." *Acta Politica* 33(1): 5-19.

Cerny. P., Menz, G., and Soederberg, S. (2005). "Different roads to globalization: Neoliberalism, the competition state, and politics in a more open world." In Cerny. P., Menz, G., and Soederberg, S. eds. *Internalizing globalization, the rise of neolieberalism and the decline of national varieties of capitalism*. pp.1-30. New York: Palgrave Macmillan.

Chang, H. and Grabel, I. (2008[2004]). 『다시 발전을 요구한다』. 이종태·황해선 역. (*Reclaiming development: An alternative economic policy manuel*). 서울: 부키.

Chen, J. 2011. 『하버드 경제학』. 최지희 역. (*Notes from Harvard on economics*). 경기도: 에쎄.

Collins, R. (2000). *More: The politics of economic growth in postwar America*. New York: Oxford University Press

Conley, D. and Gifford, B. (2006). "Home-ownership, Social Insurance, and the Welfare State." *Sociological Forum* 21(1). 55-82.

Dahl, R. (1999[1989]). 『민주주의와 그 비판자들』. 조기제 역. (*Democracy and its critics*). 서울: 문학과 지성사.

Daum백과. (2018). 자본시장통합법. http://100.daum.net/encyclopedia/view/31XXXXX12673, 접근일 2018년 5월 10일.

Deloitte. (2016). *2016 Global manufacturing competitiveness index*. Council On Competitiveness.

Dolezal, M., Ennser-Jedenastik, L., Müller, W., and Winkler, A. (2014). "How parties compete for votes: A test of saliency theory." *European Journal of Political Research* 53: 57-76.

Doling, J. and Ronald, R. (2010). "Property-based welfare and European homeowners: How would housing perform as a pension?" *Journal of Housing and the Built Environment* 25(2): 227-241.

Duménil, G. and Lévy, D. (2006[2000]). 『자본의 반격: 신자유주의 혁명의 기원』. 이강국·장시복 역. (*Crise et sortie de crise: Ordre et désordres néolibeéraux*). 서울: 필맥.

Duménil, G. and Lévy, D. (2016[2014]). 『거대한 분기: 신자유주의 위기 그 이후』. 김덕민·김성환 역. (*La grande bifurcation: En finir avec le néolibéralisme*). 서울: 나름북스.

Ebel, R. and Yilmaz, S. (2001). "Fiscal Decentralization: is it Happening? How do you know?" International Studies Program, Atlanta, Georgia, US, April 4-6, 2001.

Eley, G.(2008[2002]). 『The left 1848~2000: 미완의 기획, 유럽좌파의 역사』. 유강은 역. (*Forging democracy: The history of the left in Europe, 1850-2000*). 서울: 뿌리와 이파리.

Elwell, C. (2012). Double-dip recession: Previous experience and current prospect. Congressional Research Service Report for Congress.

Epstein, G. (2005). "Central banks as agents of economic development." Political Economy Research Institute. Working Paper Series, Number 104.

Esping-Andersen, G. (1990). *The three worlds of welfare capitalism*. Cambridge, UK: Polity Press.

_____. (1999). *Social Foundations of Postindustrial Economics*. New York, NY: Oxford University Press.

_____, (2002a). "Towards the good society, once again." in G. Esping-Andersen, D. Gallie, A. Hemerijck, and Myles, J. eds. *Why we need a new welfare state*. pp.1-25. New York: Oxford University Press

_____. (2005). "A welfare state for the 21st century." In A. Giddens. ed. *The global third way debate*. Cambridge: Polity Press

_____. (2006[1999]). 『복지체제의 위기와 대응: 포스트 산업경제의 사회적 토대』. 박시종 역. (*Social foundations of postindustrial economies*). 서울: 성균관대학교출판부.

Fagnani, J. (1998). "Recent changes in family policy in France: Political trade-offs and economic constraints." Drew, E, R. Emerek, and E. Mahonin. eds. *Women, work and the family in Europe*. pp.58-65. New York: Routledge.

Federici, S. (2011[2004]). 『캘리번과 마녀』. 황성원 · 김민정 역. (*Caliban and the Witch*). 서울: 갈무리.

Fielding, S. (1995). *Labour: Decline and renewal Manchester*. Manchester University Press.

Filgueira, F. (2005). "Welfare and democracy in Latin America: The development, crisis and aftermath of universal, dual and exclusionary social state." *UNRISD*, May 2005, Geneva.

Fligstein, N. and Goldstein, A. (2012). "The emergence of a finance culture in American households, 1989-2007." Paper was presented at the Annual Meetings of the American Sociological Association, Denver, Coloradeo, August 17-21, 2012.

Flowers, A. (2014). "The productivity paradox: Is technology failing or fueling growth?" https://thenextrecession.files.wordpress.com/2014/01/13q4_technology.pdf, 접근일 2018년 5월 4일.

Folbre, N. (1997). "The future of the elephant-bird." *Population and Development Review* 23(3): 647-654.

Forbes. (2008). World's 10 best Airports. https://www.forbes.com/2008/07/14/airports-best-world-forbeslife-cx_rr_0714travel.html#6d4283654752, 접근일 2018년 5월 12일.

Foreign Affairs 편. (2016[2016]). 『4차 산업혁명의 충격』. 김진희 · 손영수 · 최시영 역. (*The fourth industrial revolution*). 서울: 흐름출판. p. 20.

Forslund, A. and Krueger, A. (2008). "Did active labour market policies help Sweden rebound from the depression of the early 1990s?" CEPS Working Paper No. 158.

Freeman, R. Swedenborg, B., and Topel, R. (2010). "Introduction." In Freeman, R. Swedenborg, B., and Topel, R. eds. *Reforming the welfare state: Recovery and beyond in Sweden*. National Bureau of Economic Research.

Frerich. (1990). *Sozialpolitik: Das sozialleistungssystem der Bunderepublik Deutschland*, 2. Auflage, Oldenbourg, München. p. 94f.

Friedman, M. and Friedman, R. (1980). *Free to choose: A personal statement*. New York: HBJ.

Fujimoto, T. (2006). "Architecture-based comparative advantage in Japan and Asia." Ohno, K. and Fujimoto, T. eds, *Industrialization of developing countries: Analysis by Japanese economists*. pp.1-10. Tokyo: National Graduate Institute for Policy Studies.

Gallup and Healthways. (2014). *State of global well-being: 2014 Country well-being rankings*.

Ganghof, S. (2006a). *The politics of income taxation: A comparative analysis*. London: ECPR Press.

_____. (2006b). "Tax mixes and the size of the welfare state: causal mechanisms and policy implications." *Journal of European Social Policy* 16(4). pp.360-373.

Genschel. P. (2002). "Globalization, tax competition and the welfare state." *Politics and Society* 30(2), pp.245-275.

Giddens, A. (1998). *The Third way: The renewal of social democracy.* London: Polity.

_____. (2004[2002]). 『노동의 미래』. 신광영 역. (*Where now for New Labour*). 서울: 을유문화사.

Gilbert, N. & Terrell. P. (2004). *Dimensions of social welfare policy*, 6th ed. New York: Ally & Bacon.

Glendinning, S. (2015). "Varieties of neoliberalism." LSE 'Europe in Question' Discussion Paper Series No. 89/2015.

Gough, I. (2004). "Welfare regimes in development context: A global regional analysis." In Gough, I., Wood, G., Barrientos, A., Bevan. p., Davis. p., and Room, G., eds. *Insecurity and welfare regimes in Asia, Africa, and Latin America: Social Policy in Developmental Contexts.* pp.15-48. Cambridge: Cambridge University Press.

Gramsci, A. (1999[1971]). 『그람시의 옥중수고 2: 철학·역사·문화편』. 이상훈 역. (*Quaderni del carcere*). 서울: 거름.

Haataja, A. and Valaste, M. (2012). "Cutting child home care allowance in Finland?" Paper prepared for the ESPAnet anniversary conference in Edinburgh 6-8 September 2012.

Hall. p. and Soskice, D. (2001). "An introduction to varieties of capitalism." In Hall. P. and D. Sosckice eds. *Varieties of capitalism: The institutional foundations of comparative advantage.* pp.1-68. Oxford: Oxford University Press.

Harvey, D. (2005[2003]). 『신제국주의』. 최병두 역. (*The new imperialism*). 서울: 한울아카데미.

_____. (2007[2005]). 『신자유주의: 간략한 역사』. 최병두 역. (*A Brief history of neoliberalism*). 서울: 한울아카데미.

Häuserman, S. (2015[2010]). 『복지국가 개혁의 정치학』. 남찬섭 역. (*The politics of welfare state reform in continentlal Europe: Modernization in hard times*). 서울: 나눔의 집.

Heilbroner, R. and Millberg, W. (2010[2007]. 『자본주의, 어디서 와서 어디로 가는가』. 홍기빈 역. (*The making of economic society*). 서울: 미지북스.

Henriken, H. and H. Holter. (1978). "Norway." in Kamerman, S. B. and A. J. Kahn. eds. *Family policy: Government and families in fourteen countries.* pp.49-67. New York: Columbia University Press.

Hiilamo, H. and Kangas, O. (2009). "Trap for women or freedom to choose? The struggle over cash for child care schemes in Finland and sweden." *Journal of Social Policy* 38(3): 457-475.

Hirscher, G. und Sturm, R. (2001). *Die strategie des 'dritten wages': Legitimation und praxis sozialdemokratisher regierungspolitik.* Munchen: Olzog.

Hobsbawm, E. (1999). "신자유주의의 죽음." 『제3의 길은 없다』. 노대명 역. (*The Third Way is Wrong*). 서울: 당대.

Huffpost. (2017). "촛불 혁명으로 태어난 문대통령 1주년 기념해 발표한 메시지(전문)." 2017년 10월 28일. https://www.huffingtonpost.kr/2017/10/28/story_n_18406300.html, 접근일 2018

년 9월 2일.

Hungerford, T. (2012). "The 2001 and 2003 Bush tax cuts and deficit reduction." CRS Report for Congress, July 18, 2012.

ILO. (2012). Global wage report 2012/2013. Geneva: ILO.

IMF. (2015). Republic of Kore: IMF Country Report No. 15/130.

_____. (2018). IMF DataMapper: Real GDP growth: Annual percent change. http://www.imf. org/external/datamapper/NGDP_RPCH@WEO/OEMDC/ADVEC/WEOWORLD/KOR, 접근일 2018년 5월 1일.

Indexmundi. (2017). Sweden unemployment rate. (Accessed on 18 June 2017). http://www. indexmundi.com/sweden/unemployment_rate.html

International Federation of Robotics. (2016). World robotics report 2016: European Union occupies top position in the global automation race.

Iversen, T. and Soskice, D. (2006). "Elctoral institutions and the politics of coalitions: Why some democracies redistribute more than others." *American Political Science Review* 100(20): 165-181.

Jessop, B. and Sum, N. (2006). *Beyond the regulation approach: Putting capitalist economies in their place*. Northampton, MA: Edward Elger

Johnson, C. (1982). *MITI and the Japanese miracle: the Growth of industrial policy, 1925-1975*. Stanford, CA: Standford University Press.

Jones, K. (2003[2000]). 『영국 사회정책 현대사』. 엄영진 · 이영찬 역. (*The making of social policy in Britain: From the poor law to new labour*). 서울: 인간과 복지.

Judt, T. (2008[2005]). 『포스트 워 1945~2005』. 조행복 역. (*Postwar: A history of Europe since 1945*). 서울: 플래닛.

Karabarbounis, L. and Neiman, B. (2013). "The global decline of the labor share." NBER Working Paper, No. 19136.

Kato, J. (2003). *Regressive taxation and the welfare state: Path dependence and policy diffusion*. NY: Cambridge University Press

Kemmerling, A. (2002). "The employment effects of different regimes of welfare state taxation: An empirical analysis of core OECD countries." Max Planck Institution.

Keuschnigg, C. (2009). "Corporate taxation and the welfare state." Annual meetings of the Austrian and Swiss Economic Associations 2009.

Khatiwada, S. (2010). "Did the financial sector profit at the expense of the rest of the economy? Evidence from the United States." ILO Discussion Paper, 206.

Kilkey, M. (2003). "Dual-earning couples in Europe: Towards gender equality?" Paper for the the session 'Work and family arrangements in a flexible economy,' ESPAnet conference "Changing European Societies-The role for social policy." Organized by the Danish National Institute of Social Research Copenhagen, 13-15 November 2003.

Klitgaard, M. (2007). "Do welfare state regimes determine public sector reforms? Choice reforms in American, Swedish and German Schools." *Journal Compilation* 30, No. 4. 144-155.

Klitgaard, M. and Elmelund-Pæstekær, C. (2011). "Starving the Beast? Tax Policy and Welfare State Reform.." prepared for presentation at the 6th ECPR General Conference, Reykjavik, August 25-27, 2011.

Knijn, T. and I. Ostner. (2002). "Commodification and de-commodification." in Hobson, B., J. Lewis and B. Siim. eds. *Contested concepts in gender and social politics.* pp.141-169. MA: Edward Elgar.

Korpi, W., Ferrarini, T., and Englund, S. (2010). Women's conditions and opportunities under different types of family policies in Western countries: Gender inequalities re-examined. Paper to presented at the ESPAnet conference in Budapest, September 2-4 2010.

Kumhof, M. and Rancière, R. (2010). "Inequality, leverage and crises." IMF Working Paper 268 (WP/10/268).

Kwon, S. (1990). *Korea: Income and wealth distribution and government initiatives to reduce disparities.* Seoul: KDI.

Lakoff, G. (2007).『프레임 전쟁: 보수에 맞서는 진보의 성공전략』. (*Thinking points: Communicating our American values and vision.*) 2006. 서울: 창비.

Lampert, H. (1996). *Lehrbuch der Sozialpolitik.* Berlin: Springer,

Lassen, D. and Sørensen. p. (2002). "Financing the Nordic welfare states: The challenge of globalization to taxation in the Nordic countries." *A report prepared for the Nordic Council of Ministers.* Oslo, June 11-12, 2002.

Lavoie, M. (2016[2004]).『포스트 케인스학파 경제학 입문』. 김정훈 역. (*Introduction to post-Keynesian economics*). 서울: 후마니타스.

Lavoie, M. and Stockhammer, E. ed. (2013). *Wage-led growth.* New York: Palgrave Macmillan.

Lavoie, M. and Stockhammer, E., (2013). "Wage-led growth: Concept, theories and policies." Lavoie, M. and Stockhammer, E. eds. *Wage-led growth.* pp.13-39. New York: Palgrave Macmillan.

Lee, W. and Yoon, Y. (2015). "Capital in South Korea: 1966-2013." Paper presented at the conference on Social welfare, justice, and distribution: Celebrating John Roemer's contributions to economics, political philosophy and political science. Queen Mary University of London, UK. June 19-20, 2015.

Lee, Y. (2011). "Commodity taxation in welfare states." *Economic Inquiry* 49(1). pp.194-211.

Lenin, V. (1989[1939])). *Imperialism: The highest stage of capitalism.* New York: International Publishers.

Leria, A. (2002). *Working parents and the welfare state: Family change and policy reform in Scandinavia.* NY: Cambridge University Press.

Lévesque, C. and Murrary, G. (2010). "Understanding union power: Resources and capabilities for renewing union capacity." *European Review of Labour and Research* 16(3): 333-350.

Levy, B. and Kuo, W. (1991). "The strategic orientations of firms and the performance of Korea and Taiwan in frontier industries: Lessons from comparative case studies of keyboard and personal computer assembly." *World Development* 9(4): 363-374.

Lewis, J. (1992). "Gender and the development of welfare regimes." *Journal of European Social Policy* 2(3): 159-73.

Liljestrom, R. (1978). "Sweden." in Kamerman, S. B. and A. J. Kahn. eds. *Family policy: Government and families in fourteen countries.* pp.19-48. New York: Columbia University Press.

Lindert. P. (2006). "The welfare state is the wrong target: A reply to Bergh." *Economic Journal Watch* 3(2). pp.236-250.

Linz, J. (1981). "Some comparative thoughts on the transition to democracy in Portugal and Spain." In de Macedo, J. and Serfaty, S. eds. *Portugal since the revolution: Economic and political perspective.* pp.25-45. Boulder: Westview Press.

Lipietz, A. (1991[1985]). 『기적과 환상』. 김종환·엄창옥·이태왕 역. (*Mirages et miracles*). 서울: 한울.

_____. (1997). "The post-fordist world: Labour relations, international hierarchy and global ecology." *Review of International Political Economy* 4(1): 1-41.

Lipset, S. and Rokkan, S. (1967). "Cleavage structures, party systems and voter alignments: An introduction." In Lipset, S. and Rokkan, S. eds. *Party systems and voter alignments.* pp.1-64. New York: Macmillian.

Lister, R. (2003). "Investing in the Citizen-workers of the Future: Transformations in Citizenship and the State under New Labour." *Social Policy and Administration* 37(5), 427-433.

Mail Online. (2015). One eye on the future, Euan? Blair's son watches as Labour leadership battle hots up. May 17, 2015. http://www.dailymail.co.uk/news/article-3084416/One-eye-future-Euan-Blair-audience-wannabe-Labour-leaders-set-stalls.html (Accessed on June 25, 2017).

Mainwaring, S. (1989). "Transitions to democracy and democratic consolidation: Theoretical and comparative issues." Working Paper, #130, November 1989. Kellogg Institute.

May, J. (1965). "Democracy, organization, Michels." *The American Political Science Review* 59(2): 417-429.

McDonald, Peter. (2000). "Gender equity, social institutions and the future of fertility." *Journal of Population Research* 17(1): 1-16.

McGarry, K. and Schoeni, R. (1995). "Transfer behavior in health and retirement study: Measurement and the redistribution of resources within the family." *The Journal of Human Resources* 30: 185-226.

McMichael. p. (2013[2012]). 『거대한 역설: 왜 개발할수록 불평등해지는가』. 조효제 역. (*Development and social change: A global perspective*, 5th ed.). 서울: 교양인.

Meyers, M. and Gornick, J. (2004). Work/Family Reconciliation Policies for the United States:

Lessons from Abroad. http://www.ssc.wisc.edu/~wright/Meyers_Gornick_Princeton_chapter1.pdf

Midgley, J. (1999). "Growth, redistribution, and welfare: Toward social investment." *Social Service Review* 73(1), 3-21.

Milanovic, B. (2017[2016]). 『왜 우리는 불평등해졌는가』. 서정아 역. (*Global inequality: A new approach for the age of globalization*). 서울: 21세기북스.

Milgerg, W. and Houston, E. (2005). "The high road and the low road to international competitiveness: Extending the neo-Schumpeterian trade model beyond technology." *International Review of Applied Economics* 19(2): 137-162.

Ministry of Finance. (1994). *Economic Policy Statement by Swedish government*. Stockholm: Ministry of Finance.

Mirror. (2013). "Margaret Thatcher dead: Why I voted for her in the mistaken belief she'd improve equality." April 10, 2013. http://www.mirror.co.uk/news/gallery/margaret-thatcher-1925-2013-1487825 (Accessed on June 24, 2017).

Mishra, R. (1981). *Society and social policy: Theories and practice of welfare*. NY: The Macmillan Press LTD.

Morgan, K. (2002). "Dose anyone have a "Libre Choix."? Subversive liberalism and the politics of French child care policy." pp.143-167. in Miche, S. & R. Mahon. eds. *Child care policy at the crossroads: Gender and welfare state restructuring*. New York: Routledge.

Moseley, F. (1999). "The United States economy at the turn of the century: Entering a new era of prosperity?" *Capital and Class* 23(1): 25-45.

Nam, Hwasook(2013). 『배 만들기, 나라 만들기』. 남관숙·남화숙 역. (*Building ships, building a nation*). 서울: 후마니타스.

Nieuwbeerta. p. (1995). *The democratic class struggle in twenty countries 1945-1990*. Amsterdam: Thesis Publishers Amsterdam.

Norris, M. and Byrne, M. (2015). "Asset price keynesianism, regional imbalances and the Irish and Spanish housing booms and busts." UCD Geary Institute For Public Policy Discussion Paper Series.

Norrman, C. and McLure, Jr., C. (1997). "Tax policy in Sweden." In Freeman, R., Topel, R., and Swedenbc, B. eds. *The welfare state in transition: Reforming the Swedish model*. IL: University of Chicago Press.

O'Donnell, G. (1989). "Transitions to democracy: Some navigation instruments." In Rober. P. ed. *Democracy in Americas: Stopping of the pendulum*. pp.62-75. New York: Holmes and Meier

O'connor, J. (1973). *The fiscal crisis of the state*. NY: St. Martin's Press.

OECD (2009), Government at a Glance 2009, OECD Publishing, Paris. DOI: http://dx.doi.org/10.1787/9789264075061-en

_____. (2005). *Babies and Bosses: Reconciling work and family life*, Volume 4: Canada, Finland, Sweden and the United Kingdom. Paris, France: OECD.

_____. (2010). *Economic Survey of Korea*. Paris: OECD.

_____. (2010c). *Tax expenditure in OECD countries*. Paris: OECD Publication.

_____. (2012). "OECD Family Database." OECD, Paris (www.oecd.org/social/family/database)

_____. (2013). Strengthening social cohesion in Korea. DOI:http://dx.doi.org/10.1787/9789264188945-7-en (Accessed on 27 July 2018).

_____. (2015), Government at a Glance 2015, OECD Publishing, Paris. DOI: http://dx.doi.org/10.1787/gov_glance-2015-en

_____. (2017). Family Database. http://www.oecd.org/social/family/database.htm (Accessed on June 28, 2017).

_____. (2017), Fertility rates (indicator). doi: 10.1787/8272fb01-en (Accessed on 27 June. 2017).

_____. (2017). General government debt (indicator). doi: 10.1787/a0528cc2-en (Accessed on 24 February 2017).

_____. (2017), Long-term interest rates (indicator). doi: 10.1787/662d712c-en (Accessed on 22 June 2017)

_____. (2017). OECD.Stat: Trade Union Density. https://stats.oecd.org/Index.aspx?DataSetCode=UN_DEN (Accessed on June 24, 2017).

_____. (2017), Part-time employment rate (indicator). doi: 10.1787/f2ad596c-en (Accessed on 28 June 2017).

_____. (2017), Real GDP forecast (indicator). doi: 10.1787/1f84150b-en (Accessed on 18 June 2017).

_____. (2017). Revenue Statistics: OECD countries: Comparative tables. https://stats.oecd.org/Index.aspx?DataSetCode=REV#, 접근일 2017년 8월 11일.

_____. (2017), Self-employment rate (indicator). doi: 10.1787/fb58715e-en (Accessed on 28 June 2017).

_____. (2017). Social expenditure: Aggregated data. https://stats.oecd.org, 접근일 2017년 1월 30일.

_____. (2017), Temporary employment (indicator). doi: 10.1787/75589b8a-en (Accessed on 28 June 2017).

_____. (2017), Unemployment rate (indicator). doi: 10.1787/997c8750-en (Accessed on 18 June 2017).

_____. (2018). Decile ratios of gross earnings: Incedence of low pay. https://stats.oecd.org/Index.aspx?QueryId=64193#, 접근일 2018년 8월 12일.

_____. (2018), Fertility rates (indicator). doi: 10.1787/8272fb01-en (Accessed on 18 September 2018).

_____. (2018), General government spending (indicator). doi: 10.1787/a31cbf4d-en (Accessed on 20 May 2018).

_____. (2018). *OECD Indicatiors of employment protection.* http://www.oecd.org/els/emp/
oecdindicatorsofemploymentprotection.htm, 접근일 2018년 10월 21일.

_____. (2018). OECD.stat, Employment: Time spent in paid and unpaid work, by sex. https://
stats.oecd.org/index.aspx?queryid=54757, 접근일 2018년 7월 19일.

_____. (2018). OECD.Stat: Income distribution and poverty. https://stats.oecd.org/Index.aspx?DataSetCode=IDD (Accessed on 08 August 2018).

_____. (2018). OECD.Stat: Level of GDP per capita and productivity. https://stats.oecd.org/
index.aspx?DataSetCode=PDB_LV#, 접근일 2018년 5월 4일.

_____. (2018). OECD.Stat: Wealth. https://stats.oecd.org/Index.aspx?DataSetCode=WEALTH,
접근일 2018년 6월 25일.

_____. (2018). Revenue Statistics: OECD countries: Comparative tables. https://stats.oecd.org/
Index.aspx?DataSetCode=REV#, 접근일 2018년 6월 11일.

_____. (2018). Social expenditure-Aggregated data. https://stats.oecd.org/Index.aspx?DataSetCode=SOCX_AGG, 접근일 2018년 6월 17일.

_____. (2018), Suicide rates (indicator). doi: 10.1787/a82f3459-en (Accessed on 19 July 2018).

OECDiLibrary. (2014). 21. Government debt: General government gross financial liabilities as
a percentage of GDP. doi: 10.1787/gov-debt-table-2014-1-en.

Office for National Statistics. (2017). Unemployment rate(aged 16 and over, seasonally adjusted). (Accessed on 18 June 2017). https://www.ons.gov.uk/employmentandlabourmarket/peoplenotinwork/unemployment/timeseries/mgsx/lms

Ogle, G. (1990). *South Korea: Dissent within the economic miracle.* New Jersey: Zed Books

Olsen, G. (1996). "Re-modeling Sweden: The rise and demise of the compromise in a global
economy." *Social Problems* 43(1): 1-20

Onaran, Ö. and Stockhammer, E. (2005). "Two defferent export-oriented growth strategies:
Accumulation and distribution in Turkey and in South Korea." *Emerging Markets Finance and Trade* 41(1): 65-89.

Orange, R. (2014). "Free-market ear in Sweden swept away as feminists and greens plot new
path." The Guardian, September 14, 2017. (Acceseed on June 28, 2017). https://www.theguardian.com/world/2014/sep/14/sweden-election-feminists-greens-stefan-lofvan-social-democrats

Ozawa, M. N. and Yoon, H. S. (2005). "Leaver from TANF vs. AFDC: How do they fare economically." *Social Work* 50(3), 239-249.

Palier, B. (2006). "The re-orientation of European social policies toward social investment "
International Politics and Society, Jan. 2006. pp.105-116.

Palier, B. and Mandin, C. (2004). "France: A New world of welfare for new social risks?" in
Taylor-Gooby. P. ed. *New Risks, New Welfare.* pp.111-131. New York: Oxford University
Press.

Pandey, S., Poeterfield, S. Choi-Ko, H., and Yoon, H. S. (2003). "Welfare reform in rural Missouri: the Experience of families." *Journal of Poverty* 7(3): 113-138.

Park, C. W. (2009). "Effects of social and ideological cleavages on vote choice in the Korean Presidental Election of December 19, 2007." 『현대정치연구』 2(1): 85-121.

Parrenas, R. (2009[2001]). 『세계화의 하인들: 여성, 이주, 가사노동』. 문현아 역. (*Seveants of globalization: Women, migration and domestic work*). 서울: 여이연.

Pereira, L., Maravall, J., and Przeworski, A. (2001[1995]). "시민사회." Preworski, A. 외 지음. 『지속가능한 민주주의』. 김태임·지은주 역. pp.136-160. (*Sustainable democracy*). 서울: 한울 아카데미.

Perkins, D., Nelms, L. &Smyth. P. (2004). "Beyond neo-liberalism: the social investment state?" Social Policy Working Paper, 3. The Centre for Public Policy.

Persson, J. and Nordlöw, J. (2013). Sweden: Young people and temporary employment in Europe. European Monitoring Centre on Change. (Accessed on June 28, 2017). https://www.eurofound.europa.eu/observatories/emcc/comparative-information/national-contributions/sweden-young-people-and-temporary-employment-in-europe

Pierson. P. (2006[1994]). 『복지국가는 해체되는가』. 박시종 역. (*Dismantling the welfare state?*). 서울: 성균관대학교출판부.

Piketty, T. (2014[2013]). 『21세기 자본』. 장경덕 역. (*Capital in the twenty-first century*). 서울: 글항아리.

Pirie, I. (2005). "The new Korean state." *New Political Economy* 10(1): 25-42.

_____. (2016). "Korea and the global economic crisis." *The Pacific Review* 29(5): 671-692. p. 675. p. 678. DOI: 10.1080/09512748.2015.1032337

Przeworski, A. (1997[1991]). 『민주주의와 시장』. 임혁백·윤성학 역. (*Democracy and the market*). 서울: 한울.

_____. (2001[1995]). "서론." Preworski, A. 외 지음. 『지속가능한 민주주의』. 김태임·지은주 역. pp.136-160. (*Sustainable democracy*). 서울: 한울 아카데미.

Quinn, J. and Cahill, K. (2017). "The relative effectiveness of the minimum wage and the Earned Income Tax Credit as anti-poverty tools." *Religions* 8(4). https://doi.org/10.3390/rel8040069 (Accessed on 12 August 2018).

Rank, M. R., Yoon, H. S. and Hirschl, T. A. (2007). "American poverty as a structural failing: Evidence and arguments." Lauer, R. and Lauer, J. eds. *Sociology: Windows on society* (7th ed.). New York: Oxford University.

Reagan, D. (1981). Inaugural Address. The Public papers of Ronald Reagan January, 1981. Presidential Library and Museum. https://www.reaganlibrary.archives.gov/archives/speeches/1981/12081a.htm, 접근일 2017년 6월 17일.

Rodrik, D. (2011[2007]). 『더 나은 세계화를 말하다』. 제현주 역. (*One economics many recipes: Globalization, institutions, and economic growth*). 서울: 북돋움.

Rodrik, D. and Ypersele, T. (1999). *Capital mobility, distributive conflict and international tax coordination*. Unpublished manuscript.

Rosen, S. (1997). "Public employment, taxes, and the welfare state in Sweden." Freeman, R., Topel, R., and Swedenbo, B. eds. *The welfare state in transition: Reforming the Swedish model.* pp.79-108. Chicago: University of Chicago.

Roxborough, I. (1980[1979]).『종속이론이란 무엇인가』. 박종수 역. (*Theories of underdevelopment*). 서울: 청아.

Rudra, N. (2002). "Globalization and the decline of the welfare state in less-developed countries." *International Organization* 56(2): 411-445.

Rueschemeyer, D., Stephens, E., and Stephens, J. (1992). *Capitalist development and democracy.* Chicago: University of Chicago Press.

Samsung Newsroom. (2016). "삼성전자, 주주가치 제고 방안 발표." 2016년 11월 29일. https://news.samsung.com/kr, 접근일 2018년 5월 1일.

Sassoon, D. (2014[2014])『사회주의 100년, 2: 20세기 서유럽좌파 정당의 흥망성쇠』. 강주헌·김민수·강순이·정미현·김보은 역. (*One hundred years of socialism: The West European left in the twentieth century*, 2014 ed.). 서울: 황소걸음.

Saunders. p. (1992). "Domestic property and social class." *International Journal of Urban and Regional Research* 2: 233-251.

Schmidt, M. (2001). "The democratic welfare state." *Acta* 6: 257-276.

Schmitt, H. and Holmberg, S. (1995). "Political parties in decline?" In D. Fuchs and H. Klingermann. eds. *Citizens and the state.* pp.95-133. New York: Oxford University Press.

Schmitz, H. (1999). "Collective efficiency and increasing returns." *Cambridge Journal of Economics* 23(4): 465-483.

Seeleib-Kaiser, M. (2010). "Socio-economic change, party competition and intra-party conflict: The family policy of the Grand Coalition." *German Politics* 19(3/4). pp.416-428.

Share, D. (1987). "Transitions to democracy and transition through transaction." *Comparative Political Studies* 19(4): 525-548.

Sherradan, M. (1991). *Assets and the poor: A new American welfare policy.* Armonk, NY: Sharpe.

Shin, J. S. and Chang, H. J. (2004[2003]).『주식회사 한국의 구조조정』. 장진호 역. (*Restructuring Korea Inc.*). 서울: 창비.

Silfverberg, C. (2003). "The Swedish net wealth tax: Main features and problems." *Stockholm Institute for Scandinavian Law* 44. pp.367-374.

Smith, A. (2007[1776]).『국부론(개역판)』. 김수행 역. (*Wealth of Nations*). 서울: 비봉출판사

Sørensen. P. (2003). *International tax competition: A new framework for analysis. Economic Analysis and Policy* 33(2): 179-192

Statista. (2018). Homeownership rate in selected European countries in 2016. https://www.statista.com/statistics/246355/home-ownership-rate-in-europe/, 접근일 2018년 7월 31일.

Steinmo, S. (1993). *Taxation and democracy: Swedish, British, and American approaches to financing the modern state.* New Haven: Yale University Press

_____. (2002). "Globalization and taxation: Challenges to the Swedish Welfare State." _Comparative Political Studies_ 35(7): 839-862.

_____. (2003). "The evolution of policy ideas: tax policy in the 20th century." _British Journal of Politics and International Relations_ 5(2): 206-236

Stiglitz, J. (2000). "What I learned at the world economic crisis." Materials prpared for Summer Institute 2000, Robarts Centre for Canadian Studies. http://www.yorku.ca/drache/talks/2000/pdf/stiglitz_worldban.pdf

Stockhammer, E. (2013). "Why have wage shares fallen?" In Lavoie, M. and Stockhammer, E. eds. _Wage-led growth._ pp.40-70. New York: ILO,

Streeck, W. (2015[2013]). 『시간 벌기: 민주적 자본주의의 유예된 위기』. 김상희 역. (_Gekaufte Zeit_). 서울: 돌베개.

Surender, R. (2004). "Modern challenges to the welfare state and the antecedents of the third way." in Lewis, J. and R. Surender. eds. _Welfare state change: Towards a third way?_ pp.3-24. New York: Oxford University Press.

Swank, D. and Steinmo, S. (2002). "The new political economy of taxation in advanced capitalist democracies." _American Journal of Political Science_ 46(3). pp.642-655.

Taylor-Gooby. P. (2004). "New Risks and Social Change." in Taylor-Gooby, P. ed. _New Risks, New Welfare._ pp.1-28. New York: Oxford University Press.

_____. (2006). "European Welfare Reforms: the Social Investment Welfare State." 2006 EWC/KDI Conference, social policy at a crossroad: Trends in Advanced countries and Implications for Korea. Honolulu on July 20-21, 2006.

Taylor-Gooby. P. and Larsen, T. (2004). "The UK-A Test Case for the Liberal Welfare State?" in Taylor-Gooby, P. ed. _New Risks, New Welfare._ pp.55-82. New York: Oxford University Press.

Temple, J. (2002). "The assessment: the new economy." _Oxford Review of Economic Policy_ 18(3): 241-264

The Economist. (2018). The glass-ceiling index. https://www.economist.com/graphic-detail/2018/02/15/the-glass-ceiling-index, 접근일 2018년 7월 15일.

The iPinions Journal. (2014). Fall of the Berlin Wall. http://www.theipinionsjournal.com/2014/11/fall-of-the-berlin-wall/ (Accessed on June 25, 2017).

The World Bank. (1987). _World development report 1987._ New York, NY: Oxford University Press

Thompson, E. P. (1966[1963]). _The making of the English working class._ New York, NY: Vintage Book.

Timonen, V. (2004). "New risks-Are they still new for the Nordic Welfare States?" in Taylor-Gooby, P. ed. _New Risks, New Welfare._ pp.83-110. New York: Oxford University Press.

Todd, S. (2016[2014]). 『민중: 영국 노동계급의 사회사』. 서용표 역. (_The people: The rise and fall of the working class, 1910-2010_). 서울: 클.

Trading Economics (2017). Dow Jones Industrial Average, 1912-2017. (Accessed on 22 June 2017) https://tradingeconomics.com/united-states/stock-market

U.S. Federal Housing Finance Agency. (2017). All-Transactions House Price Index for the United States [USSTHPI], retrieved from FRED, Federal Reserve Bank of St. Louis; https://fred.stlouisfed.org/series/USSTHPI, (Accessed on June 22, 2017).

UNDP. (2016). *Human Development Report 2016*. New York, NY: UNDP.

Ungerson, C. (2000). "The Commodification of Care: Current Policies and Future Politics." in B. Hobson. ed. *Gender and Citizenship in Transition*. pp.173-200. Great Britain: MaCmillan Press.

Vice Mexico. (2014). The Zapatista Uprising (20 Years Later). https://www.vice.com/en_us/article/vdpeky/the-zapatista-uprising-20-years-later (Accessed on June 26, 2017).

Wahl, A. (2012[2011]). 『지금 복지국가는 어디로 가고 있는가』. 남인복 역. (*The rise and fall of the welfare state*). 서울: 부글.

Weil, D. (2017). *Fissured workplace: Why work became so bad for so many and what can be done to improve it*. Cambridge, MA: Harvard University Press.

Wikipedia. (2017). Federal funds rate. https://en.wikipedia.org/wiki/Federal_funds_rate (Accessed on June 23, 2017).

_____. (2017). Structured product. https://en.wikipedia.org/wiki/Structured_product. (Accessed on June 23 2017).

Wikipedia. United Kingdom general election, 1997. https://en.wikipedia.org/wiki/United_Kingdom_general_election,_1997 (Accessed on June 25, 2017).

Wikipedia. West German federal election 1983, 1984. https://en.wikipedia.org/wiki/West_German_federal_election,_1987 (Accessed on June 25, 2017).

Wood, A. (1994). *North-South trade: Employment and inequality*. New York: Oxford Clarendon Press.

Wright, E. (2017[2015]). 『계급 이해하기』. 문혜림 · 곽태진 역. (*Understanding class*). 부산: 산지니.

Wrigley, J. (1995). *Other people's children: An intimate account of the dilemmas facing middle-class parents and the women they hire to rise their children*. New York: Basic Books.

WTO. (2017). *World trade statistical review 2017*. Geneva: WTO.

Yang, J. (2017). *The political economy of the small welfare state in South Korea*. New York, NY: Cambridge University Press.

Yoon, H. (2010). Poverty and new social risks in Korea: Family and labor market status. Paper for the 8th Annual ESPAnet Conference in Budapest, Hungary, 2-4 September 2010, Stream No. 2.1C "Poverty and Social Exclusion."

Yoon, H. and Chung, S. (2009). "A comparison between conservative welfare states and Korean childcare policy, 1993-2003: A discussion of defamilization and familization." *Asian Women* 25(3):1-30.

Yoon, H. S. (2014). "Factors that affect women's intentions to have additional children." *Korea*

Journal 54(3): 103-125.

Yoon, J. D. (2006). Die rolle der gewerkschaften bei der politishen gestaltung der arbeitschtzgesetzgebung und bei der durchsetzung der sicherheitsarbeit in den untemehmen in der republik Korea und Deutschland. Habilitationsschrift an der Universitaet Wuppertal.

찾아보기

인명